Grundriß der Sozialpsychologie

Band 2

Grundriß der Sozialpsychologie

Band 2

Individuum – Gruppe – Gesellschaft

von

Prof. Dr. Alexander Thomas
Regensburg

Hogrefe · Verlag für Psychologie
Göttingen · Bern · Toronto · Seattle

Satz: MS-Satz, Neunkirchen-Seelscheid 1.
Druck und Bindung: Dieterichsche Universitätsbuchdruckerei
W. Fr. Kaestner GmbH & Co. KG, D-3400 Göttingen-Rosdorf.

Printed in Germany.
Auf säurefreiem Papier gedruckt.

ISBN 3-8017-0407-6

Vorwort

Das vorliegende Buch ist der zweite Band des Werkes „Grundriß der Sozialpsychologie". In ihm werden die im ersten Band behandelten grundlegenden Begriffe und Prozesse unter den Aspekten „Individuum-Gruppe-Gesellschaft" erweitert und vertieft. Mit den Begriffen „Individuum-Gruppe-Gesellschaft" allein läßt sich bereits das Gesamtgebiet der Sozialpsychologie, wenn nicht gar der Psychologie als Ganzes, umschreiben, wobei der Begriff „Gesellschaft" das Spektrum noch in die Soziologie hinein erweitert. Der Inhalt des vorliegenden Bandes konzentriert sich aber auf die sozialpsychologisch relevanten Themen im Zusammenhang mit Gruppenprozessen.

Die thematischen Schwerpunkte sind so gewählt, daß einerseits die Wechselbeziehungen zwischen Individuum und Gruppe und andererseits die in und zwischen Gruppen sich vollziehenden Vorgänge ins Blickfeld der wissenschaftlichen Analyse rücken. Da die Individuen und Gruppen in enger Beziehung zur sie umgreifenden und tragenden Gesellschaft stehen, werden die zum Verständnis dieser gesellschaftlichen Zusammenhänge bedeutsamen Forschungsergebnisse ebenfalls besprochen.

Beschreibt man den Gegenstand der Sozialpsychologie als den Teil der Psychologie, der sich mit dem Verhalten und Erleben des Individuums in Interaktion mit anderen Individuen befaßt, dann wird damit schon der hohe Stellenwert der Gruppe und der sich in ihr vollziehenden Prozesse für die sozialpsychologische Forschung deutlich. Wie schon der erste Band steht auch dieser zweite Band in der Tradition des von Mueller & Thomas in zwei Auflagen (1974 und 1976) publizierten Werkes „Einführung in die Sozialpsychologie" und ist den dort formulierten Grundsätzen verpflichtet: „Wir gehen davon aus, daß sozialpsychologische Erkenntnisse nur auf dem Boden empirisch-wissenschaftlicher Forschung gewonnen werden können, wobei die Forschungsmethoden den vielfältigen praktischen Aufgaben der Sozialpsychologie verpflichtet sein müssen" (Mueller & Thomas 1974, S. 5). Die in den letzten Jahrzehnten zu beobachtende rasante Entwicklung psychologischer und sozialpsychologischer Forschungen, und hier insbesondere auch der Kleingruppenforschung, erfordern eine Begrenzung der Inhalte auf die dem Autor besonders bedeutsam erscheinenden Themenstellungen. Nach einer Analyse von Fisch, Daniel & Beck (1991) wurden zwischen 1974 und 1986 pro Jahr allein zweitausend wissenschaftliche Arbeiten zu den Themengebieten Gruppenaufgaben und Gruppentypen, Gruppenprozesse und Gruppenstruktur, Personenvariablen und Methoden der Kleingruppenforschung veröffentlicht. Folglich können viele interessante Themen in einem solchen Band nur angerissen und beispielhaft dargestellt werden. Die Behandlung erfolgt aber so ausführlich, daß der Leser sich das für eine weiterführende und vertiefende Einarbeitung erforderliche Basiswissen aneignen kann.

Da beide Bände des Werkes „Grundriß der Sozialpsychologie" auch voneinander unabhängig als jeweils in sich geschlossene Einheiten zu nutzen sind, ließen sich an einigen wenigen Stellen Wiederholungen von bereits im ersten Band ausgeführten Gedanken nicht vermeiden. Für den Leser beider Bände können sie zur Vertiefung durchaus nützlich sein.

Für viele Praxisfelder, in denen Menschen in Gruppen agieren, Gruppen zu beeinflussen versuchen und in ihrem eigenen Verhalten durch Gruppen beeinflußt werden, sind die Erkenntnisse der sozialpsychologischen Grundlagenforschung von zentraler Bedeutung. Deshalb werden die Forschungsergebnisse in diesem Band so dargestellt, daß sie nicht nur für Studenten im Hauptfach der Psychologie, sondern auch für Studierende der Sozial-, Wirtschafts- und Erziehungswissenschaften ein fundiertes Wissen über Gruppenprozesse vermitteln. Einen Überblick über die Methoden und Ergebnisse psychologischer Gruppenforschung und ihrer Anwendung in vielen Bereichen des sozialen Lernens soll dieses Buch darüber hinaus auch Pädagogen und Erziehern in der Jugend- und Erwachsenenbildung ermöglichen. Führungskräften in Wirtschaft, Industrie, Verwaltung und Politik, die mit Mitarbeiterbeurteilung, Mitarbeiterberatung, Menschenführung, Teambildung etc. befaßt sind, soll dieser Band gruppenpsychologisches Grundlagenwissen und Anregungen zum Umgang mit Gruppen vermitteln.

Mein Dank gilt allen Mitarbeitern, die zum Gelingen dieses Buches beigetragen haben.

Alexander Thomas Regensburg, Mai 1992

Inhaltsverzeichnis

Einleitung

Die Zusammenhänge zwischen Individuum, Gruppe und Gesellschaft stellen zweifellos den Kern sozialpsychologischer Forschungen dar. Analysen und Erkenntnisse über die wechselseitige Beeinflussung von Individuum und Gruppe, die Interdependenzen zwischen Gruppen und die vielfältigen Bezüge von Individuum und Gruppe zu den gesellschaftlichen Grundlagen sozialen Handelns haben sich in den letzten Jahrzehnten zum zentralen Gegenstand sozialpsychologischer Forschung entwickelt. Mit dem wachsenden Interesse an psychologischen Fragen und Erkenntnissen allgemein und besonders auch sozialpsychologischen Forschungsergebnissen hat die Beschäftigung mit Gruppenprozessen, ihren Bedingungen und Wirkungen auf das individuelle Verhalten deutlich zugenommen.

Der vorliegende Band soll Basiswissen über dieses Forschungsfeld vermitteln und zugleich eine Orientierungshilfe sein, indem er durch eine anschauliche und an Beispielen näher erläuterte Darstellung gruppenpsychologischer Theorien, Methoden und Forschungsergebnisse eine Einführung in dieses zentrale Themengebiet gibt. Auf dem so gewonnenen Hintergrundwissen soll der Leser in der Lage sein, spezifische, ihn besonders interessierende Themen mit Hilfe der angegebenen weiterführenden Literatur selbständig zu vertiefen. Dabei steht, wie allgemein in der Psychologie, das aktiv handelnde, seine Welt und damit sich selbst verändernde Individuum im Zentrum der Aufmerksamkeit. In dieser Einführung wird der Handelnde aber unter einem spezifischen Blickwinkel betrachtet und analysiert, nämlich als Mitglied vielfältiger Gruppen, die für ihn Handlungsmöglichkeiten zur Erreichung erwünschter Ziele bieten und zugleich Handlungsgrenzen setzen. Der soziale Einfluß in Gruppen, die Bedeutung unterschiedlicher Gruppenbedingungen für das Verhalten in Gruppen und den Handlungserfolg sowie die Auseinandersetzung des einzelnen mit und in seinen Gruppen werden ebenso analysiert wie die Verhaltenswirksamkeit von Intergruppenbeziehungen, die Wirkung von Massen und Massenmedien sowie die Abhängigkeit individuellen Verhaltens und Gruppenverhaltens von makro-sozialen gesellschaftlichen Entwicklungen. An verschiedenen Stellen wird zudem auf die kulturell bedingten Varianten in den Gruppenprozessen, den Individuum-Gruppenbeziehungen und ihre Interpretation und Handhabung durch das Individuum hingewiesen.

Wie bereits der erste Band des Werkes „Grundriß der Sozialpsychologie" geht auch das vorliegende Buch von zwei Grundgedanken aus: (1) Sowohl das Gesellschaftliche als auch das Individuelle und Persönliche sind unlösbar an den Stil des Miteinanderumgehens der Menschen, an ihre Interaktionen gebunden. (2) Das aus den Interaktionen geschaffene soziale Umfeld entwickelt eine Eigengesetzlichkeit, die auf den einzelnen zurückwirkt und ihn bis in seine psychischen Grundfunktionen (Wahrnehmen, Denken, Empfinden und Handeln) hinein beeinflußt.

In neun Kapiteln werden die grundlegenden Fragestellungen und Theorien sowie die Methoden und die als relativ gesichert anzusehenen Erkenntnisse sozialpsychologisch orientierter Gruppenforschung behandelt. Dabei wird in jedem Kapitel versucht, den Zusammenhang zwischen Individiuum — Gruppe — Gesellschaft deutlich werden zu lassen, wenn auch in den Kapiteln eins bis vier das aktiv handelnde Individuum stärker im Vordergrund steht, in den Kapiteln fünf bis sieben die gruppenspezifischen Aspekte dominieren und in den Kapiteln acht und neun eine Schwerpunktverlagerung in Richtung der gesellschaftlichen Handlungsbedingungen erfolgt. Jedes Kapitel enthält zum Schluß eine Zusammenfassung der zentralen Inhalte, Angaben über weiterführende Literatur zum behandelten Thema und problemorientierte Fragen, die dem Leser eine selbständige Überprüfung des gewonnenen Erkenntnisstandes ermöglichen.

Das erste Kapitel beschäftigt sich mit der Gruppe als Forschungsgegenstand der Sozialpsychologie. Neben der Bestimmung charakteristischer Merkmale einer Gruppe in Abgrenzung zu anderen sozialen Gebilden wird auf die spezifischen Strukturmerkmale von Gruppen näher eingegangen. Dabei wird die Analyse von Gruppenstrukturen und der damit zusammenhängenden Gruppenprozesse durch Befragungs- und Beobachtungsverfahren ausführlich behandelt. Zudem werden die unter der Sammelbezeichnung „Gruppendynamik" zu findenden Konzepte der Analyse und Gestaltung von Gruppenprozessen beschrieben.

Im zweiten Kapitel wird die psychologische Bedeutung von Gruppen für das Verhalten und Erleben des Individuums diskutiert. Neben den Bedürfnissen nach sozialem Anschluß und befriedigenden Interaktionsbeziehungen wird besonders die Bedeutung der Gruppe für den sozialen Vergleich eigener Meinungen und Fähigkeiten mit denen anderer Gruppenmitglieder erörtert. Die Folgen des Verlustes der Gruppenbindungen, die Bedeutung der Gruppe zum Aufbau eines allgemeinen Selbstkonzeptes und bereichsspezifischer Selbstkonzepte sowie zur Entwicklung einer sozialen und kulturellen Identität sind die weiteren Themen dieses Kapitels.

Im dritten Kapitel werden die in Gruppen zu beobachtenden sozialen Einflußprozesse auf das Verhalten der Gruppenmitglieder untersucht. Soziale Einflüsse dienen dem Erhalt und der Steigerung der Leistungsfähigkeit der Gruppe als Ganzes sowie der Befriedigung individueller Bedürfnisse der Gruppenmitglieder. Neue Gruppenmitglieder werden dem Prozeß der Gruppensozialisation unterworfen. Von akzeptierten Gruppennormen abweichende Mitglieder werden so lange massivem Gruppendruck ausgesetzt, bis sie sich den Gruppennormen fügen, die Gruppen nach ihren Vorstellungen verändert haben oder sie verlassen. Die Wirksamkeit von Gruppenprozessen auf die Einstellungsbildung und das soziale Verhalten werden am Beispiel der Ferienlagerexperimente von Sherif und der Konformitätsforschungen von Asch behandelt. Die zentralen Themen Macht, Reaktanz, Konformität und sozialer Einfluß durch Minoritäten werden schließlich in bezug auf die Gruppenprozesse und die individuellen Reaktionen diskutiert.

Das vierte Kapitel befaßt sich mit dem individuellen Verhalten unter Gruppenbedingungen, wobei der Kooperation in Gruppen, dem Entscheidungsverhalten innerhalb von Gruppen und den Kontrollprozessen besondere Aufmerksamkeit geschenkt wird. Auf die Abhängigkeit dieser Leistungen von der Art der Aufgabenstellung, der sich die Gruppe gegenübersieht, der Art der Kommunikation, der Gruppenkohäsion, der Interessenverteilung und vom Führungsstil wird ausführlich eingegangen.

Das fünfte Kapitel behandelt eines der zentralen Themen der Gruppenforschung, nämlich die Leistungsfähigkeit von Gruppen. Dabei werden so bedeutsame Einflußfaktoren wie die Rollen- und Kommunikationsstruktur in Gruppen, die Koordination von Einzelleistungen in Gruppen, der Ideenreichtum in Gruppen und die unterschiedlichen Aufgabenstellungen auf die Gruppenleistung behandelt. Besonders ausführlich wird auch auf die Frage nach dem Leistungsvorteil der Gruppe gegenüber dem einzelnen Individuum eingegangen. Die Forschungen zum Leistungsverhalten bei Individual- und Gruppenarbeit, zum Gruppen-brainstorming, zum Verhandlungsverhalten in Gruppen und zum Risikoverhalten unter Gruppenbedingungen als Beispiel für die wissenschaftliche Analyse der Leistungsfähigkeit von Gruppen werden dargestellt und kritisch analysiert.

Im sechsten Kapitel wird das in den bisherigen Kapiteln mehr indirekt bereits angesprochene Beziehungsverhältnis zwischen Individuum und Gruppe nochmal eigens thematisiert. Hervorgehoben wird dabei das unauflösliche Interdependenzverhältnis von Individuum und Gruppe und die Tatsache, daß der einzelne zwar existentiell auf Gruppen angewiesen ist, aber nicht völlig in ihnen aufgeht, sondern eine von der Gruppe abgehobene Autonomie besitzt. Auf die sich daraus zwangsläufig ergebenden Konflikte zwischen dem Bedürfnis nach Anpassung an die soziale Umwelt und der Betonung von Individualität und Eigenständigkeit wird hingewiesen.

Das siebte Kapitel stellt die theoretischen Grundlagen und Forschungsergebnisse über die Beziehungen und Prozesse zwischen Gruppen dar. Da individuelles Verhalten, wie es sich z. B. in der Einstellung und Behandlung gegenüber Ausländern niederschlägt, stark von den Intergruppenbeziehungen, insbesondere der Eigen- und Fremdgruppe abhängt, werden die Intergruppenprozesse zu einem bedeutsamen Thema der Sozialpsychologie. Der Theorie der sozialen Identität, den psychischen Grundlagen der Diskriminierung von Fremdgruppen, der Entstehung von Intergruppenkonflikten und den Möglichkeiten der Lösung von Intergruppenkonflikten wird in dem Kapitel besondere Aufmerksamkeit geschenkt.

Im achten Kapitel werden zunächst Konzeption und Forschungen der Massenpsychologie, wie sie zu Beginn der modernen Psychologie diskutiert wurden, kritisch analysiert. Begriffe wie Massenmensch, Massenmitgliedschaft, Massensuggestion werden auf ihren Gehalt zur Beschreibung individuellen Verhaltens in modernen Gesellschaften hin geprüft. Die Bedeutung der Massenmedien für die Einstellungsbildung, den Aufbau von Wissensstrukturen, die Entwicklung von Stimmungslagen und für den sozialen Vergleich wird am Beispiel der politischen Überzeugungsbildung erötert. Dabei wird auf den modifizierenden Einfluß von Mitglieds- und Bezugsgruppen ebenso eingegangen wie auf persönlichkeitsspezifische Einflußfaktoren auf das Sozialverhalten, wie sie in den Forschungen zur autoritären Persönlichkeit untersucht wurden. Schließlich wird noch den Ursachen und Prozessen des sich in Gesellschaften vollziehenden sozialen Wandels, soweit er für das Verhalten von Individuum und Gruppen bedeutsam ist, nachgegangen. Am Beispiel des Wandels der Geschlechtsrollenbeziehung wird er näher erörtert.

Das neunte Kapitel thematisiert die Wechselbeziehungen zwischen Individuum und Gesellschaft am Beispiel der Entfremdungs-, Anomie-, Devianz- und Stigmatisierungsthematik, und zwar einmal am Beispiel normabweichenden Sexualverhaltens und zweitens am Beispiel des Beziehungsverhältnisses zwischen behinderten und nicht-behinderten Personen. Anschließend wird an der Entwicklung und Veränderung sozialer und kultureller Identität im Kontext sich entwickelnder multikultureller Gesellschaften gezeigt, welche psychischen Anforderungen gesellschaftliche Entwicklungsprozesse an den einzelnen stellen und welche Wirkungen und Reaktionen damit verbunden sind. Am Beispiel der Forschungen über die Wirksamkeit politischen Widerstands gegenüber staatlicher Autorität und Willkür, und hier insbesondere am konkreten Verlauf der Revolution in der DDR von 1989 wird aufgezeigt, welche Bedingungen und Prozesse auf Individual-, Gruppen- und Gesellschaftsebene geschaffen und gestärkt werden müssen, wenn ein Zusammenbruch diktatorischer Herrschaftssysteme erreicht werden soll.

Eine rasche Orientierung über weiterführende und die Themen der einzelnen Kapitel vertiefende Literatur gewinnt der Leser einmal über die in der Rubrik „Weiterführende Literatur“ aufgeführten Quellen und zum anderen über die aus dem Gesamtliteraturverzeichnis als Handbücher, Sammelwerke und Überblicksartikel zu entnehmende Literatur.

Kapitel 1:

Die Gruppe als Forschungsgegenstand und Erfahrungsfeld

Entwicklung zu einer experimentellen Gruppenpsychologie

Betrachtet man die Sozialpsychologie als die Wissenschaft von den psychischen Grundlagen, Bedingungen und Wirkungen menschlichen Verhaltens und Erlebens unter der besonderen Berücksichtigung sozialer Einflußfaktoren, dann gehört die Analyse von Gruppen und Gruppenprozessen selbstverständlich mit zum Forschungsspektrum der Sozialpsychologie. Die Entwicklung, Stabilisierung und Auflösung von Gruppen, die Art von Gruppenprozessen und ihre Veränderungen, die Beeinflussung von Gruppen durch eine Person oder durch Subgruppen, z. B. eine Führungsclique oder Minoritätengruppe, und schließlich der Einfluß von Gruppen auf das Verhalten des Individuums sind heute selbstverständliche Forschungsgegenstände innerhalb der Sozialpsychologie. Die zu beobachtenden sozialen Beeinflussungsprozesse werden in sehr verschiedenen Leistungs- und Verhaltensbereichen untersucht, z. B. Entscheidungs- und Verhandlungsverhalten, problemlösendem Verhalten, risikobehafteten Entscheidungen, Führungsverhalten, Leistungsbereitschaft, Person- und Gruppenwahrnehmung und -beurteilung, Konfliktlösungsverhalten, Intergruppenverhalten usw.

Die experimentelle Sozialpsychologie begann in Europa etwa zu Beginn des 20. Jahrhunderts, nachdem sich zuvor die Psychologie als eine eigenständige wissenschaftliche Disziplin von der Philosophie emanzipiert hatte und von Wilhelm Wundt in Leipzig 1879 das erste experimentalpsychologische Laboratorium gegründet worden war. Die ersten sozialpsychologischen Experimente von Triplett (1898) befaßten sich mit dem Einfluß von Gruppen bzw. beobachtenden und koagierenden Personen auf das individuelle Leistungsverhalten (siehe dazu Thomas, 1991, S.5—6). Es zeigte sich eine deutliche soziale Beeinflussung der Leistungsergebnisse bei verschiedenen Leistungsarten, von einfachen motorischen bis hin zu komplexen kognitiven Leistungen. Im Mittelpunkt des experimentellen Interesses stand dabei aber die Erfassung der Leistung einzelner Personen. Gruppen und die in sozialen Situationen wirkenden Kräfte waren nicht selbst Untersuchungsgegenstand, sondern nur in ihrer Funktion als Determinanten individuellen Leistungsverhaltens. Auch die bahnbrechenden Untersuchungen zum Führungsstil von Lippitt & White (1947/1951) über die Auswirkungen demokratisch, autoritär und laissez-faire geführter Gruppen hatten nicht die sich ausbildenden Strukturierungs- und

Verlaufsprozesse in Gruppen zum Gegenstand, sondern die Erfassung der Quantität und Qualität individueller Einzelleistungen und der Gruppenleistung sowie die Zufriedenheit der einzelnen Gruppenmitglieder mit der Aufgabenerledigung. Die Gruppe war auch hier, wie in vielen sozialpsychologischen Untersuchungen, lediglich eine Bedingungsvariable für individuelles Verhalten.

Eine Sozialpsychologie, die Gruppen nur als eine Summe miteinander in Interaktion stehender Individuen beschreibt und analysiert, würde ihren Untersuchungsgegenstand jedoch in unzulässiger Weise vereinfachen. Menschen verhalten sich nämlich in sozialen Begegnungssituationen mit anderen nicht als isolierte Einzelpersonen, sondern als Mitglieder sozialer Gruppen. Gruppen führen in gewisser Weise ein Eigenleben. Sie weisen eine spezifische innere Dynamik auf, die nach innen und außen wirkt, und an der jedes Gruppenmitglied aktiv beteiligt ist, und von der es beeinflußt wird. Es gibt gute Gründe zu der Annahme, daß in naher Zukunft die experimentelle Sozialpsychologie sich verstärkt mit der Analyse von Intergruppenbeziehungen befassen wird und damit die einseitig individualpsychologische Analyse sozialer Phänomene überwindet (Manstead, 1990).

Die moderne Psychologie begann zunächst einmal mit der experimentellen Untersuchung psychologischer Funktionen des Gehirns und der Sinnesorgane, z. B. Aufmerksamkeit, Reaktionsfähigkeit, Gedächtnis, Wiedererinnern, Vergessen, Unterscheidungsfähigkeit, Assoziationsprozesse usw. Die Differentielle Psychologie untersuchte die dabei zu beobachtenden individuellen Unterschiede im Verhalten und Erleben. Tatsächlich gab es bei dieser Gegenstandsbestimmung der Psychologie zunächst keinen Platz für die wissenschaftliche Behandlung sozialer Einflußprozesse. So verneinte selbst Wilhelm Wundt ausdrücklich die Anwendung experimentalpsychologischer Methoden bei der Analyse kollektiver Phänomene. Aus ethischen wie praktischen Gründen verbiete sich eine experimentelle Sozialpsychologie, denn das, was aus der Gemeinschaft vieler Menschen hervorgeht, könne nicht einer experimentellen Analyse unterzogen werden: „So ist denn auch die Völkerpsychologie bei der Analyse der höheren geistigen Vorgänge eine unentbehrliche Ergänzung der Psychologie des Einzelbewußtseins. (Die Aufgabe der Völkerpsychologie) ist uns in all den geistigen Erzeugnissen gegeben, die aus der Gemeinschaft des menschlichen Lebens hervorgehen, und die nicht aus den Eigenschaften des einzelnen Bewußtseins allein zu erklären sind, weil sie die Wechselwirkung vieler voraussetzen“ (Wundt 1913, S. 13).

Die soziale Dimension psychischer Vorgänge läßt sich nach Wundt nur auf der Ebene der Kollektiverscheinungen wie Sprache, Mythen, Rituale, Rechtsordnungen, Philosophie und Religionen analysieren. Die experimentelle Analyse der Psychologie des Einzelbewußtseins in Verbindung mit einer völkerpsychologischen Betrachtung der verschiedenen Stufen geistiger Entwicklung des Menschengeschlechts von seinen Anfängen bis heute gibt seiner Meinung nach erst ein vollständiges Bild der psychologischen Entwicklung des Individuums, eines Volkes, bestehend aus Familien, Klassen, Sippen und Gruppen und der gesamten Menschheit. Die Entwicklung der Völker von ihren primitiven Anfängen bis zu den höheren Stufen der Kulturentwicklung, dargestellt und miteinander verglichen anhand ihrer kollektiv geschaffenen psychologischen Erscheinungen, war für Wundt neben der Allgemeinen Psychologie ein unentbehrlicher Forschungsgegenstand.

Die moderne Psychologie hat diesen von Wundt vorgezeichneten Weg nicht beschritten. Sie hat sich auf die experimental-psychologische Analyse individuellen Verhaltens und Erlebens konzentriert und hat völkerpsychologische Fragen der Kulturanthropologie, einer wenig entwickelten Kulturpsychologie und in begrenztem Umfang auch der Kulturvergleichenden Psychologie zur Beantwortung überlassen. Für die Sozialpsychologie bedeutete diese Entwicklung einerseits den Verlust sozialer Gebilde wie Gruppen und deren kollektive Leistungen, als eigenständiger Forschungsgegenstand andererseits erwuchs daraus aber auch ein Gewinn in Gestalt einer experimentell orientierten Sozialpsychologie.

Bereits wenige Jahre nach Wilhelm Wundt's Völkerpsychologie legte Walter Moede (1920) eine Zusammenfassung seiner experimentellen Arbeiten über den sozialen Einfluß auf das individuelle Leistungsverhalten vor mit dem bezeichnenden Titel „Experimentelle Massenpsychologie — Beiträge zur Experimentalpsychologie der Gruppe“. Dabei weist er der Gruppenpsychologie neben der Individual- und Völkerpsychologie spezifische Aufgaben zu: „Wendet man den historischen Gesichtspunkt an, so wird aus der Individualpsychologie Entwicklungspsychologie, während die Gruppenpsychologie zur Völkerpsychologie wird. Welches sind die seelischen Erscheinungen, die eintreten, wenn immer Gruppen zusammen sind, so fragt die Gruppenpsychologie? Die Völkerpsychologie dagegen untersucht die Produkte der Wechselwirkung, wie sie sich historisch kristallisiert haben als Sitte, Sprache, Mythos, Kunst und fragt nach den Gesetzen ihrer Entwicklung. Wie die Geologie in Chemie und Physik aktuelle Ergänzungswissenschaften hat, die methodisch anders fungieren, so verlangt die Völkerpsychologie ein adäquates Korrelat, eine exakte Gruppenpsychologie, die durch systematische Beobachtung die aktuellen Wechselwirkungen der Mitglieder einer Gruppe auf Gesetz und Regel bringt“ (S. 4—5). Nach einer kritischen Auseinandersetzung mit den Theoretikern der um die Jahrhundertwende sehr aktuellen Massenpsychologie wie Sighele (1891), Tarde (1890), und Le Bon (1895), die von der intellektuellen Minderwertigkeit des Individuums in der Masse und einer primitiven Gleichförmigkeit allen psychischen Geschehens in der Masse ausgingen und der Masse und sonstigen Kollektiverscheinungen nur negativ bewertete Einflüsse auf das individuelle Leistungsverhalten zuerkannten, legte Moede sein Konzept einer experimentellen Gruppenpsychologie dar und beschrieb sehr detailliert sein experimentelles Vorgehen und die dabei gewonnenen Ergebnisse. Er untersuchte beispielsweise die soziale Beeinflussung der optischen, akustischen, taktilen und kinästhetischen Unterschiedsempfindlichkeit, der

Qualität und Quantität motorischer Leistungen, der Aktivierung von Kraftleistungen, der Aufmerksamkeit sowie von Gedächtnis- und Assoziationsleistungen. Somit kann Moede's Buch zweifellos als die erste Monographie der experimentellen Sozialpsychologie angesehen werden.

Es ist interessant, daß auch Peter Hofstätter sein vielbeachtetes Buch „Gruppendynamik" (1957) mit dem Untertitel „Kritik der Massenpsychologie" versieht und tatsächlich die zentralen Merkmale von Gruppen und ihren Wirkungen auf das Individuum im Kontrast und in gezielter Abgrenzung von massenpsychologischen Spekulationen einführt. „Spricht man von Menschen auf der einen Seite und von dem einzelnen auf der anderen, so bleibt die Aufzählung der menschlichen Daseinsweisen durchaus unvollständig. Wir leben in Familien und in Gruppen. Wir erleiden eine sehr bedeutsame Einbuße an menschlicher Fülle, wenn wir des Haltes in diesen strukturierten Gebilden verlustig gehen, sei es in der beziehungslosen Vereinsamung oder in der massenhaften Desorganisation (...). Die isolierte Verfälschung des individuellen Menschenbildes ist unabdinglich mit der anonymisierenden Auflösung des Individuums in der Masse gekoppelt. Dabei handelt es sich aber in der Deutung der eigenen Befindlichkeit um nicht mehr und nicht weniger als um die Zurückweisung der Kultur-Erfindung der Menschheit. Ich meine damit (...) nicht die Familie; sie hat homo sapiens gewiß nicht erfunden. Seine große Entdeckung besteht aber in der flexiblen zielorientierten Gruppe (...). Erst die menschliche Gruppe vermag ihre eigenen Aufgaben selbst zu definieren. Die Aufgaben einerseits und die zu ihrer Bewältigung erforderlichen Funktionen andererseits werden damit verfügbar und zugleich auch von der Gruppe sowohl als von ihren einzelnen Angehörigen abhebbar" (Hofstätter, 1957, S. 20). Die Gruppe ist für ihn ein flexibles soziales Gebilde, demgegenüber das Individuum ein gewisses Maß an Freiheit und Selbständigkeit bewahren kann und ihm die Mitgliedschaft in mehreren unterschiedlichen Gruppen ermöglicht. „Die These von der flexiblen Gruppe als einer oder gar der menschlichen Kulturerfindung läßt sich nur dann ernsthaft verfechten, wenn man in der Gruppe eine Aktionsform zu sehen bereit ist, die sich an Erfolgen auszuweisen vermag. Es geht somit genau um die von Le Bon in Abrede gestellte Behauptung einer leistungsmäßigen Überlegenheit der Gruppe" (S. 21).

Die experimentelle Kleingruppenforschung hat diesen Anspruch zweifellos eingelöst, indem sie den eigenständigen Beitrag von Gruppen und gruppenähnlichen sozialen Gebilden zur Bewältigung von Leistungsanforderungen in verschiedenen Handlungsbereichen nachgewiesen hat.

Gruppenstrukturen und Gruppenprozesse

Wenn man Hofstätters Konzept der flexiblen Gruppe folgt und davon ausgeht, daß jedes Individuum zum gleichen Zeitpunkt verschiedenen Gruppen angehören kann, dann müßte es jedem leicht fallen, seine aktuelle Mitgliedsgruppe zu benennen. Ein Eigenversuch aber zeigt, daß man zwar relativ schnell Art und Anzahl von Personen benennen kann, mit denen man interagiert, doch ob man mit ihnen schon eine Gruppe bildet, ist fraglich. Es fehlen offensichtlich eindeutige und leicht verfügbare Unterscheidungskriterien. Interaktionspartner, einzelne soziale Handlungen ihnen gegenüber und die zu ihnen bestehenden Beziehungsverhältnisse sind offensichtlich leichter zu identifizieren und zu beschreiben als Gruppenmerkmale.

Moede (1920) definiert die Gruppe als: „. . . eine größere oder geringere Anzahl von Individuen, die in mannigfacher Weise aufeinander einwirken. Die Einwirkung kann geschehen in Wahrnehmung und Erinnerung, Gefühl, Affekt- und Willenshandlung. Sie kann bewußt oder unbewußt vor sich gehen. Im einfachsten Falle ist die Gruppe in der unmittelbaren Wahrnehmung gegeben und ihre Glieder sind abzählbar. Das räumliche und zeitliche Beisammensein einer abzählbaren Anzahl von diskreten Einheiten schließt sich von selbst in der Betrachtung des Beobachters zu einem Ganzen zusammen (...). Eine Schulklasse ist offenbar eine anschauliche Gruppe, eine politische Partei oder eine religiöse Sekte dagegen nur teilweise und gelegentlich in der unmittelbaren Wahrnehmung gegeben“ (S. 3). Diese sehr allgemeine und weitgefaßte Definition grenzt Gruppen allenfalls gegenüber anonymen Massen ab, indem sie die gegenseitige Beeinflussung durch Interaktionen betont, sie gibt aber kein differenziertes Bild gruppentypischer Merkmale und erlaubt noch keine Unterscheidung von Gruppen gegenüber anderen sozialen Gebilden. Hofstätter (1957) versucht, Gruppe gegenüber Masse, Menge, Klasse und Verband abzugrenzen.

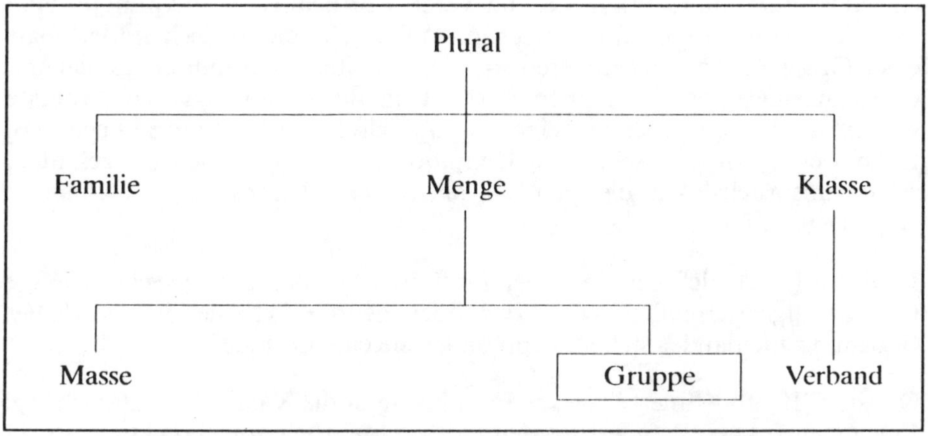

Abbildung 1: Unterscheidung verschiedener Sozialgebilde (nach Hofstätter 1957, S. 23).

Hofstätter meint, daß immer dann, wenn man von Menschen im Plural, also einer irgendwie gearteten Ansammlung von Individuen, spricht und dabei zunächst einmal die Familie als eine Sonderform primärer sozialer Bindungen außer acht läßt, sich zwei Kategorien sozialer Gebilde voneinander abgrenzen lassen, nämlich Menge und Klasse. Dabei umfaßt die Klasse sämtliche Träger einer zum Definitionsmerkmal erhobenen Eigenschaftskombination, z. B. die Klasse der Universitätsstudenten, der mittleren Angestellten, der Arbeitslosen oder auch der Deutschen, der Mitteleuropäer oder der Privilegierten. Dabei ist es nicht nötig, daß die Träger des Definitionsmerkmals sich kennen oder überhaupt jemals zusammengekommen und gemeinsame Ziele entwickelt haben. Sie gehören einfach statistisch gesehen einer Klasse an und werden unter diesem Merkmal kategorisiert. Wird demgegenüber die Klassenzugehörigkeit für das Verhalten des einzelnen Mitgliedes relevant, wird es sich seiner Klassenzugehörigkeit bewußt und handelt es entsprechend, dann wird aus der Klasse ein Verband. Im Verband entwickeln die Mitglieder gemeinsame Interessen, bilden zur Durchsetzung ihrer Interessen taugliche Zusammenhangsordnungen und Aktionsstrukturen, indem sie Aufgaben definieren, an bestimmte Personen Befugnisse und Verantwortlichkeiten delegieren und die Effektivität der Interessendurchsetzung kontrollieren.

Von der Klasse als einer abstrakten, nur nach einem statistisch zu bestimmenden Definitionsmerkmal gebildeten Gemeinschaft unterscheidet Hofstätter noch die Menge als ein Gebilde aus Personen, die sich zur gleichen Zeit am gleichen Ort befinden. Nach der Art der Interaktionsbeziehungen dieser Menge kann daraus eine Masse oder eine Gruppe werden. Bleibt die Menge unstrukturiert, also der einzelne weitgehend isoliert von den anderen und ohne zu ihnen eine Zusammenhangstruktur auszubilden, dann spricht Hofstätter von Masse. Kommt es dagegen zur Strukturierung der Menge, entwickelt sich so etwas wie eine Rollenverteilung, ein Bezugsrahmen, in den der einzelne sich einordnet, bestimmte Aufgaben und Verantwortlichkeiten übernimmt, dann kann man von einer Gruppe sprechen. Auf die charakteristischen Merkmale einer Gruppe gegenüber anderen sozialen Gebilden soll nun etwas genauer eingegangen werden, da sie einen Eindruck davon vermitteln, welche Prozesse sich in Gruppen abspielen und einer psychologischen Analyse zugänglich sind. Dazu werden drei verschiedene Definitionen, die von einer weitgefaßten, relativ anspruchslosen bis zu einer anspruchsvollen reichen, miteinander verglichen.

Lindgren (1974) definiert in seiner Einführung in die Sozialpsychologie die Gruppe folgendermaßen: Wenn zwei oder mehrere Personen in irgendeiner Beziehung zueinander stehen, dann bilden sie eine Gruppe.

Olmsted (1959) definiert in seiner Einführung in die Kleingruppenforschung: Eine Gruppe kann definiert werden als eine Mehrheit von Individuen, die in Kontakt miteinander stehen, aufeinander reagieren und in wesentlichen Punkten Gemeinsamkeiten erleben.

McDavid & Harary (1968) definieren: Eine sozialpsychologische Gruppe ist ein organisiertes System von zwei oder mehr Individuen, die so miteinander verbunden sind, daß in einem gewissen Grade gemeinsame Funktionen möglich sind, Rollenbeziehungen zwischen den Mitgliedern bestehen und Normen existieren, die das Verhalten der Gruppe und aller ihrer Mitglieder regeln.

Sader (1976) erläutert diese Definitionen an folgendem Beispiel: „Wenn zwei einander Fremde nebeneinander die Straße entlanggehen, dann sind sie offenbar nach keiner dieser drei Definitionen eine Gruppe. Werden diese beiden Personen jedoch gemeinsam von einem Dritten für eine Wohltätigkeitssammlung angesprochen, so sind sie nach Lindgren eine Gruppe, nach Olmsted und McDavid & Harary jedoch nicht. Bitten wir fünf Studenten, die einander unbekannt sind, gemeinsam zu einem sozialpsychologischen Experiment in einen Raum und verlesen eine Instruktion, so sind die fünf nach Lindgren und Olmsted eine Gruppe, nicht jedoch nach McDavid & Harary. Erst wenn die Teilnehmer eine Weile miteinander zu tun gehabt haben, sich Ansätze von Rollenspezifizierungen bilden konnte, sich gemeinsame Normen entwickelten, erst dann würden die Autoren der drei Definitionen wieder miteinander übereinstimmen und von einer sozialpsychologischen Gruppe reden“ (S. 34).

Eine zu enge Definition gruppentypischer Merkmale würde viele soziale Gebilde von einer gruppenpsychologischen Analyse ausschließen, eine zu weite Definition dagegen die besonderen Merkmale der Gruppe zu wenig repräsentieren. Ein Überblick über die gruppenpsychologische Forschung läßt folgende Definition zur Abgrenzung sinnvoll und wissenschaftlich fruchtbar erscheinen:

Von einer Gruppe kann man dann sprechen, wenn zwei oder mehr Personen miteinander in Beziehung stehen, gemeinsame Ziele verfolgen und bestimmte Normen beachten, die dann ihr Verhalten steuern, und die gegenseitige Rollenerwartungen und affektive Beziehungsstrukturen untereinander entwickeln. Mit dieser Definition lassen sich Gruppen deutlich abgrenzen gegenüber größeren sozialen Gebilden wie Menge, Masse, Mob, Kollektiv u. ä., in denen eine direkte gegenseitige Beeinflussung der Mitglieder untereinander nur schwer möglich ist. Jede Durchschnittsperson einer westlichen Industriegesellschaft gehört statistisch betrachtet in der Regel 5 — 7 Gruppen an. Dazu sind zu zählen Ehepaar-Gruppen, Familien-, Kindergarten- und Schulgruppen, Lern- und Arbeitsgruppen, Sport-, Spiel- und Freizeitgruppen oder Sozialhilfegruppen. Hinzu kommen Gruppenzusammenschlüsse zur Erledigung bestimmter Aufgaben wie Produkte herstellen, Dienstleistungen erbringen, Entscheidungen vorbereiten und treffen, Problemlösungen entwickeln oder zur Behebung von Notlagen. Dabei haben etwa 90 % dieser Gruppen weniger als 6 Mitglieder.

Die sozialpsychologische Forschung hat sich unter den Begriffen „Gruppendynamik“ (Cartwright & Zander, 1968) und „Kleingruppenforschung“ (Hare,

1976) vornehmlich mit der Leistungsfähigkeit solcher Kleingruppen bei Problemlösungs-, Entscheidungs- und Denkaufgaben sowie den dabei auftretenden kommunikativen, interaktiven und psychosozialen Prozessen befaßt. Zu diesem Zweck wurden nicht bestehende, „natürliche" Gruppen bei der Aufgabenbewältigung beobachtet, sondern „künstliche" Gruppen gebildet, die bei unterschiedlicher Zusammensetzung unter verschieden stark eingeschränkten Kommunikations- und Interaktionsbedingungen wechselnde Aufgaben zu erledigen hatten. Die zum Experiment eingeladenen Versuchspersonen, die sich in der Regel vorher nicht kannten, mußten in einer Voruntersuchung an einer Kooperationsaufgabe teilnehmen, bei der sie Gruppenstrukturen untereinander entwickeln und ausbilden konnten, bevor sie dann in der Hauptuntersuchung als „Gruppe" gemeinsam eine Aufgabe zu lösen hatten. Die Experimentatoren gingen dabei von der zunächst einmal ungeprüften Annahme aus, daß sich ein solcher Gruppenbildungsprozeß unter den genannten experimentellen Bedingungen sehr schnell vollzieht und die Gruppe danach in der Lage ist, die vom Versuchsleiter gestellten Aufgaben tatsächlich effektiv zu lösen. Die Qualität des nach der Voruntersuchung erreichten Gruppenbildungsniveaus und die Art der entstandenen Beziehungsstrukturen wurden deshalb auch nur selten kontrolliert.

Die gegenwärtig zu beobachtenden Forschungsaktivitäten im Bereich der Kleingruppenforschung beziehen sich nach einer Untersuchung von Becker-Beck & Schneider (1990) auf die Entwicklung und den Einsatz von Methoden zur Strukturerfassung in Gruppen wie Netzwerkanalysen und Interaktionsdiagnostik (siehe SYMLOG-Verfahren in diesem Kapitel), Forschungen zur Koalitionsbildung in Gruppen, Analysen über Gruppenentscheidungsprozesse, Intergruppenforschung und deskriptive Analysen von gemischt-geschlechtlichen und gemischt-kulturellen Gruppen, Eltern-Kind-Dyaden und Paaren. Zudem stimmen die Autoren den Schlußfolgerungen von Levine & Moreland (1990) zu, daß methodische Entwicklungen in Verbindung mit der Theorieentwicklung, der wissenschaftlichen Fundierung und der Erforschung anwendungsbezogener Fragestellungen in diesem Teilgebiet der Sozialpsychologie zugute kämen.

Neben der Definition der Bestimmungsmerkmale einer Gruppe zur Abgrenzung von anderen sozialen Gebilden lassen sich Merkmale zur Unterscheidung verschiedener Gruppenarten angeben.

1. Großgruppen und Kleingruppen unterscheiden sich in der Zahl ihrer Mitglieder. Gruppen unter 30 Personen werden von vielen Sozialpsychologen als Kleingruppen bezeichnet und Gruppen zwischen 30 und 100 Personen als Großgruppen. Dabei ist die 2-Personen-Gruppe (Dyade) die kleinste Gruppe. Die Grenzen sind fließend, da sich gezeigt hat, daß Personen in großen Gruppen dazu neigen, Subgruppen auszubilden, die sich verselbständigen und gegebenenfalls zur Auflösung der Großgruppe führen können. Mit Zunahme der Gruppengröße nimmt nämlich die Chance ab, mit allen Mitgliedern so in Kontakt zu kommen, daß sie als

Gruppenmitglieder überhaupt wahrgenommen und behandelt werden können. Die Leichtigkeit des sozialen Kontaktes und die dabei zu entwickelnde soziale Nähe stehen in umgekehrtem Verhältnis zur Gruppengröße. Das zeigt sich beispielsweise schon bei einem Vergleich der relativ hohen Intimität zwischen den Personen in einer modernen Kleinfamilie im Vergleich zu den mehr formalen und hierarchisch gegliederten Interaktionsstrukturen und -regeln in Großfamilien mit einem Familienoberhaupt an der Spitze und traditionell festgelegten Handlungs- und Entscheidungsbefugnissen.

2. Primär- und Sekundärgruppen unterscheiden sich nach der Qualität der Interaktionsbeziehungen. Primärgruppen ermöglichen intime und direkte Partnerbeziehungen, sie haben einen persönlichkeits- und normprägenden Einfluß, fördern ein starkes Wir-Gefühl bei den Gruppenmitgliedern, sind für die Persönlichkeitsentwicklung des Individuums von hervorragender Bedeutung und sind auf Dauer angelegt. Sekundärgruppen ermöglichen und verlangen ein deutlich geringeres Maß an Intensität und Emotionalität der Partner- und Gruppenbindung und bilden formalere Interaktionsregeln und einheitlichere Rollenerwartungen aus.

3. Formelle und informelle Gruppen unterscheiden sich hinsichtlich des Grades formaler Festlegungen von Zielen, Normen und Rollen. Bei formellen Gruppen sind die zu erreichenden Ziele und Interaktionsmöglichkeiten von außen vorgegeben und folgen einem festgelegten Plan. Bei informellen Gruppen entwickeln sie sich aus der Interaktion der Gruppenmitglieder selbst. Dies betrifft insbesondere die Festlegung von Gruppenzielen. Informelle Gruppen in Organisationen bilden sich oft als Reaktion auf einen Zielkonflikt zwischen der offiziellen, formalen Aufgabenstellung und den bei den Gruppenmitgliedern tatsächlich bestehenden Zielen und Wünschen. Die Bildung informeller Gruppen in einer formalisierten Organisation kann deshalb als Konfliktlösungsversuch angesehen werden. Sie erfüllen entweder eine rein kompensatorische Funktion, indem sie z. B. ihren Mitgliedern die Befriedigung des Bedürfnisses nach sozialer Identität ermöglichen, oder sie haben eine innovative Funktion, indem sie zur Durchsetzung neuer, den Bedürfnissen der Organisationsmitglieder besser entsprechender Ziele und Regelungen beitragen.

4. Offene und geschlossene Gruppen unterscheiden sich im Grad ihrer Zugänglichkeit für neue Mitglieder und in ihrer Mitgliederfluktuation. Bei geschlossenen Gruppen (z. B. Sekten, Banden, Clubs) ist außenstehenden Personen die Mitgliedschaft verwehrt oder zumindest erschwert und oft nur durch besondere Anstrengungen und Leistungen zu erreichen.

5. Aufgabenorientierte und sozial-emotionale Gruppen lassen sich nach den in ihnen vorherrschenden Gruppenzielen unterscheiden. Die Behandlung und Lösung einer konkreten Aufgabe, z. B. die Entwicklung eines neuen Produktes, Planung einer Fertigungsanlage, Entwicklung eines Parteipro-

gramms, Vorbereitung eines Festes, erfordert und fördert andere Arten von Gruppenstrukturen und -prozessen als sie in Gruppen vorherrschen, die ausschließlich der Befriedigung sozial-emotionaler Bedürfnisse ihrer Mitglieder dienen. In diesen Gruppen ist die gemeinsame Bearbeitung einer Aufgabe nicht Ziel, sondern allenfalls Mittel zur Entwicklung einer erwünschten Beziehungsqualität.

6. Eigen- und Fremdgruppen lassen sich nur vom Standpunkt der Person aus unterscheiden. Als Eigengruppe bezeichnet man die Gruppe, der man selbst angehört oder der man unbedingt angehören möchte. Alle anderen Gruppen sind Fremdgruppen, besonders dann, wenn sie abgewertet und abgelehnt werden. Oft wird in diesem Zusammenhang der Begriff „Bezugsgruppe“ oder „Vergleichsgruppe“ verwandt, um damit diejenige Gruppe zu bezeichnen, auf die sich ein Individuum bei der Beurteilung seiner eigenen Person, anderer Personen oder Gruppen bezieht. Bezugs- und Vergleichsgruppen liefern Vergleichs- und Beurteilungsmaßstäbe und erfüllen somit eine normative Funktion. Das Individuum kann sich zu diesen Gruppen hingezogen fühlen und versuchen, durch Anpassung an die dort geltenden Normen Mitglied der Gruppe zu werden. Es kann sich aber auch gezielt von den in der Bezugs- oder Vergleichsgruppe beobachteten Verhaltensweisen, Werten und Normen distanzieren und deren Mitglieder als Repräsentanten negativ bewerteter und abgelehnter Eigenschaften behandeln. Fremdgruppen sowie Bezugs- und Vergleichsgruppen können unter Umständen einen größeren Einfluß auf die Persönlichkeit ausüben als die Eigengruppe.

7. Kurz- und langfristig existierende Gruppen unterscheiden sich besonders hinsichtlich der Dauer der individuellen Bindung und Verpflichtung gegenüber den Gruppenmitgliedern. Die lebenslange Zugehörigkeit zur Familie oder zu einer Freundesgruppe hat weitreichendere Folgen für die Persönlichkeitsentwicklung, das Selbstwertgefühl, die Befriedigung sozialer Motive wie Schutz, Geborgenheit usw. als die relativ kurzfristige Teilnahme an einer ad hoc sich bildenden Gruppe zur Erreichung bestimmter Ziele (Arbeitsgruppe, Prüfungsvorbereitungsgruppe, Bürgerprotestgruppe, Freizeitgruppe).

Die hier behandelten Unterschiedsmerkmale für verschiedene Arten von Gruppen dienen lediglich zur ersten Orientierung. Gruppen sind keine statischen, sondern dynamische Gebilde und unterliegen ständigen Veränderungen durch äußere und innere Kräfte. Gruppenziele können sich wandeln von leistungsspezifischen Zielen weg, hin zur Befriedigung sozial-emotionaler Bedürfnisse. Formalisierte, einheitliche Interaktionsstrukturen können allmählich in frei gewählte und variabel einsetzbare übergehen, oder relativ offene Gruppen können durch verschärfte Zugangsbedingungen wie Prüfungen, Mitgliedsbeiträge, Bekenntnisse zu bestimmten Werten u. ä. den Mitgliederkreis begrenzen und vereinheitlichen.

Allgemein kann man Gruppen als prinzipiell offene Systeme (Bertalanffy, 1962) behandeln, determiniert durch Eingangsgrößen, interaktive Prozesse und Resultate als Ausgangsgrößen. Die Eingangspotentiale, auf deren Aktivierung eine Gruppe angewiesen ist, können unterschieden werden in individuelle, gruppenspezifische und umweltgebundene Faktoren (Hackman & Morris, 1975). Die Eingangspotentiale der Individuen bestehen aus deren Fähigkeiten, Fertigkeiten, Kenntnissen und Handlungsbereitschaften, ihren Einstellungen gegenüber dem Gruppenziel, anderen Gruppenmitgliedern und situativen Bedingungen sowie ihren Ergebniserwartungen. Hinzu kommen für die Stellung in der Gruppe bedeutsame biologische Merkmale wie Geschlecht, Alter, physische Stärke und soziale Merkmale wie Status, Position, Titel oder Berufszugehörigkeit. Als gruppenspezifische Potentiale sind die Gruppengröße und die Gruppenzusammensetzung anzusehen. Die umweltspezifischen Eingangsgrößen beziehen sich auf das physikalische und soziale Umfeld, in dem die Gruppe agiert, dessen Ressourcen sie sich nutzbar machen muß, die Aufgabencharakteristika, mit denen sie sich auseinanderzusetzen hat sowie die einer Zielerreichung entgegenstehenden Hindernisse. Bei den Prozeßvariablen muß nach McGrath & Kravitz (1982) unterschieden werden zwischen Interaktionsmustern und Interaktionsinhalt. Das jeweilige Interaktionsmuster in einer Gruppe umfaßt die Anzahl der am Gruppengeschehen engagierten Mitglieder, die Partizipationsrate, gemessen an der Anzahl der gegebenen und empfangenen Informationen, und die Partizipationsdauer. In vielen Untersuchungen haben sich interindividuelle Unterschiede hinsichtlich der Partizipationsrate gezeigt, die mit der Gruppengröße noch zunehmen. Der Interaktionsinhalt umfaßt Anzahl und Qualität der aufgabenorientierten Kommunikationen und die sozial-emotionalen Bedürfnisse in der Gruppe. Die betreffenden verbalen und nonverbalen Austauschprozesse, z. B. Zustimmung, Lob, Anerkennung oder Widerspruch und Ablehnung sowie die Gruppenprozesse, sofern sie über eine längere Zeit andauern, können zu sehr verschiedenen Ergebnissen führen. So werden beispielsweise die Mitglieder miteinander bekannt, entwickeln Gefühle der Sympathie oder der Antipathie, formen eine interne Gruppenstruktur aus, die darin bestehen kann, daß einige Personen dominieren und einen größeren Beitrag zur Erreichung des Gruppenziels leisten als andere, daß eine Machtstruktur entwickelt wird und daß in aufgabenorientierten Gruppen ein bestimmtes Gruppenziel erreicht wird. Schließlich wirken diese Resultate nicht nur innerhalb der einzelnen Gruppe und auf ihre jeweiligen Gruppenmitglieder, sondern auch in das physikalische und soziale Umfeld hinein. Andere Gruppen werden beeinflußt, z. B. dominiert, soziale Determinanten wie Normen und Verhaltensregeln geändert, die Eigengruppe auf Kosten anderer Gruppen aufgewertet und evtl. die Umweltbedingungen so verändert, daß dadurch die Handlungsmöglichkeiten anderer Gruppen eingeschränkt werden.

Bei der Behandlung von Gruppen als offene Systeme ist zu beachten, daß für die Dynamik in der Gruppe nicht eine von außen kommende Definition der Strukturen und ablaufenden Prozesse, z. B. durch quasi objektive Beobachter oder Experimentatoren und deren Quantifizierungen entscheidend sind, sondern allein die subjektive Interpretation durch die einzelnen Gruppenmitglieder und die in der Gruppe über den gruppeninternen Diskurs sich herausbildende Gruppenmeinung. Die Gruppenmeinung, z. B. über die Qualität bestimmter Eingangspotentiale, Interaktionsprozesse und Resultatgrößen, wird von den Gruppenmitgliedern übernommen und bestimmt größtenteils deren Beurteilungsmaßstäbe. Erkenntnisse über die eigene Person in der Gruppe und die Gruppenmitglieder sind nicht objektiv vorgegeben, sondern das Resultat sozialer Konstruktionen, entwickelt über subjektive und kollektive, d. h. gruppenspezifische Realitätsdefinitionen (Kelly, 1955; Markus & Zajonc, 1985).

Als ein Beispiel für die Beschreibung verschiedener Strukturen, die sich in Gruppen ausbilden können und das Verhalten der Gruppenmitglieder bestimmen, wird nun das von Jones & Gerard (1967) entwickelte soziale Kontingenzmodell zur Unterscheidung von vier verschiedenen Grundstrukturen in der kleinsten Gruppe, der Dyade, dargestellt. Jones und Gerard gehen davon aus, daß jede Interaktion zwischen zwei Personen in der Regel durch innere und äußere Faktoren reguliert wird. So kann eine Person aus einem inneren Bedürfnis heraus an eine andere Person eine Frage stellen; sie kann zu der gleichen Frage aber auch von außen, z. B. durch einen Lehrer, angeregt worden sein. Die Antwort des Partners kann zunächst als eine Reaktion auf die gestellte Frage betrachtet werden, sie hängt aber auch von inneren Faktoren ab wie der Einstellung zum Fragenden, zum Gegenstand oder dem vorhandenen Bildungsniveau und Kenntnisstand. Je nachdem wie stark das Verhalten der Interaktionspartner von den relativen Anteilen innerer und äußerer Faktoren determiniert ist, unterscheiden Jones & Gerard vier Grundstrukturen der Interaktionsbeziehungen in Dyaden: Pseudokontingenz, asymmetrische Kontingenz, reaktive Kontingenz und wechselseitige Kontingenz (s. Abb. 2).

1. *Pseudokontingenz:* Das Verhalten der Interaktionspartner wird ausschließlich durch innere Faktoren determiniert. Eigene, subjektive Pläne bestimmen das gezeigte Verhalten, und lediglich die zeitliche Strukturierung der Verhaltenseinheiten ist von sozialen Reizen abhängig, z. B. wenn ein Partner erst zu sprechen beginnt, wenn der andere zu sprechen aufgehört hat. Pseudokontingente Beziehungen bestehen beispielsweise zwischen zwei Schauspielern, die im Rahmen der ihnen vorgeschriebenen und auswendig gelernten Rollen miteinander interagieren. Bei stark ritualisierten und formalisierten Handlungen liegen pseudokontingente Beziehungen ebenso vor wie bei Personen, die unfähig oder nicht bereit sind, einander zuzuhören und aufeinander einzugehen und stattdessen aneinander vorbeireden.

2. *Asymmetrische Kontingenz:* In diesem Fall ist das Verhalten des einen Partners durch innere und das des anderen durch äußere Faktoren determiniert. Ein Partner richtet sich nach seinen eigenen Plänen und wird deshalb von den Reaktionen des anderen kaum beeinflußt, wohingegen die andere Person ihr Verhalten fast ausschließlich nach ihrem Partner

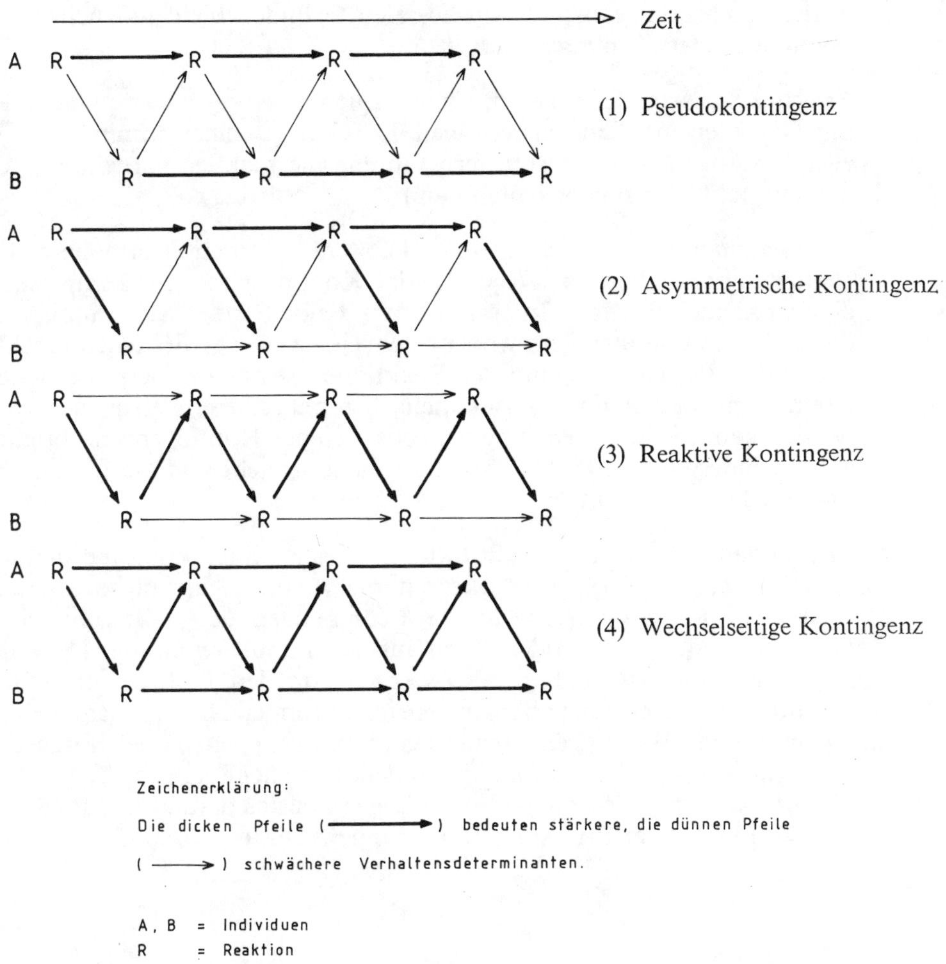

Abbildung 2: Grundstrukturen der Interaktionssequenzen in Dyaden

ausrichtet. Asymmetrische Beziehungsstrukturen treten auf, wenn ein Partner keine eigenen Handlungspläne und -absichten verfolgt oder nicht imstande ist, sie gegenüber anderen durchzusetzen. Ein solches Verhalten kann auftreten, wenn neue, bisher unbekannte und schwer vorhersehbare Situationen zu bewältigen sind, wenn der Handelnde über zu wenige Informationen verfügt und ihm die Orientierung fehlt oder wenn so große Machtunterschiede in der Interaktion bestehen, daß ein Partner dem anderen seinen Willen aufzwingen kann. Asymmetrische Kontingenzen können auch daraus resultieren, daß ein Partner unverändert an seinen vorgefaßten Plänen festhält und zu unbeweglich ist, um auf den anderen Partner einzugehen. In diesem Falle kommt es entweder zum Abbruch der

Beziehungen oder, falls dies aus sozialen Gründen nicht möglich ist, zu asymmetrischen Kontingenzen.

3. *Reaktive Kontingenz:* In diesem Falle reagieren beide Partner aufeinander, ohne dabei eigene Pläne zu verfolgen. Dies kann in einer primitiven Form zu reflexartigen Reaktionsmustern führen, wie man sie vornehmlich bei Kindern und Tieren beobachten kann.

4. *Wechselseitige Kontingenz:* Innere und äußere Faktoren determinieren das Verhalten beider Partner. Wechselseitige Kontingenz ist der komplexeste, aber wohl auch häufigste Interaktionstyp. Beide Partner handeln planmäßig und situationsangepaßt, wobei jeder seine Ziele verwirklichen möchte, aber unter Berücksichtigung der Reaktionen seines Partners. Besonders dann, wenn ein Ziel nur in Zusammenarbeit mit anderen Personen erreicht werden kann, ist die Herstellung wechselseitiger Kontingenzen nötig, da sonst mindestens ein Partner sein Ziel nicht erreicht und die Interaktion unbefriedigend verläuft.

Die Behandlung der Kontingenzstrukturen sozialer Interaktion hat deutlich werden lassen, daß Gruppenstrukturen nicht von Gruppenprozessen zu trennen sind. Durch innerpsychische Bedingungen (z. B. Gewohnheiten, Erwartungen, Fähigkeiten) oder durch äußere und innere Zwänge (Traditionen, Normen, Gesetze und Regeln) werden von den Partnern bestimmte Interaktionsstrukturen geschaffen, in denen die gruppendynamischen Prozesse ablaufen und ihre Wirkungen nach innen (z. B. Zufriedenheit der Mitglieder) und nach außen (z. B. Kompromiß gefunden, Entscheidung getroffen) entfalten. Für die sozialpsychologische Forschung ergibt sich daraus die Frage nach den Möglichkeiten der Erfassung von Gruppenstrukturen und Gruppenprozessen.

Analyse von Gruppenstrukturen und Gruppenprozessen

Es gibt grundsätzlich zwei verschiedene Verfahren, die in einer Gruppe ablaufenden, dynamischen Prozesse sowie die stabilisierenden Strukturen zu erfassen: Die Befragung der Gruppenmitglieder und die Beobachtung ihres Verhaltens. Beide Vorgehensweisen lassen sich natürlich auch kombinieren. Die Befragung der Gruppenmitglieder über ihre Einstellungen und Gefühle gegenüber ihren Partnern, ihre Ziele und Erwartungen bezüglich der Gruppenaktivitäten, ihre emotionale Befindlichkeit in der Gruppe und ihre Zufriedenheit mit den Gruppenleistungen erfaßt dabei allerdings nur die subjektive Sicht des einzelnen, die womöglich noch von der augenblicklichen Stimmungslage des Befragten zum Zeitpunkt der Befragung beeinflußt ist. Ein Bild der Gesamtgruppe läßt sich nur aus der vergleichenden Darstellung und Analyse der Einzelaussagen gewinnen. Von Moreno (1934/1967) wurde dazu die soziometrische Methode entwickelt. Die Beobachtung von Interaktionsprozessen in Gruppen erlaubt demgegenüber unter gut kontrollierten Bedingungen und bei Vorliegen präziser und valider Beobachtungskriterien sowie beim Einsatz geschulter Beobachter eine „objektivere" Erfassung des Interaktionsverlaufs in Gruppen. Andererseits lassen sich daraus keine direkten Informationen über die Kognitionen, Gefühle und Stimmungen der Gruppenmitglieder gewinnen, von denen allerdings ihr Interaktionsverhalten wesentlich beeinflußt wird. Ein Verfahren zur systematischen Beobachtung von Gruppen wurde von Bales (1950) entwickelt und von Bales & Cohen (1982) zu einem System zur mehrstufigen Beobachtung von Gruppen (SYMLOG) weiterentwickelt.

Die soziometrische Methode

Die soziometrische Methode nach Moreno (1934/1967) ist allgemein betrachtet ein Verfahren zur Analyse sozialer Merkmale, Strukturen und Prozesse in Gruppen. Es handelt sich dabei um eine relativ einfach anwendbare und deshalb recht häufig praktizierte Methode, mit der es möglich sein soll, soziale Interaktionsprozesse in Gruppen sowie die für eine Gruppe typischen Gruppenstrukturen zu erfassen. In der Regel werden die Mitglieder einer Gruppe aufgefordert, aus den Personen ihrer Gruppe diejenigen auszuwählen und in einem individuellen Fragebogen schriftlich zu benennen, die bestimmte Kriterien wie Sympathie oder Kollegialität erfüllen. Für die Wahlentscheidung kann nahezu jedes beliebige Kriterium vorgegeben werden, je nachdem, welches Forschungsinteresse vorliegt. So kann man die Gruppenmitglieder beispielsweise nennen lassen, welche Personen sie als Freunde bevorzugen oder ablehnen, mit welchen sie bestimmte, für sie wichtige Aktivitäten gemeinsam durchführen würden (z. B. zusammen in einem Studentenzimmer wohnen, eine Ferienreise unternehmen, sich gemeinsam auf ein Examen vorbereiten) und mit welchen sie dies auf keinen Fall tun würden, wen sie aus der Gruppe zur Übernahme einer wichtigen Aufgabe für besonders geeignet halten und wen nicht, oder auch einfach angeben lassen, wen sie sympathisch oder unsympathisch finden. Die Analyse soziometrischer Daten erfolgt meist in einer graphischen Darstellung, dem sog. Soziogramm. So zeigt die Abbildung 3 eine Kindergruppe, in der Patrick als besonders beliebtes Gruppenmitglied einen „sozialen" Mittelpunkt repräsentiert, und Daniel, von keinem der Gruppenmitglieder gewählt, die Position des „Außenseiters" einnimmt.

Die Abbildung 4 zeigt einen recht guten Zusammenhalt in der Gruppe A, da hier vorwiegend positive Wahlen vorliegen, die beiden formellen Führer von gleich vielen, wenn auch zum Teil unterschiedlichen Gruppenmitgliedern positiv beurteilt werden und auch untereinander ein gutes Beziehungsverhältnis aufweisen.

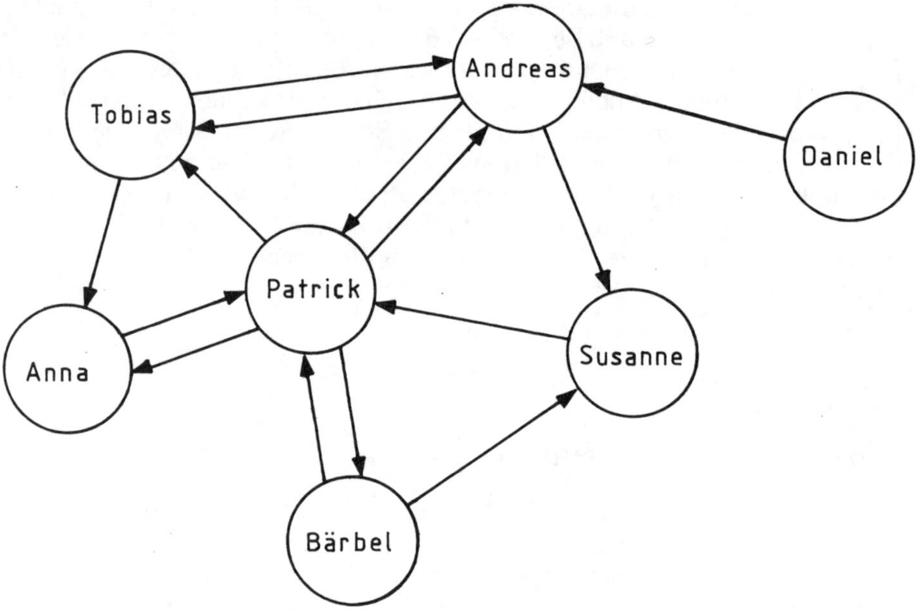

Abbildung 3: Das Soziogramm einer Gruppe

Die Kreise repräsentieren Gruppenmitglieder, die einzelnen Pfeile Präferenzenwahlen. In dieser Gruppe ist Patrick ein „sozialer Mittelpunkt“, für den sich vier Personen interessieren, und Daniel ein „Isolierter“, für den sich niemand interessiert und der selbst nur einen aus der Gruppe (Andreas) bevorzugt.

In der Gruppe B sind sich die Personen 1-4 gegenseitig sehr sympathisch und bilden eine eng verzahnte Untergruppe, zum 1. Führer besteht kein Beziehungsverhältnis, der 2. Führer wird zudem abgelehnt, und die Person 5 nimmt eine Außenseiterposition ein.

Durch unterschiedliche graphische Darstellungen wie Stärke der Linien bzw. räumliche Nähe der Kreise lassen sich weitere Interaktionseigenschaften, z. B. die Intensität der Beziehung, graphisch darstellen. Aus einer solchen Abbildung sind die soziometrische Position einer Person im Gesamtgruppengefüge sowie die vorhandenen Beziehungsstrukturen, z. B. soziometrische Stars, Außenseiter, Cliquen oder Subgruppen, einseitige oder gegenseitige Vorlieben und Ablehnungen leicht zu erkennen. Bei einer großen Zahl von Gruppenmitgliedern können solche Abbildungen leicht unhandlich und unüberschaubar werden. In diesen Fällen werden anstelle des Soziogramms statistische Verfahren zur Verarbeitung soziometrischer Daten eingesetzt (Dollase, 1976).

Als Zusammenfassung der Ergebnisse vielfältiger Studien über den Einsatz soziometrischer Verfahren läßt sich feststellen, daß zwar das Interesse,

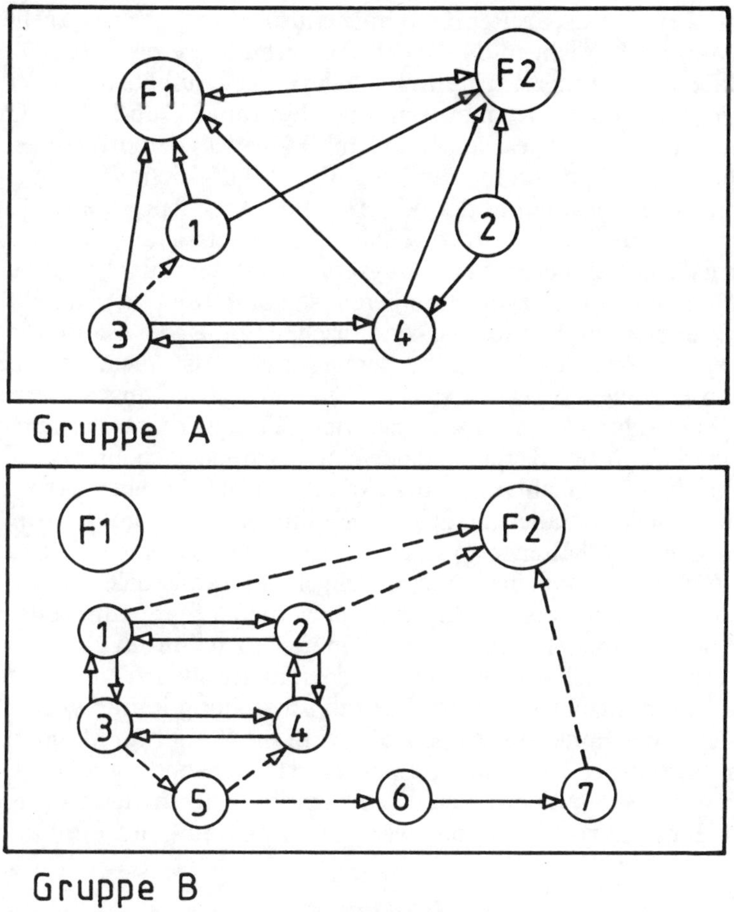

Zeichenerklärung: ——— = + positive Wahlen
--------- = — negative Wahlen
F1/F2 = vorgesehene, formelle Führer

Abbildung 4: Soziogramm einer Gruppe mit gutem Zusammenhalt (A) und einer Gruppe mit schlechtem Zusammenhalt (B)

insbesondere der Forschung, an diesem Verfahren im letzten Jahrzehnt deutlich nachgelassen hat, daß aber in der Praxis diese Methode nach wie vor in Schulklassen, Jugendgruppen, Sportgruppen und anderen Kleingruppen eingesetzt wird. Dies liegt hauptsächlich an der leichten und wenig Aufwand erfordernden Art der Datenerhebung und Datenauswertung sowie dem hohen Maß an Plausibilität und Anschaulichkeit der Ergebnisdarstellung und Interpretation. Die Forschungen haben gezeigt, daß der soziometrische Wahlstatus positiv korreliert mit sozial anerkannten Merkmalen wie sozioökonomischem Status, als Repräsentant zentraler Gruppenwerte gelten, einen hohen Grad an Einsicht in die Beziehungsverhältnisse der Gruppe besitzen, hohe Effizienz bei der Ausführung relevanter Aufgaben erreichen, der Intelligenz, relevanten Kenntnissen und Leistungen und dem Grad der Teilnahme am Gruppengeschehen. Die mit Hilfe des soziometrischen Verfahrens gemessene Gruppenkohäsion (siehe Abb. 4, Vergleich zwischen Gruppe A und B) korreliert positiv mit der gemeinsamen Arbeitsproduktivität und der Effizienz von Gruppen. Während vielfach „soziometrische“ Freunde homogene Merkmale hinsichtlich ihres Bildungsgrades und zentraler Persönlichkeitseigenschaften aufweisen, korrespondieren soziometrisch getrennte Personen und Subgruppen mit dem sozio-ökonomischen Status, der Hautfarbe und der ethnischen Gruppenzugehörigkeit. Bemerkenswert ist auch, daß der Wahlstatus von Personen in verschiedenen Gruppen relativ konstant ist und auch bei der Anwendung unterschiedlicher Beurteilungskriterien erhalten bleibt. Befragt man die Mitglieder ein und derselben Gruppe nach ihren Vorlieben bei der Wahl eines Sitznachbarn, eines Arbeitspartners in einer Arbeitsgruppe oder eines Spielkameraden, so zeigen sich immer wieder hohe Korrelationen zwischen den so erhaltenen Wahlen. In Gruppen scheint sich nach relativ kurzer Zeit ein allgemeiner und durchgehend beständiger, zwischen den Gruppenmitgliedern aber deutlich differenzierender Sympathie- oder Antipathiewert herauszubilden, der zweckgerichtete Beurteilungen überlagert. Interessanterweise hat sich sowohl bei den soziometrischen Untersuchungen als auch im Zusammenhang mit der Führungsforschung immer wieder gezeigt, daß Rollen- oder Funktionswahlen, also z. B. die Wahl zum Mannschaftsführer, zum Klassensprecher, zum Gruppenvertreter gegenüber anderen Gruppen, von denen der Sympathiewahlen abweichen können. In vielen Gruppen läßt sich eine Tendenz zur Trennung zwischen Sympathie- und Funktionszuordnung beobachten.

So häufig das soziometrische Verfahren in der Praxis auch angewandt wird, so oft ist es gerade wegen seiner Gefahren kritisiert worden, aufgrund unzulänglich kontrollierter Befragungsdaten weitreichende Schlüsse zu ziehen. Bei den im soziometrischen Test erhobenen Daten handelt es sich im wesentlichen um Einstellungswerte, aus denen Prognosen über das interaktive Verhalten der Gruppenmitglieder bzw. das Gesamtverhalten einer Gruppe abgeleitet werden. Diese Schlußfolgerung ist aber nur dann erlaubt, wenn genügend Informationen über die handlungsrelevanten Kontextbedingungen des individuellen Verhaltens und des Gesamtgruppenverhaltens vorliegen, wozu sich allerdings aus dem Verfahren selbst keine Informationen gewinnen lassen. Ungeprüft bleibt auch der Einfluß der bei der Anwendung dieses Verfahrens sicherlich vorhandenen Tendenz zur sozialen Erwünschtheit auf das Antwortverhalten der Gruppenmitglieder. Allgemeine, aber auch gruppenspezifische soziale Normen, Regeln und Gewohnheiten können soziale Erwünschtheitstendenzen begünstigen. Da das Ziel eines soziometrischen Tests für die befragten Personen auch ohne ausdrückliche Nennung relativ leicht erkennbar ist, besteht die Gefahr, daß aufgrund sozialer Rücksichtnahmen, z. B. möchte

man niemandem zu nahe treten, oder aggressiver Tendenzen, denen die Gruppenmitglieder in einer anonymen schriftlichen Befragung freien Lauf lassen können, oder auch nur aufgrund individueller Erwartungen hinsichtlich der Folgen bekanntgegebener Untersuchungsresultate die Antworten in unkontrollierter Weise „verfälscht" werden. Das Ergebnis liefert dann eher ein komplexes Bild kognitiv-emotionaler Konstruktionen und Kalkulationen der einzelnen Gruppenmitglieder anstatt relativ überdauernde, soziale Merkmale, Strukturen und Prozesse in Gruppen. Zudem wird selbst von Lehrern und Gruppenleitern vor der Verwendung soziometrischer Tests zu wenig bedacht, welche Konsequenzen sich für den einzelnen und die Gruppe aus den mitgeteilten Ergebnissen ergeben können. Wie wird eine Gruppe mit der für sie niederschmetternden und blamablen Tatsache fertig, daß es Außenseiter gibt und nur wenige positive Interaktionsbeziehungen bestehen? Wie werden z. B. die einzelnen Gruppenmitglieder und formellen Führer mit dem Ergebnis der in Abb. 4 dargestellten soziometrischen Gruppenwahl fertig? Welche kurzfristigen und langfristigen Wirkungen gehen von solchen präsentierten Soziogrammen auf die Gruppe als Ganzes und die individuellen Gruppenmitglieder aus? Solche Fragen müssen vor der Anwendung soziometrischer Verfahren beantwortet werden. Selbst wenn z. B. ein Schüler immer schon beobachtet und gespürt hat, daß er in der Klassengemeinschaft nicht besonders angesehen ist, wird er mit diesem eher diffusen Gefühl in der Klassengemeinschaft sicher problemloser „leben" und „überleben" können als nach der Mitteilung des Testresultats, daß er ein Außenseiter ist.
Methodische Entwicklungen zur Soziometrie gibt es im Bereich der Erfassung soziometrischer Statusmerkmale (Langeheine & Andresen, 1982) und der Veränderung soziometrischer Gruppierungen in Gruppen (v. Collani & Weber, 1982).

Die Beobachtung von Interaktionsprozessen in Gruppen

Zur Erfassung von Gruppenprozessen ist man nicht allein auf die subjektive Aussage der Gruppenmitglieder angewiesen. Man kann auch mit Hilfe systematischer Verhaltensbeobachtung eine genaue Beschreibung der Gruppenprozesse und der Interaktionsvorgänge in Gruppen vornehmen. Dabei müssen die vielfältigen Beobachtungssysteme und apparativen Registrierverfahren (Merkens & Seiler, 1978) den üblichen Gütekriterien wie Objektivität, Reliabilität und Validität genügen, damit eine ausreichende Meßgenauigkeit erzielt wird. Da jede Gruppensituation immer weitaus mehr Informationen enthält, als mit noch so ausgefeilten Methoden erfaßt werden kann, muß zunächst einmal eine klare, eindeutige und überprüfbare Definition und Abgrenzung der zu beobachtenden Verhaltenseinheiten vorgenommen werden. Der Ereignis- und Verhaltensstrom wird in überschaubare Beobachtungseinheiten segmentiert, die dann mit Hilfe eines Kategoriensystems erfaßt und quantifiziert werden. Da die Beobachtung und Beurteilung des Gruppenverhaltens von einzelnen

Personen vorgenommen wird, stellt die Beurteilerzuverlässigkeit ein besonderes methodisches Problem dar. Sie ist erreicht, wenn mehrere voneinander unabhängige Beurteiler zu ein und demselben Beurteilungsergebnis kommen. Somit erfordert der Einsatz von Beobachtungssystemen bei der Interaktionsanalyse in Gruppen die Festlegung eindeutig identifizierbarer Verhaltenseinheiten und -merkmale, die Entwicklung eines Kategoriensystems und die Schulung der einzusetzenden Beobachter mit dem Ziel, sie zur präzisen Identifizierung der zu beobachtenden Merkmale und ihrer Zuordnung zu den entsprechenden Kategorien im Beurteilungssystem zu befähigen.

Das bekannteste Beurteilungssystem für Interaktionsprozesse in Gruppen ist das Verfahren der interaktiven Prozeßanalyse (IPA) von Bales (1950, 1956). Dieses Beobachtungssystem dient dem Aufdecken von Interaktionsmustern in Problemlösegruppen, die ohne formalen Führer arbeiten, und der Verlaufsbeschreibung von Gruppenentwicklungsprozessen. Es besteht aus zwölf Kategorien, die paarweise folgenden sechs Problembereichen zugeordnet sind: a) Orientierungsprobleme, b) Bewertungsprobleme, c) Kontrollprobleme, d) Entscheidungsprobleme, e) Probleme der Spannungsbewältigung und f) Integrationsprobleme (siehe Abb. 5).

Der geschulte Beobachter hat die Aufgabe, die verbalen Äußerungen der Gruppenmitglieder und die aus ihrem Verhalten deutlich erkennbaren Reaktionen in eine der zwölf Kategorien einzuordnen. Zugleich wird protokolliert, wer Sender und wer Empfänger der jeweiligen Information ist. In einer festgelegten Zeiteinheit oder über vorher vereinbarte Beobachtungsphasen hinweg sollen auf diese Weise alle verbalen Verhaltensäußerungen erfaßt werden. Aus den so erstellten Beobachtungsprotokollen lassen sich individuelle Unterschiede im interaktiven Verhaltensstil und in den Einzelbeiträgen zur Problemlösung feststellen. So lassen sich Phasen des Problemlösungsprozesses in Gruppen unterscheiden, wenn z. B. zu Beginn der Gruppensitzung Orientierungsreaktionen und im Sitzungsverlauf Reaktionen der Spannungsbewältigung überwiegen. Es lassen sich Gruppenunterschiede in der Art der Aufgabenbewältigung feststellen, wenn z. B. rein leistungsorientierte Gruppen in ihren Interaktionsprofilen eine Dominanz der Kategorien 4—9 im Unterschied zu eher sozial-emotional orientierten Gruppen mit einem Interaktionsschwerpunkt in den Kategorien 1—3, 10 und 12 aufweisen.

Nach den vielfältigen Untersuchungen, die Bales mit seinem Interaktionsanalysesystem unternommen hat, kommt er zu dem Schluß, daß der individuelle Interaktionsstil in Gruppen sich in einem dreidimensionalen Raummodell darstellen läßt (Abb. 6).

Die drei Dimensionen sind definiert durch ihre Endpunkte als abwärts-aufwärts, positiv-negativ und vorwärts-rückwärts. So sind Personen, die Informationen an andere weitergeben, die Vorschläge machen und die Gruppendiskussion in Gang halten, dem Pol „aufwärts" zuzuordnen, wogegen Personen, die Meinungen und Informationen erfragen und eher zurückhaltend reagieren, in

I. Sozial-emotionale Züge
positive Reaktionen

1. Zeigt Solidarität, hebt den Status von anderen hilft und belohnt
2. Zeigt Nachlassen von Spannung; macht Witze, lacht, zeigt Zufriedenheit
3. Stimmt zu, zeigt passives Akzeptieren; versteht, stimmt zu, gibt nach

II. Aufgabenrelevante Züge
Antwortversuche

4. Macht Vorschläge, weist die Richtung, gesteht den anderen Selbständigkeit zu
5. Äußert Meinung, bewertet, analysiert; drückt Gefühle und Wünsche aus
6. Orientiert und informiert; wiederholt, klärt, bestätigt

a b c d e f

III. Aufgabenrelevante Züge
Fragen

7. Bittet um Orientierung, Information, Wiederholung und Bestätigung
8. Bittet um Meinung, Bewertung, Analyse und Ausdruck von Gefühlen
9. Erkundigt sich nach Vorschlägen, Weisungen und Handlungsmöglichkeiten

IV Sozial-emotionale Züge
negative Reaktionen

10. Widerspricht, zeigt passive Reaktionen und Formalität; verweigert Hilfe
11. Zeigt Spannung und bittet um Hilfe; geht aus dem Weg
12. Zeigt Antagonismus, setzt den Status anderer herab und verteidigt oder behauptet sich selbst

a = Orientierungsprobleme
b = Bewertungsprobleme
c = Kontrollprobleme
d = Entscheidungsprobleme
e = Probleme mit der Spannungsbewältigung
f = Integrationsprobleme

Abbildung 5: Die Kategorie der Interaktions-Analyse von Bales (1950)

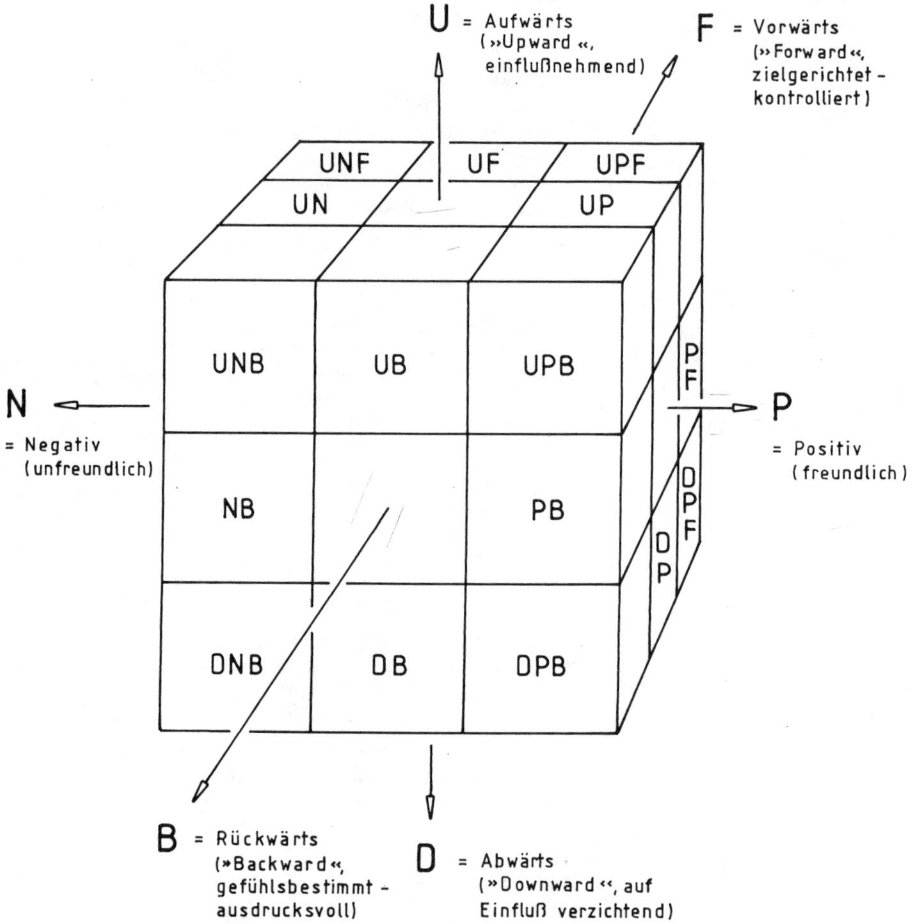

Abbildung 6: Der dreidimensionale SYMLOG-Raum

die Dimensionsrichtung „abwärts“ zu kategorisieren sind. Weiterhin unterscheiden sich Gruppenmitglieder hinsichtlich ihrer Freundlichkeit, Zugänglichkeit und sozialen Integrationsfähigkeit. Da sie also positiv anderen Gruppenmitgliedern gegenüber eingestellt sind und sich dementsprechend verhalten, werden sie dem „positiv“-Pol der Dimension „positiv-negativ“ zugeordnet. Gruppenmitglieder, die engagiert in der Gruppe mitarbeiten und sich für die Gruppenziele einsetzen, fallen in den Pol „vorwärts“, wohingegen destruktiv agierende und mehr an ihrer persönlichen Profilierung interessierte Personen dem Bewertungspol „rückwärts“ zugeordnet werden. Der individuelle und der in einer Gruppe vorherrschende Interaktionsstil lassen sich so durch einen spezifischen Meßwert auf diesen drei Dimensionen exakt bestimmen und quantifizieren.

Die Interaktionsprozeßanalyse von Bales ist relativ objektiv, sofern gut instruierte Beobachter eingesetzt werden. Sie erlaubt quantifizierbare Vergleiche verschiedener Interaktionsstile, sie läßt sich leicht erlernen und anwenden, und sie erlaubt die nahezu komplette Registrierung des verbalen Verhaltens der Gruppenmitglieder. Dabei verzichtet sie allerdings vollständig auf die Erfassung der so bedeutsamen non-verbalen Verhaltensmerkmale (Thomas, 1991, Kap. 8).

Das Interaktionsprozeßanalyse-System wurde von Bales & Cohen (1979/ 1982) zum SYMLOG-Verfahren (A System for the Multiple-Level-Observation of Groups) weiterentwickelt. SYMLOG ist zum einen ein Methodeninventar der Kleingruppenforschung, zum anderen aber auch, nach der erklärten Absicht von Bales, der Entwurf einer integrativen Rahmentheorie der Gruppendynamik, in welcher viele Teilbereiche der Sozialpsychologie und der Persönlichkeitspsychologie zusammengebracht werden. Die in diesem System eingesetzten Methoden werden einerseits von geübten Beobachtern eingesetzt, und andererseits in die Hand der Gruppenteilnehmer gegeben. Die mit ihnen gewonnenen Informationen geben Aufschluß über die verschiedenen Ebenen des ablaufenden Gruppengeschehens wie verbales und nonverbales Verhalten, subjektive Eindrücke der Gruppenteilnehmer über eigenes und fremdes Verhalten, persönliche Werte, Phantasien und Vorstellungsbilder und erlebte Gruppensituationen. Alle diese Kognitionen und Verhaltensaspekte werden anschließend vom Auswerter in einen gemeinsamen Vektorraum übergeführt, den dreidimensionalen SYMLOG-Wahrnehmungs- und -Bewertungsraum. Mit dem SYMLOG-Konzept greifen Bales und Cohen ein zentrales Thema der sozialpsychologischen Arbeiten von Kurt Lewin (1963) auf und führen fort, was er nicht mehr vervollständigen konnte: Das psychologische Feldmodell. Lewin beschränkte sich in seinem Feldmodell weitgehend auf das Individuum, wohingegen SYMLOG das methodische Fundament für eine Theorie des sozialen Interaktionsfeldes liefern kann, in dem der dynamische Wechselwirkungsprozeß zwischen Erleben und Verhalten aller Gruppenmitglieder im Zentrum der Analyse und Integration steht. Dieses Verfahren gestattet die Erfassung eines Kommunikationsvorgangs auf der Stufe des beobachteten, verbalen und nonverbalen Verhaltens, der kommunizierten Vorstellungsinhalte und der Werturteilsstufen der Interaktionspartner. „Unterschieden wird zwischen einer SYMLOG-Interaktionssignierung und einem SYMLOG-Adjektiv-Rating. Die „Rating"-Methoden (genauer betrachtet sind es tatsächlich mehrere) sind derjenige Bestandteil des SYMLOG-Systems, mit dessen Hilfe sich Anfangsinformationen über die Gruppe gewinnen lassen. Diesem Zweck dient auch eine Beobachtungsmethode für Verhaltenseinheiten, die sogenannte SYMLOG-Interaktionssignierung. Die „Signierung" wird unterschieden vom „Rating", weil sie detaillierte Beobachtungen und Beschreibungen von einzelnen Interakten zum Ziel hat, so wie sie im Laufe des Interaktionsprozesses nacheinander auftreten" (Bales & Cohen, 1982, S. 36). Mit Hilfe der Interaktionssignierung wird nicht nur das verbale Verhalten der Gruppenmitglieder, wie bereits bei der Interaktionsprozeßanalyse, erfaßt, sondern über das nonverbale Ausdrucksverhalten werden auch die erkennbaren Vorstellungsbilder, Einstellungen und Werturteile registriert. Die erfaßten Vorstellungsbilder werden den Inhaltsklassen Selbst, andere, Gruppe, Situation, Gesellschaft und Phantasie zugeordnet. Das beobachtete Interaktionsverhalten und die Interaktionsinhalte werden wie in der Interaktionsprozeßanalyse auf den Dimensionen Einflußnahme, emotionale Zuwendung und Kooperationsverhalten kategorisiert.

Die SYMLOG-Interaktionssignierung umfaßt also eine mehrstufige Beobachtung von verbalen Verhaltenseinheiten bis hin zu Stufen der Werturteile. Was eine Person sagt, wird im SYMLOG-System in folgenden Inhaltsklassen kategorisiert:

(1) Bezugnahmen auf das (oder Beschreibungen von dem) Selbst,

(2) Bezugnahmen auf andere (d. h. konkrete Gruppenmitglieder),

(3) Bezugnahmen auf die Gruppe als Ganzes,

(4) Bezugnahmen auf die unmittelbar gegebene äußere Situation, in der die Gruppeninteraktionen stattfinden,

(5) Bezugnahmen auf allgemeine Charakteristika der umgebenden Gesellschaft,

(6) Bezugnahmen auf irgendeinen Denkgegenstand, sei er real oder vorgestellt, den der Beobachter als wichtigen Hinweis auf Vorstellungen und Gefühle der sprechenden Person erlebt, als einen Phantasie-Inhalt.

Schließlich berücksichtigt die SYMLOG-Interaktionssignierung die geäußerten Einstellungen oder Werturteile für oder gegen Vorstellungsinhalte (images), die unter eine der erwähnten Inhaltsklassen fallen. Werturteile treten als Pro- oder Contra-Urteile auf. Sie werden als eine weitere Stufe aufgefaßt. „Von der SYMLOG-Interaktionssignierung werden also die folgenden drei allgemeinen Stufen der Interaktion auseinandergehalten: (1) eine Verhaltensstufe mit den Unterstufen des nonverbalen Verhaltens und der intendierten Handlungen; (2) eine Stufe von Vorstellungsinhalten mit den Unterstufen Selbst, andere, Gruppe, Situation, Gesellschaft und Phantasie; (3) eine Stufe von Werturteilen über Vorstellungsinhalte, mit den Pro- und Contra-Richtungen als Unterstufen“ (Bales & Cohen, 1982, S. 45).

Das SYMLOG-Adjektiv-Rating-Verfahren schließlich dient dazu, das erlebte Interaktionsverhalten einer Gruppe von den Gruppenteilnehmern oder einem bzw. mehreren instruierten teilnehmenden Beobachtern nachträglich registrieren und beschreiben zu lassen. Auf diese Weise lassen sich relativ leicht und ohne die Gruppenprozesse womöglich durch außenstehende Beobachter zu beeinflussen, Anfangsinformationen über Aktionsstile, Kommunikationsdominanzen und das Gruppenklima gewinnen. Beide Methoden, sowohl die Interaktionssignierung wie das Rating-Verfahren, können sich gegenseitig ergänzen.

Zum SYMLOG-Interaktionssignierungs- und -Beurteilungsverfahren wurde ein gesondertes Kursprogramm entwickelt, in dem die Gruppenmitglieder lernen, sich systematisch reflektierend mit den ablaufenden Interaktionsprozessen auseinanderzusetzen. In einer Abfolge von Interaktions- und Rückmeldephasen werden die ausgewerteten Beobachtungsdaten den Gruppenteilnehmern mitgeteilt, mit ihren eigenen Erfahrungen in der Gruppensituation verglichen und auf dem Hintergrund des dreidimensionalen Raummodells untereinander diskutiert.

Das folgende Beispiel soll einen Einblick in die Anwendung des SYMLOG-Verfahrens vermitteln und zeigen, welche Erkenntnisse über Gruppeninteraktionsprozesse damit zu gewinnen sind.

Barrois & Schneider (1987) berichten über eine Studie mit dem SYMLOG-Verfahren zur Erfassung von Geschlechtsunterschieden im Interaktionsverhalten in Selbsterfahrungsgruppen. Untersucht wurden 20 Selbsterfahrungsgruppen mit insgesamt 165 Psychologie-Studenten (80 Männer und 85 Frauen). In den Gruppensitzungen wurde beobachtet, welche Gruppenmitglieder welche Art von Informationen an welche Partner geben. Diese Beobachtungen wurden mit Hilfe der SYMLOG-Interaktionssignierung kategorisiert. Aus den so gewonnenen Interaktionsmatrizen konnten die männlichen und weiblichen Raumrichtungsprofile ermittelt und miteinander verglichen werden. Schließlich erfaßten die Autoren noch die während der Interaktionssitzung von den Teilnehmern präsentierten Vorstellungsbilder. Im Ergebnis zeigte sich, daß sich Männer und Frauen hinsichtlich der Häufigkeit ihrer Aktionen nicht signifikant voneinander unterscheiden. Männer sprechen deutlich häufiger als Frauen die ganze Gruppe an. Die Anzahl der Gesamtinteraktionen und die Häufigkeit, mit der die ganze Gruppe angesprochen wird, hängt nicht von der Geschlechtszusammensetzung der Gruppe ab. Männer und Frauen sprechen die Angehörigen des entgegengesetzten Geschlechts signifikant häufiger an als dies aufgrund der Geschlechtsverteilung zu erwarten gewesen wäre. Wenn Frauen und Männer gleich viele Interaktionsbeiträge leisten, zeigt sich ein ausgewogenes Verhältnis in der Kommunikation zwischen den Geschlechtern. Etwa 25 % aller Interaktionen gehören zur F-Raumrichtung (zielgerichtet, kontrolliert). Männer zeigen deutlich mehr Interaktionen in Richtung der U-Raumdimension (einflußnehmend, dominant) und der B-Raumdimension (gefühlsbestimmt, ausdrucksvoll), was darauf zurückzuführen ist, daß sie mehr dramatisieren, Geschichten und Witze erzählen. Die Annahme, daß weibliche Gruppenmitglieder mehr Vorstellungsbilder zu den Themen Selbst, andere und Gruppe produzieren würden und Männer mehr Vorstellungsbilder zu den Themensituationen Gesellschaft und Phantasie, konnte in der Untersuchung bestätigt werden. Allerdings wurden zu den Themen Phantasie und Selbst von beiden Geschlechtern besonders viele Vorstellungsbilder produziert, wohingegen nur wenige Vorstellungsbilder zu den Themen Gesellschaft und Situation beobachtet wurden. Bei der Analyse der Raumrichtungsprofile ebenso wie bei den Vorstellungsbildern ist allerdings zu berücksichtigen, daß es sich hierbei um Selbsterfahrungsgruppen und Psychologie-studenten als Teilnehmer handelte.

Schließlich sei nochmals betont, daß die Qualität jedes Beobachtungsverfahrens von Gruppenprozessen abhängt von der Eindeutigkeit der zu beobachtenden Verhaltenseinheiten, der Präzision des Kategoriensystems und der Qualität des Beobachtertrainings. Während für die Überprüfung der Beobachterübereinstimmung bereits seit längerer Zeit geeignete Verfahren zur Verfügung stehen (Asendorpf & Wallbott, 1979), steckt die Validierung der Beobachtungsinstrumente allerdings noch in ihren Anfängen (Weick, 1985).

Auf die in jüngster Zeit entwickelten Instrumentarien zur Strukturanalyse in Kleingruppen, mit denen sich Cliquen- und Subgruppenstrukturen sowie Macht- und Einflußfaktoren, Kongruenz- und Sympathiebeziehungen erfassen lassen, soll hier nur hingewiesen werden. Diese sog. Netzwerkanalysen scheinen sich zu einem nützlichen Gruppenanalyseinstrument zu entwickeln (Pappi, 1987).

Gruppendynamik

Begriff und Entwicklung

Das Interesse der Sozialpsychologie an der Gruppe betrifft nicht nur die Analyse und Diagnose von Gruppenprozessen, von individuellen und gruppenspezifischen Interaktionsstilen und von Wechselwirkungen zwischen Gruppe und Individuum, sondern umfaßt auch die Möglichkeiten der Veränderung in Gruppen und durch Gruppen und die Möglichkeiten der Gruppengestaltung. Mit dem Sammelbegriff Gruppendynamik werden am ehesten wissenschaftliche und praktische Bemühungen in beiden Richtungen, nämlich der Analyse und der Gestaltung von Gruppenprozessen beschrieben. Dabei hebt sich die Gruppendynamik deutlich von einer Forschung ab, die immer mehr über immer engere Sachverhalte erfassen möchte. Horn (1982) schreibt dazu: „Gruppendynamik heißt hier nicht im Sinne Hofstätters (1957), daß die Kleingruppe aus pragmatischen und methodischen Gründen als Ort empirischer Sozialforschung begriffen wird, sondern als Feld von Interaktionen, in dem Bildungsprozesse stattfinden, die mit dem Ziel von „attitude change“ (Einstellungswandel) inszeniert werden können“ (S. 17). Der Begriff „Gruppendynamik“ wird oft als Sammelbezeichnung für sehr unterschiedliche Sachverhalte verwendet. So wird darunter die Gesamtheit aller sozialpsychologischen Phänomene in Kleingruppen verstanden wie die in ihnen ablaufenden Interaktions- und Kommunikationsprozesse, Normen, Gruppendruck, Gruppenführung, Macht und sozialer Einfluß usw. Zudem wird damit die Gesamtheit aller Methoden bezeichnet, die es gestatten, mit Hilfe von Gruppen auf die Persönlichkeit einzuwirken, die aber auch die Beeinflussung von größeren sozialen Gebilden durch Kleingruppen ermöglichen. Weiterhin bezeichnet der Begriff „Gruppendynamik" häufig auch die experimentelle Kleingruppenforschung einschließlich der Bemühungen, die Ergebnisse der Kleingruppenforschung zur Gestaltung sozialer Prozesse in Kleingruppen und Organisationen anzuwenden. Im engeren Sinne wird Gruppendynamik verstanden als Sammelbegriff für eine Reihe von Methoden und Techniken, die z. B. im Rahmen der Jugend-, Erwachsenen- und Berufsbildung das Individuum in einem nicht therapeutisch orientierten Interaktionsfeld zu einer verbesserten Selbst- und Fremdwahrnehmung, zu erhöhter Kommunikations- und Kooperationsfähigkeit und zum Verstehen sozialer Interaktionsprozesse u. ä. befähigen sollen. Diesen zur Verbesserung der Selbstwahrnehmung und einer Steigerung der Sensibilität für soziale Prozesse in Gruppen dienenden Verfahren ist gemeinsam die Arbeit in Kleingruppen, die Forderung nach Autonomie der Gruppenmitglieder, die Entfaltung, Beobachtung und Gestaltung dynamischer Prozesse in und zwischen Gruppen sowie die Selbstwahrnehmung mit verhaltensändernden Auswirkungen (Sbandi, 1973).

Die gruppendynamischen Methoden gehen auf zwei unterschiedliche Quellen zurück. Die eine Quelle entstammt den feldtheoretischen Forschungsarbeiten von Kurt Lewin und seinen Schülern Lippitt & White zum Führungsstil und zum Gruppenklima. Aus der Erkenntnis heraus, daß eine auf soziale Kommunikation, Interaktion und Kooperation angewiesene Gesellschaft Möglichkeiten zur Förderung sozialer Handlungs- und Interaktionskompetenz schaffen muß, und aus der Erfahrung heraus, daß man nur in Gruppen lernt, was eine Gruppe ist und wie man mit ihr umgeht, schuf Kurt Lewin 1946 in Bethel (Maine, USA) die später sogenannten National Training Laboratories (NTL). Das Ziel dieser Laboratoriumsgruppen bestand im Einüben von Fertigkeiten für die praktische Arbeit der jeweiligen Teilnehmer in ihren Aufgaben- und Berufsfeldern, in der Befähigung zur Analyse von Gruppenprozessen und Gruppenstrukturen sowie im Aufbau von verstehenden und helfenden Interaktionsbeziehungen zwischen den Gruppenmitgliedern. Während der Interaktionserfahrungen in Gruppen wurden Informationseinheiten zwischengeschoben, die zur kognitiven Strukturierung der Erfahrungen dienten und eine Übertragung auf ähnliche Situationen in anderen sozialen Interaktionsfeldern ermöglichen sollten. Das Konzept der Trainingsgruppe ging von folgenden Grundlagen aus:

1. Sozialwissenschaftliche Methodologie: Aus den Verhaltenswissenschaften und besonders aus der Kleingruppenforschung sollten Erkenntnisse zur realistischen Analyse und optimalen Gestaltung von Gruppenprozessen gewonnen werden.

2. Demokratische Orientierung: Bereits Kurt Lewin versuchte nachzuweisen, daß ein demokratischer Führungsstil und mitarbeiterorientierte Organisationsformen eine höhere Leistungseffektivität und Gruppenzufriedenheit erzeugen. Nicht die hierarchisch strukturierte und autoritär geführte Gruppe kann erfolgreich und beständig sein, sondern nur die Gruppe, in

der jedes Mitglied die Chance erhält und befähigt wird, seinen Beitrag zur Erreichung des gemeinsamen Ziels und einer produktiven Gruppenatmosphäre zu leisten. Zentrale Lernziele der T-Gruppe sind deshalb die Kooperation aller Gruppenmitglieder, jedes Gruppenmitglied zu befähigen, mit jedem anderen zusammenzuarbeiten und die Fähigkeit und Bereitschaft aller Gruppenteilnehmer, die getroffenen Entscheidungen mitzutragen. Das Einüben demokratischer Orientierungen in den T-Gruppen sollte über die Trainingsteilnehmer eine Transferwirkung in das gesellschaftliche Leben hinein hervorbringen.

3. Interesse am Mitmenschen: Ein wichtiges Merkmal des T-Gruppenkonzeptes ist die Förderung des Bewußtseins für die menschlichen Belange in großen, anonymen und nach technisch-ökonomischen Rationalitätskriterien strukturierten Organisationen. In den T-Gruppen sollten die Teilnehmer die Bereitschaft lernen, evtl. wieder erlernen, sich um andere Menschen Gedanken zu machen, ihre Gefühle zu erkennen, nachzuvollziehen und ernstzunehmen, ihnen zu helfen und ihre Bedürfnisse und Wünsche zu respektieren, damit die menschlichen Potentiale in Gruppen und Organisationen zur Entfaltung kommen können.

Die zweite Quelle gruppendynamischer Methoden liegt in der Psychotherapie. Die Kleingruppe bietet als therapeutische Einheit die Möglichkeit, in einem geschützten und relativ spannungsfreien Raum neue Verhaltensweisen zu erlernen und auszuprobieren. Die Gruppe wird hier vorwiegend als ein Ort angesehen, an dem das Individuum über sich selbst in der Interaktion und im Vergleich mit anderen Erfahrungen sammeln kann. Hier sollen dem einzelnen Möglichkeiten gegeben werden, sich dadurch neu zu erfahren, daß die Mitglieder der Gruppe ihm sagen, wie sie sein Verhalten erleben und welche Wirkungen sein Verhalten auf sie hat. In den Erfahrungsgruppen (encounter-groups) steht die offene und persönliche Begegnung im Vordergrund. Der Ausdruck von Gefühlen soll auf dem Hintergrund des aktuellen Gruppengeschehens zu intensiven Erlebnissen führen, und das Geschehen in der Gruppe soll den einzelnen zu spezifischen Verhaltensänderungen motivieren und sozial unterstützen.

Die von Kurt Lewin inspirierten Bemühungen der Gruppendynamik konzentrierten sich auf das Erkennen der dynamischen Prozesse innerhalb der Gruppe. Die Veränderungen, die unter dem Einfluß der Arbeiten von Sullivan (1954), Maslow (1954) und Rogers (1951, 1973) zustande kamen, sehen die Gruppe vorwiegend als den Ort, an dem das Individuum sich selbst erfahren kann. Deshalb nennt Rogers seine Gruppen auch nicht „Trainings-Gruppen", sondern „basic encounter groups", fundamentale Begegnungsgruppen. Begegnungsgruppen sollen dem einzelnen die Möglichkeit geben, sich dadurch neu zu erfahren, daß die anderen Mitglieder der Gruppe ihm sagen und zeigen, wie sie sein Verhalten erleben, ihm sozusagen einen Spiegel vorhalten und ihm so neue Erkenntnisse über seine eigene Person vermitteln.

Jede dieser Richtungen hat ihre Kritiker gefunden. Wird dem eher kognitiven Ansatz Lewins vorgeworfen, er vernachlässige die Tatsache, daß eine Gruppe nicht nur auf der kognitiven Ebene agiert, sondern auch auf der emotionalen (vgl. Bion, 1948,1951), müssen die Teilnehmer von Begegnungsgruppen sich sagen lassen, sie verfielen einer verlogenen Innerlichkeit und trieben ein Spiel ohne Folgen (vgl. Giere, 1970). Tatsächlich aber blieben die in den Begegnungsgruppen gemachten Erfahrungen für das Individuum nie folgenlos, doch mit der Bewältigung besonders negativer sozialer Erfahrungen, z. B. daß man für seine Mitmenschen keineswegs so attraktiv ist, wie man das bisher für sich selbst immer geglaubt hat, wird der einzelne allein gelassen. Außerhalb der Begegnungsgruppe, dort wo sich das soziale Leben des Individuums vorwiegend vollzieht, gibt es keine Hilfen zur Bewältigung belastender Erfahrungen. Wer die schützende und sozial unterstützende Atmosphäre der Gruppe lange genießt, kommt womöglich mit der Zeit ohne sie nicht mehr aus und wird trotz aller auf Erhöhung der Autonomie für den einzelnen abzielenden Gruppendynamik sozial abhängig. Wird dem auf das Training sozialer Fertigkeiten gerichteten Ansatz in den frühen NTL-Kursen vorgeworfen, eine Technologie zur reibungsloseren Anpassung des einzelnen an die Interessen der Herrschenden zu entwickeln, wird Begegnungsgruppen politische Naivität und Psychologisierung gesellschaftlicher Prozesse angelastet.

Die hier versuchte Skizzierung von Traditionen auf dem Gebiet der Gruppendynamik besteht einmal in einer Akzentuierung von Unterschieden, die eher Tendenzcharakter tragen, und sie erfaßt zum anderen bestenfalls die frühe Entwicklung. Heute gibt es keinen einheitlichen Sprachgebrauch für die hier erwähnten Begriffe wie Sensitivitäts-Training, T-Gruppe oder Gruppendynamik. Was für den einen T-Gruppe heißt, ist für den anderen schon Sensitivitätstraining, während der dritte es eher als Organisationstraining verstanden sehen möchte. Es ist das typische Bild eines wild wuchernden Forschungsgebietes voller Versuche, Erprobungen und theoretischer wie praktischer Ansätze, von denen man noch nicht sagen kann, welche davon überleben sollen und können. Ein Überblick über die verschiedenen Praktiken auf dem Gebiet der Gruppendynamik findet sich bei Spangenberg (1969); Howard (1970); Gibb (1972) und Sbandi (1973). Als Orientierungshilfe bleibt die Charakterisierung von Gruppendynamik als Technologie bzw. als Ideologie in jedem Falle nützlich, denn Tendenzen in dieser Richtung lassen sich in verschiedener Stärke und zu unterschiedlichen Anteilen in allen Laboratoriums-Konzepten aufzeigen.

Gruppendynamik im Unterschied zu Therapie und Unterricht

Zum besseren Verständnis von Gruppendynamik muß man sie noch von der Gruppentherapie und von Unterrichtsmethoden unterscheiden. Von der Therapie unterscheidet sich die Gruppendynamik ganz wesentlich dadurch, daß der Teilnehmer als psychologisch gesund und belastbar angesehen wird, als eine Person, die an Effektivitätssteigerung interessiert ist, nicht aber an einer

Änderung der Charakterstruktur. Thematisiert wird das Hier und Jetzt, nicht das lebensgeschichtlich Gewachsene. Erklärungen werden aus der aktuellen Gruppenkonstellation und ihren Einflußfaktoren gezogen, nicht aber aus dem unabänderbar Gegebenen.

Von Unterrichtsmethoden unterscheidet sich das Gruppentraining durch den Anspruch, Verhaltensänderungen zu bewirken, während sich Unterrichtsmethoden mit Wissens- und Verständnisvermehrung begnügen (müssen). Die Gewichte von Lernen durch Erfahrung und Lernen durch Unterweisung sind in den beiden Ansätzen unterschiedlich gelagert. Unterrichten ist allen Bemühungen zum Trotz eher ein Unterweisen als ein Erfahren. Damit eng zusammen hängt der Grad der emotionalen Beteiligung. Im Unterricht stehen eher Denkprozesse im Vordergrund, beim gruppendynamischen Training dagegen eher das affektive Geschehen und Handlungen.

Ziele und Möglichkeiten der Gruppendynamik

Vielfach wird von dem Standpunkt ausgegangen, gruppendynamische Verfahren sollen dazu dienen, im Interesse des einzelnen soziale Probleme zu lösen. Das heißt, die Gruppe soll der Bedürfnisbefriedigung und der Selbstverwirklichung des einzelnen dienen. Die Gruppe kann das aber nur tun, wenn der einzelne bereit ist, der Gruppe einen Eigenwert zuzugestehen. Die Wirksamkeit der Gruppe beruht zu einem guten Teil darauf, daß wir uns so verhalten, als sei sie wirksam. Es ist ähnlich wie mit dem Glauben. Der Glaube kann in der Tat Berge versetzen, aber nur dann, wenn man glaubt, daß er es kann. Die Gefahr, daß das Individuum durch die Gruppe einschneidend formbar ist, wenn es sich der Gruppe überläßt, sieht Rosenwald (1972) im Hinblick auf die T-Gruppe so: „Die T-Gruppe begünstigt eine stromlinienförmige, funktionale Manager-Identität gegenüber der historischen Identität. ... Es ist unabänderlich, daß die moderne Organisation den organisatorischen Menschen braucht, und dieser braucht, wenn er maximal wirksam sein will, eine organisatorische Identität“ (1972, S. 410). Diese Gefahr kann effektiv nur durch das ungehinderte Nebeneinander vieler verschiedener, miteinander konkurrierender Gruppen aufgefangen werden. Nur der Pluralismus der Gruppen sichert einen relativen Grad an individueller Freiheit. Es ist keine Gruppendynamik vertretbar, deren vorrangiges Ziel es ist, „eine weitgehende Übereinstimmung zwischen gesellschaftlichen und individuellen Interessen und Bedürfnissen zu erreichen“ (Eckardt, 1973, S.30), sondern nur Praktiken sind möglich, durch die Verhaltens- und Erlebensgleichförmigkeiten abgebaut werden können.

Nun sind aber die Probleme unserer Zeit weitgehend soziale Probleme, und die sollten sachgerechterweise auch sozial gelöst werden. Erst die Lösung der sozialen Probleme wird in den meisten Fällen die Voraussetzungen für individuelle Selbstverwirklichung schaffen. Aus dieser Annahme läßt sich die Berechtigung zur Anwendung von „Sozial-Technologien“ ableiten, worunter sowohl Revolution als auch Gruppen-Training verstanden werden können. Dabei ist Schulung in Gruppendynamik ein Beitrag, den die Sozialpsychologie leisten kann, um die Notwendigkeit revolutionärer Veränderung weniger zwingend zu machen. Dieser Satz ist bewußt doppeldeutig. Er erkennt einmal an, daß Gruppendynamik als Anpassungstraining verstanden werden kann. Gruppendynamik, besonders in Verbindung mit der Vermittlung von Einsichten über Kommunikationsstile, kann den einzelnen aber auch in den Stand versetzen, in Gruppen seine Eigenständigkeit zu bewahren, Gruppendruck zu unterlaufen und ihn für persönliche Ziele einzusetzen. Zwar kann sich auch eine solche Zielsetzung dem „Ideologieverdacht" nicht entziehen, sie ist aber genauso erreichbar und möglich wie die von Rosenwald so scharf kritisierten Versuche, mit Hilfe der heute üblichen Trainingsmodelle eine funktionale Identität des Menschen als Rädchen in einer Organisation zu erreichen.

Die Möglichkeiten zur Verhaltensänderung und zur Einstellungsänderung durch gruppendynamische Einwirkungen können kaum hoch genug angesetzt werden. Schon Lewin war der Meinung, daß Einstellungsänderungen in vielen Fällen leichter über eine Änderung der Gruppenmeinung zu erzielen seien als über eine Meinungsbeeinflussung der einzelnen. Der einzelne sei auf den Sozialverband und die in ihm vorherrschende Meinung oft so sehr angewiesen, daß seine individuelle Einstellung aus diesem Verband kaum herauszubrechen sei. Dagegen würde er sich einer geänderten Gruppenmeinung viel eher öffnen.

Die emotionalen Voraussetzungen einer erhöhten Lernfähigkeit in Trainingsgruppen sind weitgehend bekannt: Angstminderung im sozialen Freiraum, Akzeptierung und offene, warme Beziehungen unter den Gruppenmitgliedern. Viel weniger häufig werden die lerntheoretischen Gesichtspunkte erwähnt, die für gruppendynamische Lernvorgänge wesentlich sind. So weist McClelland (1951) z. B. darauf hin, daß es vielleicht gar nicht die Angst selber ist, die Lernen verhindert, sondern die aus der Angst resultierende Vermeidung bestimmter lernrelevanter Situationen, die den Menschen vom Informationsgewinn neuer Lernsituationen abschneidet. Man vermeidet eine Situation oder eine Verhaltensweise, weil man schlechte Erfahrungen damit gemacht hat. Wenn es sich dabei um eine Situation handelt, deren Vermeidung von der eigenen Bedürfnislage und der sozialen Umwelt erlaubt wird, sind neue Informationen und neues Lernen stark eingeschränkt. Indem gerade solche Situationen im gruppendynamischen Training angesprochen werden, erhält der einzelne endlich, oft gegen seinen Willen, die neuen Informationen, die er braucht, um Verhaltensmodifikationen zu lernen.

Gruppenformen zur Selbsterfahrung und zum sozialen Lernen

Die wichtigsten Arten von Gruppen zur Selbsterfahrung und zum sozialen Lernen wie das Sensitivity-Training, die sogenannten Balint-Gruppen und das Rollenspiel werden im folgenden kurz charakterisiert. Damit soll beispielhaft das breite Spektrum sozialer Erfahrungen und Lernmöglichkeiten in Gruppen vorgestellt werden.

Sensitivity-Training

Das Sensitivity-Training ist eine Methode zum Erlernen und Verbessern der Fähigkeit, verbale und nonverbale Kommunikationssignale feinfühlend aufzunehmen und adäquat zu beantworten, um so in der Lage zu sein, eigene und fremde Verhaltensweisen subtil aufeinander abzustimmen (Däumling, 1974). Das Training soll die Sensibilität für das eigene Erleben in Gruppenbezügen entwickeln und festigen; es soll ein Gespür für die eigene Wirkung auf andere Personen hervorrufen und das Einfühlungsvermögen in die Intentionen und Gefühlsregungen der Gruppenmitglieder steigern. Das Sensitivity-Training zielt auf den sozial-kognitiven Bereich, indem es die Wahrnehmung, Beurteilung und Kenntnis von anderen Personen einschließlich der Täuschungs- und Vorurteilsquellen beeinflußt. Es umfaßt den motivationalen Bereich, besonders hinsichtlich der Fähigkeit, individuelle Beweggründe für soziales Verhalten in vielfältigen Situationen zu erfassen und auf dem Hintergrund individueller Dispositionen und situativer Kontextbedingungen zu verstehen. Es zielt auf den expressiven Bereich, indem es die Fähigkeit zur feinen Abstufung spontaner Ausdrucksmittel und der Abstimmung sprachlicher Äußerungen auf die Mentalität des Interaktionspartners fördert (Däumling, 1981). Die mit dem Sensitivity-Training zu erreichenden Ziele umfassen:

1. Die Reifung durch Selbstkonfrontation, d. h. die Gruppe bietet die Möglichkeit, daß sich der einzelne im Spiegel der Gruppe sehen und erleben kann.

2. Die Verbesserung der sozialen Wahrnehmung, da mit Hilfe der Gruppe die Möglichkeit besteht, sowohl sich selbst als auch die Interaktionspartner genauer und differenzierter wahrzunehmen.

3. Die Qualifizierung der Kooperationsfähigkeit durch das Einüben neuer Verhaltensformen, die Verbesserung der Fähigkeit zur differenzierten Einflußnahme auf die Interaktionspartner und das Gruppengeschehen, die Erweiterung der Frustrationstoleranz und der Fähigkeit, mit Widersprüchen und unvorhergesehenen Verhaltensreaktionen der Gruppenmitglieder umzugehen. Erreicht wird dies durch den gezielten Einsatz der feed-back-Technik, mit der es z. B. über Videoaufnahmen des Gruppengeschehens möglich ist, die eigenen und fremden Verhaltensreaktionen nachträglich und wiederholt aus der Beobachterperspektive zu betrachten und aus einer gewissen Distanz heraus zu analysieren.

4. Die bewußtere Erfahrung und Neubegründung von Autorität durch das reflektierte Erkennen der Entstehung und Verfestigung von Normen und der Verhaltensbeeinflussung durch sie, das Erproben verschiedener Rollen,

den Abbau von Autoritätsfixierungen und die Rotation von Führungsfunktionen.

Im Mittelpunkt des Sensitivity-Trainings stehen die bereits dargestellten Ziele und Methoden der auf Kurt Lewin zurückgehenden Trainingsgruppe (T-Gruppe), in der das zentrale Gesprächsthema die in der aktuellen, im Hier und Jetzt agierenden Gruppe ablaufenden Prozesse sind. Die Gruppenerfahrungen werden sowohl auf der kognitiven wie der emotionalen Ebene thematisiert und reflektiert.

Balint-Gruppen

Die nach dem ungarischen Psychoanalytiker Balint (1896-1970) benannten Gruppen setzen sich meist aus Mitgliedern ein und derselben Berufsgruppe zusammen (z. B. Ärzte oder Lehrer) und bieten den Teilnehmern die Möglichkeit, anhand konkreter Fallbeispiele aus ihrem beruflichen Alltag typische Eigenschaften zwischenmenschlicher Beziehungen und Konflikte im Beruf darzustellen, zu reflektieren und zu analysieren. So berichtet beispielsweise ein Lehrer in der Gruppe über einen schwierigen Schüler, indem er alles, was er von ihm weiß, wie er ihn einschätzt und was er ihm gegenüber empfindet, ausführlich darlegt. Die Gruppenmitglieder achten während des Berichtes auf ihre Gedanken, gefühlsmäßigen Reaktionen, Einfälle und Erklärungen. An den Bericht schließt sich eine von einem Gruppenleiter moderierte Diskussion an, in der die verschiedenen Einfälle, Gedanken und emotionalen Reaktionen in der Gruppe gesammelt, verglichen und zu dem berichteten Fallbeispiel in Beziehung gesetzt werden. Mit Hilfe der Gruppe kann der Lehrer mehr Klarheit über seine Beziehung zu dem schwierigen Schüler bekommen, und die Gruppenmitglieder erhalten die Möglichkeit, ihre Gedanken und Gefühle zu artikulieren und im Vergleich zu denen anderer Gruppenmitglieder zu reflektieren (Roth, 1983).

Rollenspiel

Das Rollenspiel ist ein in der Gruppenpsychotherapie, besonders in der Form des Psychodramas, aber auch in der Betriebspsychologie und in der Gruppenpädagogik verbreitetes Verfahren, bei dem die Gruppenteilnehmer kurzzeitig verschiedene Rollen übernehmen, um in einer Art von Probehandeln rollenspezifisches Verhalten kennenzulernen, einzuüben und die mit der Rollenübernahme verbundenen kognitiven Anforderungen und emotionalen Prozesse zu erfahren. Ausgangspunkt ist die in der traditionellen Definition von Rolle formulierte Annahme, daß ein Hineinwachsen in die Gesellschaft sich als ein Erfüllen gesellschaftlich definierter Erwartungen an das Verhalten in bestimmten sozialen Funktionen (Vater-Mutter, Schüler-Lehrer, Unternehmer-Mitarbeiter) darstellt, das mit dem Erlernen der entsprechenden Rollen verbunden ist. Die Gesellschaft funktioniert in Form eines aufeinander abgestimmten sozialen Rollenspiels, und sie ist um so stabiler, je besser ihre Mitglieder die Anforderungen der eigenen Rollen in ihrem Verhalten verwirklichen und sich zugleich in die Rolle ihrer Partner hineinversetzen können.

Wenn nun eine erweiterte Rollentheorie von einem offenen, dynamischen Gesellschaftsbild ausgeht, in dem die einzelnen Rollen nicht mehr starr durch festgefügte Erwartungen der bestehenden Gesellschaft definiert werden und vom einzelnen nicht mehr nur eine einfache Rollenübernahme verlangt wird, sondern die aktive Teilnahme am Kommunikationsprozeß des Rollenhandelns und Rollenaushandelns, dann stellt dies erhöhte Ansprüche an die soziale Handlungskompetenz. Dem Individuum wird ein eigenständiger Handlungsspielraum in der Mitwirkung bei der Rollendefinition zugestanden, und es wird von ihm die Fähigkeit und Bereitschaft zur Rollengestaltung erwartet.

Durch das Rollenspiel als gruppendynamische Methode soll das Individuum im handelnden Umgang mit den Gruppenmitgliedern lernen, welche Handlungsmöglichkeiten, Handlungsspielräume, aber auch Handlungszwänge mit dem Vollzug bestimmter Rollen verbunden sind und welche Erkenntnismöglichkeiten und emotionalen Erfahrungen im Umgang mit den Mitspielern und der im Rollenspiel geschaffenen sozialen Situation möglich sind. Das Rollenspiel kann sowohl als Methode des sozialen Handelns (Kochan, 1981) für den Umgang mit Alltagssituationen und besonders belastenden, konflikthaften Situationen (Psychodrama, Leutz, 1974) als auch als Mittel empirischer Sozialforschung zur Analyse sozialer Bedingungen des Erlebens und Verhaltens (Sader, 1986) eingesetzt werden.

Wenn auch mittlerweile der Höhepunkt der gruppendynamischen Bewegung überschritten ist, so ist die bereits zu Beginn der Gruppendynamik in den 30er Jahren gewonnene Einsicht nach wie vor gültig,: „(...) daß die Stabilität einer demokratischen Gesellschaft von der Wirksamkeit und konstruktiven Zusammenarbeit der in ihr repräsentierten Teilgruppen abhängt, und weiterhin, daß die Anwendung wissenschaftlicher Methoden in den verschiedenen Gruppen zu einer Verbesserung des Zusammenlebens insgesamt führen kann, sobald voraussagbare Erscheinungen erkannt und verstanden werden. Die Fülle der verschiedenen Gruppen in einer Gesellschaft verteilt sich auf Familien, Gemeinden, Schulen, Kirchen, Industrie, Unternehmen, Gewerkschaften und vielfache Zweige der Staatsverwaltung. Wenn sich das Gesamtsystem einer Gesellschaft zuverlässig stabilisieren soll, so müssen diese einzelnen Gruppen nicht nur ihre jeweils verschiedenen Funktionen erfüllen; deren Auswirkungen bestimmen vielmehr das Wohlbefinden, die Zerrissenheit und Konfliktbereitschaft sowohl des einzelnen wie die konstruktiven oder destruktiven Ergebnisse von Konfliktlösungen zwischen gegeneinander voreingenommenen Gruppen“ (Brocher & Kutter, 1985, S. 1—2).

Zusammenfassung

Die Gruppe wurde erst zum Forschungsgegenstand, als die soziale Bedingtheit menschlichen Verhaltens und Erlebens erkannt wurde. Noch für Wilhelm Wundt war aus ethischen und praktischen Gründen eine experimentelle Analyse sozialer Phänomene undenkbar. Die soziale Dimension psychischer Erscheinungen läßt sich seiner Meinung nach nur auf der Ebene der Kollektiverscheinungen wie Sprache, Recht, Mythen, Religion usw. analysieren. Zwischen der einseitigen Konzentration der Psychologie auf das Individuum und der undifferenzierten Betrachtung psychischer Erscheinungen in der Masse einschließlich der kritischen Auseinandersetzung mit massenpsychologischen Erklärungsversuchen konnte sich erst allmählich eine experimentelle Kleingruppenforschung etablieren. Ihr Forschungsgegenstand ist das in der Interaktion mit anderen eine flexible und zielorientierte Gruppe bildende Individuum, das in seinem Wahrnehmen, Denken, Empfinden und Handeln von der Gruppe beeinflußt wird und zugleich aktiv die Gruppenprozesse gestaltet.

Eine Gruppe zeichnet sich im Unterschied zu anderen sozialen Gebilden wie Menge, Masse oder Verband dadurch aus, daß zwei oder mehr Personen miteinander in Beziehung stehen, gemeinsame Ziele verfolgen, bestimmte verhaltenssteuernde Normen und Regeln beachten und affektive Beziehungsstrukturen untereinander entwickeln. Gruppen lassen sich unterscheiden nach ihrer Größe, nach der Qualität ihrer Beziehungsstruktur, nach dem Grad formal festgelegter Strukturen, nach ihrer Offenheit gegenüber Einflüssen von außen, der Art ihrer Zielorientierung, der Art des individuellen Zusammengehörigkeitsgefühls (Eigen-, Fremd- oder Bezugsgruppe) und ihrer zeitlichen Dauer.

Betrachtet man Gruppen als prinzipiell offene Systeme, so läßt sich zeigen, daß sie durch Eingangsgrößen wie Fähigkeiten, Fertigkeiten, Kenntnisse und die Motivation ihrer Mitglieder, durch interaktive Prozeßvariablen, die nach Interaktionsmuster und Interaktionsinhalt unterschieden werden können, und schließlich durch Ausgangsgrößen wie Sympathie- und Antipathiegefühle der Gruppenmitglieder, Zielerreichung oder Zielverfehlung und Beeinflussung anderer Gruppen determiniert werden. Als illustratives Beispiel für unterschiedliche Gruppenstrukturen wird das Kontingenzmodell von Jones & Gerard (1967) angeführt. In ihm wird unterschieden zwischen Pseudokontingenz, asymmetrischer Kontingenz, reaktiver Kontingenz und wechselseitiger Kontingenz.

Zur Analyse von Gruppenstrukturen und Gruppenprozessen wurden Befragungs- und Beobachtungsmethoden entwickelt. Die soziometrische Methode ist primär ein auf individueller Befragung beruhendes Verfahren zur Erfassung der sozialen Beziehungsstrukturen in Gruppen. Das Soziogramm liefert ein anschauliches Bild der gegenseitigen positiven und negativen Wahlen der Gruppenmitglieder untereinander. Aus ihm lassen sich Dominanzpositionen, Außenseiterpositionen und Subgruppenstrukturen erkennen. Da das Verfahren ohne große Vorkenntnisse leicht anwendbar ist, erfreut es sich relativ hoher Beliebtheit und ist weit verbreitet, wird aber nicht selten zu unkritisch gehandhabt. Diese Kritik bezieht sich vornehmlich auf eine zu weitreichende Interpretation der gewonnenen Erkenntnisse und verallgemeinerte Schlußfolgerungen sowie auf die mangelhafte Kontrolle psychischer Konsequenzen, die sich aus den veröffentlichten Wahlpositionen, z. B. hohe Akzeptanz oder Ablehnung für das einzelne Gruppenmitglied und die Gruppe als Ganzes, ergeben.

Aufwendiger, dafür aber auch zuverlässiger bezüglich der zu gewinnenden Erkenntnisse über Gruppenprozesse ist das von Bales (1950) entwickelte Beobachtungsverfahren zur interaktiven Prozeßanalyse. Es erlaubt die Feststellung, zu welchen Zeitpunkten im Gruppenprozeß von welchen Personen welche der sechs Problembereiche (Orientierungs-, Bewertungs-, Kontroll-, Entscheidungs-, Spannungsbewältigungs- und Integrationsproblem) thematisiert und bewältigt werden. Die Erweiterung zum SYMLOG-Verfahren ermöglicht eine mehrstufige systematische Beobachtung auf der Verhaltens- und der Wert- bzw. Einstellungsebene.

Die Analyse der unter dem Sammelbegriff „Gruppendynamik“ zu findenden Konzepte zeigt, daß hierunter Bemühungen sowohl der wissenschaftlichen Analyse als auch der Gestaltung von Gruppenprozessen fallen. Angeregt durch die von Kurt Lewin und seinen Schülern in den 40er Jahren begonnenen Trainingsgruppen zur Einübung berufsrelevanter sozialer Fertigkeiten wurden eine Fülle von gruppendynamischen Methoden entwickelt und Studien durchgeführt. Sie alle verfolgen das Ziel, den einzelnen zu befähigen, sich selbst und seine Mitmenschen im sozialen Interaktionsprozeß besser zu erkennen. Dies soll möglich werden durch eine Reflexion und die kritisch distanziert durchgeführte Analyse der beobachteten Gruppenprozesse und der an sich selbst und anderen erfahrbaren Wirkungen. Die dabei gewonnenen Erkenntnisse und Erfahrungen sollen einerseits zur Qualifizierung der individuellen sozialen Handlungskompetenz führen und andererseits den Gruppenprozeß verbessern, z. B. durch Stärkung der Gruppenkohäsion, Reduzierung des Konfliktpotentials und Erhöhung der sozialen Motivation. Die Ziele und Methoden des Sensitivity-Trainings, der Balint-Gruppen und des Rollenspiels werden beispielhaft für gruppenbezogene Methoden zur Selbsterfahrung und zum sozialen Lernen vorgestellt.

Fragen

1. Welches sind die charakteristischen Definitionsmerkmale von Gruppen?
2. Welche Gruppenarten lassen sich unterscheiden?
3. Welche Funktionen können informelle Gruppen in formalisierten Organisationen erfüllen?

4. Welche Konsequenzen ergeben sich aus der Behandlung von Gruppen als offene Systeme?
5. Welche Beispiele für die vier Kontingenztypen lassen sich benennen?
6. Welche Vor- und Nachteile bieten soziometrische Verfahren zur Erfassung von Interaktionsbeziehungen in Gruppen?
7. Welche Bedingungen müssen Beobachtungsmethoden zur Erfassung von Interaktionsbeziehungen in Gruppen erfüllen?
8. Von welchen Grundlagen geht das T-Gruppenkonzept aus, und welche Folgerungen ergeben sich daraus?
9. Welche Möglichkeiten bieten gruppendynamische Trainingsgruppen zur Selbsterkenntnis?

Weiterführende Literatur

Brocher, T. & Kutter, P. (Hrsg.) (1985). Entwicklung der Gruppendynamik. Darmstadt: Wissenschaftliche Buchgesellschaft.

Hinsch, R. & Pfingsten, U. (1983). Gruppentraining sozialer Kompetenzen. München: Urban & Schwarzenberg.

Mullen, B. & Goethals, G.R. (Eds.). (1987). Theories of group behavior. New York: Springer.

Weick, K.E. (1985). Systematic observational methods. In G. Lindzey & E. Aronson (Eds.). Handbook of Social Psychology (Vol. I.) (pp. 567-634). New York: Random House.

Kapitel 2:

Bedeutung der Gruppe für das Individuum

Schon aus der anthropologischen Grunderkenntnis, daß der Mensch ein soziales Wesen ist und ohne die Hilfe und Unterstützung und den Schutz seinesgleichen, meist der Eltern, nicht lebensfähig ist, ergibt sich die große Bedeutung der Gruppe für das Erleben und die Entwicklung des Individuums. Weil der Mensch bei seiner Geburt unzureichend mit funktionsfähigen Verhaltensmustern ausgestattet ist, und weil er auch als Erwachsener ein „instinktverunsichertes" Wesen bleibt, das Sicherheit und Stabilität für sein Leben nicht über den Instinkt erhält, sondern durch den Erwerb und die Verarbeitung sozialer Anregungen, ist er auf die Interaktion mit seinen Mitmenschen, besonders in der Primärgruppe Familie, existentiell angewiesen. Portmann (1956) spricht vom Menschen als einer physiologischen Frühgeburt, die ein extra-uterines Frühjahr durchlaufen muß, um den Stand zu erreichen, auf dem sich andere Arten schon im Moment der Geburt befinden. Portmann unterscheidet zwischen Nesthockern und Nestflüchtern. Nesthocker stehen auf einer niedrigeren Organisationsstufe und werden in einem Zustand geboren, in dem sie noch nicht für das Leben funktionstüchtig sind. Demgegenüber stehen die Nestflüchter auf einer höheren Organisationsstufe, bei der sich eine relativ lange Schwangerschaft mit einer relativ kurzen Hilflosigkeit nach der Geburt verbindet. Portmann bezeichnet den Menschen als „sekundären Nesthocker" oder als „hilflosen Nestflüchter", der als neugeborenes Kind auf einer relativ hohen Organisationsstufe absolut hilflos und abhängig ist. Erst nach einem Jahr erlangt der Mensch den physiologischen Entwicklungsstand, auf dem sich seine nächsten Verwandten, die Primaten, im Augenblick der Geburt befinden. Die Konsequenz, die sich aus einem solchen Entwicklungsgang ergibt, ist leicht einsichtig: Je weniger das Verhalten im Augenblick der Geburt durch die intrauterine Entwicklung festgelegt ist, um so mehr kann es durch die Umwelt modifiziert werden, um so größer ist die Möglichkeit zu lernen, um so anpassungsfähiger und entwicklungsfähiger ist das neugeborene Lebewesen. Dies setzt aber voraus, daß es in eine soziale Umwelt hineingeboren wird, die ihm die zur Entwicklung erforderlichen Anregungen gibt. So haben sich beispielsweise die „Hospitalismus-Forschung" (Spitz, 1945; Harlow, 1971), die entwicklungspsychologisch orientierte Deprivationsforschung sowie die auf Bowlby (1982) zurückgehende Erforschung des kindlichen Bindungsverhaltens mit der Frage auseinandergesetzt, welche Entwicklungsresultate zu erwarten sind, wenn Kinder in ihrem ersten Lebensjahr zeitweilig oder ganz von der Mutter getrennt werden, wenn es zu einer psychischen Vernachlässigung des Kindes kommt, wenn wichtige entwicklungsförderliche Anregungsbedingungen fehlen oder wenn die Interaktionspartner des Kindes in unterschiedlicher Weise auf seine sozialen Bedürfnisse eingehen. Alle diese Forschungen belegen, daß die primären Bezugspersonen des Kindes, vor allem die Eltern, und die Qualität der von ihnen ausgehenden sozialen Anregungen sowie die Primärgruppe, die neben den Eltern noch aus Geschwistern und nahen Verwandten besteht, und die von ihr gebotenen sozialen Erfahrungs- und Handlungsmöglichkeiten die kindliche Entwicklung entscheidend beeinflussen.

Die Bedeutung der Gruppe für das Individuum ergibt sich weiterhin aus dem Versuch, eine Antwort zu finden auf die existentielle Frage eines jeden Menschen: „Wer bin ich?". Hierzu kann das Individuum über sich selbst nachdenken und sein Verhalten gleichsam aus der Sicht eines außenstehenden Beobachters betrachten und daraus bestimmte Schlußfolgerungen über sich selbst ziehen (Theorie der Selbstwahrnehmung, siehe Bem, 1972). Es kann aber auch andere Personen über ihre Meinung und ihr Urteil über die eigene Person befragen, spontan geäußerte Ansichten anderer über die eigene Person als wichtige Hinweise registrieren oder aus dem Vergleich zwischen eigenem und fremdem Verhalten Rückschlüsse auf die eigene Person ziehen. (Theorie der sozialen Vergleichsprozesse, siehe Festinger, 1954).

Untersuchungen, in denen Personen aufgefordert wurden, spontan 20 Antworten auf die Frage „Wer bin ich?" aufzuschreiben, ergaben, daß diese Selbstbeschreibungen vornehmlich gruppenbezogene Kategorien enthalten, und zwar solche, die positiv beurteilt werden und zudem eine deutliche Unterscheidung gegenüber Mitgliedern anderer Gruppen erlauben. Wir können offensichtlich keine eindeutige und klare Vorstellung von der eigenen Person gewinnen, ohne auf soziale Interaktions- und Vergleichserfahrungen zurückzugreifen. Die Merkmale des Selbstbildes sind bestimmt von der Art, wie andere Personen uns sehen, wie wir uns von ihnen unterscheiden und worin wir mit ihnen übereinstimmen. Wenn andere Personen, und das sind solche, die wir kennen, mit denen wir häufig in Kontakt kommen, also vornehmlich Gruppenmitglieder, uns vermitteln, wer wir sind und wo wir im sozialen Gefüge einzuordnen sind, dann kommt der Gruppe eine bedeutende Funktion zur Entwicklung des Selbst und der psycho-sozialen Identität zu.

Bindung und sozialer Anschluß

Entwicklungspsychologische Aspekte

Die entwicklungspsychologische Forschung und die ethologische Forschung, in der menschliches und tierisches Verhalten in ihrer Entwicklung verglichen und untersucht werden, lassen keinen Zweifel, daß der Mensch ein soziales Wesen ist. Er ist existentiell bereits mit der Geburt auf die Hilfe und Fürsorge spezifischer Bezugspersonen, meist der Mutter, angewiesen und wächst allmählich in die Primärgruppe, vornehmlich die eigene Familie, und dann in Sekundärgruppen, z. B. Spiel-, Kindergarten-, Schul- und Freundesgruppen hinein. Im Laufe der Entwicklung lernt das Individuum, Mitglied in vielen verschiedenen Gruppen zu sein und dort die den sozialen und gesellschaftlichen Normen entsprechende Rolle zu spielen sowie Aufgaben und Verantwortungen wahrzunehmen.

Die sozialen Bindungen, die der Mensch eingeht, setzen bei ihm noch stärker als bei den in Gemeinschaften lebenden Tierarten das allmähliche Vertrautwerden mit bestimmten Individuen voraus. Bei dem Erwerb von Vertrautheit unterscheidet Bischof (1985) ontogenetisch drei sensible Phasen sozialer Bindung und damit auch verschiedener Arten von Vertrautheit. Zunächst faßt jedes Kleinkind Vertrauen zu den familiären Pflegepersonen, besonders zur Mutter. Die dabei entstehenden Bindungsbeziehungen sind von Bowlby bereits 1969 in seiner biologischen Bindungstheorie ausführlich dargestellt worden. Mutter und Kind sind offensichtlich stammesgeschichtlich prädisponiert, interaktiv auf bestimmte Signale zu reagieren und schon bald eine sehr spezifische, hoch individualisierte soziale Bindung zueinander zu entwickeln (Großmann u. a., 1989). In der Adoleszenz kommt es dann allmählich zu einer Absättigung und zum Überdruß mit den vertrauten Personen in der Primärgruppe (Eltern und Geschwister). Als Folge davon entwickelt sich eine sekundäre Vertrautheit zunächst mit einzelnen Personen außerhalb der Familie, zu denen enge freundschaftliche und evtl. später einmal eheliche und eheähnliche Beziehungen aufgenommen werden. Hierbei ist in ontogenetischer Hinsicht offensichtlich die wachsende Neugier, Fremdes kennenzulernen, und das Nachlassen von Furcht und Mißtrauen vor dem Fremden bedeutsam. Als tertiäre Vertrautheit wird schließlich die sich im Verlauf des Erwachsenwerdens entwickelnde spezifische Beziehung der Eltern zu ihren Kindern bezeichnet. Vorformen ähnlicher sozialer Beziehungen wurden bereits in den Forschungen von Harlow (1971) an Primaten beobachtet.

Die Forschungen zur sozialen Motivation (Heckhausen, 1989) haben gezeigt, daß Anschlußmotivation ein zentraler Beweggrund zum sozialen Handeln ist und die entsprechende Motivausprägung schon mit der Primärsozialisation erfolgt. Mit Anschlußmotiv (need affiliation) wird das Bestreben bezeichnet, mit bisher fremden Personen in Kontakt zu kommen und in einer Weise verbunden zu bleiben, die von beiden Interaktionspartnern als angenehm und bereichernd erlebt wird. „Um den Zielzustand einer solchen Bindung zu erreichen und aufrechtzuerhalten, gibt es vielerlei sprachliche und nichtsprachliche Verhaltensweisen, die insbesondere bei der Kontaktaufnahme mit fremden Personen zu beobachten sind. Der anschlußmotivierte Charakter des Verhaltens gibt sich zu erkennen in Anzahl und positivem Gehalt der sprachlichen Mitteilungen, Freundlichkeit des Gesichtsausdrucks, Dauer des Blickkontaktes, Häufigkeit des Kopfnickens, Körperhaltung und Gesten u. a.“ (Heckhausen, 1989, S. 346).

Allerdings kann die Anschlußsuche nur dann erfolgreich sein, wenn auch die Anschlußperson kontaktmotiviert ist und der Anschlußsuchende ausreichend attraktiv erscheint. Der Anschlußsuchende muß zu erkennen geben, daß er zugleich bereit ist, für den potentiellen Interaktionspartner auch die Rolle der Anschlußperson zu übernehmen, denn Einseitigkeiten in der Rollenverteilung und asymmetrische Kontingenzbeziehungen stören das Beziehungsgefüge oder lassen eine wechselseitige und vertrauensvolle Bindung gar nicht erst aufkommen.

Sozialpsychologische Forschungen zum Anschlußverhalten

Die sozialpsychologische Forschung zum Anschlußverhalten wurde angeregt durch die Affiliationsforschung von Schachter (1959) und die von ihm entwickelte Affiliationstheorie. Die zentrale Hypothese besagt, daß Personen, die sich ängstigen, verstärkt sozialen Kontakt suchen, da sie hoffen, bei den Kontaktpersonen Sicherheit zu finden und von ihnen getröstet und unterstützt zu werden. Zudem nahm Schachter an, daß starke Emotionen, die in relativ neuen Situationen auftreten, soziales Anschlußhandeln deshalb erzwingen, weil die betroffenen Personen dann besonders interessiert sind, durch den sozialen Vergleich mit anderen die Angemessenheit der Art und Intensität ihrer Gefühle zu überprüfen. Vor einer Situation Angst zu haben, die üblicherweise niemanden ängstigt und sozial unangemessen hohe Angst, aber auch übertriebene Freude können soziale Blamage und Gefühle der Unterlegenheit zur Folge haben.

In den inzwischen klassischen Forschungsarbeiten von Schachter wurde den freiwillig an einer Untersuchungsserie teilnehmenden Versuchspersonen verkündet, daß sie in den zu erwartenden Experimenten schmerzhaften Elektroschocks ausgesetzt würden. Es wurde ihnen dann freigestellt, alleine oder mit anderen Personen auf den Beginn des Experimentes zu warten. Experimentelle Variationen betrafen den induzierten Angstgrad, die Merkmale der potentiellen Kontaktpersonen, z. B. ob sie den Versuchspersonen ähnlich oder unähnlich waren, die Kommunikationsmöglichkeiten und Kommunikationsinhalte zwischen den wartenden Personen und die Vorinformationen an die Versuchspersonen über den Ablauf des Experiments.

Die Resultate ergaben, daß mit zunehmender Angst das Affiliationsbedürfnis ansteigt und daß dem Kontaktbedürfnis neben der direkten Angstreduktion auch noch der Wunsch nach sozialem Vergleich zugrundeliegt. Neben diesen beiden Motiven, sozialer Kontakt und sozialer Vergleich, glaubte Schachter aufgrund seiner Untersuchungen ausschließen zu können, daß noch das Bedürfnis nach Klarheit über die experimentelle Situation, nach Flucht aus der Situation durch eine gemeinsame Aktion der Wartenden und nach Ablenkung von dem erwarteten, bedrohlichen Experiment eine Rolle spielen. Die Versuchspersonen wollten selbst dann mit anderen Personen zusammen warten, wenn keine oder nur irrelevante Gespräche mit den Wartenden möglich waren. Sie warteten zudem lieber mit gleichfalls von Elektroschocks bedrohten Personen als mit anderen. In Folgeuntersuchungen hat sich gezeigt, daß die Unterscheidung zwischen sozial angemessenen und unangemessenen Gefühlen für das Anschlußhandeln besonders bedeutsam ist. Bei sozial unangemessenen Gefühlen (Scham, Peinlichkeit, selbstwertbedrohende Gefühle) meiden die Versuchspersonen den sozialen Kontakt und bevorzugen die Isolation oder den Kontakt mit Nicht-Betroffenen. Bei sozial angemessenen Gefühlen, z. B. Angst vor einer objektiv vorhandenen Bedrohung, ist die Bereitschaft zum sozialen Kontakt abhängig davon, ob andere Personen in der Lage sind, die vorhandene bedrohliche Situation zu verstehen, sie ähnlich zu interpretieren, in einer vergleichbaren Weise emotional und verhaltensspezifisch zu reagieren und sich in die Situation und die eigene Befindlichkeit einzufühlen. Wichtig ist also nicht so sehr die physische Anwesenheit anderer Personen, sondern welchen Nutzen sie zur Bewältigung der emotional belastenden Situation versprechen, ob sie einfühlsam und sozial unterstützend wirken und ob die Gefahr des Selbstwertverlustes gering ist: „... es ist nicht der Zustand und damit die Vergleichbarkeit der Kontaktperson, sondern es sind ihre erwarteten Verhaltensweisen, die die Entscheidung für Affiliation, Isolation oder Gleichgültigkeit bedingen. Man kann vermuten, daß Individuen aufgrund der vorhandenen Information ein kognitiv-emotionales Kalkül anstellen, um zu entscheiden, welche Wahl ihr Selbstwertgefühl erhält" (Götz-Marchand, 1985, S. 25). Es bleibt festzuhalten, daß bei starker, eindeutig identifizierbarer emotionaler Belastung die Gruppe eine gute Chance zur Angstreduktion bietet, wenn sie nicht zugleich das Selbstwertgefühl bedroht. So wurde das Bedürfnis nach sozialem Vergleich in Situationen, wie sie von Schachter untersucht wurden, entweder überhaupt nicht oder nur schwach aktiviert.

Sozialer Vergleich in der Gruppe

Wie schon erwähnt wird die Frage „Wer bin ich?" meist mit direkten oder indirekten Hinweisen darauf beantwortet, worin sich das Individuum im Vergleich zu anderen Personen unterscheidet oder was es mit ihnen teilt. Der Stellenwert jedes einzelnen im sozialen Gefüge, die Einschätzung der eigenen Person, der eigenen Fähigkeiten, Leistungen, Verdienste, Meinungen, Ansichten u. a., aber auch die Einschätzung der eigenen Verfehlungen und Schwächen sind keine festen und verläßlichen Größen, sondern immer nur von relativem Wert und mit einem hohen Maß an Unsicherheit behaftet. Dies trifft in besonderem Maße für Werte, Überzeugungen, Einstellungen und Meinungen zu, aber auch für Kenntnisse, Fertigkeiten und Leistungen. Hier bietet allein der Vergleich mit den Mitmenschen, die einem etwas bedeuten, denen man vertrauen kann, deren Urteil zählt und denen man sich zugehörig fühlt (z. B. der Ehepartner, Freunde und die eigene Gruppe), eine gewisse Sicherheit. Der soziale Vergleich in der Gruppe, so läßt sich vermuten, gibt uns ein einigermaßen zuverlässiges und relativ beständiges Bild von uns selbst.

Theorie der sozialen Vergleichsprozesse

In der Sozialpsychologie hat die Theorie der sozialen Vergleichsprozesse (Festinger, 1954) deshalb eine so große Bedeutung erlangt, weil sie versucht zu erklären, wie sich Urteilssicherheit über die eigene Person herstellen läßt. „Die Theorie befaßt sich mit Fragen, wie sich Individuen subjektiv von der Gültigkeit der Meinungen überzeugen, die sie von sich selbst (insbesondere von ihren Fähigkeiten) sowie von der Beschaffenheit ihrer Umwelt gebildet haben. Ausgangspunkt der Überlegungen ist für Festinger die Annahme eines Grundbedürfnisses nach Bewertung eigener Meinungen und Fähigkeiten. Er begründet es mit dem Hinweis auf die negativen Konsequenzen eines fehlerhaften Realitätsverständnisses. Die Bewertung erfolgt an Kriterien, die entlang einer Dimension angeordnet werden können: von der völligen Orientierung an der ‚physischen Realität' bis zur völligen Orientierung an der ‚sozialen Realität'" (Stroebe, 1987, S. 330). Die Theorie der sozialen Vergleichsprozesse wurde beeinflußt von Ergebnissen der Anspruchsniveauforschung, die gezeigt hatte, daß Personen mit sich zufrieden sind, wenn sie einen im Vergleich mit anderen Personen gesetzten Leistungsstandard (Anspruchsniveau) erreicht oder übertroffen haben (Heckhausen, 1989, S. 172). Zudem spielte die Theorie des informellen Gruppendrucks eine wichtige Rolle, die besagt, daß die durch Gruppendruck erzeugte Uniformität über Meinungen und Einstellungen bei den Gruppenmitgliedern als Maßstab für deren Gültigkeit angesehen wird (siehe Irle, 1985). Schließlich übernimmt die Vergleichstheorie Grundgedanken der Bezugsgruppentheorie von Merton & Rossi (1949), nach der die positive, negative oder neutrale Selbstbewertung über Bezugsgruppenstandards erfolgt, wobei unterschieden wird zwischen normativen Bezugsgruppen, die Verhaltens- und Einstellungsnormen setzen, und komparativen Bezugsgruppen, die Vergleichsnormen für die Selbsteinschätzung anbieten.

Entsprechend der Theorie sozialer Vergleichsprozesse erreichen Individuen auf folgende Weise Sicherheit und Gewißheit darüber, daß ihre Einstellungen, Ansichten und Fähigkeitseinschätzungen richtig und angemessen sind:

1. In der physikalischen Realität stehen Beurteilungsmaßstäbe zur Verfügung, die zur Einschätzung von Größen-, Volumen- und Gewichtsverhältnissen oder von Zeitrelationen genutzt werden können, z. B. zur Beurteilung der Körpergröße, der Körperkraft oder der Dauer einer Aufgabenerledigung.

2. Die Beurteilung erfolgt aufgrund sozialer Urteilsdimensionen, wie sie z. B. Gruppen zur Beurteilung des Engagements ihrer Mitglieder für das gemeinsame Gruppenziel entwickeln. Dabei haben neuere Forschungsarbeiten entgegen der ursprünglichen Annahme von Festinger gezeigt, daß selbst dann soziale Urteilsdimensionen berücksichtigt werden, wenn physikalische Urteilsgrundlagen vorhanden sind. So kann die physikalisch meßbare und vergleichbare Körpergröße ebenfalls aufgrund sozial festgelegter Maßstäbe beurteilt werden, nach denen eine Person dann als zu groß, zu klein oder gerade noch eben groß genug eingestuft wird.

3. Bei der Beurteilung von Fähigkeiten werden entsprechend den Fähigkeitsarten angemessene und relevante Gruppen zum Vergleich herangezogen. So wird ein Sportler sich mit sportlich ähnlich leistungsfähigen Personen seiner Sportart vergleichen wollen und nicht mit Spitzenathleten. Beim Meinungsvergleich erhöht die Zustimmung merkmalsunähnlicher Personen die Urteilssicherheit, beim Vergleich von Werthaltungen dagegen werden merkmalsähnliche Personen zum Vergleich bevorzugt.

4. Je attraktiver eine Vergleichsgruppe und je enger der interne Gruppenzusammenhalt ist (hoher Kohäsionsgrad), um so größer ist der Uniformitätsdruck bezüglich der geäußerten Meinungen und der in der Gruppe demonstrierten Fähigkeiten.

5. Bei der Suche nach Vergleichspersonen wollen leistungsschwache Personen wissen, wer noch schlechter abgeschnitten hat, um ihr Selbstwertgefühl zu erhalten. Zur realistischen Selbsteinschätzung ist es für das Individuum, aber auch für die Gruppe einerseits wichtig, das Fähigkeits- und Meinungsspektrum zu kennen, um zu wissen, wie weit man selbst von den Extrempolen entfernt ist, und andererseits möchte man erfahren, wer leistungsschwächer ist und extremer urteilt als man selbst.

In den Untersuchungen von Festinger und in vielen Folgeexperimenten (Haisch & Frey, 1984) hat sich gezeigt, daß der soziale Vergleich darauf abzielt, zu einer verläßlichen Beurteilung der eigenen Fähigkeiten und Meinungen zu kommen, wobei nicht der Vergleich mit bestimmten Personen wichtig ist, sondern die Besetzung eines bestimmten, den eigenen Selbstwert erhaltenden und evtl. steigernden Platzes in der Leistungs- und Meinungshierarchie, die von den Bezugsgruppenmitgliedern bestimmt und aufrechterhalten wird.

In einem relativ einfachen Experiment von Morse & Gergen (1970) wurden die Folgen sozialer Vergleichsprozesse deutlich. Männliche Collegestudenten, die sich für einen Ferienjob interessierten, wurden zu einem Vorstellungsgespräch geladen. Während sie allein in einem Raum warteten und verschiedene Fragebögen auszufüllen hatten, mußten sie einen standardisierten Selbsteinschätzungstest bearbeiten. Nachdem der Student die Hälfte der Testfragen beantwortet hatte, erschien plötzlich ein weiterer Bewerber im Raum, in Wirklichkeit ein instruierter Mitarbeiter des Versuchsleiters. Für die eine Hälfte der Studenten erschien dieser weitere Bewerber in der Aufmachung eines ‚Mr. Clean', der gut gekleidet, mit Aktentasche und einem Buch über Philosophie in der Hand den Raum betrat und seine sorgfältig gespitzten Bleistifte auf dem Tisch ablegte. Für die andere Hälfte erschien dieselbe Person als ‚Mr. Dirty', schlecht gekleidet, unrasiert und mit einem billigen Romanheft in der Hand. Für die Studenten deutlich sichtbar begann dieser zusätzliche Bewerber mit dem Ausfüllen der gleichen Fragebögen, mit denen sie sich bisher beschäftigt hatten. Die Studenten hatten anschließend in Anwesenheit dieses zusätzlichen Bewerbers den Selbsteinschätzungstest zu beenden. In den ausgefüllten Fragebögen und insbesondere im Selbsteinschätzungstest zeigten sich deutliche Unterschiede: In Anwesenheit von Mr. Clean nahmen die positiven Selbsteinschätzungen bei den Versuchspersonen deutlich ab und ihre Beurteilungen waren bei weitem negativer als vor der Anwesenheit des Mr. Clean. Der gegenteilige Effekt stellte sich bei den Versuchspersonen ein, die Mr. Dirty kennenlernten. Bei ihnen zeigte sich ein beträchtlicher Anstieg der Selbsteinschätzung. Diese Ergebnisse zeigen, daß bei den Studenten soziale Vergleichsprozesse zwischen sich selbst und den neu hinzugekommenen Personen stattgefunden hatten, die einen Einfluß auf die eigene Selbsteinschätzung ausübten. Die Befunde lassen auch den Schluß zu, daß man bei der Auswahl von Intimpartnern, Freunden, Bekannten, aber auch der Schule, des Arbeitsplatzes oder von Freizeitgruppen gleichzeitig eine Wahl trifft bezüglich der zukünftigen Ausprägung des eigenen Selbst.

Bedeutung der Gruppe für den sozialen Vergleich

In diesem Zusammenhang ist auf die große Bedeutung des Gruppeneinflusses für die Vergleichs- und Beurteilungshandlungen hinzuweisen. Die Gruppe ist für ein Individuum, das nach verläßlicher Selbstbewertung mit Hilfe des sozialen Vergleichs strebt, keine statische, sondern eine dynamische, einflußausübende Größe. So entsteht in Gruppen eine Tendenz, ein Druck und evtl. ein Zwang zur Gleichförmigkeit im Urteilen und Handeln, damit sich die divergierenden Einzelinteressen und Einzelaktivitäten der Mitglieder auf ein gemeinsames Ziel hin bündeln und ein enger Gruppenzusammenhalt zustandekommt.

Festinger (1950) unterscheidet in diesem Zusammenhang ‚Gruppenbewegung' (group locomotion) und ‚soziale Realität' (social reality). In beiden Aspekten des Gruppenlebens sieht er Gründe für den Druck zur Gleichförmigkeit. Unter ‚Gruppenbewegung' versteht er die Tatsache, daß die Handlungen der Gruppenmitglieder darauf abzielen, die Gruppe auf das Ziel hin zu bewegen oder sie davon abzudrängen. Auf Mitglieder, deren Handlungen die Gruppenbewegung stören, wird die Gruppe einen Druck zur Handlungsänderung ausüben. Um der Zielerreichung willen wird dem

Denken und Handeln des einzelnen Zwang auferlegt. Die andere Quelle des Gruppeneinflusses liegt in dem schon beschriebenen Bedürfnis des einzelnen, sich zu orientieren. Dies ist häufig ohne den Bezug zu Gruppenmaßstäben nicht möglich, weil wir uns die meiste Zeit nicht in einer Realität schlechthin bewegen, sondern in einer von uns oder anderen Personen geschaffenen sozialen Realität.

Von einer anderen Seite betrachtet Kelley (1952) die zweifache Bedeutung des Gruppeneinflusses. Er unterscheidet zwischen der normativen Funktion von Bezugsgruppen und ihrer Vergleichsfunktion (comparison function) nennt. Die normative Funktion der Bezugsgruppe besteht darin, Handlungsmaßstäbe für jeden zu setzen, der in der Gruppe akzeptiert werden will. Man gibt also dem Gruppendruck nach, um akzeptiert zu werden. Die Vergleichsfunktion der Bezugsgruppe besteht darin, einen Maßstab für die Bewertung eines sozial relevanten Sachverhaltes zu geben. Als Vergleichsmaßstab können positive und negative Bezugsgruppen dienen. Die Vergleichsfunktion der Gruppe beruht vorwiegend auf der Informationsabhängigkeit des Individuums, während die normative Funktion sich eher aus der Handlungsabhängigkeit des einzelnen von der Gruppe ergibt. Sicher mischen sich die Tendenzen im konkreten Fall. Sie analytisch auseinanderzuhalten, ist aber insofern von Wert, da man ohne eine solche Unterscheidung zu leicht in eine generelle Abwertung oder Verteidigung von Gruppeneinflüssen verfällt.

Eine Gleichförmigkeit des Denkens und Handelns ergibt sich sowohl durch die normative Funktion wie durch die Vergleichsfunktion der Gruppe. Nur der psychologische Aufwand und die sozialen Konsequenzen der Gleichförmigkeit sind andere, je nachdem ob die Gleichförmigkeit durch Angleichen an eine entwickelte Gruppennorm oder durch Nachgeben gegenüber Gruppendruck erreicht wurde. Wie die Untersuchungen von Sherif (1936) zum Normbildungsprozeß in Gruppen und von Asch (1956) zum Konformitätsverhalten (siehe Kap. 3 dieses Bandes) gezeigt haben, bleibt der Urteilsmaßstab, der durch gegenseitiges Angleichen in einer Gruppensituation gebildet wurde, auch später für die Gruppenmitglieder verbindlich und bedarf keiner fortlaufenden sozialen Kontrolle. Dagegen stellt eine Gleichförmigkeit, die lediglich durch den Druck der Gruppe erreicht wird, eine höchst labile Ordnung dar, die ständiger Kontrolle und Korrektur bedarf.

Einfluß des sozialen Vergleichs auf den Gruppenprozeß

In einer Überblicksstudie weisen Goethals & Darley (1977) nach, daß die soziale Vergleichstheorie von Festinger bereits eine Reihe von Elementen enthält, die zeigen, daß der soziale Vergleichsprozeß die Gruppen selbst beeinflußt. Von den meisten Forschern wurde allerdings bisher der individuelle Aspekt des Vergleichsvorgangs betont. Sie analysierten den

Vergleichsvorgang vorrangig unter dem Gesichtspunkt, wie eine am sozialen Vergleich interessierte Person sich hinsichtlich ihrer Fähigkeiten und Meinungen mit einer spezifischen anderen Person vergleicht. Dieser interpersonale Vorgang wurde selten oder überhaupt nicht als Gruppenprozeß interpretiert und analysiert.

Die Ergebnisse vieler Forschungsarbeiten der letzten Jahrzehnte deuten darauf hin, daß sowohl eine zuverlässige Bewertung spezifischer eigener Persönlichkeitsmerkmale, Fähigkeiten und Meinungen angestrebt wird, als auch eine allgemeine Selbstbewertung und Selbstbestätigung mit dem Ziel, besser dazustehen als andere Personen. Wenn die Überlegenheit auch nicht gegenüber allen Vergleichspersonen hergestellt werden kann, so sollte sie doch mindestens gegenüber einigen möglich sein. Unter dem Gesichtspunkt „Freud und Leid beim sozialen Vergleich" (siehe Brickman & Bulman, 1977) wird auf viele Studien verwiesen, die zeigen, daß Personen einen sich anbietenden sozialen Vergleich meiden, obwohl sie viele wichtige Erkenntnisse aus ihm ziehen könnten. Sie nehmen Vergleichsresultate nicht zur Kenntnis, interpretieren sie in ihrem Sinne um und verfälschen sie oder versuchen, ungünstige Vergleichsresultate durch Entschuldigungsgründe zu erklären und durch geeignete Selbstpräsentationstechniken zu kaschieren, um vor sich selbst und den Gruppenmitgliedern das erwünschte Selbstwertniveau halten zu können.

Bereits Festinger hatte aufgrund seines konsistenztheoretischen Konzeptes angenommen, daß beim Auftreten von Diskrepanzen zwischen eigenen Fähigkeiten und Meinungen und denen in der Vergleichsgruppe Handlungen zur Diskrepanzreduzierung unternommen werden. Diskrepanzen können reduziert werden durch Veränderung der eigenen Fähigkeiten und Einstellungen bzw. derjenigen anderer Personen oder durch die Beendigung von Vergleichshandlungen mit Personen, die zu unterschiedlich sind. Meinungsänderungsversuche in der Gruppe können mit Hilfe von Prozessen der sozialen Beeinflussung der Gruppenmitglieder vorgenommen werden mit der Folge erhöhter Feindseligkeit und Herabsetzung seitens der anderen Gruppenmitglieder, was im Extremfall zum Gruppenausschluß führen kann. Versuche, eigene und fremde Fähigkeiten zu verändern, haben dagegen unvermeidlich einen erhöhten Wettbewerb in der Gruppe zur Folge.

Nun werden sicherlich zunächst einmal viele Gruppen alleine deshalb gebildet, um einen sozialen Vergleich zu ermöglichen und weil Menschen es lieben, mit Personen zusammenzusein, die ihnen ähnlich sind. Aus dieser sozialen Sicherheit heraus können Vergleiche mit Angehörigen anderer Gruppen vermieden werden, so daß selbst Personen mit relativ bescheidenen Fähigkeiten aufgrund des eingeschränkten Fähigkeitsspektrums, das für den Vergleich genutzt wird, in der Eigengruppe noch zu einem positiven Selbstbild kommen. Es ist zu erwarten, daß Menschen ihre Vergleichsgruppen so aussuchen, innerhalb der Gruppe so handeln, sich so darstellen und evtl. sogar die Eigengruppe so zu beeinflussen versuchen, daß sie im sozialen Vergleich der Gruppenmitglieder untereinander noch gut abschneiden und ihr Anspruchsniveau beibehalten können.

Viele Gruppen werden allerdings nicht allein zum Zweck sozialer Vergleiche gebildet, sondern zur Problemlösung, zur Erreichung bestimmter Ziele, aufgrund rein physischer Nachbarschaft, durch mehr zufällige Ereigniskonstellationen u. ä., und ihre Mitgliedschaft ist oftmals erzwungen (z. B. in Klassengemeinschaften, Arbeitsgruppen oder Sportgruppen). Zweifellos ist Goethals & Darley zuzustimmen, daß auch hier soziale Vergleichsprozesse stattfinden, oft automatisch und unbeabsichtigt vollzogen, und daß aufgrund eines gerade in solchen Gruppen verfügbaren großen Qualifikations- und Meinungsspektrums die Wahrscheinlichkeit ansteigt, beim sozialen Vergleich schlecht abzuschneiden und sich unterlegen zu fühlen. Da automatisch vollzogene soziale Vergleichsprozesse mit solch negativen Konsequenzen für die Gruppenmitglieder den Gruppenzusammenhalt, die Kooperation und kollektive Leistungsfähigkeit beeinträchtigen würden, werden Gruppen versuchen, die sozialen Vergleichsprozesse einzuschränken und die negativen Konsequenzen zu begrenzen. Wer in seinen Fähigkeiten und Einstellungen zu sehr vom Gruppenmittel abweicht, wird zur Zurückhaltung gezwungen, oder er muß sozial akzeptierte Gründe für seine abweichende Position artikulieren, damit die anderen Gruppenmitglieder keine Minderwertigkeitserlebnisse haben und ihn noch in der Gruppe akzeptieren können. Gruppen vermeiden alles, was dazu führen könnte, daß das Leistungsversagen eines Mitgliedes von anderen sofort zum sozialen Vergleich und zur Demonstration der eigenen Überlegenheit ausgenutzt wird. Sie werden zudem jede vom Versager vorgebrachte Entschuldigung zunächst einmal akzeptieren, damit die Gruppenkohäsion nicht in Gefahr gerät.

Intergruppenvergleich und Selbstbewertung

Selbstbewertung findet nicht nur innerhalb der eigenen Gruppe statt, sondern auch gegenüber Mitgliedern anderer Gruppen. Gerade dieser Vergleich kann für den einzelnen eher positiv ausfallen, da entsprechend der sozialen Identitätstheorie von Tajfel & Turner (1986) (siehe Kap. 7 dieses Bandes) die generelle Tendenz besteht, Fremdgruppenmitglieder, sofern sie überhaupt als vergleichswürdig betrachtet werden, immer der eigenen Gruppe, und somit auch der eigenen Person, als unterlegen anzusehen. Gerade Personen, die Schwierigkeiten haben, im Vergleich mit der eigenen Gruppe zu positiven Vergleichsresultaten zu kommen, werden sich persönlich um Vergleiche mit Fremdgruppenmitgliedern bemühen und zudem auf Gruppenebene die Bedeutsamkeit solcher Vergleiche propagieren. Hierin liegt womöglich eine psychologische Erklärung für den soziologischen Befund, daß fremden- und ausländerfeindliche Haltungen gerade in den

Unterschichten einer Gesellschaft stark verbreitet sind. Dieses Phänomen wurde von den Soziologen auch auf makrosozialer Ebene beobachtet. Gesellschaftlich leistungsschwache Gruppen, wie z. B. Ausländer oder Mitglieder von Randgruppen, werden eher von ebenfalls leistungsschwachen Gruppen abgelehnt als von leistungsstarken. Wer in einer gesellschaftlich schwachen Position ist, sucht nach Vergleichsgruppen, die noch schwächer sind, um sich selbst etwas aufwerten zu können. Gleich schwache Personen und Gruppen, die sich zudem noch durch Merkmale im äußeren Erscheinungsbild wie Hautfarbe oder Sprachverhalten (ausländischer Akzent) auszeichnen und somit leicht zu kategorisieren sind, und von denen man sich eindeutig unterscheiden kann, werden besonders stark abgewertet, gemieden, auf Distanz gehalten oder evtl. sogar verfolgt, um die angestrebte Eigengruppenfavorisierung und Fremdgruppendiskriminierung zu rechtfertigen und die eigene gesellschaftliche Position zu stärken. In soziologischen Untersuchungen zur Migrations- und Gastarbeiterproblematik wird öfters hervorgehoben, daß mit der Anwerbung und dem Einsatz ausländischer Arbeitnehmer eine ‚Unterschichtung' stattfindet, indem eine ethnisch fremde und politisch rechtlose soziale Schicht unter die bestehende Sozialstruktur geschoben wird, die nicht dem allgemeinen Entwicklungsstand des aufnehmenden Landes entspricht (Hoffmann-Nowotny, 1976). „Diese neue Schicht angeworbener oder imigrierter ausländischer Arbeitnehmer stellt besonders für die bislang die Unterschicht repräsentierende Gruppe eine potentielle Bedrohung dar (Arbeitsplatzkonkurrenz, Leistungskonkurrenz, Lohndrücker, Akkordverderber und potentieller Streikbrecher) und bietet sich als „Sündenbock" für bislang erlittene Kränkungen, Zurücksetzungen und Schwächung des Selbstwertgefühls an" (Thomas, 1989, S. 215). Dies verhindert zugleich die Solidarisierung gesellschaftlich schwacher Gruppen. Statushöhere Personen und Gruppen können Randgruppen gegenüber deshalb viel toleranter agieren, weil diese ihre gesellschaftliche Position nicht gefährden.

Zusammenfassend läßt sich mit Goethals & Darley (1977) über die Beziehung zwischen Selbstbewertung und Gruppenprozessen feststellen: „Individuen bemühen sich um den Erhalt eines positiven Selbstwertgefühls in Gruppen durch Meinungskonformität und leichte Überlegenheitsdemonstrationen gegenüber Gruppenmitgliedern in bezug auf Fähigkeiten und andere als wertvoll erachtete Persönlichkeitsmerkmale. Diese Bemühungen fördern soziale Einflußnahmen und den Wettbewerb in Gruppen, doch um innerhalb der Gruppe das Gesicht wahren zu können und um den als Folge des sozialen Vergleichs drohenden Schaden begrenzen zu können, werden Normen zur Eindämmung sozialer Vergleichsprozesse in Gruppen entwickelt. Individuen versuchen ebenfalls, positive Selbstwertgefühle durch Vergleiche mit Fremdgruppenmitgliedern zu erreichen. Als Eigengruppenmitglieder tragen sie zum Intergruppenwettbewerb bei, um selbst vom positiven Vergleichsergebnis profitieren zu können. Diese grundlegenden Vergleichsbedürfnisse und Vergleichshandlungen haben eine Vielzahl von personalen, interpersonalen und gruppenspezifischen Konsequenzen. Sie beeinflussen die Art der Interpretation von Informationen über das eigene Selbst und andere Personen, die Art der Interaktion mit anderen und die Art der Intergruppenbeziehungen. Da die Selbstbeurteilung ein fundamentaler psychologischer Prozeß ist, der in Gegenwart anderer Personen unvermeidlich in Gang gesetzt wird, ist der soziale Vergleich immer ein zentraler Aspekt der komplexen Struktur des Gruppenlebens. Und deshalb wird die Theorie der sozialen Vergleichsprozesse immer eine bedeutende Rolle in unserem Verständnis von Gruppenverhalten spielen" (S.42—43).

Gruppenbindung und die Entwicklung des Selbst

Konzept des symbolischen Interaktionismus

Die Bedeutung der Gruppe für das Individuum wird noch von einem anderen, für die Sozialpsychologie und Soziologie bedeutsamen Theoriekonzept betont, dem symbolischen Interaktionismus (Mead, 1934). Die Grundthese lautet: Zwischenmenschliche Interaktion und Verständigung vollzieht sich über den Austausch von Symbolen, vornehmlich der Sprache als einem hochentwickelten Symbolsystem, aber auch anderer, nichtsprachlicher Zeichen und Gesten, die für die Interaktionspartner bedeutungshaltig sind und deren sozial verbindlicher Bedeutungsgehalt ihnen bekannt ist. Nach Rose (1967) geht die Theorie des symbolischen Interaktionismus von der Annahme aus, daß der Mensch nicht nur in einer natürlichen, sondern vornehmlich in einer symbolischen Umwelt lebt und daß er ebenso von Symbolen wie durch physische Anreize zum Handeln bewegt werden kann. Symbol wird dabei definiert als ein Reiz, der für den Handelnden eine erlernte Bedeutung und einen erlernten Wert besitzt. Die menschliche Reaktion hängt deshalb viel stärker von der Bedeutung und dem Wert des Symbols ab, als von den von ihm ausgehenden physischen Reizen auf die Sinnesorgane.

In der Interaktion mit einem Partner kann der Mensch mit Hilfe von Symbolen andere Handlungen auslösen als die für ihn im Augenblick bedeutsamen. So kann er mit anderen kommunizieren, um in ihnen bestimmte beabsichtigte Bedeutungen und Werte hervorzurufen. Durch die Kommunikation von Symbolen kann das Individuum eine Vielzahl von Bedeutungen, Werten und ebenso Verhaltensweisen von anderen lernen. Beispielsweise kann eine Person das ihr zunächst fremde Verhalten der Interaktionspartner aus einer anderen Kultur zuverlässig voraussagen und ihr eigenes Verhalten auf das der fremden Partner einstellen, wenn es ihr gelingt, durch interkulturelles Lernen die in der Fremdkultur gebräuchlichen Symbole, Bedeutungen und Werte zu verstehen (siehe auch Kap. 9).

Die Symbole sowie die Bedeutungen und Werte, auf die sie sich beziehen, treten meist in Form umfangreicher Symbolkomplexe und nicht als Einzelelemente auf. Die Reflexion einer zentralen Bedeutung oder eines zentralen Wertes in einem solchen Symbolkomplex erlaubt zuverlässige Voraussagen auch über die damit zusammenhängenden Bedeutungen und Werte.

Für Mead entwickelt sich das ‚Ich' aus den Reaktionen des Organismus auf die Werthaltungen und Einstellungen anderer Personen, und das ‚Selbst' besteht demgegenüber aus dem für sich selbst übernommenen Komplex der Werthaltungen und Einstellungen anderer. Der Denkprozeß ist ein symbolischer Vorgang, der auf dem Prüfen möglicher symbolischer Lösungen und zukünftiger Handlungsabläufe auf ihre relativen Vor- und Nachteile zur Erreichung individuell wertbehafteter Ziele beruht. Die Gesellschaft, aufgefaßt als ein Netzwerk von miteinander in Interaktion stehenden Individuen sowie ihre Kultur, definiert als die in einer Gesellschaft anerkannten und aufeinander bezogenen Bedeutungen und Werte, durch die die einzelnen miteinander in Interaktion treten, sind dem einzelnen Menschen vorgeordnet. Jedes Individuum muß, um lebensfähig zu werden, die in der bereits vorhandenen Kultur verbindlich festgelegten Verhaltensanforderungen erlernen. Selbst dann, wenn sich im Zuge des kulturellen Wandels bestimmte Bedeutungen und Werte verändern und an Attraktivität verlieren, bleiben sie doch im Bewußtsein jedes einzelnen lebendig. Die Theorie des symbolischen Interaktionismus teilt mit der psychoanalytischen Theorie die Annahme, daß der Mensch zwar nichts vergißt, aber die Erinnerungen nicht einfach nur summativ abgespeichert werden, sondern mit den neu erworbenen Bedeutungen und Werten zu einer neuen Einheit verschmelzen.

Markefka (1989) faßt die Inhalte der Theorie des symbolischen Interaktionismus folgendermaßen zusammen: „(1) Prämissen sozialen Handelns sind: Menschen leben in gemeinsamen „Welten" („Umwelten"), die sich aus unterschiedlichsten Objekten (materiellen Gegenständen: Häusern, Straßen u. a.; abstrakten Objekten: Glaubensüberzeugungen, moralischen Leitideen u. a.; Lebewesen: Menschen, Personengruppen u. a.; sozialen Tatbeständen: menschlichen Handlungen, sozialen Situationen u. a.) zusammensetzen. Menschen handeln gegenüber ausgewählten Objekten usw. „ihrer" Welt, den Gegenständen, die sie kennen und wahrnehmen, aufgrund von Bedeutungen, die diese Gegenstände für sie „verkörpern". Objekte gelten insofern als Symbole, Träger von Bedeutungen. Die Bedeutungen werden als „soziale Schöpfungen" angesehen, die vom einzelnen im Austausch mit anderen stets „neu" („interpretativ") zu erfassen sind. Die Bedeutung eines Dinges für eine Person ergibt sich aus der Art und Weise, in der andere Personen ihr gegenüber in Bezug auf dieses Ding handeln. Ihre Handlungen dienen der Definition dieses Dinges für diese Person. (2) Auf der Grundlage der genannten Voraussetzungen wird zunächst Interaktion zwischen Menschen als symbolische Interaktion bestimmt: Dies bedeutet, daß Personen auf das Handeln ihres Gegenübers (z. B. eine sprachliche Äußerung, eine körperliche Geste) gewöhnlich nicht spontan, sondern aufgrund der Bedeutung (der Interpretation, des Verstehens) dieser Handlungen (z. B. als Hilferuf, körperlicher Angriff) eingehen (z. B. zu Hilfe eilen, sich verteidigen). Das Verhalten der an einer Interaktion beteiligten Akteure ist also jeweils Antwort des einen auf die eigene Interpretation (Bedeutungsfeststellung) der Handlung(sabsichten) des anderen: Interaktion wird als ein „interpretativer Prozeß“ verstanden. Darüber hinaus werden aus symbolischen Interaktionen auch Folgen abgeleitet: Soziale Systeme, Organisationen, Rollen, Institutionen usw. gelten als — sich wandelnde — Ergebnisse („Verkettungen“) „symbolisch“ miteinander handelnder Menschen, d. h. ihrer jeweils neuen Interpretations- und Deutungshandlungen. Es sind gewissermaßen interpretative und konstruierte Wirklichkeiten, Forschungsgegenstände des symbolischen Interaktionismus“ (S. 64—65).

Individuelles Handeln ist nach Mead (1975) immer Teil eines überindividuellen gesellschaftlichen Handlungszusammenhangs: „Die Sozialpsychologie untersucht die Tätigkeit oder das Verhalten des Individuums, so wie es in den gesellschaftlichen Prozeß eingebettet ist; das Verhalten eines Individuums kann nur in Verbindung mit dem Verhalten der ganzen gesellschaftlichen Gruppe verstanden werden, deren Mitglied es ist, denn seine individuellen Handlungen sind in größeren, gesellschaftlichen Handlungen eingeschlossen, die über den einzelnen hinausreichen und andere Mitglieder dieser Gruppe ebenfalls betreffen. In der Sozialpsychologie konstruieren wir nicht das Verhalten der gesellschaftlichen Gruppe im Hinblick auf das Verhalten der einzelnen Wesen, die diese Gruppe bilden. Vielmehr gehen wir von einem gesellschaftlichen Ganzen, einer komplexen Gruppenaktivität, aus, innerhalb der wir (als einzelne Elemente) das Verhalten jedes einzelnen Individuums analysieren“ (S. 45).

Nach Mertens (1987) ist der Vorzug des symbolischen Interaktionismus u. a. darin zu sehen, daß soziales Verhalten als Handlung aufgefaßt wird, die durch Bedeutungen und Regeln bestimmt ist. Der Mensch ist somit befähigt, soziale Situationen zu definieren und sich gemäß den zugeschriebenen Bedeutungen und Erwartungen zu verhalten, aber auch zwischen ihnen wählen und sich deshalb je nach Situation, Erwartungen und Regeln in einer bestimmten sozialen Identität präsentieren zu können. Demnach ist die Persönlichkeitsentwicklung des einzelnen von der Interaktion mit anderen abhängig, denn ohne Gruppenbindung könnte sich kein Selbst- und kein Persönlichkeitskern entwickeln. Diese These geht von der Grundannahme aus, daß der Mensch nicht mit einer ausgebildeten Persönlichkeit geboren wird, sondern bestenfalls mit Anlagen, mit Grundtendenzen, aus denen sich alles mögliche entwickeln kann, und daß es nur die Interaktion mit anderen Menschen ist, die diese Anlage zur Ausbildung kommen läßt, ihm Anregung und Richtung gibt.

Nach der Theorie des symbolischen Interaktionismus hat die Gruppe für die Persönlichkeit die Funktion eines Spiegels. Wie man ja ohne Spiegel auch nicht mit Genauigkeit wissen könne, wie das eigene Gesicht aussieht, genausowenig kann man nach Meinung der Interaktionisten Cooley (1956), Mead (1934) u. a. seine eigene Persönlichkeit erkennen, wenn sie einem nicht im Verhalten der anderen gespiegelt wird. Das eigene Handeln löst im anderen Reaktionen aus, an denen man die Bedeutung seines Handelns erkennen kann. Nach Cooley besteht der Prozeß aus drei Teilstücken: (1) dem Wahrnehmen der Reaktionen des anderen, (2) der Bewertung dieser Reaktionen als positiv oder negativ der eigenen Person gegenüber und (3) einem Gefühl der Beschämung oder des Stolzes, also einem sehr elementaren Selbstwertgefühl. Dieses Selbstwertgefühl hochzuhalten, scheint eine menschliche Grundtendenz zu sein, die zur Erklärung unseres Verhaltens bis hin zur Erklärung des Selbstmords unerläßlich ist.

George Herbert Mead teilt die Anschauung, daß die Persönlichkeit sich aus der Reflexion über die Reaktion der anderen auf das eigene Verhalten entwickelt. Dabei unterscheidet er aber zwischen einem Teil der Persönlichkeit, der sich aus dem Nachdenken über die Reaktionen der anderen entwickelt hat, und einem anderen Teil, der davon unberührt ist. Mead bezeichnet den sozial geformten Teil der Persönlichkeit als das ‚Me' (Selbst) und spricht von dem übrigbleibenden Rest als dem ‚I', dem Ich. Auf diese Weise läßt er Raum für die Spontanität und die Rätselhaftigkeit der Persönlichkeit in seinem System. Er sagt also: Man wird in weiten Bereichen so reagieren, wie man es auf Grund der Reflexion über die Reaktion der anderen gelernt hat, aber gelegentlich werden Verhaltensweisen durchbrechen, die man sich nur schwer erklären kann. Je älter man wird, desto weitere Bereiche der Persönlichkeit werden sozial überformt, sozial gesteuert, bilden sich aus in Anlehnung an die Reaktionen der anderen, und desto kleiner wird der Persönlichkeitsbereich, der einem noch rätselhaft ist, aus dem noch spontan etwas Neues entstehen kann. Hier liegt das von Erikson (1982) so eindringlich beschriebene Problem der Spontaneität (siehe Thomas, 1991, Kap. 10).

Das damit zu bewältigende Lebensproblem besteht darin: Wenn man im Beruf einigermaßen etabliert ist, wenn nicht mehr jeden Tag etwas Neues passiert, dann fühlt man sich allmählich in Routine erstarrt, und im Grunde tritt man auf der Stelle. So ist diese essentielle Abhängigkeit von der Gruppe kein reiner Segen, aber ohne sie geht die mühsam erworbene Integrität der Person wieder verloren, wie die im folgenden als Beispiel kurz dargestellten Forschungen über Einsamkeit und Suizid zeigen.

Verlust der Gruppenbindung als Bedingung von Einsamkeit und Suizid

Viele Untersuchungen über die Entstehungsbedingungen von Selbsttötungshandlungen zeigen, daß der Verlust zufriedenstellender Bindungen an die Primärgruppe, ein zunehmendes Defizit zwischen den Erwartungen und Erfahrungen bezüglich der Qualität der Interaktionsbeziehungen zu den Partnern im sozialen Beziehungsnetz, der Verlust bedeutsamer Bezugspersonen und das Zerbrechen von Gruppenbindungen wichtige Determinanten der Suizidkarriere sind (Pohlmeier, 1983). Mit dem Zerbrechen des sozialen Beziehungsgefüges und dem Verlust bedeutsamer Interaktionspartner, z. B. durch Tod, Scheidung, Wohnungswechsel, entstehen Gefühle der Einsamkeit, des Alleingelassenseins und „Von allen Menschen verlassen"-Seins, die der einzelne selbst nicht mehr kontrollieren kann. Da soziale Unterstützung durch die Gruppe nicht mehr möglich erscheint, glaubt er, seine Einsamkeit nur noch durch die Suizidhandlung beenden zu können. „Erlebte emotionale und soziale Einsamkeit können zwar nicht als alleinige Ursache für eine Suizidhandlung angesehen werden, denn viele Menschen, die unter starker Einsamkeit leiden, begehen keinen Selbsttötungsversuch. Aber das Erleben von Einsamkeit, das Gefühl, niemanden mehr zu haben, dem man sich anvertrauen kann, die Identifikation eigenen Versagens im Bereich des sozialen Handelns und das Erleben sozialer Beziehungen als Bedrohung, da man sich ihnen hilflos ausgeliefert fühlt, charakterisieren zutreffend die Gefühlslage und die kognitiven Verarbeitungsprozesse des Suizidenten zum Zeitpunkt der Suizidhandlung. Konsequenterweise sehen viele suizidgefährdete Personen die wichtigste Aufgabe ihrer Verarbeitung der Suizidfolgen darin, ein befriedigendes soziales Beziehungsnetz (Intimpartner und Freundeskreis) aufzubauen und zu erhalten" (Thomas, 1984, S. 483).

In vielen Untersuchungen über die Struktur des sozialen Netzes bei Suizidenten zeigt sich übereinstimmend die Bedeutung des sozialen Unterstützungssystems zur Bewältigung kritischer Lebensereignisse und Lebenskrisen wie beispielsweise die Entwicklung bis hin zum Suizid. Zunächst versucht die betroffene Person auftretende Probleme mit eigenen Mitteln zu lösen. „Gelingt dies nicht, werden Beziehungen zu Einzelpersonen oder Gruppen eingeschaltet, also zu Familienmitgliedern, Freunden, Nachbarn, Arbeitskollegen etc., um die psycho-sozialen Probleme zu reduzieren. Das soziale Netz läßt sich aufgliedern nach Größe, Dichte und Homogenität, nach dem Einfluß des sozialen Netzes auf das psycho-soziale Wohlbefinden und nach inhaltlichen Kriterien, wie emotionale Unterstützung, Informationsvermittlung, Aufzeigen von Lösungsmöglichkeiten, praktische und materielle Hilfe usw. Beim Suizidversuch werden die Bewältigungsversuche nur mehr auf die eigene Person gerichtet, da keine individuellen Handlungsmöglichkeiten in der Umwelt mehr gesehen und erlebt werden. Jeder Versuch der Kontrolle äußerer Bedingungen wird aufgegeben, der Suizident erlebt sich in höchstem Maße als hilflos" (Eberwein, 1990, S. 8). Damit verbunden sind Gefühle der Einsamkeit und der sozialen Isolation, die das Gefühl der Hilflosigkeit verstärken und zu dem Schluß führen, „kein Mensch kann mir mehr helfen".

Im Zusammenhang mit den sozialpsychologischen Forschungen zur Einsamkeit haben Peplau & Perlman (1982) ein sozial-kognitives Konzept der Entstehung von Einsamkeit entwickelt, in dem die Bedeutung des Verlustes positiv erfahrener sozialer Vergleichsprozesse und sozialer Unterstützung für die Entstehung von Einsamkeitsgefühlen und die Entwicklung eines sich selbst verstärkenden Kreislaufs in die Einsamkeit hinein beschrieben wird. In der Interaktion mit der sozialen Umwelt und dem Versuch, durch den Vergleich mit anderen ein zutreffendes Bild vom eigenen Selbst zu bekommen, kommt es zwangsläufig zu einer bilanzierenden Bewertung zwischen dem subjektiv erlebten sozialen Beziehungsgefüge, und zwar hinsichtlich seiner Quantität und Qualität, und dem subjektiv erwünschten sozialen Beziehungsgefüge. Das subjektiv erlebte soziale Beziehungsgefüge besteht aus den gesammelten Erfahrungen im Umgang mit der individuell verfügbaren sozialen Umwelt und ihrer Bewertung auf der Grundlage sozialer Anspruchsniveaus. Das subjektiv erwünschte soziale Beziehungsgefüge bildet sich aus den individuellen Wertvorstellungen und den in der Gruppe und Gesellschaft verbreiteten Standards für „normale" Beziehungsgefüge.

Führt der Vergleich zwischen erlebtem und erwünschtem sozialen Beziehungsgefüge zur Feststellung einer Diskrepanz und wird diese Diskrepanz als bedeutsam angesehen, so kommt es zum Erleben von Einsamkeit, was mit negativen Gefühlsaspekten verbunden ist. Die kognitive Beschäftigung mit der festgestellten Diskrepanz führt einerseits zur Aktivierung von Attributionsprozessen und einer damit einhergehenden Ursachenanalyse und andererseits zu Vorstellungen darüber, inwieweit man seine soziale Umwelt selbst kontrollieren kann. Die Ursachen für die festgestellte Diskrepanz können einmal als durch in der eigenen Person liegende Defizite, also internal (z. B. Schüchternheit, mangelnde Attraktivität, soziale Hemmungen) oder aber durch äußere Umwelteinflüsse, also external (z. B. Aggressivität und Mißtrauen anderer Menschen) verursachte Defizite attribuiert werden. Ein individuelles Kontrollbewußtsein kann einerseits verneint werden, d. h. die Person glaubt, daß sie über die Entstehungsbedingungen der beobachteten Diskrepanz keine Kontrolle ausüben kann. In diesem Fall entsteht in der Regel eine chronische Einsamkeit. Andererseits kann sie der Meinung sein, die Entstehungsbedingungen kontrollieren zu können, was dann eher zu einer temporären, situativen Einsamkeit führt. Wird die beobachtete Diskrepanz als durch ein in der eigenen Person verankertes Defizit bedingt angesehen, das man selbst nicht mehr verändern kann, so wird auch eine Reduzierung im Grad der erlebten Einsamkeit ausgeschlossen. Sieht die Person demgegenüber äußere

Umstände als Ursache für die Diskrepanzentstehung an, und ist sie der Meinung, daß sie diese Umstände beeinflussen kann, so wird die Einsamkeit als eher vorübergehend und grundsätzlich veränderbar betrachtet. Wenn die Ursache der Diskrepanz allerdings in einem Defizit der sozialen Umwelt gesehen wird, das der Kontrolle des Individuums entzogen ist, so wird eine Veränderung des Einsamkeitserlebens ausgeschlossen.

Eine Diskrepanzreduktion und damit eine Veränderung in der Intensität des Einsamkeitserlebens ist grundsätzlich dadurch möglich, daß das Individuum sein Sozialverhalten ändert, seinen subjektiven sozialen Standard bezüglich des erwünschten sozialen Beziehungsgefüges reduziert, soziale Vergleichsprozesse meidet, da sie die Wahrscheinlichkeit des Diskrepanzerlebens erhöhen oder die Bedeutung der erlebten Diskrepanz verringert. Nach einer durch eigene Anstrengung oder mit Unterstützung durch andere erfolgten Diskrepanzreduktion sollte auch die Intensität des Einsamkeitserlebens abnehmen.

Personen, die bei sozialen Vergleichsprozessen häufig zu negativen Selbstbewertungen kommen, die Fehler in der eigenen Person dafür verantwortlich machen (internal attribuieren) und die glauben, ihre soziale Umwelt nicht oder nur wenig beeinflussen zu können (geringes Kontrollbewußtsein), geraten über einen sich selbst verstärkenden Kreislauf immer mehr in die Einsamkeit. Dieser Kreislauf besteht aus dem Erleben sozialer Defizite, verstärkten Einsamkeitsgefühlen, Hemmungen und Versagen bei der Aufnahme und Aufrechterhaltung sozialer Interaktionen, der Reduzierung sozialer Vergleiche und einem verstärkten Mangel an positiv erlebten Interaktionskonsequenzen. Oft ist zur Unterbrechung dieses Kreislaufs in die chronische Einsamkeit nur noch gezielte therapeutische Hilfe wirksam, da der Einsame bereits die Fähigkeit verloren hat, wirksame Unterstützung aus der sozialen Umwelt anzufordern bzw. anzunehmen.

Zusammenfassend läßt sich feststellen: Das persönliche Selbstkonzept, die subjektive Interpretation sozialer Wertnormen und die Erfahrungen mit der eigenen sozialen Handlungskompetenz bzw. -inkompetenz bestimmen Art und Effektivität der Bewältigungsstrategie für Einsamkeit. Eine wirksame Verringerung der Einsamkeitsgefühle ist dann am ehesten möglich, wenn intakte Reste des sozialen Beziehungssystems vorhanden sind, wenn Möglichkeiten der aktiven und wirksamen Beeinflussung der die Einsamkeit verursachenden Faktoren gesehen und aufgenommen werden, und wenn die betroffene Person Defizite in einem Bereich des sozialen Beziehungsgefüges durch Leistungen in einem anderen Bereich kompensieren und somit ihr Selbstwertgefühl erhalten kann. Die größten Schwierigkeiten beim Versuch der Bewältigung von Einsamkeit entstehen aus dem aversiven, von Ablehnung und Furcht bestimmten Charakter, den soziale Kontakte für einsame Personen annehmen und der sie zum sozialen Rückzug verleitet. Damit beginnt der bereits dargestellte Kreislauf sich gegenseitig verstärkender Bedingungsfaktoren für die Einsamkeit, der nach einem Zustand chronischer Einsamkeit unter Umständen im Suizid endet.

Entwicklung des Selbst

Wie bereits betont, besitzt der Mensch die ihm wesensgemäße Fähigkeit, sich selbst zum Objekt eigener Betrachtung zu machen. Er verfügt über die Intelligenz, die ihn befähigt, über seinen Körper, sein Verhalten und seine Wirkungen auf andere Personen und Gruppen zu reflektieren. Er kann schließlich mit Hilfe der Sprache über die dabei gewonnenen Einsichten kommunizieren.

Mit dem hypothetischen Konstrukt „Selbstkonzept" wird die individuell strukturierte Gesamtheit der kognitiven Repräsentationen von Gefühlen und Gedanken über sich selbst bezeichnet. Das Selbstkonzept umfaßt kognitive Komponenten (z. B. Wissen über eigene Fähigkeiten und Eigenschaften), affektive Komponenten (z. B. Gefühle der Sicherheit oder Unsicherheit über die eigenen Fähigkeiten) und Verhaltenskomponenten (z. B. ob man sich selbstkritisch oder selbstbewußt über die eigene Person äußert).

Die Bedeutung der sozialen Einflüsse für die Entwicklung des Selbst und eines Selbstkonzepts fassen Secord & Backman (1976) so zusammen: „Man erwirbt das Selbst durch die Ansichten, die andere Personen von einem Individuum haben sowie durch die aktive Rekonstruktion dieser Ansichten im Laufe der Interaktionsprozesse. In seiner Theorie des „looking-glass-self" nimmt Cooley (1956) an, daß sich ein Individuum eine Meinung darüber bildet, wie es auf den anderen wirkt, eine Vermutung darüber anstellt, wie der andere sein Auftreten beurteilt, und dann auf dieses in seiner Vorstellung existierende Urteil mit positiven oder negativen Selbstgefühlen reagiert. Der Prozeß, in dem das Selbstbild durch soziale Interaktion entwickelt wird, kann zum Teil so aufgefaßt werden, daß die einzelne Person je nach ihrem Standort in der Sozialstruktur an eine Reihe sozialer Rollen Zugeständnisse macht. Während sie diese Rollen spielt, lernt sie die Erwartungen, die andere mit dieser Kategorie verbinden, kennen, und bildet entsprechend jeder Rolle eine Rollenidentität aus. Diese Rollenidentitäten sind etwas idealisierte Auffassungen der Rollenausführung. Sie sind nicht nur Reflexe der kulturellen Anforderungen, die von anderen Personen gestellt werden, sondern reflektieren auch individuelle Entwicklungen, die sich im Laufe des Lebens in der Interaktion mit anderen herausgebildet haben. Das Selbst ist also nicht allein eine Reflexion der Definitionen anderer Personen, sondern eine schöpferische Synthese, die aus dem Interaktionsprozeß entsteht und aufgrund einschneidender neuer Erfahrungen immer wieder neu aufgebaut wird" (S. 660).

Erfahrungen mit sich selbst macht der einzelne in unterschiedlichen Handlungsfeldern, weswegen die Selbstkonzeptforschung folgerichtig zwischen bereichsspezifischen Selbstkonzepten, bezogen auf Familie, Beruf, Verein als Handlungs- und Erfahrungsfelder, und einem generellen, allgemein gültigen Selbstkonzept der Person unterscheidet.

Forschungen von Gergen (1979) zeigen, daß entwickelte Selbstkonzepte erheblichen Schwankungen unterliegen können. Er bat Studenten einen Monat, nachdem sie einen Test zur Selbstachtung ausgefüllt hatten, in einem Rollenspiel ihre Fähigkeiten und persönlichen Vorzüge gegenüber einem potentiellen Arbeitgeber darzustellen. Sie sollten sich dabei in ein möglichst gutes Licht stellen und alles vorbringen, was auf den Arbeitgeber Eindruck machen könnte. Nach dem Rollenspiel füllten sie wieder den Test zur Selbstachtung aus, wobei sie nunmehr deutlich positivere Selbstachtungswerte produzierten als beim ersten Mal. Bei einer Kontrollgruppe ohne Rollenspiel wurde kein Anstieg der Testwerte beobachtet. Die Darstellung eigener Fähigkeiten und Vorzüge im Rollenspiel bewirkte offensichtlich schon eine Veränderung des Selbstkonzepts.

Demgegenüber ist nach der von Secord & Backman (1965) entwickelten Theorie der interpersonalen Kongruenz der einzelne bestrebt, einen möglichst hohen Kongruenzgrad zu erreichen zwischen einem spezifischen Aspekt des eigenen Selbst (z. B. berufliche Tüchtigkeit), der Interpretation des eigenen, für diesen Aspekt bedeutsamen Verhaltens und der subjektiven Vorstellungen darüber, wie andere Personen über die berufliche Tüchtigkeit urteilen und wie sie sich der gezeigten Tüchtigkeit gegenüber verhalten. Das Individuum ist an der Herstellung und Aufrechterhaltung dieser Kongruenz auch gegen Veränderungsdruck von außen sehr interessiert und betreibt sie aktiv: (1) durch kongruenzorientierte kognitive Umstrukturierungen von Informationen, (2) durch selektive Bewertungen kongruenzförderlicher Merkmale, (3) durch selektive Interaktion mit bestimmten Personen, die eher Kongruenz garantieren, (4) durch kongruenzfördernde Selbstdarstellung und (5) durch die Relativierung inkongruenter Bewertungen aufgrund sozialer Vergleiche. Die Stabilität des Selbstkonzepts wird weiterhin gefördert und gestützt durch eine möglichst große Anzahl bedeutsamer anderer Personen, von denen man zuverlässig annehmen kann, daß sie einen so sehen, wie man sich selbst sieht bzw. sehen möchte. Die Einbindung in relativ stabile soziale Systeme mit gleichbleibender Personenzusammensetzung und Gruppenstruktur (Familie, Freundeskreis, Spielkameraden) dient demselben Ziel.

Veränderungen im Selbstkonzept sind bei aller Bemühung um Stabilität und Kongruenz unvermeidlich. Allein die lebenszyklisch vom Kleinkind zum Erwachsenen sich vollziehenden Status- und Rollenveränderungen beeinträchtigen das Selbstbild nachhaltig. Dazu kommen Selbstkonzeptveränderungen durch zufällige Ereignisse, z. B. nicht beabsichtigte, aber bedeutsame interpersonale Begegnungen, durch einen Wandel der Gruppenstrukturen, z. B. durch die Bildung von Subgruppen, durch einen Wechsel des eigenen Status und die damit verbundene Veränderung der in einer Gruppe zu übernehmenden Rollen oder durch abweichende Meinungen und Handlungen. Änderungen des Selbstkonzepts werden aber nicht nur von außen erzwungen und gegen das eigene Kongruenzstreben durchgesetzt, sondern unter bestimmten Bedingungen auch vom Individuum gezielt angestrebt und herbeigeführt. So sind belastende Beziehungsverhältnisse und Lebenssituationen oft nur dadurch zu ändern, daß der einzelne allein oder unter Inanspruchnahme professioneller Hilfe (z. B. Beratung, Psychotherapie) zu einer neuen Selbstbewertung findet und sein bisheriges Selbstkonzept verändert. So können z. B. unter Einsamkeit leidende Personen, die von sich den Eindruck haben, für andere Personen nicht attraktiv genug zu sein, von ihrer sozialen Umwelt abgelehnt zu werden und nicht fähig zu sein, Kontakte zu pflegen, dazu gebracht werden, ihr so allmählich verfestigtes negatives Selbstkonzept für den Bereich der sozialen Beziehungen kritisch zu analysieren und zu lernen, die positiven Merkmale ihres Sozialverhaltens stärker zu betonen. Ein so verändertes Selbstkonzept kann ein Aufbrechen des bereits beschriebenen einsamkeitsfördernden Kreisprozesses bewirken. Die im vorherigen Kapitel beschriebenen Gruppenverfahren (Sensitivitäts-Training, Balint-Gruppen, Rollenspiel) bieten sich dazu an, da hier die erforderliche Neubewertung des Selbstkonzepts unter relativ spannungsfreien und kontrollierten Gruppenbedingungen erlernt werden kann.

Unter dem Stichwort „soziale Steuerung des Selbst“ (social management of the self) werden in jüngster Zeit immer mehr Forschungen vorgelegt, die zeigen, wie das eigene Selbstbild durch eine adäquate und möglichst positive Selbstpräsentation gegenüber anderen Personen und in Gruppen geformt und verbessert werden kann. Niemand wird anderen gegenüber einfach nur das zum Ausdruck bringen, was er selbst über sich weiß und empfindet. Die Darstellung und Preisgabe des eigenen Selbst und von Teilaspekten des Selbstkonzepts schafft zugleich ein soziales Beziehungsverhältnis zu anderen, in dem andere Personen eingeladen werden, bestimmte Verhaltensweisen zu zeigen (z. B. Lob zu erteilen) oder in dem sie vor anderen Verhaltensweisen gewarnt werden (z. B. Kritik zu üben). Diese Prozesse der Selbstdarstellung kann man bewußt steuern und kontrollieren, vielfach geschieht dies aber unbewußt. Personen mit einem hohen Grad an Selbstdarstellungskontrolle zeichnen sich nach Snyder (1979) durch folgende Eigenschaften aus: (1) Sie betrachten und beobachten andere Personen, um zu erfahren, welche Handlungen in der gegebenen sozialen Interaktionssituation angemessen sind. (2) Sie können die Präsentation ihrer eigenen Person gut kontrollieren und modifizieren. (3) Sie sind gewillt und interessiert, die eigenen Handlungen den situativen Verhältnissen anzupassen. Wer sich so verhält, bekommt zu anderen Personen leicht Kontakt, erscheint vertrauenswürdig, übernimmt oft die Gesprächsführung und kann so einen Einfluß auf die Gruppe ausüben, der dem gewünschten

Selbstbild förderlich ist. Bis zu einem gewissen Grad können adäquate Selbstrepräsentationstechniken gelernt und zur Verbesserung der interpersonalen Interaktion und darüber hinaus zur Gewinnung eines positiven Selbstkonzepts eingesetzt werden. Neue Probleme entstehen allerdings dann, wenn durch effektive Selbstpräsentationstechniken die Kluft zwischen öffentlicher Selbstdarstellung und tatsächlichem persönlichen Selbstkonzept zu groß wird. In diesem Falle droht Realitätsverlust und die Beeinträchtigung der Glaubwürdigkeit gegenüber den Interaktionspartnern.

Soziale Identität

Bereits Mead (1934) hatte darauf verwiesen, daß die jeweilige Gruppenmitgliedschaft eine zentrale Bedingung zur Entwicklung, Ausformung und Stabilisierung des Selbst ist. In der sozialen Vergleichstheorie von Festinger (1954) war nicht nur das Bedürfnis nach sozialem Vergleich postuliert worden, sondern auch das Bedürfnis, bei dem Vergleich gut abzuschneiden. In den letzten Jahren haben Tajfel & Turner (1979) gezeigt, daß die Selbsteinschätzung zu einem großen Teil von der Gruppenbindung und der Zuschreibung bestimmter Gruppenmitgliedschaften abhängt. Der Wunsch nach Aufbau und Erhalt eines positiven Selbstkonzepts muß zwangsläufig dazu führen, die Gruppen, denen man angehört, positiver zu beurteilen als die, denen man nicht angehört, und Mitglied in solchen Gruppen zu werden, von denen man sich einen Aufwertungseffekt des eigenen Selbst verspricht.

Tajfel (1982) geht in seiner Theorie der sozialen Identität nicht vom Individuum aus, sondern vom Verhältnis zwischen sozialen Gruppen (darauf wird in Kap. 7 dieses Bandes noch näher eingegangen). Für das Individuum ist eine Orientierung an der sozialen Umwelt wichtig, und diese geschieht aufgrund einer Einteilung dieser sozialen Umwelt in abgegrenzte Klassen und Kategorien. Die Kenntnis des gesellschaftlich akzeptierten Systems der sozialen Kategorien und die Fähigkeit des Individuums zur Kategorisierung ermöglichen eine zuverlässige Einordnung der eigenen Person und fremder Personen.

Mit sozialer Identität wird nun die Repräsentation der verschiedenen sozialen Identifikationen im Gesamtsystem des individuellen Selbstkonzepts bezeichnet. Nach Tajfel ist soziale Identität der „Teil des Selbstkonzepts eines Individuums, der aus dem Wissen über seine Zugehörigkeit zu einer sozialen Gruppe (oder Gruppen), verbunden mit dem Wert oder der emotionalen Bedeutung, die dieser Gruppenmitgliedschaft beigemessen wurde, erwächst" (zitiert nach Mummendey, 1985, S. 199). Der Wert und die emotionale Bedeutung, die einer Gruppe zugemessen werden, sind aber keine abstrakten, sondern relative Größen. Sie bestimmen sich aus dem

Vergleich der uns bekannten Gruppen. Bei diesem Vergleichsprozeß gehen wir, wie entsprechende Untersuchungen belegen, nach dem recht einfachen, aber wirkungsvollen Einteilungsprinzip in Eigen- und Fremdgruppe vor. Wenn die Eigengruppe hinsichtlich eines oder mehrerer Merkmale (Leistungsfähigkeit, Gruppenklima, soziales und gesellschaftliches Ansehen u. ä.) als überlegen angesehen wird und wenn diese Überlegenheit im sozialen Gesamtsystem noch Zustimmung findet, dann kann man hoffen, von dieser positiven Eigengruppenbewertung für das eigene Selbstbild zu profitieren. Nun muß das Individuum nicht darauf warten, daß sich hier und da einmal für das eigene Selbstbild günstige Beurteilungssituationen einstellen. Es kann auf vielfältige Weise solche selbstwertförderlichen Interaktionsbeziehungen herbeiführen oder herstellen.

Tajfel (1981) konnte zeigen, daß nicht nur eine generelle Tendenz besteht, Menschen in Gruppen zu kategorisieren und dabei zwischen Eigen- und Fremdgruppe zu unterscheiden, sondern daß dabei auch die Eigengruppe immer positiver beurteilt wird als die Fremdgruppe (Herstellung positiver sozialer Distinktheit). Diese Prozesse werden selbst dann aktiviert, wenn in einer Situation kein direkter Anlaß zur Gruppenbildung und zur Intergruppendiskriminierung besteht (minimale Gruppensituation). Als wirksames Mittel zur Aufwertung der Eigengruppe und zur Abwertung der Fremdgruppe und damit insgesamt zur Herstellung und Festigung einer positiv bewerteten sozialen Identität bieten sich an: 1. Differenzierung zwischen vielfältigen Fähigkeiten und Meinungen in der Eigengruppe und Stereotypisierung von Fähigkeiten und Meinungen in der Fremdgruppe. 2. Individuelle Zuschreibung von Fähigkeiten und Meinungen in der Eigengruppe gegenüber einer verallgemeinernden und depersonalisierenden Beurteilung von Meinungen und Fähigkeiten bei den Fremdgruppenmitgliedern.

Weiterhin konnte festgestellt werden: „Gruppenvergleiche sind für die positive soziale Identität um so wichtiger, je bedeutender und größer der Wert der Vergleichsdimension ist, den ihm beide Gruppen beimessen. Für zwei Fußballvereine werden Vergleiche auf den Dimensionen, die mit der Fähigkeit, Fußballspiele zu gewinnen, zu tun haben, wesentlich wichtiger sein als Vergleiche auf Dimensionen, die die Fähigkeit zur Beurteilung von Spitzenweinen beschreiben. Ebenso kann man sich soziale Gruppen vorstellen, für die gerade die letztgenannte Vergleichsdimension die wichtigste ist. Wenn sich also zwei Gruppen wechselseitig auf einer gemeinsamen Bewertungsdimension vergleichen, werden beide versuchen, im Vergleich zu anderen Gruppen positiver abzuschneiden. Es besteht also ein Prozeß der wechselseitigen Differenzierung in Richtung auf denselben positiven Pol der Vergleichsdimension. Neben der Wichtigkeit der Vergleichsdimension für die soziale Identität ist von Bedeutung, in welchem Maß die andere Gruppe als relevante Vergleichsgruppe wahrgenommen wird. Dies hängt in Anlehnung an Festingers Konzept der Vergleichbarkeit davon ab, wie ähnlich die Vergleichsgruppe in Bezug auf andere Vergleichsdimensionen ist. So wird eine Fußballmannschaft aus der Bundesliga für eine andere Bundesligamannschaft eher eine relevante Vergleichsgruppe darstellen als eine Mannschaft aus der Oberliga. Außer mit der Ähnlichkeit nimmt die Vergleichbarkeit mit zunehmender räumlich/zeitlicher Nähe und situativer Auffälligkeit der Vergleichsgruppe zu. Die Wichtigkeit der Vergleichsdimension und die Vergleichbarkeit der Vergleichsgruppe beeinflussen die Relevanz des Gruppenvergleichs für die soziale Identität: Je größer die Relevanz des Gruppenvergleichs, desto größere Anstrengungen werden Individuen unternehmen, für die eigene Gruppe positive Vergleichsergebnisse zu erhalten" (Mummendey, 1985, S. 200-201). Auf dem Wege über die positive Bewertung der Eigengruppe können sie zugleich ihr eigenes Prestige mehren, stabilisieren und sozial absichern.

Während die von Tajfel und Turner angeregten Forschungen zur sozialen Identität und zum Intergruppenvergleich weitgehend laborexperimenteller Art waren, so zeigen neuere Studien die Übertragbarkeit der dargestellten Zusammenhänge in lebensnahe, soziale Interaktionsfelder. Die daraus resultierenden Möglichkeiten einer Theorieerweiterung werden von Brown (1990) folgendermaßen skizziert: Womöglich ist „... der Begriff der sozialen Identität als bloß kognitive Selbstdefinition oder als Gefühl der Zugehörigkeit zu einer Gruppe zu eng. Vielleicht ist für uns die Gruppenmitgliedschaft nicht nur ein Beitrag zu Selbstkonzept und Selbstwertschätzung, wie dies die Theorie der sozialen Identität annimmt, sie bietet dem Individuum möglicherweise auch vielfältige soziale Interpretationen oder Ideologien, z. B. kann die Mitgliedschaft in einer Gewerkschaft eine ganze Reihe von Bedeutungen haben (eigene Interessen, Politik, Moral), die alle in einem gleich starken Gefühl der Bindung oder Identifikation resultieren können. Die Art der Intergruppeneinstellung und das Verhalten gegenüber Fremdgruppen (z. B. gegenüber dem Management) jedoch hängen in entscheidender Weise davon ab, welche dieser Bedeutungen bei Individuum oder Gruppe vorherrschend sind" (S. 424—425).

Zum Schluß sei erwähnt, daß neben der sozialen Identität oft noch zwischen persönlicher und kultureller Identität unterschieden wird. Unter persönlicher Identität versteht man die Tatsache, daß eine Person ein Ich-Bewußtsein besitzt, d. h. eine Vorstellung von sich selbst in der Abgrenzung zu anderen Personen. Die persönliche Identität ist definiert als die Gesamtheit der Attribute, die eine Person sich selbst zuschreibt. Es sind dies vornehmlich die zentralen Inhalte des Selbstkonzepts. Dabei sind persönliche und soziale Identität eng miteinander verschränkt, weil vieles von dem, was die Person sich selbst als Attribut zuschreibt, sozial vermittelt und im sozialen Vergleichsprozeß einer Prüfung unterzogen wurde.

Die kulturelle Identität wird definiert als das Gesamt der Merkmale eines Menschen, in denen die grundlegenden Erfahrungen des eigenen Selbst eingebunden sind in das Orientierungssystem der Bezugsgruppe, mit der sich die Person kulturell verbunden weiß. Kulturelle Identität erfüllt also eine wichtige Orientierungsfunktion in einem interkulturellen Handlungsgefüge. Die kulturelle Identität wird vornehmlich nur in der Auseinandersetzung mit fremdkulturellen Personen und Situationen zum Thema. Für einen Deutschen ist die Tatsache, daß er Deutscher ist und sich der Gruppe der Deutschen zugehörig fühlt, kein zentrales Thema. Aber z. B. in Amerika und für Amerikaner ist ein Deutscher zuallererst einmal ein Deutscher, sofern er sich aufgrund seiner Sprache oder seiner Art, sich zu verhalten, als solcher zu erkennen gibt. Er wird dann als „Deutscher" kategorisiert, und auf ihn wird das mit der Kategorie „deutsch" verbundene, kognitive Bewertungs- und Erwartungsschema angewandt. Während in relativ geschlossenen Gesellschaften die kulturelle Identität selten thematisiert und zum Problem wird, rückt sie für Menschen in offenen und dynamischen Gesellschaften sowie bei zunehmender Internationalität, verstärkten interkulturellen Begegnungsmöglichkeiten und Erfahrungen in das Zentrum ihrer Aufmerksamkeit. Wie neuere Untersuchungen aus der Soziologie zeigen (Elwert, 1989) wird häufig die politische Bedeutung und Wirkung von Nationen und Ethnien zu Unrecht unterschätzt. Nationen und Ethnien können als identitätsstiftende Selbstzuschreibungen aufgefaßt werden, die für ihre Mitglieder eine wichtige Orientierungsfunktion entwickeln, insbesondere dann, wenn die gesellschaftlichen Systeme an Komplexität zunehmen.

Unter kultureller Identität wird hier nicht so etwas wie eine allgemein verbreitete generelle Norm von Lebensstilen, Werten und Verhaltensweisen verstanden. Vielmehr umfaßt kulturelle Identität die subjektiven Gefühle und Bewertungen der Menschen in einer Gesellschaft, die über gemeinsame Erfahrungen verfügen und gemeinsame kulturelle Merkmale besitzen, wie sie z. B. in Sprache, Sitten und Gebräuchen, Religion, Rechtsnormen oder Institutionen zum Ausdruck kommen. Diese geteilten Gefühle und Bewertungen basieren auf drei gemeinsamen Erfahrungsbereichen: (1) dem Gefühl für Kontinuität hinsichtlich der Erfahrungen, die aufeinanderfolgende Generationen einer Gesellschaft gemacht haben (z. B. nationale Geschichte, kulturelle Tradition, Bewältigung von Krisen), (2) gemeinsamen Erinnerungen an spezifische Ereignisse (z. B. Kriege, „goldene Zeiten", wirtschaftliche Rezessionen) und Persönlichkeiten, die Wendepunkte der gemeinsamen Geschichte repräsentieren (z. B. Kaiser, Diktatoren, Heerführer, Politiker) und (3) einem Gefühl dafür, mit anderen eine Schicksalsgemeinschaft zu bilden. In die persönliche und soziale Identität eines jeden Individuums fließen diese Erfahrungen kultureller Identität im Verlauf der individuellen Sozialisationsgeschichte ein, wenn auch zunächst unterschwellig und als implizite Theorien. Sie sind jedoch jederzeit abrufbar und werden vornehmlich thematisiert in der Begegnung mit fremdkulturell geprägten Personen. Erfahrbar wird die Wirkung kultureller Identität dann, wenn man sich z. B. als Deutscher im Ausland plötzlich dabei ertappt, bei kritischen Bemerkungen von Ausländern etwa zur deutschen

Außenpolitik, dem Fahrstil deutscher Autofahrer auf Autobahnen oder anderen relativ unbedeutenden Themen mit starker Verärgerung zu reagieren und den Ausländern das Recht abzusprechen, so über Deutsche zu urteilen, obwohl man selbst durchaus eine ähnlich kritische Haltung gegenüber den angesprochenen Themen einnimmt.

Wie psychologische Studien im Kontext der interkulturellen Austauschforschung gezeigt haben (Adler, 1977; Bochner, 1982; Thomas, 1989 u. a.), erfährt das Individuum beim Übergang in eine andere Kultur von den dortigen Interaktionspartnern eine soziale Kategorisierung, Bewertung und Attribuierung (d. h. seinen Handlungsweisen werden spezifische Ursachen zugeschrieben), die sich vom bisher Gewohnten unterscheiden. Es gewinnt somit, bezogen auf die Fremdkultur, eine neue soziale Identität, z. B. als reicher Europäer, als allwissender Experte, als Fremder, als Gastarbeiter, der sich nicht einmal sprachlich verständigen kann, oder als Wirtschaftsflüchtling usw. Diese neue soziale Identität besteht aus der Gesamtheit der Eigenschaften und Bewertungen, die dem Handelnden von der neuen sozialen Umwelt zugeordnet werden. Dieser Prozeß des Einordnens (Kategorisieren und Stereotypisieren) ermöglicht den Gastlandbewohnern, den Fremden spezifischen sozialen Kategorien zuzuordnen, ihn zu bewerten und als sozialen Interaktionspartner eindeutig zu identifizieren.

Die Erfahrungen, die nun der Handelnde mit dieser neuen, ihm zugeordneten sozialen Identität macht, führen zur Veränderung der persönlichen Identität, also den Attributen, die der Handelnde sich selbst zuschreibt. Zu einer Änderung der persönlichen Identität kommt es dann, wenn der Handelnde diese neuen Werte und Normen für sich als Richtlinie des eigenen Bewertens und Handelns akzeptiert, und diese Akzeptanzbereitschaft wird er dann aufbringen müssen, wenn er versucht, durch Anpassungsleistungen seine Handlungsziele im Gastland zu erreichen. Damit sind zugleich erste Schritte zur Entwicklung einer neuen „kulturellen Identität" getan, die aus der Gesamtheit der neu aufgenommenen kulturellen Elemente (Normen, Werte, Einstellungen, Überzeugungen usw.) besteht, denen sich eine Person in ihrem Denken und Handeln als Teil einer Nation, Gesellschaft, Organisation oder Gruppe verbunden fühlt. Das Bemühen um interkulturelles Lernen, interkulturelles Verstehen und evtl. sogar eine effektive Akkulturation ist verbunden mit einer Reflexion und oft auch einem Wandel der kulturellen Identität. Die sich aus diesen Forschungsergebnissen und Überlegungen ergebende Frage nach den Möglichkeiten der Entwicklung einer überkulturellen Weltgesellschafts-Identität ("World Identity") oder einer transkulturellen Identität ("Third Cultural Mind"), wie sie z. B. von Furnham & Bochner (1986) gestellt und diskutiert wird, kann bisher noch nicht beantwortet werden, da zu diesem Thema noch zu wenige verläßliche Forschungsergebnisse vorliegen (siehe auch Kap. 9).

Zusammenfassung

Neben der Anthropologie und der Vergleichenden Verhaltensforschung gibt es auch aus der Entwicklungs- und Sozialpsychologie viele Belege dafür, daß der Mensch grundsätzlich als ein soziales Wesen aufzufassen und zu behandeln ist. Bedürfnisse nach sozialem Anschluß und qualitativ befriedigenden sozialen Interaktionen sind zwar das ganze Leben lang vorhanden, aber in bestimmten Entwicklungsphasen, z.B. der frühen Kindheit und belastenden Lebenssituationen, z. B. wenn Angst und Verunsicherung vorherrschen, besonders intensiv ausgeprägt.

Die zentrale Bedeutung der Gruppe für das Individuum ergibt sich daraus, daß sie soziale Vergleichsmöglichkeiten bietet. Die Theorie der sozialen Vergleichsprozesse von Festinger zeigt nicht nur, welche zentrale Bedeutung der soziale Vergleich im Leben jedes einzelnen Menschen hat, sondern auch wie, unter welchen Bedingungen und mit welchen Resultaten soziale Vergleichsprozesse vollzogen werden. Die Gruppe bietet für den sozialen Vergleich Handlungsnormen an, nach denen der einzelne sich richten sollte, wenn er „dazugehören" will, und sie erfüllt eine Vergleichsfunktion, da sie Informationen über die Bewertung sozialer Sachverhalte zur Verfügung stellt. Beides dient der Orientierung und gibt dem Individuum ein Gefühl sozialer Sicherheit.

Gruppen werden durch die sozialen Vergleichshandlungen ihrer Mitglieder insofern beeinflußt, als bei unerwünschten Abweichungen eigener Meinungen und Fähigkeiten vom Gruppenmaßstab, also bei negativem Ausgang des sozialen Vergleichs, von einzelnen Gruppenmitgliedern und Subgruppen Versuche unternommen werden, die Gruppe und die in der Gruppe geltenden Maßstäbe auf die eigenen Fähigkeiten und Einstellungen hin zu verändern.

Für den sozialen Vergleich sind nicht nur die Vergleiche zwischen einzelnen Gruppenmitgliedern und den Gruppennormen und -werten entscheidend, sondern auch der Vergleich mit anderen Gruppen. Besonders dann, wenn der Versuch, positive Selbstwertgefühle durch den sozialen Vergleich in der eigenen Gruppe zu gewinnen, fehlschlägt oder zu destruktivem Wettbewerb einzelner Personen innerhalb der Gruppe führt, versuchen die Gruppenmitglieder durch den Vergleich mit Fremdgruppen zu einer positiven Selbstwerteinschätzung zu kommen. Dies gelingt ihnen dann besonders gut, wenn im Intergruppenvergleich Tendenzen der Eigengruppenfavorisierung und der Fremdgruppendiskriminierung wirksam werden.

Die Theorie des symbolischen Interaktionismus hebt die große Bedeutung des Austausches bedeutungshaltiger Symbole für die interpersonale Interaktion und Verständigung hervor, betont die menschliche Fähigkeit, soziale Situationen zu definieren und sich entsprechend der in ihnen vermittelten Bedeutungen und Erwartungen zu verhalten, und sie weist der

Gruppe eine Art Spiegelfunktion zu zur Entwicklung einer sozial gesehen realistischen Einschätzung des eigenen Selbst als den sozial geformten Teil der Persönlichkeit.

Der Verlust der Gruppenbindung führt zu starken psychischen Belastungen und evtl. zu Lebenskrisen, wie die Einsamkeitsforschung und Studien über die Zusammenhänge zwischen Einsamkeit und Suizid belegen. Für Menschen, die unter chronischer Einsamkeit leiden, ist ein sich ständig selbst verstärkender Kreisprozeß negativer Einflußfaktoren handlungsbestimmend: Soziale Vergleiche führen häufig zu negativen Selbstbewertungen, wobei das eigene Anspruchsniveau sozialer Kompetenzen überdurchschnittlich hoch angesetzt ist. Für die erfahrenen sozialen Schwächen, z. B. Kommunikationsstörungen und Interaktionshemmungen, werden Defizite in der eigenen Person verantwortlich gemacht, von denen der einzelne annimmt, daß er sie nicht (mehr) ändern kann. Das Resultat ist eine negative Erwartungshaltung hinsichtlich der Ergebnisse, die er aus zukünftigen sozialen Interaktionssituationen und sozialen Vergleichsprozessen erwarten kann mit der Konsequenz, daß soziale Begegnungen gänzlich vermieden werden und damit auch keine Möglichkeiten mehr gegeben sind, sich selbst aus dem Einsamkeitskreislauf zu befreien.

Die Entwicklung des Selbst sowohl in Form eines allgemeinen Selbstkonzepts als auch in Form bereichsspezifischer Selbstkonzepte, definiert als die strukturierte Gesamtheit der kognitiven Repräsentation von Gedanken und Gefühlen über sich selbst, ist nur in der Interaktion und im sozialen Vergleich mit anderen möglich, vornehmlich den Mitgliedern der Eigengruppe oder wichtiger Bezugsgruppen. Dabei ist das Individuum aber nicht passiv den möglicherweise nur zufällig vorhandenen sozialen Bedingungen und Vergleichsmöglichkeiten ausgesetzt, sondern an ihrer Gestaltung aktiv beteiligt. Mit Hilfe von Selbstdarstellungstechniken und -kontrolle versucht der einzelne eine möglichst positive Selbstwertpräsentation gegenüber wichtigen sozialen Partnern und in seiner eigenen Gruppe zu erreichen. Schon bei der Wahl der Interaktionspartner und Bezugsgruppen wird darauf geachtet, in den zu erwartenden Vergleichen möglichst gut oder zumindestens nicht allzu schlecht abzuschneiden. Probleme hinsichtlich der eigenen Glaubwürdigkeit gegenüber den Interaktionspartnern ergeben sich dann, wenn eine zu starke Diskrepanz besteht zwischen öffentlicher Selbstdarstellung als Resultat des Selbstmanagements und dem tatsächlichen persönlichen Selbstkonzept.

Soziale Identität als das Gesamt der Attribute, die einer Person von ihrer sozialen Umgebung zugeordnet werden, ist ein zentraler Aspekt der Persönlichkeit und entwickelt sich sowohl aufgrund der individuell erlebten Gruppenzugehörigkeit (Eigengruppenidentifikation) als auch aus dem Intergruppenvergleich. Die Theorie der sozialen Identität von Tajfel betont dabei die Bedeutung des Beziehungsverhältnisses zwischen Eigen- und Fremdgruppe, die zwischen ihnen vorgenommenen Vergleiche und die dabei gewonnenen Resultate, sowie den Gewinn, den jedes einzelne Gruppenmitglied für sich daraus ziehen kann. Die soziale Identität hat nicht nur Bedeutung für die Selbstwerteinschätzung, sondern bietet zugleich Informationen und Hinweise darauf, wie soziale Sachverhalte zu interpretieren und zu behandeln sind.

Die kulturelle Identität, aufgefaßt als die Gesamtheit der Attribute eines Menschen, in der die grundlegenden Erfahrungen des eigenen Selbst eingebunden sind in das Orientierungssystem der Bezugsgruppe, mit der sich die Person kulturell verbunden weiß, steht in enger Beziehung zur sozialen Identität, wird aber oft erst in kulturellen Überschneidungssituationen und unter fremdkulturellen Handlungsbedingungen thematisiert. Interkulturelles Lernen, die Entwicklung eines Verständnisses für fremdkulturelle Orientierungs- und Handlungssysteme und die Bereitschaft und Fähigkeit zur Interaktion mit fremdkulturell geprägten Partnern unter Berücksichtigung und Wertschätzung ihrer spezifischen Werte und Verhaltensnormen, ist eng verbunden mit der Entwicklung und Erweiterung der kulturellen Identität.

Fragen

1. Wieso kann der Mensch als soziales Wesen bezeichnet werden?
2. Welche Funktionen erfüllen soziale Kontakte beim Menschen im Zustand der Angst?
3. Welche Zusammenhänge erklärt die Theorie der sozialen Vergleichsprozesse?
4. Woran orientiert sich das Individuum bei der Einschätzung eigener Fähigkeiten und Einstellungen?
5. Worin bestehen die normative Funktion und die Vergleichsfunktion der Bezugsgruppe?
6. Welchen Einfluß übt der soziale Vergleich auf die Gruppenprozesse aus?
7. Worin besteht nach der Theorie des symbolischen Interaktionismus die Spiegelfunktion der Gruppe?
8. Welche Bedeutung haben soziale Vergleichsprozesse für Personen, die unter Einsamkeit leiden?
9. Wie entwickeln sich Selbstkonzepte?
10. Wie bilden und verändern sich soziale und kulturelle Identität?

Weiterführende Literatur

Filipp, S.-H. (Hrsg.). (1979). Selbstkonzept-Forschung. Probleme, Befunde, Perspektiven. Stuttgart: Klett-Cotta.

Haisch, J. & Frey, D. (1984). Die Theorie sozialer Vergleichsprozesse. In D. Frey & M. Irle (Hrsg.), Theorien der Sozialpsychologie (Bd. I: Kognitive Theorien) (S. 75—96). Bern: Huber.

Suls, J. (Ed.). (1982). Psychological perspectives on the self (Vol. I.) Hillsdale, N.J.: Erlbaum.

Stryker, S. (1980). Symbolic interactionism. Menlo Park, Calif.: Benjamin Cummings.

Kapitel 3:

Sozialer Einfluß in Gruppen

Das vorhergehende Kapitel hat deutlich werden lassen, welche Bedeutung die Gruppe für das Individuum, für die Entwicklung seines Selbst und Selbstkonzepts und für seine soziale Identität besitzt. Gruppen, denen wir angehören und mit denen wir uns vergleichen, so war immer wieder betont worden, sind keine statischen, sondern dynamische Gebilde. Gruppen entstehen, einzelne Personen treten in Gruppen ein oder verlassen sie wieder, Gruppen handeln und erbringen Leistungen, Gruppen verändern sich und zerfallen in Subgruppen oder lösen sich ganz auf. In diesem Kapitel sollen nun die dabei stattfindenden Prozesse näher betrachtet werden, soweit sie in der Sozialpsychologie bereits eingehender empirischer und theoretischer Analysen unterzogen wurden. Zentrale Themen sind dabei die Prozesse der Mitgliedschaft in Gruppen, der Gruppenbildung und Führung, die Ausübung von Macht und das Entstehen von Reaktanz als Widerstand gegen Machtausübung, die Entwicklung von Normen in Gruppen, der durch sozialen Einfluß zustandekommende Konformitätsdruck in Gruppen und schließlich die Einflußmöglichkeiten von Minoritäten und Abweichlern in der Gruppe auf die Gruppenentwicklung.

Seit nahezu 100 Jahren befaßt sich die psychologische Forschung mit dem Verhalten des Individuums im sozialen Kontext (social fascilitation-Forschung). Untersucht werden dabei Formen der Aktivierung und Hemmung von individuellen Verhaltensweisen unter den verschiedenen sozialen Bedingungskonstellationen wie der Anwesenheit einer oder mehrerer Personen als Beobachter oder Beurteiler verschiedenster Tätigkeiten (Thomas, 1991, Kap. I). So interessant diese Forschungen auch im einzelnen sind, für das Verständnis des sozialen Einflusses in Gruppen tragen sie deshalb nichts bei, weil sie sich allein auf die Veränderung individuellen Leistungsverhaltens unter sozialen Einflußbedingungen konzentrierten, ohne die sich dabei abspielenden Gruppenprozesse zu beachten.

Gruppenbildung und Gruppenführung

Gruppenmitgliedschaft

Es gibt recht unterschiedliche Gründe und Bedingungen für Gruppenbildungen. Abgesehen von der Familie als Primärgruppe, in die unter normalen

Umständen jeder Mensch hineingeboren wird und darin aufwächst, kann man sich einer bestehenden Gruppe anschließen, weil man deren Mitglieder sympathisch findet, sich ihnen ähnlich und verbunden fühlt (z. B. Freundesgruppe), weil man mit ihnen zusammen ein bestimmtes Ziel erreichen will (z. B. Leistungssportgruppe) oder weil sie einen bei der eigenen Zielerreichung unterstützen kann (z. B. Prüfungsvorbereitungsgruppe). Man kann rein zufällig in solche Gruppen geraten, sie gezielt aufsuchen oder selbst aufbauen, und man kann schließlich unfreiwillig in bestehende Gruppen gezwungen werden (z. B. berufliche Arbeitsgruppen, Klassengruppen). Gruppen können einen hohen oder niedrigen Grad an formaler Struktur aufweisen (z. B. Freundesgruppe im Vergleich zu militärischen Kampfgruppen), mehr oder weniger flexibel und offen sein für Veränderungen, mehr oder weniger stark von anderen Gruppen und sozialen Strukturen abhängig und beeinflußt sein und schließlich kürzere oder längere Zeit fortbestehen. Alle diese Merkmale und noch viele weitere beeinflussen den Gruppenbildungsprozeß sowie Art und Intensität sozialer Einflußprozesse in der Gruppe. Unter sozialem Einflußprozeß soll hier verstanden werden die Beeinflussung der einzelnen Gruppenmitglieder untereinander, der Einfluß der Gesamtgruppe auf jeden einzelnen und der Einfluß, den der einzelne auf die Gesamtgruppe ausüben kann.

Analysiert man genau die sozialen Prozesse, die durch den Versuch eines Individuums hervorgerufen werden, Mitglied in einer autonomen und auf freiwilligem Zusammenschluß beruhenden Kleingruppe zu werden, deren Mitglieder regelmäßig in Kontakt zueinander stehen, aktiv und interaktiv miteinander verbunden sind und gemeinsame Werte und Normen respektieren, dann läßt sich feststellen, daß die volle Gruppenmitgliedschaft das Resultat eines gegenseitigen Bewertungsprozesses ist. Die Gruppe und der jeweilige Aspirant beurteilen einander danach, ob die gegenseitigen Erwartungen tatsächlich erfüllt werden können. Der Nutzen der einzugehenden Beziehung ergibt sich aus dem Grad, in dem die beiderseitigen Nutzenerwartungen in der Vergangenheit, Gegenwart und Zukunft erfüllt wurden bzw. vermutlich erfüllt werden und den möglichen Resultaten aus alternativen Gruppenbeziehungen. Gefühle der Gruppenbindung und der gegenseitigen Verpflichtung zwischen Individuum und Gruppe stellen sich dann ein, wenn die bereits eingegangene Beziehung lohnender war als mögliche Alternativen bzw. wenn sie als für die Zukunft lohnender eingeschätzt wird als die Mitgliedschaft in anderen Gruppen. Aus der Sicht der Gruppe betrachtet, muß die Aufnahme des Individuums in die Gruppe lohnender erscheinen als die Gewinnung anderer Personen.

Moreland & Levine (1982) haben ein Modell der individuellen Gruppensozialisation entwickelt, das in einem fünfphasigen Verlaufsprozeß die Vorgänge zwischen dem Eintritt in die Gruppe und dem Ausschluß aus der Gruppe beschreibt (Abb. 7).

Verlaufs-phasen	Handlungs-phasen	Konse-quenzen	Bindungsniveaus/ Rollenübergänge
ehemaliges Mitglied	Erinnerung (Tradition/ Erinnerungs-spuren)		
		Entlassung	Ausschlußniveau
Abweichler/ Außenseiter	Resozialisation (Akkommodation/ Assimilation)	Abweichung	Abwei-chungs-niveau
Vollmitglied	Erhaltungsleistung (Rolle/ Verhandeln)	Anerkennung	Akzeptanz-niveau
neues Mitglied	Sozialisation (Akkommodation/ Assimilation)		
		Eintritt	Eintrittsniveau
Aspirant	Aufsuchen (Anwerbung/ Erkundigung)		

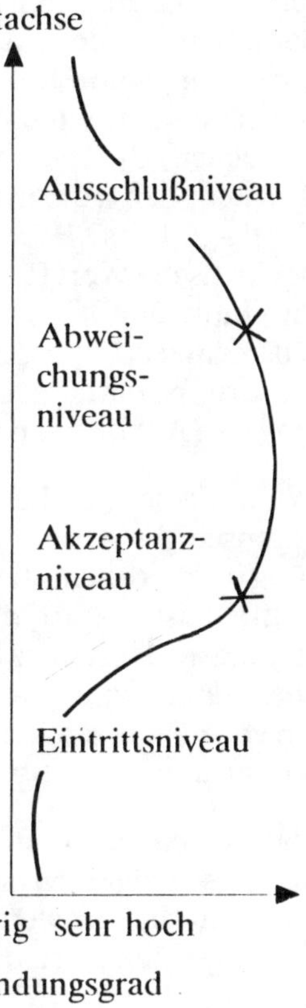

Abbildung 7: Modell der Gruppensozialisation
(Nach Moreland & Levine, 1982)

Das Modell unterscheidet zwischen der Suchphase, Sozialisationsphase, Erhaltungsphase, Resozialisationsphase und Erinnerungsphase. Getrennt davon wird zwischen vier Rollenübergängen unterschieden, in denen Veränderungen im gegenseitigen Beziehungsverhältnis zwischen Gruppe und dem einzelnen Mitglied stattfinden: Aufnahme, Akzeptanz, Divergenz und Ausschluß. Die Gruppe kann nach neuen, der Zielerreichung dienlichen Mitgliedern Ausschau halten, oder aber einzelne Personen suchen nach geeigneten Gruppen zur Erreichung eigener Ziele. Erfüllt eine an der Gruppenmitgliedschaft interessierte Person die Aufnahmekriterien, und ist die Gruppe für den Aspiranten attraktiv genug, haben also beide Parteien das für sie jeweils gültige

Bindungsniveau erreicht, dann findet für das Individuum ein Rollenübergang vom Anwärter zum neuen Gruppenmitglied statt.

Versteht man unter Sozialisation die Übernahme und das Erleben sozial relevanter Einstellungen und Verhaltensweisen, dann besteht das Hauptziel der nun folgenden Sozialisationsphase darin, dem neuen Gruppenmitglied die Einstellungen und Verhaltensweisen beizubringen, die es kennen und beherrschen muß, um ein produktives Gruppenmitglied zu werden. Der Neuling wird versuchen, die alten Gruppenmitglieder so zu beeinflussen, evtl. zu beeindrucken, daß sie bereit sind, auch seine individuellen Bedürfnisse zu berücksichtigen. Diese Beeinflussung wird solange fortgesetzt, bis auf beiden Seiten der kritische Wert für die Akzeptanz in der Gruppe erreicht ist. Dabei erbringt das Individuum Anpassungsleistungen kognitiver, emotionaler und verhaltensmäßiger Art und zeigt eine Bereitschaft zur Anpassung (Assimilation), und die Gruppe hilft ihm dabei, indem sie sich auf den Neuling einstellt und auf ihn eingeht (Akkommodation).

Während der nun beginnenden Erhaltungsphase ist es wichtig, daß sich durch gegenseitiges Aushandeln und Abgleichen für den Neuling eine Rollenzuweisung und Rolleninterpretation vorgenommen wird, die für beide Parteien optimal ist. Führt dieses Rollenhandeln nicht zum Erfolg, kommt es zu ständigen Auseinandersetzungen und unproduktiven Verhandlungsversuchen, dann kann relativ schnell ein Diskrepanzniveau erreicht werden, so daß ein vormals akzeptiertes Gruppenmitglied nun zum Abweichler und Außenseiter wird.

Nach einem erneuten Versuch gegenseitiger Angleichung und Annäherung in der Resozialisierungsphase entscheidet sich, ob die Gruppenmitgliedschaft aufrechterhalten werden kann oder ob das gegenseitige Bindungsniveau so weit abgesunken ist, daß ein Ausschluß aus der Gruppe vollzogen werden muß.

Wird die Bindung zwischen Gruppenmitglied und Gruppe aufgehoben, bleiben auf beiden Seiten Erinnerungen an die Gruppenmitgliedschaft, die Gefühle des Verletztseins oder der Wehmut, aber auch Erfahrungen und Erkenntnisse umfassen können.

Besonders interessant für sozialpsychologische Forschungen ist die Phase der Gruppensozialisation. Erfolgreiche Sozialisationsbemühungen führen dazu, daß für die Gruppe und den Neuling das jeweilige Akzeptanzkriterium erreicht wird. Akzeptanz kann für beide Parteien nach Moreland & Levine (1989) über drei selbstbezogene und drei fremdbezogene Strategien erreicht werden. Die selbstbezogenen Strategien sind: (1) Verringerung des eigenen Akzeptanzniveaus, (2) Veränderung der eigenen Erwartungen und (3) Veränderung des eigenen Verhaltens so, daß die andere Partei ihre Erwartungen eher erfüllt sieht. Die fremdbezogenen Strategien bestehen aus: (1) Verringerung des Akzeptanzniveaus des Partners, indem man den Partner verunsichert bezüglich der Angemessenheit seines Akzeptanzniveaus oder indem man über

Machtmittel verfügt (z. B. Informationen, Geld und Status), mit denen das Akzeptanzniveau verringert werden kann, (2) Veränderung der Partnererwartungen so, daß der Partner nicht mehr erwartet als man selbst zu leisten in der Lage und bereit ist und (3) Veränderung des Partnerverhaltens, indem man z. B. Macht auf den Partner ausübt. Diese Strategien zur Erreichung einer akzeptablen Gruppenmitgliedschaft können sowohl vom Individuum gegenüber der Gruppe wie auch von der Gruppe gegenüber dem Individuum angewandt werden.

Wichtig ist weiterhin die Feststellung, daß die während der Sozialisationsphase von beiden Seiten gemachten Erfahrungen Auswirkungen haben auf den Einsatz geeigneter Strategien zur Erreichung des gewünschten Akzeptanzniveaus und die Art, wie die Partner zukünftig miteinander umgehen. Weiterhin ist interessant festzustellen, wie beide Parteien über den im nächsten Abschnitt näher zu behandelnden Gruppenbildungsprozeß hinweg den Einsatz verschiedener Strategien variieren und wie sie mit Gegenstrategien reagieren.

Gruppenbildung

Faßt man Gruppe auf als ein soziales Gebilde, das von zwei oder mehr Personen gebildet wird, die miteinander interagieren, gemeinsame Ziele verfolgen, bestimmte Verhaltensregeln beachten und die ein Rollensystem und ein Netzwerk affektiver Beziehungen untereinander entwickeln, dann ergeben sich allein aus diesen Merkmalen eine Reihe von Gründen für Gruppenzusammenschlüsse und Aufgaben, die bei der Gruppenbildung zu berücksichtigen sind (siehe auch Kap. 1 dieses Bandes). Festzuhalten ist weiterhin, daß Gruppen offene Systeme sind, bestehend aus Eingangsgrößen (z. B. neue Mitglieder und Informationen), Verlaufsprozessen (z. B. Macht, Konformität, Konflikthandhabung) und Ausgangsgrößen (z. B. Gruppenleistungen, Qualifizierung der Mitarbeiter).

Auf die Frage, warum Menschen sich überhaupt zu Gruppen zusammenschließen und in Gruppen verbleiben, nennt Shaw (1981) vier zentrale Merkmale, die eine Gruppenmitgliedschaft attraktiv erscheinen lassen:

1. *Attraktivität der Gruppenmitglieder* einschließlich der interpersonalen Attraktivität. Dazu gehören einmal mehr situationsbezogene Merkmale wie physische Nähe zu den Gruppenmitgliedern, häufiges Zustandekommen und Genießen von Situationen, in denen man einander begegnen möchte, und Handeln in Situationen, die gegenseitige Beeinflussung und gemeinsames Tun der Gruppenmitglieder erlauben. Zum anderen sind die physische Attraktivität der Gruppenmitglieder, die erlebte Ähnlichkeit und die beobachteten Fähigkeiten der anderen Personen wichtig.
2. *Attraktivität der Gruppenaktivitäten.* Die Gruppe bietet interessante und beliebte Betätigungsmöglichkeiten, z. B. Handball- oder Skatgruppe, Dis-

kussionsgruppe, Musikgruppe oder Chor, und ermöglicht somit die Befriedigung elementarer Bedürfnisse.

3. *Attraktivität der Gruppenziele,* die von der Gruppe als Ganzes erreicht werden können und von denen man persönlich profitieren kann.

4. *Attraktivität der Gruppenmitgliedschaft.* Allein die Tatsache, Mitglied in einer Gruppe zu sein, in der man seine Fähigkeiten und Meinungen mit denen anderer vergleichen kann, die einen bei der Erreichung individueller Ziele unterstützen oder die im Vergleich zu anderen Gruppen besonders leistungsfähig und angesehen ist, hat einen erheblichen Aufforderungswert.

Nach der Theorie des sozialen Austausches von Thibaut & Kelley (1959) ist zu erwarten, daß die Beitrittsentscheidung für eine Gruppe oder der Grad der Beteiligung an dem Gruppenbildungsprozeß abhängig ist vom Kalkül zwischen Aufwand und Erfolg, gemessen am individuellen Vergleichsniveau für Alternativen, in diesem Falle also der Mitgliedschaft in anderen, alternativen Gruppen (siehe auch Mikula, 1985). Da Gruppen dynamische soziale Gebilde sind, kann man annehmen, daß bei der Bildung neuer Gruppen bestimmte Phasen durchlaufen werden, und daß eine Person, die einer Gruppe beitritt, diese in einer bestimmten Phase ihrer Entwicklung antrifft. Wenn auch, wie Shaw (1981, S. 98—104) darlegt, davon auszugehen ist, daß problemlösungsorientierte Gruppen, Sensitivity-Trainingsgruppen oder formale Arbeitsgruppen recht unterschiedliche Entwicklungsphasen durchmachen, so läßt sich doch ein allgemeines Entwicklungsschema der Gruppenentwicklung angeben, das zwar nicht für alle, doch zumindest für viele Gruppen gelten kann. Nach Caple (1978) lassen sich fünf Stufen der Gruppenentwicklung unterscheiden:

„1. *Orientierungsstadium:* Auf dieser Stufe gibt es viele mehrdeutige Handlungen und Probehandlungen der Mitglieder. Das Verhalten ist noch recht unkoordiniert, man hört noch nicht so recht aufeinander, Bemühungen zur Etablierung traditioneller Strukturen werden unternommen, die Toleranz des Gruppenführers wird erprobt usw.

2. *Konfliktstadium:* In dieser Phase gibt es sehr viele Meinungsverschiedenheiten in der Gruppe. Gruppenmitglieder sind sehr unzufrieden miteinander, stimmen mit vorgeschlagenen Plänen nicht überein, unterbrechen oft die Diskussion, greifen einander persönlich an usw.

3. *Integrationsstadium:* Dies ist eine Phase des Ausgleichs. Die Gruppenmitglieder beachten sich gegenseitig, suchen nach Übereinstimmung, die Polarisierung nimmt ab usw.

4. *Leistungsstadium:* Die Gruppe hat sich zu einer funktionsfähigen Einheit entwickelt. Die interpersonalen Beziehungen sind fest, Gruppennormen und -rollen sind etabliert, Probleme werden rational bewältigt, und die Gruppe arbeitet reibungslos. Jede Gruppe sollte dieses Idealstadium irgendwann erreichen.

5. *Stabilisierungsstadium:* Die Gruppenmitglieder sind grundsätzlich mit ihrer Gruppe zufrieden. Sie sind an einer Neubewertung ihrer Normen nicht interessiert, möchten keine neuen Informationen und erneuten Veränderungen usw. Das Interesse richtet sich auf die Zukunft der Gruppe: Wird sie von Dauer sein?" (Shaw, 1981, S. 105—106).

Abschließend meint Shaw dazu: „Es ist aufgrund der dargestellten Aspekte offensichtlich, daß die Gruppenentwicklung ein komplexer Prozeß ist. Die exakte Art und Weise der Entwicklung variiert mit den Gruppenmerkmalen, der Gruppensituation, den Gruppenzielen und vielen anderen Faktoren. Es überrascht deshalb nicht, daß verschiedene Forscher eine unterschiedliche Anzahl an verschieden klar abgrenzbaren Entwicklungsstufen wahrnehmen, daß verschiedene Bezeichnungen auf oft sehr ähnliche Gruppenprozesse abzielen, daß unterschiedliche Ereignisse hervorgehoben werden usw. Abgesehen von diesen Unterschieden gibt es doch gewisse grundlegende Gemeinsamkeiten für alle Gruppen. Die meisten Gruppen benötigen einige Zeit zur Orientierung. Sie müssen sich im klaren darüber werden, was mit der Gruppe eigentlich los ist. Sie machen Erfahrungen mit einer konflikthaften Anfangsperiode, in der die persönlichen Beziehungen und Machtstrukturen unter den Gruppenmitgliedern geregelt werden, wobei diese Konflikte üblicherweise zu lösen sind, evtl. aber auch ungelöst bleiben. Falls die Gruppe zielorientiert arbeitet, benötigt sie Zeit zum Erreichen eines produktiven Entwicklungsstadiums, in dem die Energien der Mitglieder zur Zielerreichung optimal eingesetzt werden können. Nicht alle Gruppen durchlaufen alle Entwicklungsstufen (einige Phasen sind vielleicht unbedeutend oder die Gruppe zerbricht vor Erreichen des letzten Stadiums), und einige Phasen werden womöglich in derselben Gruppe wiederholt durchlaufen" (Shaw, 1981, S. 107). Für Funktionsträger in Gruppen, wie den Führer, sind diese Gruppenbildungsphasen deshalb besonders bedeutsam, weil sich daraus immer wieder andere Rollenerwartungen ergeben. Je nach Entwicklungsphase erwarten die Mitglieder vom Führer, daß er Ziele setzt und deren Einhaltung kontrolliert, Streit schlichtet, die Wünsche der einzelnen Gruppenmitglieder ernst nimmt, zum Meinungsaustausch anregt, aber auch langweilige und unproduktive Diskussionen abbricht, sich selbst besonders streng an die Gruppennorm hält oder aber auch einmal unkonventionelle, für die Gruppe neuartige und ungewohnte Meinungen vertritt und entsprechende Verhaltensweisen vorführt.

Feldexperimente zum Gruppenbildungsprozeß

Eine Serie inzwischen bereits klassischer feldexperimenteller Studien von Sherif & Sherif (1953) befaßte sich u. a. mit der Analyse von Gruppenbildungsprozessen. Das Feldexperiment bestand aus drei Analysephasen: Gruppenbildungsprozeß, Intergruppenkonflikte und Konfliktreduzierung. Dabei ging es Sherif nicht darum, das Verhalten einzelner Gruppenmitglieder in den verschiedenen Phasen zu studieren, sondern die sozialen Einflußprozesse innerhalb der Gruppen und zwischen verschiedenen Gruppen zu identifizieren und die dabei zu beobachtenden Zusammenhänge zu beschreiben.

Bereits an dieser Stelle soll auf die von Sherif durchgeführten Ferienlagerexperimente ausführlich eingegangen werden, da sie von zentraler Bedeutung für die experimentelle Gruppenforschung sind. Insbesondere im Kap. 5 dieses Bandes wird auf die Untersuchungsergebnisse nochmals zurückgegriffen. Selbst wenn die Darstellung des Verlaufes und der Ergebnisse der Experimente nicht explizit den Phasen Gruppenbildung, Intergruppenkonflikte und Konfliktreduzierung folgt, so ist doch unschwer der Prozeßverlauf zu erkennen.

Sherif brachte 24 Jungen im Alter von 12 Jahren in ein Sommerlager. Die Jungen waren so ausgewählt worden, daß sie soziologisch und psychologisch eine möglichst homogene Gruppe bildeten. Sozialstatus der Eltern, Bildungsstufe der Kinder, Wohngegend der Familie und andere soziologische Merkmale waren vergleichbar. Außerdem wurden die Jungen mit psychologischen Tests untersucht, wie Intelligenz-, Interessen- und Persönlichkeits-Tests, z. B. dem Thematischen Auffassungs-Test (TAT) und dem Rosenzweig-Bilder-Frustrations-Test. Auf diese Weise stellte Sherif eine Gruppe durchschnittlich begabter, „normaler“ Jungen zusammen, die sich vor Beginn des Ferienlagers noch nicht kannten.

Zu Beginn des Lagerlebens diente eine Periode von drei Tagen dem Kennenlernen und „Sich-Beriechen“. Danach erhielten die Jungen einen soziometrischen Test. Jeder Junge mußte angeben, mit welchen anderen Jungen er gerne die Lagerzeit verbringen möchte, mit wem er zusammen im Zelt schlafen möchte, wen er als Spielpartner bevorzugt oder mit wem er gerne Ausflüge unternehmen würde. Danach erst schaltete sich der Untersuchungsleiter ein. Er teilte die Jungen in zwei Gruppen auf, die für den Rest der Lagerzeit zusammen leben und spielen sollten. Diese Zweiteilung wurde so vorgenommen, daß gerade die Jungen zusammengelegt wurden, die sich nicht besonders leiden konnten. Verständlicherweise ergab das zunächst einmal Feindseligkeiten, Groll und Mißmut unter den Jungen. Aber an der Aufteilung wurde nichts geändert, und die Jungen lebten in ihren neuen Gruppen zusammen. Bereits nach fünf Tagen hatte sich die Situation grundlegend geändert. In jeder Gruppe entwickelte sich eine klare Gruppenstruktur. Ein Führer stellte sich heraus, und jeder Führer hatte einen Adjutanten. Es entwickelte sich ein Gruppengeist, ein „Esprit de Corps“, der sich schließlich in beiden Gruppen spontan in dem Wunsch ausdrückte, der eigenen Gruppe einen besonderen Namen zu geben. Die Mitglieder der einen Gruppe wählten den Namen „Bull Dogs“, die der anderen nannten sich „Red Devils“. Am Ende dieser Periode von fünf Tagen wurde ein zweiter soziometrischer Test gegeben. Es zeigte sich, daß jetzt 90 % der Vorzugswahlen auf Jungen der eigenen, vor fünf Tagen neu gebildeten Gruppe fielen. Nur noch 10 % der Wahlen entfielen auf Jungen in der anderen Gruppe. Zum Zeitpunkt des ersten Testes hatten 65 % der jetzt zusammengefaßten Jungen für Freunde gestimmt, die nach der Teilung in die andere Gruppe verschlagen wurden. Es hatte sich also ein deutlicher Wandel in den Freundschaftsbeziehungen vollzogen.

Die nächste Phase der Untersuchung begann mit dem von selbst auftretenden Verlangen in beiden Gruppen, mit der anderen Gruppe in Wettstreit zu treten. In den nächsten fünf Tagen wurden also Wettkämpfe zwischen den beiden Gruppen ausgetragen. In dieser Wettkampfperiode wurde deutlich: (a) Innerhalb jeder Gruppe verstärkte sich der Zusammenhalt, und (b) die Haltung gegenüber der anderen Gruppe wurde ausgesprochen feindselig. Der Name der anderen Gruppe wurde zum Schimpfwort und zur Beleidigung.

Die letzten Tage des Ferienlagers wurden dann damit verbracht, aus den beiden getrennten und verfeindeten Gruppen wieder eine Lagergemeinschaft zu bilden. Zunächst wurde die Wasserzufuhr zum Lager unterbrochen und der tägliche Lebensmitteltransporter blieb im Schlamm stecken. Alle Mitglieder des Lagers waren nun gezwungen, gemeinsam die Störungen zu beseitigen, wenn sie noch ein einigermaßen erträgliches Lagerleben und die Nahrungsmittelversorgung aufrechterhalten wollten. Die gemeinsame Arbeit zur Erreichung dieser von beiden Gruppen hoch bewerteten Ziele führte dazu, daß sie sich wieder zu einer Gemeinschaft zusammenschlossen. Den Berichten Sherifs zufolge herrschte am Ende des Ferienlagers unter allen wieder eine gemeinschaftliche, freundliche Stimmung vor.

Als sicheres Ergebnis dieser Untersuchung läßt sich festhalten, daß die Ausformung einer Gruppenstruktur, zu der ja auch die Rollendifferenzierung gehört, mit einem wachsenden Gefühl der Nähe und Zusammengehörigkeit unter den Gruppenmitgliedern einhergeht. Gleichzeitig aber brachte der wachsende Zusammenhalt innerhalb der Gruppen eine Zunahme der Spannungen zwischen den beiden Gruppen. Ursprünglich mochten sich die einzelnen als Individuen gut leiden. Das ergab der erste soziometrische Test. Jetzt, als Mitglieder rivalisierender Gruppen, erscheinen die Individuen einander in einem negativen Licht. Das Faktum ihrer Gruppenzugehörigkeit wurde wichtiger als ihre persönliche Eigenart.

Homans (1950) faßt diese Ergebnisse in der folgenden Regel zusammen: Wenn die Häufigkeit von Interaktionen zwischen zwei oder mehr Personen zunimmt, wachsen auch die gefühlsbedingten Einstellungen zwischen ihnen („sentiments increase too"). Da wir es mit Wechselbeziehungen zu tun haben, gilt auch der folgende Satz: Wenn ein Ereignis die gefühlsbedingten Einstellungen zwischen Personen anwachsen läßt, so wird die Häufigkeit der Interaktionen zwischen ihnen ebenfalls zunehmen. Die Betonung liegt auf „gefühlsbedingte Einstellung" (sentiment), und es wird nicht von positiv oder negativ gefühlsbedingten Einstellungen gesprochen. Homans Feststellung gilt in beiden Fällen. Wenn eine Person von Anfang an sympathisch ist, so wird die zunehmende Interaktion wahrscheinlich diese Sympathie verstärken. Ist aber eine Person von Anfang an unsympathisch, wird die gehäufte Interaktion eher die Antipathie vergrößern.

Die weiteren Ergebnisse der von Sherif durchgeführten Untersuchungen zur Entwicklung zielorientierter, effektiver Gruppen lassen sich so zusammenfassen: (1) Die Mitglieder einer effektiven Gruppe bleiben keine undifferenzierte Menge, sondern strukturieren ihre Verhaltensweisen und Interaktionsstile um Aufgaben und Positionen und entwickeln so eine differenzierte Struktur von Rollen. (2) Die Mitglieder einer effektiven Gruppe akzentuieren den Unterschied zwischen sich und anderen Gruppen. Sie tun das durch die Annahme von gruppenspezifischen Normen, deren Einhaltung zu einer zunehmenden Ähnlichkeit der Gruppenmitglieder untereinander führt. (3) Bleiben effektive Gruppen über einen gewissen Zeitraum hinweg bestehen, entwickeln sie eine „Geschichte", dann tendieren ihre Mitglieder dazu, die Gruppe als ein relativ eigenständiges Wesen anzusehen, dessen „Charakter" von der jeweiligen, aktuellen Mitgliederzusammensetzung unabhängig ist.

Sherif und andere Gruppenforscher haben immer wieder berichtet, daß im Verlauf der ersten Schritte des Gruppenbildungsprozesses deutlich wird, daß einige Personen sich gegenüber anderen Personen hervortun und das Geschehen in der Gruppe dominieren. Sie äußern sich häufiger, ihnen hören die anderen länger zu, ihre Argumente werden beachtet und bekommen Gewicht, sie tragen zum Prozeß der Ziel- und Normbildung mehr bei und beginnen den Gruppenprozeß zu steuern. Damit bringen sie sich mehr und mehr in die Rolle des Führers einer Gruppe. Falls dieses Verhalten von den anderen Mitgliedern unterstützt oder doch zumindest geduldet wird, ist der erste Schritt zur Rollendifferenzierung in Führer und Geführte getan. Weitere, häufig anzutreffende Positionen und Rollen in Gruppen sind die des Helfers, des Mitläufers, des Vermittlers und Streitschlichters, des Redseligen, des Spaßvogels, des Außenseiters usw. (Hare, 1976).

Führungsfunktionen in Gruppen

Führer können sich aus der Interaktion der Gruppenmitglieder im Stadium der Gruppenbildung herauskristallisieren, sie können sich bei der Verfolgung eines Gruppenzieles mittels ihrer gruppendienlichen Leistungen etablieren, sie können von den Gruppenmitgliedern gewählt werden, und sie können von außenstehenden Personen und Gruppen in die Gruppe hineingesetzt werden. Nicht selten geht der Etablierung einer Führungsposition und ihrer Besetzung ein Machtkampf unter allen Gruppenmitgliedern oder den um die Führerschaft rivalisierenden Personen voraus.

Entsprechend der großen Bedeutung, die Führer und ihr Verhalten für den Gruppenzusammenhalt und die Gruppenleistung haben, hat sich auch die Sozialpsychologie schon früh und intensiv mit Führungsfragen unter theoretischen und praktischen Aspekten befaßt. Bahnbrechend waren auch hier die Studien zum Führungsstil von Kurt Lewin, aber auch seiner Schüler, insbesondere von Lippitt & White (1947).

Der Begriff „Führung" kann drei verschiedene Bedeutungen haben: Er kann zur Beschreibung einer bestimmten Position in einem sozialen Gefüge verwandt werden, er kann eine Person kennzeichnen oder er kann eine bestimmte Kategorie von Verhalten kennzeichnen. Oft sind alle drei Aspekte gleichzeitig gemeint, wenn von Führung gesprochen wird. In der sozialpsychologischen Forschung wird grob zwischen drei verschiedenen Führungskonzepten unterschieden (Frey & Spielmann, 1987): (1) Die eigenschaftstheoretischen Konzepte, in denen von spezifischen Persönlichkeitsmerkmalen des Führers ausgegangen wird. (2) Die verhaltenstheoretischen Konzepte, die sich auf die Analyse des Führungsverhaltens konzentrieren und eine Differenzierung in verschiedene Führungsstile vornehmen. (3) Die situationstheoretischen Konzepte, die Situationsmerkmale als förderliche oder hemmende Einflußgrößen für das Führungsverhalten analysieren und Führung eher als Resultat einer Interaktion zwischen Person und Situation (z. B. der Gruppe) auffassen.

Ein zentrales Merkmal von Führung besteht in dem Versuch, die Gruppenaktivitäten in Richtung einer gemeinsamen Zielfindung und Zielerreichung zu beeinflussen. Unter Berücksichtigung der verschiedenartigen Gruppenzusammensetzungen und Gruppenziele sowie den unterschiedlichen Entwicklungsstadien von Gruppen hat der Führer eine Fülle von Funktionen gleichzeitig oder nacheinander zu erfüllen, damit der Zusammenhalt der Gruppe erhalten bleibt und das Gruppenziel erreicht werden kann. Die wichtigsten Funktionen bestehen in:

1. Planung und Festlegung von Gruppenzielen,
2. Koordination der Gruppenaktivitäten,
3. Bereitstellen von Informationen und Fähigkeiten
   a) zur Verwirklichung des Gruppenziels (z. B. durch Einsichtsfähigkeit, Intelligenz, Handlungskompetenz),
   b) zur Herstellung zufriedenstellender sozialer Interaktionsbeziehungen (z. B. durch Geselligkeit, Kooperationsfähigkeit, Popularität) und
   c) zur Demonstration individueller Besonderheit einschließlich der Sicherung der eigenen Anerkennung in der Gruppe (z. B. durch Initiative, Selbstbewußtsein, Beharrungsvermögen),
4. Kontrolle der Beziehungen zwischen den Gruppenmitgliedern,
5. Verteilen von Belohnungen und Bestrafungen an die Gruppenmitglieder,
6. Tätigkeiten als Schiedsrichter und Vermittler und
7. Repräsentation der Gruppe nach außen.

Hinzu kommen wichtige Funktionen zur Entwicklung und Förderung des Gruppenzusammenhalts und der Befriedigung sozial emotionaler Bedürfnisse der Gruppenmitglieder:

1. Das Präsentieren eines Verhaltensmodells (Vorbild, Verhaltensideal) für die Gruppenmitglieder,
2. das Bilden eines kognitiven Zentrums der Gruppe,
3. die Repräsentation einer emotionalen Rolle (z. B. einer Vaterfigur),
4. das Übernehmen persönlicher Verantwortung,
5. das Entwickeln gemeinsamer Anschauungen, Werte und Normen sowie deren Internalisierung in den einzelnen Gruppenmitgliedern und
6. die Präsentation eines Objektes oder Zieles zur Bewältigung von Frustrationen und Enttäuschungen der Gruppenmitglieder (z. B. indem der Führer sich selbst oder andere Gruppen als Sündenbock anbietet oder neue Leistungsziele setzt).

Bei der Erfüllung dieser Funktionen ist der Führer in jedem Falle darauf angewiesen, daß ihm die Geführten auch folgen. Die im Zuge des Eigenschaftskonzepts der Führung lange Zeit verfolgte Vorstellung, daß ein mit führungsrelevanten Persönlichkeitseigenschaften (wie Intelligenz, Durchsetzungsfähigkeit, Verantwortungsbereitschaft, Initiative, Kreativität, Flexibilität, soziale Handlungskompetenz) ausgestattete Person in jeder Situation und bei jeder Art von Aufgabenstellung hohe Führungsleistungen erbringt, hat sich als Trugschluß erwiesen. In vielen Untersuchungen hat sich gezeigt, daß die Geführten selbst eine aktive Rolle bei der Erreichung und Erhaltung der Führungseffektivität spielen. Das transaktionale Führungsmodell von Hollander (1978) betont die enge Interdependenz zwischen Führer, Situation und Geführten (Abb. 8).

Führer und Geführte sind beide aktiv in einen Prozeß des sozialen Austausches eingebunden, entwickeln und gestalten ihn, indem jeder Leistungen einbringt und Gewinne daraus erzielt. So erfüllt der Führer bestimmte Funktionen bzw. erbringt bestimmte Leistungen für die Gruppe, z. B. koordiniert und bündelt er die Einzelaktivitäten auf das Ziel hin, gibt Orientierung, verringert Unsicherheiten, findet konfliktreduzierende Kompromisse, und er erhält dafür von den Geführten Zustimmung, Ansehen, einen hohen Status und damit verbundene Vergünstigungen materieller und immaterieller Art. Diese Prozesse vollziehen sich nicht im luftleeren Raum, sondern auf dem Hintergrund situativer und aufgabenspezifischer Bedingungen und Kontexte. Der Überschneidungsbereich in Abb. 8 zwischen den drei Einflußgrößen stellt den Raum dar, in dem Führer und Geführte in einer Einheit mit der Aufgabe und Situation miteinander verbunden sind. Die nicht überschnittenen Bereiche zeigen an, daß jeder noch in andere Gruppen, Situationen und Führungsaufgaben eingebunden ist.

Weiterhin ist zu beachten, daß Führer und Geführte sich nicht grundsätzlich voneinander unterscheiden, sondern nur funktional in bezug auf die gegebenen Aufgaben und die sozialen Kontextbedingungen. Gruppenführer sind in

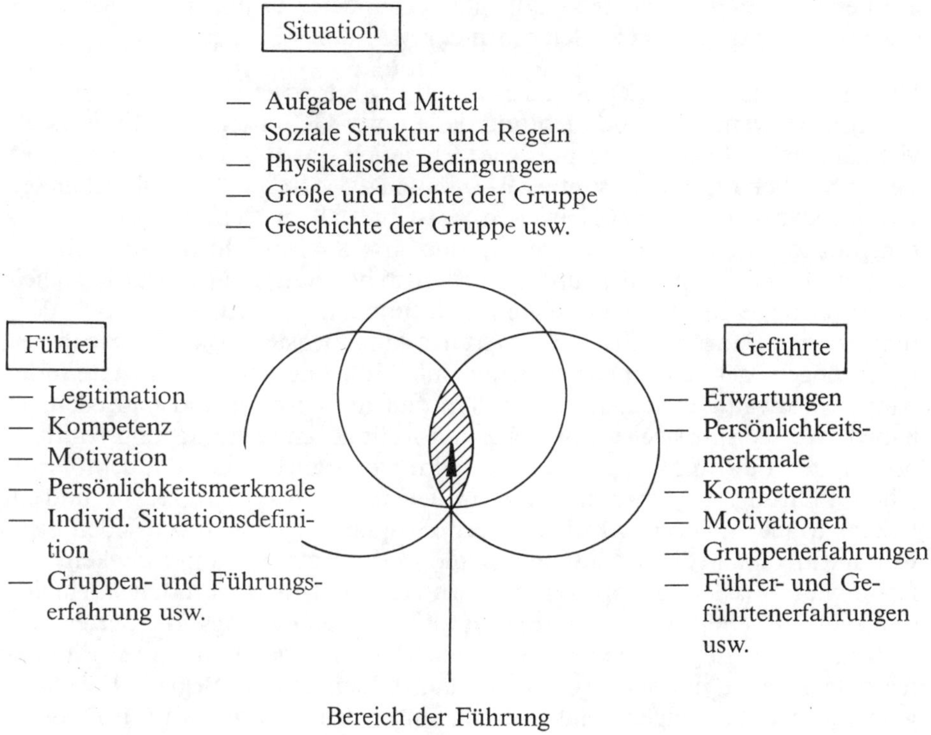

Abbildung 8: Transaktionsmodell der Führung
(Hollander, 1978)

gewisser Hinsicht immer auch Geführte, so wie Geführte auch Führungsaufgaben übernehmen können. Dieses interdependente Beziehungsverhältnis zwischen Führer und Geführten wird in der Theorie der vertikalen Dyadenverkettungen (vertical-dyad-linkage-Ansatz) von Graen & Schiemann (1978) beschrieben. Diese Theorie resultiert aus den Ergebnissen von Längsschnittuntersuchungen über den Gruppen- und Gruppenführerentwicklungsprozeß, die ebenfalls gezeigt haben, daß Führungspersonen gleichzeitig gegenüber verschiedenen Subgruppen und einzelnen Gruppenmitgliedern in recht unterschiedlicher Weise agieren. Es werden im Verlauf des Gruppenentwicklungsprozesses von Führern sehr spezifische vertikale dyadische Beziehungen aufgebaut, die zum einen in recht engen, sich gegenseitig unterstützenden und fördernden Beziehungen zu einzelnen, besonders beachteten Gruppenmitgliedern bestehen und zum anderen eher beaufsichtigende und kontrollierende Beziehungen zu den restlichen Gruppenmitgliedern umfassen. Die vom Führer besonders beachteten Gruppenmitglieder sind ihm ähnlicher, leistungsmotivierter und positiver zum Führer eingestellt. Er gewinnt mit ihnen eine ihm ergebene und zugeneigte „Hausmacht“ verbündeter Gruppenmitglieder, die seine Macht stärken und zugleich von der Macht des Führers profitieren.

Die Theorie der vertikalen Dyadenverkettung erfordert eine differenziertere und prozeßorientiertere Betrachtung des Führer-Geführten-Verhältnisses als viele andere Führungskonzepte, wie z. B. auch das des Führungsstils. Die Lewin-Schüler Lippitt & White (1947) hatten zwar in ihren bahnbrechenden Gruppenexperimenten nachzuweisen versucht, daß ein demokratischer Führungsstil gegenüber einem autoritären und laissez-faire-Führungsstil zu höheren Einzel- und Gruppenleistungen und einem höheren Grad an Zufriedenheit in der Gruppe führt, doch zeigten Folgeuntersuchungen, daß neben dem praktizierten Führungsstil auch die Art der Aufgabenstellung und die früheren Erfahrungen der Gruppenmitglieder mit Führungsstilen und Arten der Aufgabenbewältigung einen wichtigen Einfluß auf Leistung und Zufriedenheit haben. Wer beispielsweise einen eher autoritären, anweisungs- und leitungsorientierten Führungsstil gewohnt ist, wird womöglich bei einem demokratischen Führungsstil verunsichert sein, Leistungsschwächen zeigen und in hohem Maße mit sich selbst und der Gruppensituation unzufrieden sein. Routineaufgaben, die wenig Eigenständigkeit, Entscheidungsfähigkeit und Kreativität von den Gruppenmitgliedern erfordern, sind womöglich leichter, schneller und effektiver unter einer autoritären, anweisungsorientierten und lenkenden Führung zu erledigen, da sie eher in der Lage ist, die Einzelaktivitäten zielgerecht zu bündeln. So zeigt sich auch hier, daß der Begriff „Führung“ womöglich viel zu allgemein ist, um die differenzierten interaktiven Prozesse und die wechselseitigen sozialen Einflüsse zwischen Führer und Geführten zu erfassen.

Mit zwei in Gruppen häufig anzutreffenden Formen sozialen Einflusses, nämlich Macht und Gegenmacht (Reaktanz), befaßt sich nun der nächste Abschnitt.

Macht und Reaktanz

Im Unterschied zum weitgefaßten Alltagsgebrauch des Begriffes „Macht“, der politische Macht oder wirtschaftliche Macht ebenso umfaßt wie Macht des Geldes und der Liebe, wird in der Sozialpsychologie die Verwendung des Begriffes auf soziale Macht begrenzt. Soziale Macht kann man auffassen als die Fähigkeit einer Person, einer anderen Person den eigenen Willen aufzuzwingen. Soziale Macht wird nur dann wirksam, wenn Personen Kontrolle über das Verhalten anderer Personen erlangen. Dies kann dadurch geschehen, daß sie über etwas verfügen, z. B. materielle oder immaterielle Güter wie Geld und Anerkennung, was andere Personen nicht besitzen, was aber für sie attraktiv ist, oder daß sie über Bestrafungsmittel verfügen, deren Einsatz durch entsprechendes, erwünschtes Verhalten vermieden werden kann. Die Wirksamkeit sozialer Macht hängt ab von der Disposition des Machthandelnden

(Fähigkeiten und Motivation zur Machtausübung), von der Aktivierung von Machtmitteln, von der Bedürfnislage der betroffenen Personen (z. B. Anerkennungs- und Leistungsbedürfnis), von der Fähigkeit und Bereitschaft, Gegenmacht auszuüben oder sich der Machtbeeinflussung zu entziehen, und von den sozialen und gesellschaftlichen Normen, die Machtausübung legitimieren helfen.

So hat man unter persönlichkeits- und differentialpsychologischen Aspekten versucht, typische Eigenschaften von Menschen zu definieren, die danach streben, auf andere Macht auszuüben. Dabei wurden die Ausprägungen des Machtmotivs und der individuellen Sensibilität für Situationen, die sich zum Machthandeln anbieten, zu erfassen versucht und die psychischen Grundlagen pathologischer Formen des Machthandelns (z. B. Sadismus, Masochismus) analysiert. Die sozialpsychologische Forschung beschäftigt sich demgegenüber mit Bedingungen und Wirkungen sozialer Macht in interpersonalen Beziehungen, Intragruppen- und Intergruppenbeziehungen. Art und Einsatz der Machtmittel, Akzeptanz oder Widerstand gegen die Machtausübung und die individuellen und sozialen Folgen des Machteinsatzes sind dabei zentrale Forschungsgegenstände (siehe auch Thomas, 1991, Kap. VI).

Die für eine psychologische Analyse bedeutsamen Stufen des Machthandelns lassen sich folgendermaßen beschreiben:

1. Im Machtausübenden muß ein Machtmotiv vorhanden sein, das unter entsprechenden sozialen Bedingungen eine Machtmotivation anregt, aus der heraus Verhaltensweisen zur Beeinflussung anderer Personen aktiviert werden. Dies kann schon dadurch geschehen, daß jeder Mensch nach Erfüllung eigener Bedürfnisse und Wünsche strebt und daß er dabei auf die Mithilfe anderer Personen angewiesen ist, die selbst aber andere Ziele verfolgen. Er muß die für ihn nützlichen Personen also dahingehend beeinflussen, daß sie seinen Wünschen entsprechend handeln.

2. Der Machtausübende muß der Zielperson zu erkennen geben, welches Verhalten er von ihr erwartet.

3. Zur Durchsetzung der Macht wird auf Machtquellen zurückgegriffen, die von milden Einflußmitteln, z. B. Überredung, bis hin zu Zwang und Bestrafungen, z. B. Folter, reichen können.

4. Beim Einsatz der Machtquellen lassen sich persönliche und institutionelle Machtquellen unterscheiden, wie sie beispielsweise von French & Raven (1959) herausgearbeitet wurden.

5. Läßt die Zielperson erkennen, daß sie Widerstand leistet, so muß der Machtmotivierte seine Machtquellen danach beurteilen, ob sie überhaupt wirksam sein können und welche er mit Aussicht auf Erfolg unter Berücksichtigung der Motivbasen der Zielperson effektiv einsetzen kann.

6. Dem Einsatz eigener Machtquellen können Hemmungen entgegenstehen, wie z. B. Furcht vor Gegenmacht des anderen, Furcht vor der Machtausübung, weil damit das Idealbild des eigenen Ichs bedroht wird, zu geringes Selbstvertrauen, zu hohe nachträgliche Kosten der Machtausübung, wenn z. B. gegen ethische Grundsätze verstoßen wird, der Machtausübung entgegenstehende institutionelle Normen u. ä.

7. Die Reaktion der Zielperson hängt ab von deren Motivlage, ihren Erfahrungen im Umgang mit eigener und fremder Macht, ihren eigenen Machtquellen und ihrer Fähigkeit, Gegenmacht auszuüben.

Allgemein läßt sich feststellen, daß Machthandeln dann besonders erfolgreich ist, wenn ein starkes Machtmotiv, gepaart mit sozial akzeptierten Machtmitteln auf eine Zielperson trifft, die für sich aus der Interaktion keine Nachteile und evtl. sogar einen Gewinn erwartet und die weder bereit noch fähig ist, Gegenmacht auszuüben.

In einer Gruppe werden die einzelnen Gruppenmitglieder aufgrund ihrer formellen Position (z. B. Führer) oder ihres mehr informellen Status in der Gruppe (z. B. beliebtes Gruppenmitglied, Außenseiter) über unterschiedliche Machtmöglichkeiten verfügen und die Gruppenprozesse dementsprechend sehr verschieden beeinflussen können. Das Verhalten der Gruppenmitglieder hängt ab von der subjektiven Wahrnehmung der Machtverteilung in der Gruppe. In einer Reihe von labor- und feldexperimentellen Untersuchungen der interaktiven Beziehungsprozesse mächtiger und schwacher Gruppenmitglieder (Shaw, 1981, S. 292 ff.) konnte gezeigt werden, daß mächtige Gruppenmitglieder in der Regel beliebter sind, daß man sie mehr beachtet und mit ihnen verhältnismäßig viel kommuniziert, ihnen besonders ehrerbietig begegnet und daß man ihren Wünschen eher zustimmt. Mächtige Gruppenmitglieder werden bevorzugt als Personen betrachtet und behandelt, die einem bei der Erreichung eigener Ziele helfen können, die aber zugleich auch bedrohlich werden können.

Allerdings zeigen eine Reihe empirischer Studien, daß ein machtbewußter Führer in einer Gruppe keine höhere Attraktivität besitzt als ein schwächeres Gruppenmitglied, wenn es um die Befriedigung sozial emotionaler Bedürfnisse der Gruppenmitglieder geht. Dieses Resultat hat u. a. die verhaltenstheoretischen Forschungen der sog. Ohio-Schule (Kerr, Schriesheim, Murphy & Stogdill, 1974) dazu veranlaßt, zwischen einem aufgabenorientierten Führungsverhalten (initiation of structure) und einem an den sozialen Bedürfnissen der Gruppenmitglieder orientierten Führungsverhalten (consideration) zu unterscheiden.

Falls der Mächtige seinen Einfluß nutzt, um einem weniger mächtigen Gruppenmitglied Schaden zuzufügen, dann wird er als unfreundlich und selbstüberheblich betrachtet. Solche und ähnliche Wirkungen eigener Handlungen in Gruppen werden wahrgenommen, und mit der Zeit bildet sich bei jedem Gruppenmitglied eine Vorstellung von den eigenen Machtmöglichkeiten aus. Die mächtigen und erfolgreichen Gruppenmitglieder sind mit ihrer Position zufriedener, werden sich ihres Einflusses in der Gruppe mehr und mehr bewußt und setzen ihre Machtmittel proportional zu den von ihnen wahrgenommenen Einflußmöglichkeiten ein. Der Grad, in dem mächtige Gruppenmitglieder ihre Machtmittel ausschöpfen, hängt ab von Personenmerkmalen des Mächtigen und der schwächeren Gruppenmitglieder, Art und Anzahl der Machtmittel, den in der Gruppe allgemein akzeptierten Normen und schließlich den situativen Bedingungen. In einer Studie von Kipnis (1972) mit Studenten, die an einem Planspiel zur Simulation von Führungsverhalten in einem Industriebetrieb teilnahmen, zeigte sich, daß mit relativ viel Macht ausgestattete „Manager" mehr Versuche unternahmen, das Mitarbeiterverhalten zu beeinflussen, die Mitarbeiterleistung abzuwerten, die Mitarbeiterleistung eher ihren eigenen Anstrengungen und der Wirksamkeit des eigenen Machtmitteleinsatzes zuzuschreiben als der Arbeitsmotivation der Mitarbeiter, die Mitarbeiter als Objekte eigener Manipulationsmöglichkeiten zu betrachten, und eine psychologische Distanz zu den Mitarbeitern aufzubauen.

Welche Wirkung die Ausübung von Macht auf die Interaktionsprozesse in Gruppen hat, ist in den meisten Gruppen abhängig von den gesellschaftlichen Strukturen, in die sie eingebettet sind. Durch sie wird über ein System von Rollenerwartungen die Legitimität des Machteinsatzes, die aufzuwendenden Kosten und die als gerecht anzusehenden Belohnungen definiert. Rücksichtsloser Einsatz von Machtmitteln auf Kosten der schwächeren Gruppenmitglieder, Machtausübung ohne nachweisbare Gewinne für die Gruppenmitglieder sowie eine zu geringe Ausschöpfung der vorhandenen Machtmittel und ihr unqualifizierter Einsatz führen zu Konflikten innerhalb der Gruppe und mit anderen Gruppen. Die Folgen sind Leistungsminderungen der Gruppe, eine Gefährdung des Gruppenzusammenhaltes und der Position des Mächtigen. So müssen z. B. Trainer von Sportmannschaften, die hochgesteckte Ziele anstreben und einen hohen persönlichen Einsatz von der Mannschaft und jedem Mannschaftsmitglied verlangen, Erfolg haben, wenn sie ihre Position in der Mannschaft behaupten und weiterhin Macht ausüben wollen.

Bisher hat die sozialpsychologisch orientierte Machtforschung Prozesse der Machtausübung noch zu ausschließlich als einen interpersonalen Vorgang oder als rein internes Gruppenphänomen betrachtet und dabei die Bedeutung der gesellschaftlich-kulturellen Bedingungen und des sozialen Bedingungsgefüges, in das jede Gruppe eingebettet ist, vernachlässigt. Auch die unterschiedlichen Machtverteilungen zwischen Gruppen in umfassenderen Organisationen, der Einsatz von Machtmitteln zwischen Gruppen und deren Wirkungen sowohl auf die mächtigere und schwächere Gruppe als auch auf deren Gruppenmitglieder ist bisher nur selten Gegenstand sozialpsychologischer Forschungen gewesen. Erfolgversprechende Ansätze zeigen die Untersuchungen über Intergruppenbeziehungen (siehe Kap. 7) und das noch zu besprechende Konzept des Minoritäteneinflusses in Gruppen.

Wie bereits betont, stehen mächtige und weniger mächtige Gruppenmitglieder in einem interdependenten Verhältnis zueinander. Der Mächtige ist nur insoweit mächtig, wie ihm die Gruppenmitglieder zu Diensten sind. Er ist auf ihre Bereitschaft angewiesen, sich zu unterwerfen. Der Macht des Mächtigen kann durchaus mit Gegenmacht begegnet werden. Geeignete Mittel zur Gegenmacht und des Widerstandes gegen eine als ungerechtfertigt angesehene Machtausübung und damit verbundene Einschränkungen des eigenen Handlungs- und Freiheitsspielraums (Reaktanz) stellen folgende Verhaltensweisen dar:

1. Der Schwächere kann sich zunächst der Macht beugen und dadurch Gegenmacht ausüben, daß er versucht, den Mächtigen allmählich so zu beeinflussen, daß dieser bei der Erreichung seiner Ziele immer mehr auf seine Mitarbeit und sein Entgegenkommen angewiesen ist.

2. Der Schwächere vergrößert die Attraktivität der ihm zur Verfügung stehenden alternativen Handlungsmöglichkeiten, z. B. dadurch, daß er sich Möglichkeiten verschafft, anderen attraktiven Gruppen beizutreten oder mit anderen mächtigen Personen zu kooperieren.

3. Der Schwächere entwickelt Fähigkeiten und eignet sich Fertigkeiten an, die seinen Wert für den Mächtigen erhöhen, so daß dieser immer abhängiger von ihm wird.

4. Der Schwächere reduziert die Wirkung von Bestrafungen, die er für unerwünschtes Verhalten erhält, indem er ihnen ausweicht oder sie ignoriert.

5. Der Schwächere übertreibt die Wirkungen empfangener Bestrafungen, um an das Gewissen des Mächtigen und die Einhaltung sozialer Normen zu appellieren.

6. Der Schwächere vermindert den Wert der Belohnungen, die ihm vom Mächtigen gewährt werden, um dadurch höhere Belohnungswerte zu erreichen.

7. Der Schwächere betont dem Stärkeren gegenüber die eigenen Fähigkeiten und Fertigkeiten und weckt somit beim Stärkeren das Bedürfnis, sich dieser Ressourcen zu bedienen, wodurch es ihm gelingen kann, die asymmetrische Kontingenzbeziehung allmählich in eine symmetrische zu verwandeln.

8. Der Schwächere baut Sympathiebeziehungen auf, durch die er den Stärkeren von sich abhängig macht, ihm Bestrafungen erschwert und von ihm mehr Belohnungen erhält.

Die Bedingungen und die Intensität, mit dem der Einsatz von Gegenmacht erfolgt, versucht die Theorie der psychologischen Reaktanz (Brehm & Brehm, 1981) zu erklären. Reaktanz wird definiert als eine motivationale Erregung zur Wiederherstellung bedrohter Freiheit. Immer dann, wenn eine Person glaubt, in einem bestimmten Handlungsfeld frei entscheiden und handeln zu können, tatsächlich aber eine Einengung ihres Entscheidungs- und Handlungsspielraums erlebt, entsteht ein als psychische Reaktanz bezeichneter Zustand, der auf Wiedererlangung des Entscheidungs- und Handlungsspielraums abzielt. Die Stärke der Reaktanz hängt einmal ab von der Wichtigkeit, die der Freiheitsspielraum für die Person hat, vom Umfang der Freiheitseinschränkung und schließlich von der Intensität, mit der die Freiheitseinengung durchzusetzen versucht wird.

In einer Arbeitsgruppe beispielsweise kann Reaktanz dann entstehen, wenn der Vorgesetzte einem Mitarbeiter die Verantwortung für einen relativ selbständig zu erledigenden, als attraktiv geltenden Aufgabenbereich entzieht, ihn dann einem anderen Gruppenmitglied überträgt oder selbst erledigt und den Mitarbeiter mit weitgehend anweisungsgebundenen Aufgaben betraut. Nach der Reaktanztheorie wird der Mitarbeiter in einer solchen Situation mit Reaktanz reagieren, die sich verschieden auswirken kann: 1. Er kann eine direkte Wiederherstellung seiner Freiheit versuchen, indem er seine bisherige Arbeit entgegen der Anweisung des Chefs weiterführt. 2. Er kann eine indirekte Freiheitswiederherstellung versuchen, indem er sich in seinem neuen Arbeitsfeld der Kontrolle und Anweisung durch den Vorgesetzten entzieht und soviel Freiheitsspielraum wie möglich zu erlangen sucht. 3. Er kann mit Aggression antworten, indem er seinen Vorgesetzten beschimpft oder, was in diesem Kontext wahrscheinlicher ist, sich über ihn bei anderen Mitarbeitern und Kollegen beschwert, ihn kritisiert und abwertet. 4. Er kann eine Attraktivitätsveränderung der einengenden Verhaltensweisen vornehmen, indem er z. B. die relativ verantwortungsarme neue Arbeitstätigkeit gegenüber der verantwortungsvollen und damit auch risikoreicheren und anstrengenderen früheren Tätigkeit positiv bewertet.

Forschungen haben gezeigt, daß bei starken Hemmungen gegenüber der Äußerung von Reaktanz, wie sie in streng kontrollierten Arbeitsgruppen zu erwarten sind, ein Verzögerungseffekt auftreten kann. Die Reaktanz wird zurückgehalten, bis sich eine günstige Gelegenheit bietet, z. B. Wechsel des Vorgesetzten, den beanspruchten Freiheitsspielraum wiederherzustellen. So können im Vergleich zum gewohnten Arbeitsplatz in einem neuen Aufgabenbereich doch relativ viele Freiheitsräume wahrgenommen werden, die es auszubauen und zu nutzen gilt. Aufgeschobene Reaktanzmanifestationen können allerdings auch zu einer Gewöhnung an den neuen Zustand führen.

Das Auftreten von Reaktanz hängt eng zusammen mit dem Grad der Willkür bei der Freiheitseinengung. Wenn dem Mitarbeiter die Sachnotwendigkeit der Neuverteilung der Arbeitsaufgaben einleuchtet oder wenn ihm die Freiheitseinengung aus Gründen der Gruppensolidarität notwendig erscheint, entsteht keine oder nur schwache Reaktanz. Eine Wiederherstellung des ursprünglichen Freiheitsspielraums, z. B. durch den Vorgesetzten oder eine übergeordnete Instanz, darf aus der Sicht des Mitarbeiters nicht willkürlich erscheinen, sondern muß für ihn nachvollziehbar und begründbar sein, da sonst der

Eindruck entsteht, auch in Zukunft unkontrollierbaren Einschränkungen der Wahlfreiheit ausgesetzt zu sein (Gniech & Grabitz, 1984). Für die Reaktanzforschung und die Reaktanztheorie ergeben sich daraus die Konsequenzen, dem Konzept der Handlungskontrolle, Handlungskompetenz und Handlungsautonomie sowie der Unterdrückung von Reaktanzmanifestationen aufgrund starken personalen und sozialen Drucks zur Ausübung normorientierter und konformer Verhaltensweisen besondere Beachtung zu schenken.

Normentwicklung in Gruppen (Sherif-Experiment)

Normen sind für eine Gesellschaft, Organisation oder Gruppe sozial akzeptierte Festlegungen darüber, wie zwischenmenschliches Verhalten zu regeln ist. „Normen konstituieren Gruppen aufgrund ihres individuenverbindenden Charakters und legitimieren deren Existenz sowohl nach innen als auch nach außen. Das Verhalten einzelner unterliegt der sozialen Kontrolle, da es sich danach beurteilen und sanktionieren läßt, ob und in welchem Ausmaß es mit den als obligatorisch erklärten Handlungen übereinstimmt“ (Müller & Müller-Andritzky, 1987, S. 250). Der Zusammenschluß und die Zusammenarbeit einzelner Individuen in Gruppen erfordert eine Koordination und abgestimmte Regelung der Einzelinteressen und Einzelaktivitäten. Dies geschieht, wie bereits berichtet, durch gezielte Maßnahmen seitens des Gruppenleiters, aber auch durch gegenseitige Abstimmung der Gruppenmitglieder untereinander. Im Vollzug des Gruppenbildungs- und Gruppenentwicklungsprozesses läßt sich immer wieder beobachten, daß in der Integrations- und Leistungsphase die Ausbildung und Festigung gemeinsam geteilter Normen vollzogen wird. In einem inzwischen schon als klassisch zu bezeichnenden sozialpsychologischen Experiment hat Sherif (1936) diesen Normbildungsprozeß näher untersucht.

Fragen und Methoden der Untersuchung

Die Fragen, die Sherif untersuchen wollte, waren folgende: (1) Wie wird sich eine einzelne Person verhalten, wenn sie in eine Situation gestellt wird, in der alle Vergleichsmaßstäbe und jeder Bezugsrahmen für ein Urteil fehlen? Wird die Person eine Summe unverbundener Antworten liefern, oder wird sie einen eigenen Bezugsrahmen entwickeln? (2) Wie wird sich eine Gruppe von Personen in der gleichen unstabilen Situation ohne Bezugsrahmen verhalten? Werden die Urteile der einzelnen Gruppenmitglieder ohne Bezug zueinander bleiben, oder werden sich die Aussagen gegenseitig beeinflussen und einander nähern? Wenn es dazu kommt, daß sich in einer unstrukturierten Situation ein gemeinsamer Urteilsmaßstab für die Gruppe herausbildet, der für diese Gruppe spezifisch ist, kann dann dieser Prozeß als Prototyp von Einstellungs- oder Normbildungen in Gruppen angesehen werden?

Um diese Fragen zu untersuchen, brauchte Sherif zunächst einmal eine geeignete unstrukturierte Situation. Er wählte dazu das autokinetische Phänomen, das schon recht früh von Astronomen bemerkt wurde. Wenn in einem völlig dunklen Raum ein Lichtpunkt aufleuchtet, und ein Beobachter seine Aufmerksamkeit auf ihn richtet, beginnt er sich schon nach wenigen Sekunden scheinbar zu bewegen, und zwar je nach Beobachter in verschiedene Richtungen und verschieden weit. Es handelt sich dabei um eine subjektive Scheinbewegung, denn die Lichtquelle ist stationär verankert und bewegt sich objektiv nicht. In eine solche Situation brachte Sherif seine Versuchspersonen und untersuchte das Ausmaß der Scheinbewegungen unter zwei experimentellen Bedingungen: (1) In Einzelversuchen mit einer Versuchsperson allein. Diese Versuche dienten ihm dazu, eine Basislinie für seine Gruppenversuche zu gewinnen und um später zu sehen, ob die Gruppe bereits individuell etablierte Urteilsmaßstäbe beeinflußt. (2) Zweitens untersuchte er die Entwicklung der Urteile über die Scheinbewegung in der Gruppensituation, um die Auswirkungen zu erfassen, die sich aus der Gruppensituation ergaben. (3) Schließlich wiederholte er die Einzelversuche mit jeder Versuchsperson, um festzustellen, ob sie sich in ihrem Urteilsverhalten nach dem neu gebildeten Gruppenmaßstab oder nach dem im ersten Versuchsdurchgang gebildeten individuellen Urteilsmaßstäben richteten. In allen Versuchen hatten die Versuchspersonen die Bewegungsweite des Lichtpunktes in Zentimetern anzugeben. In den Einzelversuchen erfolgte diese Angabe individuell und schriftlich, ohne daß die anderen Personen etwas davon erfuhren. In der Gruppensituation gaben die einzelnen Versuchspersonen ihre Urteile laut und für die anderen Gruppenmitglieder deutlich wahrnehmbar ab.

Ergebnisse der Einzel- und Gruppenversuche

Die Einzelversuche ergaben eindeutig, daß die Vpn auch beim Fehlen jedes äußeren Vergleichsmaßstabes eine individuelle Norm zur Beurteilung der Bewegungsweite des Lichtpunktes entwickelten, und daß diese Normen sich von Person zu Person sehr unterschieden.

Den Gruppenversuchen lag folgendes Schema zugrunde: Vier Gruppen, bestehend aus je drei Versuchspersonen, begannen das Experiment, ohne vorher einen individuellen Urteilsmaßstab entwickelt zu haben. Ein Experiment bestand aus vier Sitzungen. In jeder Sitzung wurde 100mal der winzige Lichtpunkt gezeigt, d. h. 100 Urteile mußten von jeder Vp abgegeben werden. Die vier Sitzungen lagen je einen Tag auseinander. Die ersten drei Sitzungen waren Gruppensitzungen, die letzte war eine Einzelsitzung.

Bei vier weiteren Gruppen, ebenfalls bestehend aus je drei Personen, war die Anordnung der Sitzungen umgekehrt. Hier entwickelte jede Vp zuerst in der Einzelsitzung ihren individuellen Urteilsmaßstab und wurde dann in die Gruppensituation gebracht.

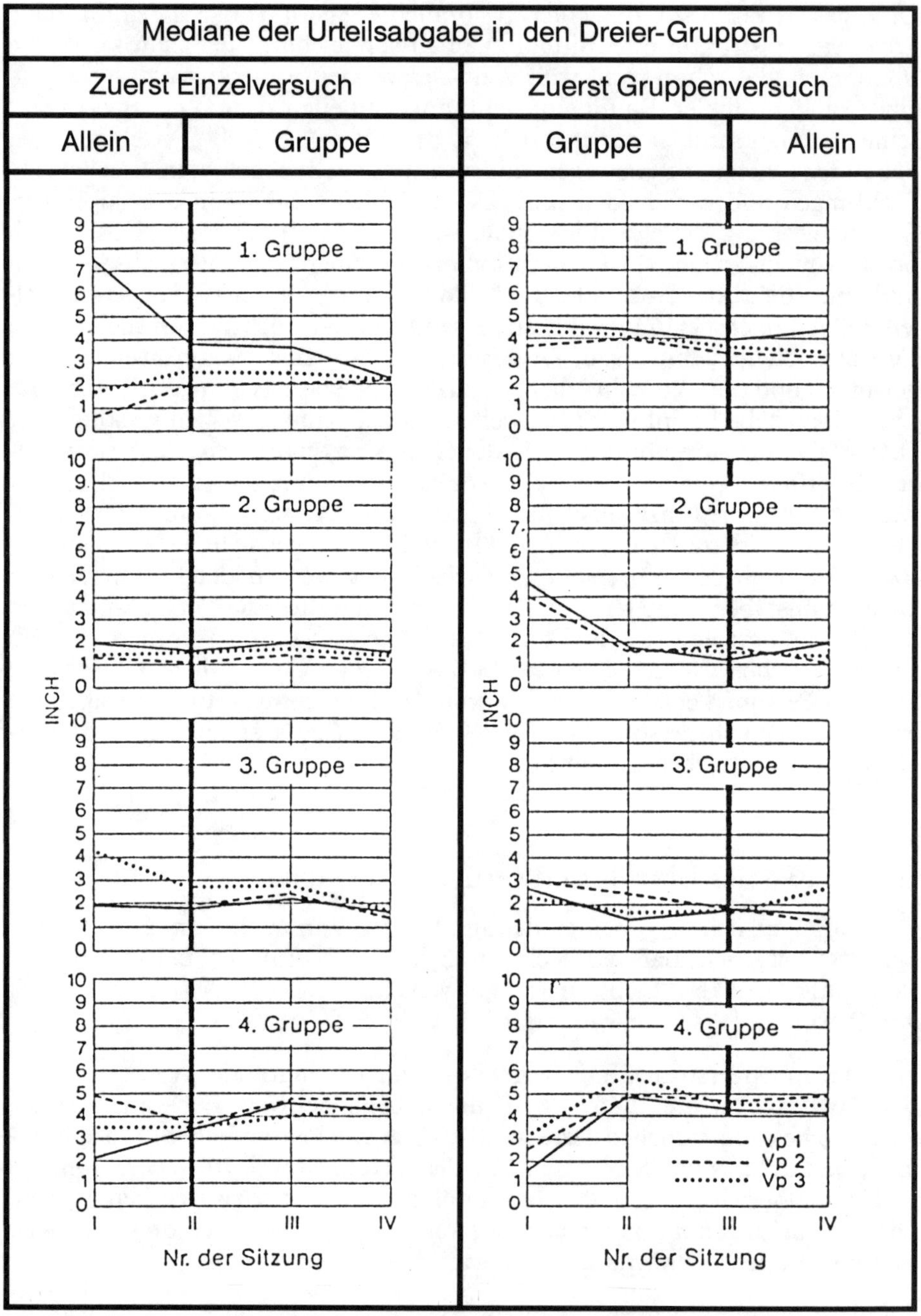

Abbildung 9: Entwicklung des Urteilsprozesses hinsichtlich der Scheinbewegung eines Lichtspunktes in den von Sherif untersuchten Gruppen (nach Sherif, 1936)

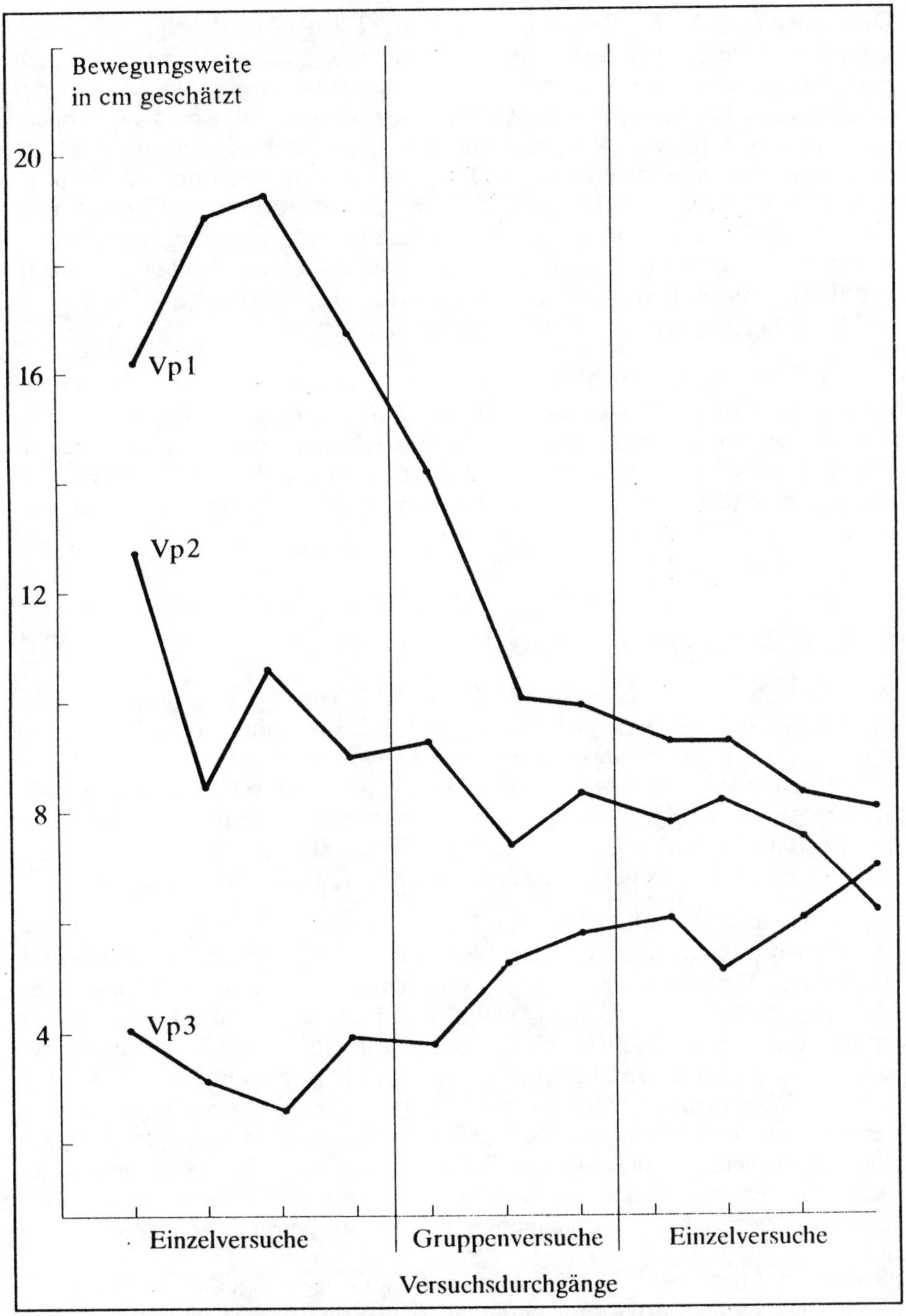

Abbildung 10: Annährung der Bewegungsweitenschätzungen beim autokinetischen Phänomen (nach Hofstätter, 1986, S. 54)

Die Darstellung der Ergebnisse in graphischer Form (Abb.9) zeigt, daß sich in jedem Fall eine Gruppennorm herausbildete, und zwar in relativ kurzer Zeit und hinsichtlich eines scheinbar so irrelevanten Gegenstandes wie der Wanderung eines Lichtpunktes. Zudem erkennt man, daß sich die Gruppennorm schneller bildete, wenn der einzelne zuvor keine Gelegenheit gehabt hatte, eigene Normen zu entwickeln. Es gibt außerdem kein objektiv „Richtig“ und „Falsch“, denn jede Gruppe bildete ihre eigene gruppenspezifische Norm. Obwohl alle Gruppen von der gleichen Ausgangsbedingung ausgingen, kamen sie doch zu ganz unterschiedlichen Urteilsmaßstäben. Schließlich zeigt sich, daß der gemeinsam ausgebildete Maßstab die Gruppensituation überdauerte und auch in einer späteren Einzelsituation nachwirkte.

Eine von Hofstätter (1986[3]) durchgeführte Wiederholung der Experimente zum autokinetischen Phänomen von Sherif bestätigte dessen Ergebnisse. Die Versuchspersonen bildeten in den ersten Einzelversuchen individuelle Beurteilungsmaßstäbe aus, glichen diese in der Gruppenversuchsphase einander an, entwickelten also einen Gruppenmaßstab, und behielten diesen in den folgenden Einzelversuchen bei (Abb. 10).

Interpretation der Ergebnisse

Was bedeuten diese Ergebnisse für unser Thema? Sie zeigen, daß die psychologische Basis von sozialen Normen und Einstellungen in der Bildung eines gemeinsamen Bezugsrahmens zu suchen ist. Die Gruppenmitglieder finden sich zusammen und beeinflussen sich gegenseitig in der Bestimmung dessen, was sie als Handlungsrichtlinie oder als Definition der Situation akzeptieren wollen. Die Motivation, einen solchen Bezugsrahmen aufzubauen, liegt in dem Bedürfnis der Menschen nach Ordnung und Struktur.

Wenn dem einzelnen alle relevanten Informationen zur Verfügung stehen, ist Gruppeneinfluß zur Bildung eines solchen Bezugsrahmens nicht erforderlich. Auch ohne Einbeziehung einer Gruppe kann der einzelne sich dann eine Meinung bilden. Hat er aber keine zur Meinungsbildung ausreichende Informations- oder Erfahrungsbasis, oder ist er sich seiner Einstellung nicht sicher, bedient er sich der Hilfe anderer und gleicht sich ihrem Urteil an, um so den für Wahrnehmen, Denken und Handeln anscheinend unerläßlichen Bezugsrahmen zu gewinnen. Auf die motivationalen Fragen, warum es zur Bildung von gemeinsamen Bezugsrahmen kommt, geht Sherif nicht näher ein. Damit beschäftigte sich unter anderem Festinger (1950, 1954) im Rahmen seiner bereits erwähnten Forschungen über soziale Vergleichsprozesse.

Hofstätter kommt zu der weitreichenden Schlußfolgerung, daß die Schätzungen in der Gruppensituation sich einem Konvergenzpunkt nähern, der dem geometrischen Mittelwert der ursprünglichen Einzelschätzungen entspricht. Je weiter die Versuchspersonen vom vermeintlichen Gruppenmittel entfernt sind, um so stärkeres Konvergenzverhalten zeigen sie. Da der geometrische Mittelwert von den Versuchspersonen während des Experimentes schon allein aus Zeitgründen nicht errechnet werden konnte, und sie auch in der nachträglichen Befragung über ihr Vorgehen während des Experimentes keine Angaben zu Rechenoperationen machten, vermutet Hofstätter in der Annäherung des Konvergenzpunktes an den geometrischen Mittelwert der Einzelschätzungen eine Gesetzmäßigkeit in der Urteilsbildung unter Gruppeneinfluß.

„Sherif sieht seine Ergebnisse als Beleg dafür an, daß in Gruppensituationen neue und supra-individuelle Qualitäten entstehen. Als soziales Produkt der Gruppe wird in einer unstabilen Situation ein gemeinsamer Bezugsrahmen gebildet, der, ohne daß es den Personen bewußt werden muß, die Wahrnehmung des individuellen Gruppenmitgliedes strukturiert und ordnet. Sherif geht davon aus, daß er mit seinen Experimenten in einfacher Form die grundlegenden Prozesse aufgezeigt hat, die an der Entstehung aller sozialer Normen beteiligt sind" (Prose, 1987, S. 455). Gegen diese Generalisierbarkeit der Befunde, den sehr weitgefaßten Normbegriff und Details der Untersuchung sowie die gesetzmäßige Konvergenz auf den geometrischen Mittelwert hin sind Einwände erhoben worden, die Replikationsstudien und unterschiedliche Interpretationsansätze zur Folge gehabt haben (siehe u. a. Witte, 1979, S. 32 ff).

Konformität in Gruppen (Asch-Experiment)

In den Experimenten von Sherif waren die Versuchspersonen einer maximal unklaren und unstrukturierten Situation ausgesetzt, in der sie ein Urteil über eine Scheinbewegung abgeben sollten. In einer solchen Situation wird jede sich bietende Information dankbar aufgegriffen (im Falle der Sherifschen Experimente das Urteil der anderen Gruppenmitglieder), um mehr Orientierungssicherheit zu erlangen. Die Versuchspersonen zeigen konformes Verhalten, weil es in dieser Situation funktional sinnvoll ist und ihnen ein einigermaßen verläßliches Urteil erlaubt. Dem von der Gruppe ausgeübten Konformitätsdruck wird bereitwillig gefolgt, denn er führt zu einer psychischen Erleichterung und erhöht die Urteils- und Handlungssicherheit. In vielen Gruppensituationen, in denen von den Gruppenmitgliedern ein hohes Maß an Konformität ihres Denkens und Handelns mit gesetzten Normen und Regeln erwartet wird, denen sie persönlich nicht zustimmen, entsteht allerdings schnell das Gefühl, einem Zwang und Druck ausgesetzt zu sein, dem man sich aufgrund übergeordneter Ziele (Leistungsfähigkeit der Gruppe, Erhalt des Gruppenzusammenhalts usw.) beugen muß. Diese Prozesse analysierte Asch (1956) in seinen ebenfalls schon als klassisch zu bezeichnenden Konformitätsexperimenten.

Fragestellung und Methoden der Untersuchung

Asch wollte mit seinen Experimenten die sozialen und psychologischen Bedingungen studieren, die Inividuen dazu veranlassen, dem Gruppendruck nachzugeben bzw. ihm zu widerstehen, und zwar dann, wenn dieser Gruppendruck ein Verhalten erzwingen soll, das den tatsächlichen Gegebenheiten einer Situation eindeutig zuwiderläuft. Er wählte als Untersuchungsgegenstand zwar individuelle Urteile über einen Wahrnehmungsgegenstand, doch sind die Ergebnisse durchaus auf Einstellungen übertragbar. Im folgenden wird nur über einen Teil der Ergebnisse berichtet.

Asch brachte seine Versuchspersonen (Psychologiestudenten) in einen radikalen Konflikt zu anderen Mitgliedern der Gruppe. Sie bekamen folgende Aufgabe: Zwölfmal wurde eine Linie links auf eine Leinwand projiziert

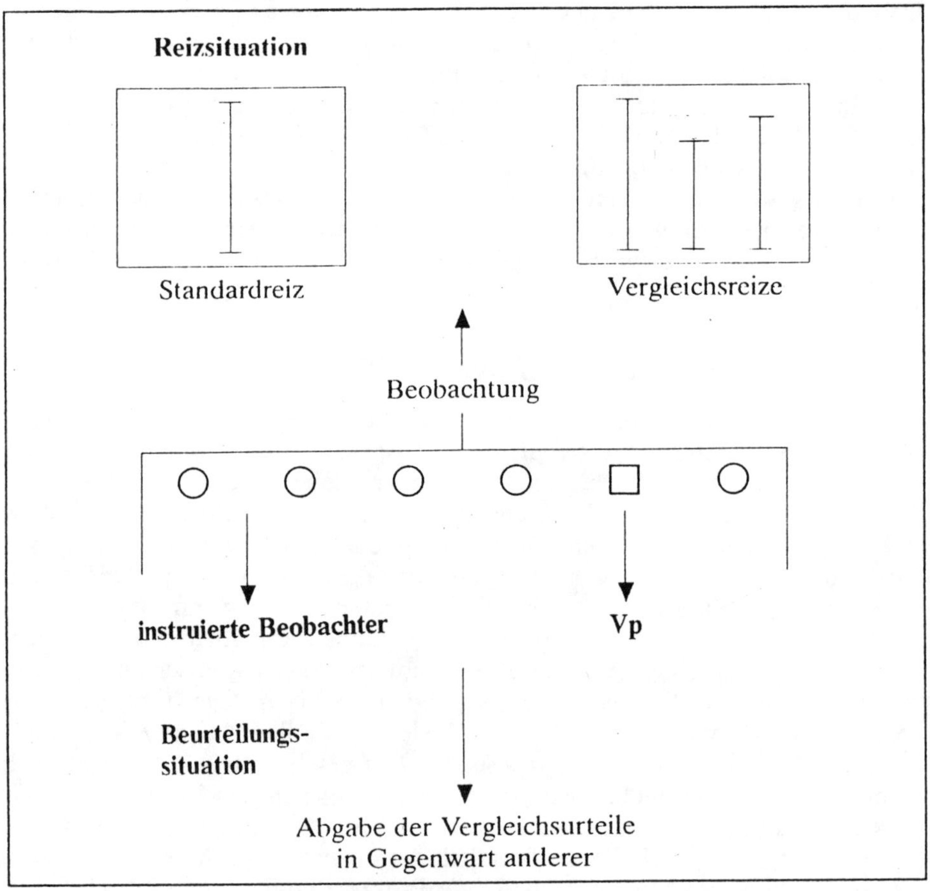

Abbildung 11: Standardversuchsanordnung im Konformitätsexperiment nach Asch (1956)

(Standardreize), und rechts auf der Leinwand wurden drei Vergleichslängen dargeboten (Vergleichsreize). Aus diesen drei Vergleichslängen sollte diejenige herausgefunden werden, die in ihrer Länge dem Standardreiz links auf der Leinwand entsprach. Die Längenunterschiede der Linien waren so eindeutig, daß in Einzelversuchen praktisch keine Zuordnungsfehler vorkamen (Abb. 11).

Jedes Gruppenmitglied gab sein Urteil öffentlich ab. In diesem sogenannten „Test" fand sich nun eine Versuchsperson konsistent im Widerspruch zu der gesamten Gruppe. Mit Ausnahme dieser einen Vp waren nämlich alle anderen „Gruppen"-Mitglieder eingeweihte Helfer des Versuchsleiters, der ihnen aufgetragen hatte, in einer bestimmten, aber objektiv falschen Weise zu antworten. So stand die naive Vp vielleicht zum erstenmal in ihrem Leben einer Situation gegenüber, in der ihrem unzweideutigen Sinneseindruck von einer Gruppe einhellig widersprochen wurde. Damit wurde diese Vp zwei unvereinbaren Kräften ausgesetzt, die beide in der Situation unmittelbar wirksam waren. Zudem mußte sie ihr Urteil öffentlich abgeben und Farbe bekennen und war nicht in der Lage, die Situation zu durchschauen, um dadurch eine neue, gruppenunabhängige Basis für ihr Urteil zu finden. Das Maß für die Konformität war die Zahl der Urteile, die die naive Vp entgegen ihrem ersten Sinneseindruck im Sinne der Majorität abgab. Eine ökonomische Variante des Experimentes ermöglichte die sogenannte Crutchfield-Technik, bei der den Versuchspersonen in getrennten Kabinen die angebliche Reaktion der anderen Gruppenmitglieder vom Tonband abgespielt wurde. Obwohl die Versuchspersonen keine Gruppenmitglieder mehr zu Gesicht bekamen, sondern nur Urteile fiktiver Personen erfuhren, ließen sie sich davon ebenso in ihrem Urteilsverhalten beeinflussen wie im Standardexperiment.

Ergebnisse der Asch-Experimente

Ein Drittel der naiven Versuchspersonen unterlag dem Gruppendruck in mehr als 6 von 12 Versuchswiederholungen. Nur ein Viertel der Vpn widerstand dem Gruppeneinfluß in allen 12 Fällen. Unter Gruppendruck waren von den insgesamt abgegebenen Urteilen 32 % Fehlurteile, aber immerhin 68 % richtige Urteile entgegen der Gruppenmehrheit. In der Gruppe derer, die dem Gruppendruck absolut widerstanden, fanden sich verschiedene Kategorien von Menschen: (a) Personen mit starkem Selbstvertrauen. Sie sagten ihre Meinung klar und eindeutig, ohne deswegen die Gruppe anzugreifen. Aber auch sie zeigten Anzeichen von Konflikt. (b) Die Introvertierten. Sie reagierten nicht frei und spontan, sondern so, als handelten sie unter dem Einfluß einer Maxime: Man darf seine Individualität nicht aufgeben. (c) Eine dritte Gruppe zeigte starke innere Spannung und große Zweifel, glaubte aber nur durch unabhängiges Urteilen der Aufgabe gerecht werden zu können. Auch in der Gruppe derer, die dem Gruppendruck nachgaben, fanden sich verschiedene Kategorien von Personen: (a) Eine sehr kleine Gruppe gab an, daß sich auf

Grund der Majoritätsmeinung ihre Wahrnehmung geändert habe. Ihnen erschien die von der Gruppe bezeichnete Linie dann in der Tat als die richtige Vergleichslinie. Sie waren sich eines Gruppendrucks gar nicht bewußt. (b) Die Mehrzahl derer, die nachgaben, reagierte anders. Sie nahmen zwar richtig wahr, trauten aber ihrem Urteil nicht. Sie glaubten, ungünstig zu sitzen, glaubten, daß mit ihren Augen etwas nicht stimmte, und gingen generell von der Meinung aus, daß die Mehrheit ja wohl recht haben müsse. (c) Es gab auch noch eine dritte Gruppe von Versuchspersonen, die zwar korrekt wahrnahmen und sich auch in ihrem Urteil sicher fühlten, die aber nicht auffallen wollten. Sie wollten Streit vermeiden und gaben aus diesem Grund dem Gruppendruck nach.

Bei Versuchsvariationen, die zum Teil schon von Asch durchgeführt wurden, zeigten sich eindeutige Zusammenhänge zwischen dem Ausmaß des Konformitätsdrucks und der Einheitlichkeit der Urteile in der Gruppe, der Gruppengröße und der Art der zu beurteilenden Aufgabe. Sobald in der Gruppe der instruierten Personen eine Person richtige Urteile abgab, sank die Anzahl der Beurteilungsfehler bei der nicht instruierten Vp in erheblichem Maße (von 32 % auf 10 %). Die stärkste Wirkung wurde erzielt, wenn die richtig urteilende instruierte Vp ihre Urteile als erstes abgab. Schon bei drei instruierten Vpn war der Effekt des Gruppendrucks voll wirksam und wurde durch eine vergrößerte Zahl instruierter Versuchspersonen nicht mehr weiter gesteigert. Je unklarer die zu beurteilende Aufgabe war, z. B. wenn sich Vergleichs- und Standardlinien nicht mehr so eindeutig unterscheiden ließen, um so mehr Vpn waren bereit, der Gruppenmehrheit zu folgen und sich damit dem Gruppendruck zu unterwerfen. Wiederholungsuntersuchungen aus neuerer Zeit (Doms & Van Avermaet, 1982), bei denen völlig andere Versuchspersonengruppen andere Arten von Beurteilungsaufgaben zu lösen hatten, bestätigen im wesentlichen die von Asch gewonnenen Befunde.

Vergleichende Interpretation der beiden Experimente

Es wurden bis jetzt zwei Untersuchungen referiert, die beide als klassische Experimente der Konformitätsforschung gelten. Im Grunde aber behandelt jedes Experiment einen anderen Sachverhalt. Im Experiment von Sherif handelt es sich darum, in einer unstrukturierten Situation, in der der einzelne seines Urteils nicht sicher sein kann, einen Bezugsrahmen zu schaffen. Beim Experiment von Asch dagegen handelt es sich darum, einem einzelnen gegen sein besseres Wissen einen neuen Gruppenmaßstab aufzuzwingen. Pollis & Montgomery (1966) sprechen in der Sherif-Situation von ‚conformity' (erreicht durch Angleichung), womit ein Normbildungsprozeß bezeichnet wird, und in der Asch-Situation von ‚compliance' (Folge von Nachgeben), womit ein Normänderungsprozeß bezeichnet wird. Diese zweifache Bedeutung des Gruppeneinflusses ist von verschiedenen Autoren anerkannt worden und paßt in die Unterscheidung, die Jones & Gerard (1967) treffen, wenn sie von

‚Informationsabhängigkeit' (information dependence) und ‚Handlungsabhängigkeit' (effect dependence) sprechen. In jedem Fall aber sind situative Faktoren für das Ausmaß an Konformität verantwortlich. Bei nur ein oder zwei abweichend urteilenden Personen im Asch-Experiment waren die Tendenzen zum konformen Verhalten noch relativ gering, bei drei und mehr Personen aber deutlich ausgeprägt. Acht und mehr Personen bewirkten hingegen keine Steigerung der Konformitätsbereitschaft. Sherif stellte zudem fest, daß immer dann, wenn seine Vpn vor dem Experiment in einem anderen Vorversuch hinsichtlich ihrer Fähigkeit, richtige Wahrnehmungsurteile abzugeben, bestärkt oder verunsichert worden waren, sie im Gruppenversuch mit dem autokinetischen Phänomen entsprechend mehr oder weniger Bereitschaft zeigten, der sich ausbildenden Gruppennorm nachzugeben. Wenn in diesen Experimenten instruierte Helfer des Versuchsleiters versuchten, das Urteil der Vp zu beeinflussen, hatten sie mehr und nachhaltigeren Erfolg, wenn sie sich nur geringfügig von deren Urteil entfernten, als wenn sie extrem unterschiedlich urteilten. Auch die Attraktivität der das Versuchspersonenurteil unterstützenden Personen, die Unabhängigkeit der Gruppenmitglieder, die Schwierigkeit der zu bewältigenden Aufgabe und die Erfahrungen der Versuchspersonen mit ähnlichen Aufgabenstellungen und Situationen beeinflußten die Konformitätsneigung. In einer Reihe von Untersuchungen wurde versucht, die Konformitätsneigung mit Persönlichkeitseigenschaften in Beziehung zu setzen, wobei sich zeigte, daß zu autoritärem Verhalten neigende Personen sowohl im Sherif- wie im Asch-Experiment zu deutlich konformerem Verhalten neigten als Personen, die weniger autoritär eingestuft wurden. Es gibt Hinweise darauf, daß Personen mit hoher Konformitätsneigung relativ ängstlich, schuldbewußt, emotional instabil und unsicher hinsichtlich ihres Selbstkonzepts, autoritär gegenüber schwächeren und besonders gehorsam gegenüber mächtigen Personen sind. Das Gegenteil von konformem Verhalten ist nicht anti-konformes Verhalten, sondern Unabhängigkeit, denn das antikonforme Verhalten ist ebenso von der Gruppe und den sozialen Kontextbedingungen beeinflußt wie das konforme Verhalten. Die unabhängige Persönlichkeit ist zwar Gruppeneinflüssen durchaus aufgeschlossen, akzeptiert sie aber nur dann, wenn sie ihr angemessen und gerechtfertigt erscheinen, wehrt sich aber gegen ungerechtfertigte und unrealistische Einflußversuche.

Wie bereits in Kap. 2 dargestellt, unterscheidet Festinger (1950) zwischen ‚Gruppenbewegung' (group locomotion) und ‚sozialer Realität' (social reality). In beiden Aspekten des Gruppenlebens sieht er Gründe für den Druck zur Gleichförmigkeit. Unter ‚Gruppenbewegung' versteht er bekanntlich die Tatsache, daß die Handlungen der Gruppenmitglieder die Gruppe auf das Ziel hin bewegen oder sie davon abdrängen. Auf Mitglieder, deren Handlungen die Gruppenbewegung stören, wird die Gruppe einen Druck zur Handlungsänderung ausüben, so wie im Asch-Experiment. Um der Zielerreichung willen wird dem Denken und Handeln des einzelnen Zwang auferlegt. Im Asch-Experiment blieb das Nichtbefolgen der Gruppenschätzung für die Vp eigentlich ohne negative Konsequenzen, denn die instruierten Beobachter verhielten sich immer neutral, d. h. sie beschwerten sich nicht, sie kritisierten nicht, sie bestraften die Vp nicht mit Verachtung und schlossen sie auch nicht von den weiteren Versuchen aus. Ein direkter Gruppendruck wurde also nicht ausgeübt, allerdings bestand für 1/3 der Vpn ein starker indirekter Gruppendruck, der dadurch zustande kam, daß die Vpn glaubten, vor sich selbst, d. h. ihren internalisierten Werten und Normen, und vor den anderen Gruppenmitgliedern mit ihrer eigenen, abweichenden Einschätzung nicht bestehen zu können. Die andere Quelle des Gruppeneinflusses liegt in dem schon beschriebenen Bedürfnis des einzelnen, sich zu orientieren, wie es das Sherif-Experiment gezeigt hat. Dieses Orientierungsbedürfnis ist häufig ohne den Bezug zu Gruppenmaßstäben nicht zu befriedigen, weil man es die meiste Zeit nicht mit der Realität schlechthin zu tun hat, sondern mit einer von Menschen geschaffenen und damit sozialen Bewertungsmaßstäben unterliegenden sozialen Realität.

Wie bereits in Kap. 2 erwähnt, unterscheidet Kelley (1952) zwischen der normativen Funktion und der Vergleichsfunktion von Bezugsgruppen. Die normative Funktion besteht darin, Handlungsmaßstäbe für jeden zu setzen, der in der Gruppe akzeptiert werden will. Dem Gruppendruck wird nachgegeben, um akzeptiert zu werden. Die Vergleichsfunktion besteht in einem Maßstab für die Bewertung eines sozial relevanten Sachverhaltes. Als Vergleichsmaßstab können positive und negative Bezugsgruppen dienen. Die Vergleichsfunktion der Gruppe beruht vorwiegend auf der Informationsabhängigkeit des Individuums, während die normative Funktion sich eher aus der Handlungsabhängigkeit des einzelnen von der Gruppe ergibt. Im Einzelfall wird der Effekt des Nachgebens, um in der Gruppe akzeptiert zu werden, nicht immer von Einstellungsänderungen zu unterscheiden sein, die sich auf Grund eines gegenseitigen Angleichungsprozesses einstellen. Eine Gleichförmigkeit des Denkens und Handelns ergibt sich auf beiden Wegen. Nur der psychologische Aufwand und die sozialen Konsequenzen der Gleichförmigkeit sind andere, je nachdem, auf welchem Wege die Gleichförmigkeit erreicht wurde, ob durch Angleichen oder durch Nachgeben. Wie das Experiment von Sherif gezeigt hat, bleibt der Urteilsmaßstab, der durch gegenseitiges Angleichen in einer Gruppensituation gebildet worden ist, auch später im Individualversuch bestehen und bedarf keiner fortlaufenden sozialen Kontrolle. Dagegen stellt eine Gleichförmigkeit, die lediglich durch Druck der Gruppe erreicht wird, eine höchst labile Ordnung dar. Ohne Überwachung kann sich eine solche Gleichförmigkeit nicht halten. In der praktischen Konsequenz heißt das: Der gewaltsamen Indoktrination sind in jedem sozialen System Grenzen gesetzt.

Von vielen Kulturkritikern, die der Einmaligkeit des Individuums, der Vielfalt und Differenziertheit in Gruppen und Gesellschaften einen hohen Wert zumessen, wird häufig die beobachtbare Zunahme an Gleichförmigkeit und Uniformität im öffentlichen und privaten Leben bemängelt. Tendenzen zur Gleichförmigkeit werden dabei bereits so negativ bewertet, daß sie als „Tendenzen zur Mittelmäßigkeit“ und „Tendenz zur Massengesellschaft“

interpretiert werden. Dabei ist Gleichförmigkeit, zumindest in einem gewissen Ausmaß, von großem Vorteil für die Gruppe: (1) Gleichförmigkeit hilft der Gruppe bei der Zielerreichung. Das ist ein Punkt, auf den Festinger immer wieder hinweist. Wenn ein Fußballverein gewinnen will, muß sich jeder Spieler in der gleichen Weise dem vom Trainer verordneten Konditionstraining unterziehen, da sonst keine optimale Leistungsvorbereitung aller Spieler gewährleistet ist. (2) Gleichförmigkeit ist für den inneren Haushalt der Gruppe unerläßlich. Einige Gruppennormen sichern schlichtweg das Überleben der Gruppe. Dazu gehört z. B. Loyalität gegenüber der Gruppe, aber auch der Druck, Kompromisse einzugehen. (3) Damit eine Gruppe einigermaßen rational handeln kann, braucht sie eine Vorstellung von der Welt, mit der sie es zu tun hat. Sie braucht eine „Weltanschauung", aus der heraus die einzelnen Handlungen ihren Sinn gewinnen. Angenommen, eine Gruppe hat so eine für die Mitglieder verbindliche und akzeptierte Weltanschauung entwickelt, und nun kommt einer und zweifelt die Gültigkeit dieser Weltordnung an. Eine solche Person bringt zunächst einmal Sand ins Getriebe und wird dementsprechend unter Druck gesetzt, sich anzupassen.

Man wird sich streiten können, ob diese Vorteile der Gleichförmigkeit nicht auch ohne Konformitätsdruck erreicht werden können allein durch Einsicht in die Notwendigkeit und Akzeptierung einer legitimen Autorität. Wären die Menschen durch und durch rationale Wesen mit perfekter Ich-Stärke und Selbstdisziplin, dann wäre eine solche Alternative denkbar. Da sie es nicht sind, wird kaum eine Gruppe je ohne soziale Kontrolle und Konformitätsdruck auskommen. Allerdings ist es sinnvoll und ökonomisch, soziale Kontrolle in dem Maße abzubauen, in dem sich die Individuen dem Ideal der autonomen, zur Selbstregulierung fähigen Personen nähern. An diesem Punkt setzt die Kritik von Moscovici (1979) an der bisherigen Interpretation der beiden Experimente an. Moscovici wirft der gesamten Forschung über den sozialen Einfluß eine Konformitätsvoreingenommenheit vor, da die Untersuchungsergebnisse immer nur unter dem Aspekt der Machtausübung durch Mehrheiten, der Unterwerfung von Minderheiten und sozialer Kontrolle und Autorität durch Mächtige interpretiert werden. Er versucht demgegenüber nachzuweisen, daß einzelne Gruppenmitglieder und Subgruppen sich einem einseitigen Konformitätsdruck nicht hilflos und passiv ausliefern müssen, sondern selbst aktiv Veränderungen in der Gruppe herbeiführen können.

Minoritäteneinfluß in Gruppen

In der bisherigen Analyse des sozialen Einflusses in Gruppen wurde zwar immer wieder die Wechselseitigkeit der sozialen Beziehungen betont, doch die besprochenen sozialpsychologischen Untersuchungen und Theoriekonzepte zeigten eine deutliche Bevorzugung des hierarchischen Betrachtungs- und Analysekonzepts: Die Gruppe, der Führer, die Mächtigen und die Mehrheit der Gruppenmitglieder beeinflussen das individuelle Verhalten. Der einzelne fügt sich in seine Rolle und Aufgaben ein, paßt sich den Führer- und Gruppenerwartungen an und folgt dem auf ihn ausgeübten Gruppendruck. So wurde bei den Interpretationen der Konformitätsexperimente von Asch lange Zeit übersehen, daß entgegen einer erdrückenden Mehrheit von falschurteilenden, instruierten Gruppenmitgliedern immerhin 25% der ahnungslosen Versuchspersonen bei ihrem ursprünglichen Urteil blieben und sich auch in Versuchswiederholungen nicht zu Fehlurteilen zwingen bzw. verführen ließen. Sie widerstanden den sozialen Einflußversuchen durch die Gruppe. Auch in der Macht- und Führungsforschung sind Untersuchungen über die Entwicklung, Anwendung und Effektivität von Gegenmacht sowie über eigenständige Handlungen der Geführten gegen Führungsansprüche der Mächtigen vergleichsweise spärlich.

In kritischer Auseinandersetzung mit dieser Forschungstradition formulierte Moscovici (1979) ein genetisches Modell des sozialen Einflusses, das die in Gruppen sich vollziehenden Prozesse zuverlässiger beschreiben sollte als das traditionelle funktionalistische Modell.

Funktionalistisches und genetisches Modell des sozialen Einflusses

Die zentralen Unterschiede zwischen beiden Modellen zeigt Abb. 12.

Nach Moscovici geht das bisher vorherrschende funktionalistische Modell, das auf den Befundinterpretationen der Experimente von Sherif und Asch beruht, von der Existenz vorgegebener, gruppenunabhängiger Status-, Rollen- und anderer sozialer Strukturen aus. Normen, Werte und Verhaltensregeln sind für jedes Gruppenmitglied verbindlich vorgegeben und bestimmen die interaktiven Prozesse in der Gruppe. So ist das Verhalten eines jeden Gruppenmitgliedes gleichsam eine Repräsentation der Rollen- und Statuszuweisungen und des normgerechten Verhaltens. Das Ziel des sozialen Einflußprozesses in Gruppen besteht vornehmlich in der Anpassung individueller Einstellungen und Verhaltensweisen an die Gruppennorm und in der Reduzierung von gruppenabweichendem Verhalten durch Konformitäts- und Uniformitätsdruck in der Gruppe. Der soziale Druck zur Konformität geht immer von der Majorität in der Gruppe aus, repräsentiert von Führern oder dominanten Einzelpersonen, da sie allein über die erforderlichen Machtmittel verfügen. Alle Verhaltensweisen in einer Gruppe werden positiv beurteilt, wenn sie dem Gruppenkonsens dienen, und abgelehnt, wenn sie diesen gefährden. Auch Veränderungen können in einer Gruppe immer nur von Mehrheiten, Führern oder von statushohen, über Machtmittel verfügenden Gruppenmitgliedern, also von oben nach unten, durchgesetzt werden. Die in einer Gruppe stattfindenden sozialen Einflußprozesse haben die Funktion, eine für die Gruppe verbindliche Objektivitätsnorm zu entwickeln und festzulegen, d. h. zu definieren, was richtig und was falsch ist. Durch Gruppendruck wird deren Einhaltung erzwungen und durch Kontrolle deren Beibehaltung garantiert, um so den

Funktionalistisches (statisches) Modell (Asch, 1955; Festinger, 1954; u. a.)	Genetisches (dynamisches) Modell (Moscovici, 1979)
Sozialer Einfluß ist ungleich verteilt und wird einseitig ausgeübt (oben → unten, Majorität → Minorität).	Jeder in der Gruppe ist potentieller Empfänger und Geber sozialen Einflusses.
Sozialer Einfluß soll die soziale Kontrolle aufrechterhalten und verstärken.	Neben sozialer Kontrolle ist auch soziale Veränderung das Ziel sozialen Einflusses. Das gilt besonders für Gruppen mit hoher Mobilität und Innovationsbereitschaft.
Abhängigkeiten (Informations- und Effektabhängigkeit) bestimmen Richtung und Ausmaß des sozialen Einflusses.	Soziale Einflüsse erzeugen Konflikte. Unsicherheiten entstehen aus Konflikten.
Sozialer Einfluß dient der Reduzierung von Unsicherheit.	Sozialer Einfluß zielt auf Konfliktbewältigung.
Sozialer Einfluß bedarf des erfolgreichen Einsatzes von Machtmitteln	Der Erfolg von Einflußversuchen hängt ab vom gewählten Verhaltensstil: Konsistenz, Rigidität, Autonomie, Investition und Fairneß. Dadurch entsteht der Eindruck von Sicherheit, Macht, Kompetenz und Überzeugungskraft.
Sozialer Einfluß zielt immer auf Konsens zur Herstellung einer Objektivitätsnorm und deren Beibehaltung.	Sozialer Einfluß kann gerichtet sein auf: — Objektivitätsnorm (es gibt nur eine (richtige) Meinung), — Präferenznorm (es existieren mehrere Meinungen), — Originalitätsnorm (es besteht das Streben nach Neuartigkeit).
Sozialer Einfluß ist erfolgreich, wenn Konformität hergestellt ist.	Sozialer Einfluß kann unterschiedliche Wirkungen hervorrufen: Konformität, Innovation, Konfliktvermeidung, Konfliktlösung.

Abbildung 12: Modelle des sozialen Einflusses in Gruppen

Gruppenmitgliedern Orientierungs- und Verhaltenssicherheit zu geben. Zugleich werden auf diese Weise Gruppenkonflikte vermieden und der Gruppenzusammenhalt gestärkt.

Das genetische Modell des sozialen Einflusses in Gruppen geht demgegenüber davon aus, daß Status, Rollen und andere Einflußfaktoren in der Interaktion der Gruppenmitglieder untereinander und mit ihrer sozialen Umwelt (z. B.

anderen Gruppen und sozialen Gebilden) definiert werden. Soziale Systeme sind keine vorgegebenen statischen, fest strukturierten Gebilde, sondern offene und dynamische Einheiten. Status, Rolle, Normen, Werte und Verhaltensregeln sind veränderbare Größen und unterliegen einer ständigen Überprüfung und Neudefinition durch die Gruppenmitglieder. Sozialer Einfluß in Gruppen zielt nicht einseitig auf Konformität, Anpassung, Konsensbildung und Kontrolle ab, sondern erzeugt ebenso Prozesse der sozialen Veränderung, Mobilität und Innovation. Er dient der Konfliktvermeidung ebenso wie der Konfliktregulation.

Abweichendes Verhalten einzelner Gruppenmitglieder oder von Minoritäten in Gruppen muß nicht zwangsläufig als eine Gefährdung des Gruppenzusammenhalts angesehen und behandelt werden, sondern kann ebensogut als innovatives Potential zur Entwicklung der Gruppe und zur Steigerung ihrer Leistungsfähigkeit, z. B. durch schnelle Anpassung an sich verändernde soziale Bedingungen verstanden, unterstützt und in den laufenden Gruppenprozeß integriert werden.

Moscovici kommt es bei seinem genetischen Modell sehr darauf an zu zeigen, daß Gruppen Interesse daran haben, die individuellen Leistungspotentiale sowie das Meinungs-, Werte- und Verhaltensspektrum der Gruppenmitglieder, so weit es geht, zu erhalten, zu entwickeln und für die Gruppenproduktivität zu nutzen, anstatt es durch den Einsatz von Machtmitteln zu kanalisieren, zu uniformieren und an feste Verhaltens- und Bewertungsnormen anzupassen. Da nach dem genetischen Modell jedes Mitglied einer Gruppe sowohl Empfänger wie Quelle sozialer Einflüsse ist, kommt es darauf an zu klären, wie ein einzelner oder eine Minderheit in einer Gruppe eine Majorität oder mächtige Führung wirksam beeinflussen kann. Die Minorität erscheint zunächst in jeder Hinsicht der Majorität gegenüber im Nachteil zu sein, da sie über nur wenige Mitglieder verfügt, keinen normativen Einfluß hat, als Abweichler wenig Beachtung findet, als bedrohlich abgelehnt wird und keine der üblichen Macht- und Einflußmittel besitzt. Moscovici betont demgegenüber, daß die Minorität gegenüber der Majorität dann erheblich an Einfluß gewinnt, wenn sie einen ganz bestimmten Verhaltensstil entwickelt und gegenüber der Majorität einsetzt.

Verhaltensstile zur Erzeugung sozialen Einflusses durch Minoritäten

Um Einfluß auf die Majorität auszuüben, muß sich die Minorität zunächst einmal über ihren eigenen, von der Majorität abweichenden Standpunkt klar sein, und sie müssen untereinander Einvernehmen darüber erzielen, wie und durch welche Argumente dieser zu vertreten ist. Die Minoritätenmitglieder müssen in der Lage sein, den gemeinsamen Standpunkt konsistent gegenüber Außenstehenden zu vertreten. Dadurch, daß sie ihre abweichende Meinung geschlossen in der Gesamtgruppe vertreten, wird die Majorität und mit ihr der Gruppenführer auf ihre Ansichten aufmerksam und gezwungen, sich mit ihnen zu befassen. Die abweichenden Ansichten können nicht mehr einfach übergangen werden. Nachdem die Minorität Aufmerksamkeit erregt hat, muß sie ihre Position in einer Weise vertreten (Verhaltensstil), daß die Majorität zur Auseinandersetzung mit ihr gezwungen wird und sie mit der Zeit ganz oder teilweise übernimmt. Für Moscovici ist ein wirksamer Verhaltensstil der Schlüssel zur erfolgreichen Beeinflussung. Die anzuwendenden Verhaltensstile besitzen dabei sowohl symbolische als auch instrumentelle Qualität.

In experimentellen Untersuchungen (Mass & Clark, 1984) haben sich fünf Merkmale eines wirksamen Verhaltensstils nachweisen lassen, von denen der Konsistenz die größte Bedeutung zukommt:

1. *Konsistenz:* Die abweichende Meinung oder das abweichende Verhalten muß einheitlich und dauerhaft präsentiert werden. Widersprüche in der Argumentation und Beweisführung sind zu vermeiden. Über die Zeit der Auseinandersetzung mit der Majorität hinweg muß sowohl eine individuelle Konsistenz, d. h. jedes Gruppenmitglied muß an seiner Meinung unbeirrt festhalten, wie auch eine inter-individuelle Konsistenz, d. h. die Gruppenmitglieder dürfen sich in ihren Meinungen nicht widersprechen, gewährleistet sein. Konsistent urteilende und sich verhaltende Personen erzeugen den Eindruck von Sicherheit, Beständigkeit und Festigkeit bezüglich der eigenen Überzeugungen (symbolische Qualität), und sie zwingen die anderen zur aktiven Auseinandersetzung (instrumentelle Qualität).

2. *Rigidität:* Wenn die Minorität die logische Konsistenz ihrer Position rigide vertritt, d. h. stur und unverändert beibehält, aber zugleich einen flexiblen, undogmatischen und angepaßten Verhandlungsstil pflegt, erreicht sie den höchsten Wirkungsgrad. Rigidität vermindert die sozialen Einflußmöglichkeiten der Minorität allerdings immer dann: (1) wenn die Majoriäts- und Minoritätsmeinungen sehr diskrepant sind, (2) wenn die abweichende Meinung nur von einem Individuum der Minoritätengruppe vertreten wird und ihr somit persönlich angelastet werden kann, da sie als besonders liberal oder dogmatisch gilt, und (3) wenn die abweichende Meinung leicht psychologisch zu erklären ist, z. B. durch den Fanatismus oder die Verbohrtheit der Minoritätengruppe.

3. *Autonomie:* Wenn in der Präsentation der abweichenden Meinung deutlich wird, daß sie die eigenständige Überzeugung des Sprechers oder der Minoritätengruppe widerspiegelt, wenn die vorgebrachten Argumente ersichtlich im eigenen Werte- und Überzeugungssystem verankert sind, wenn zudem Ansichten vertreten werden, die rein egoistischen Zielsetzungen zu widersprechen scheinen, und wenn schließlich die Argumente unnachgiebig vertreten werden, dann erscheint der Eindruck hoher Selbständigkeit, Unbestechlichkeit, Vertrauenswürdigkeit und Überzeugungskraft.

4. *Investition:* Wenn eine Person oder eine Minorität ersichtlich große eigene Anstrengungen unternimmt, ein Ziel zu erreichen, wenn sie sich freiwillig engagiert und dabei bereit ist, persönliche Opfer zu bringen, dann erzeugt dies den Eindruck von Entscheidungs- und Tatkraft und nötigt der Majorität Respekt ab.

5. *Fairneß:* Einzelne Gruppenmitglieder und Minoritäten als Ganzes, die zeigen, daß sie bereit sind, die Meinung anderer ernst zu nehmen, sich auf Diskussionen einzulassen und die Gegenseitigkeit der Beziehung, in der die Ansichten ausgedrückt werden, anzuerkennen, verstärken ihre sozialen Einflußmöglichkeiten dadurch, daß sie als vorurteilsfrei erscheinen, trotz fehlender Übereinstimmung mit der Majorität Kooperationsbereitschaft signalisieren und gegebenenfalls auch selbst zu Meinungsänderungen bereit sind und diese nicht nur von anderen erwarten. Dieses Verhalten steigert ihre Sympathie und Attraktivität.

Zur Demonstration der großen Bedeutung konsistenten Verhaltens einer Minderheit auf das Wahrnehmungsurteil einer Mehrheit führten Moscovici & Lange (1976) folgendes Experiment durch, das in der Tradition der Konformitätsexperimente von Asch steht. Sie bildeten Gruppen aus vier nicht-instruierten Versuchspersonen und zwei instruierten Verbündeten des Versuchsleiters. Den Versuchspersonen wurden Farbdias mit blauen Scheiben gezeigt. Die Versuchspersonen sollten laut die gesehene Farbe benennen und die Lichtintensität anhand einer Skala einschätzen. In einem Kontrollversuch mit ausschließlich nicht-instruierten Versuchspersonen, die ihre Urteile einzeln abgaben, hatte sich gezeigt, daß alle Farbscheiben als blau bezeichnet wurden und die Angaben zur Lichtintensität keine Unterschiede aufwiesen. Im ersten Experiment behaupteten zwei instruierte Verbündete des Versuchsleiters, also eine Minorität in der Gruppe, in allen Versuchsdurchgängen, sie sähen grüne Farbscheiben. Es zeigte sich, daß 32 % der nicht-instruierten Versuchspersonen bis zu 10 % „grün"-Antworten gaben. Sie hatten sich also von der falsch urteilenden Minderheit zu einem Falschurteil verleiten lassen. In einem weiteren Experiment behaupteten die Verbündeten, nur in zwei Drittel der Fälle grüne Scheiben zu sehen (intra-individuelle Inkonsistenz), und in einem letzten Experiment gaben beide Verbündete völlig inkonsistente Antworten. In diesen Experimenten zeigte sich kein Nachgeben der Versuchspersonen, alle blieben bei ihrem „blau"-Urteil. Also nur das konsistente Minderheitsverhalten intrapersonale wie interpersonale Konsistenz) bewirkte eine Urteilsänderung bei etwa einem Drittel der Personen und bei einigen wenigen Urteilsnennungen.

Mit der Präsentation abweichender Meinungen wird zwar zunächst ein Konflikt in der Gruppe provoziert, doch zeigen die Opponenten mit ihrem Verhaltensstil zugleich, wie eine Konfliktlösung gefunden werden könnte, nämlich durch Diskussion, Wertschätzung der Minderheitenposition und schließlich ihrer Übernahme, wodurch wieder ein stabiler sozialer Konsens hergestellt werden kann. Die Wirksamkeit des Minoritäteneinflusses hängt von der Handhabung des Konfliktes ab, der auf einer Diskrepanz zwischen der Quelle und dem Ziel des sozialen Einflusses beruht. Selbst wenn die Einflußbemühungen von Minoritäten und Randgruppen ausdrücklich von der Majorität zurückgewiesen und unterdrückt werden, so ist gerade aufgrund der aktiven Auseinandersetzung mit den abweichenden Positionen damit zu rechnen, daß eine unterschwellige Beeinflussung stattfindet, die unerwartete Resultate hervorruft. Mugny (1982) konnte zeigen, daß Mitglieder von Majoritäten oft überhaupt keine Vorstellung davon haben, daß sie einem Minoritäteneinfluß unterliegen, daß sie ihn übersehen oder einer Selbsttäuschung bezüglich der Quellen sozialer Einflußprozesse unterliegen. So konnte auch beim Minoritäteneinfluß ein sog. „sleeper-Effekt“ festgestellt werden, der darin besteht, daß zwar nach einem Einflußversuch keine sofortige, wohl aber eine zeitlich verzögerte Wirkung zu beobachten ist.

Die Konversionstheorie

Die von Moscovici (1980) entwickelte Konversionstheorie behauptet, daß der durch eine Minderheit herbeigeführte soziale Einfluß zu einer internalisierten Einstellungsänderung führt, d. h. zu einer inneren Überzeugung von der Richtigkeit der neuen Ansicht, wohingegen der durch Majoritäten herbeigeführte Meinungswandel nur eine oberflächliche Anpassung an die vorherrschende Meinung bewirkt, die zudem nur so lange beibehalten wird, wie der ausgeübte Anpassungs- und Konformitätsdruck in der Gruppe wirksam ist. Als Beispiel für die dazu durchgeführten Experimente soll dasjenige von Moscovici & Personuaz (1980) berichtet werden. Den Versuchspersonen wurden fünf blaue Dias gezeigt, und jede VP sollte für sich getrennt die wahrgenommene Farbe und die des Nachbildes aufschreiben. Das Nachbild von Blau zeigt eine Art Orange. Danach gab man der einen Hälfte der Vpn die Information, daß 18,2 % der Teilnehmer an der Untersuchung mit ihrem Urteil übereinstimmten und alle anderen (81,8 %) statt blaue Dias grüne gesehen hätten. Die andere Hälfte der Teilnehmer informierte man darüber, daß tatsächlich 81,8 % aller anderen Versuchspersonen mit ihnen übereinstimmten und daß nur 18,2 % ein abweichendes Urteil abgaben. In der folgenden Versuchsphase mit 15 Durchgängen mußten die Urteile öffentlich genannt werden. Dabei war die erste Versuchsperson ein Verbündeter des Versuchsleiters und antwortete immer mit dem falschen Urteil „grün“. Aufgrund der bisherigen Erfahrungen mußten die Versuchspersonen dieses von ihrem eigenen Urteil abweichende Urteil als Majoritäts- oder Minoritätsmeinung interpretieren. In der dritten Versuchsphase gaben die Versuchspersonen in Anwesenheit des Verbündeten des Versuchsleiters ihre Urteile über die Farbe der Dias wie die der Nachbilder individuell für sich ab. In einer vierten Versuchsphase erfolgte die individuelle Urteilsabgabe im Einzelversuch ohne Anwesenheit der instruierten Versuchsperson. Die Befunde zeigten, daß nur bei den Versuchspersonen eine Verschiebung des Nachbildurteils in Richtung der Komplementärfarbe von grün, nämlich rot, erfolgte, die sich einer Minorität abweichend urteilender Personen gegenübersah. Versuchswiederholungen konnten diesen Befund bestätigen. Die angeblich von Minoritäten abgegebenen Urteile bewirkten bei den Versuchspersonen, die sich als Mitglieder der Majorität ansahen, offensichtlich eine stärkere Beschäftigung mit der Reizsituation (Nachbild) und erhöhten die Tendenz zur privaten Urteilsänderung, die sich dann in den individuell abzugebenden Urteilen der vierten Versuchsphase niederschlug.

Empirische Untersuchungen (Levine, 1989) haben bestätigt, daß eine Tendenz besteht, auf sozialen Einfluß durch Minoritäten mit privater Einstellungsänderung zu reagieren, wohingegen die Majorität eher eine öffentliche, mehr nach außen zur Schau gestellte, innerlich aber nicht mitvollzogene Einstellungsänderung bewirkt. Weitere Forschungen (siehe Mass, West & Clark, 1985) und kritische Analysen alternativer Konzepte zur Konversionstheorie von Moscovici bestätigen die Vermutung, daß sozialer Einfluß durch Minoritäten vornehmlich kognitive Aktivitäten und einen kognitiven Konflikt auslösen, der darin besteht, daß eine intrapersonale Auseinandersetzung mit dem Informationsgehalt und dem Pro und Contra der vorgebrachten abweichenden Meinung und ihrer Begründungen erzwungen wird. Majoritäten bewirken demgegenüber eher einen interpersonalen Konflikt, z. B. zwischen Führer und Geführten, meinungskonformen und meinungsdiskrepanten Gruppenmitgliedern. Sozialer Einfluß durch Majoritäten zielt eher auf normative Prozesse wie Konformität und Anpassung an vorhandene Normen ab.

Noch weitgehend unklar ist allerdings, welche charakteristischen Merkmale von Minoritäten und der durch sie aktivierten Faktoren dafür verantwortlich sind, daß durch sie mehr kognitive Aktivitäten und internalisierte Meinungsänderungen bewirkt werden. Die von Moscovici und anderen Forschern bisher angestellten Vermutungen darüber, daß die aktive kognitive Auseinandersetzung mit der Minoritätsmeinung dadurch gefördert wird, daß die Minoritätsmeinung nur eine geringe Glaubwürdigkeit besitzt, ein mittlerer Grad an Streß unter Minoritätseinfluß erzeugt wird, die Gefahr der sozialen Ablehnung nach Zustimmung mit der Minorität besteht oder daß unter Minoritäteneinfluß ein Bewußtsein provoziert wird, sich bisher zu wenig geistig mit der Mehrheitsmeinung auseinandergesetzt zu haben, da man sie einfach nur übernommen hat, konnten bisher noch nicht ausreichend bestätigt werden.

Schlußfolgerungen

Die von Moscovici selbst durchgeführten und angeregten empirischen Studien sowie die daraus gewonnenen Ergebnisse und theoretischen Erklärungsversuche führen zu der nach wie vor umstrittenen Frage, ob diese gruppenpsychologischen Befunde auf gesamtgesellschaftliche Kontexte übertragen werden können. So kann man annehmen, „... daß sozialer Wandel, in einem größeren gesellschaftlichen Kontext analysiert, stärker auf dem Einfluß von Minoritäten als dem von Majoritäten beruht. Wir befinden uns höchst selten in einer Situation, wie Asch sie herstellte (in Wirklichkeit trachten wir, sie zu vermeiden); höchstwahrscheinlich sind wir Teil der Majorität, fühlen uns mit unserer Sicht der Wirklichkeit äußerst wohl und betrachten sie so, wie dies viele andere auch tun. Um dieses Gleichgewicht zu stören und uns zum Nachdenken darüber zu bringen, warum wir handeln, wie wir handeln, ist eine aktive Minorität erforderlich. (...) Wie Nemeth (1986) kürzlich bemerkte, könnte der Effekt einer Minorität nicht stets zu einer Veränderung in die Richtung dieser Minorität führen, er bringt uns jedoch zumindest dazu, die Dinge aus einem anderen Blickwinkel zu betrachten und eine andere und kreativere Perspektive einzunehmen, und er kann uns zu besseren Lösungen für die Probleme führen, mit denen wir konfrontiert sind" (Van Avermaet, 1990, S. 387—388). Zweifellos sind in einer offenen, pluralistischen und dynamischen Gesellschaft die Chancen für Minoritäten, sich mit ihrer Meinung durchzusetzen und sozialen Einfluß auszuüben, weitaus größer als in stärker geschlossenen, traditionsgeleiteten und sozial kontrollierten Gesellschaftssystemen. Zudem kommt den aktiven Minoritäten eine wichtige Katalysatorfunktion zu, die den Mitgliedern der Gesellschaft eine kritische Auseinandersetzung mit Selbstverständlichkeiten, unreflektierten Gewohnheiten, funktions- und sinnlos gewordenen sozialen Regeln und Normen oder unbedacht übernommenen Traditionen aufzwingt. Der Umwelt- und Tierschutz, wie er bis heute entwickelt wurde, ist nicht ein Verdienst der gesellschaftlichen Majorität oder mächtiger Gruppen und Personen, sondern von gesellschaftlichen Minoritäten, von Aktions- und Basisgruppen sowie von oft als Außenseiter betrachteten und belächelten Einzelpersonen. Während also der Majoritätseinfluß dazu dient, Gleichförmigkeit und ein gewisses Maß an Konstanz in einer Gesellschaft zu erhalten, aktiviert der Minoritäteneinfluß Prozesse des sozialen Wandels, unterstützt sie und deckt Meinungsunterschiede auf, die sonst verborgen und wirkungslos blieben. Die Einhaltung des bereits beschriebenen Verhaltensstils sorgt dafür, daß sich die Minorität Gehör verschafft, daß ihre Argumente ernst genommen werden und zumindest eine kognitive Auseinandersetzung mit ihnen stattfindet, was allein schon Wirkungen in Richtung der erwünschten Veränderungen hervorbringen kann.

Die Forschungen von Moscovici zum Minoritäteneinfluß in Gruppen haben zweierlei deutlich gemacht: (1) In Gruppen spielen sich weit mehr soziale Einflußprozesse ab als nur die zwischen Gruppenmitgliedern unterschiedlicher Positionen und Aufgaben oder zwischen Individuum und Gruppe. (2) Der Konformitätsvoreingenommenheit der bisherigen Gruppenforschung und der einseitigen Betrachtung sozialer Einflüsse von oben nach unten kann als alternatives Konzept das der sozialen Veränderung und Innovation und die Betrachtung der Ausübung sozialen Einflusses als innovativer dynamischer Prozeß, an dem alle Gruppenmitglieder, wenn auch in unterschiedlicher Weise, beteiligt sind, gegenübergestellt werden.

Im Unterschied zu einer durch den Gruppendruck der Majorität erzeugten, eher oberflächlichen Anpassung an die Gruppenmeinung bewirkt der soziale Einfluß durch Minoritäten eine stärker innerlich mitvollzogene und persönlich akzeptierte Einstellungsänderung. Diese wird dann auch beim Nachlassen des Gruppendrucks beibehalten. In dynamischen und offenen Gesellschaften kommt den Minoritäten eine zunehmend größer werdende Katalysatorfunktion zu, da sie die Majorität zur aktiven Auseinandersetzung mit traditionellen Einstellungen, Wertvorstellungen und Verhaltensgewohnheiten zwingt. Dies wiederum fördert die Innovationsfähigkeit der Gesellschaft sowie die Bereitschaft und Fähigkeit ihrer Mitglieder, sich neuen Situationen anzupassen, und sichert damit ihre Effektivität.

Zusammenfassung

Soziale Einflußprozesse in Gruppen dienen dazu, die Leistungsfähigkeit der Gruppe zu steigern, sie zu erhalten und den einzelnen Gruppenmitgliedern die Verwirklichung ihrer Ziele (z. B. sachlicher Art) und die Befriedigung ihrer Bedürfnisse (z. B. sozial emotionaler Art) zu garantieren. Gruppen sind keine statischen, sondern dynamische Gebilde und in ihren wichtigen Bestandteilen das Resultat interaktiver Prozesse zwischen den Gruppenmitgliedern, zwischen dem einzelnen und der Gruppe und zwischen Gruppen.

So unterliegt die Gewinnung, Aufnahme und Sozialisation neuer Mitglieder, aber auch die Pflege der Gruppenmitgliedschaft sowie die Entlassung unproduktiver Mitglieder aus der Gruppe einem sehr komplexen und differenzierten Prozeß des Vergleichens, der Bewertung und der gegenseitigen Beeinflussung zwischen Individuen und Gruppe. Die Bindung, die eine Person zu einer Gruppe eingeht, und ihre Akzeptanz in der Gruppe sind bestimmt vom erfahrenen oder erwarteten Nutzen, den die Bindungsbeziehung bieten kann, und dem Erreichen kritischer Akzeptanzniveaus, die bei beiden Parteien unterschiedlich ausgebildet sein können und auf deren Qualitätsausprägung sie wechselseitig Einfluß ausüben.

Das Interesse an der Mitgliedschaft in einer Gruppe ist bestimmt von der Attraktivität der Gruppe, der Gruppenmitglieder, den Gruppenzielen und den Folgen der Gruppenmitgliedschaft als Ganzes. Bei der Beobachtung und Analyse des Gruppenentwicklungsprozesses über einen längeren Zeitraum hinweg kann unterschieden werden zwischen Orientierungs-, Konflikt-, Integrations-, Leistungs- und Stabilisierungsstadium.

Die Ferienlagerexperimente von Sherif über die Entwicklung von Gruppen und die Veränderung der individuellen Beziehungen aufgrund wechselnder Gruppenzugehörigkeit haben gezeigt, daß die Bildung von Gruppen und ihr innerer Zusammenhalt sehr stark abhängen vom wahrgenommenen Gefühl der Nähe und Zugehörigkeit der Gruppenmitglieder untereinander. Mit dem

Engagement in einer Gruppe und dem Grad der Identifikation mit der Eigengruppe wachsen zugleich die Spannungen und Aversionen gegenüber Personen, die nicht zur Eigengruppe, sondern zu Fremdgruppen gehören. Leistungsorientierte, effektive Gruppen realisieren eine differenzierte Rollenstruktur, aktivieren Merkmale der Unter- und Überlegenheit gegenüber Fremdgruppen und entwickeln über die Zeit hinweg ein Bewußtsein von der Eigenständigkeit der eigenen Gruppe.

Die Schaffung von Führungsrollen und deren Übernahme durch bestimmte Gruppenmitglieder ist ein regelmäßig zu beobachtender Vorgang in nahezu allen Arten von Gruppen. Führer übernehmen unterschiedliche Funktionen, die von der Planung und Festlegung von Gruppenzielen besonders zu Beginn des Gruppenbildungsprozesses, über Koordination und Unterstützung der Gruppenaktivitäten bis hin zur Repräsentation der Gruppe nach außen reichen können. Führer und Geführte stehen in einem grundlegenden Interdependenzverhältnis zueinander. Wenn der Führer auch über mehr Macht als einzelne Gruppenmitglieder verfügt, so ist er doch beim effektiven Einsatz der Machtmittel auf die Gefolgschaft der Geführten angewiesen. Die Theorie der vertikalen Dyadenverkettung, in der die unterschiedlichen Beziehungen zwischen dem Führer und einzelnen Gruppenmitgliedern thematisiert werden, beschreibt wichtige Aspekte dieses interdependenten Verhältnisses.

In einer Gruppe verfügen die Rollenträger über unterschiedliche Machtmöglichkeiten zur Beeinflussung des Gruppenprozesses. Mächtige Gruppenmitglieder sind allgemein beliebter, geachteter und interaktionsfreudiger als schwache Gruppenmitglieder. Der Mächtige wird seine Machtmittel auf Dauer aber nur dann in der Gruppe voll zur Wirkung bringen können, wenn er zugleich die Interessen und Bedürfnisse der anderen Gruppenmitglieder befriedigt. Er darf seine Macht nicht zum Schaden der Gruppe und einzelner Mitglieder mißbrauchen, wenn er akzeptiert sein will und Wert darauf legt, die Gruppe zusammenzuhalten.

Die Theorie der psychologischen Reaktanz beschreibt psychische Folgen der als ungerechtfertigt angesehenen Ausübung von Macht und die Möglichkeiten des Einsatzes von Gegenmacht. So kann der Schwächere sich für den Mächtigeren immer unentbehrlicher machen, er kann den Wert der eigenen Fähigkeiten erhöhen, er kann die Bedeutung angedrohter Strafen ignorieren, reduzieren oder so stark übertreiben, daß der Mächtige aus Angst vor Normverletzungen auf den Einsatz von Machtmitteln verzichtet. Der Schwächere kann aber auch den Wert der erhaltenen Belohnungen reduzieren, auf höhere Belohnungen spekulieren oder die Sympathiebeziehung zum Mächtigen ausbauen. Die Konzepte der Handlungskontrolle, Handlungskompetenz und Handlungsautonomie haben sich zur Erklärung von Reaktanzwirkungen deshalb als sehr hilfreich erwiesen, weil es für den durch Machtausübung Bedrohten wichtig ist, abschätzen zu können, inwieweit die Handlungskompetenz des Mächtigen begründet, sachlich oder sozial notwendig und allgemein tolerabel erscheint oder nicht.

Die Entwicklung von Normen in Gruppen wird erörtert am Experiment von Sherif zum autokinetischen Phänomen. Die Ergebnisse zeigen die Bedeutung der Entwicklung verbindlicher Gruppennormen in Situationen, die dem einzelnen nur wenige für die Meinungsbildung relevante Informationen bieten und zu deren Bewältigung er keine brauchbaren Wissens- und Erfahrungsbestände aktivieren kann und somit hinsichtlich eines eigenen Urteils sehr unsicher ist. Unter diesen Handlungsbedingungen schaffen die durch sozialen Vergleich und gegenseitige Abstimmung entwickelten sozialen Normen die erforderliche Urteilssicherheit. Die Bedeutung der Konformität in Gruppen demonstrieren die Experimente von Asch. Sie zeigen, daß manche Personen selbst dann dem Gruppendruck zur Abgabe von Fehlurteilen bedingungslos nachgeben, wenn sie sich in einer so klar strukturierten, informationshaltigen und eindeutigen Situation befinden, daß eigentlich keine Fehlurteile möglich sind. Sobald die Gruppe uneinheitlich urteilt, indem interpersonale und intrapersonale Urteilsabweichungen auftreten, verliert der durch die Gruppenmehrheit ausgeübte Konformitätsdruck an Wirkung. Der Gruppeneinfluß besitzt eine normative Funktion, indem Handlungsmaßstäbe für jeden gesetzt werden, der in der Gruppe akzeptiert werden will, und eine Vergleichsfunktion, die darin zum Ausdruck kommt, daß eigene Meinungen und Bewertungen mit denen anderer verglichen und auf diese Weise sozial abgesichert werden können.

Dem traditionellen funktionalistischen Modell des Gruppeneinflusses setzt Moscovici ein genetisches Modell entgegen. Demnach werden Veränderungen in einer Gruppe nicht allein von Mächtigen, von Führern oder von der Gruppenmehrheit gegenüber einzelnen oder Gruppenminderheiten ausgeübt, vielmehr üben Minderheiten unter bestimmten Bedingungen ebenfalls einen erheblichen sozialen Einfluß auf die Majorität aus. Dies gelingt dann besonders gut, wenn ein spezifischer Verhaltensstil bei der Präsentation abweichender Ansichten und Verhaltensweisen eingehalten wird. Merkmale eines wirksamen Verhaltensstiles sind die Konsistenz oder Widerspruchsfreiheit der Argumentation, ein gewisses Maß an Rigidität und Unbeirrbarkeit, die Betonung des hohen Autonomiegrades der eigenen Argumentation, das Sichtbarmachen eigener Investitionen und Anstrengungen für die neue Sichtweise und Fairneß gegenüber den Ansichten anderer. Im Unterschied zu einer durch den Gruppendruck seitens der Majorität erzeugten eher oberflächlichen Anpassung an die Gruppenmeinung bewirkt der soziale Einfluß durch Minoritäten eine stärkere, innerlich mitvollzogene und akzeptierte Einstellungsänderung. In dynamischen und offenen Gesellschaften kommt den Minoritäten eine zunehmend größer werdende Katalysatorfunktion zu, da sie die Majorität zur aktiven Auseinandersetzung mit traditionellen Einstellungen, Wertvorstellungen und Verhaltensgewohnheiten zwingt.

Fragen

1. Warum schließen sich Menschen zu Gruppen zusammen?
2. Welche Phasen der Gruppenentwicklung lassen sich unterscheiden?
3. Welche Erkenntnisse lassen sich aus den Ferienlager-Experimenten von Sherif über soziale Einflußprozesse in Gruppen gewinnen?
4. Welche Funktionen hat ein Gruppenführer zu erfüllen?
5. Nach welchen zentralen Merkmalen lassen sich die Führer-Geführten-Beziehungen in Gruppen differenzieren?
6. Wie können Macht und Widerstand gegen Macht wirksam ausgeübt werden?
7. Wie bilden sich in unstrukturierten Situationen Gruppennormen aus?
8. Worin besteht die normative Funktion und die Vergleichsfunktion des Gruppeneinflusses?
9. Auf welchem psychischen Prozeß beruht der Konformitätsdruck in Gruppen und welche Wirkungen hat er?
10. Wie können Minoritäten ihre Meinungen gegenüber Majoritäten wirksam vertreten?
11. Was können gesellschaftliche Minoritäten in der Gesellschaft bewirken?

Weiterführende Literatur

Hollander, E.P. (1985). Leadership and power. In G. Lindzey & E. Aronson (Eds.), Handbook of Social Psychology (Vol. II.) (pp. 485—537). New York: Random House.

Moscovici, S. (1985). Social influence and conformity. In G. Lindzey & E. Aronson (Eds.). Handbook of Social Psychology (Vol. II.) (pp. 347—412). New York: Random House.

Paulus, P.B. (Ed). (1983). Basic group processes. New York: Springer.

Kapitel 4:

Verhalten unter Gruppenbedingungen

Wie bereits in früheren Kapiteln betont, schließen sich Menschen zwar aus sehr verschiedenen Gründen zu Gruppen zusammen oder streben danach, ein anerkanntes Mitglied in bestehenden Gruppen zu sein, doch steht hinter diesen gruppenbezogenen Aktivitäten immer die Erwartung, daß diese Bemühungen erfolgreich sind. Der Einsatz für die Gruppe, der Verzicht auf kurzfristige, individuelle Vergünstigungen zum Wohle der Erreichung eines längerfristigen, übergeordneten Gruppenziels, das Ertragen von Konflikten, Zurücksetzungen, Minderwertigkeitserlebnissen und der oft unangenehmen Wirkungen des Machtspiels in Gruppen sollten sich lohnen. Die Bedürfnisse des einzelnen und seine gestellten Ziele sollten erfüllt werden.

Effektiv ist eine Gruppe dann, wenn sie in der Lage ist, ihre nach außen und nach innen gerichteten Aktivitäten so durchzuführen, daß sie entweder erfolgreich sind oder im Falle des Scheiterns zumindest nicht zum inneren Zusammenbruch der Gruppe führen. Um in diesem Sinne effektiv zu sein, müssen zwei sozialpsychologische Bedingungen erfüllt sein: Die Gruppe muß einen gewissen Grad an Rollendifferenzierung erreicht haben, und es muß ein Mindestmaß an innerer Bindung, Wir-Gefühl und Zugehörigkeitsbewußtsein existieren, worauf bereits in Kap. 3 eingegangen wurde. Darüber hinaus gibt es bestimmte grundlegende Prozesse, die in allen Bereichen des Gruppenlebens ablaufen und ablaufen müssen, unabhängig von der Art der Zielsetzung der Gruppe, ob es sich um berufliche Arbeitsgruppen oder freizeitorientierte Freundesgruppen handelt. Was auch immer eine Gruppe tut und unternimmt, immer müssen individuelle Intentionen, Fähigkeiten, Fertigkeiten und Verhaltenstendenzen koordiniert werden, eine Entscheidung über den einzuschlagenden Weg muß gefällt werden, und die Einhaltung der getroffenen Entscheidungen muß kontrolliert werden. Die drei zentralen Grundprozesse des Gruppenhandelns sind also: Koordinieren, Entscheiden und Kontrollieren. Sie sollen im folgenden näher analysiert werden. Schon jetzt sei angemerkt, daß aus den Anforderungen, die sich aus der Bewältigung dieser Prozesse ergeben, die meisten Konflikte in Gruppen erwachsen, die aus Koordinations-, Entscheidungs- und Kontrollkonflikten bestehen.

Prozeß der Kooperation in Gruppen

Die Koordination der Einzelaktivitäten in einer Gruppe kann auf sehr verschiedene Weisen erfolgen, wobei die Kooperation der Gruppenmitglieder zwar nur eine mögliche, aber sehr bedeutsame Koordinationsform darstellt. Es läßt sich feststellen, daß Mitglieder einer Organisation, die nicht miteinander kooperieren, durchaus effektive Arbeiten verrichten können, solange ihre Aktivitäten aufeinander abgestimmt sind. Dies kann z. B. bei Fertigungsanlagen der Fall sein, in denen Einzelarbeitsplätze und die dort zu vollziehenden Arbeitsverrichtungen zeitlich und inhaltlich so miteinander verzahnt sind, daß allenfalls Formen der Koaktion zu beobachten sind, nicht aber der Kooperation. Es handelt sich dabei um gebundene Arbeitsplätze, bei denen der einzelne zwar an die Taktzeiten der Maschine oder des Förderbandes und an fest vorgeschriebene Abfolgen der Arbeitsverrichtungen gebunden ist, nicht aber an den Arbeitsvollzug und die Leistungen seiner, die gleiche oder eine ähnliche Arbeit verrichtenden Arbeitskollegen. Mit Koaktion wird das zur gleichen Zeit am gleichen Ort vollzogene, aufeinander abgestimmte individuelle Handeln mehrerer Personen bezeichnet, sofern die Handlungsausführung und das Handlungsergebnis des einzelnen nicht oder nur minimal von der Leistung der anderen beeinträchtigt wird. Typische Beispiele für koaktives Handeln sind neben den bereits erwähnten Montagearbeitsplätzen die Laufdisziplinen in der Leichtathletik, bei denen jeder Sportler für sich und ohne direkte Unterstützung durch die anderen Läufer, aber nicht völlig unbeeinflußt von deren Leistungen, versucht, sein Leistungsmaximum zu erreichen. In koaktiven Situationen besitzt der Handelnde weder die für Formen der Kooperation bedeutsame eigene Verfügungsgewalt über Art und Weise der interaktiven Handlungsplanung und Handlungsausführung noch die Intention, andere Personen in den Handlungsvollzug einzubeziehen.

Kooperation ist dann gegeben, wenn die Gruppenmitglieder weitgehend übereinstimmende Ziele anstreben, wenn das Erreichen eines individuellen Ziels die Wahrscheinlichkeit erhöht, daß die anderen das Ziel ebenfalls erreichen können, und wenn in der Gruppe ein Verhalten vorherrscht, aus dem für alle Gruppenmitglieder der größte gemeinsame Gewinn resultiert. Kooperatives Verhalten in Gruppen scheint die geringsten psychologischen Kosten zu verursachen. Es scheint am wenigsten Angst, Furcht vor Zurücksetzung, Mißgunst, Aggression usw. zu erzeugen. Darüber hinaus ist Kooperation sicher die humanste Form der Koordination von Einzelaktivitäten, da sie ein hohes Maß an individueller Freiheit gewährt. Man kann allerdings von Kooperation durchaus auch in den Fällen sprechen, in denen ein innerer oder äußerer Zwang zur Kooperation besteht. Wenn z. B. eine aus drei Experten bestehende Arbeitsgruppe den Auftrag bekommt, einen Projektvorschlag zu entwickeln, dann muß für die dazu erforderliche Zusammenarbeit der Experten einerseits ein hohes Maß an individueller und gruppenspezifischer Gestaltungsfreiheit der Handlungsvollzüge gewährt werden und andererseits ein Anreiz zur Kooperation vorhanden sein, damit die Aufgabe erfolgreich erledigt werden kann.

Kooperation und Konflikt

Der umfassende Begriff, zu dem ‚Kooperation' in Beziehung gesetzt werden muß, ist ‚Konflikt'. Es ist daher angebracht, zuerst über Konflikte zu sprechen, denn ihre Bewältigung kann erst die Voraussetzung für Kooperation schaffen. Ein Konflikt liegt vor, wenn zwei oder mehr miteinander scheinbar oder tatsächlich unvereinbare Ziele, Interessen, Denk- oder Verhaltensweisen bei Personen oder Gruppen aufeinander treffen, die in irgendeiner Weise miteinander verbunden sind und füreinander Bedeutung besitzen. Gewöhnlich ist der Begriff Konflikt ausschließlich mit negativen Bewertungen verbunden. Die positiven Chancen einer Konfrontation und der rationalen Bearbeitung von Konflikten bleiben weithin unbeachtet. Konflikte treten in verschiedenen Formen auf, aber grundsätzlich nur, wenn eine Beziehung wechselseitiger Abhängigkeit besteht. Wenn die Parteien eines Konfliktes nicht in dem Sinn voneinander abhängig wären, daß das Verhalten der einen Partei Konsequenzen auf das Verhalten der anderen Partei hat und umgekehrt, könnte sich kein Konflikt ereignen.

Dieses hilft zum Teil, die Angst vor dem Konflikt zu erklären. Konflikte unterbrechen auf jeden Fall die Ordnung und beeinträchtigen die produktive Leistung in den Systemen, in denen sie sich ereignen, schlimmstenfalls führen sie zur Spaltung und Zerstörung des Systems. In dieser Gefahr liegt zugleich die Hoffnung für konstruktive Lösungen. Wenn das System der gegenseitigen Abhängigkeit für alle Parteien eines Systems von großer Bedeutung ist, und wenn von allen Parteien die Bedeutung des Fortbestehens erkannt und wachgehalten werden kann, schafft das den nötigen Druck, der gemeinsam nach befriedigenden Lösungen des Konfliktes suchen läßt, mit dem Ergebnis, daß sich das Funktionieren des Systems als Ganzes verbessert. Falls der durch einen Konflikt provozierte Druck nicht ausreicht, systemerhaltende Maßnahmen zu entwickeln, und wenn es in der Folge zur Spaltung oder Auflösung des Systems kommt, kann davon ausgegangen werden, daß bereits vor der Entstehung des Konfliktes das Kooperationsinteresse der Systemmitglieder schwach ausgeprägt war und das System nur noch durch äußere oder innere Zwänge (z. B. Gewalt oder Traditionen) zusammengehalten wurde, nicht aber aufgrund eigener Kraft. Das Zusammenbrechen in diesem Sinne maroder Systeme ist langfristig betrachtet ebenfalls eher ein Gewinn als ein Verlust (siehe Kap. 9). Wenn hier von System gesprochen wird, ist damit eine Gruppe, eine Gemeinschaft, eine Organisation, eine Nation oder ein Verband von Nationen gemeint.

Ein Typ von Konflikten erwächst aus der Ähnlichkeit der Bedürfnisse und Werte zu Zeiten, in denen die Güter, mit denen diese Bedürfnisse zu befriedigen sind, knapp sind oder ganz fehlen. Es ist dann gerade die Ähnlichkeit der Bedürfnisse und Wertschätzungen, die den Konflikt verursachen. Wird das Angebot an den gewünschten raren Gütern erweitert, löst sich der Konflikt natürlich von selbst. Aber auch, wenn z. B. das Image der gewünschten Gegenstände dahingehend verändert wird, daß die gemeinsame Nutzung, z. B.

eines Autos oder einer Wohnung, gegenüber der alleinigen Verfügung von Vorteil scheint, kann das insofern eine Konfliktlösung bedeuten, als das Hauptaugenmerk auf das verbindende Element der gemeinsamen Nutzung liegt.

Eine andere Art von Konflikten erwächst aus der unterschiedlichen Bedürfnislage und Werteinschätzung innerhalb der Gruppe. Aufgrund gruppenspezifischer Bedürfnisse und Werte kann der eine Teil einer Gruppe diese Richtung des Vorgehens wählen, während der andere Teil der Gruppe eine andere Richtung bevorzugt. Vielfach bestehen Unterschiede in der Methode, wie ein vereinbartes Ziel zu erreichen ist. Die Konfliktlösung kann in der Auflösung der Gruppe liegen, in Verhandlungen mit dem Ziel der Kompromißbildung oder in der Bestimmung einer neuen, vielleicht besseren Richtung oder Methode, die sich gerade erst aus dem Zusammenstoß der unterschiedlichen Bedürfnisse und Wertungen entwickelt hat. Aus dieser Erfahrung der produktiven Konfliktlösung bei unterschiedlichen Ausgangslagen kann sich eine gegenseitige Wertschätzung von Personen ergeben, die grundverschieden voneinander sind. Man erkennt dann erst den Wert des anderen für die eigene Entwicklung.

Die „ideale" Lösung der beschriebenen Konfliktarten schließt zwei Bedingungen ein. Erstens, jede am Konflikt beteiligte Partei muß die Rechte der anderen Partei akzeptieren und muß ihr trauen. Zweitens, alle Parteien sollten imstande sein, realistisch und rational die Ursachen des Konfliktes herauszufinden. Wenn sich die Parteien den Konflikten nicht stellen, wenn keine Information und Kommunikation über Wesen und Entstehung der Konflikte vorhanden ist und diese selbst in der Krise nicht gesucht wird, so neigen die Parteien dazu, unrealistische Auffassungen voneinander und von der Konfliktsituation zu entwickeln.

Kurz zusammengefaßt besteht eine produktive Konfliktlösung nach Kelley & Thibaut (1969) in der Klärung von drei Teilproblemen: (1) Verteilung und Einsatz von Information (information distribution), (2) Kontrolle und Koordination der zur Konfliktlösung erforderlichen Verhaltensweisen (response distribution), (3) Verteilen des durch Konfliktlösen erzielten Produktes oder Gewinnes.

Mit der Unterscheidung von ‚Informationseinsatz', ‚Verhaltenskontrolle' und ‚Gewinnverteilung' ist zugleich ein Ansatzpunkt zur Definition von ‚Kooperation' bzw. von ‚kooperativer Situation' gegeben. Wir verstehen darunter eine Problemlage, in der es keine Interessengegensätze über die Gewinnverteilungen gibt, eine Problemlage, bei der in dieser Hinsicht weitgehend Interessengleichheit besteht. In einer solchen Situation kann ein Konflikt als gemeinsames Problem gesehen werden, und es kann davon ausgegangen werden, daß alle ein Interesse daran haben, eine befriedigende Lösung zu finden. Selbst wenn diese gemeinsamen Interessen aufgrund der Konfliktauseinandersetzung zunächst nicht aktiviert werden können und von den Partnern nicht gesehen

werden, lassen sich Konflikte so beeinflussen, daß bei den Partnern Interesse an einer Zusammenarbeit allein schon dadurch entsteht, daß sie in kooperative Situationen eingebunden werden. So wird z. B. bei Tarifkonflikten der Schlichter sich bemühen, die Kontrahenten auf gemeinsame Interessen zu verweisen. Er wird beispielsweise versuchen, Verständnis dafür zu wecken, daß die Produktivität der Unternehmen und der gesamten Volkswirtschaft im internationalen Wettbewerb nicht durch überhöhte Lohnkosten nachhaltig geschwächt werden darf, daß die Kosten der Tarifauseinandersetzungen nicht zu hoch werden sollten, oder er wird das Bewußtsein dafür schärfen, daß der augenblickliche Kontrahent für die Zeit nach der Tarifauseinandersetzung als Partner erhalten bleibt. Auch in Ehepartnerkonflikten lassen sich gemeinsame Ziele herausarbeiten, z. B. bezüglich der Zukunft der eigenen Kinder, den Beziehungen zu den eigenen Eltern und zu Verwandten oder des Erhalts des gemeinsam erreichten sozialen Ansehens. Zumindest könnte ein gemeinsames Ziel darin bestehen, daß die Scheidungsprozedur für beide Partner einigermaßen zufriedenstellend vollzogen wird.
Deutsch (1949) führt auf Grund seiner Forschungen eine Reihe von Gründen an, warum ein kooperativer Prozeß geeignet ist, zu einer produktiven Konfliktlösung zu führen, d. h. einer Lösung, die allen am Konflikt Beteiligten annehmbarer, richtiger erscheint als die möglichen Alternativlösungen. Eine solche, von den Subjekten ausgehende Definition von Konfliktlösungen ist allerdings selbst nicht konfliktlos. Deutsch sieht die folgenden Vorteile in einem kooperativen Vorgehen: (1) Es ermutigt zu offenem und ehrlichem Informationsaustausch. Mißverständnisse werden vermieden, und die intellektuellen Voraussetzungen für die Konfliktbewältigung werden verbessert. Man weiß einfach mehr. (2) Ein solches Vorgehen versetzt die Gruppe besser in die Lage, jedes Mitglied seinen speziellen Fähigkeiten entsprechend einzusetzen. (3) Eine kooperative Situation führt eher zu einer vertrauensvollen Einstellung, die es leichter macht, die Hintergründe eines Konfliktes auszusprechen und auf diese Weise das Problem klarer zu definieren.

Neuere experimentelle Forschungen (Colman, 1982) zeigen, daß die Chancen für eine Konfliktlösung über eine Aktivierung des Bewußtseins gemeinsamer Interessen dann ansteigen, wenn die Differenzen zwischen Eigen- und Fremdinteressen geringer werden, die Konfliktpartner sich besser kennenlernen, die gegenseitige Kommunikation intensiver wird, die Konfliktpartner Ansätze von kooperativem Verhalten zeigen, wenn auch nur unter bestimmten Bedingungen, Teilentscheidungen des Kontrahenten akzeptiert werden und die erwarteten oder bereits erfahrenen Gewinne aus der Kooperation steigen (z. B. Prestigegewinn oder Machtgewinn gegenüber dritten Personen und Gruppen). Mit einer steigenden Anzahl der am Konflikt beteiligten Personen nimmt allerdings die Wahrscheinlichkeit ab, daß eine kooperative Situation mit gemeinsamer Zielbestimmung realisiert werden kann und die Kontrahenten auf eine beiderseitige Gewinnmaximierung hin arbeiten. Zudem spielt der Grad der Entscheidungsfreiheit der am Konflikt beteiligten Partner für die Entwicklung von Konfliktlösungen eine bedeutsame Rolle. Gruppen- und

Organisationsmitglieder sind durch ihre Mitgliedschaft in anderen Gruppen und durch Bindungen an bestimmte Personen in ihrer Entscheidungsfreiheit hinsichtlich der Zustimmung zu gemeinsamen Zielen und der Verfolgung gemeinsamer Gruppeninteressen eingeschränkt oder spezifisch festgelegt. Selbst dann, wenn sie nicht als Repräsentanten dieser Außengruppen agieren, werden sie schon allein zur Vermeidung kognitiver Dissonanzen bei sich selbst sowie zur Verhinderung intra- sowie interpersonaler Rollenkonflikte die Einflußmöglichkeiten dieser Gruppen bei ihren Entscheidungen mit berücksichtigen. Eine kooperative Situation setzt demnach ein gewisses Maß an Entscheidungs- und Handlungsfreiheit der beteiligten Partner voraus. Die Kooperation zum Zwecke der Konfliktlösung muß für alle von hohem Wert sein, und es müssen im Vergleich zu bestehenden oder zu schaffenden alternativen Kooperationen hohe Nutzen- und Gewinnchancen gegeben sein.

Voraussetzungen für Kooperation

Voraussetzungen für rückhaltlose, uneingeschränkte Kooperation sind im Leben nur selten, wenn überhaupt, gegeben. Wann finden sich schon Situationen, in denen hinsichtlich der Zielsetzung und Gewinnverteilung keine Interessengegensätze bestehen? Schließlich sind bestimmte Interessengegensätze schon durch die Komplexität heutiger Gesellschaftssysteme gegeben, die immer mehr Handlungsmöglichkeiten und Zielorientierungen nicht allein für eine privilegierte Gruppe, sondern für viele bieten.

In diesem Zusammenhang kann man unterscheiden zwischen distributiven sozialen Situationen und integrativen sozialen Situationen. Das Pokerspiel wäre ein Beispiel für eine distributive soziale Situation: Was der eine gewinnt, muß der andere verlieren. Dagegen befinden sich Personen, die gemeinsam an einem Puzzle arbeiten, in einer integrativen Situation: Was der eine tut, nützt dem anderen. Nur integrative soziale Situationen oder solche, die mit gutem Willen so aufgefaßt werden können, ermöglichen Kooperation.

Man kann empirisch belegen (Shaw, 1981), daß kooperatives Vorgehen in integrativen sozialen Situationen effizienter ist. Fraglich ist jedoch, wie sich integrative soziale Situationen herstellen lassen, denn nur unter dieser Voraussetzung der zumindest annäherungsweisen Interessengleichheit ist Kooperation ein geeignetes Mittel zur Problembewältigung. Mit anderen Worten, relative Gleichverteilung von Machtverhältnissen erleichtert kooperatives Handeln, und der erklärte und tatsächliche Verzicht auf den Einsatz eigener Machtmittel zum Schaden des Partners oder zum einseitigen eigenen Vorteil ist eine entscheidende Vorbedingung für kooperatives Handeln.

In kulturvergleichenden Studien hat sich gezeigt, daß die Art der Verteilung von Machtmitteln kulturspezifisch ausgeprägt ist. So fand z. B. Hofstede (1980) in seiner viele Kulturen umfassenden Vergleichsstudie bedeutende

Unterschiede hinsichtlich der Dimension Macht-Distanz zwischen verschiedenen Ländern und Kulturen. Die Macht-Distanz, definiert als die in einer Kultur vorherrschende psychologische Distanz zwischen Vorgesetzten bzw. mächtigen Personen und Untergebenen, war in so unterschiedlichen Ländern wie Mexiko, Venezuela, den Philippinen und Indien sehr hoch, in Österreich, Neuseeland und Dänemark relativ niedrig ausgeprägt. In Ländern und Kulturen mit hoher Macht-Distanz werden Entscheidungen ausschließlich von einzelnen, hochrangigen Personen getroffen. In Kulturen mit niedriger Macht-Distanz kommen Entscheidungen aufgrund eines eher demokratisch-partizipatorischen Kommunikations- und Entscheidungsprozesses zustande. Wenn diese partizipativ-kooperative Form der Ziel-, Entscheidungs- und Konfliktlösungsfindung auch dem modernen westlichen Ideal kooperativen Handelns entspricht, darf nicht übersehen werden, daß in anderen Kulturen davon deutlich abweichende und zum Teil konträre Formen der Zusammenarbeit und Konfliktbearbeitung entwickelt wurden und nach wie vor das individuelle und Gruppenverhalten bestimmen. In der die Vision vom neuen Menschen proklamierenden marxistisch-sozialistischen Gesellschaftsordnung wurde die Gleichverteilung von Macht und die Gleichgerichtetheit von Zielen, Interessen und Handlungsintentionen aller Beteiligten als eine solche Selbstverständlichkeit angesehen, daß systeminterne Konflikte überhaupt nicht entstehen konnten. So taucht im Standardlehrbuch marxistischer Sozialpsychologie von Hiebsch & Vorwerg (1967) der Begriff „Konflikt" an keiner Stelle auf. Konflikte gab es allenfalls in der politischen Auseinandersetzung mit dem Klassenfeind, die zwangsläufig und gesetzmäßig auf allen Ebenen der Begegnung zwischen marxistisch-sozialistischem und sog. kapitalistischem Gesellschaftssystem auftraten. Sie konnten aber nicht auf kooperativem Wege gelöst werden, sondern nur durch Kampf und endgültige Vernichtung des Klassenfeindes und seiner schädlichen Einflüsse.

Aber selbst wenn man von der Annahme ausgeht, daß die Voraussetzungen für kooperatives Handeln gegeben sind, besteht immer noch die Frage, wie die Informations- und Kontrollprozesse ablaufen müssen, damit kooperativ gehandelt werden kann. Dazu ist für den Ablauf der Informationsprozesse zu fordern: (1) Informationen müssen gesammelt und geordnet werden. (2) Informationen müssen auf ihre Richtigkeit und Relevanz hin überprüft werden. (3) Entscheidungen über sich widersprechende Informationen müssen gefällt werden. Das Ziel solcher Informationsprozesse ist eine eindeutige Bestimmung der Probleme, die Übersicht über mögliche Lösungswege und Kenntnisse über die Ressourcen, die der Gruppe zur Verfügung stehen, d. h. zu wissen, wie und was der einzelne zur Lösung der Probleme beitragen kann. Bei den Kontrollprozessen geht es darum, daß die im Informationsprozeß gewonnenen Einsichten in koordinierte Zielhandlungen umgesetzt werden müssen, und daß vermieden werden muß, daß sich im Verlauf des Handelns bei den Gruppenmitgliedern Widerstände bilden und es zur Zielentfremdung kommt. Allgemein läßt sich feststellen, daß immer dann, wenn ein Konflikt als ein gemeinsames Problem aufgefaßt wird, für seine Lösung die Regeln des effizienten Problemlösens und Entscheidens gelten (Kraak, 1978). Die dabei zur Anwendung kommenden interpersonalen Strategien lassen sich unterscheiden in: (1) Strategien des interpersonalen Aushandelns. Dazu gehört einmal das distributive Verhandeln, das darauf abzielt, daß alle beteiligten Personen ihre Eigeninteressen so verändern, daß eine Übereinkunft erzielt werden kann, und zum anderen das integrative Verhandeln, das auf die Entwicklung neuer, innovativer Ideen und Lösungen durch die Konfliktpartner gerichtet ist, mit denen sich dann der Konflikt in einer für alle Partner produktiveren Weise bearbeiten läßt als durch den Rückgriff auf bereits vorhandene Lösungswege. (2) Normorientierte Strategien. Diese beruhen auf der Aktivierung bereits mit Erfolg praktizierter Konfliktlösungsregeln, auf die zurückgegriffen wird, oder darauf, daß aus übergeordneten, allgemeinen Gruppen- und Gesellschaftsnormen und Werten Lösungswege abgeleitet werden. In Handlungsgefügen mit einer klaren Status- und Rollenstruktur, z. B. in der Arbeitswelt oder in traditionsgebundenen Familiensystemen, finden sich kontextgebundene Normen, die eine spezifische Art der Konfliktregulation vorschreiben und die zur Orientierung genutzt werden können. (3) Strategien der Schiedsrichter- oder Schlichterintervention. Diese Strategie kann dann effektiv sein, wenn erst einmal die Kommunikation zwischen den Parteien neu oder wieder in Gang gebracht werden muß, oder wenn die Konfliktpartner selbst nicht genügend Phantasie entwickeln und Integrationspotential aufbringen, um einen Kompromiß zu finden.

Psychologische Bedingungen für Kooperation

Bis jetzt wurden einige allgemeine Voraussetzungen der Kooperation besprochen, wie die Gleichverteilung der Machtverhältnisse und der kooperative Interaktionsstil in der Gruppe, der sich in der Art niederschlägt, wie die Informations- und Kontrollprozesse gehandhabt werden. Die psychologischen Voraussetzungen werden zwar von diesen mitbestimmt, weisen aber auch spezifische Merkmale auf, die nun näher betrachtet werden sollen.

Die psychologischen Voraussetzungen der Kooperation sind deshalb so wichtig, weil sich Kooperation streng genommen nicht erzwingen läßt. Kooperation besteht aus einer Bereitschaft und intentionalen Haltung, sich dem anderen zuzuwenden. Zur Mitarbeit kann man jemanden vielleicht noch zwingen, sicher aber nicht zur Zusammenarbeit im Sinne eines Aufeinandereingehens. An dieser Stelle wird deutlich, warum Kooperation in enger Beziehung steht zum Wir-Gefühl, denn Gleichverteilung der Machtverhältnisse und kooperativer Interaktionsstil können Kooperation zwar fördern und den Boden dafür bereiten, aber sie können Kooperation nicht schaffen. Zur Entstehung dieser Haltung bedarf es gewisser psychologischer Voraussetzungen.

Eine erste Voraussetzung ist die Autonomie des einzelnen, da es ohne diese Autonomie keine Möglichkeit zur freien Entscheidung gibt. Deutsch (1969) argumentiert dazu: „Die Fähigkeit, sich für authentische Kooperation anzubieten und zu engagieren, setzt die Gewißheit voraus, daß man weder hilflos noch machtlos ist. (...) Nicht nur die unabhängige Handlung, sondern auch die kooperative Handlung erfordert die Erkenntnis, daß man die Fähigkeit besitzt, notfalls alleine zu handeln. Solange man nicht die Freiheit der Wahl hat, nicht zu kooperieren, hat man nicht die freie Wahl zur Kooperation" (S. 35—36). Nach dieser Auffassung ist also Zusammenarbeit nur zwischen solchen Menschen möglich, die sich als gleichrangig empfinden, was nicht unbedingt heißen muß, daß sie auch den gleichen Wissensstand haben. Aus einer stark egozentrischen Haltung heraus kann man nicht mit anderen zusammenarbeiten. Es ist vielmehr eine Haltung nötig, die dem anderen gleichwertige Vorschläge zur Lösung des Problems zutraut und gleichwertige Rechte zugesteht.

Brocher (1967) weist weiterhin auf die Bedeutung der Prozeßorientiertheit hin. Er meint, daß eine reine Ziel- und Aufgabenhaltung die Zusammenarbeit insofern gefährden kann, als sie nicht genug auf eventuelle Schwierigkeiten und Probleme anderer Gruppenmitglieder eingeht und ihnen damit die Möglichkeit zur Zusammenarbeit nimmt. Es ist genau diese Prozeßorientiertheit, der die wenigste Aufmerksamkeit geschenkt wird und die viele nie gelernt haben zu beherrschen. Dabei darf nicht übersehen werden, daß Prozeßorientierung zwar einerseits unerläßlich ist, weil es sich um Handlungen und nicht um automatisch ablaufende Verhaltensreaktionen handelt, daß andererseits mit der Prozeßorientierung aber auch zwangsläufig die Aufgabenorientiertheit der Gruppe abnimmt. Wenn man Scharmann (1972) folgt und den Grad der Leistungsfähigkeit einer Gruppe vom Maß an Aufgabenorientiertheit her bestimmt, die eine Gruppe erbringen kann, ohne durch sozio-emotionale Spannungen arbeitsunfähig zu werden, dann ist Prozeßorientiertheit zumindest für aufgabenorientierte Gruppen als eine notwendige Zusatzaufgabe anzusehen. Insbesondere darf nicht übersehen werden, daß Prozeßorientiertheit Konflikte in der Gruppe ans Licht bringen kann, die unlösbar sind und die Gruppe gefährden. So sollte man in der Gruppe nicht unnötig „schlafende Hunde wecken", indem auf jeden Einwand und jede interpersonale Mißstimmung ausführlich eingegangen wird. Das Einhalten einer mittleren Schwelle zur Konflikthandhabung so, daß zentrale Konflikte behandelt, marginale sozio-emotionale Probleme aber auch übergangen werden können, ist für den Fortbestand und die Effektivität der Gruppe von zentraler Bedeutung.

Aufgabenorientierte Gruppen sind dann besonders produktiv, wenn ihre Mitglieder eine große Anzahl gemeinsam geteilter Verhaltensnormen und Verhaltensregeln besitzen, nach denen sie sich im interaktiven Gruppenverhalten richten, wenn sie bereits über Erfahrungen im Umgang miteinander verfügen oder sich an einem gemeinsamen Vorbild orientieren, das modellhaft vorführt, wie miteinander umzugehen ist, und wenn sie diese Verhaltensformen über den Prozeß des Modellernens (Bandura, 1979) übernehmen. Arbeitsgruppen mit einer hohen Fluktuationsrate, in die also immer wieder neue Mitglieder eintreten, die sich nicht kennen, die keine gemeinsamen Traditionen besitzen und die mit einem niedrigen Grad an Aufgabenstrukturiertheit und kontextabhängiger Verhaltenssteuerung konfrontiert sind, investieren unter Umständen so viel Energie in die Prozeßregulation, daß sie die Aufgabenorientierung völlig aus dem Auge verlieren.

Inwieweit die psychologischen Voraussetzungen für Kooperation erfüllt sind, erweist sich am ehesten im Rahmen einer gemeinsamen Tätigkeit. Eine illustrative Untersuchung dazu stammt von Christian & Haas (1949). Die Autoren ließen einen Gesunden und einen Geisteskranken zusammen einen Holzstamm durchsägen und untersuchten die Gesamtleistung und den Leistungsanteil jedes einzelnen an der Gesamtleistung mit Hilfe von Dynamometern. Diese von zwei Partnern vollzogene Kooperation bestand aus einer Folge miteinander verschränkter Aktionen und Reaktionen. Es ließ sich zeigen, daß bei der Zusammenarbeit von Gesunden und Kranken durchaus vollwertige Leistungen zu erzielen waren, d. h. solche, die denen von Gesunden vergleichbar sind. Die resultierende Leistung ist selbst dann noch mit der von Gesunden vergleichbar, wenn einer der Partner nur ein Drittel der Leistung des anderen aufbringt. Es zeigte sich, daß in den Fällen vollwertiger Leistungen durch die Kooperation von Gesunden und Kranken der Gesunde den Kranken nicht einfach mitschleppt, sondern Fähigkeiten entfaltet, mit dem Kranken leistungsproduktiv umzugehen. Der Gesunde übernahm die Arbeiten, die der Kranke nicht so gut erledigen konnte, und die Kranken plazierten ihre Ungeschicklichkeiten so, daß sie am wenigsten störten. Sie ließen sich passiv führen in einer Situation, in der Eigenaktivität zum Bruch des Arbeitsrhythmus und damit zum Leistungsabfall geführt hätte. Dadurch wurde auf die Aktionen des Gesunden unterstützend reagiert. Dieses Beispiel zeigt deutlich, daß einer dem anderen objektiv überlegen sein kann, ohne daß diese Überlegenheit in der Kooperation besonders hervortritt. Wenn der Überlegene, der Gesunde, allerdings ausgesprochen oder unausgesprochen dazu überging, dem Partner sein Tempo aufzuzwingen, kam es zu Widerständen, Rhythmusbrüchen und Leistungsabfall. Der Unterlegene wurde in eine Rolle gedrängt, in der er nur noch sehr reduziert produktiv mitarbeiten konnte. Das gegenseitige Verhältnis, das vorher vollwertige Leistungen erbrachte, wurde jetzt, wo die Arbeit nicht mehr in flexibler Weise auf ein gemeinsames Ziel ausgerichtet war, durch einseitiges Beherrschen und Gehorchen bestimmt und damit unproduktiv und auch als unbefriedigend und störend erlebt.

Indem die Handlung nicht mehr sachlich durch ein gemeinsames Wertziel bestimmt ist, tritt sie in den Dienst von Motiven, die mit der Aufgabe selbst überhaupt nichts mehr zu tun haben. Dies führt in der Interaktion zur schädlichen Kategorisierung der Partner in ‚geschickter' bzw. ‚ungeschickter' oder ‚besser' bzw. ‚schlechter'. In einer Situation, in der die Gemeinsamkeit des Zieles nicht beachtet wird und an Verbindlichkeit verliert, gewinnt das Verhalten des Stärkeren leicht den Aspekt des Herablassens, des Sich-Aufspielens, der Arroganz. Das aber führt auf der Seite des Schwächeren nahezu zwangsläufig zur Frustration, zu offener oder versteckter Aggression und zu Widerständen, die die Effektivität der Interaktion reduziert. Nur wenn der Stärkere dem Schwächeren glaubhaft machen kann, daß er sich bewußt ist, daß sie beide am gleichen Strang ziehen, kann der Unterlegene kooperieren, ohne sich zu unterwerfen und ohne Verletzung seines Selbstwertgefühls.

Wertheimer (1945, 1957) beschreibt genau diese Voraussetzungen für kooperatives Verhalten als Resultat produktiver Denkprozesse. In seinem berühmten Beispiel „Zwei Jungen spielen Federball", hatten die beiden Spieler solange keine Freude an dem Spiel, wie der Stärkere alles daran setzte, den deutlich schwächeren Spielpartner vernichtend zu schlagen und jedes Spiel zu gewinnen. Erst als sie ein gemeinsames Ziel fanden, nämlich den Ball so lange wie möglich in der Luft zu halten, wurde aus dem ungleichen Wettkampf ein für beide Partner befriedigendes Zusammenspiel und damit ein im gestaltpsychologischen Sinne „gutes Spiel" möglich, was Wertheimer (1957) so beschreibt: „Kurz zusammengefaßt, stellen wir im einzelnen fest: (1) Operationen der Umzentrierung: Übergang von einer einseitigen Ansicht zu der Zentrierung, die von der objektiven Struktur der Situation gefordert ist; (2) einen Wechsel in der Bedeutung der Teile (...) gemäß ihrer strukturellen Stelle, Rolle und Funktion; (3) eine Betrachtung der Lage unter dem Gesichtspunkt der „guten Gestalt", so daß alles zu den strukturellen Forderungen paßt; (4) einen Drang, geradezu auf den Grund vorzustoßen, ehrlich ins Auge zu fassen, worauf es ankommt und die Folgerungen zu ziehen. Ich möchte bemerken, daß der Zug der Geradlinigkeit, Ehrlichkeit, Aufrichtigkeit bei einem solchen Vorgang nicht peripherer zu sein scheint" (S. 156—157).

Mit anderen Worten: Kooperation verlangt produktive Denkprozesse, und produktives Denken ist keine lediglich intellektuelle Operation, sondern eine menschliche Haltung. Diese Haltung, diese „Bereitschaft, den Sachverhalten ins Auge zu sehen, sich ihnen rückhaltlos zu öffnen und sich ehrlich und aufrichtig mit ihnen auseinanderzusetzen" (Wertheimer, 1957, S. 157), ist bei den Herrschenden genauso selten zu finden wie bei denen, die herrschen wollen. Oft verhindern sowohl personale Widerstände, z. B. Angst vor Versagen, Selbstwertverlust, Rollenkonflikte wie auch Kontextbedingungen, z. B. Unklarheiten über die Beziehungsmuster, Unvorhersehbarkeit von Veränderungen, Zwang zu vorschnellen Aktionen, eine solche Haltung einzunehmen.

Neuere Untersuchungen zeigen deutlich den Einfluß sozialer Orientierung auf die Art der Interaktion und somit auch der Kooperation (Grzelak, 1990). Formen der sozialen Orientierung unterscheiden sich danach, was die Interaktionspartner erreichen wollen: „... wollen sie ausschließlich den eigenen Gewinn maximieren (Individualismus), den des Partners (Altruismus), den gemeinsamen Profit (Kooperation) oder den relativen Gewinn (Kompetition); oder verfolgen sie gänzlich andere Ziele, etwa die Maximierung der Verluste des Partners (Aggression), der eigenen Verluste (Masochismus), die Dominanz des anderen über die eigenen Gewinne (Märtyrertum) oder Minimalisierung der gemeinsamen Gewinne (Sadomasochismus)" (Grzelak, 1990, S. 316). Die unterschiedlichen sozialen Orientierungen und die individuellen Vorlieben für bestimmte Formen sozialer Orientierung bewirken die Bevorzugung bestimmter Konfliktlösungen, je nachdem, ob die Interaktionspartner auf die Maximierung des eigenen Gewinns (Individualismus) oder die des Partners (Altruismus) oder das Erreichen eines Vorteils gegenüber dem Partner (Kompetition) bzw. auf eine gemeinsame oder gleiche Gewinnverteilung (Kooperation) hin orientiert sind. Die einschlägigen Forschungen verwenden labor-experimentelle Interaktions- und Verhandlungsspiele, die den Vorteil der methodischen Präzision durch den Nachteil der mangelhaften Lebensnähe erkaufen. So wird aufgrund der Befunde in solchen Spielen oft implizit unterstellt, daß die individuellen sozialen Orientierungen Persönlichkeitskonstanten sind, die das individuelle Konfliktverhalten unveränderbar determinieren, ohne zu prüfen, unter welchen Bedingungen soziale Orientierungen variieren können und inwieweit es möglich ist, durch die Erfahrungen mit den Interaktionspartnern neue Orientierungen zu erlernen (siehe auch Kap. 5).

Die Internationalisierung des gesellschaftlichen Lebens mit einer Intensivierung kultur- und nationenüberschreitender Kooperation stellt an den einzelnen erhöhte Anforderungen auch hinsichtlich eines effektiven Konfliktlösungsverhaltens. Da der Umgang mit Konflikten kulturspezifisch determiniert ist, und z. B. zwischen Kulturen mit Individualismus-Dominanz im Vergleich zu solchen mit Kollektivismus-Dominanz erhebliche Unterschiede in der vorgeschriebenen, erlaubten und anerkannten Art der Konflikthandhabung bestehen, bedarf es der Entwicklung einer flexiblen Konfliktmanagementkompetenz. Während in Individualismus-Kulturen das Offenlegen von Konflikten, die gemeinsame Diskussion ihrer Ursachen und die Kompromißbildung evtl. durch Mehrheitsentscheidung herbeigeführt, als eine produktive Konfliktlösungsstrategie favorisiert wird, führt ein solches Verhalten in Kollektivismus-Kulturen unweigerlich zum Gesichtsverlust der beteiligten Personen, zu unerträglichen Störungen der sozialen Harmonie und zu einem Auseinanderbrechen der sozialen Beziehungen. Falls eine produktive Kooperation zwischen gemischtkulturellen Partnern angestrebt wird, muß also ein Partner sich der kulturspezifischen Form der Konfliktlösung des anderen Partners anpassen und diese in seinem Verhalten berücksichtigen, oder beide Partner müssen eine für beide Seiten akzeptable Form des Konfliktmanagements erst einmal entwickeln, was die Fähigkeit zum produktiven Denken voraussetzt.

Einflüsse auf den Kooperationsprozeß

Ob lediglich Mitarbeit oder gar Zusammenarbeit anzustreben ist, läßt sich nicht generell angeben, sondern richtet sich auch nach den zu lösenden Aufgaben. So lohnt sich Kooperation bei Problemen, die aus vielen Einzelaufgaben bestehen, und die Schwächen der einzelnen voneinander unabhängig variieren. Wenn aber eine Gruppe schlechter Rechner mathematische Aufgaben lösen soll, so wird die Kooperation nicht viel erbringen, da sie die Schwächen nicht ausgleichen kann. Kooperation ist nicht angezeigt, wenn Aufgaben verschiedene Lösungsmöglichkeiten haben, die Lösung aber davon abhängt, daß der einmal gewählte Weg konsequent durchgehalten wird. So lohnt sich Kooperation z. B. eher beim Lösen von Kreuzworträtseln, aber nicht beim Konstruieren von Rätseln (siehe auch Kap. 5).

Bei der Frage, wann Kooperation sinnvoll ist, spielt auch die Aufgabenschwierigkeit eine Rolle, denn bei leichten Problemen können die Befähigten alle Schritte selbst lösen, und die Gruppendiskussion bringt keine Vorteile. Erst wenn die Aufgaben schwieriger werden, ändert sich die Situation so, daß mal der eine eine brauchbare Idee hat und mal der andere. Aber bei zu schweren Aufgaben versagen womöglich wieder alle Gruppenmitglieder. Kooperation hat somit dann den größten Wert, wenn die Aufgabe, an den Fähigkeiten der Gruppe gemessen, einen mittleren Schwierigkeitsgrad hat: nicht so schwer, daß keiner eine Antwort findet und nicht so leicht, daß alle eine finden. Wenn auch von der Art der Aufgabe her Kooperation durchaus nicht immer angebracht ist, so muß aber Aufgabenorientiertheit, also die Effizienz des Problemlösens, nicht der einzige Grund zur Kooperation sein. Nur sollte man sich darüber klar sein, daß gelegentlich Effizienz verloren geht, wenn man auf Kooperation besteht.

Einfluß von Kommunikation, Kohäsion und Führungsstil

Es klingt trivial, wenn man sagt, daß Kooperation nur stattfinden kann, wenn ausreichende Möglichkeiten zur Kommunikation gegeben sind. Es stehen sich hier jedoch zwei unvereinbare Forderungen gegenüber. Um kooperieren zu können, muß einmal der freie Austausch von Kommunikation gegeben sein. Zum anderen aber muß der Kommunikationsprozeß geordnet sein, damit die einzelnen Kommunikationseinheiten auch ankommen und verstanden werden. Wenn alle reden, was und wie sie wollen, ist die Kommunikation sicher am freiesten. Aber ob in diesem Fall die Kommunikation Verständigung bringt, ist wohl mehr als fraglich. Bei der Lösung dieses Problems greifen zunächst einmal die Gruppennormen regelnd ein, die sich in den Organisationsformen der Gruppe niederschlagen. Gruppen, in denen keine Normen tradiert sind, denen keine Zeit zur Strukturierung und Normenbildung oder zur Übernahme bereits vorhandener Normen gegeben wird, können auch nicht miteinander kooperieren.

Die Gruppennormen und die Einhaltung der Spielregeln müssen überwacht werden, so daß auch eine kooperativ eingestellte Gruppe nicht ohne Führung auskommen kann. Dafür gibt es wenigstens vier Gründe: (1) Die Gruppenmitglieder sind Menschen und daher unvollkommen; (2) von außen werden verschiedene Anforderungen an die Gruppe gestellt, die Anpassungsprozesse erfordern; (3) die Mitglieder der Gruppe entwickeln Eigeninteressen, oft aufgrund der ihnen zugeteilten Funktionen; und (4) das Arrangement bestehender Gruppennormen und Strukturen ist fast nie problemlos auf die jeweilige Gruppenkonstellation übertragbar und anwendbar.

Wenn auch kooperative Gruppen nicht ohne Führung auskommen, so bleibt zu fragen, welchen Stil diese Führung haben soll, und ob es eine bestimmte Person sein muß, die führt, oder ob jedes Gruppenmitglied Führungsaufgaben übernehmen kann. Zur Beantwortung dieser Fragen muß auf einen zentralen Bedingungsfaktor für die Kooperation zurückgegriffen werden: die Interessengleichheit oder zumindest Interessenähnlichkeit. Sie ist ein wesentlicher Aspekt der Gruppenkohäsion. Unter Gruppenkohäsion versteht man die Stärke des Wunsches aller Mitglieder, in der Gruppe zu bleiben. Dieser Wunsch resultiert aus der Attraktivität der Gruppe als einem Ort für die Befriedigung persönlicher Bedürfnisse, verglichen mit der Attraktivität von Alternativgruppen. Ist diese Gruppenkohäsion eng, dann ist auch der Einfluß groß, den die einzelnen Gruppenmitglieder aufeinander ausüben. Es besteht ein hohes Maß an Interdependenz unter den Gruppenmitgliedern.

In Gruppen mit starkem Wir-Gefühl ist es durchaus denkbar, daß die Führung kollektiv ausgeübt wird. Allerdings muß man hierbei wieder die Stärke des Wir-Gefühls in Beziehung setzen zur Attraktivität der Aufgabe. Ist die Aufgabenattraktivität groß, z. B. ein Fest zu organisieren, dann kann auch bei relativ geringem Wir-Gefühl die Führung kollektiv ausgeübt werden, ohne daß die Kooperation darunter leidet. Ist die Attraktivität gering ausgeprägt, z. B. bei der Reinigung eines Sportplatzes, dann muß das Wir-Gefühl sehr stark sein, um bei kollektiver Führung die Kooperation nicht zu gefährden. Eine rein aufgabenzentrierte Führung reicht zur Sicherung der Kooperation allerdings nicht aus. Die Führung muß ebenso prozeßorientiert sein und darf die in der Gruppe auftretenden Beziehungen und Gefühle nicht vernachlässigen. Hier das für die jeweilige Situation richtige Gleichgewicht zu finden, übersteigt oft die Fähigkeit eines einzelnen. So ist auch die Bedeutung des Divergenztheorems zu erklären, demzufolge die Aufgabenführung und die sozio-emotionale Führung häufig verschiedenen Personen zufallen, wie dies vom verhaltenstheoretischen Ansatz der Ohio-Führungsforschung (siehe Kap. 3) nachgewiesen wurde. Was den Führungsstil angeht, so ist es ein Faktum, daß Kooperation nur auf Grund eines Führungsstils möglich ist, den Lippitt & White (1947) als „demokratisch" bezeichnen und der bei Tausch & Tausch (1979) „sozialintegrativ" genannt wird.

Die Antwort auf die Frage, unter welchen Bedingungen man kooperieren soll und unter welchen Bedingungen man es sich nicht erlauben kann, läßt sich, den Gedanken von Deutsch (1969) folgend, etwa so zusammenfassen: Im Prinzip scheint Kooperation die am wenigsten konfliktträchtige Methode, um innerhalb der Gruppe und zwischen verschiedenen Gruppen Interessen und Tendenzen zu koordinieren. Das setzt allerdings voraus, daß alle Parteien im Falle eines Konfliktes auch zur Kooperation bereit sind. Diese Voraussetzung ist durchaus nicht immer gegeben, z. B. bei einer Verknappung des Wohnungsangebots brauchen Vermieter nicht mit ihren potentiellen Mietern zu kooperieren, wenn sie ihre Wohnungen vermieten wollen. Sie können aufgrund ihrer machtbedingten Position Mietpreis und Bedingungen mehr oder weniger eigenständig festsetzen. Unter solchen Voraussetzungen geht es nicht darum, daß der Unterlegene mit dem Mächtigen „kooperiert", sondern darum, daß der Unterlegene sich zunächst eine solche Machtposition verschafft, z. B. durch Mitgliedschaft im Mieterschutzbund, der gesetzlich verbindliche Mietpreisregelungen durchsetzt, die eine Kooperation auch für den Stärkeren wünschenswert erscheinen läßt.

Es sind nicht nur die situativen Bedingungen und die sozialen Orientierungen der Interaktionspartner, die kooperatives Verhalten hervorbringen, sondern auch die subjektive Interpretation des Interaktionsverlaufs. Die Erwartung von Konflikten, das Verhalten in Konfliktsituationen und das Verarbeiten der Konfliktfolgen sind bestimmt vom verfügbaren sozialen Wissen, der individuellen Art der Informationsverarbeitung, den Konfliktverlaufs- und Konfliktfolgenantizipationen, den bisherigen Erfahrungen in der Kooperation mit anderen Personen und dem, was man durch Vergleich mit Personen in ähnlichen Konfliktsituationen an Erkenntnissen über Kooperationsmöglichkeiten und deren Folgen gewonnen hat. Dabei überwiegt die Tendenz, andere Personen so wahrzunehmen, als stimmten sie mit den eigenen Intentionen überein. Wettbewerbsorientierte Personen beispielsweise vermuten bei ihren Partnern ebenfalls starke Wettbewerbsorientierung. Demgegenüber sind kooperative Personen eher sowohl auf Wettbewerbs- wie auf Kooperationsorientierung gefaßt, und sie sind sensibel für das gesamte Spektrum sozialer Interaktionsformen (Kelley & Stahelski, 1970).

Vieles von dem, was bisher zum Thema ‚Kooperation und Konflikt' ausgeführt wurde, gilt nicht nur für Zweierbeziehungen und Kleingruppen, sondern auch für die internationale Politik, für die soziale Auseinandersetzung in einem Staat und zwischen Staaten. Dabei ist nochmals deutlich zu betonen: Nur dann, wenn die Freiheit besteht, gegebenenfalls die Kooperation zu verweigern, kann es eine freie Entscheidung für die Kooperation geben, und nur dann ist Kooperation produktiv.

Entscheidungsprozesse in Gruppen

Nach der Besprechung der Bedeutung von Kooperation für die Koordinierung von Einzelaktivitäten im Interesse einer effektiven Gruppenarbeit soll jetzt untersucht werden, auf welche Weise bestimmt wird, wie und unter welchem Gesichtspunkt und mit welcher Zielsetzung die Beiträge der einzelnen Gruppenmitglieder koordiniert werden sollen.

Entscheidungen bestimmen die Endphase des Problemlösungsprozesses und beinhalten die Wahl zwischen alternativen Handlungs- und Beurteilungsprozessen. Jede Gruppe ist ständig in zweierlei Hinsicht mit Problemlösungsaufgaben beschäftigt: Einmal müssen Probleme gelöst werden, die sich aus der Aufgabenstellung der Gruppe ergeben, d. h. das angestrebte Ziel muß erreicht werden. Zum anderen aber müssen die innerhalb der Gruppe auftretenden interaktiven Probleme gelöst werden.

Versteht man unter Entscheidung im allgemeinen die Wahl einer Handlungs- oder Reaktionsmöglichkeit in einer Situation, in der verschiedene Möglichkeiten zur Auswahl stehen, so bezeichnet man mit dem Begriff Entscheidungsprozeß gemeinhin alle die kognitiven und, unter sozialen Bedingungen, interaktiven Schritte, die zu einer Entscheidung führen.

Die experimentelle Analyse von Entscheidungsvorgängen in Gruppen

Die experimentelle Analyse des individuellen Entscheidungsverhaltens in Gruppen hat sich orientiert an der Spieltheorie, die aus der Strukturanalyse von Gesellschaftsspielen mit Hilfe mathematischer Konzepte wie der Kombinatorik die optimalen Gewinnstrategien zu ermitteln sucht, und der Entscheidungstheorie, unter der man alle mathematisch formulierten Theorien über Entscheidungsverhalten subsummiert. In laborexperimentellen Studien und damit gegenüber natürlichen Situationen stark vereinfachten Bedingungen wurde geprüft, wie sich Personen verhalten, wenn sie Entscheidungen unter ihnen bekannten Bedingungen, unbekannten Bedingungen und unter Risikobedingungen zu treffen haben. Eine beliebte Untersuchungsmethode war das sogenannte Gefangenen-Dilemma-Spiel (Prisoners dilemma game). Das Spiel geht auf die Geschichte von zwei Häftlingen zurück, die beide der Teilnahme an einem gemeinsam begangenen Verbrechen beschuldigt werden. Zur Klärung der Schuldfrage werden sie getrennt verhört. Da sie sich nicht eindeutig zur Schuldfrage äußern, stellt der Untersuchungsrichter jeden Häftling vor folgende Wahl: Wenn er gesteht, das Verbrechen begangen zu haben, erhält er selbst eine geringe Haftstrafe, sein Mittäter aber eine sehr hohe. Wenn beide gestehen, erhalten sie beide eine identische, mittelschwere Haftstrafe. Leugnen sie beide das Verbrechen, so werden sie in gleicher Weise zu einer geringen Haftstrafe verurteilt. Deutsch (1958), der als erster den Nutzen dieses Spiels für experimentelle Untersuchungen des Konfliktverhaltens erkannte, sah in dem Spiel ein Modell für die Erforschung kooperativer oder wettbewerbsorientierter Strategien in sozialen Interaktionssituationen. Bei dem Gefangenen-Dilemma-Spiel handelt es sich um ein typisches Nicht-Nullsummenspiel, d. h. der Gewinn eines Spielers entspricht nicht dem Verlust seines Partners. Dies hat zur Folge, daß in diesem Spiel keine eindeutige Wettbewerbshaltung nahegelegt wird und nicht zwangsläufig nur ein einziges rationales Motiv der Gewinnmaximierung für den Spielverlauf bedeutsam ist, sondern auch kooperative Motive aktiviert werden können. Im Experiment spielen die Versuchspersonen um Geld. Die jeweils zu gewinnenden bzw. zu verlierenden Geldbeträge werden in Matrixform dargestellt und den Versuchspersonen hintereinander gezeigt. Sie erfahren nach jeder Wahl, wie der Partner sich entschieden hat. Aufgrund dieser Erfahrungen über die Partnerentscheidungen können die Spieler die zukünftigen Reaktionen des anderen Spielers antizipieren und herausfinden, ob sich ihr Partner eher kooperativ oder kompetitiv verhalten wird. Entsprechend diesen Antizipationen und ihren eigenen Strategien können sie dann ihre Wahlen treffen.

Viele Untersuchungen mit der Standardsituation des Experiments ergaben, daß das Verhalten der Versuchspersonen weit weniger kooperativ war, als erwartet. Nur in einem Drittel der Fälle entschieden sie sich für kooperatives Verhalten. Das Konkurrenzverhalten überwog und steigerte sich sogar noch im Laufe des Spiels. In experimentellen Variationen, die gewisse Kommunikationsmöglichkeiten zwischen den Partnern zuließen, zeigte sich jedoch ein deutliches Ansteigen der Kooperationsbereitschaft.

Wie bereits erwähnt, läßt sich je nach den Zielen der am Experiment beteiligten Personen unterscheiden zwischen: (1) *„Kooperatives Motiv“:* Werte wie Fairneß, Gerechtigkeit und die Einhaltung bestimmter Gruppenkonventionen, z. B. angemessene und gerechte Gewinnverteilung, bestimmten das Handeln. Kooperatives Verhalten scheint besonders dadurch aktiviert zu werden, daß eine Furcht vor inneren und äußeren Sanktionen besteht. Innere Sanktionen bestehen in diesem Fall aus der Furcht vor Schuldgefühlen und einem schlechten Gewissen, den Partner hintergangen und hereingelegt zu haben, wohingegen die äußeren Sanktionen in der Furcht vor Vergeltung durch den Partner bestehen. Überschreiten diese Befürchtungen eine kritische Grenze, so bietet sich kooperatives Verhalten an. (2) *„Individualistisches Motiv“*: Es zielt auf die Maximierung des eigenen Gewinns und läßt dabei die Konsequenzen für den Partner unbeachtet. (3) *„Kompetitives Motiv“*: Es zielt auf die Maximierung des relativen Gewinns. Entscheidend ist die Gewinndifferenz zum Partner und nicht die absolute Höhe des eigenen Gewinns.

In einer Untersuchung von Deutsch (1958) über die Wirksamkeit unterschiedlicher Motivorientierungen wurden die Versuchspersonen zunächst dazu verpflichtet, eine der genannten drei Motivorientierungen in ihrem Entscheidungsverhalten einzusetzen. Die genutzte Spielmatrix ist in Abb. 13 abgebildet.

Das Spiel wurde unter vier verschiedenen experimentellen Bedingungen durchgeführt: (1) Keine Kommunikation wie in der Standardbedingung des Gefangenen-Dilemma-Spiels. (2) „Eine“ Kommunikationssituation, in der die Versuchspersonen die Möglichkeit hatten, vor der eigenen Entscheidung Zettel auszutauschen. (3) „Eine“ Reversibilitätssituation, in der die Versuchspersonen nach Bekanntgabe der Entscheidung des Partners die Möglichkeit hatten, ihre eigene Entscheidung zu ändern. (4) „Eine“ Ungleichgewichtige Situation, in der lediglich die Entscheidung einer Versuchsperson an den Partner weitergegeben wird.

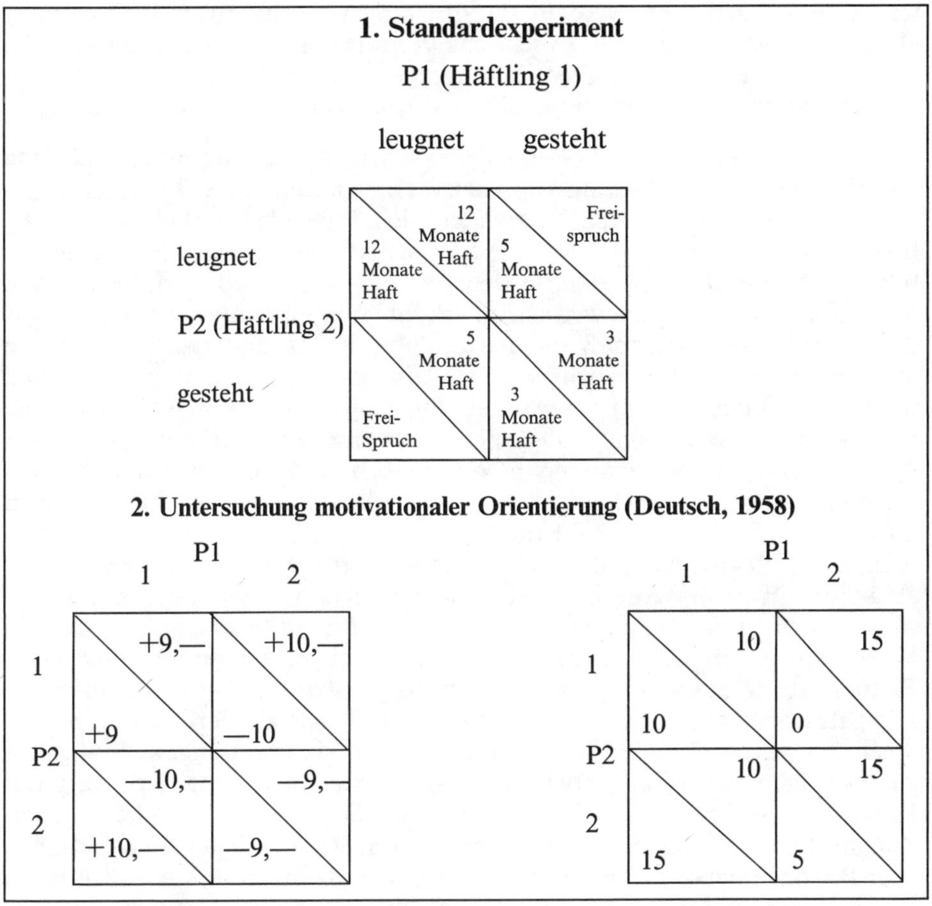

Abbildung 13: Matrixform im Gefangenen-Dilemma-Spiel

Die Ergebnisse zeigten, daß in allen vier Situationen eine kooperative Orientierung zu kooperativen Entscheidungen und somit zu wechselseitigem Gewinn führte, wohingegen eine kompetitive Orientierung eher das Gegenteil bewirkte. Interessanterweise führte die individualistische Orientierung zu Ergebnissen, die stark von den vorhandenen experimentellen Bedingungen abhingen. Die von Deutsch (1958) u. a. durchgeführten experimentellen Untersuchungen mit dem Gefangenen-Dilemma-Spiel zeigten sehr deutlich, daß eine kooperative Orientierung im Verhalten des Partners Vertrauen hervorruft und eine kooperative Reaktion zur Folge hatte selbst dann, wenn die situativen Bedingungen ungünstig waren, also z. B. keine Kommunikation erlaubt war. Eine kompetitive Orientierung rief dagegen beim Partner eher Mißtrauen hervor selbst unter günstigen kommunikativen Bedingungen. Bei einer individualistischen Orientierung kann keine allgemein gültige Verhaltensprognose getroffen werden, da sie stark von situativen Bedingungen abhängt. Dabei scheint nicht so sehr das Vertrauen in die Kooperationsbereitschaft des Partners als verhaltensdeterminierender Faktor zu wirken, sondern die Beschaffenheit der für kooperatives Verhalten situativen Bedingungen.

Im Rahmen einer Fülle experimenteller Variationen wurden verschiedene Variablen in ihrem Einfluß auf kooperatives bzw. kompetitives Entscheidungsverhalten untersucht. Danach erwiesen sich folgende Einflußfaktoren als besonders handlungswirksam: (1) Die Präsentation einer Auszahlungsmatrix führt im Vergleich zu Spielen, in denen die Gewinne und Verluste nicht in Matrixformen dargeboten werden, zu erhöhtem kompetitiven Verhalten, was damit begründet wird, daß die Auszahlungsmatrix und damit das ganze Spielsystem von den Versuchspersonen oft nicht schnell genug verstanden wird. (2) Befinden sich in der Auszahlungsmatrix nur geringe Geldbeträge, oder bestehen diese lediglich aus einem symbolischen Wert, dann neigen die Spieler eher dazu, miteinander in Wettbewerb zu treten, als ihren eigenen Gewinn zu maximieren. Das spielerische Element dominiert hier offensichtlich über das Gewinninteresse. (3) Erhalten die Versuchspersonen eine kooperativ orientierte Rückmeldung, dann reagieren sie selbst ebenfalls eher kooperativ als kompetitiv. (4) Wird eine ausführliche Instruktion vor Beginn des Versuches gegeben, so steigt der Grad der Kooperationsbereitschaft. Wird den Versuchspersonen beispielsweise mitgeteilt, daß sie nach dem Spiel mit ihrem Partner weiter zusammenarbeiten müssen, so hat dies eine Reduzierung kompetitiver Reaktionen zur Folge. (5) Steigt die Anzahl der Durchgänge im Spiel, so wirken sich Einflußfaktoren wie Ermüdung und Langeweile eher auf das Verhalten aus als die Entwicklung von Vertrauen oder das Erkennen der Partnerstrategie. Insgesamt nimmt die Kooperationsbereitschaft allerdings mit Zunahme der Durchgänge ab. (6) Werden vom Versuchsleiter Informationen über Personenmerkmale des Partners vermittelt, dann hat dies Auswirkungen auf das Verhalten. So spielen z. B. kompetitiv orientierte Versuchspersonen lieber gegen Partner, von denen sie nichts wissen, und sie ziehen unbekannte Partner sogar denjenigen vor, von denen sie wissen, daß sie gut zu übervorteilen sind. Die Kenntnis des Partnergeschlechts beeinflußt das Entscheidungsverhalten insofern, als Spieler gegenüber männlichen Partnern eher versuchen, den eigenen Gewinn zu maximieren, als gegenüber weiblichen. (7) Im allgemeinen steigt die Kooperation stark an, wenn der Partner von einem ursprünglich unkooperativem Verhalten abläßt und zur Zusammenarbeit übergeht. (8) Persönlichkeitsmerkmale von Versuchspersonen haben insofern einen Einfluß auf das Entscheidungsverhalten, als autoritäre Personen dazu neigen, mehr kompetitive Wahlen durchzuführen, und männliche Versuchspersonen eher zu kompetitiven, weibliche eher zu kooperativen Entscheidungsformen neigen. (9) Variationen in den sozialen Kontextbedingungen, unter denen das Spiel durchgeführt wird, z. B. der Einfluß des Versuchsleiters, andere anwesende Personen, die Sitzordnung oder der visuelle Kontakt, sind nicht eindeutig einem bestimmten Entscheidungsverhalten zuzuordnen. Lediglich die Anwesenheit eines unbeliebten Dritten führte zu einem Anstieg kooperativen

Entscheidungsverhaltens. (10) Befragt man eine Versuchsperson vor einem Durchgang, welche Entscheidung ihrer Meinung nach ihr Partner treffen wird, dann läßt sich aus dieser Information recht klar und eindeutig die Entscheidungsstrategie der befragten Person erkennen. (11) Versuchspersonen, die bereits Erfahrungen mit dem Gefangenen-Dilemma-Spiel haben, zeigen einen höheren Anteil kooperativer Entscheidungen.

Die Ergebnisse der experimentellen Forschungen zum Gefangenen-Dilemma lassen sich dahingehend zusammenfassen, daß die Bereitschaft zur Anwendung kooperativer Entscheidungsstrategien deutlich ansteigt, wenn der Konflikt zwischen Eigen- und Fremdinteresse sinkt, der Gewinn aus der Kooperation erkennbar steigt, der Partner entweder ebenfalls kooperiert oder zumindest Kooperationsbereitschaft zu erkennen gibt, die Partner sich bereits kennen oder die Möglichkeit haben, sich kennenzulernen, und wenn Gelegenheiten zur Kommunikation vorhanden sind (Grzelak, 1990).

Das normative Ziel des Entscheidungsprozesses

Die Entscheidungstheorie, die sich aufgrund mathematisch formulierbarer Konzepte damit befaßt, wie Entscheidungen gefällt werden bzw. gefällt werden sollen, geht von einem Individuum aus, das im Prinzip nach einem mathematisch erfaßbaren Kalkül versucht, sein Eigeninteresse zu maximieren. Das Ziel des Entscheidungsprozesses besteht demnach darin, eine Wahl zwischen Alternativen zu ermöglichen, deren Nutzen und deren Erfolgswahrscheinlichkeiten weitgehend bekannt sind. Die einzelnen Schritte eines solchen Entscheidungsprozesses lassen sich im wesentlichen folgendermaßen gliedern:

1. Zunächst werden die *Ziele* geklärt, indem man Fragen beantwortet wie: Will ich eine Klärung herbeiführen? Will ich im Augenblick meine Ruhe haben? Will ich, daß das Problem für immer verschwindet? Will ich ein Exempel statuieren? Was will ich sonst?

2. Sind die Ziele geklärt, dann geht es darum, *Strategien* zur Lösung zu sammeln. Welche Lösungswege stehen prinzipiell zur Verfügung? Welche Lösungen sind praktikabel? Welche Lösungen sind mit zuviel Aufwand und Risiko verbunden?

3. Hat man die Strategien gesammelt, verlangt ein nächster Schritt die *Analyse der Konsequenzen,* die sich aus der Anwendung bestimmter Strategien ergeben. Welche Risiken und Erfolgswahrscheinlichkeiten sind mit bestimmten Strategien verbunden? Dabei ist der schwierige Teil der Aufgabe die Analyse und die Erkenntnis der nicht-intendierten Konsequenzen.

4. Kennt man die intendierten und die nicht-intendierten Konsequenzen der gesammelten Lösungsstrategien, dann kommt es zum *Vergleich.* Man wägt die Strategien im Hinblick auf das Ziel gegeneinander ab. Das Ziel setzt den

Maßstab, an dem gemessen wird, ob eine Lösungsstrategie empfehlenswert ist oder nicht.

5. Liegt das Ergebnis des Vergleichens vor, kann die eigentliche *Entscheidung* zwischen den Alternativen gefällt werden.

Damit der Entscheidungsprozeß in diesem normativen Sinne ablaufen kann, müssen zwei Voraussetzungen erfüllt sein: (1) Diejenigen, die entscheiden sollen, müssen vollständig informiert sein. (2) Es muß die Bereitschaft und die Fähigkeit bestehen, die Entscheidungen rational zu fällen. ‚Rationalität' wird in diesem Zusammenhang durch zwei Kriterien bestimmt: Erstens die Fähigkeit, Alternativen in eine logische Ordnung zu bringen, z. B. wenn man Objekt A dem Objekt B vorzieht und Objekt B dem Objekt C vorzieht, gilt auch, daß Objekt A dem Objekt C vorgezogen wird. Zweitens dem Willen zur Maximierung, d. h. von den verfügbaren Strategien wird immer die in der logischen Ordnung der Strategien am höchsten stehende gewählt.

Nun ist aber der Mensch, wie man bereits aus der Alltagsbeobachtung weiß und wie es die Forschungen zur sozialen Wahrnehmung, zum Zusammenhang von Einstellung und Verhalten und zur Alltagspsychologie gezeigt haben, ein Wesen, das nicht in jedem Fall der Logik und einem in der Ökonomie entwickelten rationalen Entscheidungsmodell folgt. Das individuelle Entscheidungsverhalten und die in Gruppen getroffenen Entscheidungen sind das Resultat komplexer Entscheidungsprozesse, in denen die subjektive Interpretation bzw. die in Gruppen für alle Mitglieder als verbindlich entwickelte Interpretation von Bedingungen und antizipierten Folgen eingehen und verarbeitet werden müssen. Zudem müssen viele Entscheidungen unter unklaren, unscharfen und oft in sich widersprüchlichen Bedingungskontexten getroffen werden. Die Verwendung eines rationalen Entscheidungsmodells zur Analyse des Entscheidungsverhaltens in Gruppen bedarf also einer genaueren kritischen Analyse.

Kritik am rationalen Entscheidungsmodell

Genau betrachtet muß man zugeben, daß sich praktisch kein Entscheidungsprozeß im normativen Sinne ‚richtig' durchführen läßt und daß schon die Forderung nach vollständiger Information unerfüllbar ist. Dennoch herrscht die Ansicht vor, daß Entscheidungsprozesse dem normativen Ideal so weit wie möglich angenähert werden sollen und daß Entscheidungen so rational wie möglich zu fällen sind. Rationalität ist so etwas wie eine ‚heilige Kuh', obwohl auch der Satz gilt: ‚Irren ist menschlich'. Die Forschungen über soziale Kognitionen (Nisbett & Ross, 1980) haben gezeigt: „... der Irrtum scheint geradezu charakteristisch für die menschliche Urteilsbildung zu sein. Nun ist jedoch die Diskrepanz zwischen dem Urteil von Individuen und der Realität (oder ‚der Wahrheit') keineswegs nur ein Mißstand, den es zu erkennen, zu beklagen und ggf. zu beheben gilt, sondern gleichzeitig eine Quelle der Erkenntnis, die zum Verständnis der Dynamik von Urteilsprozessen beitragen kann" (S. 239). Eine „erfolgreiche Orientierung in unserer physikalischen und sozialen Umwelt setzt voraus, daß wir die wesentlichen Vorgänge in unserer alltäglichen Erfahrung verstehen, daß wir Ereignisse erklären und in bestimmtem Ausmaß auch vorhersagen können. Dieser Erkenntnisprozeß gleicht insoweit der Aufgabe des Wissenschaftlers. Während dem wissenschaftlichen Forscher jedoch zur Erreichung seines Ziels komplexe Methoden, aufwendige Hilfsmittel und vor allem Zeit zur Verfügung stehen, ist das Individuum in der Rolle des ‚intuitiven Wissenschaftlers' weitaus schlechter ausgestattet. Der Erkenntnisgegenstand kann in den seltensten Fällen systematisch (z. B. unter Variation von Randbedingungen) beobachtet werden. Lediglich den Sinnesorganen unmittelbar zugängliche Merkmale können verarbeitet werden, die Aufnahme und Speicherkapazität für Informationen ist begrenzt, und dem ‚intuitiven Wissenschaftler' steht in der Regel nur ein sehr begrenzter Zeitraum zur Verfügung. Entscheidungen müssen meist relativ schnell getroffen werden und erfordern einen entsprechend verkürzten Urteilsprozeß" (Strack, 1985, S. 241). Menschen handeln offensichtlich weniger nach einem rationalen Entscheidungsmodell als auf der Grundlage praktikabler Urteils- und Entscheidungsheuristiken, selbst auf die Gefahr hin, damit Informationsverarbeitungsfehler in Kauf nehmen zu müssen. Wegen der großen Bedeutung, die rationale Entscheidungsmodelle nach wie vor für das Verständnis menschlichen Verhaltens besitzen, werden im folgenden einige Aspekte dieser Modelle kritisch analysiert.

Die Definition von Problemen

Das rationale Modell des Entscheidungsprozesses geht davon aus, daß ein zur Lösung anstehendes Problem völlig eindeutig als ein ‚objektiv' gegebenes und von allen so verstehbares Problem zu fassen sei. Das trifft aber nicht zu, denn man entscheidet sich immer aufgrund einer ‚Definition der Situation' (Thomas & Znaniecki, (1918—1920)), und diese Definition der Situation, in unserem Fall des Problems, ist immer eine sehr spezifische individuelle Annäherung an die Wirklichkeit, ein spezifischer Ausschnitt und ein vereinfachtes Modell der realen Welt.

Rapoport (1960) unterscheidet zwischen ‚Problem' und ‚Dilemma'. Ein Problem ist eine Situation, die im alten Bezugsrahmen mit bestehenden Lösungsstrategien gemeistert werden kann. Ein Dilemma ist eine Situation, die zur erfolgreichen Meisterung eines neuen Bezugsrahmens bedarf, und die mit alten Lösungsstrategien nicht mehr zu bewältigen ist. Eine häufige Verkennung besteht darin, daß etwas für ein Problem gehalten wird, obwohl es sich in Wirklichkeit um ein Dilemma handelt, z. B. die Lösung von Generationskonflikten.

Ein anderer wesentlicher Aspekt bei der Definition von Problemen besteht darin, nicht nur zu fragen, was soll getan werden, sondern auch, soll ich etwas überhaupt als mein Problem ansehen. Man muß in sehr vielen Fällen die Mitglieder einer Gruppe überhaupt erst einmal dazu bekommen, etwas als ihr Problem zu sehen, anstatt es auf den Leiter oder andere Gruppen abzuschieben. Die Tatsache, daß objektiv ein Problem existiert, besagt in keiner Weise, daß die Menschen es als ihr Problem definieren. Das zeigt z. B. die Diskussion um den Umweltschutz oder den Hunger in der Dritten Welt. Die Schwierigkeiten psychologischer Beratungstätigkeit beginnen häufig damit, daß der Ratsuchende, z. B. ein Abteilungsleiter mit schlechtem Betriebsklima und wenig motivierten Mitarbeitern, keine klare Vorstellung von der Problemlage hat. Er kann sein Problem nicht einmal verständlich formulieren, geschweige denn eingestehen, daß die Probleme und ihre Ursachen ihn so intensiv beschäftigen, daß er sie nicht auf andere verlagern kann, sondern sich selbst mit ihnen befassen und sich dabei zwangsläufig auch mit verändern muß.

Schließlich ist bei der Definition des Problems wichtig, ob man die betreffende Situation als eine Wettkampf- oder als eine Kooperationssituation auffaßt. In einer Wettkampfsituation beinhaltet der Sieg des einen notwendigerweise die Niederlage des anderen. Ein Poker-Spiel ist ein gutes Beispiel: Alle zahlen Geld ein, aber nur einer gewinnt es. In einer Kooperationssituation dagegen gewinnen alle, wenn jeder seinen Teil beiträgt. Ein Forschungs-Team wäre ein Beispiel für eine solche Situation. So kann beispielsweise ein berufliches Karriereziel dadurch erreicht werden, daß man den konkurrierenden Kollegen versucht, aus der Abteilung herauszudrängen, oder man kann mit ihm kooperieren, um mit ihm zusammen ein so hohes Maß an Einfluß- und Machtmitteln zu erwerben, daß beiden Führungspositionen zugänglich werden.

Das Sammeln von Strategien

Eine der auffälligsten Abweichungen der realen Situation vom klassischen Entscheidungsmodell liegt beim Sammeln von Strategien vor: Nur in ganz wenigen Fällen wird die Such- und Sammeloperation erschöpfend sein können, da mit dem Sammeln von Informationen und Lösungsstrategien oft erhebliche Kosten verbunden sind. Man muß also in jedem Fall die Kosten und Konsequenzen einer falschen Entscheidung und die Kosten und Konsequenzen eines ausgedehnten Such- und Sammelprozesses gegeneinander abwägen. Nun ist das zwar eine Methode, die wir ganz automatisch anwenden, doch fühlen wir uns dabei nicht wohl und sind verunsichert. Dies gilt besonders für Fälle, in denen ‚ideale' Lösungen angestrebt, aber nie erreicht werden können. In der Praxis, bei politischen, administrativen und wirtschaftlichen Entscheidungen ist es deshalb realistisch, sich mit suboptimalen Lösungen nach dem Motto ‚Es funktioniert' oder ‚So könnte es funktionieren' zufriedenzugeben. Sobald eine solche Lösung gefunden ist, sollte der Entscheidungsprozeß beendet werden. Oft ist es für die Problemlösung und die produktive Entwicklung eines Prozesses wichtiger, sofort eine, wenn auch nicht gut abgesicherte Entscheidung, zu treffen, als lange nach besseren und zuverlässigeren Lösungen zu suchen und dabei eine entscheidungsbedürftige Situation in der Schwebe zu halten.

Bei der Suche nach Lösungsstrategien muß man sich zunächst Klarheit darüber verschaffen, welche Art von Strategie in Frage kommt. In einer Wettkampfsituation, in der es Gewinner und Verlierer gibt, wird eine Überredungsstrategie in den meisten Fällen völlig fehl am Platze sein. Andererseits kann übertriebener Machtmitteleinsatz jeden Willen zur Zusammenarbeit schnell zerstören. Als provokative Diskussionsgrundlage stellt Walton (1965) die folgenden vier Postulate auf: (1) Machtausübung (Täuschung, Drohung, Versprechungen, Gewalt) ist oft unerläßlich in sozialen Konfliktsituationen. (2) Kooperation ist nur unter der Voraussetzung eines Kräftegleichgewichts effektiv wirksam. (3) Gewaltloser Widerstand ist effektiv auf Grund der implizierten, in der Negation angedeuteten Möglichkeit der Gewalt. (4) Kooperative Handlungen haben eine größere Chance auf Erfolg, wenn sie auf dem Hintergrund einer Reihe von unkooperativen Handlungen erfolgen.

Rationale Überredungs- und Überzeugungsstrategien sind oft schon allein deshalb unwirksam, weil bei komplexen Problemen die Analyse nie abgeschlossen werden kann und somit auch nicht eine einzige, richtige Strategie gefunden wird. Entscheidungen für eine bestimmte Strategie sind vielfach soziale Bestimmungsleistungen und erheben keineswegs den Anspruch, Rationalitätsnormen zu erfüllen.

Die Analyse der Entscheidungskonsequenzen

Zum Verständnis der Analyse von Entscheidungskonsequenzen ist es zunächst einmal nützlich, die Begriffe ‚Risiko‘ und ‚Ungewißheit‘ zu klären. In der Entscheidungstheorie wird Risiko verstanden als die Bereitschaft, sich auf eine bestimmte Wahrscheinlichkeit des Erfolges einzulassen. Die Wahrscheinlichkeit eines Flugzeugunglücks ist bekannt. Sie ist sehr gering. Trotzdem haben viele Leute Angst, beim Fliegen zu verunglücken. Die Entscheidung, in einer Situation mit bekannter Erfolgswahrscheinlichkeit zu handeln oder nicht zu handeln, wird als hohe bzw. niedrige Risikobereitschaft angesprochen, je nach der Erfolgswahrscheinlichkeit der Situation, in der noch gehandelt wird.

Ungewißheit ist dagegen ein Zustand, in dem es nicht möglich ist, einer Situation oder einem Ereignis eine Erfolgswahrscheinlichkeit zuzuordnen. Handeln in Situationen der Ungewißheit beruht ausschließlich auf Strategien, die sich subjektiver Wahrscheinlichkeiten bedienen. Der Begriff der ‚subjektiven Wahrscheinlichkeit‘ ist ein Kürzel dafür, daß Entscheidungskriterien ins

Spiel kommen, die nur unzureichend rational belegbar sind. Während Risiko in vielen Fällen, z. B. bei Unfällen, relativ exakt bestimmbar ist, ist die Unsicherheit ein Bereich, der von völliger Unkenntnis der Sachlage auf der einen Seite bis zur annähernden Sicherheit und Gewißheit auf der anderen Seite reicht. Die Tatsache, daß die meisten Entscheidungen, die z. B. in einer Beratungsstelle gefällt werden müssen, Unsicherheitsentscheidungen und nicht Risikoentscheidungen sind, ist ein weiteres Argument dafür, daß es falsch ist, wenn wir Rationalität zum normativen Kriterium einer guten Entscheidung machen.

Abgesehen davon, daß intellektuelle Einflüsse, Differenziertheit des Denkens, sozialpsychologische Einflüsse, Stellung im sozialen System und Persönlichkeitsfaktoren, z. B. Hang zur Kontemplation, Entscheidungen beeinflussen, soll noch auf drei weitere entscheidungsbeeinflussende Faktoren hingewiesen werden: (1) Es besteht die Tendenz, das Auftreten seltener Ereignisse zu überschätzen und das Auftreten häufiger Ereignisse zu unterschätzen. Dies hängt zusammen mit der Anwendung der Verfügbarkeitsheuristik (Strack, 1985), nach der Menschen dazu neigen, die Häufigkeit oder Auftretenswahrscheinlichkeit von Ereignissen entsprechend der Schwierigkeit und der Leichtigkeit ihrer Abrufbarkeit aus dem Gedächtnis einzuschätzen. (2) In Spielsituationen ist die Tendenz unverkennbar, daß die subjektive Wahrscheinlichkeit, die einem Ereignis zugeschrieben wird, positiv beeinflußt wird von dem Nutzwert, der dem Eintreten des Ereignisses zugeschrieben wird. Ein Spieler wird z. B. das Eintreffen eines bestimmten Spielereignisses für wahrscheinlicher halten, wenn er beim Eintreffen dieses Ereignisses viel gewinnen würde. (3) In der Bewertung von Serienereignissen verhält sich der Mensch ausgesprochen konservativ entsprechend der Urteilsstrategie der ‚Verankerung und Anpassung'. Er ändert seine Meinung unter dem Gewicht der Daten erst, wenn die Evidenz überwältigend wird, da er sich durch Evidenz weniger beeindrucken läßt als durch die einmal erfolgte Interpretation und das damit verbundene Verständnis von einem Ereignis. Selbst wenn spätere Informationen der einmal gefaßten Meinung deutlich widersprechen, wird das ursprüngliche Urteil nur zögerlich und unzureichend verändert.

Weiterhin gibt es einen Typ von Entscheidungen, bei dem bestimmte psychologische Faktoren und Interessen des Entscheidenden besonders ins Gewicht fallen. Es handelt sich dabei um Entscheidungen, bei denen erstens die Wahrscheinlichkeit des Erfolges und zweitens der Gewinn für die Gruppe gering ist. Wenn die Wahrscheinlichkeit des Erfolges gering ist, wird der Entscheidende sich zum einen absichern, daß ihm nicht persönliche Vorurteile als Grund des Fehlschlages angekreidet werden können, und zweitens lohnt es sich ja auch nicht besonders, die eigenen Interessen zu sehr ins Spiel zu bringen, da die Chancen des Erfolges so gering sind. Wenn der Gewinn für die Gruppe gering ist, wird die gewählte Art des Entscheidungsprozesses vermutlich nur geringes Interesse erregen.

Zur Verteilung der Entscheidungsgewalt in der Gruppe

Entscheidungen fällen ist neben Koordination und Kontrolle sicher die wichtigste Führungsfunktion. Bis jetzt wurde über den Entscheidungsprozeß aber im wesentlichen unabhängig davon gesprochen, wer diesen Prozeß zu vollziehen hat. Es wurde lediglich darauf hingewiesen, daß es nicht immer angebracht sein dürfte, den Entscheidungsprozeß in die Gruppe zu verlagern. Das führt zu der Frage, wann es denn angebracht ist, Entscheidungen in Gruppen zu fällen. Die Antwort darauf ist eher normativ als empirisch zu begründen und besagt, daß Entscheidungen dann von Gruppen gefällt werden sollten, wenn es um die Verteilung von Gütern geht, auf die alle ein Anrecht haben, wenn die ganze Gruppe von der Entscheidung betroffen ist, und wenn sie den Beschluß selber ausführen muß. Damit eine Gruppe in der Lage ist, sinnvolle und tragfähige Entscheidungen zu fällen, müssen zwei Voraussetzungen gegeben sein: (1) Die Gruppe muß gelernt haben zusammenzuarbeiten, und (2) sie muß aus relativ autonomen Individuen bestehen. Aber auch wenn diese Voraussetzungen erfüllt sind, muß man damit rechnen, daß Gruppen sich nicht geradlinig auf eine Entscheidung hinbewegen. Es ist eine der größten Frustrationen in Gruppen, daß es so oft den Anschein hat, als käme bei den Entscheidungsversuchen der Gruppe nichts Eindeutiges und Tragfähiges heraus, und es kann recht lange dauern, ehe man definitiv feststellen und entscheiden kann, ob etwas herauskommt oder nicht. Ohne Investitionen an Zeit, Energie und gutem Willen kommen Entscheidungsprozesse in Gruppen fast nie zum angestrebten Ziel.

Der sicherste Rat scheint noch zu sein, Entscheidungen nur dann in Gruppen zu vollziehen, wenn es gelingt, relativ autonome Individuen, die sehr gut auch allein arbeiten könnten, von der Relevanz der gemeinsamen Zielentscheidung zu überzeugen. So könnte es für den weiteren Gruppenzusammenhalt, die Demonstration von Geschlossenheit nach außen oder zur Erhöhung der Akzeptanzbereitschaft gegenüber den Entscheidungsfolgen wichtig sein, die Entscheidungen in der Gruppe zu treffen. Kann man von diesen Voraussetzungen nicht ausgehen, muß überlegt werden, ob die hohen Investitionen in die Entwicklung eines entscheidungsfähigen Gremiums von der Bedeutung der Entscheidung her gerechtfertigt sind.

Kontrollprozesse in Gruppen

Wenn man sich der Frage zuwendet, wie sichergestellt werden kann, daß Gruppenentscheidungen eingehalten und die aus den Entscheidungen resultierenden Ansprüche erfüllt werden, dann heißt das noch nicht, daß ‚Kontrolle' mit ‚Führung' und ‚Führung' mit ‚Führer' gleichgesetzt werden muß. Der Kontrollprozeß läßt sich zwar anschaulicher darstellen, wenn man ihn an das Handeln einer Person bindet, und Kontrolle ist sicher der von den Geführten am nachhaltigsten erfahrene Aspekt von Führung. Aber Führung erschöpft sich keineswegs in Kontrolle und braucht durchaus nicht immer in einer Person konzentriert zu sein.

Geht man von der Annahme aus, daß Gruppen Ziele erreichen, d. h. effektiv sein wollen, können sie aus folgenden Gründen auf Kontrollprozesse nicht verzichten (Katz & Kahn, 1966): (1) Gruppen sind immer in einem gewissen Maße unvollkommen konzipiert und strukturiert. Es gibt keine Gruppen, in der alle sich stellenden Probleme optimal vorgeplant sind. (2) Selbst unter der Annahme, daß die Zusammensetzung einer Gruppe, ihre Struktur, die Rollenverteilung, die Interaktionsbeziehungen, die Aufgabenstellung, der Prozeßverlauf, die Gewinnverteilung und die Konfliktlösungsstrategie zu einem bestimmten Zeitpunkt so geplant und festgelegt wären, daß die Gruppe theoretisch auch ohne Führung effektiv sein könnte, wechseln doch die Bedingungen, mit denen die Gruppe konfrontiert wird. (3) Es kommt erfahrungsgemäß selbst in kleinen Gruppen zu Interessenunterschieden und Fraktionsbildungen, die im Interesse der Gesamtgruppe aufgefangen werden müssen. (4) Die menschliche Unvollkommenheit der Gruppenmitglieder macht Kontrolle unerläßlich, da individuelle Abweichungen von den Normen und Regeln, wenn sie eine bestimmte kritische Toleranzgrenze überschreiten, beachtet und geahndet werden müssen, um den Gruppenzusammenhalt zu gewährleisten.

Die Kontrolle in Gruppen erfolgt über Prozesse der sozialen Beeinflussung von Formen der Überredung und Überzeugung bis hin zur Ausübung von Macht. An der Ausübung von Kontrolle ist zwar grundsätzlich jedes Gruppenmitglied beteiligt, doch werden Personen mit einem hohen Maß an persönlichem Kontrollbewußtsein und solche, die über Machtmittel verfügen, einen größeren Anteil an der sozialen Kontrolle haben als andere (siehe Kap. 3). Personen mit stark ausgeprägtem internalen Kontrollbewußtsein (Krampen, 1982), die überzeugt sind, ihre Umwelt effektiv beeinflussen zu können und sich die Bedingungen zu schaffen, die zur Zielerreichung erforderlich sind, werden auch in Gruppen Kontrolle über Gruppenziele und deren Einhaltung zu erlangen versuchen, solange sie mit diesen Zielen übereinstimmen. Eine der wichtigsten Aufgaben des Führers in effektiven Gruppen besteht, wie bereits dargelegt, darin, Kontrolltechniken anzuwenden, die zur Einhaltung der Gruppenregeln und Gruppennormen geeignet sind. Zusammenfassend läßt sich zur Frage der Wirksamkeit von Kontrolltechniken sagen: (1) Kontrolltechniken, die Gruppennormen verletzen, werden zu Widerständen führen (Reaktanz), die sowohl den Erfolg der Kontrolle in Frage stellen als auch die Effektivität der Gruppe. (2) Negative Sanktionen, z. B. Kritik, Bestrafung, soziale Diskriminierung, scheinen zunächst schneller, einfacher und mit weniger sozialem Investitionsaufwand anwendbar zu sein. Da sie aber Widerstände auslösen, führen sie auf längere Sicht gesehen zu negativen Konsequenzen, deren Beseitigung kostspieliger ist als der Einsatz von Belohnungen. Belohnungen und Bestrafungen stehen zudem in einem interdependenten Verhältnis zueinander, da jemand, der eine Belohnung erwartet, diese aber nicht erhält, den Zustand als Bestrafung empfinden wird. Umgekehrt kann jemand, der für ein normabweichendes Verhalten eine Bestrafung erwartet, tatsächlich jedoch nicht bestraft wird, diese Reaktion als Belohnung interpretieren und dazu tendieren, mit den abweichenden Verhaltensreaktionen fortzufahren. (3) Werden in einer Situation und für ein bestimmtes Verhalten unangemessen negative oder unangemessen positive Sanktionen vorgenommen, dann kann dies erhebliche Widerstände und Störungen in den Interaktionsbeziehungen zur Folge haben. Wenn ein Gruppenmitglied beispielsweise eine finanzielle Entlohnung für ein bestimmtes Verhalten erwartet hat, tatsächlich aber lediglich Lob erntet, so kann dies über eine Enttäuschung zum Nachlassen der Gruppenaktivität führen. (4) Schließlich können ungewohnte und plötzlich auftretende, in ihrem Ausmaß unangemessen hoch erscheinende Sanktionen, wie z. B. harte Strafen, zu massiven Widerständen führen. Dies wird immer dann der Fall sein, wenn die auf eine bestimmte Handlungsweise erfolgenden Sanktionen unkalkulierbar sind und der Eindruck von Willkür entsteht. (5) Widerstände gegen Sanktionen sind dann relativ gering, wenn der Einsatz positiver und negativer Sanktionen den Gerechtigkeitsvorstellungen der Gruppenmitglieder entspricht, und wenn ihr Einsatz nicht willkürlich erfolgt und von Zufällen abhängt, sondern zuverlässig antizipierbar ist.

Wie bereits im Zusammenhang mit Führung und Macht dargelegt, stehen Personen, die Kontrolle ausüben, und diejenigen, die kontrolliert werden, in einem interdependenten Verhältnis zueinander. Von Extremfällen abgesehen, in denen Personen nur dann die Chance haben zu überleben, wenn sie sich bedingungslos der Kontrolle Mächtiger fügen, kann man grundsätzlich davon ausgehen, daß die Wirksamkeit von Kontrolle von der Bereitschaft der kontrollierten Personen abhängt, diese Kontrolle anzunehmen und sich ihr so lange zu fügen, wie die ihr verfügbaren Handlungsalternativen keine höhere Erfolgswahrscheinlichkeit versprechen.

Zum Schluß muß noch betont werden, daß Kontrolle über Gruppenprozesse und ihre Folgen nicht allein eine interne Angelegenheit der Gruppe sind, sondern auch von außen erfolgen können. Übergeordnete Gruppen, konkurrierende Gruppen, soziale Systeme, mit denen die einzelne Gruppe verbunden ist, und schließlich einzelne, außerhalb der Gruppe stehende, aber über wichtige Machtmittel verfügende Personen können und werden die Gruppenprozesse wirksam kontrollieren, um die zu erwartenden Gruppenleistungen für sich zu nutzen.

Auf dem Hintergrund der Analyse der zentralen Grundprozesse in effektiven Gruppen, Kooperation, Entscheidung und Kontrolle, wird nun im nächsten Kapitel untersucht, unter welchen Bedingungen effektive Gruppen einen Leistungsvorteil erreichen können.

Zusammenfassung

Analysiert wird das individuelle Verhalten unter Gruppenbedingungen, besonders unter Berücksichtigung des Prozesses der Kooperation in Gruppen, des Entscheidungsverhaltens in Gruppen und der in Gruppen stattfindenden Kontrollprozesse. Als die drei zentralen Prozesse des Gruppenhandelns werden identifiziert: Koordinieren, Entscheiden und Kontrollieren.

Für die Effektivität von Gruppen ist die möglichst reibungslose Kooperation aller ihrer Mitglieder von entscheidender Bedeutung. Eine wichtige Voraussetzung für die Kooperation in Gruppen besteht in der produktiven Lösung von Konflikten. Konflikte können aus der Ähnlichkeit der Bedürfnisse und Werte und aus der Verschiedenheit der Bedürfnislagen und Wertschätzungen in einer Gruppe resultieren. Eine produktive Kooperation setzt zunächst eine integrative soziale Situation voraus. Außerdem müssen die Gruppenmitglieder über ein hohes Maß an Autonomie verfügen, bereit sein, die Autonomie des anderen anzuerkennen, und neben der Aufgabenorientierung ein hohes Maß an Prozeßorientiertheit zum Abbau sozialer Spannungen besitzen. Der Kooperationsprozeß wird beeinflußt durch die Art der Aufgabe, die Art der Kommunikation, die Interessengleichheit bzw. Gruppenkohäsion und den Führungsstil.

Die Bedeutung des Entscheidungsprozesses für eine effektive Gruppenarbeit zeigt sich in der Tatsache, daß durch ihn bestimmt wird, wie und mit welcher Zielsetzung die Einzelbeiträge der Gruppenmitglieder bewertet und koordiniert werden. Am Beispiel der experimentellen Untersuchungen mit dem Gefangenen-Dilemma-Spiel wird gezeigt, wie in der Sozialpsychologie die Zusammenhänge analysiert werden zwischen Kontextbedingungen, dem Einsatz spezifischer Entscheidungsstrategien kompetitiver, kooperativer und individualistischer Art und den daraus resultierenden sozialen Konsequenzen.

Nach dem rationalen Entscheidungsmodell vollzieht sich der Entscheidungsprozeß in mehreren Schritten: Ziele klären, Strategien sammeln, Konsequenzen analysieren, Strategien hinsichtlich der Zielerreichung abwägen und Entscheidungen treffen. Dabei übersieht das rationale Entscheidungsmodell einige wesentliche Probleme: (1) Die Bestimmung eines zur Lösung anstehenden Problems kann immer nur eine Annäherung an die Wirklichkeit sein. Die Gruppe muß erst ein Problembewußtsein entwickeln, und es muß zwischen distributiven und integrativen sozialen Situationen unterschieden werden. (2) Das Sammeln von Lösungsstrategien kann wegen der damit verbundenen Kosten nur in Ausnahmefällen vollständig sein, so daß man meist mit unbefriedigenden Kompromißlösungen auskommen muß. (3) Die Wahl der Strategien ist in Situationen mit ungewissem Ausgang von subjektiven Erfolgswahrscheinlichkeiten geprägt. Aus diesen Gründen kann für menschliches Entscheidungsverhalten das rationale Entscheidungsmodell nur unter sehr spezifischen Bedingungen Gültigkeit beanspruchen, und das alltägliche Verhalten folgt viel weniger als zunächst vermutet den Voraussagen des rationalen Entscheidungsmodells. Effektiv sind Gruppenentscheidungen nur dann, wenn es gelingt, autonome und selbstdisziplinierte Individuen, die sehr gut alleine arbeiten können, von der Relevanz des gemeinsamen Ziels zu überzeugen. Auf die Kulturspezifität des Entscheidungs- und Konfliktlösungsverhaltens wird am Beispiel der Machtverteilung in verschiedenen Kulturen und deren Auswirkungen auf Entscheidungs- und Konfliktlösungsverhalten eingegangen.

Kontrollprozesse, die sicherstellen, daß Gruppenentscheidungen eingehalten und ausgeführt werden, sind für eine effektive Gruppe notwendig, da Gruppen immer unvollkommen konzipiert sind, die Handlungsbedingungen sich ändern können, Interessenunterschiede aufgefangen werden müssen und die Gruppenmitglieder selbst unvollkommen sind. Die Wirksamkeit der Kontrolle hängt ab vom Kontrollinstrument, der Art seiner Handhabung und der Bereitschaft, die Kontrolle zu akzeptieren. Dabei zeigt sich in der Ausübung der Kontrolle durch einen Führer sowohl die Tendenz, daß der Führer den Geführten folgt, als auch daß die Geführten dem Führer folgen. Eine der wichtigsten Aufgaben des Führers in effektiven Gruppen besteht darin, Kontrolltechniken anzuwenden, die zur Einhaltung der Gruppenregeln und Gruppennormen geeignet sind. Die Wirksamkeit der Anwendung von Kontrolltechniken hängt davon ab, daß sie selbst die Gruppennormen nicht verletzen dürfen, da anderenfalls mit Widerstand seitens der Gruppenmitglieder zu rechnen ist, daß ihr Einsatz keine langfristigen negativen Konsequenzen für den Gruppenzusammenhalt hat, daß keine unangemessen negativen oder positiven Sanktionen vorgenommen werden, daß die eingesetzten Sanktionsmaßnahmen das Gewohnte und noch als angemessen angesehene Ausmaß nicht übersteigen, daß den Gerechtigkeitsvorstellungen der Gruppe entsprochen wird, und daß der Sanktionseinsatz nicht willkürlich erfolgt, sondern zuverlässig antizipierbar ist.

Fragen

1. Welche Voraussetzungen müssen für eine optimale Kooperation in Gruppen erfüllt sein?
2. Welche Rolle spielt das Bewußtsein des gemeinsamen Zieles bei der Verwirklichung kooperativen Verhaltens?
3. Unter welchen Bedingungen steigen die Chancen für eine Konfliktlösung, wenn das Bewußtsein gemeinsamer Interessen aktiviert wird?
4. Welche Probleme ergeben sich für effektive Gruppen aus dem Suchen und Anwenden von Konfliktlösungsstrategien?
5. Worin bestehen die psychologischen Voraussetzungen zur Kooperation?
6. Welchen Einfluß hat die soziale Orientierung des Handelnden auf die Art der Interaktion und Kooperation?

7. Welche Entscheidungsstrategien wurden mit Hilfe des Gefangenen-Dilemma-Spiels experimentell untersucht?
8. Welche Kontextbedingungen und sozialen Merkmale fördern eine kooperative Orientierung beim Entscheidungsverhalten?
9. Welche Schritte lassen sich bei einem Entscheidungsprozeß unterscheiden?
10. Welche Einwände lassen sich gegen die allgemeine Gültigkeit des rationalen Entscheidungsmodells vorbringen?
11. Worin unterscheiden sich ‚Problem' und ‚Dilemma'?
12. Wann sollten Entscheidungen durch die Gruppe und wann von einem Führer getroffen werden?
13. Welche Kontrollprozesse sind zur Einhaltung der Gruppenentscheidungen notwendig?
14. Was muß beim Einsatz effektiver Kontrolltechniken berücksichtigt werden?

Weiterführende Literatur

Colman, A. E. (1982). Game theory and experimental games. Oxford: Pergamon.

Dawes, R. M. (1980). Social dilemmas. Annual Review of Psychology, 31, 169—193.

Feger, M. & Sorembe, V. (1983). Konflikt und Entscheidung. Enzyklopädie der Psychologie, Serie IV, Bd. 1: Theorien und Formen der Motivation. Göttingen: Hogrefe.

Kapitel 5:

Leistungsfähigkeit von Gruppen

In einer modernen Industriegesellschaft ist die Frage nach der Leistungsfähigkeit von Gruppen von bleibend hoher Aktualität. Die immer komplexer werdenden Probleme der Sicherung und Steigerung eines einmal erreichten Lebensstandards unter den Bedingungen einer dynamischen, multi-kulturellen Weltgesellschaft sind nicht mehr von einzelnen Personen, sondern nur noch in Gruppen und im Zusammenspiel vieler Gruppen zu lösen. In einer leistungsfähigen Gruppe müssen Spezialkenntnisse, spezifische Fähigkeiten und Fertigkeiten sowie Handlungswissen und Handlungserfahrungen in unterschiedlichen Tätigkeitsfeldern verfügbar sein, zielorientiert aktiviert und koordiniert werden und zur Problemlösung effektiv eingesetzt werden. Das Zusammenführen von Experten, der koordinierte Einsatz ihrer Ressourcen zur Zielerreichung, die Steuerung und Kontrolle der dabei ablaufenden gruppendynamischen Prozesse und die Rückmeldung über Leistungsergebnisse sind dabei ebenso bedeutsame leistungsbeeinflussende Faktoren wie die Bewertung der Gruppenleistungen, die Verteilung der erreichten Gruppengewinne und die Regulation der Gruppenwirkungen nach innen, also in die Gruppe hinein, und auf außenstehende Personen und andere Gruppen. Sie bedürfen der optimalen Organisation und Gestaltung, die dann besonders schwierig und mit Risiken behaftet ist, wenn die Gruppen als offene und dynamische Systeme agieren. Für die Sozialpsychologie ergeben sich daraus eine Fülle von Fragen nach den effektiven Bedingungen, Verlaufsprozessen und Resultaten leistungsorientierter Gruppen bei unterschiedlichen Arten von Aufgabenstellungen und im Vergleich mit den Leistungen von Einzelpersonen.

Die Frage nach dem Leistungsvorteil der Gruppe ist viel älter als die empirische Sozialforschung. Schon Aristoteles meinte:

„Die Ansicht, daß es immer noch besser sei, wenn die Menge den Ausschlag gäbe als die Minderzahl der Vornehmsten, scheint sich als Lösung zu ergeben und läßt sich bis auf einen gewissen Grad verteidigen, enthält vielleicht sogar etwas Wahres. Die Menge nämlich, in der zwar jeder einzelne kein tüchtiger Mann ist, kann doch in ihrer Gesamtheit etwas Besseres sein als jene, nicht der einzelne in ihr, sondern alle zusammen, wie etwa ein Mahl, zu dem viele Leute Beiträge geleistet haben, besser ausfällt, als eines, das auf Kosten eines einzigen zugerichtet wird. Denn, da es viele sind, so kann jeder einen Teil an Tüchtigkeit und Klugheit besitzen, und die Menge kann, wenn sie zusammengetreten ist, gewissermaßen einen einzigen Menschen bilden mit vielen Armen und Beinen und einem vielfachen Wahrnehmungsvermögen, und ähnlich verhält es sich mit den Charaktereigenschaften und dem Denken“ (zitiert nach Hofstätter, 1957, S. 17).

Oder ganz ähnlich schreibt Machiavelli:

„Ein Volk ist klüger und beständiger als ein Fürst und hat ein besseres Urteil, und nicht ohne Grund vergleicht man Volkes Stimme mit Gottes Stimme — sieht man doch allgemein die öffentliche Meinung bei der Voraussage kommender Dinge Wunder tun. Fast könnte man glauben, daß sie durch eine geheime Kraft Heil und Unheil vorausschauen“ (zitiert nach Hofstätter, 1957, S. 27).

Wenn im folgenden die Leistungsfähigkeit von Gruppen behandelt wird, so werden dabei bewußt die Handhabung sozial-emotionaler Spannungen als „Leistung“ ausgeklammert. Die Behandlung dieser gleichsam das innere System der Gruppe betreffenden Probleme erfolgte bereits in Kap. 3 dieses Bandes. Zudem wird im folgenden nur die Leistungsfähigkeit interagierender Gruppen behandelt, da auf die Wirkungen des Koagierens und der Anwesenheit anderer Personen auf die individuelle Leistung ebenfalls in Kap. 3 eingegangen wurde.

Es gibt nur wenige Bereiche der Gruppenforschung, die so eingehend untersucht wurden und eine solche Fülle experimenteller Forschungen und theorieorientierter Arbeiten hervorgebracht haben, wie Fragen des Lösens von Aufgaben in Gruppen. Dabei wurde schon recht früh erkannt, daß Gruppen leistungsfähigen Einzelpersonen nicht grundsätzlich überlegen sind. Es hängt vielmehr von der Art der Aufgabe und den Bedingungen ihrer Lösung ab, ob Gruppen oder Einzelpersonen effektiver arbeiten. Die Gruppe kann gegenüber fähigen Einzelpersonen nur dann bessere Leistungen erbringen, wenn sie ihre besonderen leistungsförderlichen Potentiale auch entfalten und effektiv zum Einsatz bringen kann. Aber welche Potentiale sind es, die Gruppen insgesamt leistungsfähiger werden lassen als ihre fähigsten Einzelmitglieder, und welche Art von Aufgaben lassen die spezifischen Leistungspotentiale von Gruppen zur Wirkung kommen?

Hofstätter (1957) unterscheidet drei verschiedene Leistungstypen: (1) Typus des Hebens und Tragens, (2) Typus des Suchens und Findens und (3) Typus des Bestimmens. Zweifellos können zwei oder drei Personen einen schweren Gegenstand eher heben und fortbewegen als eine Person. Dabei wird allerdings die Koordination der Kräfte einen Teil der Einzelenergien absorbieren. Tatsächlich liegt die aufgebrachte Gesamtkraft schon bei Sechsergruppen deutlich unter der statistisch berechenbaren Summe der aufgewandten Einzelkräfte. Bereits Moede (1920) versuchte eine mathematische Beziehung zwischen Gruppenleistung (L) sowie der Anzahl der beteiligten Personen (N) und der jeweiligen Einzelleistung (X) herzustellen, indem er eine vom Aufgabentyp abhängige konstante Einflußgröße (a) einführte. Die Leistungsformel nach Moede lautet: $L = X + a \times \log N$. Beim Leistungstyp des Suchens und Findens geht es darum, eine bestimmte zutreffende Lösung für eine gestellte Aufgabe zu identifizieren. Untersuchungen im Zusammenhang mit diesem Leistungstyp werden im nächsten Abschnitt ausführlich beschrieben. Der Leistungstyp des Bestimmens bezieht sich im wesentlichen auf die Festlegung von Normen und Werten in Gruppen. Das Experiment von Sherif (1936) zum autokinetischen Effekt ist ein sehr markantes Beispiel für diesen Leistungstyp. In dieser maximal unbestimmten Situation entwickelt sich aus der Interaktion der Gruppenmitglieder heraus ein Beurteilungswert, der dann das Urteilsverhalten jedes einzelnen Gruppenmitgliedes bestimmt. Auch die Konformitätsuntersuchungen von Asch (1956) und die Ferienlagerstudien von Sherif bieten eine Fülle von Beispielen für den Leistungstyp des Bestimmens.

Die Gliederung der folgenden Abhandlung orientiert sich an der Bedeutung, die einzelnen Aufgabenarten in der gruppenpsychologischen Forschung beigemessen wurde.

Rollen- und Kommunikationsstruktur in Gruppen

Neben anderen leistungsförderlichen und leistungshemmenden Merkmalen von Gruppenprozessen, z. B. dem Führungsstil, dem Identifikationsgrad der Gruppenmitglieder mit den Gruppenzielen, den Vorerfahrungen der Gruppenmitglieder mit Gruppenprozessen, wurden in der Sozialpsychologie lange und ausführlich verschiedene Formen der Rollen- und Kommunikationsstruktur in ihrem Einfluß auf die Gruppenleistung untersucht. Die Schnelligkeit, mit der Probleme in Gruppen gelöst werden können, und die Lösungsqualität sind ganz entscheidend abhängig von der formalen oder informellen Rollen- und Kommunikationsstruktur. Personen, die sich bisher zur Lösung einer bestimmten Aufgabenstellung begegnet sind (Herstellung eines Produktes) und innerhalb eines festgelegten, hierarchischen Rollengefüges in einer Betriebsorganisation vom Betriebsleiter über den Abteilungsleiter, Meister, Vorarbeiter, Facharbeiter zum angelernten Arbeiter miteinander kommuniziert und Informationen ausgetauscht haben, werden diese Kommunikationsstruktur auch dann beibehalten, wenn sie eine andere Aufgabe (Lösung eines kontroversen politischen Problems) unter frei wählbaren Kommunikationsstrukturen (Gruppendiskussion unter experimentellen Bedingungen) zu bearbeiten haben. Von Gruppenmitgliedern, denen nach den bisherigen Erfahrungen ein höherer Status zugebilligt wird und die bei der Lösung von Problemen bisher eine wichtige Rolle eingenommen haben (Betriebsleiter, Abteilungsleiter und Meister), wird ein höheres Maß an Organisationsleitung, Diskussionsbeteiligung und Engagement in Richtung auf Erreichung des Gruppenziels erwartet. Obwohl zur Bearbeitung des neuen Themas keinesfalls die vorhandenen Berufserfahrungen und die betriebliche Rollen- und Kommunikationsstruktur Leistungsvorteile bringen, werden der bisherige Status und die damit zusammenhängenden Rollenerwartungen das Gruppengeschehen determinieren. Um solche sachfremden und leistungshemmenden Einflüsse zu vermeiden, ist es wichtig, daß Führer von formalen Gruppen, die also einen offiziellen Status in der Gruppe besitzen, sich in der Gruppendiskussion zurückhalten, mehr eine Moderatorfunktion einnehmen, dafür sorgen, daß Minoritäten zu Wort kommen, und sonst inaktive Mitglieder zu Diskussionsbeiträgen ermutigt werden. In dem hier geschilderten Fall wird eine zur Gewährleistung der betrieblichen Produktivität funktionale Rollen- und Kommunikationsstruktur auf eine Aufgabenstellung und Gruppeninteraktionssituation übertragen, für welche sie ungeeignet ist, da nicht allen Diskussionsteilnehmern alle denkbaren Kommunikationskanäle in gleicher Weise offenstehen. So wird beispielsweise in der vorgesehenen Gruppendiskussion über ein aktuelles politisches Problem der angelernte Arbeiter sich eher mit dem Vorarbeiter oder Meister verständigen und austauschen als mit dem Betriebsleiter.

Was geschieht, wenn in einer Gruppe, die ein spezifisches Problem zu bearbeiten hat, nicht alle Kommunikationskanäle von allen Gruppenteilnehmern in gleicher Weise genutzt werden können und damit nur ein eingeschränkter und sehr spezifischer Informationsaustausch zwischen den Gruppenteilnehmern möglich ist? Ausgehend von solchen Fragestellungen untersuchte Leavitt (1951) bereits sehr früh die Effektivität unterschiedlicher Kommunikationsstrukturen in aufgabenorientierten Gruppen in bezug auf die Gruppenleistung. Er konstruierte dazu eine spezifische Versuchsanordnung, die es fünf Personen erlaubte, über verschieden strukturierte Kommunikationsnetze miteinander schriftliche Informationen auszutauschen. Die Versuchspersonen konnten sich dabei allerdings nicht beobachten, hatten sich bisher noch nicht kennengelernt und wußten auch sonst nicht mehr voneinander als das, was sie über die schriftlichen Informationen, die sie von den anderen Teilnehmern bekamen, in Erfahrung bringen konnten (siehe Abb. 14).

Die Untersuchungen ergaben folgende Resultate: Unter der Kommunikationsbedingung Rad und Ypsilon konnte die zentrale Führungsperson von allen Gruppenmitgliedern übereinstimmend identifiziert werden. Eine hohe Übereinstimmung bezüglich der zentralen Position von C ergab sich auch bei der Kette, wohingegen beim Kreis alle fünf Personen als mögliche Führer identifziert wurden. Bei der Weitergabe von Informationen tauchten unter den Bedingungen Kreis und Kette häufiger Fehler auf als unter den zentralisierten Kommunikationsbedingungen bei Ypsilon und Rad. Im Netz und im Kreis war die Zufriedenheit der Gruppenmitglieder mit ihrer Arbeit und dem Gruppenergebnis am höchsten, unter der Bedingung Rad am niedrigsten, und unter den Bedingungen Kette und Ypsilon hielt sich die Zufriedenheit auf einem mittleren Niveau. In den Kommunikationsnetzen peripher angesiedelte Personen, z. B. A und E in der Kette, E im Ypsilon und A, B, D und E im Rad, waren mit der Gruppenarbeit insgesamt sehr viel unzufriedener als zentral lokalisierte Personen wie C in Kette, Ypsilon und Rad. Die Effektivität des Kommunikationsablaufs stellt sich im Rad schneller ein als im Ypsilon. Insgesamt glaubte Leavitt festgestellt zu haben, daß die Gruppeneffektivität im Rad höher ist als im Kreis. Andere Autoren, z. B. Mackenzie (1976), kamen zu

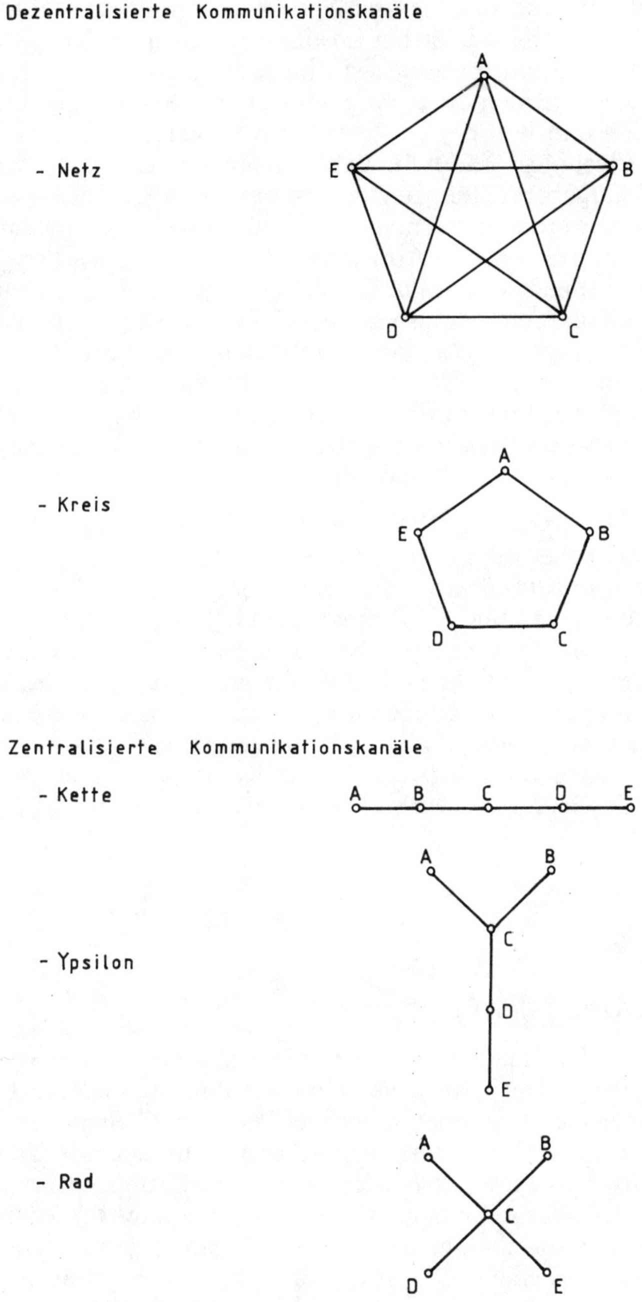

Abbildung 14: Kommunikationskanäle

dem Ergebnis, daß bei einer ganzen Serie von komplexen Aufgaben, die zur Lösung anstanden, bei den ersten Lösungsversuchen die Kreis- und Netzformation den höchsten Leistungsgewinn erbrachten, im Verlauf weiterer Problemlösungen jedoch die mehr zentralisierten Kommunikationsnetze wie Kette, Ypsilon und Rad bessere Leistungen hervorbrachten. Erklären lassen sich diese Ergebnisse dadurch, daß sowohl bei einfachen wie auch bei komplexen Aufgabenstellungen zunächst einmal möglichst viele Informationen gesammelt werden müssen, die zur Aufgabenlösung zu verarbeiten sind. Da bei einfach strukturierten Aufgaben sich die Lösungen schon während der Phase der Informationssammlung gleichsam von selbst anbieten, sind stark zentralisierte Kommunikationsnetze bei einfachen Aufgabenstellungen sofort effektiv. Bei komplexen Aufgaben setzt hingegen die leistungsförderliche Wirkung zentralisierter Netze erst ein, wenn die zur Bewältigung der Aufgabe nötigen komplexen Informationsaustauschprozesse, wofür Kreis- und Netzstrukturen besonders effektiv sind, abgeschlossen oder auf einem ausreichend hohen Qualitätsniveau stabilisiert sind.

Wilke & van Knippenberg (1990) fassen die Untersuchungsbefunde hinsichtlich der Zufriedenheit der Gruppenteilnehmer in zentralisierten und dezentralisierten Netzen so zusammen: „In dezentralisierten Netzen haben alle Mitglieder die gleiche Macht, und die Zufriedenheit der Teilnehmer ist größer als die der Teilnehmer von zentralisierten Netzen, die sich an der Peripherie befinden. In Folge der größeren Anzahl einflußreicher Gruppenmitglieder ist die Zufriedenheit aller, die Gruppenmoral, in dezentralisierten Netzen höher als die in zentralisierten Netzen an der Peripherie. Dies läßt vermuten, daß auf lange Sicht in einem zentralisierten Netz die Koordinationsverluste gering sind, daß jedoch die Gefahr steigender Motivationsverluste besteht“ (S. 367).

Gruppenleistung

Leistungsvorteil der Gruppe

Eine klassische Untersuchung über den Leistungsvorteil der Gruppe stammt von Shaw (1932). Der Zweck der Untersuchung war es, die Leistung von Einzelpersonen und kooperierenden Vier-Personen-Gruppen bei der Lösung recht schwieriger Probleme zu untersuchen und miteinander zu vergleichen. Alle Versuchspersonen waren Studenten, und die Gruppen waren hinsichtlich Alter, Geschlecht und Intelligenz vergleichbar. Shaw verwandte in seinen Untersuchungen sogenannte disjunktive Aufgaben, bei denen die Gruppe gezwungen ist, aus den von den Gruppenmitgliedern vorgetragenen individuellen Lösungsvorschlägen eine auszuwählen. Ein typisches Beispiel für diesen Aufgabentyp ist das sogenannte Missionar-Kannibalen-Problem: Drei Missionare und drei Kannibalen befinden sich auf der A-Seite des Flusses. Sie sollen auf die B-Seite mit Hilfe eines Bootes, das nur zwei Personen faßt, gerudert werden. Alle Missionare und ein Kannibale können rudern. Zu keiner Zeit und an keinem Ort dürfen die Kannibalen in der Überzahl sein, da die Kannibalen die Missionare auffressen würden. Gesucht wird die Anzahl der Fahrten, die notwendig ist, damit alle sechs Personen ans andere Ufer kommen. Die richtige Antwort lautet: 13 Fahrten. Nach den Untersuchungen von Shaw schneiden Gruppen bei diesem Problem insgesamt besser ab als Einzelpersonen, da innerhalb der Gruppen mehr Möglichkeiten bestehen, die individuellen Lösungsvorschläge kritisch zu analysieren, Fehler zu entdecken und falsche Vorschläge abzulehnen. In einer zweiten Untersuchung erhielten Gruppen und Einzelpersonen ein Gedicht, dessen letzte zwei Zeilen fehlten. Weiterhin erhielten sie auf Kärtchen die einzelnen Worte, aus denen sich die letzten zwei Zeilen des Gedichtes zusammensetzten. Die Aufgabe bestand darin, die Worte so zusammenzustellen, daß sie den letzten zwei Zeilen des Gedichtes genau entsprachen. Diese Aufgabe wurde ebenfalls einmal Einzelpersonen gestellt, die für sich allein arbeiten mußten, ein andermal wurden die Aufgaben kooperierenden Gruppen von vier Personen gegeben. Es fanden sich folgende Ergebnisse: (a) Es wurden signifikant mehr richtige Lösungen gefunden, wenn Gruppen anstatt Einzelpersonen die Aufgabe bearbeiteten. (b) War die Lösung falsch, dann tauchte der Fehler im Denkprozeß bei den Gruppen später auf, wohingegen bei Einzelpersonen die Fehler gewöhnlich schon in einem früheren Stadium des Aufgabenverlaufs auftauchten.

Weitere Hinweise für den Leistungsvorteil der Gruppe kommen aus einer Untersuchung von Maier & Solem (1952). Der Zweck des Experimentes war, den Beitrag eines Diskussionsleiters auf das Gesprächsniveau zu untersuchen. Dieser Diskussionsleiter war nicht klüger, erfahrener oder informierter als die übrigen Versuchspersonen. Es war ihm sogar verboten, sachliche Anregungen zu geben. Seine einzige Aufgabe bestand darin, die Diskussion der Gruppe zu leiten. In diesem Experiment wurden die folgenden zwei Bedingungen der Gruppenarbeit miteinander verglichen: die Qualität der Gruppenarbeit von 34 Gruppen mit einem Diskussionsleiter und die Qualität der Leistung von 34 Gruppen, die nur von einem Außenstehenden beobachtet wurden. Die Gruppen mit und ohne Diskussionsleiter bekamen die gleiche Aufgabe des disjunktiven Aufgabentyps gestellt: Ein Mann kaufte eine Stute für 60 Dollar und verkaufte sie für 70 Dollar. Dann kaufte er dasselbe Pferd für 80 Dollar zurück und verkaufte es erneut für 90 Dollar. Wieviel Geld hat er verdient? Die richtige Antwort lautet: 20 Dollar, und die häufigste falsche Antwort ist 10 Dollar. Zunächst schrieb jedes Gruppenmitglied die Lösung auf einen Antwortbogen, nachdem es vor der eigentlichen Gruppendiskussion für sich allein darüber nachgedacht hatte. Nach einer Gruppendiskussion von acht Minuten schrieb jedes Gruppenmitglied auf, was es jetzt für die richtige Lösung hielt. Ergebnisse: Vor Einsetzen der Diskussion fand sich in beiden Gruppen der gleiche Prozentsatz richtiger Lösungen (45 %). Nach der Diskussion stieg der Prozentsatz der richtigen Antworten in den „Leiter-Gruppen" auf 84 %, wohingegen der Prozentsatz der richtigen Antworten in den „Beobachter-Gruppen" nur auf 72 % stieg. Dies ist zwar keine statistisch signifikante, aber doch bemerkenswerte Differenz zwischen den beiden Gruppentypen. Diese Experimente zeigen, daß unter bestimmten Bedingungen Gruppen bessere Leistungsergebnisse erbringen als einzelne Personen. Das letzte Experiment zeigt darüber hinaus, daß es nicht alleine darauf ankommt, in einer Gruppe zu arbeiten, sondern daß die Art der Zusammenarbeit das Leistungsergebnis beeinflußt. Förderliche Bedingungen für den Gruppenerfolg bei disjunktiven Aufgaben sind: (1) Die potentielle Leistung der Gruppe, die dann hoch ist, wenn alle Gruppenmitglieder über die zur Aufgabenlösung erforderlichen Fähigkeiten verfügen. (2) Die Motivation derjenigen Gruppenmitglieder, die über die richtige Lösung verfügen, sich auch an der Gruppendiskussion zu beteiligen und die gefundene Lösung vorzuschlagen. (3) Die Koordination der Einzelbeiträge in der Weise, daß die richtigen Aufgabenlösungen mehr Gewicht bekommen als die falschen. Insgesamt kann der Leistungsvorteil der Gruppe auf die Wirksamkeit folgender Einflußfaktoren zurückgeführt werden:

(1) *Fehlerausgleich:* Wenn eine Person ein Problem zu lösen versucht, wird sie sich dabei meistens von einer bestimmten Einstellung zu diesem Problem leiten lassen. Die Gedanken und der Lösungsversuch werden in eine bestimmte Richtung gedrängt. Bei sehr vielen Problemen des Lebens hängt die Lösung nun aber gerade davon ab, daß man fähig ist, seine Einstellung und Lösungsmethode zu ändern. Wenn das nicht gelingt, gerät man schnell in eine Sackgasse und bleibt in den alten Bahnen stecken. Eine Gruppe besteht aus mehr als einer Person, und es besteht die Möglichkeit, ja eine hohe Wahrscheinlichkeit, daß diese Personen von verschiedenen Einstellungen geleitet werden, und daß der richtige Lösungsansatz bei irgendeinem Gruppenmitglied vertreten ist. In der Gruppe können dann diejenigen, die den richtigen Lösungsansatz haben, andere berichtigen, die mit falschen Voraussetzungen an die Lösung des Problems herangegangen sind. Falls die Gruppenmitglieder mit dem richtigen Lösungsansatz in der Gruppe zu Wort kommen und die anderen Gruppenmitglieder bereit sind, sich überzeugen zu lassen, dann kann die Gruppe die ihr gegebene Möglichkeit des Fehlerausgleichs und der Fehlerkontrolle effektiv zur Problemlösung einsetzen.

(2) *Ideenhäufung:* Aus der Tatsache, daß sich in einer Gruppe Personen zusammenfinden können, die verschiedene Einstellungen zu einem Problem haben, ergibt sich ferner, daß die Gruppe eine größere Zahl von Ideen und Meinungen produzieren kann als der einzelne. Ein bedeutender Teil der Gruppenüberlegenheit besteht gerade in der Vielfalt der Meinungen und Einstellungen.

(3) *Koordination:* Die zweite Untersuchung von Shaw zeigte, daß der einzelne mit seiner Einzelmeinung dann eine größere Chance hat, seiner Ansicht Gehör zu verschaffen, wenn ein Diskussionsleiter die Gruppe lenkt. Unter dieser Bedingung besteht eine höhere Wahrscheinlichkeit dafür, daß selbst ein statusniedriges Gruppenmitglied oder ein Teilnehmer mit geringem Selbstvertrauen der von ihm gefundenen richtigen Aufgabenlösung in der Gruppe

Gehör verschaffen kann, wenn der Gruppenführer ihn zur Teilnahme an der Diskussion ermuntert und unterstützt. In der führerlosen Gruppe wird demgegenüber die Mehrheit dominieren, und ein womöglich für die Lösung förderlicher Beitrag kann dabei unbeachtet bleiben und verlorengehen.

Bis jetzt sind Einflüsse besprochen worden, die zur Überlegenheit der Gruppe gegenüber dem einzelnen führen. Damit ist das Problem aber keineswegs erledigt, denn es lassen sich auch Umstände und Bedingungen finden, die den positiven Einfluß der Gruppe abschwächen und sogar aufheben können.

Leistungsnachteil der Gruppe

In einer Untersuchung von Thorndike (1938) ging es um die Analyse der verschiedenen Aufgabenarten auf die Gruppenleistung. Dabei erhielten studentische Versuchspersonen die Aufgaben, Kreuzworträtsel zu entwerfen und Kreuzworträtsel zu lösen, und zwar sowohl alleine als auch unter Gruppenbedingungen. Es zeigte sich, daß Gruppen bessere Leistungen erbrachten, wenn Kreuzworträtsel zu lösen waren, wohingegen Einzelpersonen bessere Leistungen beim Entwerfen von Kreuzworträtseln zeigten, d. h. sie hatten in kürzerer Zeit ein komplizierteres und schwierigeres Kreuzworträtsel erstellt als die Gruppen.

Thorndike selbst interpretiert seine Untersuchung folgendermaßen: Beim Lösen eines Kreuzworträtsels ist eine Anhäufung von Einzelbeiträgen gefordert. Je mehr Einfälle produziert werden, um so besser. Die Ideenhäufung in der Gruppe wirkt sich hier positiv aus. Das Entwerfen eines Kreuzworträtsels dagegen ist etwas anderes. Hier gibt es keine richtigen oder falschen Lösungen. Einer, der allein arbeitet, wird auf eine Methode stoßen und sie weiterverfolgen, obwohl eine andere Methode genauso angemessen wäre. Andere Personen haben eine andere Methode. Sollen diese Personen nun zu einer einheitlichen Lösung kommen, werden sie sich gegenseitig stören. Verallgemeinernd können wir sagen: Dort, wo es um die Anhäufung von Einzelinformationen geht, oder dort, wo es nur eine einzige richtige Lösung gibt, wird die Quantität und die Qualität der Gruppenleistung vermutlich größer sein können. Wenn es andererseits mehrere richtige Wege gibt bzw. wenn konzentriertes, folgerichtiges und schöpferisches Denken erforderlich ist, werden häufig Einzelpersonen besser sein als Gruppen. Bei einer noch weiteren Verallgemeinerung gilt, daß die Theorie für die Lösung eines Problems wohl am besten der einzelne ausarbeiten kann, wohingegen die Lösung von technischen Fragen oder Teilproblemen den Einsatz eines Teams ratsam erscheinen läßt. Ein einzelner Wissenschaftler entwickelte die Relativitätstheorie, aber die Technik zur Nutzung der Atomkraft, die ohne Einsteins Werk nicht hätte geschaffen werden können, wurde von vielen Wissenschaftlern im Team entwickelt.

Die bisher gewonnenen Ergebnisse über das Verhältnis von Einzelleistung und Gruppenleistung lassen sich folgendermaßen zusammenfassen:

„Sollten wir Gruppen- und Einzelleistung vergleichen, würden wir auf das Ganze gesehen den Schluß ziehen, daß hinsichtlich der meisten Leistungskriterien Gruppen im Normalfall den einzelnen überlegen sind, daß aber Auftreten und Grad einer solchen Überlegenheit von einer Anzahl situativer und aufgabenbezogener Faktoren abhängt. (...) Wenn Fehler im Vergleich zur richtigen Lösung teuer sind, oder wenn das Ziel die Erhaltung der Stabilität des sozialen Gefüges ist und die Arbeitskraft der Gruppenmitglieder billig zu haben ist, dann bietet die Gruppe erhebliche Vorteile beim Aufgaben-Lösen, ganz abgesehen von allen sonstigen, nicht aufgabenbezogenen Vorteilen der Gruppe wie z. B. Freude an der Gruppendiskussion oder dem Gefühl der Geborgenheit“ (Davis, 1969, S. 43).

Beziehung von Gruppenleistung und bester Einzelleistung

Nach den bisher berichteten Untersuchungen zum Problem des Leistungsvorteils bzw. Leistungsnachteils von Gruppen bleibt immer noch die Frage offen, ob es sich dabei wirklich um eine Gruppen-Leistung handelt oder ob die sog. Gruppenleistung nicht lediglich der Leistung des fähigsten Gruppenmitgliedes entspricht. Zur Klärung dieser Frage werden mit Bezug auf Kelley & Thibaut (1969) die folgenden drei Situationen besprochen: (1) Die Gruppenleistung entspricht der besten Einzelleistung. (2) Die Gruppenleistung ist schlechter als die beste Einzelleistung. (3) Die Gruppenleistung ist besser als die beste Einzelleistung.

Gruppenleistung entspricht der besten Einzelleistung

Für diesen Fall haben Taylor (1954) und Lorge & Solomon (1955) ein mathematisches Modell entwickelt, das davon ausgeht, daß es eine bestimmte Wahrscheinlichkeit gibt, mit der ein Gruppenmitglied eine gegebene Aufgabe lösen wird. Das Modell nimmt weiter an, daß die Gruppenmitglieder unabhängig voneinander agieren, ohne sich beim Lösen positiv oder negativ zu beeinflussen. Wenn wir nun weiterhin das Finden der richtigen Lösung als volle Gruppenleistung annehmen, ganz gleich, von wem die Lösung kommt oder von wie vielen, dann läßt sich die Wahrscheinlichkeit der Gruppenleistung berechnen. Das Modell geht von der Annahme aus, daß die Gruppenleistung der besten Einzelleistung entspricht. Mit dieser „Null-Hypothese“, daß Gruppenprozesse gar keinen Einfluß haben, kann man die tatsächlichen experimentellen Ergebnisse vergleichen. Dieses „Modell A“ von Lorge und Solomon hat die folgende mathematische Form:

$$P_g = 1 - (1 - P_I)^n$$

P_g ist die Wahrscheinlichkeit der Gruppenlösung, P_I ist die konstant angenommene Wahrscheinlichkeit eines jeden Gruppenmitgliedes, die Lösung zu finden, und n ist die Anzahl der Gruppenmitglieder. Zu dieser Formel kommt man durch die folgenden Überlegungen: Wenn wir zwei Personen haben, die beide eine Aufgabe lösen wollen, dann besitzt jede der beiden Personen eine empirisch bestimmbare Findewahrscheinlichkeit. Für die beiden Personen A und B wollen wir diese Findewahrscheinlichkeiten mit P_a und P_b bezeichnen. Natürlich gibt es auch eine Wahrscheinlichkeit des Nicht-Findens. Da eine Wahrscheinlichkeit nie größer sein kann als 1,00, ist die Nicht-Findewahrscheinlichkeit von A = $(1—P_a)$ und die Nicht-Findewahrscheinlichkeit von B = $(1—P_b)$. Wenn nun beide unabhängig voneinander an der Aufgabe arbeiten, dann gibt es die folgenden Möglichkeiten: beide finden, nur einer findet, keiner von beiden findet.

Faßt man die beiden als Gruppe auf, obwohl sie dem sozialpsychologischen Begriff der interagierenden Gruppe gar nicht entsprechen, und spezifiziert man weiter, daß jede richtige Lösung als Gruppenlösung akzeptiert wird, ob sie nun von beiden kommt oder nur von einem der beiden, dann ist der einzige Fall, in dem die Gruppe versagt, derjenige, daß keiner von beiden die Aufgabe löst. Es handelt sich hier um einen Fall der zusammengesetzten Wahrscheinlichkeit, auch Verbundwahrscheinlichkeit genannt. Die Verbundwahrscheinlichkeit wird berechnet nach der Formel: p(ab)=p(a) x p(b). Da im vorliegenden Fall nur die Nicht-Findewahrscheinlichkeit beider interessiert, heißt die Formel:

$$(1—P_{ab}) = (1—P_a) \text{ x } (1—P_b)$$

Weil nun aber jede andere Möglichkeit als diejenige, daß beide nicht finden, einen „Gruppen"-Erfolg darstellt, braucht man von der hypothetischen Gewißheit (1.00) des Gruppenerfolges nur die Wahrscheinlichkeit des gemeinsamen Mißerfolges abzuziehen. Man kommt zur Wahrscheinlichkeit des Paar-Erfolges mit der Formel: $P_{Paar} = 1 — (1 — P_a) \times (1—P_b)$. Will man diesen Sachverhalt nun generell für Gruppen mit k Mitgliedern ausdrücken, und nimmt man an, daß jedes Gruppenmitglied die gleiche Findewahrscheinlichkeit besitzt (P_I), dann kommt man zu der schon oben angegebenen Formel von Lorge & Solomon:

$$P_g = 1 — (1—P_I).$$

Geht man nun nicht von einer identischen Lösungswahrscheinlichkeit P_I für alle Gruppenmitglieder aus, sondern weist man realistischerweise jedem Gruppenmitglied eine individuelle Lösungswahrscheinlichkeit (Pi) zu, ergibt sich für k-Gruppenmitglieder folgende Formel:

$$Pg = \prod_{i=1}^{k} = 1\,1 — (1 — P_i) = 1 — (1—P_1) \,.\, (1—P_2) \,.\, (1—P_3) \,....\, (1—P_k).$$

Auf einen Nenner gebracht, sagt das Lorge-Solomon-Modell die Leistung auf Grund eines rein statistischen Kombinationsmodells voraus ohne Annahmen über Gruppen-Prozesse und Interaktionswirkungen. Mit diesem Modell sind nun die Daten einiger Experimente analysiert worden. Zum Beispiel haben

Lorge und Solomon die Daten von Shaw noch einmal analysiert und dabei gefunden, daß das Modell A absolut ausreicht, um Shaws Ergebnisse zu erklären. Andere haben ähnliches versucht, so daß Davis (1969) zu dem Schluß kommt: „Zusammenfassend läßt sich vielleicht sagen, daß der direkte Leistungsvorteil der Gruppen in einer Reihe von Fällen eine recht einfache Erklärung findet. Genauer gesagt, es gibt die Hypothese der einfachen Zusammenfassung (pooling) der Mitgliederleistungen, die zumindest ausreicht, die unterschiedlichen Resultate von Einzel- und Gruppenleistungen bei Entscheidungs-, Aufgaben-Lösungs- und Lern-Problemen zu erklären" (S. 47).

Hinweise darauf, wie die Entscheidungs-, Problemlösungs- und Lernaufgaben beschaffen sind, bei denen die Gruppe so gut ist wie ihr bestes Mitglied, finden sich bei Kelley & Thibaut (1969), die der Frage nachgehen, bei welcher Art von Problem die Gruppe das Leistungsniveau ihres besten Mitgliedes erreichen kann: „Eine Art von Problem, das verschiedene Untersuchungen und verschiedene Autoren nahelegen, hat zwei Besonderheiten: (1) Zu seiner Lösung sind nur wenige Schritte erforderlich; und (2) die Lösung kann von allen Personen, die im Besitz der Ausgangsinformationen sind, eindeutig auf ihre Richtigkeit hin überprüft werden. Aus der ersten Tatsache folgt, daß das fähigste Gruppenmitglied das Problem annähernd genausogut allein lösen kann wie in der Gruppe. Das Problem ist nicht so komplex, als daß die in der sozialen Situation liegenden Ablenkungen und Beeinflussungen sein Lösungsverhalten ernsthaft beeinträchtigen könnten. Aus der zweiten Bedingung folgt, daß der Gruppenbeste, nachdem er die Lösung gefunden hat, die anderen Gruppenmitglieder leicht von der Richtigkeit seiner Lösung überzeugen kann. Die unter (1) genannte Bedingung ist wahrscheinlich entscheidend dafür, ob die Gruppe das Niveau ihres besten Mitgliedes erreicht. Nur wenn diese Bedingung gegeben ist, wird die richtige Antwort mit der Häufigkeit auftreten, die nötig ist, um den ‚best man'-Effekt zu erzielen. Die zweite Bedingung ist dagegen wohl nur eine von mehreren Voraussetzungen, die für die Annahme der richtigen oder besten Lösung verantwortlich sind" (S. 65).

Gruppenleistung ist schlechter als die beste Einzelleistung

Wir haben im vorigen Abschnitt gesehen, daß es zur Erklärung einer Gruppenleistung ausreichen kann, auf den möglichen Beitrag der besten Einzelleistung hinzuweisen, was der Annahme zu widersprechen scheint, daß die Gruppe mehr ist als die Summe ihrer Mitglieder. Aber das Problem ist noch weitaus schwieriger: Die Gruppe ist häufig nicht einmal so gut wie ihr bestes Mitglied.

Es kann zwar nahezu alles für den Mißerfolg einer Gruppe verantwortlich sein, vom schlechten Wetter bis zur mangelnden Intelligenz der Gruppenmitglieder, aber unausweichlich in der Gruppe „angelegt" scheinen nur zwei hemmende Kräfte: (1) der von Gruppen ausgeübte Konformitätsdruck und (2) die durch den Zusammenschluß von Individuen mit ihren eigenen Zielen, Wünschen und Erfahrungen entstehenden „Reibungsverluste", d. h. die notwendigerweise auftretenden organisatorischen Schwierigkeiten. Abgesehen von diesen generell anerkannten Schwierigkeiten betont jeder Autor dann noch seine eigene, von ihm gewöhnlich bevorzugte Erklärung für die Leistungsschwierigkeiten in einer Gruppe. So hebt z. B. Hoffman (1965) besonders die Tatsache hervor, daß Gruppen eher die Tendenz zeigen, „lösungsorientiert" zu sein und nicht „problemorientiert", was nötig wäre, um die Lösung zu finden. „Der Druck, eine Lösung zu finden (...), hemmt vermutlich die Diskussion des Problems und wie es angegangen werden kann. Auf diese Weise wird die Gruppe daran gehindert, die Forderungen des Problems und die Lösungsansätze systematisch zu untersuchen" (Hoffman, 1965, S. 110). Verbunden damit ist das Problem des Umgangs mit der Wirkung des Konformitätsdrucks in Gruppen.

Es ist eine ärgerliche Tatsache, daß die aus dem Gruppenleben kaum fortzudenkenden Tendenzen zu Anpassung und Übereinstimmung die Leistung der Gruppe und des einzelnen sofort ernsthaft beschneiden, wenn diese Tendenzen sich verselbständigen und, verglichen mit Individualität und Heterogenität, ein Übergewicht gewinnen. Untersuchungen von Janis (1972a, 1982), die sich mit dem Zustandekommen folgenschwerer politischer Entscheidungen in den USA befassen, zeigen sehr deutlich die leistungsbehindernde Funktion eines einheitlichen „Gruppengeistes" (group think). Janis wertete Kabinettsprotokolle und Notizen über Gespräche mit Regierungsmitgliedern aus, um den Prozeß der Entscheidungsfindung nachzeichnen zu können. Er kommt zu folgendem Ergebnis: „der Weg der USA von Pearl Harbor bis Vietnam ist mit ‚Gruppengeist' gepflastert, jenem verkrampften Bemühen um gruppenkonformes Denken, das jede abweichende Meinung unterdrückt" (Janis, 1972b, S. 76). Bei der Analyse der politischen Entscheidungsprozesse, die zur Invasion Kubas unter Billigung Kennedys im April 1961 führten, ebenso wie bei der Analyse der politischen Entscheidungen im Zusammenhang mit Pearl Harbor und der Eskalation des Vietnamkrieges glaubt Janis die gleichen Struktur- und Entscheidungsprozesse aufzeigen zu können: „Auf Kosten kritischen Denkens entwickeln sich Gruppennormen, die unter einem falsch verstandenen Loyalitätsbegriff (Gruppengeist) selbst dann noch aufrechterhalten werden, wenn sie sich ganz offensichtlich als falsch erweisen (...). Je stärker der Zusammenhalt der Gruppe wird, um so größer wird für den einzelnen der innere Zwang, Einigkeit zu demonstrieren. Die Folge davon ist, daß man allen Vorschlägen des Gruppenleiters oder eines Gruppenmitgliedes einen großen Vertrauensvorschuß einräumt" (Janis, 1972b, S. 77—78). Gruppenentscheidungen unter den Bedingungen hoher Gruppenkohäsion und eines starken Konformitätsdruckes in Gruppen führen zur Überschätzung der eigenen Handlungsmöglichkeiten, zur voreiligen Anpassung an die Autoritäts- oder Mehrheitsmeinung, zur Abwehr kritischer Einwände von außen und innen und zu einem Gefühl, sich selbst zu genügen und auf nichts anderes mehr achten zu müssen als nur auf die eigene Gruppe. Schließlich kommt es zu der folgenschweren Annahme, daß alle anderen ernstzunehmenden Personen die zur Entscheidung anstehenden Probleme ebenso beurteilen wie man selbst und die eigene Gruppe, was nicht selten eine Fehlannahme ist.

Gegen diesen Sog zum Gruppendenken schlägt Janis (1972b) vor: „(1) Der Leiter eines Entscheidungsgremiums sollte jedem Mitglied die Rolle des Kritikers ausdrücklich zuweisen und immer wieder dazu auffordern, vorhandene Zweifel zu artikulieren. Das sollte für den Gruppenleiter sogar so weit gehen, daß er auch eine Kritik seiner eigenen Ausführungen zuläßt. (2) Wenn Schlüsselfiguren einer Hierarchie innerhalb ihrer Organisation einen Planungsauftrag vergeben, sollten sie persönliche Zielvorstellungen zunächst unausgesprochen lassen. Dadurch wird der Diskussionsraum erweitert. (3) Die Organisation sollte außenstehende Expertengruppen auf das gleiche Problem ansetzen, jede Gruppe unter einem eigenen Leiter. Auf diese Weise wird eine Isolation der Kerngruppe vermieden. (4) Vor endgültigen Beschlüssen sollte jedes Gruppenmitglied aufgefordert werden, seine Überlegungen mit einem Partner des eigenen Fachbereiches zu diskutieren. (...) (5) Die Gruppe sollte während eines schwebenden Entscheidungszustandes Experten hinzuziehen und diese ausdrücklich ermutigen, die dominierenden Ansichten der Gruppe anzuzweifeln. (6) Zu jeder Plenarsitzung, deren Tagesordnung eine Bewertung der erarbeiteten Alternativen vorsieht, sollte mindestens ein Gruppenmitglied die Rolle des advocatus diaboli übernehmen. (...) (7) Immer wenn Entscheidungen gegnerische Organisationen berühren, sollte die Gruppe eine größere Zeitspanne verstreichen lassen (...), um alle Warnsignale der Gegner zu beobachten und Alternativen auszuarbeiten, die auf die Pläne des Gegners abgestimmt sind. (8) Wenn die Gruppe Alternativen auf ihre Durchführbarkeit und Effektivität hin untersucht, sollte sie vorübergehend in Untergruppen getrennt tagen. In der darauffolgenden Plenarsitzung kann sie die gegensätzlichen Meinungen um so realistischer gegeneinander abwägen. (9) Nachdem eine Vorentscheidung hinsichtlich der besten Möglichkeiten gefallen ist, sollte die Gruppe noch einmal in einer Sitzung die Alternativen der ‚zweiten Wahl' untersuchen. (Bei der Anwendung dieser Maßnahmen ist aber zu beachten): Wenn der Vorsitzende den Kritikbereich nicht durch Normen absteckt, kann es innerhalb der Gruppe zu Aversionen, Aggressionen und Entfremdungen kommen, die in einen unproduktiven und aufreibenden Machtkampf ausarten können" (S. 81—82).

Die gruppendynamisch und gruppentherapeutisch orientierten Autoren weisen immer wieder auf die leistungsbeeinträchtigende Wirkung starker emotionaler Prozesse in Gruppen hin (Bion, 1971; Brocher, 1967). Während es also auf der einen Seite richtig sein kann, von einem Leistungsvorteil der Gruppe zu sprechen, wenn man die Leistung der Gruppe mit der durchschnittlichen Einzelleistung eines Mitgliedes vergleicht, so stimmt es andererseits auch, daß Gruppen durchaus nicht immer das leisten, was man von ihnen bei Anwendung rationaler Kombinationsmodelle erwarten sollte. So kommt Davis (1969) zu dem Schluß: „Wir haben festgestellt, daß frei interagierende, spontan gebildete Gruppen selten eine derart optimale Beziehungsstruktur erreichen, daß die zur Problembewältigung erforderliche Information effizient verarbeitet wird. Die Gruppenleistung erreicht selten das Leistungsniveau des besten Gruppenmitgliedes und fällt so allzu häufig unter das Niveau der optimalen Leistung. Diese Schlußfolgerung gilt sogar dann, wenn die Aufgabe und die Situation eine Arbeitsteilung erlauben. Die Gruppe organisiert sich selten in einer solchen Weise, daß Vorteile voll ausgenutzt werden, die sich aus einer Zusammenfassung (pooling) von Teillösungen ergeben" (S. 54).

Gruppenleistung ist besser als die beste Einzelleistung

Die mangelnde Eindeutigkeit im Verhältnis von Gruppenleistung und Individualleistung ist für die Sozialwissenschaft nach wie vor ein Problem, und es gibt dementsprechend viele Bemühungen, die Bedingungen zu spezifizieren, unter denen eine Gruppenleistung möglicherweise besser ist als die beste Einzelleistung. So schreiben Kelley & Thibaut (1969): „Es muß klar erkannt werden (...), daß die vorhandenen Hinweise auf die Neuheit und Einzigartigkeit von individuellen Leistungen in Gruppensituationen keineswegs zufriedenstellend sind. Bisher rechtfertigt weder die direkte Analyse von Gruppenprozessen noch die Ergebnisse der Untersuchungen über einen Trainingstransfer diese Vorstellung. Vielleicht lernen Gruppenmitglieder Problemlösungstechniken voneinander, aber bis jetzt gibt es keinen überzeugenden Beweis dafür, daß die individuellen Beiträge zur Gruppenlösung in der Gruppensituation höhere Qualität und Kreativität aufweisen. Die Überlegenheit der Gruppenleistung im Vergleich zur Einzelleistung scheint den Effekt des Zusammenfassens und der Kombination von Einzelleistungen widerzuspiegeln, die sich wenig von den Verhaltensweisen unterscheiden, die der einzelne zeigt, wenn er alleine arbeitet (oder die vielleicht sogar schlechter sind). Die am ehesten plausible Hypothese besagt, daß diese Gruppenvorteile nur für Probleme zutreffen, die sich aus Teilaspekten zusammensetzen, und daß diese Vorteile nur in Gruppen auftreten, in denen die Mitglieder nicht-korrelierende (d. h. komplementäre) Schwächen und Stärken aufweisen" (S. 69).

Shaw (1981) kommt nach einem Überblick der einschlägigen Untersuchungen über die Leistungsfähigkeit von Gruppen und Individuen bei Problemlösungsaufgaben zu einem ähnlichen, wenn auch differenzierteren Ergebnis: „Zusammenfassend zeigen die Daten über individuelle Leistung gegenüber Gruppenleistung, daß die Effektivität der Individual- oder Gruppenleistung von den bisherigen Erfahrungen der beteiligten Personen, der Art der Aufgabe, die sie zu lösen versuchen, dem untersuchten Problemlösungsprozeß und der Art der Effektivitätsmessung abhängen. So können z. B. Experten und/oder erfahrene Individuen bessere Leistungen erbringen als Gruppen oder weniger erfahrene Personen. Gruppen können effektiver sein als Individuen bei Aufgaben, die eine Vielfalt von Informationen erfordern, die durch Zusammenfassung individueller Einzelleistungen gelöst werden können, und die die korrekte Erfüllung einer Reihe von Teilschritten in einer definierten Anordnung erfordern; Individuen leisten demgegenüber mehr bei Aufgaben, die eine zentralisierende Organisation der Teilschritte erfordern. Die Gruppenleistung ist höher als die individuelle Leistung, wenn der Vorgang auf Lernen oder Problemlösen abzielt, nicht notwendigerweise aber, wenn er ein Urteil erfordert. Diese Schlußfolgerungen beruhen auf der Messung von Gesamtleistungsergebnissen; wenn allerdings die Effektivitätsmessung den pro beteiligter Person investierten Betrag beinhaltet, dann zeigen Individuen generell eine höhere Effizienz" (S.67—68). Weiterhin meint Shaw, daß die bisherigen Forschungen zur Individual- und Gruppenleistung eher dazu geführt haben, viele bisher für gültig erachtete Hypothesen zu widerlegen, so daß nur relativ wenige kritische Untersuchungen haben standhalten können.

Wenn man berücksichtigt, daß diese Hypothesen Generalisierungen darstellen, die sich unter vielen, aber keineswegs unter allen Kontextbedingungen als zuverlässig erwiesen haben, und wenn man sie zudem als Hypothesen betrachtet, die zukünftige Forschungen anregen können und sich ihnen kritisch stellen müssen, dann lassen sich nach Shaw folgende Hypothesen formulieren: (1) Gruppenurteile sind Individualurteilen dann überlegen, wenn es sich um Aufgaben handelt, die Zufallsirrtümer enthalten. (2) Gruppen produzieren mehr und bessere Problemlösungen als Einzelindividuen. (3) Gruppen benötigen normalerweise mehr Zeit, um eine Aufgabe zu lösen, als Einzelindividuen, die alleine arbeiten. (4) Gruppen lernen schneller als Individuen. (5) Gruppendiskussionen provozieren häufig Polarisierungseffekte, die entweder zu risikoreicheren oder zu vorsichtigeren Gruppenentscheidungen führen als von einem durchschnittlichen Gruppenmitglied getroffene Entscheidungen.

Insgesamt zeigt sich, daß die Art der zu lösenden Aufgabe, die Anforderungen, die sie an den einzelnen bzw. an die Gruppenmitglieder stellt, sowie die Art der Zusammenarbeit in der Gruppe von entscheidender Bedeutung für die Effektivität der erreichten Lösung sind. Dabei gibt es Fälle unklarer Aufgabenstellung, in denen die Art der Aufgabe und die zu ihrer Lösung erforderlichen Anforderungen sich während des Lösungsvorgangs verändern, indem z. B. eine Differenzierung der Gesamtaufgabe in zu lösende Teilaufgaben sinnvoll erscheint, und in diesem Fall von Gruppenarbeit zur Einzelarbeit übergegangen werden muß, wenn eine hohe Effektivität erzielt werden soll.

Aufgabenarten und ihre Lösung in interagierenden Gruppen

In der bisherigen Behandlung des Problems der Leistungsfähigkeit von Gruppen im Vergleich zu Einzelpersonen war schon deutlich geworden, daß neben der vorhandenen Leistungskapazität und dem Problem der effektiven Koordination der Leistungspotentiale jedes einzelnen immer auch die Art der Aufgabenstellung die Effektivität der Leistungen interagierender Gruppen mitbestimmt. Weiterhin war der Vergleich der Leistungsfähigkeit von Gruppen und Einzelpersonen auf eher fiktive, statistische Gruppen bezogen worden. Hier sollen nun interagierende Gruppen und die in ihnen stattfindenden leistungsförderlichen und leistungshemmenden Prozesse stärker beachtet werden.

Ausgegangen wird von der in Abb. 15 dargestellten Aufgabentypologie (Steiner, 1976, zitiert nach Stroebe, Hewstone, Codol & Stephenson, 1990, S. 343).

Frage	Antwort	Aufgabentyp	Beispiele
Kann die Aufgabe in Subkomponenten unterteilt werden oder ist eine Unterteilung nicht sinnvoll?	Subkomponenten können unterschieden werden.	Unterteilbar	Fußballspiel, Hausbau, Kochen eines Menüs mit sechs Gängen
	Keine Subkomponenten	Nicht unterteilbar	Ein Seil ziehen, ein Buch lesen, ein mathematisches Problem lösen
Was ist wichtiger: die produzierte Quantität oder die Qualität der Leistung?	Quantität	Maximierung	Erzeugung möglichst vieler Ideen, Heben des größten Gewichts, Gewinnen der meisten Sprints
	Qualität	Optimierung	Die beste Idee suchen, die richtige Antwort finden, ein mathematisches Problem lösen
In welchem Verhältnis stehen die Einzelleistungen der Individuen zum Gruppenprodukt?	Einzelleistungen werden aufaddiert	Additiv	Ein Seil ziehen, Briefe in Umschläge stecken, Schnee schaufeln
	Gruppenprodukt ist der Durchschnitt der Einzelbeurteilungen	Kompensatorisch	Bildung des Mittelwertes der Einzelschätzungen der Anzahl der Bohnen in einer Dose, des Gewichts eines Objekts oder der Raumtemperatur
	Gruppe wählt ein Produkt aus der Gesamtheit der Einzelbeurteilungen	Disjunktiv	Fragen nach Ja-Nein-Antworten, etwa mathematische Probleme, Puzzles, Entscheidungen zwischen mehreren Alternativen
	Alle Gruppenmitglieder tragen zum Produkt bei	Konjunktiv	Bergbesteigung, gemeinsam Essen, Marschieren (beim Militär)
	Gruppe kann entscheiden, in welchem Verhältnis Einzelleistungen zum Gruppenprodukt stehen	Mit Ermessensspielraum	Entscheidung, zusammen Schnee zu schaufeln, Wahl der besten Antwort auf ein mathematisches Problem, den Anführer eine Frage beantworten lassen

Abbildung 15: Zusammenfassung von Steiners Aufgabentypologie (nach Stroebe u. a., 1990, S. 343)

Steiner beginnt mit drei allgemeinen Fragen zur Aufgabenstruktur. Sie betreffen die Teilbarkeit von Aufgaben, die Qualität und Quantität der Leistung und den Beitrag der individuellen Einzelleistungen zum Gruppenprodukt. Aus der Beantwortung dieser Fragen ergeben sich unterschiedliche Aufgabentypen, die anhand von Beispielen illustriert werden. Kann beispielsweise eine Aufgabe nicht sinnvoll in Einzelaufgaben unterteilt werden, z. B. Rechenaufgabe lösen, einen Nagel einschlagen oder, wie bereits erwähnt, ein Kreuzworträtsel entwerfen, dann kann eine gegenseitige Unterstützung durch Gruppenmitglieder nicht wirksam werden, sondern würde eher stören. Falls Aufgaben unterteilbar sind und Subaufgaben an verschiedene Gruppenmitglieder delegiert werden können, kommt es darauf an, Aufgabenteilungen so vorzunehmen, daß in sich stimmige und geschlossene Subbereiche entstehen. Diese sollten sich in einem hohen Maße im Hinblick auf die Gesamtaufgabenlösung gegenseitig ergänzen und sich zugleich möglichst wenig überschneiden, um ineffektive Doppelarbeit und Kompetenzstreitigkeiten zu vermeiden. Illustrative Beispiele bieten alle Mannschaftssportarten, bei denen die Gesamtaufgabe, z. B. eine möglichst hohe Punktzahl zu erreichen, nur durch die effektive Erfüllung von Einzelaufgaben, z. B. Verteidigen, Angreifen, Spielerdeckung, Angriff stoppen, und der Koordination der erbrachten Einzelleistungen bewältigt werden kann. Aufgabe des Trainers oder Spielführers ist es deshalb, die Einzelaufgaben zu definieren, sie entsprechend der individuellen Spielerqualifikation an die Mannschaftsmitglieder zu delegieren, die Koordination der Einzelleistungen zu steuern, das Ergebnis zu kontrollieren und bei auftretenden Störungen, z. B. Platzverweisen, individuellen Leistungseinbrüchen oder unerwarteter Stärke der gegnerischen Mannschaft, das Aufgaben- und Verteilungssystem zu modifizieren.

Aus der Analyse der quantitativen und qualitativen Aufgabenarten und ihrer Gewichtung lassen sich Maximierungs- und Optimierungsaufgaben unterscheiden, wobei viele Aufgabenstellungen beide Aspekte in unterschiedlicher und wechselnder Gewichtung enthalten. So besteht die Aufgabe beim noch zu behandelnden „brainstorming“ (Ideenflut) für Einzelpersonen oder Gruppen zunächst darin, so viele Ideen wie möglich zu einem Sachverhalt zu produzieren (Maximierungsaufgabe). Das eigentliche Ziel der Prozedur ist es aber, die so gewonnene Ideenfülle daraufhin zu bewerten, zu selektieren und zu zentrieren, so daß zum Schluß eine optimale, besonders gute und eventuell sogar neuartige Idee erkennbar wird (Optimierungsaufgabe).

Aufgabentyp

Für interagierende Gruppen und ihre Effektivität ist die Beantwortung der Frage, wie die Einzelleistungen im Zusammenhang mit der Erreichung einer Gruppenleistung behandelt werden, von besonderer Bedeutung. Je nach Aufgabenstellung (siehe Beispiele in Abb. 15) ergeben sich nach Steiners Aufgabentypologie fünf verschiedene Aufgabentypen:

1. *Additive Aufgaben:* Die Einzelleistungen werden summiert und ergeben so eine Gruppenleistung. Danach ist die Gruppenleistung um so höher, je mehr Gruppenmitglieder mit maximaler Leistungsfähigkeit beteiligt sind, und je weniger sie sich in ihrem individuellen Leistungsverhalten gegenseitig behindern. Die Forschungen zur sozialen Aktivierung (social facilitation), wie sie in Band 1 dieses Grundrisses der Sozialpsychologie ausführlich besprochen wurden, haben allerdings gezeigt, daß bei wachsender Gruppengröße die Einzelleistung abnimmt. Wenn z. B. zwei Personen kooperieren, von denen jede für sich bei maximaler Kraftanstrengung 63 kg an einem Seilzug bewältigt, so erreichen sie zusammen keineswegs eine zu erwartende Kraft von 126 kg, sondern nur 118 kg. Eine 8-Personengruppe zieht sogar 256 kg weniger als sie bei Aufsummierung der potentiellen Einzelleistungen ziehen könnte. Es ist offensichtlich so, daß die erreichbare Gruppenproduktivität beim additiven Aufgabentyp aus der Summe der potentiellen Einzelleistungen der Gruppenmitglieder abzüglich der durch Motivations- und Koordinationsverluste hervorgerufenen Leistunsminderungen besteht. Wenn bei der Gewinnverteilung das einzelne Gruppenmitglied vom gemeinsam erreichten Gruppenprodukt unabhängig davon profitiert, wie hoch sein eigener Beitrag war, dann nimmt das Interesse, maximale Leistung zu erbringen, deutlich ab, und es steigt die Tendenz, die anderen Gruppenmitglieder für sich arbeiten zu lassen. Zudem ergeben sich schon bei einfachen Kraftleistungen wie Seilziehen erhebliche Koordinationsverluste dadurch, daß die Wirkung der Einzelkräfte nicht gleichzeitig und in dieselbe Richtung erfolgt. Deshalb kann auch die erreichte Gruppenleistung durch den Einsatz eines von allen Gruppenmitgliedern befolgten Arbeitskommandos erheblich gesteigert werden, weil dadurch der zeitgleiche Kräfteeinsatz optimiert wird.

2. *Kompensatorische Aufgaben:* Das Gruppenprodukt besteht aus dem Durchschnitt der Einzelleistungen. So können beispielsweise bei der Beurteilung der Qualität sportlicher Wettkampfleistungen (Kunstsportarten) individuelle Beurteilungsfehler, bedingt durch Vorurteile gegenüber einem Sportler einer bestimmten Nation, durch Wahrnehmungsfehler oder individuelle Unterschiede in der Beurteilungskompetenz, durch die Mittelwertbildung der Einzelurteile einer Kampfrichtergruppe ausgeglichen werden (Thomas, 1976). Das Gruppenurteil ist dann genauer und objektiver als ein beliebiges Einzelurteil. Allerdings ist diese Prozedur nur dann effektiv, wenn in einer Gruppe individuelle Vorurteile gegenüber bestimmten Sportlern, deren nationaler Zugehörigkeit oder sportler-spezifischen Bewegungs- und Ausführungsformen sowie Unterschiede in der Beurteilerkompetenz so verteilt sind, daß sie sich ausgleichen und nicht gegenseitig verstärken. Es muß jeder Einzelbeurteilung gleiches Gewicht bei der Gesamtbeurteilung zugemessen werden, und alle Gruppenmitglieder müssen ihr Urteil auch tatsächlich abgeben. Im Alltag sind kompensatorische Aufgabentypen, die diese Bedingungen tatsächlich erfüllen, allerdings selten.

3. *Disjunktive Aufgaben:* Die Gruppe wählt aus der Gesamtheit der Einzelbeurteilungen eine aus und definiert sie als Gruppenresultat wie bei der Missionar-Kannibalen-Aufgabe. In diesem Fall ist die Gruppenleistung dann hoch, wenn ein kompetentes Gruppenmitglied vorhanden ist, das über die Ressourcen zur Lösung der Aufgabe verfügt, wenn es seine Ressourcen tatsächlich zum Einsatz bringt, und wenn es bereit und fähig ist, die anderen Gruppenmitglieder von der Richtigkeit seines Lösungsvorschlages so zu überzeugen, daß sie ihn annehmen. Bei Aufgabenlösungen mit einem sogenannten „Heureka-" oder „Aha"-Effekt, also einer sofort einleuchtenden Lösung, ist es für das kompetente Gruppenmitglied leichter, seine Lösung durchzusetzen, als bei nicht sofort einleuchtenden Aufgabenlösungen. Wie bereits dargestellt, ist bei disjunktiven Aufgaben ein Gruppenerfolg dann gegeben, wenn in der Gruppe das zur Aufgabenlösung erforderliche Potential vorhanden ist, wenn diejenigen Gruppenmitglieder, die im Besitz der Aufgabenlösung sind, bereit sind, diese auch vorzuschlagen, und wenn die richtige Aufgabenlösung mehr Unterstützung findet als andere.

4. *Konjunktive Aufgaben:* Im Unterschied zum disjunktiven Aufgabentyp, bei dem das kompetenteste Gruppenmitglied den meisten Anteil an der Gruppenleistung hat, tragen beim konjunktiven Aufgabentyp alle Gruppenmitglieder zur Aufgabenlösung bei, z. B. beim Lösen von Kreuzworträtseln. Sind konjunktive Aufgaben nicht unterteilbar, dann entspricht das Gruppenergebnis der Leistung des am wenigsten qualifizierten Gruppenmitgliedes. So kann beispielsweise die Qualität einer Tanzgruppe, bei der alle Tänzer zur gleichen Zeit identische Bewegungen auszuführen haben, nur dann hoch sein, wenn alle Mitglieder eine gleich gute Bewegungsqualität präsentieren. Weicht auch nur ein Mitglied von diesem Niveau ab, so wird das Gesamtbild aufeinander abgestimmter Bewegungen gestört, und die Gruppenleistung ist dementsprechend geringer. In den meisten Fällen sind konjunktive Aufgaben allerdings unterteilbar, so daß die Gesamtleistung der Gruppe deutlich besser sein kann als die des schwächsten Mitgliedes, wenn die Teilaufgaben der individuellen Leistungsfähigkeit entsprechend verteilt sind, und innerhalb der Teilaufgaben von jedem Gruppenmitglied eine maximale Leistung erbracht wird, wie das bei den Mannschaftssportarten der Fall ist (Thomas, 1978).

5. *Aufgaben mit Ermessensspielraum:* Hier entscheidet die Gruppe über die Art der Aufgabenerledigung und das Verhältnis der Einzel- zur Gruppenleistung. So kann ein Urteil über die Produktqualität von einer einzelnen Person, z. B. dem Führer oder Abteilungsleiter, von allen Gruppenmitgliedern mit Einigungszwang, von der Mehrheit der Gruppenmitglieder nach einer Abstimmung oder von einem außenstehenden Beurteiler gefällt werden. Bei diesem Aufgabentyp muß die Gruppe sich auf eine Entscheidungsprozedur festlegen.

Die von Gruppen bei der Erarbeitung der verschiedenen Aufgabentypen erreichbaren Leistungen, soweit dies von der bisherigen Gruppenforschung gestützt wird, zeigt die von Steiner (1976, zitiert nach Stroebe, Hewstone, Codol & Stephenson, 1990, S. 351) erstellte Auflistung in Abb. 16.

Aufgabe	Gruppenproduktivität	Beschreibung
Additiv	Besser als der Beste	Gruppe leistet mehr als das beste Mitglied
Kompensatorisch	Besser als die Meisten	Gruppe leistet mehr als ein großer Teil der Mitglieder
Disjuntiiv (Heureka)	Gleich dem Besten	Gruppenleistung entspricht der Leistung des besten Mitglieds
Disjunktiv (kein Heureka)	Schlechter als der Beste	Gruppenleistung kann der des besten Mitglieds entsprechen, bleibt jedoch häufig dahinter zurück
Konjunktiv (nicht unterteilbar)	Gleich dem Schlechtesten	Gruppenleistung entspricht der Leistung des schlechtesten Mitglieds
Konjunktiv (unterteilt nach Eignung)	Besser als der Schlechteste	Wenn die Teilaufgaben sinnvoll auf die Fähigkeiten der Mitglieder verteilt sind, kann die Leistung ein hohes Niveau erreichen

Abbildung 16: Gruppenleistung von Gruppen bei der Arbeit an verschiedenen Aufgabentypen (nach Stroebe u. a., 1990, S. 351)

Problemart	Vorteile der Gruppe	Nachteile der Gruppe
Analyse-probleme	● Großes „Entdeckungspotential“ ● Breites Wissensspektrum	● Gefahr von Auffassungsunterschieden ● Schwierigkeit des koordinierten Vorgehens ● Weitgehende Zielidentität der Mitglieder erforderlich
Suchprobleme	● Großer Erfahrungsinhalt ● Stimulierung der individuellen Assoziationen	● keine erkennbaren Nachteile
Konstellations-probleme	● Größeres Angebot an Denkinhalten für jeden einzelnen	● keine erkennbaren Nachteile, solange das kognitive Klima angemessen ist
Konsequenz-probleme	● Größeres Wissen über Algorithmen	● Störung der Individuen beim vollzug diskursiver Denkschritte ● Setzt lückenlose Informationsübermittlung zwischen den Mitgliedern voraus
Auswahl-probleme	● Tendenz zu objektiv richtigeren Entscheidungen ● Weniger Widerstand bei der Durchsetzung ausgewählter Alternativen	● Konflikte bei unterschiedlichen Zielvorstellungen der Mitglieder ● Gefahr von Dissens und Fehlinterpretationen ● Langwierig ● Gefahr für risikoreiche Entscheidungen

Abbildung 17: Vor- und Nachteile von Gruppenlösungen (nach Schlicksupp, 1977, S. 165)

Problemlösetypen

Im Zusammenhang mit einer Analyse der Eignung von Gruppen zur Lösung von Elementarproblemen, die bei Problemlösungsaufgaben auftreten können, kommt Schlicksupp (1977) zu der in Abb. 17 wiedergegebenen Zusammenfassung der Vor- und Nachteile von Lösungen in Gruppen.

Er unterscheidet:

1. *Analyseprobleme,* bei denen die spezifischen Anforderungen im Erkennen von Strukturmustern und Systemelementen bestehen, und zu deren Lösung ein reichhaltiges Erfahrungswissen über die zu analysierenden Sachverhalte bei den Gruppenmitgliedern vorhanden sein muß. Die Gruppe arbeitet dann besonders effektiv, wenn es ihr gelingt, das Erfahrungswissen der einzelnen Gruppenmitglieder zu aktivieren und zielgerichtet zu bündeln.

2. *Suchprobleme* beinhalten in Verbindung mit Problemlösungsvorgängen vornehmlich ein gedankliches Suchen nach passenden Lösungen, z. B. bei Rätselaufgaben. Das Resultat hängt ab von Art und Umfang der gedächtnismäßig gespeicherten Inhalte sowie von der Flexibilität des anwendungsbezogenen Umgangs mit ihnen. Die Gruppe kann bei der Bewältigung dieses Aufgabentyps besonders effektiv sein, weil der Erfahrungsschatz einer Gruppe in der Regel größer ist als der einer Einzelperson, und weil durch die Gruppendiskussion viele Teilaspekte und ihre Verknüpfungen aus dem Erfahrungs- und Wissensrepertoire der Gruppenmitglieder angeregt und nutzbar gemacht werden können.

3. *Konstellationsprobleme* ergeben sich dann, wenn eine eingeschlagene Lösungsrichtung nicht zum Erfolg führt und eine Reorganisation des Erfahrungsmaterials und Wissensbestandes erforderlich wird. Dem intuitiven Erkenntnisgewinn durch plötzlich auftretende Strukturveränderungen und Perspektivenwechsel oder den mit Hilfe heuristischer Methoden, z. B. Analogiebildungen, Variation der Denkinhalte oder systematischer Kombination, gewonnenen neuen Einsichten kommen dabei besondere Bedeutung zu. Obwohl Konstellationsprobleme allein von Individuen durch gestalthafte Reorganisation der bei ihnen repräsentierten kognitiven Inhalte gelöst werden müssen, z. B. durch Umstrukturierung (nach Wertheimer, 1957), kann der Reorganisationsvorgang durch stimulierende Gruppendiskussionen und der damit verbundenen größeren Variabilität in den Denkinhalten beschleunigt werden.

4. *Konsequenzprobleme* ergeben sich beim Finden einer Problemlösung dadurch, daß die im Systembereich des Problems wirksamen Gesetzmäßigkeiten einschließlich ihrer Konsequenzen zu berücksichtigen sind. Wer alle systemrelevanten Gesetzmäßigkeiten kennt und aufgrund der verfügbaren Daten auf die noch unbekannten Elemente schließen kann, findet die Problemlösung. Wenn diese Leistung von einem einzelnen erbracht werden kann, hat die Gruppe keinen Leistungsvorteil. Da aber die Kenntnisse über

gesetzmäßige Zusammenhänge von Systemelementen in Gruppen in der Regel größer sind als bei einzelnen Personen, und dies insbesondere dann, wenn es sich um komplexe Problemstellungen mit vielen Zwischenschritten handelt (disjunktive Aufgaben), und wenn zur Problemlösung geeignete methodische Ausführungs- und Prüfverfahren (Algorithmen) gefunden werden müssen, kann die Gruppe auch hier einen Leistungsvorteil erreichen.

5. *Auswahlprobleme* entstehen, wenn mehrere Alternativen daraufhin geprüft werden müssen, in welchem Maße sie zur Problemlösung beitragen. Dabei legt die Zielsetzung fest, welche Kriterien als Vergleichsgrößen zur alternativen Bewertung zu gelten haben. Gruppen sind bei der Lösung dieses Problemtyps nur dann leistungsstärker als Einzelpersonen, wenn die Gruppenmitglieder ein hohes Maß an Übereinstimmung hinsichtlich des anzustrebenden Ziels entwickelt haben, und wenn über die Bewertung der verfügbaren Alternativen bereits Konsens besteht oder im Verlauf der Gruppenarbeit hergestellt werden kann.

Nach Schlicksupp (1977) lassen sich unter Berücksichtigung dieser Aufgabentypen und auf der Grundlage der gruppenpsychologischen Forschungsergebnisse folgende Hypothesen über die Wirkung von situativen Einflußfaktoren auf die Gruppenleistung ableiten:

— Kompetentere Vorgesetzte erzielen bei gleicher Gruppenidentifikation bessere Ergebnisse.

— Die Leistungsüberlegenheit von Gruppen bei bestimmten Aufgaben hängt direkt ab von der Ausgestaltung der Gruppenkultur (gemeinsame Ziele, Normen und Präferenzen) und vom Gruppendruck auf einzelne Mitglieder.

— Die Organisation und die Kommunikationsbeziehungen einer Gruppe sowie die Art der zu behandelnden Probleme determinieren den Gruppenerfolg.

— Das Führungsverhalten, die Rollenverteilung und die Gruppengröße beeinflussen die Effizienz von Gruppen.

— Die Rollenverteilung beeinflußt die Kollektivleistung stärker im positiven Sinne, wenn zur Aufgabenlösung in geringerem Maße besondere individuelle Fähigkeiten erforderlich sind.

— Das organisatorische Klima wirkt sich auf Gruppenleistungen aus.

— Die Art der persönlichen Beziehungen zwischen den Gruppenmitgliedern sowie die Dauer der Zusammenarbeit sind Erfolgsdeterminanten.

— Die spezifischen Anforderungen der Tätigkeit sind zu beachten.

— Die geistige Unabhängigkeit der Teammitglieder ist eine wesentliche Bedingung zur effizienten Bewältigung von Problemen" (S. 167).

Unter Berücksichtigung der Anforderungen, denen Problemlösungsgruppen im alltäglichen Handeln, aber besonders in der betrieblichen Praxis ausgesetzt sind, und der gesellschaftlichen Bedeutung effektiver Gruppenarbeit kommt Schlicksupp (1977) zu dem Schluß: „In der Praxis wird die Frage, ob bei der Bearbeitung von Problemen dem Einzellöser oder der problemlösenden Gruppe der Vorzug zu geben sei, primär unter Leistungsgesichtspunkten gestellt. Bei Diskussionen über den Nutzen der Teamarbeit hört man häufiger als andere Argumente die Befürchtung, daß Gruppenarbeit hinsichtlich der verwendeten Mann-Stunden unergiebiger im Vergleich zur Einzelarbeit sei, und daß gemeinsames Arbeiten wechselseitig zu Müßiggang führe. Andere Aspekte der Gruppenarbeit, wie z. B. ihre sozialen Auswirkungen, interessieren demgegenüber noch vergleichsweise wenig (...). Dazu muß man sich bewußt werden, daß sich Individual- und Gruppenarbeit keineswegs global vergleichen lassen, sondern daß die konkreten situativen Bedingungen eine maßgebende Rolle spielen (...). Es ist also eine Mehrzahl von Einflußfaktoren zu beachten, die bei bestimmten Ausprägungen und bei richtigem Zusammenspiel die Voraussetzungen dafür schaffen, daß eine Problemlösungsgruppe überhaupt effizient tätig werden kann. Bei Untersuchungen von Schlicksupp zeigte sich, daß unter vergleichbar günstigen Konfigurationen die von Gruppen erzielten Leistungen dennoch starken Schwankungen unterlagen. Dies unterstützt die Vermutung, daß erst das situative Zusammenspiel vieler Einflußfaktoren unter Berücksichtigung (einschließlich eines nicht berechenbaren Maßes an Zufall) zu außergewöhnlichen Gruppenleistungen führt. Der Ort, die Tageszeit, die Akzeptanz der Aufgabenstellung, Sympathiebeziehungen zwischen den Teilnehmern, Rollenverteilung, Kommunikationsstrukturen, Führungsverhalten, Pausenregelung, äußere Störungen, Altersstruktur usw. — alles kann einen Problemlösungsprozeß in Gruppen entscheidend beeinflussen. So gesehen erstaunt es nicht, daß Tests über die Effizienz von Problemlösungsgruppen zu sich widersprechenden Ergebnissen führen können.

Unseres Erachtens ließe sich der Stellenwert, welcher der Gruppe als problemlösender Einheit zuzumessen ist, wesentlich eindeutiger bestimmen, wenn die Ergebniswerte von Problemlösungen stärker im Vergleich Gruppenarbeit vs. Individualarbeit Berücksichtigung finden würden. Es muß angezweifelt werden, ob beispielsweise die Zahl der gefundenen Lösungen, die Zahl der Versuche bis zur Lösung, die Zeit des Lösungsvorgangs, die Originalität usw. — auf welche Testleistungen in der Regel bezogen werden — als praxisrelevante Vergleichsgrößen überhaupt brauchbar sind. Erst Unterschiede im Wert von Lösungen im Hinblick auf die mit den Problemen verbundenen Ziele scheinen die Frage eindeutiger beantworten zu lassen, ob dem Einzellöser oder der problemlösenden Gruppe der Vorzug zu geben sei. Dabei wäre es sinnvoll, nicht nur Leistungsziele in die Bewertung einzuschließen, sondern in vermehrtem Umfang auch beispielsweise Sozialziele (Arbeitszufriedenheit, Identifikation mit der Unternehmung usw.) zu berücksichtigen. Weiterhin halten wir es für überaus wichtig zu klären, welche Typen aller auftretenden Probleme aufgrund ihres Aufbaus von Gruppen vorteilhaft verarbeitet werden können und welche mehr auf den individuellen Problemlöser zugeschnitten sind“ (S. 166—168).

Weiterhin ist zu beachten, daß bei vielen Aufgabenstellungen in der Praxis oft nicht die Alternative zwischen Gruppen- oder Einzelarbeit bedeutsam ist, sondern das Problem der effektiven Kombination von Individual- und Gruppenarbeit. Die Analyse von Aufgabentypen und die erforderliche Berücksichtigung nicht nur direkter Wirkungen auf die Problemlösungseffektivität, sondern auch indirekter Wirkungen von Einzel- oder Gruppenarbeit auf die beteiligten Individuen, z. B. emotionale Befindlichkeit, Motiviertheit, Leistungsbewußtsein und -bereitschaft, Zufriedenheit, kognitive Bereicherung, sowie die Wirkungen auf die sozialen Beziehungen, z. B. soziale Akzeptanz, soziale Kompetenz, die Wirkungen auf die dynamischen Prozesse innerhalb und zwischen Gruppen, z. B. Gruppenkohäsion, Gruppenklima, Gruppenwettbewerb, Gruppenprestige, Identifikation, und ebenso die Wirkung auf das gesamte Organisationsgefüge zeigen die Problemvielfalt dieser Thematik.

Im folgenden Abschnitt wird am Beispiel der Kreativitätsentwicklung, dem Verhandlungsverhalten und dem Risikoverhalten in Gruppen dargestellt, wie eng individuelles Leistungsverhalten und Gruppenleistung miteinander verknüpft sind.

Kreativität, Verhandlungsverhalten und Risikoverhalten in Gruppen

Die Ausgangsfrage lautet: Welche Leistungen erbringen Gruppen und welche Probleme sind zu beobachten, wenn es darum geht, kreative Ideen zu entwickeln, Interessenkonflikte auf dem Verhandlungswege zu bereinigen und risikoreiche Entscheidungen zu treffen? Zu dieser Thematik liegen umfangreiche Studien vor, wenn auch meist laborexperimenteller Art, deren Ergebnisse für die Beurteilung des individuellen Verhaltens in Gruppen und des Leistungsverhaltens von Gruppen bedeutsam sind. Wenn auch die Übertragbarkeit der in Experimenten unter vereinfachten und streng kontrollierten Handlungsbedingungen gewonnenen Erkenntnisse zum Verständnis alltäglicher Interaktionsprozesse in Gruppen und von Gruppenleistungen immer wieder bezweifelt werden, so belegt doch der häufige Rückgriff auf diese Forschungsergebnisse bei der Gestaltung, Steuerung und Analyse von Gruppenprozessen in Betrieben und Organisationen deren Bedeutung auch für die Alltagspraxis.

Kreative Leistungen von Gruppen

Wenn es darum geht, möglichst viele neuartige, unkonventionelle und voneinander abweichende Ideen zu einem Sachverhalt bzw. Vorschläge zur

Lösung eines Problems zu produzieren, dann müßte schon allein von der Aufgabenstruktur her eine Gruppe im Vergleich zum Individuum leistungsfähiger sein. Die Gruppenmitglieder müßten in der Lage sein, sich gegenseitig zur Ideenproduktion anzuregen, so daß durch den Interaktions- und Kommunikationsprozeß in der Gruppe das in ihr vorhandene Kreativitätspotential maximal ausgeschöpft werden kann.

Aus der Beobachtung, daß viele Gruppensitzungen wenig schöpferisch sind, weil mehr Zeit darauf verwandt wird, Ideen voreilig kritisch zu bewerten, zurückzuweisen oder zu verteidigen, als neue, weiterführende Ideen zu produzieren, entwickelte der amerikanische Werbeexperte Osborn (1957) das „brainstorming"-(Ideenfindungs-) Verfahren. Das Ziel einer brainstorming-Gruppensitzung besteht darin, eine umfangreiche Liste verschiedenartiger Ideen zu einem Problemkomplex zu produzieren, die sich zur Problemlösung eignen. In der Gruppensitzung wird jede geäußerte Idee, auch wenn sie zunächst unpassend erscheint, begrüßt. Die Ideen werden aufgenommen und weiterentwickelt, je unkonventioneller und neuartiger die Ideen sind, um so besser. Voreilige Kritik und Zurückweisung von Ideen sind grundsätzlich verboten.

Die Beachtung dieser Grundprinzipien in brainstorming-Sitzungen sollen gerade die folgenden kreativitätshemmenden Prozesse in üblichen Gruppensitzungen vermeiden helfen:

(1) Es wird mehr Zeit darauf verwandt, Ideen zu kritisieren, als neue zu produzieren.

(2) Gruppenteilnehmer wenden mehr Kraft auf, ihre vorgefaßten Meinungen zu vermitteln und gegenüber Konkurrenten zu verteidigen, als neue aufzunehmen.

(3) Sensible Gruppenmitglieder neigen dazu, ungewöhnliche Ideen erst gar nicht zu äußern, aus Angst vor sozialer Blamage oder negativen Reaktionen mächtiger Gruppenmitglieder.

(4) Erfahrene Experten sind meist nicht bereit, Ideen von Außenseitern zu akzeptieren.

(5) Viele neigen dazu, sich vorschnell mit der zuerst geäußerten oder plausibel erscheinenden Idee zufriedenzugeben, ohne nach weiteren zu suchen.

(6) Die Ideen von Vorgesetzten und mächtig erscheinenden Gruppenmitgliedern werden einfach als wahr und gültig übernommen.

(7) Es entwickelt sich Angst und Ablehnung gegenüber neuartigen Ideen, weil gerade mit ihrer Übernahme, im Unterschied zu den bekannten Ideen, unbekannte Risiken verbunden sind.

(8) Es besteht eine Scheu vor der Übernahme der Ideen anderer Personen, weil damit die Gefahr eigener Statusminderung und Gefühle der Unterlegenheit verbunden sein können.

(9) Die Phase der Ideensuche wird nicht von der Phase der Ideenbewertung getrennt, so daß Ideen bereits zerredet und abgewertet werden, bevor sie überhaupt geäußert wurden und präzise formuliert werden konnten.

Der Ideenfindungserfolg von brainstorming-Gruppen ergibt sich aus der Tatsache, daß die kommunizierte Idee eines Gruppenmitgliedes bei anderen Gruppenmitgliedern neue Ideen anregt, und es so zu einer Kettenreaktion kommt. Die soziale Aktivierung in Gruppen erhöht die Ideenproduktivität ebenso wie der unter brainstorming-Bedingungen entstehende Wettbewerbseffekt zwischen den Gruppenmitgliedern. Die soziale Verstärkung in der Gruppe dadurch, daß jede neue Idee zunächst einmal begrüßt und akzeptiert wird, hat eine zusätzliche produktivitäts- und kreativitätssteigernde Wirkung. Die während einer brainstorming-Sitzung geäußerten Ideen werden anschließend von einem Beurteilungsteam auf ihre Brauchbarkeit zur Problemlösung hin untersucht, selegiert und spezifiziert.

Es wurde allerdings bezweifelt, ob Gruppen-brainstorming tatsächlich einen Leistungsvorteil gegenüber einer synthetisch zusammengesetzten Gruppe erbringt, d. h. wenn die Ergebnisse einer uneingeschränkten Ideenproduktion mehrerer Einzelpersonen zusammengefaßt werden. Tatsächlich ergibt sich aus einer Übersicht der einschlägigen Untersuchungsergebnisse (Lamm & Trommsdorff, 1973) im Gegensatz zu den Annahmen Osborns, daß in vielen Fällen synthetische Gruppen interagierenden brainstorming-Gruppen überlegen sind. Erklären läßt sich dieser Befund dadurch, daß beim brainstorming zu spezifischen Sachverhalten und Problemen eher komplexe Denkprozesse erforderlich sind, bei denen es nach der social-facilitation-Forschung (siehe Kap. 3) unter Gruppenbedingungen eher zu Leistungshemmungen kommt. Es könnten auch entgegen der brainstorming-Regel bei bestimmten Gruppenmitgliedern aus Angst vor sozialer Blamage und Kritik mehr Hemmungen auftreten, ihre Ideen zu äußern, als wenn sie die Ideenproduktion alleine vornehmen. Ein weiterer Einflußfaktor scheint zudem in der leistungsbezogenen Bewertungserwartung zu bestehen. Die schon von Osborn betonte Leistungsüberlegenheit des Gruppen-brainstorming gegenüber dem Individual-brainstorming scheint nach neueren Untersuchungen von Diehl & Stroebe (1987) nur für Personen mit niedriger Leistungsmotivation zu gelten. Ein individuelles Leistungsergebnis führt gegenüber einem kollektiven nämlich nur dann zu einem Leistungsvorteil, wenn ein Erfolg erwartet wird. Ist dies nicht der Fall, wie bei mißerfolgsorientierten Personen oder Gruppen, dann ist eine kollektive Leistungserhebung in einer brainstorming-Gruppe weniger beängstigend. Die mißerfolgsmotivierten Gruppenmitglieder haben das Gefühl, daß ihre zu erwartenden Minderleistungen gleichsam in der Gesamtgruppe untergehen und unentdeckt bleiben. Sie sind deshalb unter kollektiven Leistungsbedingungen zu höherer Produktivität fähig als unter individuellen Bedingungen. Erfolgsorientierte Personen zeigen dagegen unabhängig von der Bewertungserwartung auch im Individual-brainstorming eine hohe Leistung. Bei mißerfolgsmotivierten Personen führt ein Gruppen-brainstorming besonders dann zu höheren Leistungen, wenn Bewertungserwartungsängste aktiviert werden.

Verhandlungsverhalten in Gruppen

Verhandlungen finden dann statt, wenn zwei oder mehrere Personen sich in einem Interessenkonflikt befinden und nach einer Lösung suchen. Es lassen sich unterscheiden: (1) Urteilskonflikte, die durch unterschiedliche Ansichten über die Wahrscheinlichkeit von postulierten Beziehungen zwischen beobachteten Tatsachen entstehen, (2) Wertungskonflikte, bei denen unterschiedliche Wertungen in Bezug auf Handlungsfolgen bestehen, und (3) Verteilungskonflikte, wenn eine gerechte Verteilung der von mehreren Gruppenmitgliedern gleichermaßen für sich beanspruchten Güter zur Diskussion steht.

Die Verhandlungsforschung befaßt sich meist mit dem Verhalten von Personen in Situationen mit Verteilungskonflikten. Die theoretischen Konzepte zur Verhandlungsforschung stammen aus der Spieltheorie (Shubik, 1965), die sich mit der Ermittlung rationaler und mathematisch beschreibbarer Strategien zur Gewinnmaximierung bei Gesellschaftsspielen befaßt, der Austauschtheorie und aus Partialtheorien über spezifische Teilaspekte des Verhandelns wie Anspruchsniveaus und ihre Veränderungen im Verhandlungsverlauf. Untersucht werden Austauschprozesse über Ansprüche und Forderungen sowie Vorschläge zur Kompromißbildung und deren Konsequenzen, über die Lage der Konfliktpartner, über Rechtfertigungen, Drohungen und Versprechungen und über den Austausch von Konsensbereitschaft zur Konfliktreduktion.

Ein beliebtes und in der Verhandlungsforschung oft verwendetes Verhandlungsspiel ist das Lastkraftwagen-Spiel, „... in dem die Spieler in der Rolle von Lastkraftfahrern eine einspurige Straße in entgegengesetzter Richtung benutzen müssen. Hierüber können sie verhandeln oder müssen zeitraubende Umwege in Kauf nehmen. In anderen Spielsituationen haben die Beteiligten sich einfach in beschränkter Zeit auf die Aufteilung eines Geld- oder Punktebetrages zu einigen, wobei sie evtl. von ihren erhandelten Anteilen unterschiedliche Kostenbeträge an den Experimentator abführen müssen. Bei Verhandlungsspielen dieser Art können gezielte Hypothesen darüber getestet werden, wie sich systematische Variationen von Einflußgrößen auswirken auf Verhaltensweisen wie: Zahl kooperativer oder nicht-kooperativer Entscheidungen, Forderungs- oder Konzessionshöhe, Zahl von Drohungen, Art der Übereinkunft, benötigte Zeit, um eine gemeinsame Lösung zu finden" (Schwinger & Kayser, 1987, S.362).

Die Ergebnisse der experimentellen Verhandlungsforschung sind nicht so ohne weiteres auf reale Verhandlungssituationen zu übertragen wie z. B. Vertragsverhandlungen, Tarifverhandlungen und politische Verhandlungen, da in diesen Fällen die Einflußvariablen weit größer und komplexer miteinander verschränkt sind als in den Verhandlungsspielen.

Nach den bisher vorliegenden Erkenntnissen sind die Motive der Verhandlungspartner, der soziale Kontext, in dem verhandelt wird, die konkreten Interaktionsbedingungen zwischen den Verhandelnden und die Machtkonstellation besonders bedeutsam. So zeigt sich, daß zwischen einem mehr individualistischen Motiv (Maximierung des eigenen Gewinns), einem mehr kompetitiven Motiv (Maximierung der Gewinndifferenzen) und einem sozialen Motiv (Orientierung an sozial verankerten Aufteilungsnormen) unterschieden werden kann. Bei der Aktivierung des jeweiligen Motivs wirken situative Bedingungen und individuelle Dispositionen zusammen. Je nach Motivausprägung zeigen sich entsprechende Unterschiede im Verhandlungsverhalten, in der Wahrnehmung und Bewertung der Verhandlungssituation und des Verhandlungspartners. So konnte in vielen Untersuchungen beispielsweise bestätigt werden, daß wettbewerbsorientierte Personen unterstellen, daß ihre Verhandlungspartner ebenfalls wettbewerbsorientiert agieren. Demgegenüber sind kooperativ eingestellte Gruppenmitglieder eher in der Lage, flexibel auf das Partnerverhalten einzugehen. Crott & Müller (1978) fanden, daß jedes Verhandlungsverhalten in starkem Maße determiniert wird von dem Bedürfnis, sich als besonders kompetent, vertrauenswürdig und überlegen darzustellen und einen Gesichtsverlust zu vermeiden. Wenn Personen oder Gruppen im Auftrage anderer verhandeln oder wenn sich für sie aus dem sozialen Kontext Verpflichtungen ergeben, reagieren sie in Verhandlungen oft unnachgiebiger als Einzelpersonen und riskieren damit den Verhandlungsabbruch. Dies läßt sich besonders dann beobachten, wenn die im Auftrag anderer verhandelnden Personen während des Verhandlungsverlaufs sich mit ihren Auftraggebern nicht verständigen und sie über Verhandlungszwischenergebnisse informieren können.

Besonders in Verhandlungssituationen zeigt sich die starke Interdependenz der Verhandlungspartner. So sind für den Verhandlungsprozeß und das Verhandlungsergebnis von besonderer Bedeutung die Quantität und vor allem die Qualität der gegenseitigen Informationen zum Beispiel über Gewinnchancen, Verhandlungsspielraum, Verpflichtungen gegenüber anderen, Zufriedenheit oder Verärgerung bei erreichten Zwischenergebnissen. Sind die Kommunikationsmöglichkeiten eingeschränkt, so steigt die Wahrscheinlichkeit bewußt verfälschenden Informationsaustausches, was ein erhöhtes Mißtrauen zur Folge hat. Uneingeschränkte Kommunikation fördert deshalb die Kompromißfindung. Falls aber belastende situative Bedingungen, z. B. drohende Bestrafung oder asymmetrische Kontingenzbeziehungen, vorliegen, die egoistische oder wettbewerbsorientierte Motive fördern, dann verstärken uneingeschränkte kommunikative Möglichkeiten eher die Aktivierung dieser Motive. Durch Koalitionsbildungen zwischen Personen und Gruppen können zudem Machtverteilungen entstehen, die einen gerechten und für alle befriedigenden Kompromiß verhindern und zur einseitigen Dominanz führen.

Grzelak (1990) faßt die Befunde so zusammen: „Die experimentelle Forschung über Interessenkonflikte hat gezeigt, daß die Tendenz zur Lösung von

Konflikten in Übereinstimmung mit dem gemeinsamen Interesse in dem Ausmaß steigt, in dem der Konflikt zwischen Eigen- und Fremdinteresse sinkt, der Gewinn aus der Kooperation steigt, der Partner entweder ebenfalls kooperiert (jedoch nicht bedingungslos) oder bestimmte Entscheidungen erwidert, die Parteien sich kennenlernen, und die Gelegenheiten zur Kommunikation sich steigern. Darüber hinaus gibt es Belege dafür, daß in bestimmten Situationen die Tendenz der Partner, auf gemeinsamen Nutzen hinzuarbeiten, mit steigender Anzahl der beteiligten Personen abnimmt" (S. 314—315). Weiterhin stellt er fest: „Kooperation hängt nicht nur von den Eigenschaften der Situation und den sozialen Orientierungen der an dem Konflikt Beteiligten ab, sondern auch von den subjektiven Interpretationen der Situation. Die Art des Verhaltens in Konflikten wird also in entscheidender Weise ebenso von dem verfügbaren sozialen Wissen wie von der aktuellen Verarbeitung eintreffender Information beeinflußt, aus der die subjektive Repräsentation der Situation entsteht. Früher gemachte Erfahrungen formen unsere Beurteilung der Kooperation anderer. Diese Beurteilung und die Information, auf der sie beruht, sind abhängig von unserer eigenen sozialen Orientierung. Dennoch stützen die Befunde zwei unterschiedliche Annahmen: Erstens, wir nehmen andere wahr, als teilten sie unsere Intentionen; zweitens, kompetitiv orientierte Personen nehmen andere als ähnlich wahr, während kooperative dazu befähigt sind, die gesamte Heterogenität sozialer Intentionen wahrzunehmen" (S. 323).

Der gegenwärtige Erkenntnisstand über Wertkonzepte und soziale Identität als Determinanten des Verhandlungsverhaltens läßt sich mit Grzelak (1990) so zusammenfassen: „In Situationen, die mit bewußtem Verhalten zu tun haben, wird Kooperation durch persönliche Werte und Umstände gefördert, die uns bewußt machen, daß die einzige vernünftige Lösung eines Konfliktes in gegenseitiger Kooperation besteht, ebenso durch das Vertrauen, daß der Partner unsere Kooperation erwidern wird. Eine der grundlegenden Determinanten der Kooperation ist der Prozeß der Identifikation des Selbst durch einen Vergleich mit anderen. In einem Konflikt zwischen zwei Personen versucht das Individuum, sich selbst vom anderen zu unterscheiden, indem es einen Vorteil anstrebt (Wettbewerb). In Situationen mit mehr als zwei Personen kann unsere Identität auf ähnliche Weise durch Anerkennung der Ähnlichkeit mit anderen hergestellt werden; dies beinhaltet Kooperation mit Mitgliedern der Eigengruppe- und Kompetition mit Mitgliedern der Fremdgruppe" (S. 329). Diese letzten Bemerkungen verweisen schon auf die in Kap. 7 zu behandelnde Intergruppenthematik.

Risikoverhalten in Gruppen

Wenn Entscheidungen in Gruppen getroffen werden, und wenn daran möglichst alle Gruppenmitglieder beteiligt sein sollen, dann wäre es sinnvoll, aus den in der Gruppe vorhandenen Standpunkten eine Art Durchschnittswert zu bilden, also z. B. einen mittleren Standpunkt zwischen den Extremen zu suchen, auf den sich alle Gruppenmitglieder oder doch zumindest die Mehrheit einigen kann, und diesen Standpunkt als Gruppenentscheidung auszugeben. In diesem Falle werden Gruppen weniger extrem, gemäßigter und vorsichtiger entscheiden als eine vergleichbare Anzahl von Einzelindividuen, von denen jeder für sich alleine zu entscheiden hat. Selbst wenn man annimmt, daß interagierende Gruppen in ihrem Entscheidungsverhalten nicht streng nach einer solchen Durchschnittswertbildung verfahren, weil sich z. B. einige Gruppenmitglieder stärker als andere mit ihrer Ansicht durchsetzen oder weil vom Durchschnitt abweichende Meinungen eine höhere Attraktivität für die Gruppenmitglieder haben, werden Gruppenentscheidungen wegen des vorhandenen und allen Gruppenmitgliedern bekannten Meinungsspektrums und des Zwanges zum Kompromiß eher weniger extrem, moderater und risikoärmer sein als Einzelentscheidungen.

Aufgrund einer Beobachtung von Stoner in einem 1961 durchgeführten Experiment, in dem wider Erwarten Personen in Gruppen risikoreichere Entscheidungen fällten als im Einzelexperiment, und aufgrund der Entwicklung eines Fragebogens zur Messung der individuellen Risikobereitschaft (Kogan & Wallach, 1964) begann eine umfangreiche Forschung zum Risikoschub (risky-shift) unter Gruppenbedingungen.

Da am Beispiel der Risikoschubforschung recht gut demonstriert werden kann, wie und warum ein spezifisches soziales Phänomen in kurzer Zeit so viel Aufmerksamkeit im Kreis der Sozialpsychologen findet, soll etwas ausführlicher auf die experimentelle Methode, die experimentellen Variationen und die theoretischen Erklärungsversuche eingegangen werden. Schon jetzt aber läßt sich feststellen, daß hier drei Ereignisse zusammentrafen, die eine sozialpsychologische Analyse des Risikoverhaltens für Forscher attraktiv machte: 1. In einer Gesellschaft, in der immer mehr Entscheidungen auf Gruppenebene unter Beteiligung aller Mitglieder getroffen werden, ist es wichtig zu wissen, unter welchen Bedingungen besonders risikoreiche Entscheidungen gefällt werden. 2. Die Beobachtungen von Stoner (1961) widersprachen den bis dahin gängigen Vermutungen und als plausibel angesehenen Annahmen und stellten damit eine Provokation und Herausforderung der bisher vertretenen Meinung dar. 3. Es lag bereits sehr früh ein leicht handhabbares und relativ objektives Verfahren zur Quantifizierung der Risikobereitschaft vor.

Standardversuchsanordnung der Risikoschubforschung

Die Standardversuchsanordnung wurde bereits 1965 von Wallach & Kogan entwickelt, die damit 360 Studenten beiderlei Geschlechts in Gruppen zu je 5 Studenten untersuchten. Der Standardversuch gliedert sich in drei Phasen:

In der ersten Phase wird die individuelle Risikobereitschaft festgestellt. Dazu bekommt jede Versuchsperson einen Fragebogen vorgelegt, der 12 lebensnahe

Situationen enthält. In jeder Situation wird eine Person geschildert, die sich für eine attraktive, aber risikoreiche oder eine weniger attraktive, aber sichere Alternative entscheiden muß. Die Versuchsperson wird nun gebeten anzugeben, bei welcher Eintretenswahrscheinlichkeit sie sich für die attraktivere Alternative entscheiden würde. Dabei beziehen sich die 12 Situationen auf unterschiedliche Risikotypen, z. B. Risiko des Prestigeverlustes, des Geldverlustes, des Todes oder der beruflichen Karriereentwicklung. Die angegebenen Eintretenswahrscheinlichkeiten werden aufsummiert und als Maß für das individuelle Risikoniveau definiert. Das folgende Beispiel aus dem Fragebogen schildert eine solche Risikosituation:

„Herr A, ein Elektroingenieur, verheiratet und ein Kind, arbeitet seit seinem Examen vor fünf Jahren für eine große Elektrofirma. Er kann hier mit einer lebenslangen Anstellung rechnen, die ihm ein bescheidenes, aber doch angemessenes Gehalt und eine großzügige Pensionsleistung garantiert. Andererseits ist es sehr unwahrscheinlich, daß sein Gehalt bis zur Pensionierung noch nennenswert steigen wird. Während einer Tagung erhält Herr A ein Angebot von einer kleinen, neugegründeten Firma mit einer sehr unsicheren Zukunft. Der neue Arbeitgeber würde bereits zu Anfang ein höheres Gehalt bieten und böte die Möglichkeit, Anteilseigner an der Firma zu werden, sofern sie im Wettbewerb mit den größeren Firmen überlebt.

Stellen Sie sich nun vor, Sie sollten Herrn A beraten. Unten ist eine Liste von verschiedenen Wahrscheinlichkeiten bzw. Chancen dafür angegeben, daß sich die neue Firma als finanziell gesund erweisen wird.

Kreuzen Sie die niedrigste Wahrscheinlichkeit an, bei der Sie an Stelle von Herrn A es für erstrebenswert halten, die neue Arbeitsstelle anzunehmen.

— Die Chancen sind 1 zu 10, daß sich die Firma als finanziell gesund erweisen wird.

— Die Chancen sind 3 zu 10, daß sich die Firma als finanziell gesund erweisen wird.

— Die Chancen sind 5 zu 10, daß sich die Firma als finanziell gesund erweisen wird.

— Die Chancen sind 7 zu 10, daß sich die Firma als finanziell gesund erweisen wird.

— Die Chancen sind 9 zu 10, daß sich die Firma als finanziell gesund erweisen wird“ (zitiert nach Crott, 1978, S. 113).

In der zweiten Versuchsphase treten die Versuchspersonen miteinander in Interaktion, sie bilden eine Gruppe, teilen einander ihre Entscheidungen mit, diskutieren die vorgegebenen Situationen und Handlungsalternativen, werden dabei evtl. von anderen Personen beobachtet und müssen sich gegebenenfalls zum Schluß der Gruppendiskussion auf einen gemeinsamen Risikowert einigen. Für den Experimentator bietet gerade diese zweite Phase eine Fülle von Möglichkeiten zur Variation der Gruppenbedingungen und Entscheidungsformen. Witte (1979) unterscheidet Gruppendiskussion mit Einigungszwang bzw. Einigungsempfehlung, freie Diskussion ohne Gruppenentscheidung, Beobachtung einer freien Gruppendiskussion, Diskussion ohne offene Nennung der individuellen Risikoniveaus, Diskussion über den Nutzen der Alternativen, Bekanntgabe der individuellen Risikoniveaus, Vertrautmachung mit den behandelten Problemen, Gruppendiskussion über Risikosituationen, die aber selbst nicht Gegenstand der eigentlichen Untersuchung sind, Vorgabe kontrollierter Argumente, die als eine Auswahl aus früheren Gruppendiskussionen gekennzeichnet werden, und die wiederholte Darbietung des Fragebogens nach bestimmten Zeitintervallen.

In der dritten Phase wird meist wie in der ersten Phase eine individuelle Risikoeinschätzung vorgenommen, um festzustellen, ob durch die Gruppendiskussion und die Festlegung auf gemeinsame Risikowerte eine Verschiebung der individuellen Risikoniveauwerte stattfindet.

Experimentelle Bedingungsvariation bei Gruppenentscheidungen

Das Risikoverhalten von Gruppen wurde in einer Serie von Experimenten unter verschiedenen Bedingungen untersucht, um festzustellen, ob Gruppen immer risikoreichere Entscheidungen treffen, und wie sich bestimmte Bedingungsvariationen auf das Entscheidungsverhalten der Gruppen als Ganzes und jedes einzelnen Gruppenmitgliedes auswirken.

Wenn die Gruppe sich auf ein bestimmtes Risikoniveau einigen muß (Entscheidungszwang) oder eine Einigungsempfehlung vom Versuchsleiter gegeben wird, dann zeigt die Gruppe eine höhere Risikobereitschaft als der Durchschnitt der Individuen im Einzelversuch der Phase eins (Risikoschub), und dieses erhöhte Risikoniveau wird im Einzelversuch der Phase drei beibehalten.

Wenn der Versuchsleiter nach einiger Zeit unerwartet eine laufende Gruppendiskussion über die Risikosituationen unterbricht und jedes Gruppenmitglied um seine individuelle Einschätzung bittet, dann ergibt sich ein ähnlicher Risikoschub wie bei der vorherigen Variation mit Einigungszwang. Die Verschiebung in Richtung auf risikoreichere Entscheidungen ist demnach also nicht vom Einigungszwang abhängig. „Es reicht bereits eine Diskussion, wobei man vielleicht bemerken sollte, daß diese Diskussion von Problemen bereits das Finden eines möglichst ähnlichen Standards zur Beurteilung dieser Probleme impliziert. Sonst wäre wohl eine Diskussion an sich sinnlos, d. h. in der Aufforderung zu einer Diskussion steckt schon in gewisser Weise eine Einigungsempfehlung, nur abgeschwächt“ (Witte, 1979, S. 47).

Wenn die Versuchspersonen selbst nicht an einer Gruppendiskussion teilnehmen, sondern diese nur durch eine Einwegscheibe beobachten bzw. Tonbandprotokolle oder schriftliche Aufzeichnungen einer Diskussion zur Verfügung haben, tritt zwar auch ein Risikoschub auf, doch mit deutlich verminderter Intensität. Die Frage bleibt allerdings offen, welche Aspekte der beobachteten Gruppendiskussion diese Verschiebung verursacht haben können.

Wenn die Teilnehmer an einer Gruppendiskussion die Risikoniveaus der anderen Gruppenmitglieder nicht kennen, sie also auch nicht wissen, welchen Rang ihr eigenes Risikoniveau in der Gruppe einnimmt, steigt die Risikobereitschaft unter Gruppenbedingungen deutlich an. Wird demgegenüber das individuelle Risikoniveau allgemein bekanntgegeben und im Anschluß daran eine Gruppenentscheidung ohne vorherige Gruppendiskussion gefordert, so zeigt sich ein geringeres Maß der Risikobereitschaft. Die Individuen bleiben also eher bei ihrer ursprünglichen Entscheidung, als wenn eine Gruppendiskussion zugelassen wird. Wenn auch die verschiedenen Experimente unter diesen Bedingungen uneinheitliche Ergebnisse aufwiesen, so läßt sich doch festhalten, daß die Kenntnis des individuellen Risikoniveaus nicht ausreicht, um einen Risikoschub in der Gruppe zu bewirken.

Läßt die Versuchsanordnung ein Vertrautmachen der Gruppenteilnehmer mit den vorgegebenen Situationen, in denen mehr oder weniger risikoreiche Entscheidungen zu treffen sind, zu, z. B. dadurch, daß Argumente für oder gegen ein Risiko aufgeschrieben werden und miteinander diskutiert werden bzw. weitere situationsbezogene Informationen zur Verfügung stehen, so stellte sich in vielen Experimenten zwar eine Erhöhung der Risikobereitschaft ein, doch blieb in anderen Untersuchungen das Vertrautmachen mit den Entscheidungskonsequenzen ohne ersichtlichen Einfluß auf die Risikoeinschätzung. Möglicherweise verursachte die uneinheitliche Handhabung der Vertrautmachungsprozedur und der komplizierte Prozeß des Sich-Vertrautmachens die inkonsistenten Untersuchungsergebnisse.

Um zu prüfen, ob allein die Tatsache der Diskussion von Problemen, unabhängig von ihrem Inhalt, zu einer Erhöhung des Risikoniveaus führen kann, hatten die Gruppenmitglieder in einigen Untersuchungen über Probleme zu diskutieren, die selbst nicht Gegenstand der Risikoeinschätzung waren. Der Effekt konnte allenfalls darin bestehen, daß die Versuchspersonen sich untereinander besser kennenlernten und eine intensivere Gruppenidentität entwickelten. Es ergaben sich allerdings uneinheitliche Resultate, weil die experimentellen Bedingungen sehr komplex waren und im einzelnen zu wenig kontrolliert werden konnten. Erhalten die Versuchspersonen vom Versuchsleiter vorgefertigte Argumente pro bzw. contra Risiko, so zeigen sich Veränderungen in Richtung auf einen Risikoschub bzw. Konservativismus, die sich im Verlauf einer Diskussion derartiger Argumente noch verstärken. Die beobachtete Risikobereitschaft ist unter dieser Bedingung aber geringer als bei einer Diskussion mit Einigungszwang. Die Verschiebung in die risikoreiche bzw. konservative Richtung tritt nur auf, wenn die Versuchspersonen für ihren individuell vertretenen Standpunkt Argumente erhalten bzw. vorbringen dürfen. Werden sie dagegen veranlaßt, für einen entgegengesetzten Standpunkt zu argumentieren, so treten keine individuellen Veränderungen der Risikoniveaus nach der Diskussion auf.

Wenn im Zusammenhang mit den vielfältigen Bedingungsvariationen auch nicht immer ein einheitlicher Risikoschub in der erwarteten Richtung zu beobachten war, so kann doch festgehalten werden, daß durch den Gruppeneinfluß ein erhöhtes individuelles Risikoniveau erzeugt wird und die Bereitschaft steigt, risikoreichere Entscheidungen zusammen mit Gruppenmitgliedern zu fällen.

Erklärungsversuche zum Risikoverhalten in Gruppen

(1) Die Hypothese der Verantwortungsverteilung:

Bereits Kogan & Wallach (1965) nahmen an, daß eine individuelle Risikoentscheidung durch die Furcht des Entscheidungsträgers vor der Verantwortung für mögliche negative Entscheidungskonsequenzen bestimmt sei. In der Gruppensituation kommt es nun zu einer Verteilung der Verantwortung auf die beteiligten Diskussionspartner mit der Folge einer emotionalen Entlastung und einem damit verbundenen Anstieg der Risikobereitschaft. Mit der Gruppendiskussion, so argumentierten sie, sei nicht nur ein Austausch von Informationen verbunden, sondern auch die Entwicklung affektiver Bindungen zwischen den Gruppenmitgliedern. Die aus der Hypothese der Verantwortungsverteilung gefolgerten Annahmen, daß a) die Stärke des Risikoschubs mit steigender Intensität der affektiven Bindungen zunehmen müsse, b) die Stärke des Risikoschubs mit steigender Gruppengröße anwachsen müsse, weil sich die Verantwortung auf immer mehr Gruppenmitglieder verteilt, und schließlich c) der Risikoschub bei anonymer Entscheidungsabgabe stärker werden müsse, da unter dieser Bedingung eine größere Chance besteht, den negativen Entscheidungskonsequenzen auszuweichen, konnten experimentell allerdings nicht bestätigt werden.

Um die vorhandenen Widersprüche in den vorliegenden Untersuchungsergebnissen aufzuklären, nahmen die Autoren eine weitere Differenzierung ihrer Hypothese der Wirksamkeit affektiver Bindungen vor. Sie unterschieden zwischen einem Typ der feldabhängigen und feldunabhängigen Persönlichkeit. Danach sollten bei feldabhängigen Personen vorwiegend affektive Prozesse von Bedeutung sein, die zur Wahrnehmung einer Verantwortungsverteilung und so zu einem stärkeren Risikoschub führten. Für feldunabhängige Personen wären demgegenüber kognitive Prozesse von Bedeutung, die bei längerer Diskussionsdauer dem Prozeß der Verantwortungsverteilung entgegenwirken und so zu einer geringeren Ausprägung des Risikoschubs führten. Doch ließen sich auch mit diesen Zusatzannahmen die widersprüchlichen empirischen Befunde nicht zufriedenstellend erklären, so z. B. die gleichbleibende Risikobereitschaft nach Diskussionen oder das Auftreten konservativerer Gruppenentscheidungen bei Vorliegen bestimmter Problemsituationen. Zudem läßt sich mit der Verantwortungsverteilungshypothese nicht begründen, warum ein Risikoschub selbst dann auftritt, wenn keine offensichtlichen Entscheidungskonsequenzen vorliegen oder wenn Konsequenzen objektiv oder subjektiv relativ bedeutungslos sind. Auch die Tatsache, daß ein im Verlauf einer Gruppendiskussion erreichtes erhöhtes Risikoniveau mehrere Wochen anhält und selbst dann noch auftritt, wenn statt der Gruppendiskussion lediglich ein schriftlicher Informationsaustausch stattfindet, bleiben unerklärt.

(2) Die Vertrautmachungs-Hypothese:

Nach dieser Hypothese kommt das Risikoschubphänomen allein durch eine größere Vertrautheit mit der Risikoproblematik und den jeweiligen Entscheidungsproblemen zustande. Da individuelle Entscheidungen unter Risiko durch Unsicherheit und Vorsicht gekennzeichnet sind, könnte entsprechend der Vertrautmachungshypothese allein die Auseinandersetzung mit der Problemsituation zu einer Reduktion dieser Unsicherheit führen und damit eine höhere Risikobereitschaft sowohl unter Individual- wie unter Gruppenbedingungen bewirken. Eine Analyse der Prozesse während der Vertrautmachungsphase zeigt, daß die Vertrautmachungstechnik im wesentlichen im Sammeln von Argumenten für und gegen ein Risiko besteht. Es findet gleichsam eine innere Diskussion, ähnlich der natürlichen Diskussion, statt, in der Argumente überwiegen, die der sozial erwünschten Argumentationsrichtung entsprechen. Der Entscheidungsträger nimmt also für sich bereits eine sehr spezifische Auswahl möglicher Argumente vor, wodurch sich das Risikoniveau in Richtung des als sozial erwünscht angenommenen Wertes verändert. Dieser Wert kann höher, aber auch niedriger ausfallen als der des individuellen Risikoniveaus. Verschiedene Versuche haben zudem gezeigt, daß eine Intensivierung der Vertrautmachung, eine längere Diskussionszeit bzw. eine längere Zeit der Gewöhnung an Risikoentscheidungen keine Steigerung der Risikobereitschaft bewirkt, sondern unter Umständen sogar eine Verringerung des Risikoschubs.

(3) Die soziale Wert-Hypothese:

Diese Hypothese geht von der Bedeutung sozialer Vergleichsprozesse aus und folgert: In individuellen und sozialen Entscheidungssituationen werden bestimmte soziale Werte aktualisiert, die den Mitgliedern einer bestimmten Kultur oder Gesellschaft als Maßstab für sozial erwünschtes Verhalten gelten. Risikoprobleme berühren demnach die Werte „Risiko" oder „Vorsicht". Ein Individuum versucht, bei seinen individuellen Entscheidungen dem jeweils aktualisierten sozialen Wert in einem möglichst hohen Maß zu entsprechen. In einer Gruppensituation werden soziale Prozesse wirksam, die dazu führen, daß sich die gemeinsame Entscheidung der Gruppenmitglieder dem aktualisierten sozialen Wert weiter annähert und damit in vielen Fällen extremer ausfällt als in den vorangegangenen individuellen Entscheidungen.

Angewandt auf die Gruppensituation, in der Risikoentscheidungen zu treffen sind, läßt sich daraus folgern: In bestimmten Kulturen und Gesellschaften stellt Risikofreudigkeit einen sozialen Wert dar, dem, wenn er in einer Entscheidungssituation aktualisiert wird, jedes Individuum möglichst nahezukommen sucht. Während einer Gruppensituation haben die Gruppenmitglieder Gelegenheit, die Positionen der anderen Mitglieder kennenzulernen und durch diesen Vergleich festzustellen, inwieweit sie mit ihrer Position dem kulturellen Normwert bzw. dem in der Gruppe anerkannten Wert entsprechen. Gruppenmitglieder, die bei diesem Vergleich weit von dem aktualisierten Normwert abweichen, verändern in der Gruppensituation ihre Entscheidung in Richtung auf den Normwert, wohingegen Personen mit geringen Abweichungen ihre Anfangsentscheidung beibehalten werden. Durch diese sozialen Vergleichs- und Angleichungsprozesse fallen die Gruppenentscheidungen bei den meisten Entscheidungsproblemen noch risikofreudiger als der Durchschnitt der individuellen Entscheidungen aus.

In Untersuchungen konnte gezeigt werden, daß Personen dazu neigen, je nach aktiviertem sozialen Wert, das Entscheidungsverhalten einer fiktiven Referenzgruppe risikoreicher oder vorsichtiger einzuschätzen, als dies tatsächlich der Fall ist, und sich selbst eher mit der sozialen Norm in Übereinstimmung zu sehen als andere Vergleichspersonen. Falls ein hoher Risikowert als sozial akzeptiert gilt, neigen die Versuchspersonen dazu, andere als vorsichtiger als sich selbst einzuschätzen. Bei einem aktualisierten Vorsichtwert beurteilen sie sich dagegen im Vergleich zu anderen als relativ risikobewußt. Dies bedeutet, daß Personen zwischen ihren persönlichen Entscheidungen und den ihnen noch unbekannten Entscheidungen anderer Personen eine Distanz annehmen, die dann in der Gruppensituation reduziert wird und so einen Risikoschub bewirkt. Nach der sozialen Wert-Hypothese muß angenommen werden, daß eine Gruppenentscheidung dann einen Risikoschub hervorruft, wenn bei den jeweiligen Entscheidungsproblemen der Risikowert gegenüber dem Vorsichtwert dominiert und dementsprechend die individuellen Vortestentscheidungen relativ risikofreudig ausfielen. Ein deutlich vorsichtigeres Entscheidungsverhalten müßte sich dementsprechend dann einstellen, wenn ein Vorsichtwert aktualisiert wird und die individuellen Vortestentscheidungen relativ vorsichtig ausfielen.

Diese Hypothese hat den Vorteil, daß sie in der Lage ist, die individuelle, problemspezifische Risikoneigung zu erklären, daß sie vorsichtigeres Entscheidungsverhalten (cautious shift) zu erklären in der Lage ist, und daß sie mit den vorliegenden empirischen Untersuchungen gut übereinstimmt. Die Hypothese kann darüber hinaus erklären, warum ein Risikoschub bereits eintritt, wenn die Personen lediglich Gelegenheit zum gegenseitigen Informationsaustausch über ihre individuellen Positionen erhalten, oder wenn sie nur über die individuellen Entscheidungen anderer, vergleichbarer Personen informiert werden. Zudem erklärt die Hypothese, warum risikofreudige Gruppen ein gewisses Maß an Heterogenität aufweisen, denn bei hoher Homogenität entsprechen die individuellen Risikoniveaus bereits dem aktualisierten Wert.

(4) Die Entpflichtungs-Hypothese:

Eine Variante der sozialen Wert-Hypothese ist die Entpflichtungs-Hypothese, die von der Annahme eines Konflikt-Kompromiß-Modells ausgeht. Sie nimmt an, daß eine Person in einem risikohaltigen Entscheidungsprozeß Tendenzen zeigt, einen Kompromiß zu schließen zwischen einer Idealvorstellung bezüglich extremen Risikos oder extremer Vorsicht einerseits und der sozial akzeptierten Norm andererseits, die ein gemäßigteres Entscheidungsverhalten erfordert. Wird also eine Person in einem sozialen Vergleichsprozeß mit der Extremposition einer anderen Person konfrontiert, z. B. mit besonders risikoreicher Einstellung, dann verkörpert diese Person das Ideal, und eine Person, welche selbst eine gemäßigte Einstellung vertritt, fühlt sich durch dieses Modell zur Nachahmung veranlaßt und dadurch von der gemäßigten, sozial akzeptierten Norm entpflichtet. Das Problem, die Gültigkeit dieser Hypothese zu überprüfen, liegt in der besonderen Schwierigkeit, die tatsächliche Aktivierung eines solchen Gefühls der Entpflichtung und der damit angenommenen Wirkungen nachweisen zu können.

(5) Die Hypothese relevanter Argumente:

Eine weitere Variante der sozialen Wert-Hypothese enthält die Hypothese der relevanten Argumente, die besonders die kognitiven Prozesse im Entscheidungsverhalten betont. Sie nimmt an, daß der in einer Gruppensituation aktivierte Wert den Informationsstrom zwischen den Gruppenmitgliedern so steuert, daß vorrangig wertkonforme Argumente ausgetauscht werden, daß diese mit einer stärkeren Glaubwürdigkeit verbunden sind und in hohem Maße überzeugend wirken. Je nach Argumentationsrichtung wird also im Verlauf der Gruppendiskussion ein höheres oder niedrigeres Risikoniveau erzeugt. Die notwendige und hinreichende Bedingung für den Risikoschub und die Verstärkung vorsichtigerer Entscheidungen ist demnach der Austausch von wertrelevanten und überzeugenden Argumenten, wohingegen die Information über individuelle Entscheidungen und Risikoniveaus vor der Gruppendiskussion relativ unbedeutend ist.

Unterzieht man die bisher vorgelegten Erklärungsansätze einer kritischen Analyse, dann erweist sich die soziale Wert-Hypothese wohl als die tragfähigste, da sie mit den experimentellen Ergebnissen am besten in Einklang gebracht werden kann und mit ihrer Zentrierung auf das individuelle Entscheidungsverhalten eine zutreffende Vorhersage für die Richtung der Gruppenentscheidung liefern kann.

Wie bei allen sozialpsychologischen Themen, die einer intensiven experimentellen Erforschung unterzogen wurden, und deren Ergebnisse unterschiedliche Erklärungshypothesen und Partialtheorien hervorgebracht hatten, zeigt sich auch beim Risikoschubphänomen, daß die zunächst vermuteten Zusammenhänge im Verlauf der Forschungsarbeiten immer brüchiger werden. Der in der Anfangsphase der Risikoforschung als relativ gesichert und als allgemein gültig akzeptierte Tatbestand eines deutlichen Risikoschubs unter Gruppenentscheidungsbedingungen läßt sich so generell nicht aufrechterhalten. Besonders Untersuchungen zur Auswirkung unterschiedlicher Merkmale der im vorgelegten Reizmaterial enthaltenen Risikoprobleme und deren Kombinationen auf das individuelle Entscheidungsverhalten, auf die Gruppendiskussion und die Gruppenentscheidung lassen eine Generalisierung einzelner Untersuchungsbefunde selbst dann nicht zu, wenn sie häufig repliziert werden konnten und lückenlos in ein Erklärungsmodell passen. So kommt beispielsweise Six (1981) aufgrund einer kritischen Analyse der Risikoforschung und eigener Studien zu dem Schluß, „... daß die lange Zeit in der Risikoschubforschung vertretene Annahme, das Risikoschubphänomen stelle ein generelles Gruppen-Entscheidungs-Phänomen dar, wie auch die spätere Modifikation dieser Annahme, daß nämlich in Gruppen generell entweder ein höheres Risikoniveau oder eine im Vergleich zu den Individualpositionen gesteigerte Vorsicht festzustellen sei, nicht länger aufrechterhalten werden kann. Die Existenz des Risikoschubphänomens ist vielmehr nicht nur an den Einsatz einer Gruppendiskussion, sondern auch an eine bestimmte (...) definierte Charakteristik der vorgegebenen Entscheidungsprobleme gebunden. Dabei ist es für die Feststellung der Entscheidungsveränderung und ihrer Richtung weder von Bedeutung, ob den Versuchspersonen, wie in der Risikoschubforschung vorrangig praktiziert, die Fremdinstruktion (die Versuchsperson soll einer fiktiven, ihr unbekannten Person einen Rat zur Abgabe der gerade noch akzeptablen Wahrscheinlichkeit für eine Risikoalternative geben) oder der Selbstinstruktion (die Versuchsperson wird gebeten, sich selbst als Akteur der beschriebenen Problemsituation zu betrachten) vorgelegt wird, noch ist es von Bedeutung, ob die Personen in der Gruppe über die gemeinsam zu fällende Entscheidung oder die gemeinsam vorzunehmende Problembeurteilung diskutieren, bevor sie eine Gruppenentscheidung fällen. Besonders deutlich wird die Entscheidungsveränderung dann, wenn das in fast allen Risikoschubphänomenuntersuchungen eingesetzte Design (Individualvortest — Gruppendiskussion — Gruppenentscheidung) Verwendung findet" (S. 135).

Aus der Kritik an einer zu voreiligen Generalisierung der Forschungsergebnisse zum Risikoverhalten läßt sich erkennen, daß es sich beim Risikoschub um ein sehr viel allgemeineres Phänomen handelt als ursprünglich angenommen. Bei Beurteilungsaufgaben neigen Gruppen generell dazu, ihre Urteile in Richtung des Skalenwerts zu verändern, der für sie bereits zu Beginn bedeutsam war. In diesem Zusammenhang wurde der Begriff der Gruppenpolarisierung in die Forschung eingeführt, mit dem die Verstärkung einer bereits zu Beginn dominanten Position aufgrund von Gruppendiskussionen bezeichnet wird. Wie Myers (1982) zeigen konnte, geht der Prozeß der Gruppenpolarisierung weit über eine Verschiebung in Richtung riskanter Entscheidungen hinaus und läßt sich in vielen anderen sozialen Kontexten wie pro- und antisoziales Verhalten, Verhandlungen, Stereotypenbildung beobachten. Zur Erklärung der Gruppenpolarisierung wird angenommen, daß Menschen nach einem normativen und sozialen Vergleich und zugleich einem positiven

Selbstbild streben. Wenn eine Person in einer Gruppendiskussion entdeckt, daß andere Personen Einstellungen in die als positiv eingeschätzte Richtung vertreten, wird sie sich bemühen, extremer zu urteilen, um sich auf diese Weise deutlich positiv von den anderen zu unterscheiden. Zudem glauben Menschen von sich selbst, daß sie näher an positiv bewerteten normativen Positionen liegen als andere. Weiterhin wird angenommen, daß die Gruppendiskussion eine Reihe von Argumenten vorbringt, von denen zwar die meisten die bereits favorisierte Position der Gruppenmitglieder unterstützen, unter denen sich allerdings auch Argumente befinden, an die man selbst noch nicht gedacht hat und hinter denen man nicht zurückstehen möchte. Das eigene Urteil wird demnach unter den Bedingungen der Gruppendiskussion extremer als unter Individualbedingungen. Auf der Gruppenebene kommt es zu einem Prozeß der gegenseitigen Unterstützung, wobei das Ausmaß der Verschiebung in direkter Beziehung zum Anteil der Argumente zugunsten der favorisierten Wertposition sowie ihrer Beweiskraft und Neuigkeit steht. An der Gruppenpolarisierung sind vornehmlich normative Einflußgrößen beteiligt sowie Informationsverarbeitungsprozesse, die über Gruppendiskussionen und aufgrund außenstehender Informationsquellen zustandekommen (Isenberg, 1986). Eng verbunden damit sind Prozesse der sozialen Identität und des individuellen Verhaltens in Intergruppenbeziehungen wie sie in Kap. 7 behandelt werden.

Zusammenfassung

Die Leistungsfähigkeit von Gruppen hängt sehr stark davon ab, welche Rollen- und Kommunikationsstruktur unter den Gruppenmitgliedern vorherrscht und ob die Strukturmerkmale so beschaffen sind, daß sie die zur Problemlösung erforderlichen Gruppenaktivitäten unterstützen. In experimentellen Untersuchungen konnte nachgewiesen werden, daß verschiedene Kommunikationsnetze unterschiedliche Auswirkungen auf die Gruppeneffektivität haben, und zwar so, daß stärker dezentralisierte Kommunikationsnetze bei komplexen Aufgabenstellungen zunächst einen Leistungsvorteil bringen, der aber im Verlauf des Problemlösungsprozesses gegenüber der dann einsetzenden leistungsförderlichen Wirkung stärker zentralisierter Kommunikationsnetze zurückgeht. Bei leichten Aufgabenstellungen führen zentralisierte Kommunikationsnetze von Anfang an zu einer höheren Leistungseffektivität, aber auch zu einer geringeren Zufriedenheit der nicht im Zentrum, sondern in der Peripherie angesiedelten Gruppenmitglieder mit ihrer Arbeit und der Gruppenleistung insgesamt.

In einer Gesellschaft, in der viele wichtige Entscheidungen nicht mehr nur von wenigen mit Macht ausgestatteten Einzelpersonen getroffen werden, sondern das Resultat von Gruppenentscheidungen sind, ist die Frage nach der Leistungseffektivität von Gruppen im Vergleich zu Einzelpersonen von besonderer Bedeutung. Der Leistungsvorteil der Gruppe gegenüber dem einzelnen zeigt sich im Fehlerausgleich aufgrund der verschiedenen Einstellungen der Gruppenmitglieder zum Problem, in der Möglichkeit zur Produktion einer größeren Ideenfülle und schließlich in der Koordination der verschiedenen Meinungen durch einen Führer. Ob die Gruppe diese Vorteile optimal nutzen kann, richtet sich nach der Art der zur Lösung anstehenden Aufgabe, dem Führungsstil und der inneren Gruppenstruktur.

Neben dem Leistungsvorteil der Gruppe lassen sich Beispiele dafür finden, daß die Gruppenleistung schlechter oder allenfalls genauso gut ist wie die beste Einzelleistung. Das Verhältnis von Gruppenleistung zur Einzelleistung läßt sich keineswegs eindeutig klären, da Gruppen in der Praxis selten das leisten, was sie unter optimalen inneren und äußeren Bedingungen leisten können. Die Gruppenleistung wird insbesondere durch zwei wichtige Aspekte der Interaktion zwischen den Gruppenmitgliedern beeinträchtigt, nämlich einerseits durch den Konformitätsdruck in Gruppen, der den einzelnen zwingt, sich den herrschenden Gruppennormen anzupassen, und andererseits durch Reibungsverluste, die durch die gruppeninternen emotionalen und organisatorischen Schwierigkeiten erzeugt werden. Immer wieder läßt sich die Beobachtung machen, daß Gruppenentscheidungen unter den Bedingungen hoher Gruppenkohäsion und eines starken Konformitätsdruckes in Gruppen zur Überschätzung der eigenen Handlungsmöglichkeiten, zur voreiligen Anpassung an die Autoritäts- und Mehrheitsmeinung, zur Abwehr kritischer Einwände von außen und innen und zu einem Gefühl der Selbstgenügsamkeit verbunden mit einer Konzentration allein auf die eigene Gruppe führen.

Wie Untersuchungen insbesondere von Steiner (1976) gezeigt haben, ist die Gruppenleistung wesentlich abhängig von dem zu bearbeitenden Aufgabentyp. Bei additiven Aufgaben, die eine Summierung der Einzelleistungen erfordern, ist die Gruppenleistung um so höher, je mehr Gruppenmitglieder mit maximaler Leistungsfähigkeit beteiligt sind, und je weniger sie sich in ihrem individuellen Leistungsverhalten gegenseitig behindern. Bei kompensatorischen Aufgaben ist die Gruppenleistung dann besonders hoch, wenn es gelingt, Fehler oder Schwächen einzelner Gruppenmitglieder auszugleichen. Bei disjunktiven Aufgaben ist die Gruppenleistung dann hoch, wenn ein kompetentes Gruppenmitglied vorhanden ist, das über die richtige Aufgabenlösung verfügt, und wenn es in der Lage ist bzw. von den anderen Gruppenmitgliedern dabei unterstützt wird, seinen Lösungsvorschlag in der Gruppe so zu präsentieren, daß er in der Gruppe akzeptiert wird. Bei konjunktiven Aufgaben tragen alle Gruppenmitglieder zur Aufgabenlösung bei, wobei oft das Gruppenergebnis identisch ist mit der Leistung des schwächsten Gruppenmitgliedes. So wird z. B. die Qualität einer Tanzgruppe nur dann hoch bewertet, wenn alle Tänzer gleich gute Bewegungsleistungen präsentieren, und der leistungsschwächste Tänzer bestimmt das Qualitätsniveau. Gruppenaufgaben mit Ermessensspielraum geben der Gruppe die Möglichkeit, über die Art der Aufgabenerledigung und das Verhältnis von Einzel- zu Gruppenleistung selbst zu entscheiden.

Sowohl für die Forschung wie für die Praxis des Entscheidungs- und Konfliktlöseverhaltens ist nicht so sehr die Alternative zwischen Gruppen- oder Einzelarbeit bedeutsam, sondern das Problem der effektiven Kombination von Individual- und Gruppenarbeit. Die Analyse von Aufgabentypen und die Berücksichtigung der von Einzel- oder Gruppenarbeit ausgehenden direkten Wirkungen auf die Problemlöseeffektivität, sowie auch die indirekten Wirkungen auf die beteiligten Individuen, die Wirkungen auf die sozialen Beziehungen und die Wirkungen auf die gruppendynamischen Prozesse innerhalb und zwischen Gruppen weisen auf die Problemvielfalt hin.

Da Gruppen dazu neigen, auf Mitglieder mit ungewöhnlichen, neuen und von den bisherigen Normen und Traditionen abweichenden Ideen starken Druck zur Konformität und zur Konsensbildung auszuüben, sind Zweifel geäußert worden, ob Gruppen überhaupt kreativ und schöpferisch sein können. Die Forschungen über die kreativitätsfördernde Wirkung von brainstorming-Gruppensitzungen haben gezeigt, daß Gruppen durchaus kreativ sein können, wenn es ihnen gelingt, die Ideenvielfalt aller Gruppenmitglieder zur Wirkung zu bringen, wenn die Gruppenmitglieder sich gegenseitig zur Ideenproduktion anregen, und wenn die vielfältigen Ideen zu einem Thema geordnet und auf der Grundlage eines Qualitätsmaßstabes bewertet werden. Möglicherweise bleibt aber der Ideenreichtum des Gruppen-brainstorming hinter dem einer synthetisch zusammengesetzten Gruppe deshalb zurück, weil manche Gruppenmitglieder, im Widerspruch zur Zielsetzung der Brainstormingmethode, aus Angst vor sozialer Blamage und Kritik ihre Ideen zurückhalten.

Bei Urteilskonflikten, Wertungskonflikten und Verteilungskonflikten wird häufig versucht, eine Konfliktlösung durch Verhandlungen zwischen den beteiligten Personen herbeizuführen. Nach den Ergebnissen der experimentellen Verhandlungsforschung sind die Motive der Verhandlungspartner, der soziale Kontext, in denen verhandelt wird, die konkreten Interaktionsbedingungen zwischen den Verhandelnden und die Machtkonstellationen für das Handlungsergebnis von besonderer Bedeutung. So unterstellen beispielsweise wettbewerbsorientierte Personen ihren Verhandlungspartnern ebenfalls Wettbewerbsorientiertheit, wohingegen kooperativ eingestellte Gruppenmitglieder eher in der Lage sind, flexibel auf das Partnerverhalten einzugehen.

Die Erforschung des Risikoverhaltens in Gruppen hat in der Sozialpsychologie deshalb zeitweise eine so hohe Bedeutung gehabt, weil es in einer Gesellschaft, in der viele Gruppenentscheidungen getroffen werden, wichtig ist, zu wissen, ob diese risikoreicher sind als Entscheidungen von Einzelpersonen, weil die Beobachtung, daß Gruppen risikoreichere Entscheidungen treffen, den bisherigen Überzeugungen widersprachen, und weil schließlich ein relativ leicht handhabbares und objektives Verfahren zur Quantifizierung der Risikobereitschaft entwickelt werden konnte. Die Forschungen wurden mit Hilfe einer standardisierten, dreiphasigen Versuchsanordnung durchgeführt: (1) Messung der individuellen Risikobereitschaft mit Hilfe eines Risikofragebogens, bestehend aus der Schilderung risikoreicher Situationen und der Präsentation mehrerer Antwortalternativen mit unterschiedlichem Risikoniveau. (2) Eine Diskussion der Risikosituationen und der individuellen Risikoentscheidungen in der Gruppe u. a. mit dem Ziel, eine gemeinsame Gruppenentscheidung herbeizuführen. (3) Erneute individuelle Risikoeinschätzung. Mit diesem Verfahren wurden eine Fülle von Bedingungsvariationen untersucht, die häufig zu dem Ergebnis führten, daß immer dann, wenn sich Gruppen auf ein bestimmtes Risikoniveau einigen mußten, oder wenn sie eine Einigungsempfehlung zu geben hatten, diese Gruppen eine höhere Risikobereitschaft zeigten als der Durchschnitt der Individuen im Einzelversuch. Dieses gruppengestützte erhöhte Risikoniveau (Risikoschub) blieb auch für die individuelle Risikoeinschätzung in der dritten Versuchsphase maßgebend. Haben die Gruppenteilnehmer die Möglichkeit, sich mit den vorgegebenen Risikosituationen auseinanderzusetzen und in einer gemeinsamen Diskussion vertraut zu machen, dann zeigt sich ebenfalls eine Tendenz zum Risikoschub. Allerdings waren die experimentellen Befunde in vielen Versuchsvariationen erstaunlich widersprüchlich.

Zur Erklärung des Risikoverhaltens in Gruppen wurden die Hypothese der Verantwortungsverteilung, die Vertrautmachungs-Hypothese sowie die soziale Wert-Hypothese mit ihrer Erweiterung zur Verpflichtungs-Hypothese und zur Hypothese der relevanten Argumente vorgeschlagen, diskutiert und zum Teil empirisch überprüft. Dabei zeigte sich, daß die soziale Wert-Hypothese am besten mit den experimentellen Ergebnissen übereinstimmte. Dieser Hypothese entsprechend ist anzunehmen, daß in individuellen und sozialen Entscheidungssituationen bestimmte soziale Werte aktualisiert werden, die den Mitgliedern einer bestimmten Kultur, Gesellschaft oder Gruppe als Maßstab für sozial erwünschtes Verhalten gelten. Da Risikoprobleme soziale Werte wie „Risiko“ oder „Vorsicht“ berühren, werden die Versuchspersonen bei ihren individuellen Entscheidungen versuchen, den jeweils aktualisierten sozialen Wert in einem möglichst hohen Maße zu entsprechen. In Gruppensituationen zeigt sich nun die Tendenz, daß sich die gemeinsame Entscheidung der Gruppenmitglieder dem aktualisierten sozialen Wert weiter annähert und deshalb in vielen Fällen extremer ausfällt als in der individuellen Entscheidungssituation. Wenn also beispielsweise in einer Gesellschaft Risikofreudigkeit einen hohen sozialen Wert darstellt, dann wird eine gruppenbezogene Entscheidung einen stärkeren Schub in Richtung auf diesen Wert erbringen.

In diesem Zusammenhang wird auch der Begriff der Gruppenpolarisierung diskutiert, der allerdings nicht nur zur Beschreibung des Risikoverhaltens in Gruppen von Bedeutung ist, sondern grundsätzlich bei jeder Art von Beurteilungsaufgaben. Die Gruppenpolarisierung kommt dadurch zustande, daß Menschen nach einem normativen und sozialen Vergleich und zugleich einem positiven Selbstbild streben. Beobachtet ein Individuum, daß andere Personen Meinungen in die als positiv eingeschätzte Richtung vertreten, wird es sich bemühen, noch extremer zu urteilen, um sich auf diese Weise deutlich positiv von den anderen zu unterscheiden. Im Zuge des gegenseitigen

Informationsaustausches kommt es so zu einer Extremisierung der geäußerten Einzelmeinungen und schließlich der gemeinsamen Gruppenmeinung.

Fragen

1. Welche Auswirkungen haben verschiedene Kommunikationsnetze auf die Gruppenleistung bei komplexen und einfachen Aufgabenstellungen?
2. Welche Funktionen kommen dem Fehlerausgleich, der Ideenhäufung und der Koordination von Gruppenaktivitäten beim Leistungsvorteil der Gruppe zu?
3. Unter welchen Bedingungen ist die Gruppenleistung genau so gut oder schlechter als die beste Einzelleistung?
4. Welche Zusammenhänge bestehen zwischen Aufgabenart und Gruppenleistung?
5. Welche Vorteile haben Gruppen gegenüber Einzelindividuen bei der Lösung von Konstellationsproblemen?
6. Welche kreativitätshemmenden Prozesse üblicher Gruppensitzungen werden durch die Beachtung der Grundprinzipien in brainstorming-Sitzungen vermieden?
7. In welcher Weise werden Verhandlungssituationen durch individualistische, kompetitive bzw. soziale Motive der Verhandlungspartner determiniert?
8. Welche Funktion kommt der subjektiven Situationsinterpretation bei der Kompromißfindung in Konfliktsituationen zu?
9. Worin besteht die Standardversuchsanordnung bei Experimenten zum Risikoschub?
10. Welche Auswirkungen hat die Kenntnis des Risikoniveaus anderer Gruppenmitglieder auf die individuelle Risikobereitschaft im Unterschied zur Unwissenheit über das Risikoniveau?
11. Fördert das Vertrautmachen der Gruppenteilnehmer mit den Risikosituationen die Risikobereitschaft?
12. Was spricht für bzw. gegen die Gültigkeit der Verantwortungsverteilungs-Hypothese?
13. Was besagt die soziale Wert-Hypothese?
14. Welche Varianten wurden aus der sozialen Wert-Hypothese entwickelt?

15. Welche experimentellen Befunde sprechen für die Gültigkeit der sozialen Wert-Hypothese?
16. Wieso kommt es bei Beurteilungsaufgaben in Gruppen zu einem Prozeß der Gruppenpolarisierung?

Weiterführende Literatur

Brandstätter, H. J., Davis, H. & Stocker-Kreichgauer, G. (Eds.). (1982). Group decision making. London: Academic Press.

Guzzo, R. A. (Ed.). (1982). Improving group decision making in organizations. London: Academic Press.

Miller, C. E. (1989). The social psychological effects of group decision rules. In P. B. Paulus (Ed.), Psychology of group influence (pp. 327—355). Hillsdale, N. J.: Lawrence Erlbaum.

Kapitel 6:

Der Einzelne und die Gruppe

Bereits in den vorangegangenen Kapiteln, die sich mit der Gruppe, dem individuellen Verhalten unter Gruppenbedingungen und dem Leistungsvorteil der Gruppe gegenüber dem einzelnen befaßten, ist das Verhältnis des Individuums zur Gruppe unter verschiedenen Aspekten thematisiert worden. Wegen der zentralen Bedeutung dieser Beziehung soll sie im folgenden Kapitel gesondert behandelt und einer eingehenden Analyse unterzogen werden.

In der menschlichen Gesellschaft besteht zwischen Gruppe und Individuum ein enges Interdependenzverhältnis, so daß das eine nicht ohne das andere existieren kann und die Frage nach dem Primat von Gruppe bzw. Individuum falsch gestellt ist. Für die Entwicklung der Persönlichkeit und für die Entwicklung und Kontrolle des Selbst ist die Gruppe unerläßlich. An mehreren Beispielen wird gezeigt, welche psychischen, sozialen und lebensgeschichtlichen Konsequenzen für den einzelnen der Verlust der Gruppenbindung darstellt.

Die verschiedenen Arten des Beziehungsgeflechtes zwischen Individuum und Gruppe und die Konflikte, die sich aus der Interaktion des einzelnen mit der Gruppe ergeben, werden behandelt. Dabei wird deutlich, daß bei der Interaktion in sozialen Systemen Konflikte unvermeidlich sind, und daß es darum uns allen dienlicher wäre, die positiven Seiten des Konfliktes hervorzuheben, als auf eine ohnehin unerreichbare Harmonie hinzusteuern.

Das Spannungsverhältnis von Individuum und Gruppe

Die Behandlung des Verhältnisses von Individuum und Gruppe in der philosophischen und sozialwissenschaftlichen Literatur zeigt, wie schwer es ist, das Denken in den Kategorien des Entweder-Oder aufzugeben und sich im Bereich des Sowohl-als-Auch zu bewegen. Das beginnt in der Antike bereits mit der einseitigen Betrachtung von Platon (1979) in seiner Abhandlung „Der Staat“, der das Individuum von der Gruppe geformt sieht. Mit dem Buch von Jaspers (1967) „Wohin treibt die Bundesrepublik?“ hat dieses Entweder-Oder-Denken wohl kaum seinen Abschluß erreicht. Jaspers vertritt hier die Anschauung, daß es der einzelne ist, der die Gruppe prägt, und daß wir daher beim einzelnen ansetzen müssen, wenn wir die sozialen Verhältnisse ändern wollen.

Und selbst die Marxisten, die glauben, mit dem Begriff der „Dialektik" das Sowohl-als-Auch für sich gepachtet zu haben, tun sich schwer. Hiebsch & Vorwerg (1967) schreiben: „Demzufolge erübrigt sich auch die Antwort auf die alte sophistische Streitfrage (...): Was ist ‚primär': Gesellschaft oder Individuum? Dieses Henne-Ei-Problem ist falsch gestellt. (...) Zusammenfassend läßt sich sagen, daß sich das Verhältnis von Gesellschaft, Gruppe und Individuum als ein dialektisches Verhältnis erweist, d. h. als ein Verhältnis, in welchem sich die Elemente wechselseitig beeinflussen (Interdependenz). Das genetische Primat der Gesellschaft bleibt aber davon unberührt" (S. 55).

Man muß sich bei diesem Zitat fragen, wieso die Dialektik beim genetischen Primat der Gesellschaft plötzlich aufhören soll. Vom praktischen Standpunkt aus mag es wünschenswert und vielleicht sogar nötig sein, das dialektische Spannungsverhältnis der Interdependenz in eine Wechselbeziehung von Entweder-Oder aufzulösen. Sicher ist das bis jetzt der einzige Weg, auf dem man das Verhältnis wissenschaftlich sinnvoll erfassen und beschreiben kann, und doch hat man es beim Verhältnis von Individuum und Gruppe mit einem dialektischen Verhältnis zu tun, nicht mit einem Entweder-Oder, sondern mit einem Sowohl-als-Auch. Gerade auf das Verhältnis Individuum — Gruppe trifft eine solche Charakterisierung zu, im Gegensatz zu dem Verhältnis Individuum — Gesellschaft, das nur sehr bedingt als ein Interdependenzverhältnis angesehen werden kann (siehe Kap. 9).

Wenn hier von ‚Individuum' gesprochen wird, ist damit das im Prozeß der Lebensgeschichte gewachsene Ergebnis der Interaktion von ‚Homo sapiens' und sozialen Einflüssen gemeint. Dieses Ergebnis ist „quantitativ einmalig" (Guilford, 1959), weil es rein statistisch gesehen extrem unwahrscheinlich ist, irgendwo und irgendwann auf eine Duplizierung der individuellen Konstellation der Faktoren zu treffen. Über Guilford hinaus kann man aber mit Allport (1937) annehmen, daß diese quantitativ einmalige Konstellation auch als qualitativ einzigartig zu bezeichnen ist, weil sich aus der jeweiligen Konfiguration unterschiedliche Wesenseigenschaften ergeben. Die Spannung kommt in dieses Verhältnis dadurch, daß lebensgeschichtlich der Homo sapiens zunächst einmal der Gruppe ausgeliefert ist und sich von ihr sozialisieren lassen muß. Die Sozialisationsbemühungen der Gruppe schulen und entwickeln aber andererseits auch die Bewältigungsmechanismen und Ich-Funktionen, die es dem Individuum möglich machen, sich von der Gruppe zu lösen. Hinzu kommt der Einfluß „gebremster" Zufälle in der Lebensgeschichte. Von „gebremstem" Zufall kann deshalb gesprochen werden, weil wir nur im Prinzip, nicht aber in der Realität, dem blinden Zufall ausgesetzt sind, da die Art unserer Sozialisation bereits die Vielfalt aller möglichen Zufälle begrenzt und damit die zufallsbedingten Einwirkungen abbremst. Wenn ein Kind das elterliche Gebot, Eisflächen nicht zu betreten, befolgt, kann es tatsächlich nicht ins Eis einbrechen. Fast alle Menschen werden im Verlauf lebensgeschichtlicher Abläufe dem Einfluß alter Gruppen und Beziehungen entzogen und in neue Gruppen gestellt. Aber diesen neuen Gruppen begegnen wir nun nicht mehr nur als Unerfahrene und Aufnehmende, sondern wir begegnen ihnen vorgeformt durch die früheren Gruppenbindungen, die in dem neuen Zusammenhang, von der neuen Gruppe aus gesehen, aber als Individualität, als Einzigartigkeit wirken.

Neuere Untersuchungen der vergleichenden Verhaltensforschung lassen vermuten, daß neue Gruppen auch selektiv, entsprechend der genetischen Disposition, aufgesucht werden. Nach dem von Plomin (1982) entwickelten Konzept der Gen-Umwelt-Korrelation lassen sich unterscheiden: (1) Ein passives Beziehungsverhältnis: Der Genotyp ist eng mit der Umwelt verbunden. So stellen in der Regel die biologischen Eltern während der frühen Kindheit den wichtigsten Teil der sozialen Umwelt dar. (2) Ein reaktives Beziehungsverhältnis: Die Umwelt reagiert auf ein Individuum entsprechend seines Genotyps. Genetisch bedingte Temperamentsunterschiede bei Kindern werden von der sozialen Umwelt differenziert erlebt und entsprechend beantwortet. Die positiv oder ablehnend erlebten Umweltreaktionen beeinflussen die Persönlichkeitsentwicklung, die kognitiven Fähigkeiten und das emotionale Erleben. (3) Ein aktives Beziehungsverhältnis: Entsprechend ihrem Genotyp suchen oder gestalten die Individuen sich eine ihnen adäquate Umwelt. Nach neueren entwicklungspsychologischen Untersuchungen (Grossmann, 1984) zeigt sich, daß nach einer eher passiven Gen-Umwelt-Korrelation in der frühen Kindheit mit zunehmendem Alter die reaktiven und aktiven Formen überwiegen. Frühere Erfahrungen mit Gruppen und die aus reaktiven und aktiven Gen-Umwelt-Korrelationen entwickelten Bedürfnisse nach spezifischen Interaktionsformen und sozialen Beziehungsverhältnissen bestimmen die Einzigartigkeit des Verhältnisses jedes einzelnen Menschen zu seiner Primär-, Mitglieds- und Bezugsgruppe.

Beim Wechsel von einer Gruppe in eine andere und bei der Beteiligung an neuen interpersonalen Beziehungsverhältnissen wirkt es für den einzelnen oft wie ein Schock, wenn alle bisher gewohnten Verhaltensweisen, über die er nie nachgedacht hat, weil alle anderen Gruppenmitglieder genauso handelten, auf einmal thematisiert und als persönliche Eigenart wahrgenommen werden. Niemand, der z. B. einen neuen Beruf ergreift, in ein anderes Land zieht oder eine neue Partnerbeziehung eingeht, bleibt von diesem Spannungsverhältnis unberührt, und sei er als Person noch so gefestigt. Wenn man sich wirklich in psychologische Schwierigkeiten stürzen will, dann muß man nur versuchen, zwischen Gruppen hin und her zu pendeln.

Im folgenden sollen die Hauptthemen im Spannungsverhältnis von Individuum und Gruppe aufgegriffen werden: das Verhältnis von Gruppenbindung und Entwicklung der Individualität und die Frage, was aus der Individualität wird, wenn die Gruppenbindungen verlorengehen. Dabei werden Gedanken aufgegriffen, die an früherer Stelle bereits angeklungen sind.

Gruppenbindung und die Entwicklung des Selbst

Eine ganze Schule, nämlich die der symbolischen Interaktionisten, hat sich um die Grundthese gebildet, daß die Persönlichkeitsentwicklung des einzelnen von der Interaktion mit anderen abhängt, denn ohne Gruppenbindung gäbe es kein Selbst und keinen Kern der Person. Diese These geht von der Grundannahme aus, daß der Mensch nicht mit einer ausgebildeten Persönlichkeit geboren wird, sondern bestenfalls mit Anlagen, mit Grundtendenzen, aus denen sich vieles entwickeln kann, und daß es nur die Interaktion mit anderen Menschen ist, die diese Anlagen zur Ausbildung kommen läßt, ihnen Anregung und Richtung gibt.

Nach der zugrundeliegenden Theorie übernimmt die Gruppe für die eigene Persönlichkeit die Rolle des Spiegels. Wie man ja nicht mit Genauigkeit wissen kann, wie das eigene Gesicht aussieht, es sei denn, man sähe es in einem Spiegel, genausowenig kann man nach Cooley (1956), Mead (1934) und der Schule der Interaktionisten seine eigene Persönlichkeit erkennen, es sei denn, sie würde einem im Verhalten der anderen gespiegelt. Das eigene Handeln löst im anderen Reaktionen aus, an denen man die Bedeutung seines Handelns erkennen kann. Nach Cooley besteht dieser Prozeß aus drei Teilstücken: (1) dem Wahrnehmen der Reaktionen des anderen, (2) der Bewertung dieser Reaktionen als positiv oder negativ der eigenen Person gegenüber und (3) aus einem ursprünglichen Gefühl der Beschämung oder des Stolzes, also einem Selbstwertgefühl. Dieses Selbstwertgefühl hochzuhalten, scheint eine menschliche Grundtendenz zu sein, die zur Erklärung unseres Verhaltens bis hin zur Erklärung des Selbstmordes unerläßlich ist.

George Herbert Mead teilt die Anschauung, daß die Persönlichkeit sich aus der Reflexion über die Reaktionen der anderen auf das eigene Verhalten entwickelt (siehe auch Kap. 2). Er unterscheidet aber zwischen einem Teil der Persönlichkeit, der sich aus dem Nachdenken über die Reaktionen der anderen entwickelt hat, und einem anderen Teil, der davon unberührt ist. Mead bezeichnet bekanntlich diesen sozial geformten Teil der Persönlichkeit als das „Me" (Selbst) und spricht von dem übrigbleibenden Rest als dem „I", dem Ich. Auf diese Weise läßt er Raum für die Spontaneität und die Rätselhaftigkeit der Persönlichkeit in seinem System. Er sagt also: Man wird in weiten Bereichen so reagieren, wie man es auf Grund der Reflexion über die Reaktionen der anderen gelernt hat, aber gelegentlich werden Verhaltensweisen durchbrechen, die man sich nur schwer erklären kann. Je älter man wird, desto seltener werden diese neuen Entdeckungen über das eigene Ich und desto weitere Bereiche der Persönlichkeit werden sozial überformt, sozial gesteuert, bilden sich aus in Anlehnung an die Reaktionen der anderen, und desto kleiner wird der Persönlichkeitsbereich, der einem noch rätselhaft ist, aus dem noch spontan etwas Neues entspringen kann. Hier liegt das von Erikson so eindringlich beschriebene Problem der Spontaneität (siehe Bd. 1 dieses Werkes „Grundriß der Sozialpsychologie").

Konsequenzen des Verlustes von Gruppenbindungen

Psychose als Konsequenz des Verlustes von Gruppenbindungen

Der Verlust von Gruppenbindungen kann zur Desintegration der Persönlichkeit und damit zur Psychose führen, was nun anhand einer schon älteren, aber klassischen Arbeit gezeigt werden soll. Es handelt sich um eine amerikanische Untersuchung der Soziologen Faris & Dunham (1939) über die Verbreitung der Schizophrenie in den verschiedenen Wohngebieten Chicagos. Man muß allerdings vorausschicken, daß Amerikaner und Europäer sich im Verständnis dessen, was als Schizophrenie anzusehen ist, unterscheiden. Nach der herrschenden Auffassung hierzulande ist Schizophrenie eine endogene Psychose ungeklärten Ursprungs mit den Merkmalen: weitgehend erblich und früh angelegt, wobei Lebensschicksal und Familienkonstellation von zusätzlicher Bedeutung sind. Der Verlauf erfolgt in Schüben und führt zum Persönlichkeitszerfall. Nach amerikanischer Auffassung ist Schizophrenie die extreme Konsequenz ungelöster Lebensprobleme und erwächst vornehmlich aus Erlebens- und Verhaltensproblemen in der sozialen Umweltbewältigung. Sie ist die Fortsetzung der Neurose mit anderen Mitteln und daher auch, im Gegensatz zu Freuds Meinung, psychotherapeutisch zu behandeln. Nach amerikanischen Untersuchungen ist Schizophrenie vornehmlich eine Krankheit der Unterschicht.

Faris & Dunham teilten Chicago in verschiedene Wohnbezirke auf, solche mit einfachen Einfamilienhäusern, mit Mietskasernen, mit Villen und solche mit Häusern entlang der großen Ausfallstraßen. Dann gingen sie über mehrere Jahre hinweg die Einlieferungsstatistiken der öffentlichen und privaten Heilanstalten im Raum Chicago durch und zählten aus, aus welchen Wohnbezirken die Patienten kamen. Dabei zeigte sich, daß aus den Wohnbezirken mit Einfamilienhäusern weniger Patienten mit Schizophrenie kamen als aus den Bezirken mit Mietskasernen. Die Interpretation der Befunde geht davon aus, daß sich in den Gegenden mit Einfamilienhäusern ein Zusammengehörigkeits- und Nachbarschaftsgefühl ausgebildet hat, und daß Bezugsgruppen vorhanden waren. In den Mietskasernen dagegen war der einzelne isoliert und anonym, und offensichtlich stehen diese Anonymität und dieser Mangel an Eingebundensein in das soziale Leben mit einem Verfall der personalen Integrität in Verbindung. Nach psychiatrischer Auffassung ist das aber ein wesentlicher Aspekt dessen, was wir als Schizophrenie bezeichnen.

Offensichtlich gefährdet die Anonymität großstädtischen Lebens tatsächlich die Integrität der Person. Nun wird allerdings kein Sozialwissenschaftler behaupten, daß dieser Faktor, Mangel an Gruppenbildung, das Problem der Schizophrenierate erklärt oder in allen seinen Facetten verständlich macht. Sicher wird eine gewisse Disposition mitbedingt sein. Aber die Art der Teilnahme am sozialen Leben ist ganz zweifellos einer der Faktoren, die bestimmen, ob die Disposition latent bleibt oder sich zur Krankheit ausweitet. Interessant sind in diesem Zusammenhang auch die Arbeiten von Watzlawick, Beavin & Jackson (1969, 1985), in denen Schizophrenie als Antwort auf eine total gestörte Kommunikationssituation mit der Folge gestörter Informationsverarbeitung aufgefaßt wird.

Suizid als Konsequenz des Verlustes von Gruppenbindungen

Eine der bedeutenden Arbeiten zum Problem des Selbstmordes und zugleich eine der ersten empirischen soziologischen Untersuchungen überhaupt ist Durkheims „Le Suicide“ (1897). Durkheim entwickelte auf der Grundlage vorhandener Selbstmordstatistiken alle möglichen Erklärungshypothesen, um dann eine nach der anderen auszuschließen. Kann es das Klima sein? fragte er sich. Nein, ein solche Hypothese ließe zu viele Daten unerklärt. Kann es die Jahreszeit sein? Auch nicht! Geisteskrankheit, Nachahmung, Vererbung? Jede dieser Hypothesen verneinte er und kam zu dem Schluß, daß die Tendenz zum Selbstmord in jeder Gesellschaft aus dem besonderen Charakter eben dieser Gesellschaft erklärt werden muß. Solche Untersuchungen sagen zwar nicht voraus, welches Individuum Selbstmord begehen wird, aber nach Durkheim geben soziale Faktoren eine Erklärung für die unterschiedlichen Selbstmordraten in verschiedenen Gesellschaften und zu verschiedenen Zeiten.

Durkheim unterscheidet im wesentlichen drei Arten von Selbstmord: (1) den altruistischen Selbstmord, (2) den egoistischen Selbstmord und (3) den anomischen Selbstmord. Der altruistische Selbstmord ist vorwiegend ein soziales Arrangement, ein Phänomen von Gruppen, in denen der Selbstmord sozial vorgeschrieben ist und eine sanktionierte und ritualisierte Handlungsweise darstellt. Die Witwenverbrennungen in Indien gehörten hierher, ebenso die japanischen Kamikazeflieger und die in ostasiatischen Ländern auftretenden Fälle von Selbstverbrennungen als Form des politischen Protestes. Es ist ein Selbstmord im Dienste der Gruppe und entsteht gerade aus einer besonders starken Bindung an die Gruppe. Diese Art von Freitod interessiert in unserem Zusammenhang nicht. Es erscheint auch unpassend, auf solches Verhalten den Begriff ‚Selbstmord‘ anzuwenden, eher kann man von einem Sich-opfern sprechen.

Zum egoistischen Selbstmord kommt es dann, wenn der einzelne allein sich selbst gegenüber verantwortlich fühlt, entweder weil das den sozialen Normvorstellungen entspricht, oder weil die Gruppe die Autorität verloren hat, ihn in die Pflicht zu nehmen. Für einen Menschen, der so denkt, ist der Weg zum Selbstmord relativ kurz. Das einzige, was ihn am Leben hält, sind persönliche Ziele, und sind diese einmal erreicht oder lassen sie sich nicht erreichen, wird das Leben leicht sinnlos. Zur Stützung seiner Argumente weist Durkheim darauf hin, daß Unverheiratete und die Alten eher zum Selbstmord neigen als Verheiratete mit Kindern im mittleren Lebensabschnitt. Ebenso neigen die

Angehörigen von Konfessionen, die dem einzelnen Freiheit gewähren, eher zum Selbstmord als solche, die in hoch integrativen Religionsgemeinschaften leben, in denen zudem noch die Selbsttötung verboten ist. Beim egoistischen Selbstmord handelt es sich also um die Reaktion eines entfremdeten Individuums in einer ansonsten durchaus normierten und integrierten Gesellschaft.

Anders beim anomischen Selbstmord. Durkheim spricht vom anomischen Selbstmord als einem Phänomen, das in einer Gesellschaft besonders dann gehäuft auftritt, wenn die Institutionen ihre Kraft verlieren, die Unersättlichkeit individuellen Wünschens in Schach zu halten, und wenn der einzelne keine verbindlichen Maßstäbe mehr akzeptiert, an denen er sich orientiert. Dies geschieht besonders in Krisenzeiten. Allerdings erhöhen nicht alle Krisen die Selbstmordrate. Krieg und politische Krisen rufen manchmal auch eine Welle von Patriotismus und Solidarität hervor, die von absinkenden Selbstmordraten begleitet ist. Da wir zu einem gewissen Grade alle auf soziale Maßstäbe angewiesen sind, diese aber nicht immer zur Verfügung stehen oder stark von den individuellen Wünschen und Strebungen abweichen können, besteht bei allen eine gewisse Anfälligkeit für Selbstmord. Während der egoistische Selbstmord mehr eine Gefahr ist, der Angehörige von gesellschaftlichen Randgruppen ausgesetzt sind, bedroht der anomische Selbstmord auch und gerade die „staatstragenden Schichten".

Erst in den letzten Jahrzehnten wurden die Ursachen und Folgen suizidalen Handelns und die Möglichkeiten der Suizidprophylaxe näher untersucht (Pohlmeier, 1983). In allen Untersuchungen zeigt sich die große Bedeutung der Gruppenbindung und die Qualität der sozialen Beziehungen eines Menschen zur Suizidverhütung: „Jegliche plötzliche und drastische Veränderung, die einem Menschen das Fundament seiner Sicherheit zerstört und ihn der Erfahrungsgrundlage einer Vorhersehbarkeit der Dinge beraubt, erhöht seine Anfälligkeit für Selbstmordgedanken. Rasche gesellschaftliche und ökonomische Veränderungen, der unerwartet eintretende Verlust eines nahestehenden Menschen oder Leiden an der Ungerechtigkeit des Lebens bei gleichzeitigem Gefühl seiner Ohnmacht, irgendwie steuernd in die Entwicklung eingreifen zu können, all dies sind Vorbedingungen, aus denen sich ein Suizid entwickeln kann" (Zimbardo, 1983, S. 477).

Menschen, die in befriedigenden, stabilen sozialen Beziehungsverhältnissen leben, haben eine niedrigere Selbstmordrate, leiden weniger unter Streß und zeigen eine höhere Leistungsfähigkeit. Das Konzept der sozialen Unterstützung (social support) (Cobb, 1976) scheint gut geeignet, die Auswirkungen der Qualität interpersonaler Beziehungen und Gruppenbindungen auf die Anforderungsbewältigung kritischer Lebensereignisse zu beschreiben und zu erklären (Rodin, 1985). Die positiven Wirkungen, die ein engmaschiges Netz sozialer Beziehungen auf den physischen und psychischen Zustand und das Wohlbefinden des Individuums haben, sind dabei weniger von der Quantität, sondern von der Qualität der Beziehungen abhängig. Entscheidend ist also der vom Individuum erlebte Grad emotionaler Anteilnahme anderer am eigenen

Schicksal, der Bereitschaft zur materiellen Hilfe, der Bestätigung eigener Gefühle, Einstellungen, Werthaltungen und Verhaltensgewohnheiten durch andere Menschen, der erlebte Grad, in dem einem die Partizipation an für das Zusammenleben wichtigen Informationen ermöglicht wird und in dem soziale Rückmeldung, besonders positiver Art, gegeben wird.

Die physischen und psychischen Wirkungen sozialer Unterstützung werden modifiziert durch vermittelnde Einflüsse. Ein hoher Wirkungsgrad wird erzielt, wenn die Unterstützung von für wichtig erachteten Personen der eigenen Gruppe und bedeutenden Bezugsgruppen gewährt wird, und wenn sie in funktionalem Zusammenhang steht mit dem als defizitär empfundenen Lebensbereich. Wer z. B. unter starkem Prüfungsstreß leidet, wird von einer sozialen Unterstützung durch andere Prüflinge, durch Prüfer oder durch auf die Behandlung von Prüfungsproblemen spezialisierte Personen mehr profitieren als von gut gemeinten Ratschlägen und emotionaler Anteilnahme durch Verwandte und Freunde. Auch die Art der sozialen Unterstützung bedarf der genaueren Beachtung: „So trennt Wills (1985) zwischen Selbstwertunterstützung (esteem support), informativer Unterstützung (informational support), instrumenteller Unterstützung (instrumental support), sozial-freundschaftlicher Unterstützung (social companionship) und motivationaler Unterstützung. Informative oder motivationale Unterstützung gewinnen vor allem in belastenden Situationen an Relevanz, während sich die meisten Individuen in normal-unbelasteten Situationen eher ausreichend informiert oder motiviert wahrnehmen. Sozial-freundschaftliche Unterstützung prägt dagegen eher sowohl unbelastete Alltagssituationen als auch Streß-Situationen. Demzufolge stehen nach Wills informative und motivationale Unterstützung in einem spezifischeren Zusammenhang mit Streß, weswegen bei ihnen auch eher ein interaktiver oder Puffer-Effekt (Abschwächung akuter Streßauswirkungen) zu erwarten ist als bei der allgemeiner wirkenden sozial-freundschaftlichen Unterstützung“ (Lütjen & Frey, 1987, S. 572).

Bereits in Kap. 2 wurde auf die Zusammenhänge zwischen sozialer Isolation, Einsamkeit und Suizidgefahr näher eingegangen.

Die Verschiedenheit der Beziehungen von Individuum und Gruppe

Sicher gibt es viele Modelle, die dazu dienen können, die Vielschichtigkeit der Beziehungen zwischen Individuum und Gruppe zu beschreiben. Hier soll ein relativ einfaches Schema mit folgenden Beziehungsformen gewählt werden: (1) Die identifizierende Beziehung, die in der Gruppe oder einem ihrer Repräsentanten eine Identifikationsmöglichkeit mit dem Ich-Ideal postuliert. (2) Die partnerschaftlich-gleichberechtigte Beziehung zwischen Individuum und Gruppe. (3) Die In- Verantwortung-nehmende Beziehung, in der die Gruppe in der Rolle des Untergebenen und Abhängigen steht. Dabei sollen diese Beziehungen vorrangig unter dem Aspekt ihrer Wirkungen auf das „innere

System" des Menschen, auf seine Einstellungen, Wünsche, Werte, sein subjektives Erleben usw. betrachtet werden, nicht jedoch unter dem Gesichtspunkt der Folgen einer solchen Beziehung für das „äußere System" des Menschen, seine ökonomische, politische und soziale Stellung.

Identifizierende Beziehung

Die Grundstruktur dieser Beziehung bildet das Verhältnis zu etwas oder jemandem, der über einem steht, zur Mutter, zum Vater, zum Vorgesetzten, zu Gott. Diese Beziehung wird als identifizierende Beziehung bezeichnet. Die Funktion einer solchen identifizierenden Beziehung ist im wesentlichen die Wertbildung. Hier kommt all das ins Spiel, was in der Tiefenpsychologie über Identifizierungsprozeß und Über-Ich-Entwicklung gesagt wird. Zunächst ist es die Beziehung zu einer Person, die zur Wertbildung führt, dann die Beziehung zu einer Gruppe und später, wenn der Intellekt ausreichend entwickelt ist, kann die Begegnung mit Ideen diese Funktion der Wertbildung übernehmen. So kann beispielsweise in der frühen Kindheit die Beziehung zum Vater zur Ausbildung der Fähigkeit zu friedfertigen, nicht-aggressiven Formen der Konfliktbewältigung führen. Dies geschieht auf dem Wege des Verstärkungslernens, indem der Vater friedfertige Handlungen des Kindes belohnt und aggressive eher bestraft, und über das Vorbild- und Modellernen, indem das Kind die vom Vater praktizierten friedfertigen Formen der Konfliktbewältigung beobachtet, nachahmt und allmählich als komplettes Handlungsprogramm in sein Verhaltensrepertoire aufnimmt. Die damit verbundene Wertbildung erhöht die Wahrscheinlichkeit, daß Gruppen aufgesucht werden, in denen es friedlich zugeht, oder Gruppenprozesse so beeinflußt werden, daß eher nicht-aggressive Konfliktlösungsformen praktiziert werden. Religiöse und weltanschauliche Ideale der Friedfertigkeit werden im weiteren Leben eine unterstützende und verstärkende Funktion der Wertbildung zur Friedfertigkeit übernehmen. Sie werden dann womöglich zum Leitbild des eigenen Handelns, des sozialen Vergleiches und der Bewertung anderer Menschen und der gesellschaftlichen Verhältnisse. Zwar kann die Psychologie nicht sagen, welche Werte der Mensch bilden soll, sie kann aber voraussagen, was passiert, wenn ein Mensch keine Werte bildet, wenn die Wertbildung defizitär bleibt oder Widersprüche aufweist.

Partnerschaftliche Beziehung

Die Interaktion in der Gruppe auf der Basis der Gleichberechtigung nennen wir partnerschaftliche Beziehung. Ein seltener Fall, aber vielleicht der Idealfall einer solchen Beziehung ist die für beide Partner befriedigende Ehe oder Freundschaft. Welche Funktion hat eine solche Beziehung für die Entwicklung und das subjektive Erleben einer Person? Die primäre Funktion besteht in der konstanten Realitätskontrolle, die in einer solchen Beziehung durch das kaum je aufhörende „Aushandeln" der gegenseitigen Interessen ständig geübt wird. Nur am Interaktionspunkt der partnerschaftlichen Beziehung von Individuum und Gruppe können wir von einer Fusion, von einer dialektischen Beziehung sprechen, denn nur an dieser Stelle (Kleingruppe) und in dieser Beziehung (partnerschaftlich) läßt sich nicht mehr in allen Fällen entscheiden, wo das Individuum aufhört und der andere Partner bzw. bei einem größeren sozialen Gebilde die Gruppe beginnt.

Diese Verschmelzung geschieht in so kleinen Interaktionsschritten, daß es leichter ist, die Wirkung festzustellen als anzugeben, wie es dazu gekommen ist. Warum funktioniert eine Ehe sowohl bei Menschen, die einander sehr ähnlich sind („Gleich und gleich gesellt sich gern!"), als auch bei sehr unähnlichen Partnern („Gegensätze ziehen sich an!")? Außenstehende wundern sich oft, und die Erklärungen der Beteiligten überzeugen nicht. Es ist wie mit dem Tausendfüßler, der gefragt wird, wie er es macht, daß sich seine Beine nicht verheddern, und der keine Erklärung geben kann. Es gibt einen Abschnitt in Parsons Hauptwerk „The Social System" (1951), in dem er darauf hinweist, daß unser soziales Verhalten in der Mehrzahl der Fälle nicht bewußt und explizit durch die Richtschnur bedeutender Werte, Normen und Gesetze bestimmt wird, sondern durch die kleinen, minutiösen Reaktionen der anderen auf unser Verhalten: z. B. die Tatsache, daß mein Partner die Brauen zusammenzieht, daß er, wenn ich mich ihm nähere, sich nur wenige Zentimeter zurückzieht oder sich, wenn ich Glück habe, um ebensoviel vorneigt. Es sind diese Kleinigkeiten, die unser Verhalten steuern. Wenn auf einen Witz kein Lachen erfolgt, sondern nur ein müdes oder höfliches Lächeln, dann steuert dies unser Verhalten viel unmittelbarer als die Norm: „Du darfst nur erstklassige Witze erzählen!". Diese Korrektur des Verhaltens, diese Orientierung an der sozialen Realität, erfolgt hauptsächlich in der Beziehung zu Gleichgestellten, im Freundeskreis, am Arbeitsplatz und in Ehe und Partnerschaft. Nicht zu Unrecht spricht man vom Hagestolz als einem komischen Kauz und nimmt alte Jungfern als etwas verschroben wahr, denn das Fehlen der Rückmeldung über kleine Abweichungen des eigenen Verhaltens führt zwar nicht notwendig, aber sehr leicht zu größeren Abweichungen von der akzeptierten Norm. Noch ein illustratives Beispiel: Zieht man morgens zwei verschiedene Socken an und ist verheiratet, so sind die Chancen gering, daß man damit aus dem Hause kommt. Ist man jedoch nicht verheiratet, kommt man zumindest bis zum Arbeitsplatz.

Auch für Kleingruppen, die mehr als zwei Personen umfassen, gelten die hier dargelegten Verhaltens- und Reaktionsweisen in gleichberechtigten, partnerschaftlichen Beziehungen. Freundesgruppen, Sportgruppen, Selbsthilfegruppen, politische Aktionsgruppen, aber auch bandenähnliche Gruppierungen entwickeln eine so enge interpersonale Beziehung mit konstanter Realitätskontrolle und gegenseitiger Verhaltensabstimmung, daß eine partielle Verschmelzung zwischen Individuum und Gruppe stattfindet. Ohne explizite Thematisierung oder gar Diskussion über gegenseitig zu respektierende und zu praktizierende Verhaltensweisen und Bewertungsregeln entwickeln sich in Gruppen allmählich implizite Übereinkünfte über den Umgangston untereinander und gegenüber Fremdgruppe und deren Mitglieder, über die Art und Weise gegenseitiger Bewertung von herabsetzender über wohlmeinender Kritik bis hin zur unbegrenzten Wertschätzung jedes Gruppenmitgliedes, über die in der Gruppe zu erreichende und aufrechtzuerhaltende Stimmungs- und Gefühlslage und über das gegenüber der sozialen Umwelt zu präsentierende Erscheinungsbild der Gruppe. Erst die Aufnahme neuer Gruppenmitglieder, das Durchleben von Bestandskrisen oder das Zerbrechen der Gruppenkohäsion bis hin zur Gruppenspaltung lassen auch für die Gruppenmitglieder selbst deutlich werden, was außenstehenden Beobachtern womöglich sofort auffällt, wie viele selbstverständliche Regelungen individuellen Verhaltens die Symbiose zwischen Individuum und Gruppe zur Folge hat. An der Entwicklung dieser gruppeninternen verbindlichen Regeln sind die Gruppenmitglieder alle beteiligt, wenn auch in unterschiedlicher Weise. Mächtige, einflußreiche, leistungsstarke und beliebte Gruppenmitglieder in Schlüsselpositionen (z. B. Gruppenführer, alteingesessene Gruppenmitglieder oder Informanden) werden einen größeren Einfluß ausüben und auch in der Gruppe eher ihre bisher gewohnten Verhaltensregeln durchsetzen können als schwache Gruppenmitglieder. Relativ passive Gruppenmitglieder sind an der Entwicklung impliziter Verhaltens- und Bewertungsübereinkünfte dadurch beteiligt, daß sie die Initiativen dominanter Personen dulden und ihnen folgen, ohne mit Reaktanz zu reagieren, Gegenmacht auszuüben oder mit alternativen Vorschlägen hervortreten.

In-Verantwortung-nehmende Beziehung

Die Beziehung zu Abhängigen oder einer abhängigen Gruppe bezeichnen wir als „In- Verantwortung-nehmende Beziehung“. Die Bedeutung einer solchen Beziehung liegt in der Annahme, daß das Individuum ohne Übernahme von Verantwortung nicht zur Individuation, nicht zur vollen Ausbildung seiner Persönlichkeit und nicht zur Sinngebung seiner Existenz kommen kann. Eine „In-Verantwortung-nehmende Beziehung“ kann ein dyadisches Beziehungsverhältnis begründen, z. B. zwischen Ehepartnern, zwischen Mutter und Kind, zwischen Pfleger und Behindertem, oder die Beziehung zu einer Gruppe, z. B. zwischen einem Jugendgruppenführer und der Jugendgruppe, zwischen Lehrer und Klasse, zwischen Meister und Arbeitsgruppe. Solche Beziehungsverhältnisse sind in mehr kollektivistisch orientierten Kulturen (z. B. in Asien und Lateinamerika) weit verbreiteter als in individualistisch orientierten Kulturen, wie man sie in Europa und Nordamerika antrifft. Dazu gehört die lebenslange Verantwortung eines zu relativem Reichtum gekommenen Familienmitgliedes gegenüber seinen ärmeren Verwandten, und zwar unabhängig von der Leistungsfähigkeit und Leistungsbereitschaft der Familienmitglieder, ebenso wie die lebenslange Fürsorge des Unternehmers für seine Angestellten eventuell sogar über Generationen hinweg.

Nach Weiss (1982) ist die Übernahme sozialer Verantwortung und die Sorge für andere Personen ein zentrales Motiv sozialen Handelns überhaupt. Bleibt es unbefriedigt, kommt es nach Weiss verstärkt zu Gefühlen der Einsamkeit, zum Gefühl der Bedeutungslosigkeit, der Nutzlosigkeit des eigenen Lebens mit der Konsequenz des Rückzugs und der sozialen Isolation. Bei C. G. Jung (1934) spielt diese Entwicklungsphase eine ebenso bedeutsame Rolle wie bei Erikson (1982), der die Individuation als Endpunkt der Persönlichkeitsentwicklung darstellt. Um diesen Endpunkt zu erreichen, muß man aus seinem eigenen Lebensraum heraustreten und für andere Verantwortung übernehmen.

Thesen zur Beziehung von Individuum und Gruppe

Im Unterschied zu früheren Kapiteln treten jetzt stärker Meinungen und Wertungen hervor. Das hängt damit zusammen, daß die Bestimmung der Beziehungen von Individuum, Gruppe und Gesellschaft eine Wertentscheidung ist. Nur in Extremfällen ist die Entscheidung relativ sachlich und eindeutig zu fällen. So wird kaum jemand behaupten, es gebe ein gruppenunabhängiges Individuum, und kaum jemand vertritt die Auffassung, daß Gruppen völlig über das Individuum verfügen dürfen. Aber im Mittelbereich scheiden sich die Geister: Soll man nun aus den Untersuchungsbefunden, die zeigen, daß die Gruppe oft hinter der Leistung ihres besten Mitgliedes zurückbleibt, den Schluß ziehen, daß für eine Elite Gruppenarbeit ungeeignet ist, daß der Starke allein am stärksten ist? Oder soll man daraus schließen, daß alle Energien auf die Ausbildung von Gruppenfähigkeit gerichtet werden müssen? Beide Schlußfolgerungen sind aus den Befunden ableitbar, je nach Blickwinkel, Intention und Einstellung. So sind auch die folgenden Thesen Meinungen und Ausdruck eines spezifischen Standpunktes. Von da aus gesehen ist es nicht nur fachwissenschaftlich, sondern auch existentiell wichtig zu betonen, daß ein „totales" Aufgehen in der Gruppe unmöglich ist.

Hinzuweisen ist an dieser Stelle auf die Theorie der sozialen Identität (Tajfel, 1982), nach der angenommen wird, daß jedes interaktive Verhalten auf einer Dimension zwischen den Polen totale personale Determination und totale soziale Determination einzuordnen ist. Die Interaktionsbeziehung zwischen zwei verliebten Menschen wäre dann eher dem personalen Pol zuzuordnen, da ihr Verhalten stark von den individuellen Bedürfnissen nach Zuwendung, Intimität, Geborgenheit, Glücklichsein u. ä. bestimmt ist. Beide Partner werden zudem versuchen, sich einander als eigenständige Persönlichkeiten mit allen bedeutungsvollen Ich-nahen Handlungsmerkmalen zu präsentieren und füreinander zu öffnen. Sie werden bereit sein, viel von ihrer Persönlichkeit, ihren ganz individuellen Erfahrungen, Befindlichkeiten, Wünschen und

Hoffnungen preiszugeben. Schließlich werden sie versuchen, sich von unerwünschten sozialen Einflüssen und Ansprüchen von außen durch andere Personen und Gruppen zu schützen. Sie werden allein füreinander da sein wollen. Wer andererseits als Führer oder Repräsentant eine Gruppe nach außen zu vertreten hat, wenn z. B. der Meister seine Arbeitsgruppe gegenüber der Geschäftsführung vertritt, über die Arbeitsergebnisse, Fehlzeiten, Arbeitsanforderungen, Arbeitsleistungsbewertungen, Entlohnungssystem u. ä. seiner Arbeitsgruppe berichtet und Verbesserungen durchzusetzen versucht, dessen Verhalten wird auf der Interaktionsdimension eher dem Pol sozialer Determination zuzurechnen sein. Der Meister wird sein Verhalten in der Interaktionssituation mit der Geschäftsführung nicht so sehr nach seinen persönlichen Wünschen, Erfahrungen und Vorlieben regulieren, sondern sich nach den in seinem Betrieb üblichen Verhaltensregeln und -normen richten. Er tritt als Leiter und Repräsentant seiner Arbeitsgruppe auf, die Erwartungen an ihn stellt, ihm evtl. sogar einen Verhandlungsauftrag mit festgelegten Kompromißgrenzen übertragen hat. Die Geschäftsführung tritt dem Meister als Verhandlungspartner gegenüber, der von ihm erwartet, daß sein Verhandlungsverhalten dem eines Repräsentanten einer Arbeitsgruppe entspricht und nicht von irgendwelchen persönlichen Vorlieben und aktuellen Stimmungslagen dominiert wird. So wie das Liebespaar in seinen Interaktionsbeziehungen neben den dominierenden persönlichen und Ich-nahen Verhaltensmerkmalen auch von sozialen und gruppenspezifischen Faktoren beeinflußt wird, z. B. durch geschlechtsspezifische und familientypische Verhaltens-, Denk- und Empfindungsmuster, so wird das Verhandlungsverhalten des Meisters auch von persönlichen, sehr individuellen Vorlieben und Gewohnheiten, z. B. im Umgang mit Konfliktsituationen oder in der Verarbeitung von Enttäuschungen, mitbestimmt, aber eben nicht dominiert sein.

Das Prinzip der Reziprozität ist aus unseren sozialen Beziehungen nicht wegzudenken, und konflikthafte Beziehungen stellen den Normalfall dar. Die drei Aspekte Totalität, Reziprozität und Konflikt sollen jetzt näher betrachtet werden.

Praktische Unmöglichkeit der „totalen“ Interaktion

Es wird hier die These vertreten, daß totale Interaktion, vollkommenes Einssein mit der Gruppe, „Begegnung“ im existentiellen Sinn, wenn nicht prinzipiell unmöglich, so doch praktisch außerordentlich unwahrscheinlich ist. Im Prinzip wird in jeder Situation der ganze Mensch angesprochen, auch wenn wir versuchen, die Interaktion auf Rollenbeziehungen zu reduzieren, entweder um die Beziehung einfacher und gefahrloser zu gestalten oder um sie überschaubar und wissenschaftlich analysierbar zu machen. Da aber prinzipiell jede Interaktion den ganzen Menschen anspricht, ist es statistisch nahezu unmöglich, daß in einer bestimmten Interaktionssituation alle Aspekte des Verhaltens so aufeinander abgestimmt sind, daß eine völlige Harmonie herrscht. Das gleiche Wort in zwei verschiedenen Situationen kann völlig unterschiedliche Reaktionen hervorrufen, und ebenso kann das gleiche Wort bei zwei verschiedenen Personen ganz andersartige Reaktionen bewirken. Eine totale Interaktion, ein völliges Verständnis, eine absolute Harmonie in den Beziehungen ist praktisch unmöglich, da zu viele Variablen aufeinander abgestimmt sein müßten. Deshalb gibt es solche Beziehungen eigentlich nur in Romanen und auch dort nur für Augenblicke. Wenn man annimmt, daß ein solches Eins-Sein „Glück" bedeutet, dann läßt sich hier die chinesische Spruchweisheit zitieren, daß es ein glückliches Leben nicht gibt, bestenfalls den glücklichen Augenblick. Das sollte man sich vor Augen halten, wenn man Interaktion als Lebensprozeß auffaßt und nicht als wissenschaftlichen Begriff, eingeengt auf ein hypothetisches Konstrukt. Als Lebensprozeß verstanden ist totale Interaktion unmöglich.

Interaktion und Reziprozität

Eine weitere, in ihrer Lebensrelevanz nicht zu unterschätzende These der Interaktionslehre ist das Prinzip der Reziprozität. In einer fortdauernden und gleichbleibenden Interaktion verringert sich mit der Zeit die als positiv erlebte gegenseitige Befriedigung der Bedürfnisse und die damit einhergehenden Gefühlsreaktionen. Das Gleichbleiben der Interaktionsmerkmale und der Interaktionshäufigkeit über die Zeit hinweg führt zu einer Abschwächung der positiven Gefühls- und Erlebniszustände. Es setzt ein Adaptationsprozeß ein, der etwas früher als reizvoll und attraktiv Erlebtes zur selbstverständlichen Gewohnheit werden läßt. Damit eine reziproke Attraktivität und die positiv erlebte Bedürfnisbefriedigung anhält, bedarf es eines Wechsels des Situationsmerkmals der Interaktion. So ist es eine wichtige Aufgabe des Führers einer Gruppe, attraktive Interaktionssituationen zu schaffen oder gewohnte Interaktionsabläufe und deren Ergebnisse neu zu interpretieren, um die Qualität der Reziprozität zu erhalten und zu steigern. Oft reicht schon der Hinweis auf Interaktionsbeziehungen in Referenzgruppen und der Vergleich mit ihnen aus, damit gewohnte und längst adaptierte Interaktionsmerkmale ohne jeden Attraktivitätswert mit neuen Anreizwerten versehen reaktiviert werden und so die Qualität der Reziprozität verbessern.

Interaktion und Konflikt

Die These von der Unvermeidbarkeit des Konfliktes ergibt sich fast zwangsläufig aus der Unmöglichkeit der totalen Begegnung und aus dem Problem der Reziprozität. Diese Anschauung hat noch keine lange Tradition in der Sozialpsychologie, denn viele Theoriesysteme, z. B. Freud und Parsons, aber auch Heider und Festinger, basieren auf einem Gleichgewichtsmodell. Andererseits haben wir uns inzwischen an ein Leben mit Konflikten in einer pluralistischen Gesellschaft, in der nicht nur eine Meinung, ein Menschen- und Weltbild oder ein fester Wertekanon gilt und durchgesetzt wird, längst gewöhnt. Wenn aber auch die banale Tatsache der Unvermeidbarkeit von Konflikten jedem sofort einleuchtet, so bestehen aber zwischen dem Wissen über die unvermeidbare Existenz von Konflikten, der Einsicht in ihre Bedeutung für das Zusammenleben, der Akzeptanz konfliktregulierender und -begrenzender Handlungsmöglichkeiten und dem Konfliktmanagement bedeutsame Unterschiede, auf die ausdrücklich hingewiesen werden muß. Man vergegenwärtige sich, was es bedeutet, daß Interaktion, extrem ausgedrückt, immer einen doppelten Konflikt beinhaltet. Interaktion beinhaltet einmal einen Konflikt zwischen den Partnern der Interaktion, die nicht in der Lage sind, sich völlig aufeinander einzustellen, und sie beinhaltet zweitens den Konflikt zwischen dem aktuellen Niveau der Interaktion und dem an die Interaktion gestellten Anspruch.

Bis vor wenigen Jahren haben die meisten Sozialwissenschaftler versucht, soziale Systeme als im Gleichgewicht und in Harmonie befindlich zu verstehen und Konflikt immer als das Abweichende zu sehen, als das, was erklärt werden muß. Wenn die Menschen auf Interaktion und Zusammenleben angelegt sind, so argumentieren sie, dann wird grundsätzlich Harmonie zwischen ihnen bestehen. Jeder Konflikt ist eine Störung und eine Ausnahme. Dabei wurde übersehen, daß Interaktion notwendigerweise ein gewisses Maß an Konflikt beinhaltet. Zumindest in der Welt, in der wir leben und wie wir sie gemacht haben, geht das Gleichgewichtsdenken von einem falschen Verständnis von Interaktion aus. So wie die Welt heute strukturiert ist, erscheint es phänomenadäquater anzunehmen, daß der Konflikt das Normale ist, und daß erklärt werden muß, wie es in einer bestimmten Situation dazu kommen kann, daß einmal annähernd Harmonie herrscht. Das Leben in dieser Welt wird leichter und man vermeidet Illusionen, wenn man von der Unvermeidbarkeit des Konfliktes ausgeht und dann aus der Not des Konfliktes eine Tugend macht, indem man seine positiven Seiten zum Tragen bringt, ihn als Stachel sieht, der lebendig erhält und Entwicklungen in Gang bringt.

So wird eine Minorität von Gruppenmitgliedern mit ihren von den Gruppenüberzeugungen und Gruppennormen abweichenden Einstellungen und Verhaltensweisen zunächst für Unruhe und Verärgerung in der Gruppe sorgen, da sie mit den bisherigen Gepflogenheiten nicht vereinbare Forderungen stellt. Der so provozierte Konflikt, besonders wenn die Minorität den in Kap. 3 beschriebenen Verhaltensstil praktiziert, kann von der Gruppenmehrheit nicht einfach unterdrückt werden, ohne eine Gruppenspaltung zu riskieren. Es bedarf vielmehr der Konfliktbearbeitung, wenn noch ein Mindestmaß an Gruppenkohäsion erhalten bleiben soll. Dies kann zu einer kritischen Überprüfung der Gültigkeit und Brauchbarkeit bisheriger Gruppenüberzeugungen und Gruppennormen führen, mit der Konsequenz, sie auch gegen Widerstand aus den eigenen Reihen beizubehalten. Es kann aber auch ein innovativer Prozeß zur Entwicklung brauchbarer Alternativen zustandekommen.

Der produktive Umgang mit Konflikten und die Entwicklung von Konfliktlösungen kann erlernt werden (Berkel, 1985). Intrapersonale Entscheidungskonflikte lassen sich dadurch lösen, daß der Handelnde aus den ihm verfügbaren Alternativen, zwischen denen er bisher unentschlossen schwankte, eine auswählt und sich für sie entscheidet. Nach der Klassifikation von Pongratz (1961) bieten sich im Falle intrapersonaler Konflikte noch weitere Lösungsmöglichkeiten an, die in direkte und indirekte Lösungsreaktionen unterteilt werden können (siehe Abb. 18).

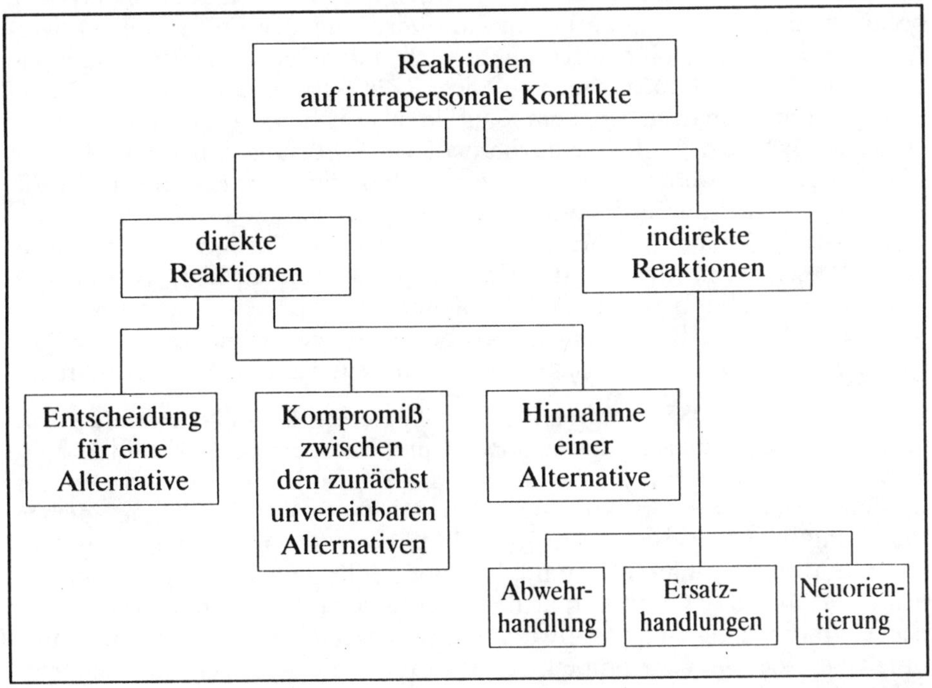

Abbildung 18: Klassifikation der Reaktionen auf intrapersonale Konflikte (nach Pongratz, 1961)

Ähnlich ist es bei einem sozialen Konflikt zwischen mehreren Personen möglich, daß die Konfliktlösung in der Entscheidung für eine Handlungsmöglichkeit besteht. Bei der Behandlung von Entscheidungskonflikten kann im Zusammenhang mit der Diskussion um die Vor- und Nachteile von zwei Handlungsalternativen die Konfliktlösung im Entdecken einer dritten, bisher nicht in Erwägung gezogenen Handlungsmöglichkeit bestehen (Glasl, 1980). Wer sich z. B. nicht entscheiden kann, ob er seines sportlichen Interesses wegen ein Motorrad kaufen soll oder aus Sicherheitsgründen einen Personenwagen, kann sich womöglich für den Kauf eines Cabrios oder eines Geländewagens entscheiden, weil er damit in etwa beide Bedürfnisse befriedigen kann. In

Tarifverhandlungen wird oft von sehr unterschiedlichen Positionen ausgehend, nach langwierigen Gesprächen und womöglich unter Hinzuziehung eines Vermittlers ein befriedigender Kompromiß gefunden, den beide Verhandlungsparteien vor ihren Mitgliedern rechtfertigen können.

Bezogen auf soziale Konflikte zwischen Personen und Gruppen lassen sich unterscheiden: Latenzphase, Auslösephase, Handlungsphase und Ergebnisphase. Die Latenzphase ist bestimmt vom Zusammenwirken individueller und situativer Bedingungen, aus denen heraus sich ein Konflikt entwickeln kann. In der Auslösephase werden die Aktivitäten eines Partners so stark behindert oder beeinträchtigt, daß der Konflikt bewußt wird, mit der Folge einer aktiven Auseinandersetzung mit den Konfliktursachen und den antizipierbaren Konfliktfolgen. Als Reaktionsformen auf diese Konfliktbearbeitung sind denkbar: sich durchsetzen, nachgeben, dem Konflikt ausweichen, Kompromisse schließen oder partnerschaftlich eine befriedigende Lösung erarbeiten. In der Handlungsphase werden den bevorzugten Reaktionsformen entsprechende Aktionen in Richtung des Konfliktpartners gestartet, die bei ihm wiederum spezifische Reaktionen hervorrufen, wodurch der Konflikt entweder verschärft oder abgeschwächt wird. In der Ergebnisphase werden beide Partner das Interaktionsresultat bewerten und den Konflikt entweder als beendet betrachten, die bisherigen Bemühungen als noch unzureichend ansehen oder die eingetretene Situation als Ausgangspunkt für neue Konflikte interpretieren.

Das von Crott (1985) vorgestellte Konzept einer Konfliktstrukturanalyse versucht die Grundlagen intrapersonaler und interpersonaler Konflikte miteinander zu verbinden. Es beschreibt die Zusammenhänge zwischen der personunabhängigen Struktur des interaktiven Problems, den möglichen Beziehungsformen zwischen den Konfliktpartnern und den situativen Faktoren, z. B. den verfügbaren Kommunikationsmöglichkeiten in Verbindung mit den das Handeln der Konfliktpartner determinierenden zentralen Motivationen: (1) Individualistische Motivation, die der Strategie der Vorteilsmaximierung zugrundeliegt. (2) Kompetitive Motivation, die der Strategie interpersonalen Vergleichs zugrundeliegt mit dem Ziel, die eigenen Leistungen und Fähigkeiten von denen des Partners deutlich unterscheiden und qualitativ besser bewerten zu können. (3) Gerechtigkeitsmotivation, aus der eine Strategie resultiert, nach der die Gewinnverteilung entsprechend den vorherrschenden Gruppen- und Gesellschaftsnormen entweder dem Gerechtigkeits-, Leistungsproportionalitäts-, Gleichheits- oder Bedürfniskorrespondenzprinzip zu folgen hat.

Die Kompromißfindung selbst sowie die Argumente für ihre Annahme und die endgültige Akzeptanz der Lösung sind das Resultat differenzierter Interaktionsprozesse. In manchen Fällen sind den Verhandlungspartnern die Konfliktlösungsmöglichkeiten bereits vorher bekannt oder sie sind durch äußere Umstände determiniert. In anderen Fällen werden sie erst während der Konfliktbehandlung entwickelt. Meist umfaßt die von den Partnern während des Konfliktdisputs entwickelte Lösung einen größeren Werte- und Interessenbereich beider Partner als im Falle einer von außen übernommenen Konfliktlösung. Eine weitere Konfliktlösung kann darin bestehen, daß die Konfliktparteien den Konfliktgegenstand bis zur Bedeutungslosigkeit abwerten oder sich von ihm abwenden und damit ihre Auseinandersetzung beenden. Bei interpersonalen Konflikten und Intergruppen-Konflikten läßt sich meist über die in der Gruppe vorhandene Leistungskapazität des „Suchens und Findens“ und des „Bestimmens“ eine gemeinsam getragene Konfliktlösung definieren. Dies setzt allerdings voraus, daß alle Gruppenmitglieder in der Art und Intensität, wie sie selbst vom Konflikt betroffen sind, auch an seiner Lösung mitwirken können.

Sicher werden Konflikte, wo immer sie stattfinden, als Beeinträchtigung des individuellen Wohlbefindens, als aversive Reize, als Belastung der sozialen Beziehungen empfunden, und es werden Kräfte zur Konfliktlösung aktiviert. Es gibt allerdings auch Fälle, in denen Konflikte bewußt oder unbewußt zur Demonstration der eigenen Macht oder zur Durchsetzung bestimmter Ziele provoziert werden. So können z. B. Konflikte mit Fremdgruppen dazu genutzt werden, die Kohäsion der Eigengruppe zu stärken, oder zur Befriedigung aggressiver sozialer Motive. Aber nicht der Konflikt selbst wird als angenehm empfunden, von pathologischen Erscheinungsformen einmal abgesehen, sondern die Fähigkeit, mit ihm fertig zu werden oder zumindest, ihn zu handhaben. Produktiv ist der Konflikt auch nur, so lange es ein Bemühen gibt, ihn zu lösen, ihn aus der Welt zu schaffen. Bei allen Menschen ruft ein Konflikt Unbehagen hervor, aber während ein Teil von ihnen aus diesem Grund Konflikte zu vermeiden sucht und danach trachtet, die Zahl der Konflikte selbst auf Kosten von Entwicklungsmöglichkeiten niedrig zu halten, sind andere bereit, im Dienste übergeordneter Werte wie Innovation, Selbstaktualisierung oder Ehrlichkeit Konflikte als Wege zum Ziel zu ertragen oder unter Umständen sogar zu suchen. Es ist zu vermuten, daß die von Adorno, Frenkel-Brunswick, Levinson & Sanford (1950) beschriebenen Merkmale der „autoritären Persönlichkeit“ auf eine Person verweisen, der es schwer fallen wird, mit Konflikten zu leben. Um das zu können, muß man offener, flexibler, selbstsicherer und toleranter sein gegenüber Regelabweichungen, d. h. auch, daß die Diskrepanz zwischen dem angestrebten Ideal einerseits und dem Erreichbaren und Erreichten andererseits nicht zu groß werden darf.

Deindividuation, Aufgehen in der Gruppe und individuelle Verhaltensregulation

Die vollständige Anpassung an die soziale Umwelt, das Aufgehen in einer Gruppe, die ent-individualisierte Integration in ein Team einerseits und andererseits die Entwicklung, Aufrechterhaltung und Verteidigung der individuellen Identität, die Glorifizierung individueller Leistungsfähigkeit, Eigenständigkeit und Macht sowie das Bestreben, sich in seiner Eigenständigkeit deutlich von anderen Menschen abzuheben, Distanz zu halten, stellen ein unauflösliches Dilemma menschlicher Existenz dar. Unter Deindividuation wird ein Zustand verstanden, in dem eine Person in ihrem Denken, Empfinden und Handeln sich so weit den Anforderungen durch eine Gruppe anpaßt und dem Druck bzw. den Attraktionen von Masse und Kollektiv so weit folgt, daß die intrapersonalen Handlungsregulatoren, z. B. die Orientierung an internalisierten Werten und Normen, bedeutungslos werden im Vergleich zur Übermacht externaler Handlungsdeterminanten. Auf dem Hintergrund der abendländischen Kulturtradition hat sich auch die Psychologie bislang stärker mit dem Bedürfnis des Individuums nach sozialer Distanzierung und mit Erklärungen für den Prozeß der individuellen Bewußtseinsbildung vom eigenen Selbst befaßt als mit dem sicher ebenso bedeutsamen Bedürfnis nach sozialem Anschluß und Integration in eine Gruppe oder in ein Kollektiv. Den Bedingungen, die zum Verlust des Selbstbewußtseins und zum Aufgehen des Individuums in Gruppen, Kollektiven oder in der Masse führen, wurde bislang wenig wissenschaftliche Beachtung geschenkt. Viele Psychologen haben sich inzwischen daran gewöhnt, diesen sozialen und kollektiven Aspekt des Verhaltens als dem Menschen unwürdig und allenfalls als atavistische Reminiszenz zu betrachten, die uns dazu verleitet, die Kontrolle über uns selbst und unser Verhalten zu verlieren. Allmählich scheint es aber auch in der Psychologie möglich zu sein, sich etwas unbelasteter von stark ideologisierten massenpsychologischen Erklärungen früherer Zeiten um ein präziseres Verständnis für die in Kollektiv- und Massensituationen im Individuum und zwischen den beteiligten Personen ablaufenden Prozesse zu bemühen (Prentice-Dunn & Rogers, 1989).

In der europäischen Geistesgeschichte und damit in den modernen westlichen Gesellschaften ist eine tief verankerte Idealisierung des sich in Freiheit, Unabhängigkeit, Selbstverantwortlichkeit und einsamer Größe sowie Machtvollkommenheit entfaltenden Individuums vorhanden. Dieses Individuum macht sich in seiner Omnipotenz, ausgestattet mit einem vermeintlich göttlichen Auftrag, daran, die Erde der eigenen Nutzenmaximierung zu unterwerfen und seine Umwelt so zu gestalten, daß sie der individuellen Bedürfnisbefriedigung dienen kann. Seine Entscheidungen trifft es nach rationalen Kriterien, folgt allein seinem eigenen Gewissen und ist für die Folgewirkungen auch selbständig verantwortlich. Wer die Idealisierung dieses Menschen- und Weltbildes für sein Denken und Handeln akzeptiert und die daraus abzuleitenden Werte und Normen internalisiert hat, kann in der Einbindung und Integration des Individuums in Gruppen, Organisationen, Kollektiven und Massen nichts Positives und Fortschrittliches entdecken. So konnte für die Massenpsychologen das Aufgehen des Individuums in der Masse nur ein Zeichen für die Dekadenz des Humanen und den Rückschritt des Menschen auf eine triebhaft tierische Stufe sein.

Sozialpsychologen wie Festinger, Pepitone & Newcomb (1952) und Zimbardo (1970) betrachten die in der Massen- und Kollektiv-Situation zu beobachtenden Enthemmungseffekte als ein Zeichen der einsetzenden Entindividualisierung, die aufgrund äußerer Einflüsse, intrapersonaler Veränderungen und eines damit einhergehenden normlosen und gewalttätigen Verhaltens zustandekommt. Als zentrale Einflußgrößen in Kollektiv- und Massensituationen identifiziert Zimbardo Anonymität, Verlagerung individueller Verantwortlichkeit auf andere, Gruppengröße, Gruppenaktivitäten, kurzfristige Handlungsperspektiven, physischer und psychischer Erregungsgrad, sensorische Überreizung, physische Anspannung, Zunahme nicht kognitiv faßbarer Rückmeldungen, neue oder unstrukturierte Situationsbedingungen und veränderte Bewußtseinszustände. Diese Einflußgrößen reduzieren seiner Ansicht nach die Möglichkeit der Selbstbeurteilung, der Selbstaufmerksamkeit, der inneren Kontrolle und setzen die Schwelle zur Ausführung unerlaubter Handlungen herab. Das resultierende Verhalten zeichnet sich aus durch ein Fehlen externer Reizkontrolle, einen hohen Emotionalitätsgrad, starke Impulsivität, einen hohen Intensitätsgrad, Wahrnehmungsverzerrungen, Gedächtnislücken und Schwierigkeiten, die einmal in Gang gesetzten Prozesse zu Ende zu führen. Zimbardo versuchte als erster, Beziehungen herzustellen zwischen externalen Handlungsbedingungen, internalen Prozessen und den zu beobachtenden abnormen Reaktionen in Kollektivsituationen.

Aufgrund eigener Studien und der Erklärungsversuche von Selbstaufmerksamkeits- und Kontrolltheorien entwarfen Prentice-Dunn & Rogers (1989) folgendes Konzept der Deindividuation: „Wenn eine Person Einflüssen ausgesetzt ist, die traditionellerweise mit dem Prozeß der Deindividuation verbunden sind, dann finden Veränderungen innerhalb der Person statt, die aufgrund von zwei verschiedenen Mechanismen zu enthemmten Verhaltensreaktionen führen können: (1) Anonymität und Verantwortungsdiffusion (d. h. Verteilung der Verantwortung für herbeigeführte Ereignisse auf alle an der Massensituation beteiligten Personen) verringern die individuelle Verantwortlichkeit für das Handeln dadurch, daß sich das Individuum des öffentlichen Aspekts seines Selbst weniger bewußt ist. Damit ist gemeint, daß es sich immer weniger mit der Bewertung der eigenen Person durch andere beschäftigt und deshalb auch keine Vergeltungsmaßnahmen, keinen Tadel und keine Behinderungen der Handlungsausführungen mehr zu erwarten hat. Das daraus resultierende Verhalten kann entsprechend der Terminologie der Erwartungs-Wert-Theorie so interpretiert werden: Das Individuum ist sich sehr wohl bewußt, was es tut, es ist ganz darauf aus, negative Verhaltenskonsequenzen zu vermeiden. (2) Die physische Anspannung und die Gruppenbindung (d. h. die Erfahrung des Eintauchens in die Gruppe) verringern das Bewußtwerden der privaten Aspekte des eigenen Selbst. Das Individuum erlebt einen Zustand interner Deindividuation, charakterisiert durch eine Verringerung des Ich-Bewußtseins und begleitet von einer Veränderung der Denk- und Gefühlsmuster. Über eine komplexe Fähigkeit zur Selbstregulation wird das Individuum immer empfänglicher für Umwelteinflüsse auf sein Verhalten als für interne verhaltensregulierende Standards. Das resultierende Verhalten kann in Abhängigkeit von spezifischen Umweltmerkmalen von ausgelassenem Tanz bis zu gewalttätigen Massenaktionen reichen“ (S.94).

Extremsituationen, die Personen veranlassen, entweder voll und ganz in der Masse, im Kollektiv oder in der Gruppe aufzugehen oder sich von allen sozialen Bindungen losgelöst auf sich selbst zurückzuziehen, sind selten und provozieren immer außergewöhnliche Verhaltensreaktionen. In den allermeisten Fällen ist dagegen das Individuum auch im Zustand einer zunehmenden Deindividualisierung, der Intensivierung sozialer Aspekte des Selbst und im Zustand zunehmender Inanspruchnahme durch kognitive und emotionale Anforderungen seitens der sozialen Umwelt in der Lage, entsprechend seinen bisherigen Deindividuationserfahrungen und aufgrund seiner individuellen Intentionen sein Verhalten zu steuern und zu regulieren. Wenn auch der Forschungsstand zum Deindividualisierungskonzept bisher noch sehr ungenügend ist, so liegen bereits eine Reihe erfolgversprechender Versuche vor, das Konzept zur Erklärung so unterschiedlicher Verhaltens- und Erlebnisweisen zu nutzen wie kollektive Aggression bei Demonstrationen und Sportveranstaltungen, prosoziales Verhalten, religiöse Erfahrungen, Hochleistungssport und Hypnose.

Die kulturspezifische Bedeutung der Individuations-/Deindividuationsthematik und besonders der Idealisierung des sozial unabhängigen, eigenständigen und allein sich selbst verantwortlichen Individuums zeigt sich schon in der Tatsache, daß in südamerikanischen und asiatischen Kulturen die Einbindung des Individuums in die soziale Gemeinschaft und seine Zugehörigkeit zu Gruppen und Kollektiven geradezu von lebenserhaltender Bedeutung ist und mindestens so hoch bewertet wird wie in unserer Kultur der Individualismus. So fand z. B. Hofstede (1980) bei seiner groß angelegten internationalen Untersuchung über Kulturunterschiede bei Arbeitswerten neben den Dimensionen Machtdistanz (psychologischer Abstand zwischen Managern und Mitarbeitern), Unsicherheitsmeidung (Risikobereitschaft vs. Risikovermeidung), Maskulinität-Femininität auch die Dimension Individualismus vs. Kollektivismus. Auf dieser Dimension unterschieden sich die europäisch beeinflußten westlichen Kulturen deutlich in Richtung des Individualismuspols von den asiatischen Kulturen, die mehr zum kollektivistischen Pol tendierten (Hofstede & Spangenberg, 1987). Inzwischen mehren sich in der kulturvergleichenden Psychologie Forschungsarbeiten, die sich mit den Ursachen und Wirkungen stärker individualistisch orientierten gegenüber kollektivistisch orientierten Verhaltens in Bezug auf Kognitionen und Emotionen des Handelnden, kooperative Prozesse in Gruppen, die Gruppenleistung und die Entwicklung und Ausdifferenzierung gesellschaftlicher und kultureller Werte und Normen befassen. Die Individualismus-Kollektivismus-Dimension erweist sich als brauchbares Paradigma zur Analyse und Erklärung kulturspezifischer Unterschiede und Gemeinsamkeiten in einem breiten Verhaltensspektrum. Deshalb nimmt es auch in den modernen Trainingskonzepten zur Entwicklung einer interkulturellen Handlungskompetenz einen bedeutenden Stellenwert ein (Brislin, Cushner, Cherrie & Yong, 1986; Landis & Brislin, 1983).

Zusammenfassung

Die Frage nach dem Verhältnis von Individuum und Gruppe kann nicht lauten: Entweder Individuum oder Gruppe, sondern muß lauten: Sowohl Individuum als auch Gruppe, denn beide stehen in einem Interdependenzverhältnis zueinander. Für die Entwicklung der Persönlichkeit und des Selbst übernimmt die Gruppe die Funktion eines Spiegels, indem man an den Reaktionen der anderen die Bedeutung seines eigenen Verhaltens erkennen kann.

Der Mangel an Gruppenbindungen innerhalb einer Gesellschaft hat weitreichende Konsequenzen für das Leben des einzelnen. Die Konsequenzen des Verlustes von Gruppenbindungen werden am Beispiel des Auftretens von Psychosen als Verfall der personalen Integrität und der Selbstmordanfälligkeit erörtert.

In der Beziehung zwischen Individuum und Gruppe lassen sich verschiedene Arten unterscheiden: In der identifizierenden Beziehung übernimmt das Individuum vorbehaltlos die Werte der als übergeordnet empfundenen Gruppe. Die partnerschaftliche Beziehung als eine Art der Interaktion mit der Gruppe auf der Basis der Gleichberechtigung besteht in einer konstanten Realitätskontrolle, die durch ein ständiges Aushandeln der gegenseitigen Interessen realisiert wird. Die Bedeutung der In-Verantwortung-nehmenden Beziehung besteht in ihrer funktionalen Notwendigkeit zur Ausbildung der Individuation und Persönlichkeitsreifung.

Eine totale Interaktion zwischen Individuum und Gruppe ist praktisch unmöglich, da nicht in jeder Interaktionssituation alle Aspekte des Verhaltens aufeinander abgestimmt sein können. Das Prinzip der Reziprozität in der Interaktionslehre verweist auf einen Adaptations- und Gewöhnungsvorgang, der darin besteht, daß mit andauernder Interaktion die positive Gefühlsbindung allmählich schwindet und nur eine ständige Änderung der Interaktionsbedingungen ein konstantes emotionales Niveau garantieren kann.

Jede Interaktion beinhaltet nahezu zwangsläufig Konflikte zwischen den Partnern und zwischen dem aktuellen und dem erwarteten Interaktionsniveau. Dieser Konflikt wird von der Sozialpsychologie in zunehmendem Maße nicht mehr nur als Störung eines Gleichgewichtszustandes angesehen, sondern auch als ein entwicklungsfördernder, innovativer Faktor. Deshalb ist es nur konsequent, daß sich die Forschung neben der Analyse konfliktvermeidender und konfliktreduzierender Prozesse mit wirksamen Strategien des Konfliktmanagements sowie des effektiven Trainings und Erlernens von Fertigkeiten zur Konfliktverarbeitung befaßt. Am Beispiel eines Konzeptes zur Konfliktstrukturanalyse werden die Beziehungen zwischen intrapersonalen und interpersonalen Grundlagen des Konfliktes behandelt.

Die Spannung zwischen einer vollständigen Anpassung an die soziale Umwelt einerseits und dem Betonen der Individualität, Autonomie und Eigenständigkeit andererseits wurde bislang in der europäischen Geistesgeschichte zugunsten einer Idealisierung individueller Identität und einer dementsprechenden Diffamierung sozialer Anpassung und Integration in Massen, Kollektive und Gruppen interpretiert. Am Beispiel der Forschungen zum Phänomen der Deindividuation wird gezeigt, daß ein Individuum in einer kollektiven Interaktionssituation durchaus nicht triebhaft und unkontrolliert handelt, sondern kontrolliert und zweckgerichtet, indem es die intrapersonalen Aspekte des eigenen Selbst und die interne Verhaltenssteuerung zugunsten der sozialen Aspekte des eigenen Selbst und sozial gebundener Steuerungs- und Kontrollmechanismen reduziert. Schließlich wird auf die Bedeutung des Individualismus-Kollektivismus-Paradigmas zur kulturvergleichenden Analyse von Verhaltens- und Bewertungsunterschieden bei Menschen aus stärker individualistisch im Vergleich zu stärker kollektivistisch orientierten Kulturen verwiesen.

Fragen

1. Ist die individuelle Entwicklung der Persönlichkeit ausschließlich ein Ergebnis der Interaktion mit anderen?
2. Welche psychischen Folgen ergeben sich aus einem starken Verlust an Gruppenbindung?
3. Welche funktional wirksamen Beziehungen zwischen Individuum und Gruppe lassen sich abgrenzen?
4. Gibt es Situationen, in denen es sinnvoller ist, Konflikte zu suchen als sie zu vermeiden, und mit welchen Widerständen muß man dabei rechnen?
5. Welche Phasen lassen sich bei der Entwicklung sozialer Konflikte unterscheiden und wie sind sie miteinander verbunden?
6. Welche situativen, intrapersonalen und interpersonalen Grundlagen sozialer Konflikte lassen sich unterscheiden?
7. Unter welchen Umständen wird das Verhalten eines Lehrers zu seinen Schülern auf der Dimension interaktiven Verhaltens eher dem Pol personaler Determination oder dem Pol sozialer Determination zuzuordnen sein?
8. Welche Einflußgrößen werden im Konzept der Deindividuation miteinander verbunden?
9. Wieso lassen sich mit Hilfe des Deindividuationskonzeptes individuelle Verhaltensreaktionen in Massen- und Kollektivsituationen präziser beschreiben als mit massenpsychologischen Theorien?

Weiterführende Literatur

Moscovici, S. (1990). The generalized self and mass society. In H. T. Himmelweit & G. Gaskell (Eds.), Societal psychology (pp. 66-91). New York: Sage.

Paulus, P. B. (Ed.). (1989). Psychology of group influence. Hillsdale N.J.: Lawrence Erlbaum.

Steiner, I. D. (1986). Paradigms and groups. In L. Berkowitz (Ed.), Advances in experimental social psychology (Vol. 19) (pp. 251-289). Orlando, Fl.: Academic Press.

Kapitel 7:

Intergruppenbeziehungen

Eine vollständige Beschreibung der Gruppenprozesse kann sich nicht mit der Erfassung beobachtbarer sozialer Verhaltensweisen zufriedengeben. Sie muß die internalen Prozesse der am Gruppengeschehen beteiligten Personen ebenso erfassen wie die Transaktionen zwischen den Gruppenmitgliedern. Die bisherige Gruppenforschung hat sich vornehmlich mit dem einzelnen Individuum und seinen Verhaltensreaktionen in einer streng kontrollierten Situation befaßt. Das Handlungsumfeld wurde künstlich geschaffen und experimentell manipuliert, die Versuchspersonen erhielten Informationen von tatsächlich vorhandenen oder nur vorgestellten Personen, und ihre Reaktionen wurden registriert und ausgewertet. Die Versuchsperson hat in einem solchen experimentellen Umfeld überhaupt keine Möglichkeit, andere Personen zu beeinflussen, Interaktionsbeziehungen selbst herzustellen oder sich an irgendwelchen Handlungen kollektiver Art zu beteiligen.

Dieses Vorgehen führte in der sozialpsychologischen Forschung zu einer sukzessiven Analyse einzelner, zum Teil sehr elementarisierter Teilaspekte relativ geschlossener sozialer Systeme. Die erheblichen Vorteile dieser Prozedur bestehen in der Möglichkeit zur sorgfältigen Kontrolle der zwischen Reiz und Reaktion im Individuum stattfindenden internalen Vorgänge. Allerdings ist damit selbst über einen längeren Forschungszeitraum hinweg ein Gesamtsystem, wie es z. B. eine Arbeitsgruppe darstellt, nicht zu erfassen. Auf der individuellen Ebene lassen sich auch in einem solchen System zwar Verhaltensweisen beobachten und registrieren, ihre Analyse und Bewertung erfordert aber die Berücksichtigung der Eigenschaften und Qualitäten des Gesamtsystems. Früher oder später bedürfen Forschungen dieser Art einer Erweiterung hin zur Dyade und zu gruppenbezogenen Interaktionen.

Individuum und Intergruppenbezug

In den letzten Jahrzehnten ist die Kritik an einer, wie bereits Sears (1951) es nannte, „monadischen“ Sozialpsychologie nicht mehr verstummt. Sears argumentiert, daß für die Psychologen das Universum im Individuum repräsentiert sei. Individuen reagieren auf externe Ereignisse und beeinflussen durch ihr Verhalten die Umwelt. Die Psychologen reduzieren alle Gesetzmäßigkeiten auf das Individuum als abgeschlossene (monadische) Einheit, die es in Wirklichkeit nicht gibt. Selbst in einem streng kontrollierten Experiment stehen Versuchsleiter und Versuchsperson in einer interaktiven Beziehung zueinander, in der eine Fülle meist nicht explizit gemachter sozialpsychologischer Prozesse ablaufen, wie z. B. Sympathie, Vertrauensbildung, Eindrucksbildung, Macht, Reaktanz, sozialer Anschluß. Die mit der Betrachtung des psychologischen Experimentes als interaktives System verbundenen Probleme sind unter dem Stichwort „Krise der Sozialpsychologie" (Bungard, 1980; Graumann, 1979; Mertens & Fuchs, 1978) ausführlich diskutiert worden. Allerdings hat diese sicher nützliche Kritik einer einseitig am naturwissenschaftlichen Forschungsparadigma ausgerichteten, experimentellen Sozialpsychologie keine radikale Wende in der Forschungspraxis bewirkt. Immerhin gibt es aber inzwischen anerkannte Versuche und respektable methodische und theoretische Forschungskonzepte, die bemüht sind, das Individuum, und seine sozialen Handlungen im Kontext von Gruppenbeziehungen und den sozialen Prozessen zwischen Gruppen zu erfassen. Die Forschungsfrage lautet hierbei nicht mehr, wie reagiert ein Individuum auf spezifische soziale Reize und wie verändert es seine soziale Umwelt, sondern wie verhält sich ein *Gruppenmitglied,* d. h. ein Individuum, das sich seiner Gruppenmitgliedschaft bewußt ist und aus dieser sozialen Einbindung heraus mit anderen Personen innerhalb (Eigengruppen-Mitglieder) oder außerhalb (Fremdgruppen-Mitglieder) der Gruppe interagiert.

Die Diskussion über den Wert einer individuum-zentrierten oder gruppenzentrierten Analyse sozialpsychologischer Prozesse ist relativ alt. Ein extremer Standpunkt behauptet, daß Gruppen ein höherer Realitätsgehalt zukommt als dem Individuum und daß die angemessene Untersuchungseinheit nur die Gruppe sein kann. Ein prominenter Vertreter dieser Ansicht ist der französische Soziologe Emil Durkheim (1938): „Falls wir mit dem Individuum begännen, verständen wir nichts von dem, was sich in Gruppen abspielt. Folglich können wir sicher sein, daß immer dann, wenn ein soziales Phänomen direkt durch ein psychologisches Phänomen erklärt wird, diese Erklärung falsch ist" (S. 104). Allport (1924) als Vertreter eines extrem individualistischen Standpunktes erklärt: „Alle Theorien, die auf dem Gruppenirrtum beruhen, haben die betrübliche Konsequenz, die Aufmerksamkeit vom wahren Verursachungs- und Wirkungskern, nämlich den individuellen Verhaltensmechanismen, abzulenken" (S. 9). Asch (1952) beschreibt das Verhältnis von Individuum und Gruppe folgendermaßen: „Gruppenphänomene haben ihre Wurzeln in Individuen; Gruppenbewußtsein, Gruppenziele und Gruppenwerte existieren in Individuen und nur in ihnen. Aber sie geben ihre Existenzberechtigung als ‚rein' individuelle Tatsachen auf, Kraft ihres Bezuges zu anderen. Daraus folgt, daß ein Gruppenprozeß weder die Summe der individuellen Aktivitäten darstellt, noch ein den Einzelaktivitäten einfach nur hinzugefügtes Phänomen ist" (S. 252).

Während also noch Allport (1924), gestützt auf seine sozialpsychologischen Experimente zur sozialen Aktivierung (social facilitation), ein rein individuumzentriertes Forschungskonzept verfolgt, in dem die Gruppe nie mehr sein kann als die Summe ihrer Mitglieder, sind für Asch (1952) die Gruppe und die sie bestimmenden Prozesse deutlich vom Individuum und seinen Handlungen zu trennen. Ihr kommt eine andere Qualität zu, als lediglich Summe oder Produkt der Einzelaktivitäten zu sein. Auch nach Kurt Lewin (1951) denken, fühlen und sehen Individuen die für sie wichtigen Dinge nicht nur aus der personalen Perspektive, sondern auch vom Standpunkt der Gruppe aus, zu der sie sich zugehörig fühlen. Nach Sherif (1951) teilen Gruppenmitglieder untereinander ihre Einstellungen, Gefühle, Wünsche, Ziele, Werte und Normen, welche zusammen das Gruppenleben ausmachen. In seiner Theorie des symbolischen Interaktionismus argumentiert G. H. Mead (1934), daß Wahrnehmen, Urteilen und Denken einzelner Personen in Übereinstimmung mit Bezugssystemen der Gruppe, der sie angehören (Mitgliedsgruppe), stehen. Gruppenmitglieder tauschen ihre Normen, Werte und Ziele miteinander aus, und dies gestattet ihnen, die Welt nicht nur aus einer rein individuellen Perspektive wahrzunehmen, sondern aus einer, die sie mit anderen teilen.

Die individuelle mit der gruppenspezifischen Analyse-Ebene zu verbinden, versuchte man zunächst einmal dadurch zu erreichen, daß Parallelen zwischen dem Individuum und Gruppen postuliert wurden. Es wurde angenommen, daß Gruppen ähnliche Strukturen aufweisen und sich in ihnen ähnliche Prozesse abspielen wie in Individuen. Das Parallelismuskonzept führte allerdings zu theoretisch unbefriedigenden Erklärungsversuchen, da sich immer wieder zeigte, wie bereits Campbell (1958) feststellte, daß soziale Gebilde in ihrer Ganzheitlichkeit und Wesensart je nach situativen Kontextbedingungen variieren können. So sind unter bestimmten Umständen Gruppen sehr real existierende Einheiten und bedürfen dann auch einer Analyse auf Gruppenebene, z. B. untereinander konkurrierende Arbeitsgruppen, die ihre Mitglieder zwingen, an diesem Konkurrenzkampf teilzunehmen. Unter anderen Umständen können Gruppen nur mehr als fiktive Konstrukte existieren, wobei in diesem Falle das individuelle Verhalten die adäquate Analyse-Ebene darstellt. So stellen Mullen & Goethals (1987) am Ende ihres historischen Überblicks dieser Diskussion fest: „Es scheint, daß die vielen kritischen Abhandlungen über das Individualismuskonzept in der gegenwärtigen amerikanischen Sozialpsychologie uns für die Bedeutung sozialer Kontexte und eine Analyse auf Gruppenebene sensibilisiert haben. Dies sollte jedoch nicht dazu führen, daß das Individuum von der Gruppe als der nun vorrangigen Analyseeinheit verdrängt wird oder verdrängt werden soll. Vielmehr wird das Individuum viel besser verstanden im Kontext der Gruppe. Umgekehrt wird ein tieferes Verständnis für die in Gruppen zu beobachtenden Verhaltensweisen erst möglich durch die adäquate Würdigung der Gruppeneinflüsse auf das Individuum“ (S. 5).

In einer Beschreibung und Analyse des Entstehens, der Veränderung und der Wirkungen von Gruppenmeinungen (group beliefs) stellt Bar-Tal (1990) fest: „Individuen, die in Gruppen leben, besitzen ein System gemeinsamer Überzeugungen, das ihre Realität definiert, und zwar nicht nur als Person, sondern auch als Gruppenmitglieder. Diese Tatsache wird besonders dann bedeutsam, wenn Gruppenmitgliedern bewußt wird, daß sie ihre Ansichten mit anderen teilen und davon überzeugt sind, daß diese gemeinsam geteilten Ansichten sie als Gruppe charakterisieren. In diesem Fall werden mit anderen geteilte Meinungen zu Gruppenmeinungen“ (S. 1).

Aus den bisher vorliegenden Forschungen über das Verhalten von Individuen und Gruppen läßt sich die gut begründete Erkenntnis ableiten, daß jedes Individuum zu jedem Zeitpunkt in seinem Denken, Empfinden und Handeln beeinflußt ist durch seine bisherigen sozialen Erfahrungen, seine aktuellen sozialen Beziehungssysteme und seine Erwartungen an die zukünftige Gestaltung der sozialen Beziehungen. Immer ist sein Handeln sozial determiniert, allein schon durch Rücksichtnahmen auf Gruppenerwartungen und durch Gruppenzwänge, denen es unterliegt. Zugleich denkt, empfindet und handelt jede Person aber auch als Individuum, sie betrachtet sich als Subjekt oder Objekt im Handlungskontinuum, besitzt ein Ich-Bewußtsein, versucht, ihren Selbstwert zu erhöhen und zu festigen, entwickelt und verändert ihr individuelles Selbstkonzept usw. Unter bestimmten inneren und äußeren Bedingungen kann im Denken, Empfinden und Handeln stärker die Ich-Komponente oder die Gruppen (Wir-) -Komponente aktiviert oder thematisiert werden. Die Gruppennormen, -meinungen, -einstellungen, -werte, -überzeugungen und die in einer Gruppe üblichen Handlungsgewohnheiten sind überindividuelle Qualitäten und repräsentieren die Gruppenkomponenten. Individuelles Verhalten ist in vielfältiger Weise davon beeinflußt und wirkt zugleich wieder gestaltend auf sie ein.

Da Individuen sich in der Art ihrer Zugehörigkeit zu Gruppen unterscheiden, da jedes Individuum mehreren Gruppen zugleich angehört und diese Gruppen in vielfältigen Beziehungen zueinander stehen, z. B. in Konkurrenzbeziehung oder kooperativer Beziehung, wirken sich diese Intergruppenbeziehungen auch auf das individuelle Verhalten, das Selbstkonzept, die soziale Identität, die interpersonale Wahrnehmung und Beurteilung und nicht zuletzt das interpersonale Handeln aus.

Aufbauend auf der Gruppendefinition von Sherif (1967), in der Gruppe beschrieben wird als eine Anzahl von Individuen, die Rollen- und Statusbeziehungen zueinander unterhalten, die Werte und Normen zur Regulation ihrer Einstellungen und Verhaltensweisen entwickelt haben und die sich über gemeinsame Einstellungen, Gefühle, Wünsche und Ziele miteinander verbunden fühlen, kommen Tajfel & Turner (1979) zu folgender Definition von Intergruppenverhalten: „Wir können Gruppen in diesem Sinne betrachten als eine Ansammlung von Individuen, die sich als Mitglieder derselben sozialen Kategorie wahrnehmen, die eine gewisse emotionale Beteiligung an dieser gemeinsamen Definition ihrer Selbst verbindet und die einen gewissen Grad an sozialer Übereinstimmung bezüglich der Bewertung ihrer Gruppen und ihrer Mitgliedschaft zu ihr erreichen. Die daraus entwickelte Definition von Intergruppenverhalten ist grundsätzlich mit der von Sherif identisch und besagt, daß jede Verhaltensweise, die von einem oder mehreren Individuen gegenüber einem oder mehreren anderen Individuen ausgeübt wird, darauf beruht, daß der Handelnde sich selbst und die anderen als zu verschiedenen sozialen Kategorien zugehörig betrachtet" (zitiert nach Turner & Giles, 1985, S. 7). Weiterhin nehmen Tajfel & Turner (1979) an, daß alles Sozialverhalten auf einem bipolaren Kontinuum lokalisiert werden kann, das durch folgende Pole gekennzeichnet ist: „Das eine Extrem ... besteht aus der Interaktion zwischen zwei und mehr Individuen, die vollständig determiniert ist durch ihre interpersonalen Beziehungen und individuellen Merkmale und in keiner Weise beeinflußt wird von den verschiedenen Gruppen und Kategorien, zu denen sie gehören. Das andere Extrem besteht aus Interaktionen zwischen zwei und mehr Personen (oder Gruppen von Personen), die vollständig bestimmt sind durch ihre besondere Zugehörigkeit zu verschiedenen sozialen Gruppen oder Kategorien, und die überhaupt nicht beeinflußt werden von inter-individuellen Beziehungen zwischen den beteiligten Personen" (zitiert nach Turner & Giles, 1985, S. 37).

Wenn diese beiden Extrempole im alltäglichen Interaktionsverhalten auch selten erreicht werden, so gibt es doch beobachtbare Verhaltensweisen, die ihnen recht nahe kommen. So wird das intime Gespräch zwischen zwei Verliebten sicher nicht vorrangig von ihrer Zugehörigkeit zu verschiedenen Gruppen bestimmt, sondern von ihren persönlichen, sehr individuellen Interessen, Wünschen und Erwartungen. Auf der anderen Seite wird das Verhalten zwischen Polizist und Verkehrsteilnehmer oder Verkäufer und Kunde in einem Supermarkt weniger von individuellen Wünschen und Erwartungen als vielmehr von ihrer Zugehörigkeit zu bestimmten sozialen Kategorien und den daraus abzuleitenden Status-, Rollen- und Verhaltensnormen bzw. -erwartungen determiniert.

Nach Tajfel zeichnen sich Verhaltensweisen, die mehr dem Intergruppenpol des Verhaltenskontinuums zugeordnet werden können, durch drei charakteristische Merkmale aus: (1) Es muß eine eindeutige dichotome soziale Kategorie vorhanden sein, die es den Mitgliedern erlaubt, sich selbst und andere in klar voneinander abgegrenzte soziale Kategorien einzuordnen, z. B. in männlich und weiblich, jung und alt, Vorgesetzter und Untergebener, Einheimischer und Ausländer usw. (2) Das Intergruppenverhalten zeigt eine relativ geringe intersubjektive Variabilität, d. h. die Gruppenmitglieder tendieren dazu, sich relativ homogen und uniform zu verhalten, was z. B. in einheitlichen Bekleidungsmerkmalen, gruppeneigenen Gesängen, Ritualen, Losungen und Symbolen deutlich wird. (3) Typisches Intergruppenverhalten zeichnet sich durch einen geringen Grad an intra-subjektiver Variabilität in der Wahrnehmung und Beurteilung verschiedener Fremdgruppenmitglieder aus, was sich z. B. darin zeigt, daß eine Person selbst dann, wenn sie viele verschiedene Fremdgruppenmitglieder kennengelernt hat, diese dennoch relativ einheitlich wahrnimmt und beurteilt.

Die Forschungen über Intergruppenbeziehungen und Intergruppenverhalten haben sich bislang mit folgenden Zusammenhängen befaßt: Soziale Identität und Intergruppenverhalten, soziale Kategorisierung und Intergruppendiskriminierung, Stereotypisierung und Vorurteilsbildung zwischen Gruppen, Intergruppenkategorisierung in bezug auf Ethnien, soziale Klassen und Geschlechter, kooperative und wettbewerbsorientierte Gruppenbeziehungen, Intergruppenkonflikte und deren Lösung sowie die Veränderung von Kognitionen und Verhaltensweisen im Kontext von Intergruppenbeziehungen.

Soziale Identität und Intergruppenbezug

Man kann davon ausgehen, daß jeder Mensch unter normalen Entwicklungsbedingungen ein Ich-Bewußtsein ausbildet. Er besitzt eine Vorstellung von sich selbst in Abgrenzung zu anderen Personen und sieht sich als eine dynamische Einheit, die aktiv auf ihre Umwelt einwirkt oder von Umweltkräften, Personen und Gruppen beeinflußt wird. Jeder Mensch entwickelt so eine persönliche Identität (Ich-Identität), die als Gesamtheit der Attribute aufgefaßt werden kann, die eine Person sich selbst zuschreibt, und die den zentralen Anteil am Selbst-Konzept ausmachen. Als soziales Wesen bildet der Mensch darüber hinaus eine soziale Identität aus, die aus der Gesamtheit der Attribute (Fähigkeiten, Bedürfnisse, Einstellungen, soziale Bewertungen wie z. B. Status, Rolle, Prestige) besteht, die ihm von seiner sozialen Umwelt zugeordnet werden, die ihm bekannt sind und mit denen er sich identifiziert. Die soziale Identität ist somit das Produkt der Wechselwirkungen zwischen Individuen, zwischen Individuum und Gruppe und den Gruppenbeziehungen. Sie umfaßt das Wissen einer Person über ihre Zugehörigkeit zu einer sozialen Gruppe, verbunden mit dem Wert und der emotionalen Bedeutung, die sie der Gruppenmitgliedschaft beimißt. Eine feste Verankerung in einer als bedeutsam angesehenen Gruppe hat für den einzelnen eine ordnungsstiftende Funktion, befriedigt sein Bedürfnis nach sozialer Zugehörigkeit und ermöglicht realistische, soziale Vergleiche. Bereits die Selbstbeobachtung und Fremdbeobachtung alltäglichen sozialen Verhaltens liefert uns Hinweise darauf, daß Menschen bereits in einfach strukturierten Begegnungssituationen dazu neigen, andere Personen aufgrund wahrgenommener Merkmale in Eigen- und Fremdgruppe zu kategorisieren. Personen, die uns auf Anhieb sympathisch sind, die aufgrund äußerer Merkmale oder ihrer Einstellungen und Wertvorstellungen einen hohen Grad an Ähnlichkeit aufweisen, und Personen, die positiv bewertete Eigenschaften besitzen, werden eher der Eigengruppe als der Fremdgruppe zugeordnet.

Die von Tajfel (1978) entwickelte Theorie der sozialen Identität setzt im Unterschied zu den meisten sozialpsychologischen Theorien nicht allein beim Individuum an, sondern versucht, die von den Strukturen und der Dynamik des sozialen Umfeldes auf eine Person ausgeübten Einflüsse zu erfassen.

Soziale Identität ist nach Tajfels Auffassung kein unveränderbares Phänomen im menschlichen Leben. Sie entwickelt sich vielmehr aus den sozialen Kontextbedingungen, bestehend aus einer Vielfalt unterschiedlicher sozialer Gruppen und der zwischen ihnen bestehenden Beziehungen und verändert sich mit diesen sozialen Realitäten. Zudem umfaßt die soziale Identität die individuellen Vorstellungen über Struktur und Dynamik der sozialen Umwelt, denn nur dadurch werden sie für das Individuum bedeutungsvoll und funktional wirksam. Die Gruppe bietet ihren Mitgliedern dadurch eine gute Möglichkeit zur Entwicklung und Festigung ihrer sozialen Identität, daß sie sich mit anderen Gruppen vergleichen und von ihnen distanzieren können, und zwar auf der Grundlage besonders hervorstechender Beurteilungsdimensionen, die eine klare Wertedifferenzierung erlauben. Die soziale Identität kann als ein zwischen sozialen Kontextbedingungen und individuellem Verhalten intervenierender Kausalmechanismus verstanden werden. Zu dieser Wechselwirkung zwischen sozialer Situation und der im individuellen Verhalten zum Ausdruck kommenden Gruppenidentität macht Tajfel (1978) folgende Annahmen:

1. Je ausgeprägter die kognitiven, emotionalen und evaluativen (bewertenden) Komponenten der Gruppenidentität sind, desto größer ist die Anzahl und Vielfalt der sozialen Situationen, in denen die Gruppenidentität das interaktive Verhalten determiniert. So werden z. B. Angehörige religiöser Orden, die als überzeugte Missionare Heiden zu bekehren versuchen, soziale Situationen und Interaktionsprozesse vornehmlich auf der Grundlage ihrer individuellen Identifikation mit ihrer Religions- und Ordensgemeinschaft interpretieren und steuern.

2. Es gibt andererseits soziale Situationen, die das Individuum selbst dann zu Handlungen unter Berücksichtigung seiner Gruppenidentität zwingen, wenn diese Gruppenzugehörigkeit für das Individuum zunächst nur schwach ausgeprägt und relativ unwichtig ist. So wird z. B. einem deutschen Studenten erst während eines Studiums in den USA bewußt, daß er Deutscher ist, weil die Amerikaner ihn auf diese Zugehörigkeit ansprechen und von ihm erwarten, daß er deutsche Volkslieder singt, die deutsche Geschichte kennt und über deutsche Schriftsteller und Politiker Auskunft geben kann.

3. Soziale Situationen, die ein Individuum zwingen, als Gruppenmitglied zu handeln, werden bei ihm bisher nicht besonders bedeutsame Gruppenidentifikationen verstärken oder bisher nur latent und potentiell vorhandene aktivieren. So wird die Teilnahme an einem Tarifstreik beim Arbeiter das Bewußtsein seiner Zugehörigkeit zu einer bestimmten Arbeitsgruppe aktivieren und die Gruppenidentifikation nachhaltig stärken.

Unter welchen Bedingungen nehmen aber nun Intergruppenbeziehungen Einfluß auf das individuelle Verhalten? Die bereits erwähnten Ferienlagerexperimente von Sherif (1951) u. a. geben darauf eine Antwort. Sherif meint, daß immer dann, wenn ein Interessenkonflikt zwischen Gruppen vorliegt, im Individuum eine Gruppenidentifikation aktiviert wird, die eine Kategorisierung in Eigen- und Fremdgruppe bewirkt und zur Entstehung von Vorurteilen, diskriminierendem Verhalten und zu Feindseligkeiten gegenüber Fremdgruppenmitgliedern führt. Objektive und realistische oder nur vermutete Interessenkonflikte oder unvereinbare Gruppenziele führen zu feindseligen Einstellungen zwischen den Gruppen und ihren Mitgliedern, wohingegen gemeinsame oder nur gemeinsam erreichbare Ziele zu harmonischen und freundschaftlichen Beziehungen führen.

Es finden sich tatsächlich eine Reihe experimenteller Bestätigungen für die auf der Grundlage dieser Ergebnisse abgeleiteten sog. „Realistische Gruppen-Konflikt-Theorie" (Turner, 1981). Danach lassen sich bei Gruppen, die bezüglich ihrer Zielerreichung von anderen Gruppen abhängig sind, zwei Arten von Abhängigkeiten unterscheiden: Wenn Gruppen nur gemeinsam ihr angestrebtes Ziel erreichen können, also eine positive Abhängigkeit vorliegt, dann führt dies zu kooperativen Interaktionsformen. Wenn sie aber ihr eigenes Ziel nur auf Kosten anderer Gruppenmitglieder erreichen können, also bei negativer Abhängigkeit, kommt es zu konkurrierenden Interaktionsformen und zu feindseligen Einstellungen zwischen den Gruppen. Zugleich führen Gegensätze zwischen den Gruppen bei ihren Mitgliedern zur Verstärkung von Eigengruppenaktivität mit der Folge, daß die Eigengruppe bei der Bewertung von bedeutsamen Gruppeneigenschaften und bei Gruppenleistungen gegenüber anderen Gruppen bevorzugt wird. Daraus ergibt sich folgerichtig, daß die individuellen Verhaltensweisen und interpersonalen Beziehungen der Personen, die als Gruppenmitglieder handeln, vorwiegend durch die Funktion bestimmt werden, die eine zwischen den Gruppen bestehende Beziehung für das Erreichen des eigenen Gruppenziels hat. Die Mitglieder zweier Sportmannschaften, die sich beide für die Teilnahme an einem wichtigen Länderwettkampf zu qualifizieren versuchen, werden ihre Bereitschaft, sich miteinander über sportliche Leistungen zu unterhalten, nicht von persönlichen Vorlieben oder Abneigungen abhängig machen, sondern genau überlegen, wieviel und was sie über den eigenen Leistungsstand und den ihrer Mannschaft berichten. Je nachdem, ob es dem Ziel einer besseren Qualifizierungschance der eigenen Mannschaft dient, werden sie die Leistungspotentiale übertreiben oder zweckpessimistisch herunterspielen. Die Mitglieder beider Mannschaften handeln in dieser Wettbewerbssituation primär als Gruppenmitglieder im Sinne des Gruppenziels und unter Einfluß der bestehenden bzw. angestrebten Intergruppenbeziehungen. Hier wird die Abhängigkeit individuellen Verhaltens von Intergruppenbeziehungen nochmals deutlich sichtbar.

Aus der Kritik an Sherifs Annahmen, daß nur ein realistischer Interessenkonflikt zur Feindschaft und Aggression gegenüber Fremdgruppen führt, entstanden ein Reihe von Forschungen zur Erkundung der minimalen Bedingungen, die zu einer Bevorzugung und starken positiven Bewertung der eigenen Gruppe (Eigengruppenfavorisierung) und einer Abwertung und Ablehnung gegenüber fremden Gruppen (Fremdgruppendiskriminierung) führen. Es wurde vermutet, daß vielleicht schon eine einfache Kategorisierung des sozialen Umfeldes in Eigen- und Fremdgruppe ausreicht, um eine Fremdgruppendiskriminierung hervorzurufen, ohne daß überhaupt ein realistischer Gruppenkonflikt vorliegt (minimal-group-paradigm). In den Experimenten schloß man deshalb alle Einflüsse aus, von denen bisher angenommen wurde, daß sie zur Eigengruppenfavorisierung bzw. Fremdgruppendiskriminierung führen: (1) Zwischen den Versuchspersonen gab es keine direkten Interaktionen. (2) Die Gruppenmitglieder blieben anonym. (3) Es gab keinen Anlaß, einen Interessenkonflikt zu entwickeln. (4) Zwischen den Gruppen bestanden keine Feindschaften, und die Experimente boten keinen Anlaß, solche zu entwickeln. (5) Die in den Versuchen zu treffenden Entscheidungen brachten den Versuchspersonen keinen persönlichen Nutzen. (6) Die von den Versuchspersonen geforderten Antworten stellten realistische Entscheidungen über Gewinne und Verluste von Geldbeträgen für andere Versuchspersonen dar. Auf diese Weise wurde erreicht, daß die Versuchspersonen ihre Antworten für wichtig hielten.

Eines der von Tajfel, Billig, Bundy & Flament (1971) durchgeführten Experimente hatte folgenden Verlauf: Den Versuchspersonen wurden zunächst Bilder zweier verschiedener Maler gezeigt, die sie zu beurteilen hatten. Anschließend wurde ihnen mitgeteilt, daß sie aufgrund ihrer Vorlieben für den einen oder anderen Maler in zwei Gruppen aufgeteilt würden. In Wirklichkeit erfolgt die Einteilung rein nach Zufall. Nachdem die Gruppeneinteilung erfolgt war, sollten die Versuchspersonen entscheiden, welche Geldbeträge jeweils zwei anderen Versuchspersonen nach dem Experiment für die Teilnahme ausgezahlt werden sollten. Die Versuchspersonen, denen die Geldbeträge zugeteilt werden sollten, blieben anonym, es wurde lediglich eine individuelle Codenummer und die betreffende Gruppenzugehörigkeit mitgeteilt. Die Paare, denen die Geldbeträge zuerkannt werden sollten, konnten aus zwei Personen der eigenen Gruppe, aus zwei Personen der anderen Gruppe oder aus einer Person der eigenen Gruppe und einer Person der Fremdgruppe bestehen. Den Versuchspersonen wurden drei Antwortstrategien zur Verfügung gestellt: (1) Maximaler Profit für alle Beteiligten, d. h. alle Teilnehmer können den höchstmöglichen Geldbetrag erhalten. (2) Maximaler Profit für die Mitglieder der Eigengruppe. (3) Maximale Differenz zwischen den Geldbeträgen zugunsten der Eigengruppe. In mehreren Experimenten dieser Art zeigte sich, daß die meisten Versuchspersonen sich so entschieden, daß die anonymen Mitglieder der Eigengruppe auf Kosten der anonymen Mitglieder der Fremdgruppe bevorzugt wurden. Von den verfügbaren Auszahlungsstrategien wurde die erste so gut wie überhaupt nicht gewählt, die zweite Strategie schon etwas häufiger, aber signifikant am häufigsten wurde die dritte Strategie gewählt, d. h. es wurde eine maximale Differenz zwischen den auszuzahlenden Geldbeträgen zugunsten der Eigengruppe hergestellt.

Die Untersuchungen zeigen also, daß schon eine einfache Kategorisierung in zwei Gruppen, die im Falle des geschilderten Experiments jeder realen Grundlage entbehrte, da die Gruppeneinteilung tatsächlich nach Zufall erfolgte, für sich alleine ausreicht, um eine Eigengruppenfavorisierung und eine Fremdgruppendiskriminierung zu bewirken. Tajfel erklärte diese Ergebnisse zunächst damit, daß durch Sozialisation und Erziehung eine Tendenz gefördert wird, sich gegenüber Eigengruppe und Fremdgruppe unterschiedlich zu verhalten, selbst dann, wenn ein solches Verhalten dem Individuum und seiner Gruppe keinen Nutzen verspricht und wenn die Kategorisierung in Gruppen für den einzelnen von nur geringer Bedeutung ist. Im Rahmen seiner Theorie der sozialen Identität favorisiert Tajfel eine motivationale Erklärung, indem er von einem Bedürfnis nach Differenzierung und nach Herstellung psychologisch eindeutiger Unterscheidbarkeit zwischen Gruppen ausgeht.

Die Theorie der sozialen Identität im Zusammenhang mit Intergruppenbeziehungen verbindet in ihrem Kern vier verschiedene psychologische Konzepte miteinander, nämlich das Konzept der sozialen Kategorisierung, der sozialen Identität, des sozialen Vergleichs und der sozialen Distinktheit (Unterscheidbarkeit), auf die im folgenden näher eingegangen wird.

Konzept der sozialen Kategorisierung

Nach Erkenntnissen der kognitionspsychologischen Forschung, auf die sich Tajfel bezieht, werden Informationen über Personen, Objekte und Ereignisse in Wissensstrukturen organisiert und als Konfigurationen (Schemata) kognitiv repräsentiert. Für die Bildung solcher kognitiv repräsentierten Konfigurationen ist der Prozeß der Kategorisierung von entscheidender Bedeutung, in dem die Umwelt nach Kategorien, z. B. Personen nach gut-böse, sympathisch -unsympathisch oder vertraut-fremd, Objekte nach groß-klein, blau-grün usw. und Ereignisse nach kurzzeitig-andauernd, vorhersehbar-unvorhersehbar, bedrohlich-erfreulich usw., geordnet werden. Diese Kategorien stehen in einem relevanten Beziehungsverhältnis zu den Handlungen, Absichten und Einstellungen des Individuums. Sie erlauben ihm, die Fülle der Informationen aus dem Ereigniskontinuum, in dem es lebt, zu ordnen, mit Bedeutungsgehalt zu versehen und damit für sich verständlich und begreifbar zu machen. Von sozialer Kategorisierung wird dann gesprochen, wenn die soziale Umwelt, also Personen, Interaktionsformen, Gruppen und soziale Ereignisse, kategorisiert werden. Mit Hilfe der sozialen Kategorisierung läßt sich die Fülle der sozialen Ereignisse systematisieren, strukturieren und so ordnen, daß eine gewisse Vereinfachung erreicht wird, die eine Handlungsorientierung bietet und zielgerichtetes soziales Handeln erst möglich macht.

Wie Forschungen zur sozialen Wahrnehmung gezeigt haben, werden Ähnlichkeiten innerhalb einer Kategorie und Unterschiede zwischen Kategorien unter bestimmten Bedingungen deutlicher wahrgenommen als sie es tatsächlich sind.

Innerhalb einer Kategorie kommt es zu einem Assimilationseffekt, wohingegen zwischen verschiedenen Kategorien Kontrasteffekte entstehen. Dieser Kategorisierungsvorgang hat eine induktive und eine deduktive Form der Vereinfachung zur Folge. Die induktive Vereinfachung besteht darin, daß ein Element aufgrund einiger weniger Merkmale einer bestimmten Kategorie zugeordnet wird, selbst dann, wenn weitere Merkmale mit dieser Kategorie nicht vereinbar sind. Bei der deduktiven Vereinfachung folgt aus der Zuordnung eines Elements zu einer Kategorie, daß diesem Element auch ohne genaue Prüfung Eigenschaften zugeschrieben werden, die für die Kategorie insgesamt gelten.

Diese Vereinfachungsprinzipien sind besonders bei der sozialen Kategorisierung wirksam, denn sie sind eng verbunden mit Attributions- und Bewertungsprozessen. Da das einmal aufgebaute Wertesystem eine wichtige Orientierungsfunktion im sozialen Leben eines jeden Menschen erfüllt, wird es eher zu stabilisieren versucht, als daß Veränderungen vorgenommen oder zugelassen werden. Es werden also eher Informationen wahrgenommen, die dem bestehenden Wertesystem entsprechen. Unterschiede zwischen Mitgliedern einer Kategorie werden eher unterschätzt und zwischen Mitgliedern verschiedener Kategorien eher betont. Auf diese Weise kommt ein Kategoriensystem zustande, daß aus in sich einheitlichen und zugleich klar voneinander abgegrenzten Kategorien besteht.

In einer experimentellen Studie über den Einfluß der Durchlässigkeit von Gruppengrenzen und der Stabilität des individuellen Gruppenstatus auf die Anwendung der Strategien zur individuellen Mobilität und zum sozialen Wandel fanden Ellmers, van Knippenberg & Wilke (1990), aufbauend auf der Theorie der sozialen Identität von Tajfel, Bestätigungen für folgende Hypothesen: (1) Individuen mit einem hohen Gruppenstatus identifizieren sich mehr mit ihrer Gruppe als solche mit einem niedrigen Gruppenstatus. (2) Gruppenmitglieder mit geringer Leistungsfähigkeit identifizieren sich dann mehr mit ihrer Gruppe als Mitglieder mit hoher Leistungsfähigkeit, wenn sie einen geringen Gruppenstatus besitzen oder wenn ihr Gruppenstatus relativ stabil ist. (3) Gruppenmitglieder in Gruppen mit undurchlässigen Gruppengrenzen zeigen ein höheres Maß an Eigengruppenidentifikation als Mitglieder von Gruppen mit durchlässigen Gruppengrenzen. Letztere zeigen zudem einen höheren Grad antizipierter Identifikation mit statushöheren Gruppen. (4) Gruppenmitglieder mit unsicherer Statusposition identifizieren sich mehr mit der Eigengruppe als Personen mit gesicherter Statusposition. Sie sind zudem eher bereit, einen Beitrag zur Erhöhung des Eigengruppenstatus zu leisten als statusgesicherte Gruppenmitglieder. Soviel scheint festzustehen, daß strukturelle Merkmale der sozialen Situation, z. B. die Höhe der Rangposition in der Gruppe und der Grad subjektiver Sicherheit, sich auf Dauer behaupten zu können, in der Eigengruppe entweder die Verfolgung einer Strategie zur individuellen Mobilität oder zum sozialen Wandel anregen und nahelegen. Der Gruppenzusammenhalt scheint eine wichtige Bedeutung für die relative Stärke der Ausprägung individueller und kollektiver Strategien zur Steigerung der Gruppenidentität zu besitzen.

Soziale Identität

Tajfel geht davon aus, daß jede Person nach einem zufriedenstellenden Selbstkonzept und Selbstbild strebt. Dabei wird ein Teil des Selbstbildes durch die Mitgliedschaft in verschiedenen Gruppen bestimmt. Dieser Teil des Selbstkonzeptes eines Individuums, „... der sich aus dessen Wissen über seine Mitgliedschaft zu einer oder mehreren sozialen Gruppen und aus dem Wert und der emotionalen Bedeutung, die dieser Gruppenmitgliedschaft beigemessen wird, ableitet ..." (Tajfel, 1978, S. 3), wird von ihm als soziale Identität definiert. Soziale Identität als Bestandteil des Selbstbildes umfaßt also nur den spezifischen Aspekt des sozialen Verhaltens, der aktiviert wird, wenn sich das Individuum auf dem Kontinuum zwischen inter-individuellem Verhalten und Intergruppen-Verhalten dem Intergruppen-Extrem nähert. Die soziale Identität eines Individuums entsteht über den Prozeß des sozialen Kategorisierens, der es erlaubt, die soziale Umwelt in eigene und fremde Gruppen einzuteilen. Erst der Vergleich der eigenen Gruppe und der eigenen Gruppenmerkmale mit denen anderer Gruppen ermöglichen die Wahrnehmung von sozialen Unterschieden und deren Bewertung.

Sozialer Vergleich und soziale Distinktheit

Tajfel geht davon aus, daß jedes Individuum nach einer positiven sozialen Identität strebt. Diese ergibt sich aus Vergleichen mit anderen Gruppen immer dann, wenn diese Vergleiche auf relevanten und hoch bewerteten Vergleichsdimensionen eine positive Ausprägung (Distinktheit) aufweisen. Dabei ist allerdings nicht jeder Vergleich mit einer anderen Gruppe für die soziale Identität relevant. Welche Gruppen zu Vergleichen herangezogen werden, und welche Vergleiche einen entscheidenden Beitrag zur sozialen Identität leisten, hängt ab von der Wichtigkeit der Vergleichsdimension und der Relevanz der Vergleichsgruppe (Turner, 1978). Je wichtiger die Vergleichsdimension für die soziale Identität der Gruppe ist, d. h. je zentraler sie für den Komplex an Merkmalen, Einstellungen und Werten ist, die zum Selbstbild der Gruppe beitragen, desto bedeutsamer ist der Gruppenvergleich für die Entwicklung einer positiven sozialen Identität. Je stärker die andere Gruppe als relevante Vergleichsgruppe wahrgenommen wird, desto bedeutsamer ist das Vergleichsresultat. Während nach der Theorie der sozialen Vergleichsprozesse von Festinger (1954) die Vergleichbarkeit durch die subjektiv wahrgenommene Merkmalsähnlichkeit zwischen den Vergleichsobjekten bestimmt wird, schränkt Tajfel (1978) die allgemeine Forderung nach Ähnlichkeit als alleinige Voraussetzung für soziale Vergleichsprozesse ein, indem er noch die Merkmalsstabilität vs. -instabilität und die Legitimität vs. Illegitimität von Statusunterschieden berücksichtigt. Bei stabilen und legitimen Statusunterschieden zwischen Gruppen, z. B. der Gruppe leitender Angestellter und der Facharbeiter, wird die Annahme, daß ein Vergleich aufgrund von Merkmalsähnlichkeit stattfindet, als unzutreffend angesehen und dementsprechend angenommen, daß wegen der Verschiedenheit keine Vergleichsprozesse stattfinden. Wenn allerdings die Statusunterschiede als illegitim bzw. instabil wahrgenommen werden, wenn z. B. eine Arbeitsgruppe vom Chef grundlos bevorzugt wird, können selbst Gruppen mit ungleichem Status zu Vergleichen genutzt werden. Auch nach den Untersuchungen von Mummendey (1985) kann davon ausgegangen werden, daß wahrgenommene Instabilität oder Illegitimität eine allgemeine Voraussetzung für den Gruppenvergleich und das Differenzierungsbestreben zwischen den Gruppen ist.

Die Bedeutung der Intergruppendifferenzierung für die positive soziale Identität ist also im wesentlichen abhängig von: (1) der Art der Identifikation mit der relevanten Eigengruppe, (2) der Wichtigkeit der Vergleichsdimension, z. B. Leistung, moralische Integrität, Verdienste und Engagement für eine gute Sache, und (3) der Relevanz der Vergleichsgruppe. Dabei bestimmen sich die Bedeutsamkeit der Vergleichsdimension und die Relevanz der Vergleichsgruppe nach der räumlich-zeitlichen Nähe der Gruppen, der Prägnanz der Interaktionssituation sowie der Illegitimität und Instabilität der Statusrelation. Je bedeutsamer der Gruppenvergleich, desto stärker werden sich die Individuen darum bemühen, positive Vergleichsergebnisse für die eigene Gruppe zu erreichen, desto wichtiger ist für sie die positive Distinktheit im Zuge der Intergruppendifferenzierung, es kommt eher zu sozialem Wettbewerbsverhalten sowie zur Eigengruppenfavorisierung und Fremdgruppendiskriminierung.

Aufbau und Erhalt positiver sozialer Identität

Soziale Identität wird nicht als statische Größe aufgefaßt, sondern als abhängig von den Veränderungen sozialer Beziehungen zwischen Gruppen. Tajfel (1978) unterscheidet zwischen sicherer und unsicherer sozialen Identität. Sichere soziale Identität liegt dann vor, wenn zwischen zwei oder mehr Gruppen gefestigte Statusunterschiede bestehen und diese von den übergeordneten sowie untergeordneten Gruppen als legitim angesehen werden. Da in einer dynamischen Gesellschaft und in offenen sozialen Systemen eine solche Situation sicher die Ausnahme darstellen wird, muß in der Regel mit unsicheren sozialen Identitäten gerechnet werden. Daraus erwächst die Frage nach möglichen Strategien zur Erreichung positiver sozialer Identität. Dies betrifft vorrangig Mitglieder in untergeordneten Gruppen, die das Bedürfnis nach positiver sozialer Identität nicht in ausreichendem Maße befriedigen können, sowie Mitglieder übergeordneter Gruppen, die eine Stabilisierung positiver sozialer Identität anstreben, aber eine Gefährdung ihres erreichten Zustandes befürchten. Tajfel & Turner (1979) unterscheiden mögliche Strategien zur Erreichung positiver sozialer Identität bei untergeordneten und übergeordneten Gruppen.

So sind status- und positionsmäßig untergeordnete Gruppen in einem sozialen Gefüge, z. B. einer betrieblichen Organisation, nicht in der Lage, ihren Mitgliedern eine positive soziale Identität zu gewährleisten. Der Vergleich mit anderen Gruppen führt für die Eigengruppe zu negativen Resultaten. In diesem Fall kann das Individuum versuchen, durch individuelle Mobilität oder sozialen Wandel eine Verbesserung der Situation herbeizuführen. Die individuelle Mobilität besteht in einem Abbau der bisherigen Identifizierung mit der ursprünglichen Eigengruppe und dem Versuch, durch Überwechseln in eine statushöhere Gruppe eine neue, positivere soziale Identität zu erreichen. Damit ist aber zugleich eine Schwächung der Eigengruppenkohäsion verbunden. Gerade die Übergangsphase zwischen Ablösung von der Eigengruppe und noch nicht abgeschlossener Akzeptanz und gesicherter Identität in der neuen Gruppe ist geprägt von einem Höchstmaß an Unsicherheit und starken psycho-sozialen Spannungen. Die individuelle Mobilität ist keine Lösung auf Gruppenebene, sondern eine rein individuelle Lösung des Identitätsproblems, da die Beziehungen zwischen den Gruppen unverändert bestehen bleiben und lediglich die Gruppenmitgliedschaft wechselt.

Wenn allerdings innerhalb eines sozialen Systems kaum Möglichkeiten zu individuellen Veränderungen bestehen, kann eine Verbesserung der positiven sozialen Identität durch sozialen Wandel, also durch eine Veränderung der Beziehungen zwischen den Gruppen erreicht werden. Dies ist vor allem dann möglich, wenn die bestehenden Statusunterschiede als instabil oder illegitim wahrgenommen und interpretiert werden. In diesem Fall muß die Position der Eigengruppe im Vergleich zu einer oder mehreren Außengruppen auf einer gemeinsamen Bewertungsdimension von allen Beteiligten möglichst hoch eingestuft werden. Erreichen läßt sich dies auf dem Wege der sozialen Kreativität oder des sozialen Wettbewerbs. Im Falle der sozialen Kreativität wird eine neue, im bisherigen Intergruppenvergleich noch nicht genutzte Vergleichsdimension so in den Vordergrund gestellt, daß die Eigengruppe auf ihr besser abschneidet als die Fremdgruppe. So könnte z. B. eine leistungsschwache Arbeitsgruppe versuchen, ihre Statusposition dadurch aufzuwerten, daß sie sich auf einer neuen Bewertungsdimension einordnet, die für alle konkurrierenden Gruppen von Wert ist, indem sie behauptet, in ihrer Gruppe herrsche aber ein besonders gutes Klima (Gruppenklima, Betriebsklima) und man gehe sehr rücksichtsvoll miteinander um. Wenn die Leistung zweier Arbeitsgruppen bisher lediglich aufgrund der Anzahl der produzierten Güter, also nach einer quantitativen Bewertungsdimension beurteilt wurde, so könnte die unterlegene Gruppe versuchen, die Qualität der hergestellten Produkte mit in die Bewertung einzubeziehen, also einen qualitativen Bewertungsmaßstab einzuführen, auf dem sie versucht, besser abzuschneiden als die andere Gruppe. Weiterhin besteht die Möglichkeit, die ursprüngliche Vergleichsdimension so umzuinterpretieren, daß zuvor negativ wahrgenommene Vergleichsergebnisse nunmehr positiv erscheinen. So ist beispielsweise die „black is beautiful“-Bewegung in den USA ein Versuch der schwarzen Amerikaner, die zuvor negativ bewerteten äußeren Erscheinungsmerkmale wie Hautfarbe, Haare, Gesichtsschnitt, Körperproportionen so umzuinterpretieren, daß sie als Schönheitsmerkmale ihrer eigenen Rasse in der amerikanischen Gesellschaft akzeptiert werden. Falls es nicht gelingt, die neue Bewertungsdimension oder die uminterpretierte Vergleichsdimension auch bei der Fremdgruppe durchzusetzen, dann bleibt als letzte Möglichkeit, den Vergleich mit statushöheren Fremdgruppen zu meiden und sich andere Vergleichsgruppen zu suchen, z. B. statusniedrigere Gruppen oder statusgleiche Gruppen, die zu statusniedrigeren Gruppen uminterpretiert werden, um eine positive soziale Identität zu erreichen. Aus diesem Grunde ist der soziale Wettbewerb zwischen statusniedrigeren Gruppen oft sehr viel stärker ausgeprägt als zwischen unter- und überlegenen Gruppen.

Wenn über den Weg der sozialen Kreativität kein sozialer Wandel in den Intergruppenbeziehungen möglich ist, bleibt noch der soziale Wettbewerb mit der Fremdgruppe, um eine positive Distinktheit zu erreichen. In diesem Falle werden vermehrt Verhaltensweisen produziert, die geeignet sind, die positiven Merkmale der Eigengruppe zu betonen, bis hin zur Übertreibung, und die der Fremdgruppe zu diskriminieren. Brown (1990, S. 426) faßt die möglichen individualistischen und kollektiven Strategien zur Überwindung der als unbefriedigend erlebten sozialen Identität in folgender Tabelle zusammen (Abb. 19).

Experimentelle Studien mit Gruppen und historische Vergleiche über Entstehung und Verlauf sozialer Unruhen haben Belege dafür erbracht, daß eine wichtige Ursache zur Entstehung sozialer Unruhe in untergeordneten Gruppen in einem Gefühl der „relativen Deprivation“ besteht. Darunter wird die wahrgenommene Diskrepanz zwischen dem gegenwärtigen Ist-Zustand und einem als berechtigt angesehenen Soll-Zustand verstanden. Diese Diskrepanz resultiert aus dem Vergleich des gegenwärtigen Zustandes mit einem in der Vergangenheit liegenden Zustand der eigenen Gruppe oder mit dem gegenwärtigen Zustand in anderen Gruppen. Überschreitet die Kluft zwischen dem erreichten Ist-Zustand und dem erhofften Soll-Zustand einen bestimmten, noch tolerierbaren Diskrepanzgrad, werden zudem die bestehenden Diskrepanzen als illegitim angesehen und werden darüber hinaus Möglichkeiten der Veränderung erkannt, so steigt die Motivation zum sozialen Wandel (siehe auch Kap. 9). Zweifellos kommen den Massenmedien in einer modernen Gesellschaft für die Wahrnehmung von Instabilität und Ungerechtigkeit in den Intergruppenbeziehungen und der eigenen sozialen Position sowie der Entwicklung der „relativen Deprivation“ und dem Erkennen von Handlungsmöglichkeiten für den sozialen Wandel eine entscheidende Bedeutung zu. Über die Wirkung der Massenmedien auf diese Prozesse ist allerdings mangels einschlägiger Forschungen noch wenig bekannt.

	Individualistische Strategie	Kollektive Strategien		
Ziel	Veränderung des persönlichen Standortes in der Gesellschaft	Veränderung des Standortes der Gruppe in der Gesellschaft		
Methode	Verlassen der Gruppe (Schwarze versuchen für Weiße gehalten zu werden)	— 1 — Beschränkung von Vergleichen auf andere untergeordnete Gruppen, z. B. Arbeiter-Arbeiter-Lohnvergleiche, keine Arbeiter-Unternehmer-Lohnvergleiche.	— 2 — Veränderung der Vergleichsdimensionen, z. B. Einführung neuer kultureller und musikalischer Formen durch die Punks.	— 3 — Direkter Angriff der dominanten Gruppe, z. B. Forderung nach sozialem Wandel durch Feministinnen in den Industrienationen.
Mögliche Ergebnisse	Einige Individuen können profitieren, viele andere nicht. Die Position der Gruppe bleibt unverändert.	Einige Veränderungen bei untergeordneten Gruppen möglich. Statusunterschiede zwischen den Gruppen bleiben unverändert.	Das Klima kann sich zugunsten sozialen Wandels verändern, wenn neue Dimensionen soziale Anerkennung erhalten.	Dies kann zu Wandel führen, wenn die Gesellschaft instabil ist und die Position der dominanten Gruppe auch von anderer Seite angefochten wird.

Abbildung 19: Reaktionen auf eine negative soziale Identität (nach Brown, 1990, S. 426)

Während sich die bisherigen Ausführungen auf statusniedrige Gruppen bezogen, wird im folgenden noch auf die bei übergeordneten Gruppen zu beobachtenden Prozesse näher eingegangen. Für statushöhere Gruppen entsteht eine unsichere soziale Identität dann, wenn ihr Status durch eine andere Gruppe tatsächlich bedroht oder als bedroht wahrgenommen wird, oder wenn der übergeordnete Status der Gruppe mit einem Wertkonflikt verbunden ist, also auf Ungerechtigkeit, Machtmißbrauch, Ausbeutung, Normverletzungen usw. beruht. Wie im Falle der untergeordneten Gruppen können auch Individuen übergeordneter Gruppen mit individueller Mobilität auf den bedrohten oder als bedroht erlebten Status der Gruppe reagieren. Sie können die Gruppe verlassen und sich einer anderen Gruppe mit gesichertem Status anschließen. Da die individuelle Mobilität allerdings, wie bereits erwähnt, mit erheblichen Risiken verbunden ist, ist für übergeordnete

Gruppen eher die Strategie des sozialen Wandels erfolgreich. So kommt es zur Intensivierung von Aktionen und Vorsichtsmaßnahmen, die dem Erhalt der übergeordneten Position dienen. Die bestehenden Unterschiede gegenüber den Fremdgruppen werden betont bzw. übertrieben, und neue Bedingungen werden geschaffen oder genutzt, um die eigene Distinktheit zu erhalten oder zu vergrößern. Möglichkeiten der verstärkten Diskriminierung von Fremdgruppen werden entwickelt und extensiv genutzt, soziale und psychologische Barrieren zwischen den Gruppen aufgebaut bzw. vorhandene vertieft und markante Symbole, z. B. Namen, Wappen, Fahnen, einheitliche Kleidung, aber auch medienwirksame Auftritte, Spenden, markige Sprüche zur Kennzeichnung der Gruppenmerkmale geschaffen. Zu beobachten sind solche Prozesse verstärkt bei der Bildung und Stabilisierung von Banden ebenso wie elitärer Vereinigungen, z. B. Clubs, Sekten, Eliteschulen.

Diskriminierung von Fremdgruppen

In der bisherigen Behandlung der Intergruppenbeziehungen hat sich immer wieder gezeigt, daß die Diskriminierung von Fremdgruppen ein wichtiger Schritt ist auf dem Wege zur Erreichung positiver sozialer Distinktheit und einer individuell erlebten positiven sozialen Identität. Das Phänomen der sozialen Diskriminierung beschäftigt allerdings die sozialpsychologische Forschung schon sehr viel länger als die Analyse der Intergruppenbeziehungen.

Entwicklung von Diskriminierungen

Nach Allport (1954) entsteht soziale Diskriminierung immer dann, wenn man Individuen oder Gruppen die für erforderlich gehaltene Gleichbehandlung verweigert. Für ihn umfaßt Diskriminierung jegliches Verhalten, das auf einer Unterscheidung nach natürlichen und sozialen Kategorien beruht, die weder mit der individuellen Leistungsfähigkeit oder den Verdiensten, noch mit dem konkreten Verhalten einer Person in Beziehung stehen. Wie bereits erwähnt, entwickelte Sherif (1967) im Zuge seiner klassischen Ferienlager-Experimente die funktionale Theorie des realistischen Gruppenkonflikts, wonach das Verhalten der Personen gegenüber Mitgliedern der Eigengruppe bzw. Fremdgruppe durch die auf dem jeweiligen Gruppeninteresse aufbauenden funktionalen Beziehungen der Gruppen zueinander determiniert ist. Nach Sherif (1967) ist ein realistischer Intergruppenkonflikt die Voraussetzung dafür, daß Fremdgruppen und Fremdgruppenmitglieder gegenüber der Eigengruppe diskriminiert werden. Wie bereits berichtet, konnte in nachfolgenden Studien aber gezeigt werden, daß Intergruppendiskriminierungen auch dann entstehen, wenn keine Interessenkonflikte zwischen den Gruppen vorliegen. Unter dem Paradigma der minimalen Gruppensituation (Tajfel, Billig, Bundy & Flament, 1971) reicht schon allein die soziale Kategorisierung, um die

Eigengruppe gegenüber der Fremdgruppe zu bevorzugen. Dieses Ergebnis ließ sich so häufig replizieren, daß es inzwischen als gesichert angesehen werden kann. Eine genauere Analyse der Vorgehensweise in den Experimenten zeigt, besonders im Vergleich zu diskriminierendem Verhalten im Alltag, daß in den sozialpsychologischen Studien die soziale Diskriminierung von Fremdgruppen lediglich in Form einer weniger positiven Bewertung spezifischer Merkmale der Fremdgruppe gegenüber der Eigengruppe erfaßt wurde. Dies hängt wohl damit zusammen, daß Experimentatoren sich aus ethischen Gründen und aus Rücksicht auf die Motivation ihrer Vpn scheuen, sie stark negativen Bewertungen, Beleidigungen oder nachhaltigen und tiefgreifenden Diskriminierungen auszusetzen. Zudem sind experimentelle Situationen für die Vpn immer in einem höheren Maße unverbindlicher und folgenloser als vergleichbare Situationen des Alltagslebens. Die alltäglichen Erfahrungen jedenfalls liefern eindrucksvollere Beispiele für diskriminierendes Verhalten gegenüber Fremdgruppen wie z. B. die Verweigerung gleicher Rechte, adäquater beruflicher Positionen, gleicher Entlohnung für gleiche Arbeitsleistungen usw. Bisher wurde versäumt zu prüfen, ob es gerechtfertigt ist, die experimentellen Befunde im Umgang mit weniger positiven Bewertungen auf den Umgang mit stark negativ bewerteten Formen der Diskrimination zu generalisieren.

In einem entsprechenden Experiment unterschieden Mummendey & Simon (1990), ob sich eine solche Diskriminierung auf positive oder negative Folgen bezieht. Werden der Eigengruppe beispielsweise mehr oder stärkere positive Handlungsfolgen zugeteilt als der Fremdgruppe, so handelt es sich um eine unausgewogene Aufteilung positiver Merkmale. In diesem Fall findet eine soziale Diskriminierung im positiven Bereich statt, z. B. dadurch, daß den Fremdgruppenmitgliedern weniger Pluspunkte oder Geldbeträge zuerkannt werden. Werden demgegenüber der Eigengruppe weniger oder stärkere negative Handlungsfolgen zugeteilt als der Fremdgruppe, so handelt es sich um eine unausgewogene Aufteilung negativer Merkmale. Es findet diesmal eine soziale Diskriminierung im negativen Bereich statt, z. B. wenn Leistungsschwächen oder aggressives Verhalten der Eigengruppenmitglieder heruntergespielt und beschönigt werden, wohingegen sie bei der Fremdgruppe besonders betont werden. Weiterhin läßt sich zwischen einer direkten und indirekten sozialen Diskriminierung unterscheiden. Eine direkte soziale Diskriminierung im positiven Bereich wird dann vorgenommen, wenn der Eigengruppe im Vergleich zur Fremdgruppe unterschiedlich viele bzw. unterschiedlich stark ausgeprägte positive Merkmale zugeschrieben werden. Eine indirekte soziale Diskriminierung im positiven Bereich liegt vor, wenn der Eigengruppe weniger bzw. schwächere positive Merkmale weggenommen werden als der Fremdgruppe. Eine entsprechende Unterscheidung zwischen direkter und indirekter sozialer Diskriminierung läßt sich ebenso für den negativen Bereich vornehmen. Mummendey & Simon (1990, S. 7) leiten aus ihren Untersuchungen und diesen Unterscheidungen die in der Abb. 20 dargestellte Taxonomie sozialer Diskriminierung ab.

	BEREICH POSITIVER STIMULI	BEREICH NEGATIVER STIMULI
ZUFÜGEN	Der Eigengruppe wird mehr zugefügt als der Fremdgruppe → direkte soziale Diskriminierung im positiven Bereich	Der Eigengruppe wird weniger zugefügt als der Fremdgruppe → direkte soziale Diskriminierung im negativen Bereich
WEGNEHMEN	Der Eigengruppe wird weniger weggenommen als der Fremdgruppe → indirekte soziale Diskriminierung im positiven Bereich	Der Eigengruppe wird mehr weggenommen als der Fremdgruppe → indirekte soziale Diskriminierung im negativen Bereich

Abbildung 20: Taxonomie sozialer Diskriminierung
(nach Mummendey & Simon, 1990, S. 7)

Den Forschungsstand fassen Mummendey & Simon (1990) folgendermaßen zusammen:

„— Das Phänomen der sozialen Diskriminierung stellt eine Form des Verhaltens zwischen sozialen Gruppen dar.

— Es umschreibt im Alltag in der Regel negatives Verhalten gegenüber Fremdgruppen, allgemeiner formuliert, die (ungerechtfertigte, allein durch ihre Gruppenzugehörigkeit bedingte) Besser- oder Schlechterstellung von Personen.

— Empirische Evidenz zur Frage nach Bedingungen für die Auftretensvariabilität von sozialer Diskriminierung in Intergruppenbeziehungen beschränkt sich fast ausschließlich auf positive Bereiche von Bewertungen und Behandlungen.

— Die Generalisierung der Ergebnisse auf den negativen Bereich von Bewertungen und Verhalten wird stillschweigend vorgenommen, sie ist jedoch nicht begründet, aller Wahrscheinlichkeit nach auch nicht gerechtfertigt.

— Zur Erhellung der Frage nach Bedingungen für negative Formen des Verhaltens im Kontext von Beziehungen zwischen Gruppen ist die Untersuchung von explizit negativem Verhalten per se erforderlich“ (S. 4—5).

Die von Tajfel, Billig, Bundy & Flambert (1971), von Turner (1978) und anderen Forschern durchgeführten Experimente zum minimalen Gruppenparadigma gehören entsprechend dieser Taxonomie überwiegend zur Form der direkten sozialen Diskriminierung im positiven Bereich, da die Aufgabe der Versuchsteilnehmer darin bestand, positive Stimuli (z. B. Geld) der Eigen- und Fremdgruppe zuzufügen. In einer Replikation der klassischen Studie von Tajfel, Billig, Bundy & Flambert (1971) veranlaßten Mummendey & Simon (1990) ihre Versuchspersonen zu entscheiden, ob den Mitgliedern der Eigen- und Fremdgruppe ein kürzeres oder längeres Ertragen eines äußerst unangenehmen Tones (negative Folgen) zugemutet werden sollte. Bei den Aufteilungsentscheidungen bevorzugten die Vpn nicht ihre Eigengruppe, sondern verfolgten eine Fairneßstrategie, die darin bestand, für alle Personen, ungeachtet ihrer Gruppenmitgliedschaft, eine möglichst geringe Belastung durch den unangenehmen Ton herbeizuführen. In einer weiteren Studie wurden Statusunterschiede sowie Häufigkeitsunterschiede (z. B. die Eigengruppe bildet eine Majorität und die Fremdgruppe eine Minorität oder umgekehrt) als spezifische Charakteristika der Intergruppenbeziehungen eingeführt. Auch in diesem Fall zeigten die Versuchspersonen eine faire Behandlung der Eigen- und Fremdgruppe. Lediglich bei statusniedrigen Minoritäten waren Tendenzen zur Favorisierung der Eigengruppe auf Kosten der Fremdgruppe zu beobachten.

Aus diesen Studien läßt sich folgern, daß soziale Kategorisierung alleine nicht ausreicht, um im negativen Bereich soziale Diskriminierungen hervorzurufen. Im negativen Bereich bedarf es einer Spezifizierung der Relation zwischen den Gruppen, ehe eine soziale Diskriminierung zustandekommt. Diese Ergebnisse zeigen, daß eine Asymmetrie hinsichtlich der Eigengruppenfavorisierung und der Fremdgruppendiskriminierung zwischen dem positiven und negativen Bereich besteht, und daß eine Verallgemeinerung der Befunde mit Diskriminierungstendenzen im positiven Bereich unzulässig sind. Zu erklären ist dieses Ergebnis möglicherweise dadurch, daß ein durch nichts legitimiertes Zufügen von Schaden den Handelnden zu einem normabweichenden und damit negativ bewerteten Verhalten veranlassen würde. Demgegenüber ist das Entscheiden nach der Fairneßstrategie für die Erreichung einer positiven sozialen Identität bedeutsamer als ein relativ günstiges Abschneiden der Eigengruppe. Erst die mit der eingeführten Statusreduzierung und der Minoritätenposition verbundene Bedrohung der sozialen Identität legitimiert die Diskriminierung der Fremdgruppe und kann zur Entwicklung einer positiven sozialen Identität genutzt werden. Zur Klärung dieser Beziehungen sind allerdings noch weitere Forschungen erforderlich.

Abbau von Diskriminierungen

Im zwischenmenschlichen Zusammenleben und in der Beziehung zwischen Gruppen ist die Diskriminierung von Fremdgruppen und ihren Angehörigen offensichtlich ein beliebtes Mittel, den Selbstwert zu erhöhen und zu einer positiven sozialen Identität zu gelangen. Zugleich aber erschweren solche Diskriminierungsprozesse die interpersonale und Intergruppen-Kooperation. Es ist deshalb nicht verwunderlich, daß die sozialpsychologische Forschung sich ebenso lange mit der Analyse von Möglichkeiten zur Diskriminationsreduzierung befaßt wie mit der Analyse der Bedingungen interpersonaler- und Intergruppen-Diskriminierung.

Ein erster und zunächst erfolgversprechender Versuch, Möglichkeiten der Reduzierung von Diskriminierung aufzuzeigen, bestand in der Formulierung einer Ähnlichkeits-Attraktivitäts-Hypothese. Sie besagt, daß der Kontakt zwischen Gruppen Gelegenheiten schafft und fördert, Ähnlichkeiten an Merkmalen und Dimensionen der eigenen und der fremden Gruppe wahrzunehmen, über die erhöhte Ähnlichkeit gegenseitige Sympathie aufzubauen und damit bereits vorhandene Feindseligkeiten und Diskriminierungen abzubauen bzw. zu verhindern, daß solche entstehen. Nach der Theorie der sozialen Identität stellt allerdings gerade erlebte Ähnlichkeit zwischen Gruppen die entscheidende Bedingung für den sozialen Wettbewerb dar, da durch zu starke Ähnlichkeit die positive Bewertung der Eigengruppe bedroht wird. Forschungsergebnisse, aber auch Alltagsbeobachtungen belegen, daß ein verstärkter Kontakt zwischen Gruppen und ein erhöhtes Maß wahrgenommener Ähnlichkeit keineswegs zu einem Abbau, sondern durchaus zu einem Anstieg diskriminierenden Verhaltens und der Ausbildung von Vorurteilen führen kann (Stephan, 1985).

Sherif (1967) vertrat aufgrund seiner Untersuchungen die Auffassung, daß durch Kooperation zwischen Gruppen zum Erreichen gemeinsamer Ziele Konflikte und Feindschaften zwischen den Gruppen reduziert werden können. Verschiedene experimentelle Studien haben jedoch gezeigt, daß Kooperation nicht automatisch zum Abbau von Diskriminierungen und Feindseligkeiten führt, da noch andere Einflußgrößen wirksam werden können, wie z. B. Erfolg oder Mißerfolg der Kooperation, Anzahl gemeinsamer Aktivitäten, Eigenschaften der Gruppe. Nach der Interpretation von Tajfel & Turner (1979) können zudem die Ergebnisse der durch Kooperation erreichten Reduzierung von Feindseligkeiten in den Ferienlageruntersuchungen von Sherif nicht als Reduzierung von Konflikten zwischen Gruppen interpretiert werden, da mit der experimentellen Einführung eines übergeordneten gemeinsamen Zieles die Aufteilung in Gruppen weitgehend aufgehoben wurde und alle beteiligten Personen sich nunmehr als Mitglieder einer Gruppe verstanden.

Entsprechend der Theorie der sozialen Identität, in der soziale Vergleiche zwischen Gruppen eine instrumentelle Funktion für die positive Distinktheit der Eigengruppe besitzen, ist eine Reduzierung der Intergruppendiskriminierung nur möglich durch:

1. Verringerung der Bedeutsamkeit von Eigengruppe-Fremdgruppe-Kategorisierung.
2. Individualisierung der Fremdgruppenmitglieder.
3. Erweiterung des Angebots an Möglichkeiten zur positiven sozialen Distinktheit.

Eine Verringerung der Bedeutsamkeit von Eigengruppe-Fremdgruppe-Kategorisierung ist möglich durch überlappende Kategorisierungen oder durch Individualisierung der Fremdgruppe. In Experimenten, u. a. von Brown & Turner (1979), wurde eine überlappende Kategorisierung dadurch ermöglicht, daß den Versuchspersonen zur Kategorisierung zwei Kriterien zur Verfügung standen, z. B. Religionszugehörigkeit und ästhetische Präferenzen, Geschlecht und Studienfächer. Die sich nach der Entscheidung für eines der beiden Kriterien ausbildenden Gruppen waren hinsichtlich des restlichen Kriteriums gemischt zusammengesetzt. Wenn z. B. die Einteilung so vorgenommen wird, daß die Eigengruppe aus Studenten und die Fremdgruppe aus Studentinnen besteht, aber in beiden Gruppen Personen mit identischen Studienfächern zu finden sind (überlappende Kategorisierung), dann sollte die Fremdgruppendiskriminierung nicht mehr so leicht möglich sein, da sich in der Fremdgruppe Personen befinden, denen man sich über das gemeinsame Studienfach verbunden fühlt. Unter dieser Bedingung sollte die Eigengruppenfavorisierung auf Kosten der Fremdgruppe zur Erreichung einer positiven sozialen Identität an Bedeutung verlieren. Die Untersuchungsergebnisse bestätigen diese Vermutung. Unter der Bedingung überlappender Kategorisierung nimmt die Fremdgruppendiskriminierung im Vergleich zur eindeutigen Kategorisierung deutlich ab.

In einer Studie von Wilder (1978) zeigte sich, daß eine Individualisierung der Fremdgruppenmitglieder zu einer Verringerung der Diskriminierungstendenz führt. Die Versuchspersonen wurden zunächst aufgrund ihrer angeblichen Vorliebe für zwei verschiedene Maler in Gruppen eingeteilt. Alle Mitglieder der einen Gruppe (Fremdgruppe) sollten — jeder für sich — eine Entscheidung in einem Strafverfahren treffen, das ihnen in einer schriftlichen Vorlage geschildert wurde. Die Mitglieder der anderen Gruppe (Eigengruppe) hatten die Einzelentscheidungen der Fremdgruppenmitglieder zu bewerten. Dazu wurden ihnen aber nicht die tatsächlichen Fremdgruppenurteile vorgelegt, sondern folgende drei Varianten: (1) Alle Einzelurteile in der Gruppe waren gleich, (2) ein Gruppenmitglied wich von den Urteilen aller anderen Gruppenmitglieder ab, und (3) es wurde nur das Urteil eines Gruppenmitgliedes mitgeteilt. Bei der anschließend von den Mitgliedern der Eigengruppe individuell vorzunehmenden Aufteilung der Geldbeträge für die Teilnahme am Experiment zeigte sich eine eindeutige Eigengruppenfavorisierung und Fremdgruppendiskriminierung unter der ersten Bedingung, nämlich der Einstimmigkeit der Urteile, nicht jedoch unter der zweiten Bedingung, wenn ein Gruppenmitglied in der Fremdgruppe eine abweichende Meinung vertrat. Die experimentelle Induzierung von Meinungs- und Einstellungsunterschieden innerhalb der Fremdgruppe führt womöglich zu einer Individualisierung der Fremdgruppenmitglieder und erschwert damit ihre pauschale Diskriminierung.

Eine Reduzierung der Fremdgruppendiskriminierung ist weiterhin dadurch zu erreichen, daß im sozialen Wettbewerb eine positive Eigengruppenbewertung möglich ist, ohne zugleich die Fremdgruppe abzuwerten. Der soziale Vergleich zwischen den Gruppen muß in diesem Fall auf unterschiedlichen, aber gleich bedeutsamen Dimensionen stattfinden können. In einem entsprechenden Experiment von Deschamps & Brown (1983) sollten zwei Versuchspersonengruppen gemeinsam eine Aufgabe bewältigen, die darin bestand, einen Zeitungsartikel umzuschreiben. In der ersten Versuchsbedingung waren die Funktionen der beiden Gruppen sehr unterschiedlich und daher die einzelnen gruppenspezifischen Beiträge zur gemeinsamen Aufgabe gut zu identifizieren. In diesem Fall war die eine Gruppe für die Neugestaltung des Textes zuständig, und die andere für eine übersichtlichere Gestaltung der im Text enthaltenen Statistiken. In einer zweiten Versuchsbedingung waren die Leistungen beider Gruppen sehr ähnlich und daher die einzelnen gruppenspezifischen Beiträge zur Aufgabe schlecht zu identifizieren. In diesem Fall sollte jede Gruppe eine Seite des Zeitungsartikels sowohl hinsichtlich des Textes wie der beigefügten Statistiken überarbeiten. Es zeigte sich, daß unter der zweiten Bedingung die Eigengruppenfavorisierung und Fremdgruppendiskriminierung zunahm, während unter der ersten Versuchsbedingung, nämlich der deutlich unterscheidbaren gruppenspezifischen Beiträge, die Fremdgruppendiskriminierung abnahm.

Einschlägige Experimente zeigten allerdings auch, daß selbst dann, wenn beide Gruppen sich auf verschiedenen Dimensionen gegenseitig positiv bewerten, diesen Dimensionen durchaus unterschiedliche Bedeutung zugemessen werden kann. Die für eine positive Bewertung der Eigengruppe relevante Vergleichsdimension wird von den Eigengruppenmitgliedern oft für wichtiger angesehen, als die aus ihrer Sicht nur zweitrangige Dimension, auf der sie die Fremdgruppenmitglieder positiv bewerten. Eine Eigengruppenfavorisierung gegenüber einer Fremdgruppendiskriminierung findet also auch unter dieser Bedingung statt, wenn auch eher indirekt und weniger offensichtlich.

Intergruppenkonflikte

Die Analyse von Intergruppenkonflikten hat die sozialpsychologische Forschung, wie bereits erwähnt, schon früh beschäftigt (Fischer, 1990). Forschungen zur sozialen Wahrnehmung haben gezeigt, daß individuelle Erfahrungen, Erwartungen, Kognitionen und Werte die Wahrnehmung und das Verhalten gegenüber anderen Personen (z. B. Konfliktpartnern), die situativen Kontextbedingungen (Konfliktbedingungen) und die Art der Interaktionsbeziehung (Konfliktart) determinieren. Die sozialpsychologische Forschung über interpersonale Beziehungen hat gezeigt, daß die Art, wie sich die Konfliktparteien begegnen, wie sie eine Kommunikation initiieren, aufrechterhalten und beenden, wie sie den interaktiven Prozeß gestalten, z. B. wie hoch der Grad an Offenheit, Zuverlässigkeit und Komplexität der Kommunikation ist, und wie stark das Bedürfnis nach Konkurrenz oder Kooperation ausgeprägt ist, Einfluß nehmen auf Konfliktverlauf und Konfliktausgang. Diese Forschungen wurden auf verschiedenen Ebenen durchgeführt wie der individuellen, interpersonalen, gruppenspezifischen und Intergruppen-Ebene, der Ebene von Organisationen und schließlich der kommunalen, sozialen und internationalen Ebene, wobei die sozialpsychologischen Forschungen hauptsächlich den drei erstgenannten Ebenen zuzuordnen sind.

Die bisherige Darstellung der Analyse von Intergruppenbeziehungen in diesem Kapitel hat schon an mehreren Stellen Hinweise auf Konfliktdeterminanten gegeben, wie z. B. die Eigengruppenfavorisierung und Fremdgruppendiskriminierung, die Eigengruppendifferenzierung und die Fremdgruppenhomogenisierung. Im weiteren Verlauf sollen nun einige theoretische Konzepte zur Analyse von Intergruppenkonflikten dargestellt und die Möglichkeiten der Reduzierung von Konfliktpotential in Intergruppenbeziehungen besprochen werden.

Konfliktentstehung

Zugang zur Intergruppenkonfliktthematik läßt sich über folgende, gut belegbare Wirkungen der Kategorisierung von Individuen in Gruppen gewinnen:

(1) Menschen neigen dazu, innerhalb ihrer Gruppe die Ähnlichkeit der Individuen und zwischen den Gruppen die bestehenden Unterschiede zu betonen. Die Anwesenheit von Fremdgruppen erhöht den Grad erlebter Ähnlichkeit innerhalb der eigenen Gruppe. Den Eigengruppenmitgliedern fühlt man sich verbunden, nimmt eher Einstellungs-, Interessen- und Verhaltensähnlichkeiten wahr. Informationen werden entsprechend diesen erwarteten Ähnlichkeiten selegiert und interpretiert. Die Eigengruppenmitglieder werden als homogener wahrgenommen als die Fremdgruppenmitglieder, von denen man sich in vielen Merkmalsdimensionen deutlich zu unterscheiden wünscht. Andererseits sollte die interpersonale Vertrautheit und damit die Kenntnis über individuelle Besonderheiten der einzelnen Mitglieder aus der Eigengruppe größer sein als gegenüber den Mitgliedern der Fremdgruppe, was eine Eigengruppendifferenzierung und eine Fremdgruppenhomogenisierung zur Folge haben müßte.

Die Untersuchungsbefunde deuten daraufhin, daß Fremdgruppenmitglieder hinsichtlich ihrer Ausprägung auf Merkmalsdimensionen wie Leistung, Verläßlichkeit, Fleiß, Dominanz homogener beurteilt werden als Eigengruppenmitglieder, und daß sie zugleich im Vergleich zu den eigenen Gruppenmitgliedern auf einem breiteren Spektrum unterschiedlicher Merkmalsdimensionen beschrieben werden (Stephan, 1985; Wilder, 1986). So fallen beispielsweise einem konservativen Bundesbürger viele Merkmalsdimensionen ein, in denen sich Gastarbeiter und Asylanten deutlich von Einheimischen unterscheiden (Intergruppendifferenzierung), wohingegen innerhalb einer Dimension wie Ehrlichkeit, repräsentiert durch die Pole unehrlich - absolut ehrlich, keine individuelle Differenzierung vorgenommen wird, sondern die Gastarbeiter und Asylanten insgesamt als eher unehrlich kategorisiert werden (Fremdgruppenhomogenisierung). Dem Bedürfnis nach Unterscheidbarkeit zwischen

Eigen- und Fremdgruppe kommt die Tendenz der Fremdgruppendifferenzierung hinsichtlich wichtiger Dimensionen und der Homogenisierung der Gruppenmitglieder hinsichtlich der Merkmalsausprägung sehr entgegen. Als Gruppenmitglied kann man sich so auf vielen Dimensionen positiv von anderen Gruppen abheben und zugleich auf die differenzierende Betrachtung des Merkmalsspektrums verzichten. Gastarbeiter sind eben faul, wenig intelligent, ungebildet, unzuverlässig usw., und das trifft nicht nur auf einige Personen der Kategorie Gastarbeiter zu, sondern im Prinzip auf alle.

(2) Mit Hilfe des Prozesses der Stereotypisierung kommt es zum Aufbau konsistenter Ansichten über die Eigenschaften von Personen und Gruppen. Stereotype als Resultat dieses Prozesses kennzeichnen die Erwartung, daß mit der Mitgliedschaft in einer bestimmten Gruppe zugleich eine bestimmte Eigenschafts- und Merkmalsausprägung verbunden ist. Die Aufmerksamkeit, Informationsaufnahme, Informationsverarbeitung und die Abrufwahrscheinlichkeit gespeicherter Informationen erfolgt in der Weise, daß die stereotypen Erwartungen bestätigt werden. Wer die Gruppenzugehörigkeit einer Person kennt, ein entsprechendes Gruppenstereotyp entwickelt hat und es aktiviert, wird diesem Stereotyp entsprechende Informationen suchen, nur die dazu passenden Informationen aufnehmen oder die aufgenommenen Informationen dem Stereotyp adäquat interpretieren. So werden die mit dem Stereotyp übereinstimmenden Informationen besser erinnert als widersprechende oder irrelevante. Die Stereotypisierung erleichtert die Wahrnehmung und die Interpretation sozialer Ereignisse, ermöglicht eine schnelle Orientierung in einer komplexen sozialen Situation, erleichtert die Abrufbarkeit relevanter Wissensbestände und ermöglicht so ein schnelles Reagieren. Diese Vorteile werden allerdings erkauft durch Vereinfachungen und damit zusammenhängende Ungenauigkeiten in der Beurteilung einzelner Personen und Gruppen.

(3) Unter Kausalattribuierung versteht man einen kognitiven Vorgang, durch den mit der Erfassung eines Objekts oder Ereignisses sofort eine Ursachenerklärung verbunden ist. Wenn Personen als Mitglieder einer Gruppe wahrgenommen werden, besteht die Tendenz, ihre Verhaltensweisen eher als gruppentypisch wahrzunehmen und zu interpretieren, und nicht als Resultat individueller Eigenart. Bedeutsam ist hierbei im sozialen Kontext ein Attributionsfehler, der darin besteht, daß die Ursache für an Eigen- und Fremdgruppenmitgliedern beobachtetes identisches Verhalten unterschiedlichen Verursachungsprozessen zugeschrieben wird. An Fremdgruppen beobachtetes sozial unerwünschtes Verhalten wird demnach verstärkt internal attribuiert und damit als individuelle Schwäche und Unzulänglichkeit der Fremdgruppenmitglieder angesehen und behandelt. Demgegenüber wird sozial unerwünschtes Verhalten von Eigengruppenmitgliedern als durch äußere Einflüsse hervorgerufen interpretiert und damit die Eigengruppe entlastet. Die hohe positive Bewertung der Eigengruppe kann trotz beobachteter Schwäche beibehalten werden. Wird an der Fremdgruppe positiv zu bewertendes Verhalten beobachtet, dann kann das nur als durch äußere Einflußfaktoren bewirkt interpretiert

werden, da Fremdgruppenmitglieder aus sich heraus zu solchem Verhalten nicht in der Lage wären. Externale Attribution erfolgt also dann, wenn Eigengruppenmitglieder sozial unerwünschtes Verhalten und Fremdgruppenmitglieder sozial erwünschtes Verhalten zeigen. Wenn die eigene Sportmannschaft durch viele Fouls unangenehm auffällt, wird dieses Verhalten den ungünstigen Umgebungsbedingungen, z. B. emotionale Belastung durch feindlich eingestellte Zuschauermassen, erklärt, und das faire Spiel der gegnerischen Mannschaft ist dann das Resultat des sogenannten Heimvorteils. Dies entspricht der Annahme, daß man in der Regel nur Positives von den eigenen und Negatives von den fremden Gruppenmitgliedern erwartet.

Auf der Intergruppenebene sind es nicht einzelne Typen von Attribuierungen und Formen von Attributionsfehlern (Herkner, 1980), durch die das Verhalten von Fremd- und Eigengruppenmitgliedern erklärbar wird, sondern die unterschiedlichen Attribuierungsmuster (Hewstone, 1988). So könnten z. B. Leistungen der Eigengruppenmitglieder auf ihre Fertigkeiten zurückgeführt werden, die sie ohne jede Anstrengung erbringen können, wohingegen bei Leistungen von Fremdgruppen Fertigkeiten nur in Verbindung mit Anstrengungen attribuiert werden können. Der Eigengruppe wird damit gegenüber der Fremdgruppe ein höheres Leistungspotential zugeschrieben.

(4) Das Eigengruppenvorurteil zeigt sich, wie bereits dargestellt, in einer Bevorzugung der Eigengruppe gegenüber Fremdgruppen, selbst unter minimalen Gruppenbedingungen. Wie Untersuchungen gezeigt haben, werden die Unterschiede zwischen Eigen- und Fremdgruppe zwar deutlich betont, aber zugleich nur so weit gesteigert, daß noch ein Rest an Fairneß verbleibt. Zumindest in den meist aus Studenten bestehenden Laborgruppen führte dieses Bedürfnis nach Fairneß dazu, keine allzu sehr ins Extrem gehende Behandlung der Fremdgruppenmitglieder vorzunehmen, da dies gegen bestehende gesellschaftliche Normen verstoßen würde. Rassisch bedingte und interethnische Gewalttaten sowie Gewalttätigkeiten zwischen konkurrierenden kriminellen Banden zeigen sehr deutlich, daß die relativ faire Behandlung von Fremdgruppenmitgliedern unter Wahrung des Eigengruppenvorteils wohl nur dann zu erwarten ist, wenn neben der bereits erwähnten Gültigkeit der Fairneßnorm keine existentielle Bedrohung aus der Intergruppenbeziehung erwächst und über die augenblickliche Konfliktsituation hinaus eine zukünftige Zusammenarbeit zu erwarten ist bzw. nützlich erscheint.

Kognitive Intergruppentheorien und Intergruppenkonflikte

Es gibt inzwischen eine Reihe kognitiver Theorien in der Sozialpsychologie, die zur Erklärung der Intergruppenbeziehungen bzw. Intergruppenkategorisierung und ihrer Wirkungen herangezogen werden können. Auf die Erklärungsmöglichkeiten, die sich aus den Kategorisierungstheorien, der Selbstkategorisierungstheorie, der Balance-Theorie und der Schematheorie im Kontext von Intergruppenkonflikten ableiten lassen, wird nun näher eingegangen.

Kategorisierungstheorien

Unter der klassischen Theorie der Merkmalsklassifikation von Objekten hat das Modell der Merkmalszuordnung von Tversky (1977) den größten Einfluß in der Sozialpsychologie gehabt. Das Modell besagt, ein Objekt A ist dann einem Objekt B ähnlicher als einem dritten Objekt C, wenn A und B gemeinsame Merkmale aufweisen und sich weniger unterscheiden als A und C. Das Modell prognostiziert eine Asymmetrie bei Ähnlichkeitsurteilen, da es an Objekten Merkmale geringerer und stärkerer Auffälligkeit resp. Bedeutsamkeit gibt und die weniger bedeutsamen Merkmale den bedeutsameren ähnlicher sind als umgekehrt. Demnach gibt es Objekte, die ein für eine Kategorisierung prototypisches Erscheinungsbild aufweisen, da sie viele und bedeutende Merkmale mit anderen Objekten der Kategorie gemeinsam haben und sich nur in wenigen und unbedeutenden unterscheiden. Aus dieser sog. Fokusierungshypothese folgt, daß Objekte einer Kategorie ähnlich dem Prototyp wahrgenommen werden. So können die Merkmale eines sportlich durchtrainierten Körpers als Prototyp für die Beurteilung der Mitmenschen nach ihrer Gesundheit, Lebenskraft oder Leistungsfähigkeit wirken. Der Prototyp bildet eine Art Bezugsmaßstab, nach dem sich die Objektwahrnehmung und Beurteilung richtet. Die Bedeutung bestimmter Merkmale für die Klassifizierung von Objekten in Kategorien kann variieren. Merkmale, die in einem eng begrenzten Urteilskontext völlig unbedeutend sind, können in einem erweiterten Urteilskontext so große Bedeutung erlangen, daß sie zur Klassifizierung eines Objekts in verschiedene Kategorien beitragen können. Wenn sich die Beurteilung eines Mitarbeiters darin erschöpft, seine körperliche Leistungsfähigkeit zu bewerten, sind Merkmale wie Zuverlässigkeit, Teamfähigkeit, Verantwortungsbereitschaft usw. unbedeutend. Bei der Übernahme anspruchsvollerer Arbeitsaufgaben wird dagegen die Mitarbeiterbeurteilung allein nach der Kategorie „Körperkraft" nicht mehr ausreichen, und es müssen andere Beurteilungskategorien hinzugezogen werden. Weiterhin läßt sich aus der Kategorisierungstheorie ableiten, daß Objekte, die längere Zeit in ein und derselben Kategorie verharren, mit der Zeit immer ähnlicher beurteilt werden, da sie immer mehr gemeinsame Merkmale aufweisen bzw. solche gemeinsamen Merkmale an ihnen wahrgenommen werden.

Nach dieser Kategorisierungstheorie können Stereotype als Prototypen aufgefaßt werden, die ein typisches Gruppenmitglied repräsentieren. Eigengruppenmitglieder werden im Vergleich zu Fremdgruppenmitgliedern dem Prototyp, z. B. engagiertes Gruppenmitglied, ähnlicher beurteilt als sie es tatsächlich sind, und es kommt so zur Eigengruppenhomogenisierung. Taucht eine Fremdgruppe auf, dann erweitert sich der Beurteilungskontext. Der wahrgenommene Ähnlichkeitsgrad innerhalb der beiden Gruppen steigt, das erweiterte Kategorienspektrum wird zur Verstärkung der Intergruppenunterschiede genutzt, und der Übergang von der Intragruppenwahrnehmung zur Intergruppenwahrnehmung verstärkt die Tendenz, bei der Personbeurteilung Merkmale der Gruppenzugehörigkeit gegenüber individuellen Merkmalen zu bevorzugen.

Selbstkategorisierungstheorie

Im Unterschied zu Theorien der Objektklassifikation geht die Selbstkategorisierungstheorie (Turner, Hogg, Oakes, Reicher & Wetherell, 1987) von der berechtigten Annahme aus, daß Individuen als eigenständige Handlungszentren Vorstellungen über ihr eigenes Selbst entwickeln, diese Vorstellungen in ein Selbstkonzept integrieren und dabei Selbstkategorisierungen vornehmen, die in spezifischen Situationen aktiviert werden können. Neben sehr persönlichen, das eigene „Ich" betreffenden Kategorien gibt es soziale Kategorien für die Zugehörigkeit der Person zu bestimmten bedeutsamen Gruppen. Nach dieser Theorie ist das Selbstkategorisierungssystem hierarchisch auf der interpersonalen- und der Intergruppen-Ebene gegliedert.

Wenn ein Individuum als Eigengruppenmitglied handelt, ist seine Individualität zwar nicht aufgehoben, aber ausgedrückt wird sie in diesem Fall in einer bestimmten Selbstkategorie aus dem Bereich der sozialen Kategorien. Wenn eine Person sich mit anderen Personen vergleicht, dann kann sie an sich selbst wahrgenommene Verhaltensmerkmale nur dann mit Verhaltensmerkmalen, die sie an anderen Personen beobachtet hat, einer bestimmten sozialen Kategorie zuordnen, wenn diese Verhaltensmerkmale den Verhaltensstandards entsprechen, die die Mitglieder dieser sozialen Kategorie erwarten. Wer sich z. B. für tüchtig hält, wird sich mit anderen Personen dann in die Kategorie der Tüchtigen einordnen können, wenn folgende Bedingung gegeben ist. Die von ihm an anderen beobachteten Verhaltensmerkmale müssen den für eine solche Gruppe von Tüchtigen allgemein geltenden Verhaltensstandards entsprechen, also mit dem Prototyp für Tüchtigkeit identisch sein.

Die individuelle Selbstwerteinschätzung wird erhöht und gestützt dadurch, daß man sich mit sozialen Kategorien identifiziert, die positive Wirkungen für das eigene Selbst haben. Soziale Kategorien werden somit bedeutsam für den Prozeß der Selbstunterstützung, wie dies schon in der sozialen Identitätstheorie (Tajfel, 1978) mit dem positiven Effekt der Eigengruppenidentifikation und Fremdgruppendiskrimination formuliert wurde.

Turners Selbstkategorisierungstheorie geht weiterhin davon aus, daß soziale Kategorien relativ unbedeutend bleiben, solange eine personale Kategorie für ein Individuum von zentraler Bedeutung ist. Die Person mißt sich selbst am Standard ihres idealen Selbst, der als Prototyp der Selbstkategorisierung angesehen werden kann. Wird nun eine personale Selbstkategorie aktiviert, dann ist zunächst der Vergleich mit dem idealen Selbst bedeutsam, wobei aber auch Unterschiede zu den Eigengruppenmitgliedern erfaßt werden. Wird allerdings eine soziale Selbstkategorie aktiviert, dann werden Vergleiche des eigenen Selbst als Gruppenmitglied mit dem Prototyp der Eigengruppe angestellt. So bietet die Selbstkategorisierungstheorie eine Erklärung für die Beziehung zwischen Selbstkonzept und Gruppenidentität und zeigt zugleich, daß die Gruppe mehr ist als die Summe ihrer Einzelelemente.

Balance-Theorie

Die auf Heider (1958) zurückgehende Balance-Theorie ist bislang noch nicht auf soziale Phänomene auf Gruppenebene angewandt worden. Die Balance-Theorie (siehe Thomas, 1991, Kap. II u. IX) macht Aussagen über die Einheitsbildung und die Ausballancierung von Zuständen in sozialen Gebilden. Die Wahrnehmung, daß zwei oder mehr Personen zusammengehören, beruht auf Ähnlichkeitsmerkmalen, Nähe und gemeinsam erlebtem Schicksal. Nach der Balance-Theorie müßten Eigengruppenmitglieder die gruppeninternen Differenzen minimieren und die Intergruppendifferenzen maximieren, damit das soziale Wahrnehmungsfeld klare und eindeutig identifizierbare Merkmale aufweist. Ausgeglichene interaktive Beziehungen zwischen Personen erhöhen die gemeinsame Attraktivität und fördern die Wahrnehmung einheitsstiftender Merkmale. Nach der Balance-Theorie werden zudem der Gruppenzusammenhalt und die Eigengruppenbevorzugung immer dann hoch sein, wenn die Gruppenmitgliedschaft bedeutsam ist und die Gruppe sich von anderen klar abgrenzt.

Die bekannte Schwäche der Theorie besteht darin, daß sie die Umgebungsbedingungen nicht mit berücksichtigt, in der Personen handeln. So weisen Wyer & Gordon (1984) darauf hin, daß im Falle einer Wettbewerbssituation eine Person A eine Person B, die das gleiche verlangt wie sie, eher ablehnen wird, obwohl die Balancetheorie aufgrund der tatsächlich vorhandenen Ähnlichkeitsmerkmale eine positive interpersonale Beziehung voraussagen würde. Ähnliches gilt auch für den realistischen Gruppenkonflikt. Die Balancetheorie kann zwar das Entstehen von Gruppenhomogenität vorhersagen und feststellen, wann zwischen Eigen- und Fremdgruppe keine Einheitsbeziehung besteht. Sie kann aber nicht erklären, warum die Intergruppenbeziehungen negativ bewertet werden.

Schematheorie und soziale Kategorisierung

Die Schematheorie (Neisser, 1976) versteht unter Schemata kognitive Strukturen, die das Wissen über Personen, Objekte, Konzepte, Handlungen und Ereignisse in abstrakter Form repräsentieren und Informationsverarbeitung, Erwartungsbildung und Handlungsabläufe steuern. Es sind auf einem hohen Abstraktionsniveau hierarchisch gegliederte Wissensstrukturen. Elementare Schemata sind kontext-spezifisch und entstehen aufgrund einmaliger Erfahrung, wohingegen wiederholte Erfahrung mit einer Situation oder Person zur Ausbildung stärker generalisierter Schemata führt, die im weiteren Verlauf der Erfahrungsbildung einer zunehmenden Differenzierung und engeren Vernetzung unterliegen. Nach Rumelhart (1984) sind Schemata unbewußte, ineinander verschachtelte, aktive geistige Prozesse, die auf allen Ebenen der Abstraktion Wissen repräsentieren. So gibt es z. B. einfache Schemata für bestimmte Ereignisse (Ereignisschemata oder Skripts), wie z. B. ein Schema für den

Restaurantbesuch, in dem die dafür typischen allgemeinen Ereignis- und Handlungselemente wie Tischreservierung, Mantelablage, Mahlzeit aussuchen, Mahlzeit bestellen usw. enthalten sind. Neben diesen Ereignisschemata werden noch unterschieden Selbstschemata, in denen aus vergangenen Erfahrungen abgeleitetes Wissen über die eigene Person in generalisierter Form gespeichert ist, Personenschemata, in denen prototypische Merkmale von Gruppen so gespeichert sind, daß aufgrund wahrgenommener Ähnlichkeit zwischen Merkmalen einer Person und dem Prototyp der Gruppe eine Gruppenzuordnung erfolgen kann, und schließlich Person-in-Situation-Schemata, die eine Integration von Personschemata und Skripten darstellen. Ein Schema lenkt die Aufmerksamkeit, ermöglicht Schlußfolgerungen und beeinflußt dadurch Wahrnehmungs-, Gedächtnis- und Urteilsprozesse. Neue Informationen im Wahrnehmungsbereich einer Person aktivieren ein mit ihnen in Verbindung stehendes Schema, durch das wiederum benachbarte Schemata sowie Ursachenzuschreibungsschemata mit aktiviert werden. Auf dem Hintergrund vergangener Erfahrungen werden so die neuen Informationen verständlich und mit Sinn gefüllt, sie werden in bestehende Schemata eingeordnet und so bearbeitet, daß sie passen.

Stephan (1985) geht von der Existenz kognitiv repräsentierter Kategorisierungsschemata für soziale Gruppen aus, die sich aus einem Satz gruppentypischer Merkmale zusammensetzen und in einem bestimmten Beziehungsverhältnis zueinander stehen wie Ähnlichkeit, Nähe, Zusammengehörigkeit, Balanciertheit u. a. Hierarchisch geordnet enthalten niedrige Schemata Merkmale höherer Schemata. So kann ein Gruppenstereotyp als Schema aufgefaßt werden, ist aber zugleich Teil eines allgemeinen Gruppenschemas, in dem typische Gruppeninteraktionen und Kausalschemata zur Interpretation des Verhaltens bestimmter Gruppenmitglieder, z. B. Führer oder Mitläufer, enthalten sind. Auf der untersten Abstraktionsebene finden sich Merkmale wie individuelle Stereotypisierungen, kognitive Heuristiken, also Hypothesen und Finderegeln zum Erfassen von Zusammenhängen, und Attribuierungsgewohnheiten.

Bisher ist es noch nicht gelungen, die Schwächen der Kategorisierungstheorie, die den Prozeß der Informationsaufnahme, Encodierung und Wiedererinnerung vernachlässigen, durch Integration in die Schematheorie zu beheben. Das Problem liegt in der Komplexität, mit der die Klassifizierung von Personen als Mitglieder verschiedener, sich überschneidender und nicht eindeutig hierarchisch strukturierbarer sozialer Kategorien verbunden ist.

Es gibt einige interessante Hinweise auf die Verwendung der Schematheorie zur Erklärung von Intergruppenkonflikten. So konnte gezeigt werden, daß Schemata eine Verallgemeinerungsfunktion besitzen, die darin besteht, daß sie vorhandene Informationslücken durch Hinzufügung schematypischer Merkmale zu füllen erlauben. Dieser Beeinträchtigungsfehler (intrusion error) bewirkt, daß Personen, die soziale Gruppen mit Hilfe kognitiver Schemata wiedererinnern, dazu tendieren, schematypische Merkmale vorrangig zu aktivieren und danach auch die Gruppenmitglieder beurteilen, obwohl solche Merkmale überhaupt nicht beobachtet wurden. Einem bestimmten Stereotyp entsprechende Merkmale werden zudem in ihrer Auftretenshäufigkeit überschätzt.

Die Selbstkategorisierungstheorie geht nun davon aus, daß Individuen ihr eigenes Selbst als ein System miteinander verbundener Kategorien auffassen, die auf drei Ebenen anzusiedeln sind: Selbst als Individuum, Selbst als Gruppenmitglied und Selbst als Mitglied der Gattung Mensch. Jedes Individuum strebt zudem nach einem positiven Selbstkonzept. Die Aktivierung des Selbstschemas auf der Gruppenebene führt dazu, daß die anderen Gruppenmitglieder als ähnlich wahrgenommen werden. Dadurch werden einheitsstiftende Beziehungen gefördert. Das soziale Selbst wird bedeutsam, und über die sich so entwickelnde Beziehung zwischen Selbstschema und Gruppenschema werden die Gruppenidentität und der Gruppenzusammenhalt gestärkt. Eine Schematheorie der Intergruppenbeziehungen muß zudem die Struktur der Fremdgruppenschemata spezifizieren. Die besondere Beziehung zwischen den Gruppen, ob z. B. durch Konkurrenz oder durch Kooperation gekennzeichnet, sowie die Entwicklungsgeschichte dieser Intergruppenbeziehung sind bedeutsame Determinanten der Fremdgruppenschemata. Schematheorien zur Erklärung von Intergruppenbeziehungen müssen deshalb die sozialen Kontextbedingungen mehr als bisher berücksichtigen.

Integrationsversuch

Grant (1990) vergleicht den Erklärungsgehalt der verschiedenen Theorien und versucht daraus eine integrative Sicht zu gewinnen. „Wenn Gruppenmitglieder sich selbst in Begriffen des sozialen Selbst beschreiben, dann wird aus einer Bedrohung der Gruppe eine Bedrohung des personalen Selbstkonzepts. Daraus kann eine starke Motivation zur Entwicklung eines Intergruppenkonflikts entstehen. Für die Forschung ergibt sich daraus die Aufforderung, die Erscheinungsweisen solcher Motivationen innerhalb und zwischen Gruppen zu studieren und dies auf dem Hintergrund sozio-struktureller Variablen wie Status und Macht. Sowohl die soziale Identitätstheorie (Tajfel, 1978; Tajfel & Turner, 1979) als auch die Selbstkategorisierungstheorie (Turner, 1985; Turner u. a., 1987) gehen in diese Richtung. Ich bin überzeugt, daß weitere Forschungsarbeiten erforderlich sind, damit diese theoretischen Ansätze so mit der realistischen Konflikttheorie (Campbell, 1965 & Sherif, 1967) in Beziehung gesetzt werden können, daß ein besseres Verständnis für den Ethnozentrismus, besonders im Zusammenhang mit Intergruppenkonflikten, gewonnen werden kann. Eine Schematheorie der Intergruppenbeziehungen wurde bisher nicht entwickelt. Trotzdem beziehen sich viele Autoren auf kognitive Schemata, wenn sie die Verzerrungen diskutieren, die dann auftreten, wenn eine Person als Eigen- oder Fremdgruppenmitglied kategorisiert wird. Da die Kategorisierungstheorie nicht erklären kann, wie Informationen über Eigen- und

Fremdgruppe strukturiert sind und verarbeitet werden, sind weitere Arbeiten an dieser Theorie erforderlich. Zudem bin ich der Überzeugung, daß die Erforschung der Strukturierung und Verarbeitung von Informationen über Eigen- und Fremdgruppenmitglieder die vielfältigen situativen Bedingungen berücksichtigen muß, besonders solche, unter denen Gruppen stehen, wenn sie in Konflikte oder sonstwie unter Streß geraten (Holmes & Grant, 1979). Die Ziele einer Gruppe in einer ganz bestimmten Intergruppenbeziehung beeinflussen natürlich die Verarbeitung von Eigen- und Fremdgruppeninformationen. Schon deshalb müssen diese Zusammenhänge ein zentrales Thema jeder Theorie und Forschung über die Art von Eigen- und Fremdgruppenschemata sein" (Grant, 1990, S. 53—54).

Konfliktlösungen

Wenn aus der vorherigen Darstellung auch deutlich geworden ist, daß es noch spezifischer Forschungen über Eigen- und Fremdgruppenkategorisierung unter konfliktträchtigen Kontextbedingungen bedarf, um konfliktlösende Handlungen und Interaktionen erkennen und entwickeln zu können, so geben die bereits vorliegenden Forschungen schon erste wichtige Hinweise und zeigen die Richtung konfliktlösender Maßnahmen auf.

Die kognitiven Theorien prognostizieren eine Eigengruppenhomogenität und Intergruppenheterogenität sowie eine Eigengruppenbevorzugung hinsichtlich bedeutsamer Merkmale und führen dies auf die Entwicklung von Fremdgruppenstereotypisierung und verzerrte Kausalattribution (fundamentale Attributionsfehler) zurück. Die Kategorisierungstheorien und die Balance-Theorie legen nahe, daß durch Abbau der Intergruppengrenzen, durch Verstärkung der gemeinsamen Interessen und durch Einführung eines breiten Spektrums an Kategorien zur Klassifizierung von Merkmalen die Eigengruppenähnlichkeit, Eigengruppenbevorzugung und Intergruppendifferenzierung reduziert werden können. Insbesondere übergeordnete Ziele (Wilder, 1986), überlappende Kategorisierungen (Mummendey, 1985), wechselseitige Gruppenzugehörigkeit und die Erfahrung erfolgreicher Gruppenzusammenarbeit reduzieren das Potential an Intergruppenkonflikten. Nach der Balance-Theorie erhöhen diese Maßnahmen die Chance zur Herstellung einer Einheitsbeziehung zu den Fremdgruppenmitgliedern. Dadurch werden die sozialen Beziehungsverhältnisse neu organisiert, und zwar so, daß die Mitglieder untergeordneter Gruppen in die neuen sozialen Einheiten einbezogen werden. Die Selbstkategorisierungshypothese legt nahe, daß Intergruppenkategorisierungen abgebaut und interpersonale Kategorisierungen sowie personale Selbstkategorien verstärkt werden.

Die von Theoretikern wie Praktikern seit Jahren geführte Diskussion zur Wirksamkeit konfliktreduzierender Maßnahmen in Intergruppenbeziehungen konzentriert sich vornehmlich auf die Wirkungen der sog. Kontakthypothese.

Sie besagt, daß Einstellungen und Verhaltensweisen der Mitglieder zweier Gruppen sich einander annähern, und daß Urteilsverzerrungen und Diskriminierungen in dem Maße abgebaut werden: (1) indem Interaktionen zwischen den Gruppen verstärkt und intensiviert werden, (2) indem Kooperationen zur Erreichung eines gemeinsamen Ziels unter gleichen Statusbedingungen und bei Einhaltung strenger Gleichheitsregeln zustandekommen und (3) indem die Intergruppeninteraktionen institutionell gefördert werden bzw. das soziale und gesellschaftliche Umfeld einer solchen Intergruppenkooperation zustimmt (Amir, 1969; Stephan, 1985). Besonders die Forschungen zum kooperativen Lernen mit Kindern und Erwachsenen unterschiedlicher Rassen, ethnischer Gruppen und gesellschaftlicher Statusgruppen haben zwar viele Belege für die Gültigkeit der Kontakthypothese geliefert, doch hat sich auch gezeigt, daß sie nicht generalisierbar ist. Selbst wenn Schüler unterschiedlicher ethnischer und sozialer Gruppen sich gegenseitig zu akzeptieren und respektieren gelernt haben und untereinander gut zusammenarbeiten können, ist keineswegs garantiert, daß sie sich auch als repräsentative Mitglieder der jeweiligen ethnischen oder sozialen Gruppe ansehen. Vielmehr nehmen sich die Schüler eher als untypische Vertreter der jeweiligen ethnischen und sozialen Gruppen wahr. Auf diese Weise kann das Gruppenstereotyp resp. Gruppenschema unbeschadet beibehalten werden und bei passender Gelegenheit, z. B. in Konkurrenzsituationen wie Kampf um bessere Bildungschancen, wieder aktiviert werden. Die wenigen Personen, mit denen man gute Erfahrungen gemacht hat, werden als „Ausnahmen, die die Regel (Schema) bestätigen", betrachtet (Wilder, 1986).

Wer sich als repräsentatives Mitglied einer ethnischen Minderheit fühlt und sich in einer gemischt-ethnischen Lerngruppe auch so verhält, läuft Gefahr, daß durch die damit verbundene Betonung der Gruppengrenzen die Intergruppenstereotypisierung noch verstärkt wird. Jede Intensivierung des Intergruppenkontakts mit dem Ziel eines Einstellungswandels und Vorurteilsabbaus zwischen den Gruppenmitgliedern bietet zwar die Chance zum gegenseitigen besseren Kennenlernen, erhöht aber zugleich die Tendenz zur Eigengruppenbevorzugung. Unter diesem Gesichtspunkt wäre zu prüfen, ob anstelle der Kontakthypothese nicht eher von einer Separierungshypothese auszugehen sei. Danach wären unterschiedliche ethnische und soziale Gruppen voneinander zu trennen, aber gleichzeitig müßten sie die Chance haben, im gesellschaftlichen Kontext den gleichen sozialen Status erreichen und bewahren zu können, um so aus einer gleichwertigen Status- und Machtposition heraus miteinander zu interagieren. Bisher liegen dazu aber noch zu wenige Forschungsarbeiten vor (Hewstone & Brown, 1986). Aufgrund der theoretischen Erklärungsversuche und der vielfältigen praktischen Erfahrungen im Umgang mit gemischt-ethnischen Gruppen scheint jedenfalls so viel festzustehen, daß nur solche Interventionsstrategien konfliktreduzierend wirken können, die das Kunststück vollbringen, daß jede der beiden Gruppen nicht nur ihre eigenen Fähigkeiten, Kräfte und Besonderheiten erkennt und anerkennt, sondern auch die der anderen Gruppe, und daß sie die beobachteten Unterschiede in den

Ausdrucksformen und Erscheinungsweisen der gruppeninternen Strukturen und Prozesse als Spielarten menschlichen Zusammenlebens erleben und würdigen. Aus dieser Erkenntnis könnte dann das Bedürfnis entstehen, die Fähigkeiten und Kräfte beider Gruppen so miteinander zu kombinieren, daß synergetische Effekte entstehen (Moran & Harris, 1982) und gemeinsam hoch bewertete Ziele auf bisher noch unbekannten neuen Wegen erreicht werden.

Je mehr die verschiedenen Gruppen in einer Gesellschaft und die Weltgesellschaft als Ganzes auf ein friedliches, relativ konfliktarmes Zusammenleben ihrer Mitglieder existentiell angewiesen sind, je vielfältiger und intensiver die in einer offenen und pluralen Gesellschaft praktizierten Intergruppenbeziehungen werden und je höher die Anforderungen an die Effektivität von Gruppenprozessen unter kooperativen Interaktionsbedingungen werden, z. B. Abrüstung, Umweltschutz, Technologiekontrolle, um so mehr werden die Forschungen über Intergruppenbeziehungen, deren Gestaltungsmöglichkeiten und Wirkungen sowie der Intergruppenkonfliktkontrolle an Bedeutung gewinnen (siehe auch Kap. 9). Fisher (1990) schließt seine Abhandlung über die Soziologie der Intergruppen- und internationalen Konflikte und ihrer Lösungen damit, daß er auf die Bedeutung der sozialwissenschaftlichen Forschungen und die Zusammenarbeit zwischen Wissenschaftlern und Praktikern zur Konfliktlösung verweist: „Die politischen und praktischen Folgen der sozialwissenschaftlichen Theorien und Forschungen über Konflikte sind im Hinblick auf ihren potentiellen Nutzen für die Gesellschaften weiterzuentwickeln und zu überprüfen. Die der bisherigen Praxis zugrundeliegenden Prinzipien können im Hinblick auf ihre Übereinstimmung mit sozialwissenschaftlichen Vorstellungen über Konflikte und ihre Lösung verglichen werden. Die potentielle Nützlichkeit sozialpsychologischer Ansätze zur Handhabung von Intergruppen- und internationalen Konflikten kann überprüft werden, woraus sich wiederum Hinweise für ein weiteres Feld praktischer Möglichkeiten entwickeln lassen. Insbesondere können Trainingsprogramme, die auf sozialwissenschaftlichen Erkenntnissen basieren, für Politiker und Praktiker in verschiedenen Handlungsfeldern angeboten werden (...). Der Schwerpunkt dieser Aktivitäten wird in einer effektiveren Integration von Theorie, Forschung und Praxis bezüglich der Reduzierung und Lösung von Intergruppen- und internationalen Konflikten bestehen“ (S. 246—247).

Zusammenfassung

Die Forschungen über Intergruppenbeziehungen haben erneut deutlich gemacht, daß eine Sozialpsychologie, die sich allein mit psycho-sozialen Prozessen des Individuums als abgeschlossene Einheit befaßt und allenfalls noch interpersonale und Individuum-Gruppen-Beziehungen analysiert, die Tatsache vernachlässigt, daß Menschen die Welt nicht nur aus ihrer eigenen, rein individuellen Sicht heraus wahrnehmen, sondern auch aus der, die sie mit anderen, insbesondere ihren Gruppenmitgliedern, aber auch den Angehörigen ihrer Kultur teilen. Dies hat Konsequenzen für den Umgang zwischen Menschen verschiedener Gruppenzugehörigkeit, die sich unter bestimmten Umständen ausschließlich oder vornehmlich als Repräsentanten der jeweiligen Gruppe wahrnehmen, bewerten und behandeln und eben nicht als mehr oder weniger sympathische Interaktionspartner. Individuen definieren sich und ihre Welt nicht allein aus sich selbst und aus ihrem individuellen Blickwinkel heraus, sondern auch als Gruppenmitglieder. So läßt sich nach Tajfel & Turner (1979) alles soziale Verhalten auf einem bipolaren Kontinuum zwischen den Polen ‚vollständig individuell' und ‚vollständig gruppenbezogen' determiniert einordnen. Aus der Erkenntnis, daß individuelles Verhalten in starkem Maße durch Intergruppenbeziehungen beeinflußt ist, haben sich eine Fülle von Forschungen über den Zusammenhang zwischen sozialer Identität und Intergruppenverhalten, sozialer Kategorisierung und Intergruppendiskriminierung, Stereotypisierung und Vorurteilsbildung zwischen Gruppen, Intergruppenkategorisierung in bezug auf Ethnien, soziale Klassen und Geschlechter, kooperative und wettbewerbsorientierte Gruppenbeziehungen, Intergruppenkonflikte und deren Lösungen sowie die Veränderung von Kognitionen und Verhaltensweisen im Kontext von Intergruppenbeziehungen entwickelt.

Neben der personalen Identität bildet der Mensch eine soziale Identität aus, die als das Produkt der Wechselwirkungen zwischen Individuen, zwischen Individuum und Gruppe und den Beziehungen zwischen Gruppen aufzufassen ist. Die soziale Identität entwickelt sich aus den für das Verhalten des einzelnen bedeutsamen sozialen Kontextbedingungen, die selbst aus einer Vielzahl unterschiedlicher sozialer Gruppen und der zwischen ihnen vorhandenen Beziehungen besteht. Deshalb kann die soziale Identität als ein zwischen sozialen Kontextbedingungen und individuellem Verhalten intervenierender Kausalmechanismus verstanden werden, der eine effektive Bewältigung der sozialen Anforderungen ermöglicht. Aus den Ferienlageruntersuchungen von Sherif (1951) wurde die realistische Gruppenkonflikttheorie entwickelt, die besagt, daß immer dann, wenn eine Gruppe nur auf Kosten anderer Gruppenmitglieder ihr Ziel erreichen kann, also ein Gruppenkonflikt entsteht, feindselige Einstellungen zwischen den Gruppen auftreten. Inzwischen konnte aber gezeigt werden, daß bereits bei einer Einteilung in Fremd- und Eigengruppe nach völlig belanglosen Merkmalen (minimal-group-paradigm) Fremdgruppendiskriminierungen und Eigengruppenfavorisierungen auftreten. Tajfel entwickelte aufgrund dieser Untersuchungsbefunde die Theorie der sozialen Identität, in der er vier verschiedene psychologische Konzepte miteinander verband: (1) Konzept der sozialen Kategorisierung, (2) Konzept der sozialen Identität, (3) Konzept des sozialen Vergleichs und (4) Konzept der sozialen Distinktheit. In entsprechenden Untersuchungen zur Theorie der sozialen Identität konnte bestätigt werden, daß die Bedeutung der Intergruppendifferenzierung für die Entwicklung und den Erhalt positiver sozialer Identität im wesentlichen abhängig ist von: (1) der Art der Identifikation mit der relevanten Eigengruppe, (2) der Wichtigkeit der Vergleichsdimension, die der Gruppendifferenzierung zugrundeliegt, und (3) der Relevanz, die die Vergleichsgruppe für das Individuum besitzt.

So wichtig einerseits eine gesicherte soziale Identität für das Individuum ist, um so häufiger wird sie andererseits durch andere Individuen und Gruppen gefährdet. Es bedarf also zusätzlicher Anstrengungen nach dem Aufbau einer positiven sozialen Identität auch ihren Erhalt zu sichern. Untersuchungen haben gezeigt, daß für Personen in status- und positionsmäßig untergeordneten Gruppen die Möglichkeit besteht, durch individuelle Mobilität oder sozialen Wandel eine Verbesserung der Situation herbeizuführen. Übergeordnete Gruppen wählen bei Gefährdung der positiven sozialen Identität eher die Strategie des sozialen Wandels, indem sie dafür sorgen, daß die positive soziale Distinktheit zu anderen Gruppen erhalten bleibt, soziale und psychologische Barrieren zwischen den Gruppen aufgebaut und vertieft werden sowie eine verstärkte Diskriminierung der gefährlichen Fremdgruppen wirksam wird.

Auf die psychischen Grundlagen der Diskriminierung von Fremdgruppen wird ausführlich eingegangen. Dabei zeigt sich, daß unterschieden werden muß, ob sich die soziale Diskriminierung auf Handlungsfolgen bezieht, die im positiven Bereich (z. B. materieller Gewinn, der aber der Fremdgruppe vorenthalten wird) oder im negativen Bereich (z. B. Leistungsmängel, die für die Eigengruppe entschuldigt, bei der Fremdgruppe aber als für sie charakteristische Schwächen identifiziert werden) liegen. Im zwischenmenschlichen Zusammenleben ist die Diskriminierung von Fremdgruppen ein beliebtes Mittel zur Selbstwerterhöhung und zur Stabilisierung der positiven sozialen Identität. Im Zusammenhang mit der Ähnlichkeits-Attraktivitätshypothese wird angenommen, daß der Kontakt zwischen Gruppen Gelegenheiten schafft und fördert, Ähnlichkeiten bei Merkmalen und Dimensionen zwischen Eigen- und Fremdgruppe festzustellen, und daß dadurch gegenseitige Sympathien aufgebaut bzw. vorhandene Feindseligkeiten reduziert werden könnten. Auch Sherif kam aufgrund seiner Untersuchungsergebnisse zu der Auffassung, daß durch Kooperation zwischen Gruppen zur Erreichung gemeinsamer Ziele Konflikte und Feindschaften abgebaut werden könnten. Nach den Untersuchungen zur Theorie der sozialen Identität hat sich aber gezeigt, daß eine Reduzierung der Intergruppendiskriminierung nur unter folgenden Bedingungen möglich ist: (1) wenn eine Verringerung der Bedeutsamkeit von Eigen- und Fremdgruppenkategorisierung erreicht wird, z. B. durch die Einführung einer überlappenden Kategorisierung; (2) wenn eine Individualisierung der Fremdgruppenmitglieder eintritt, die darin besteht, das Verhalten der Fremdgruppenmitglieder nicht so sehr als gruppentypisch, sondern als durch das einzelne Individuum bedingt wahrzunehmen und zu bewerten; (3) wenn eine Erweiterung des Angebots an Möglichkeiten zur positiven sozialen Distinktheit praktiziert wird, z. B. indem in den sozialen Wettbewerb unterschiedliche, aber gleich bedeutsame Beurteilungskategorien eingeführt werden, die es ermöglichen, eine positive Eigengruppenbewertung ohne gleichzeitige Fremdgruppendiskriminierung vorzunehmen.

Als Ursachen für die Entstehung von Intergruppenkonflikten lassen sich empirisch relativ gut folgende Prozesse identifizieren: (1) Menschen neigen dazu, innerhalb ihrer eigenen Gruppe die Ähnlichkeit der Individuen und zwischen den Gruppen die bestehenden Unterschiede zu betonen. (2) Über den Prozeß der Stereotypisierung entstehen konsistente Ansichten über Eigenschaften von Personen und Gruppen und damit die Erwartung, daß die Mitglieder einer bestimmten Gruppe ausnahmslos bestimmte Eigenschafts- und Merkmalsausprägungen aufweisen. (3) Bei der Wahrnehmung von Individuen als Mitglieder einer Gruppe besteht die Tendenz, ihre Verhaltensweisen eher als gruppentypisch und nicht als Resultat individueller Eigenarten zu interpretieren. (4) Beim Prozeß der Eigengruppenfavorisierung und Fremdgruppendiskriminierung werden bestehende gesellschaftliche Normen, z. B. Normen der Fairneß, der Gleichbehandlung und der Hilfe für Schwache, berücksichtigt. Dies erhöht die Chance zur sozialen Akzeptanz der vorgenommenen Fremdgruppendiskriminierung, außer natürlich von den betroffenen Gruppenmitgliedern, und verringert die sozialen Widerstände.

Zur Erklärung des Zustandekommens und des Verlaufes von Intergruppenkonflikten bieten sich verschiedene kognitive Gruppentheorien an wie die Kategorisierungstheorie, die Selbstkategorisierungstheorie, die Balancetheorie und die Schematheorie, deren verschiedene Grundannahmen und Sichtweisen behandelt werden. Eine Integrationsmöglichkeit dieser verschiedenen Theorien wird mit Grant (1990) darin gesehen, daß eine Schematheorie der Intergruppenbeziehungen entwickelt wird, in der den vielfältigen situativen Bedingungen, in die Eigen- und Fremdgruppenmitglieder eingebunden sind und unter deren Zwängen sie sich gegenseitig wahrnehmen, beurteilen und behandeln, eine ausreichend große Bedeutung zugemessen wird.

Bei der Suche nach Konfliktlösungsmöglichkeiten in den Intergruppenbeziehungen wird nochmals ausführlich auf die Schwächen der Kontakthypothese eingegangen und darauf hingewiesen, daß Personen, die als repräsentative Mitglieder ihrer jeweiligen Gruppen interagieren, zwar prinzipiell den Partner besser kennenlernen und Sympathien aufbauen können, zugleich aber dem Zwang zur positiven Distinktheit und Eigengruppenfavorisierung unterliegen. Anstelle der Kontakthypothese wird eher eine Separierungshypothese favorisiert, die davon ausgeht, daß unterschiedliche Gruppen voneinander getrennt bleiben sollen, zugleich aber im gesellschaftlichen Kontext den gleichen Status erreichen bzw. bewahren sollten, damit sie so aus einer gleichwertigen Status- und Machtposition heraus zum gegenseitigen Vorteil interagieren können. Auf die Bedeutung dieser Überlegungen für ein friedlicheres und an massiven Konflikten ärmeres Zusammenleben sehr unterschiedlicher Gruppen in einer zukünftigen eng miteinander verbundenen Weltgesellschaft wird hingewiesen.

Fragen

1. Warum kommt der Gruppe eine andere Qualität zu, als nur die Summe oder das Produkt der Einzelaktivitäten ihrer Mitglieder zu sein?
2. Wieso kann man Sozialverhalten auf einem bipolaren Kontinuum lokalisieren und welche Konsequenzen ergeben sich daraus für die Intergruppenbeziehungen?
3. Welche Wechselwirkungen bestehen zwischen sozialer Situation und Gruppenidentität?
4. Wieso kommt es selbst unter minimalen Gruppenbedingungen zur Eigengruppenfavorisierung und Fremdgruppendiskriminierung?
5. Wie lassen sich Assimilations- und Kontrasteffekte bei der sozialen Kategorisierung erklären?
6. Wodurch kann in untergeordneten und übergeordneten Gruppen die soziale Identität gefährdet werden und wie läßt sie sich wieder stabilisieren?
7. Worauf beruht die Fremdgruppendiskriminierung und welche Funktion hat sie?
8. Welche psychischen Prozesse sind an der Entstehung von Intergruppenkonflikten beteiligt?
9. Welche Beiträge leisten die Kategorisierungstheorie, die Selbstkategorisierungstheorie, die Balance-Theorie und die Schematheorie zum Verständnis von Intergruppenkonflikten?
10. Wie lassen sich Intergruppenkonflikte vermeiden oder reduzieren?

Weiterführende Literatur

Fisher, R. J. (1990). The social psychology of intergroup and international conflict resolution. New York: Springer.

Stephan, W. G. (1985). Intergroup relations. In G. Lindzey & E. Aronson (Eds.), The handbook of social psychology (Vol. II) (pp. 559—658). New York: Random House.

Stroebe, W., Kruglanski, A. W., Bar-Tal, D. & Hewstone, M. (Eds.). (1988). The social psychology of intergroup conflict. Berlin: Springer.

Kapitel 8:

Massenpsychologie, Massenmedien und sozialer Wandel

Grundlage der Behandlung interdependenter Beziehungen zwischen Individuen als isolierte Einzelwesen und als Mitglieder von Gruppen und der Wirkung von Massensituationen, Massenmedien und Prozessen des sozialen Wandels sind die folgenden Definitionen: (1) Eine Gruppe besteht aus zwei oder mehr Personen, die wissen, daß sie einer Gruppe angehören, die miteinander interagieren, sich gegenseitig beeinflussen, untereinander Rollendifferenzierungen vornehmen, gefühlsmäßige Bindungen zueinander entwickeln und füreinander bedeutsam sind. (2) Masse entsteht, wenn viele unterschiedliche und einander unbekannte Menschen an einem Ort zur gleichen Zeit dicht gedrängt auf engem Raum, ohne feste Binnenstruktur zusammentreffen und sich auf ein gemeinsames Ziel konzentrieren. (3) Gesellschaft ist ein Gefüge von Menschen bzw. von menschlichem Handeln zur Befriedigung individueller und gemeinsamer Bedürfnisse durch ein mehr oder weniger dauerhaftes und organisiertes Zusammenwirken von Personen, Gruppen und Organisationen, wodurch ein System von Strukturen, Regeln und Normen geschaffen wird, in dem das Individuum Orientierung, Ordnung, Regelhaftigkeit und Bedeutungsgehalte findet (nach Hartfiel & Hillmann, 1972, S. 256—258).

Zunächst wird auf die massenpsychologischen Theorien, deren gesellschaftliche Wirkungen und deren Kritik eingegangen. Dargestellt wird zudem die Entwicklung der Prozesse der durch Medien gesteuerten öffentlichen Meinungsbildung, die bereits von den Massenpsychologen beobachtet wurde, und es wird die individuelle sowie gesellschaftliche Wirkung moderner Massenmedien analysiert. Determinanten und Folgen des sozialen Wandels in modernen Industriegesellschaften werden behandelt, und am Beispiel des Wandels in den Geschlechtsrollen werden die Verlaufsprozesse und verhaltenswirksamen Konsequenzen dargestellt.

Massenpsychologie und Massengesellschaft

Ein beliebter Diskussionsgegenstand ist die Kritik bestehender moderner Industriegesellschaften als Massengesellschaft und die Klage über ihre negativen Auswirkungen wie Vereinheitlichung, Uniformität, Nivellierung, Depersonalisierung und „Vermassung“. Oft wird der Begriff „Massengesellschaft“ einfach gleichbedeutend für moderne Gesellschaft verwandt, um damit die nicht mehr überschaubare Größe, Vielfalt und unpersönliche Komplexität der eigenen Gesellschaft zu kritisieren, denn immer sind Begriffe wie Massengesellschaft, Massenphänomen oder Vermassungen negativ bewertend gemeint. Die psychologischen und historischen Grundlagen der mit diesen Begriffen verbundenen Bedeutungen sind dabei allerdings oft nicht mehr bewußt.

Den Anfang bildete eine systemimmanente Kritik an der bürgerlichen Industriegesellschaft, die einerseits einer aristokratisch-konservativen Gesellschaftsauffassung entspringt, wie sie besonders von Autoren wie Le Bon (1973), Mannheim (1940) und Ortega y Gasset (1930) vertreten wurde, die von massenpsychologischen Beobachtungen und Theorien beeinflußt waren, und zum anderen dem Standpunkt des Liberalismus (z. B. Mills, 1956) entstammt. Beide Anschauungen unterscheiden sich in ihrer Auffassung des Freiheitsbegriffes und hinsichtlich ihrer Auffassung von den sozialen Grundlagen der Freiheit. Die aristokratisch-konservative Anschauung betont, daß Freiheit nur dann existiert, wenn Bedingungen gegeben sind, die es dem Menschen erlauben, so zu handeln, wie er handeln sollte. Wenn also die Bedingungen ihm erlauben, das „Richtige" zu tun und das „Falsche" zu meiden. Die soziale Grundlage dieser Art von Freiheit ist die traditionelle, aristokratisch geführte Standesgesellschaft, die von der Annahme ausgeht, daß es Gruppen gibt, deren Angehörige mit größerer Wahrscheinlichkeit als andere wissen, was „richtig" und was „falsch" ist. In einer solchen Gesellschaft wird diesen Ständen ein größerer Bewegungsspielraum eingeräumt, und es werden ihnen Lebensbedingungen zugestanden, die ihren Angehörigen erlauben, den Forderungen entsprechend zu leben, die sich aus ihren Maximen von „richtig" und „falsch" ergeben. Historisch gesehen entspricht die Feudalgesellschaft diesem Bild, aber prinzipiell handelt so jede Gesellschaft, die sich im Besitz definitiver, absolut gültiger Antworten auf ihre gesellschaftlichen Fragen glaubt. Für Angehörige solch privilegierter Gruppen erfährt die Gesellschaft immer dann einen Niedergang, wenn die Unterprivilegierten über Machtmittel verfügen, die verhindern, daß die Angehörigen der privilegierten Stände ihren Maximen von Recht und Unrecht entsprechend handeln können. Aus dieser Sicht gesehen ist eine Massengesellschaft dadurch definiert, daß die privilegierten Stände ihre Exklusivität verloren haben, und daß nun viele Menschen eine Möglichkeit haben, in Lebensbereiche einzugreifen, die vormals nur wenigen vorbehalten waren.

Dagegen betont die liberale Anschauung die Forderung, das Maß an sozialer Kontrolle so niedrig wie möglich zu halten. Ausgehend von der Annahme, daß der Mensch im Kern „gut" ist, sozial handelt, und daß alle Menschen gleich sind, verlangt der Liberalismus, den Handlungsspielraum des Individuums so weit wie nur eben möglich zu erhalten. Erst dort, wo die Freiheit des einen die Freiheit des anderen in Frage stellt, sind Einschränkungen erlaubt. Gleichheit der Rechte und gleiche Berechtigung der unterschiedlichen Meinungen und Ziele sind für diese Auffassung eine unabdingliche Forderung. Die soziale Grundlage für diese Art von Freiheit ist eine Gesellschaft, die die Existenz vieler verschiedener, aber gleichberechtigter sozialer Gruppierungen erlaubt und fördert. Der Liberale wird sich immer dann wehren, wenn die Freiheiten des Individuums bedroht erscheinen, also z. B. bei der Einführung freiheitsbegrenzender Gesetze und Verordnungen. Aus der Sicht des Liberalen ist eine Massengesellschaft dadurch definiert, daß eine oder mehrere privilegierte Gruppen das soziale Leben in einer solchen Weise kontrollieren, daß der einzelne an der von ihm gewollten Entfaltung seiner Individualität gehindert und zur Uniformität gezwungen wird. Auf dem Hintergrund dieser Gesellschaftsauffassungen entwickelte sich um die Jahrhundertwende unter den gesellschaftspolitisch interessierten Intellektuellen eine nachhaltige Kontroverse um die Entwicklung der Massengesellschaft, ihre psychologischen Wurzeln, sozialen Kennzeichen und politischen Folgen. Massenpsychologische Theorien entstanden und wurden an Hand von Beobachtungsberichten über individuelles Verhalten unter sogenannten Massenbedingungen zu belegen versucht.

Massenpsychologische Forschungen und Theorien

Die Massenpsychologie geht zurück auf Arbeiten von Le Bon (1841—1931), Tarde (1843—1904) und Ortega y Gasset (1883—1955). Diese Forscher versuchten auf der Grundlage von Beobachtungen und Berichten über das Verhalten bei Massendemonstrationen, Aufruhr, Streiks, politischen Massenveranstaltungen und über Panikreaktionen bei Katastrophen, mit Hilfe der zu Beginn dieses Jahrhunderts verbreiteten psychologischen Begriffe und theoretischen Konzepte, die psychologischen Merkmale der Masse zu beschreiben und zu erklären. Das Verhalten des Individuums wurde dem Verhalten der Masse bzw. vieler Individuen unter Massenbedingungen gegenübergestellt und vergleichend analysiert.

Verhaltensmerkmale des Individuums in der Masse

Nach Le Bon (1895—1973) besteht die Masse nicht nur aus einer Ansammlung einzelner Individuen, vielmehr sorgt die in der Masse wirkende „Gemeinschaftsseele" für eine gemeinsame Orientierung der Gedanken, Gefühle und Handlungen der einzelnen Individuen. Gegenüber dem einzelnen ist die Masse ein besonders herausragendes Phänomen, das nicht allein aus dem Handeln der sie konstituierenden Individuen beschrieben und erklärt werden kann. In der Massensituation werden die unbewußten Aspekte der Persönlichkeit und die allen Menschen gemeinsamen Vorstellungen, Gefühle, Leidenschaften und Triebe aktiviert. Es kommt so zu einem kollektiven Erlebniszustand und zur Ausbildung einer kollektiven Triebkraft, die meist durch einen Führer gelenkt wird und den einzelnen mit sich fortreißt. Während in der Vereinzelung das Individuum zu logisch-abstraktem Denken, differenziertem Urteil und vernünftigem Handeln durchaus in der Lage ist, wird es innerhalb der Masse mehr und mehr von unkontrollierten Trieben und Leidenschaften beherrscht. Es schwinden die bewußten Anteile seiner Persönlichkeit, die unbewußten Bereiche werden verstärkt, Übertragungen auf den Führer und soziale Ansteckung durch das Verhalten der anderen leiten seine Gedanken und Gefühle in eine einheitliche, kollektive Richtung und die Neigung zur direkten und unmittelbaren Verwirklichung der kollektiven Leitideen steigen.

Die in der Masse aktivierten Gefühle, Ideen und Urteile zeichnen sich nach Le Bon durch folgende Merkmale aus: Massen reagieren triebhaft, sind extrem erregbar und neigen zu spontanen, ungehemmten, affektgesteuerten und unmittelbaren Handlungen. Massen befinden sich im Zustand gespannter Erwartung, sie sind deshalb leicht beeinflußbar und leichtgläubig. Einseitigkeit, Überschwenglichkeit und Suggestibilität bewahren die Massen vor Zweifel und Ungewißheit. Aus dem Dogmatismus und Konservativismus der Massen gegenüber Meinungen, Ideen und Glaubenssätzen resultieren ihre Unduldsamkeit und Herrschsucht gegenüber Andersdenkenden. Massen entwickeln eine Vorliebe für bestimmte Personen (Idole), Lehrmeinungen und Grundideen. Sie können von Ideen aber nur dann stark beeinflußt werden, wenn diese ihnen nicht in abstrakter, sondern in bildhafter, symbolischer Form dargeboten werden. Dazu müssen die Ideen umgeformt und für die Massen aufbereitet werden, wobei nicht ihre Logik und Folgerichtigkeit, sondern ihre Klarheit, Einfachheit und Anschaulichkeit die Akzeptanzbereitschaft bei der Masse bestimmt. Die Logik der Massenurteile beruht nicht auf tatsächlich logischen, deduktiv aufeinander folgenden Schlüssen, sondern auf der Verknüpfung von ähnlich erscheinenden Dingen und Ereignissen, die nur eine oberflächliche Beziehung zueinander haben sowie in der vorschnellen Verallgemeinerung von Einzelfällen. Die Logik der Massen basiert somit auf Analogieschlüssen, mit denen auch von der Sache her Widersprüchliches oder Ungleiches miteinander verbunden werden kann. Die Einbildungskraft der Massen ist durch einfache, klare und emotionsgeladene Bilder so stark erregbar, daß diese Bilder und Symbole für die Realität selbst gehalten werden. Gerade das Einfache und dabei Übertriebene und Sensationelle spricht die Massen an und steuert ihr Denken und Verhalten. Die Bindung der Massen an ein erhabenes Ziel und einen dieses Ziel verkörpernden übermächtigen Führer zeigt nach Le Bon ihren fundamentalen Bezug zu religiösen Elementen. Der Führer wird angebetet, verehrt und gefürchtet. Es kommt zur blinden Unterwerfung unter seine Befehle. Die von den Massen vertretenen Grundideen werden nicht kritisch untersucht, sondern mit missionarischem Eifer verbreitet und alle, die ihnen nicht folgen wollen, werden als Feinde behandelt.

Als Ursachen der Anfälligkeit von Individuen für massenpsychologische Beeinflussungen und für ihr Aufgehen in der Masse identifiziert Le Bon: (1) Das Individuum erlangt in der Masse das Gefühl einer unüberwindlichen Macht, während es sich als Einzelwesen der Grenzen seines Handelns deutlich bewußt ist. Gleichzeitig hat es durch seine Anonymität in der Masse die Möglichkeit, sich für sein Tun nicht verantworten zu müssen. Innerhalb der Masse kann der einzelne seinen Trieben und Leidenschaften freien Lauf lassen, ohne negative Konsequenzen für sein Tun befürchten zu müssen. (2) Durch den psychischen Prozeß der Übertragung kommt es zu einer Einheit der Masse in Gefühlen und Handlungen, die sich auf ein bestimmtes Ziel hin orientieren. (3) Wie ein Hypnotiseur die unbewußten Kräfte eines Individuums in eine Richtung zu lenken in der Lage ist, so kann der Führer die unbewußten Kräfte der Masse in eine von ihm gewünschte Richtung so beeinflussen, daß es zu Massenhaluzinationen kommt. Der einzelne befindet sich in der Masse in einem hypnoseartigen Zustand, in dem seine rationale Urteilskraft ausgeschaltet ist, seine Fähigkeit zum diskursiven Denken schwindet und seine Empfänglichkeit für jegliche Art suggestiver Beeinflussung steigt.

Elite und Massenmensch

Noch schärfer zeichnet der spanische Soziologe Ortega y Gasset (1930) den Gegensatz zwischen dem rational denkenden und urteilenden sowie nach sittlichen Gesetzen und Normen handelnden Individuum (Intellektuellen) und der von unkontrollierten Triebausbrüchen und Gefühlen beherrschten, undifferenzierten und primitiven Masse. Die Masse ist für ihn vornehmlich durch das Merkmal der Durchschnittlichkeit gekennzeichnet. Der einzelne in der Masse zeichnet sich dadurch aus, daß er einen bestimmten Durchschnittstyp repräsentiert, der bei allen anderen Mitgliedern der Masse in gleicher Weise vorhanden ist. Die Masse der Vielen steht somit in qualitativer wie in quantitativer Hinsicht der Elite der Wenigen gegenüber. Eine Elite ist gekennzeichnet durch Eigenschaften, die sich gerade vom Durchschnitt unterscheiden und abheben. Die Bildung einer Elite als Gruppe erfolgt aus der Übereinstimmung in der Nicht-Übereinstimmung. Der elitäre Mensch unterscheidet sich vom Durchschnittsmenschen gerade dadurch, daß er mehr von sich selbst fordert als die übrigen, auch wenn er die an sich selbst gestellten Anforderungen nicht immer zu erfüllen vermag. Ortega y Gasset geht von einem aristokratisch konservativen Gesellschaftskonzept aus, in dem gebildete Eliten die Führung über die ungebildeten und politisch unfähigen Massen übernehmen. Kommt es nun, wie in den modernen Gesellschaften zu beobachten ist, zu einer Aufweichung der Grenzen zwischen Eliten und Massen, so tritt eine Vermassung der Gesellschaft ein, gefolgt von einer Nivellierung von Massen und Eliten. Die Aufwertung des Durchschnitts- und Massenmenschen in der modernen Gesellschaft ist nach Ortega y Gasset einerseits in der materiellen Unbeschwertheit des Durchschnittsmenschen und seiner damit verbundenen Gleichstellung mit den Eliten als Folge der Industrialisierung des 19. Jahrhunderts zu suchen und ist andererseits in der erfolgreichen Durchsetzung gleicher Grundrechte für alle durch liberale Gesellschaftsauffassungen und demokratische Entscheidungssysteme begründet.

Wie bei Le Bon (1973) ist auch für Ortega y Gasset der Mensch in der Masse nicht zu logischem, theoretischem und abstraktem Denken fähig, sondern nur zu unreflektierten, mehr zufälligen Ideenvorstellungen und Meinungen. Dies läßt ihn insgesamt für Beeinflussungen und Manipulationen jeglicher Art anfällig werden und unterscheidet ihn somit auch deutlich von den Mitgliedern der Elite. Deren Ideen, Vorstellungen und Meinungen sind seiner Ansicht nach reflektiert, rational begründet sowie sittlich und moralisch legitimiert. Die Masse, die sich aller bisherigen Regeln und Normen entledigt hat und über die von den Eliten, insbesondere von politischen Eliten in demokratischen Gesellschaften, keine Herrschaft mehr ausgeübt wird, fühlt sich leer und verlangt nach einem Führer, der ihr ein erstrebenswertes Ziel vorgibt, da der Massenmensch in seiner Durchschnittlichkeit nicht in der Lage ist, sich selbst ein solches Ziel zu setzen.

Für Tarde (1890) wird Gesellschaft als einheitliches und kontinuierliches Gebilde erst möglich durch gegenseitige psychische Beeinflussung und Nachahmung ihrer Mitglieder. In einer Massensituation ahmen die Menschen den Führer nach, fühlen sich von ihm angezogen, sind fasziniert und unterliegen einer von ihm ausgehenden, im Unbewußten sich vollziehenden hypnotischen Wirkung. Zudem ahmen sich die Mitglieder der Masse gegenseitig nach, und es kommt zu einer Verschmelzung der vielen einzelnen zu einer Masse unter dem Vorbild eines Führers sowie zu einer vollständigen Einheit ihrer Wünsche, Vorstellungen und Handlungen. Durch den unmittelbaren Kontakt mit den anderen und dem Führer werden die einzelnen Personen durch einen ständig aktivierten Nachahmungsprozeß auf den unbewußten, triebhaften und affektiven Teil ihrer Persönlichkeit reduziert, der zur Intoleranz gegenüber Fremdartigem, krankhafter Empfindlichkeit, verantwortungslosem Handeln aus einem Gefühl der Allmacht und zu einem Zustand äußerster Erregbarkeit führt. Für Tarde sind Suggestion und hypnoseartige Zustände charakteristische Merkmale massenpsychologischer Erscheinungen.

Psychoanalytischer Erklärungsversuch massenpsychologischer Phänomene

Im deutsch-sprachigen Kulturraum waren die Schriften der Massenpsychologen aus dem romanischen Kulturraum wie Le Bon, Tarde, Ortega y Gasset und Sighele (1891) zwar gut bekannt, doch wurden die massenpsychologischen Phänomene vornehmlich auf psychoanalytischer Grundlage diskutiert und zu erklären versucht. In seinem Buch „Massenpsychologie und Ich-Analyse" beschreibt Freud (1921), daß es in der Massensituation, zumal in der unorganisierten, natürlichen Masse, nicht zur Auflösung des individuellen Bewußtseins kommt, sondern zu einem Rückschritt in präödipale, primitivere Phasen der Entwicklung psychischer Funktionen. In organisierten, künstlichen Massen, z. B. Armee, Kirche, Parteien, sind dagegen die Führungsfunktionen und ihre Legitimation von zentraler Bedeutung. Der Führer nimmt in der organisierten Masse die Stellung des Vaters ein und seine Autorität, seine Einstellungen, Werte und Normen werden internalisiert. Es entwickelt sich eine libidinöse, lustbetonte Bindung an den narzistischen, nur auf Eigenliebe ausgerichteten Führer und eine libidinöse Beziehung zu den anderen Massenindividuen, die alle auf Manifestationen, z. B. durch bestimmte Symbole ihrer gemeinsamen Libido angewiesen sind. Das Individuum strebt danach, zu Personen, die ihm bedeutsam sind, eine besondere und ausschließliche Beziehung aufzunehmen, da es unter allen Umständen seine Eigenständigkeit und Individualität behalten möchte. Gleichzeitig aber besteht die Befürchtung, daß ein anderes Individuum ein ausschließlicheres und qualitativ besseres Verhältnis zur verehrten Führerpersönlichkeit einnehmen könnte. Deshalb kommt es zu einem Kompromiß, in dem der einzelne auf seine individuellen Privilegien verzichtet zugunsten einer allgemeinen Gleichheit, die durch gegenseitige Identifizierung erreicht wird. Diese Gleichheit aller Massenindividuen untereinander verhindert das Ausbrechen von Feindseligkeiten und garantiert zugleich den inneren Zusammenhalt. Da jedoch dieser Verzicht auf die eigenen Ambitionen ein bedeutsames Opfer darstellt, ist jeder darauf bedacht, daß die anderen Massenindividuen das gleiche Opfer bringen. Dies führt zu einem so starken Konformitätsdruck, daß bereits die geringste Abweichung von der Gruppe eine Provokation für alle anderen darstellt. Gleichzeitig aber führt die Gleichheit in der Masse zu einem Gefühl der Befreiung für den einzelnen, da im Umgang mit seinesgleichen die sonst in der sozialen Interaktion wirksamen sozialen und psychischen Barrieren verschwinden. Lediglich der Führer ist vom Gleichheitsgebot ausgenommen, da er in Verkörperung des Ich-Ideals als Identifikationsobjekt für alle dient. Entzieht sich der Führer dieser Aufgabe, so kommt es zu panikartigen Reaktionen, zur Hilflosigkeit und Feindseligkeit untereinander, da nun die narzistischen Strebungen der Individuen wieder die Oberhand gewinnen.

Das Verhalten des Menschen in der Masse zeigt demnach wieder das vertraute Bild einer herausgehobenen, überstarken Einzelpersönlichkeit in einer Ansammlung gleichrangiger Individuen. Die psychologischen Aspekte dieser Individuen unter Massenbedingungen wie sie im Schwinden der Einzelpersönlichkeit, in der Uniformität von Gedanken und Gefühlen, in der überstarken Affektivität und in unbewußten psychischen Prozessen, im Bestreben nach sofortiger Ausführung einmal gefaßter Entschlüsse, die zu ihrer Verwirklichung keinerlei zeitliche Verzögerung erlauben, u. a. zum Ausdruck kommen, entsprechen genau dem Zustand der Regression auf eine frühe Stufe psychischer Aktivitäten wie sie von Freud (1921) der Urhorde zugeschrieben wurden. Aus der Sicht der Psychoanalyse erscheint also die Masse als das Aufleben der Urhorde. So wie in jedem einzelnen Individuum typisch menschliches enthalten ist, so lassen sich aus dem Verhalten einer beliebigen Anzahl von Individuen die charakteristischen Merkmale der Urhorde rekonstruieren. Die Massenbildung und die Entwicklung zum Massenmenschen würde dementsprechend auch auf gesellschaftlicher Ebene als Fortbestand atavistischer Elemente der Urhorde interpretiert. Einige psychoanalytisch beeinflußte Massenpsychologen sehen deshalb die Vorgänge in der Masse und ihre Wirkungen auf das Individuum als eine der ältesten und wichtigsten Gegenstände psychologischer Forschung an.

In Freuds psychoanalytischer Analyse und Interpretation von Massenphänomenen wird zwar die Verherrlichung des intellekt- und vernunftbegabten Individuums und die Verdammung der trieb- und emotionsgebundenen primitiven Massen vermieden, doch führt auch hier die Analyse kollektiver Phänomene aus rein individualpsychologischer Sicht zu recht einseitigen Erklärungsversuchen.

Kritik an der Massenpsychologie

Hofstätter (1957) hat in seinem Buch mit dem bezeichnenden Titel „Gruppendynamik — Kritik der Massenpsychologie" diese massenpsychologischen Theorien, Analysen und insbesondere ihre Wirkungen unter den Intellektuellen zu Beginn des 20. Jahrhunderts, also in der Anfangsphase der modernen Sozialpsychologie, folgendermaßen kommentiert: „Le Bons Erfolg beinhaltet ein demagogisches Kunststück ersten Ranges. Es geht um nicht mehr und nicht weniger als um eine säkularisierte Absolution: Ich bin nicht Masse, weil ich die Massenhaftigkeit der anderen durchschaue. Man muß Le Bon ebensosehr wie seinen Landsmann, den Comte der späten Jahre, aus dem Versuch verstehen, das Haus der Göttin Vernunft einer Kirche nachzubilden. Es handelt sich um Ansätze zur Schaffung einer innerweltlichen Religion, die, ohne zu transzendieren, das Leben zu stützen vermag. Während die meisten Unternehmungen dieser Art das Individuum aber in einer neuen Organisation binden und damit festlegen, löst die massenpsychologische Ideologie das Individuum aus allen Bezügen heraus, um es — in genauer Abhebung von diesen — ganz auf sich selbst zu stellen. Der Individualismus als Kult mußte wohl früher oder später zur massenpsychologischen Ideologie führen; d. h. aber zur Negation der Gruppe. Es fragt sich allen Ernstes, ob ‚Vermassung' nicht bloß ein höchst dürftiges Wort für die sich im Zuge der individualistischen Vereinzelung einstellende Situation sei. Tritt das Ich mit dem Anspruch auf seine Einmaligkeit aus der Gruppe heraus, dann entartet das Bild der Gruppe zu dem der Masse. (...) Was die massenpsychologische Ideologie gibt, ist letzten Endes eine Antwort auf die Frage, warum der Intellektuelle der Jahrhundertwende, nicht mehr in seiner Zeit zu Hause ist. Er sagt sich, dies läge nicht an ihm, sondern an der Zeit, deren Vermassung trüge daran Schuld. Dabei klingt fast immer so etwas wie Wehmut an, die Erinnerung nämlich an eine unbestimmt datierte ‚gute alte Zeit', in der die großen einzelnen den Gang der Welt lenkten. (...) Wir wissen es daher dem Autor zu danken, daß er uns von dem Verdacht des Masse-Seins befreit hat. Es steht nunmehr völlig außer Zweifel, daß nur ‚die Anderen' Masse sein können" (S. 10—11).

Für die moderne Sozialpsychologie ist nicht der Gegensatz von Individuum und Masse bestimmend gewesen, sondern das Verhältnis von Individuum und Gruppe als einem strukturierten, geordneten und von wechselseitigen Interaktionen bestimmten Gebilde. Le Bons Irrtum besteht u. a. „... in der willkürlichen Zerschneidung des Ordnungsgefüges einer Gruppe — hier Führer und hier Geführte —, wobei die letzteren sodann einem (noch) völlig ordnungslosen Sozialgebilde als „Masse" gleichgesetzt werden. (Selbst in noch so primitiven sozialen Systemen) ... läßt sich demnach die Le Bon'sche Trennungslinie gar nicht ziehen, da durch sie das Reziprozitäts-Verhältnis zwischen Anführer und Gefolge schlechthin negiert würde" (Hofstätter, 1957, S. 25).

Kritisiert wurden weiterhin die mangelnde begriffliche Schärfe gerade der älteren massenpsychologischen Theorien und die dürftige empirische Überprüfung ihrer Annahmen. Wenn überhaupt Versuche unternommen wurden, die weitreichenden massenpsychologischen Erklärungen individuellen Verhaltens zu belegen, gingen sie nie über Beobachtungsberichte vom Verhalten in Massensituationen wie Panik, Zusammenrottungen unzufriedener Bürger, Protestdemonstrationen, politische Versammlungen, religiöse Massenbewegungen u. ä. hinaus. Dabei waren die Beobachtungsberichte selten authentisch, sondern oft Aufzeichnungen nach mündlichen Berichten von Augenzeugen mehr oder weniger lange nach den berichteten Ereignissen. Massensituationen der als Beleg angeführten Art waren zudem immer relativ seltene Ereignisse, in denen die handelnden Personen sich in einer Ausnahmesituation befanden. Systematische Verhaltensbeobachtungen oder Befragungen der an Massenveranstaltungen beteiligten Personen wurden von keinem Massenpsychologen durchgeführt oder auch nur das Fehlen solcher Forschungen bedauert. Unter diesen Umständen konnten Massentheorien relativ kritiklos und unwidersprochen als zuverlässige Erkenntnisquelle über die herrschenden gesellschaftlichen Verhältnisse und zukünftiger gesellschaftlicher Entwicklungen genutzt werden. Wegen der begrifflichen Unklarheiten und plakativen Verallgemeinerungen in den Theoriekonzepten waren der subjektiven Interpretation und jeglicher Beliebigkeit in der Verwendung massenpsychologischer Theorien keine Grenzen gesetzt. Somit läßt sich gerade in der Definition und Verwendung massenpsychologischer Theorien eine spezifische Art geistiger Auseinandersetzung mit eben der Gesellschaft erkennen, die dem so sehr verabscheuten Massenmenschen näher steht als den zur Führung berufenen Intellektuellen, denen sich die Massenpsychologen zurechneten.

Öffentliche Meinung im Massenzeitalter

Zu erwähnen bleibt noch, daß Tarde (1890) neben der relativ unbeständigen, auf dem physischen Kontakt der Mitglieder untereinander beruhenden Masse eine andere dauerhaftere Form der Masse identifiziert, nämlich die Öffentlichkeit oder das Publikum. Es handelt sich dabei um eine zerstreute Masse, da sie keine physische, sondern eine rein psychische Einheit bildet und sich über die öffentliche Meinung konstituiert. Unter öffentlicher Meinung versteht Tarde eine zeitweilige, mehr oder weniger logisch miteinander verbundene Gruppe von Urteilen, die Antworten auf aktuelle Fragen und Problemlösungen darstellen und von den meisten Menschen eines Landes oder einer Gesellschaft geteilt werden. Über die Medien, zu Tardes Zeiten bestanden sie aus Zeitungen,

Zeitschriften und anderen Presseartikeln, in modernen Gesellschaften kommen Hörfunk und Fernsehen hinzu, werden die gleichen Informationen an alle Mitglieder der Gesellschaft zur gleichen Zeit weitergegeben. Die öffentliche Meinung wird nach Tarde über die Massenmedien durch eine neue Art von Führer vermittelt, den Journalisten oder Publizisten. Die suggestive Kraft des Journalisten oder Publizisten, der die öffentliche Meinung verbreitet, wird wie die des Führers innerhalb einer Masse dadurch verstärkt, daß der Benutzer eines Massenmediums glaubt, die Informationen mit einer großen Anzahl von anderen zu teilen. Diese Überzeugung verstärkt die Tendenz zur kritiklosen Übernahme und Nachahmung. Im Gegensatz zu Le Bon kann sich nach Tarde das Individuum als isoliertes Einzelwesen innerhalb einer Massensituation befinden, nämlich dann, wenn es als Benutzer eines Massenmediums auftritt. Wie für Le Bon muß auch für Tarde der Öffentlichkeit als Masse eine bestimmte Meinung in Form von einfachen und klaren Bildern, Symbolen und Parolen so dargeboten werden, daß sie eine möglichst heftige, emotionale Reaktion auslöst, damit die vermittelten Ideen und Vorstellungen im Unterbewußtsein verankert werden. Die sensationelle Aufmachung von Informationen ist somit ein wesentliches Element bei der Bildung und Formung der öffentlichen Meinung, und die Häufigkeit ihrer Wiederholung gilt als Wahrheitskriterium. An diese Gedanken von Tarde über die Bildung von Öffentlichkeit und ihre Manipulation durch die Massenmedien wird im nächsten Abschnitt angeknüpft.

Massenmedien in modernen Gesellschaften

Massenmedien, Masse und öffentliche Meinung

Bereits Tarde (1890) hat sich mit dem suggestiven Einfluß der Massenmedien auf die Masse befaßt und dabei unterschieden zwischen einer Suggestion aus der Nähe, d. h. auf eine am selben Ort und zur selben Zeit versammelten Masse und einer an verschiedenen Orten verstreuten und durch Suggestion auf Distanz beeinflußten Öffentlichkeit. Die suggestive Wirkung auf Distanz durch Vermittlung von Informationen über Massenmedien kommt nach Tarde dadurch zustande, daß der einzelne davon überzeugt ist, die empfangene Information im selben Augenblick mit einer großen Anzahl seinesgleichen zu teilen. Auf diese Weise entsteht selbst dann ein real erlebtes Gemeinschaftsgefühl, wenn der Zusammenhalt auch im Unterschied zur Masse nicht physischer Natur ist. Es fehlt hierbei die gegenseitige Ansteckung und Verstärkung von Gefühlen, die Spontaneität und Bereitschaft zum sofortigen Handlungsvollzug, weswegen die Öffentlichkeit im Vergleich zur Masse gemäßigter und verzögerter reagiert. Die räumliche Isolation der Individuen in der Öffentlichkeit hat Folgen für die Einflußmöglichkeiten des Führers, denn die Suggestion aus der Nähe wird abgelöst durch die suggestiv wirkende Präsentation von

Informationen und Kommunikationssituationen. Dabei spielen, wie bereits Tarde richtig erkannte, die Journalisten und Publizisten bei der Auswahl der vermittelten Informationen, ihrer Präsentation und ihrer Interpretation eine entscheidende Rolle.

In seinem Buch „Das Zeitalter der Massen" setzt sich Moscovici (1984) mit den Aussagen Tardes unter dem Aspekt der zunehmenden Bedeutung der Massenkommunikationsmittel zur Beeinflussung der öffentlichen Meinungsbildung in modernen Gesellschaften auseinander. Die Entwicklung der Massenmedien führt seiner Ansicht nach zu einer Verarmung der Sprache und einer Reduzierung der intellektuellen Anforderungen, wie sie die bisher üblichen Kommunikationsformen erforderten. Die Konversation in Form umfangreicher Korrespondenzen und die vielfältigen Gelegenheiten öffentlicher Dispute oder Diskussionen in Salons, Clubs, Zirkeln, Cafés usw. setzte Sprachgewandtheit, das Eingehen auf die Gegenargumente, die Akzeptanz der Ungewißheit eines Diskussionsausgangs und die persönliche Stellungnahme zu Meinungs- und Einstellungsdivergenzen voraus.

Die Medien stellen an den Nutzer keine diesbezüglichen Ansprüche, abgesehen von dem Appell, die dargebotenen Informationen aufzunehmen. Doch selbst wenn er sie im Gespräch mit anderen Personen verwendet, trägt er für ihre Richtigkeit persönlich keine Verantwortung, da er sie lediglich von den Medien übernommen hat. Aus der reziproken Gesprächssituation mit Gesprächspartnern ist eine einseitige Vermittlungssituation geworden, wobei nicht das authentische eigene Erleben einer Situation das Bild von der Welt, Gedanken und Gefühle bestimmt, sondern die mediengerechte, vermittelte Situation. Diskutiert, argumentiert, gestritten und gekämpft wird nur noch stellvertretend und spielerisch auf der Medienbühne, und die Aufmerksamkeit ist dann am höchsten, wenn der Zuschauer, Zuhörer oder Leser sich dabei „zu Tode amüsieren kann". An die Stelle einer anstrengenden Suche nach Erkenntnis und Wahrheit tritt das Zerstreuungsgeschäft, das dem Individuum die Gewißheit aufdrängt, in Wirklichkeit aber nur den Anschein vermittelt, zu jeder Zeit an allen Brennpunkten des Weltgeschehens mitbeteiligt zu sein, über alles informiert zu sein, die auch von vielen anderen geteilten Sichtweisen, Meinungen, Einstellungen und Wertvorstellungen zu besitzen, sich ein zuverlässiges Urteil gebildet zu haben und dabei noch unterhalten worden zu sein.

Neil Postmans Weltbestseller „Wir amüsieren uns zu Tode" (1985) bietet ein Beispiel für die Bedeutung dieser Thematik in den modernen Gesellschaften. Postman beschreibt, wie die Massenmedien, besonders das Fernsehen, bestimmen, welcher Ausschnitt von der Welt aufgenommen, bildhaft erfahren und erlebt wird, welches Wissen verfügbar ist, welche Empfindungen angeregt werden, worüber wir uns freuen und ärgern und wie wir uns selbst und andere zu beurteilen haben. Er kritisiert die damit verbundenen Veränderungen der Kultur durch den kommerziellen Illusionismus und die totale Unterhaltung. Die Fülle der angebotenen Informationen kann nur dann noch Aufmerksamkeit erwecken, wenn sie unterhaltsam verpackt, in leicht konsumierbaren

Portionen präsentiert wird sowie ohne Anstrengung aufgenommen und von Belustigungen begleitet verarbeitet werden kann. Anstelle von Anstrengungen zur Gewinnung von Informationen und Erkenntnissen tritt die totale Zerstreuung. Die Welt erscheint dem Medienkonsumenten nur noch als ein gigantisches Theater mit ständig wechselndem Programmangebot. Die Folgen sind seiner Ansicht nach ein schneller Verfall der rationalen Urteilskraft, Unmündigkeit, Abhängigkeit bis hin zur Mediensucht und ein Verlust des Realitätssinns.

Unter Stichworten wie „Allmacht der Medien" oder „Die geheimen Verführer" wird häufig die Meinung vertreten, so auch von Moscovici (1984), daß die Journalisten, Publizisten und „Medienmacher" bei ihren Versuchen, suggestive Wirkungen auf die Öffentlichkeit auszuüben, ähnliche Strategien anwenden wie die Massenführer. Durch Enthüllungen, Skandalgeschichten und Übertreibungen versuchen sie, die Aufmerksamkeit potentieller Rezipienten auf spezifische Nachrichteninhalte zu lenken. Durch Entschiedenheit, Ausschließlichkeit und Dogmatismus in der Art und Weise, wie die übermittelte Botschaft vertreten wird, und durch häufige Wiederholung wird versucht, die Nachricht im Rezipienten zu verfestigen und zu einem festen Bestand seines Denkens, Fühlens und Handelns werden zu lassen. Wie werbepsychologische Untersuchungen gezeigt haben (Moser, 1990) sind die Aktivierung von Wünschen, Bedürfnissen und Motiven sowie von Gefühlen und Stimmungen für die Aufnahme und Übernahme medienvermittelter Botschaften von großer Bedeutung. Wenn die Medienwirkungsforschung auch noch in den Anfängen ihrer Entwicklung steckt und erhebliche methodische Schwierigkeiten bestehen, die Einstellungs- und Handlungswirksamkeit einer bestimmten, medienvermittelten Information exakt nachzuweisen, so zeigen die bisherigen Ergebnisse jedoch, daß die hohen Erwartungen oder Befürchtungen an die Allmacht der Massenmedien nicht gerechtfertigt sind.

Wirksamkeit medienvermittelter Informationen

Aufnahme, Verarbeitung, Festigung und Wirksamkeit auf das individuelle Denken und Handeln einer medienvermittelten Information hängt nicht allein ab von ihrer Aufmachung und Verpackung, sondern auch vom Ausmaß ihrer Übereinstimmung mit den Einstellungs- und Wissensstrukturen sowie der Stimmungslage des Rezipienten. In welchem Ausmaß Rezipientenmerkmale an der Medienwirkung beteiligt sind, konnte bislang noch nicht geklärt werden. Zudem sind die Bindungen des Individuums an bestimmte Mitglieds- und Bezugsgruppen bzw. deren Überzeugungen bezüglich des angesprochenen Themas und die Einstellung für kompetent gehaltener Meinungsführer wichtige Determinanten. Die Medienwirkung beschränkt sich in der Regel auf die Verstärkung vorhandener und sozial abgesicherter Einstellungen und Überzeugungen und wirkt nur bei Themen innovativ, bei denen der Rezipient sich vorher noch keine eigene Meinung gebildet hat, jedoch überzeugt ist bzw.

überzeugt wird, daß es sich um ein für ihn oder sein soziales Umfeld wichtiges Thema handelt. Der Empfänger einer medienvermittelten Botschaft ist dieser also nicht einfach nur passiv ausgeliefert, sondern geht aufgrund seiner Bedürfnisse, Interessen und Gewohnheiten mehr oder weniger aktiv mit ihr um. Er ist für sie mehr oder weniger empfänglich, selegiert sie, interpretiert sie, reichert sie durch Zusatzinformationen an, bewertet sie und bearbeitet sie in einer ihm nützlich erscheinenden Art und Weise.

Ein Beispiel für diese Zusammenhänge liefert die Untersuchung von Converse (1974) darüber, wie sich die Wähler in den USA mit den von verschiedenen politischen Parteien über die Medien verbreiteten Meinungen auseinandersetzen. Die Antworten auf eine entsprechende Befragung wurden nach dem Grad ihres Zusammenhangs mit einem politisch-ideologischen Konzept in fünf Gruppen unterteilt: Die erste Gruppe umfaßte Personen, die aufgrund eines zusammenhängenden politisch-ideologischen Konzeptes in der Lage waren, ihr politisches Überzeugungssystem darzulegen und auf dieser Grundlage aktuelle Themen zu diskutieren (3,5 % der Befragten). Die zweite Gruppe enthielt Personen, die von sich behaupteten, ein politisches Überzeugungssystem zu besitzen, einige Prinzipien davon benennen konnten, doch keine themenbezogene Anwendung zustande brachten (12 %). Die dritte Gruppe der Befragten richtete sich in ihrer politischen Argumentation nach dem Interesse ihrer Mitgliedsgruppe. Das politische Überzeugungssystem wurde nicht mit Inhalt gefüllt, sondern bestimmte sich nach seinem funktionalen Wert für die Erreichung der Gruppenziele, mit denen sich die Gruppe identifiziert (45 %). Die vierte Gruppe der Befragten interessierte sich nur für ein spezifisches aktuelles Thema, z. B. Inflation oder nationale Sicherheit, ohne jeden Bezug zu einem übergeordneten politischen Überzeugungssystem (22 %). Die fünfte Gruppe schließlich repräsentierte Personen, die allein von den Persönlichkeitsmerkmalen eines zu wählenden Kandidaten angesprochen wurden, ohne zu wissen, für welche Partei und politische Einstellung er eintritt (17,5 %). Bei 85 % der Wähler, so stellte sich also heraus, fehlte ein konsistentes politisch-ideologisches Überzeugungssystem, aus dem heraus kongruente Meinungsbewertungen vorgenommen werden können. Widersprüche in der politischen Argumentation wurden diesen Personen überhaupt nicht bewußt oder waren für ihre persönliche Meinungsbildung völlig unbedeutend.

So wird verständlich, daß z. B. Nixon und Humphrey während des Präsidentschaftswahlkampfes 1968 bei ihren Debatten über den Vietnamkrieg so geschickt argumentieren konnten, daß ihre Anhänger sowohl Argumente für als auch gegen die Fortsetzung des Krieges wahrnahmen, und alle glauben konnten, ihr Kandidat unterstütze tatsächlich ihre eigene Position. Sie hörten aus den vorgetragenen Argumenten nur das heraus, was zu ihrem Einstellungskonzept paßte, und nahmen Abweichendes überhaupt nicht wahr.

Der Gruppeneinfluß auf die Medienwirkung

Wie bereits erwähnt, sind die Mitglieds- und Bezugsgruppen und die in ihnen vertretenen Ansichten bedeutsame Determinanten der Wirkung von Massenmedien auf den einzelnen. Nach Secord & Backman (1976) haben Gruppen drei Möglichkeiten, die Wirkung von Massenmedien zu beeinflussen:

1. Die Gruppenstruktur selbst übt bereits einen Einfluß auf Art und Intensität des Medienkonsums aus. Aufgrund der in einer Gruppe entwickelten Kommunikationsstruktur nehmen bestimmte Gruppenmitglieder vermehrt Informationen von außen auf, verarbeiten sie entsprechend ihren eigenen Einstellungen und Wertekonzepten, leiten sie in dieser veränderten Form selektiv an die Gruppenmitglieder weiter oder blockieren ihre Weitergabe. In Gruppen mit einem hohen Kohäsionsgrad besteht die Neigung, nur solche Informationen weiterzugeben, die keine allzu starken Dissonanzen hervorrufen und den Gruppenzusammenhalt nicht gefährden. Bestimmte Personen in einer Gruppe, vornehmlich der Führer und mit Leitungsfunktionen beauftragte Personen, achten darauf, daß die Gruppenmitglieder möglichst ausschließlich erwünschte, d. h. den Gruppenzielen, -werten und -normen entsprechende, durch die Medien vermittelte Informationen erhalten und sich keinen unerwünschten, dissonanzfördernden Informationen aussetzen. In Familien, Clubs, Freundeskreisen, religiösen und politischen Gruppen ist die Lektüre bestimmter Zeitungen unschicklich und verpönt, die Berieselung mit leichter Fernsehunterhaltung als niveaulos diskreditiert oder das Programmangebot bestimmter Sender verboten. Oft erreichen anspruchslose Serienfilme in allen Bildungsschichten der Bevölkerung hohe Einschaltquoten, obwohl sie in der privaten und öffentlichen Diskussion als primitiv, seicht und „unter aller Kritik" abgewertet und belächelt werden.

2. Die Gruppe kann Regeln und Normen zur Beurteilung der Glaubwürdigkeit verschiedener Sender von Informationen und Kommunikatoren erlassen. Kommunikatoren mit Fachkompetenz, z. B. Ärzten, Lehrern, Juristen, und Sender mit legitimer Macht, z. B. Vorsitzende und Präsidenten wichtiger Verbände, wird in der Regel ein hohes Maß an Glaubwürdigkeit zugestanden. Ebenso wirken solche Personen besonders glaubwürdig, zumindest bei den Gruppenmitgliedern, die gruppenkonforme Einstellungen, Werte und Ziele vertreten und die in der Kommunikationsstruktur eine gewisse Schlüsselstellung innehaben, z. B. Prediger, Propagandisten, Lobbyisten, Regierungs- und Verbandssprecher, da sie konsonante Informationen verbreiten und weiterleiten, dissonante Informationen aus dem Medienangebot herausfiltern bzw. in konsonante umwandeln und damit zum Erhalt und zur Verstärkung der vorherrschenden Gruppennormen beitragen.

3. Gruppen unterstützen die Aufnahme und Weiterleitung bestimmter medienvermittelter Einstellungen. Gruppenmitglieder zeigen die Tendenz, sich gegenseitig ihre gemeinsamen Einstellungen und Überzeugungen zu versi-

chern und immunisieren sich somit gegenseitig gegen die Aufnahme und Übernahme konkurrierender Informationen und damit zusammenhängender Einstellungsänderungen. Individuen möchten eben ihre eigenen Einstellungen in der sozialen Realität, und d. h. vornehmlich bei ihren Gruppenmitgliedern, bestätigt sehen. Aus dem Bedürfnis heraus, sich an der Gruppenmeinung zu orientieren und mit ihr übereinzustimmen, entsteht besonders in kleinen Gruppen mit einem hohen Kohäsionsgrad ein Druck zur Gleichförmigkeit und Einheitlichkeit der Meinungsbildung. Wie resistent solche Gruppen gegenüber Beeinflussungsversuchen von außen sind, zeigen Untersuchungen von Shils & Janowits (1948) über die Wirkung alliierter Propaganda bei deutschen Wehrmachtsangehörigen im Zweiten Weltkrieg. Solange der Kontakt des einzelnen Soldaten zu seiner Einheit und der Gruppe der Kameraden vorhanden war, zeigte die Propaganda keinerlei Wirkung und verstärkte eher die Gruppensolidarität. Erst als die Kampfeinheiten sich aufzulösen begannen und einzelne Truppenteile sich ergaben, hatten die Propagandaversuche Erfolg. Wird die eigene Mitgliedschaft in der Gruppe, die Gruppe selbst und die in ihr vertretenen Einstellungen und Werte sehr hoch bewertet, so verstärkt sich die Tendenz, die eigenen Einstellungen und Wertvorstellungen noch radikaler und unnachgiebiger gegenüer Beeinflussungsversuchen zu vertreten (Kontrasteffekt). Unter diesen Umständen wird die Glaubwürdigkeit widersprechender Informationsquellen abgewertet und konforme Informationen werden unter allen Umständen zu verstärken versucht.

Es ist keineswegs erforderlich, daß ein Mitglied einer bestimmten Gruppe angehört, um sich von den in ihr vorherrschenden Normen in der Aufnahme und Verarbeitung medienvermittelter Informationen beeinflussen zu lassen. Oft spielt nicht die Mitgliedsgruppe die entscheidende Rolle, sondern die Bezugsgruppe als eine soziale Einheit, von der das Individuum meint, daß es gemeinsame Interessen, Einstellungen und Werte mit ihr teilt, und die es deshalb als Grundlage für seine Selbsteinschätzung und Einstellungsbildung nutzt. Bezugsgruppen besitzen eine normative Funktion, sie setzen Maßstäbe und erfüllen eine soziale Vergleichsfunktion, wie dies in der Bezugsgruppentheorie (Merton & Rossi, 1949) expliziert wurde. Bezugsgruppen können die Glaubwürdigkeit des Kommunikators beeinflussen, soziale Unterstützung für bestimmte Einstellungen gewährleisten und die Selbstselektion der Informationsaufnahme verstärken. Individuen, die eine klare Vorstellung von der Einstellungs- und Wert-Position ihrer Bezugsgruppe entwickelt haben und diese akzeptieren, tendieren dazu, nur solche Informationen aufzunehmen, die eine ähnliche Position vertreten, und alle Informationen zurückzuweisen, die dieser widersprechen. Dabei sind bestimmte Bezugsgruppen zunächst einmal nur für bestimmte Einstellungs- und Wertbereiche von Bedeutung, so z. B. die religiöse Bezugsgruppe für religiöse Themen, die Fußballmannschaft für sportbezogene Informationen und Einstellungsbildung. Ist eine Bezugsgruppe für eine Person aber von sehr großer Bedeutung und herrschen in dieser Bezugsgruppe klare und allgemein geteilte Meinungen über Themenbereiche vor, die von generellerem Wert sind, z. B. wenn die Fußballvereinsmitglieder zugleich eine bestimmte politische Richtung vertreten, fremdenfeindlich eingestellt sind, sich als Randgruppe der Gesellschaft empfinden, dann wird die Bezugsgruppe auch für die Aufnahme und Bewertung von Informationen aus diesen Themenbereichen bedeutsam.

Eine nicht zu unterschätzende Rolle für die Verbreitung von Informationen spielt die Struktur der Informationskanäle innerhalb einer Gruppe. Mit der Gruppenmeinung konsonante Informationen durchlaufen in der Regel die gesamte Gruppe, wohingegen der Durchlauf dissonanter Informationen zwecks Schadensbegrenzung frühzeitig blockiert wird. Oft werden die durch Massenmedien verbreiteten Informationen erst dadurch einstellungsbildend und handlungswirksam, daß sie von Meinungsführern in Gruppen aufgegriffen, thematisiert, interpretiert und gruppenspezifisch modifiziert werden. Einflußreiche Meinungsführer zeichnen sich dadurch aus, daß sie im Sozialgefüge einer Gruppe und deren Kommunikationsstrukturen strategisch günstig lokalisiert sind, bestimmte Wertvorstellungen verkörpern und diese sachlich, kompetent und vertrauenswürdig zu präsentieren verstehen. Meinungsführer repräsentieren die Wertvorstellungen ihrer Gruppe, sie bieten sich als Identifikationsobjekt an und dominieren die Meinungsbildung in der Gruppe durch ihr Fachwissen und ihre Informationsmacht. Hinzu kommt, daß sie einen größeren Bekanntenkreis haben, Mitglied in vielen Organisationen und Gruppen sind und somit über vielfältige Informationsquellen verfügen.

Medieneinfluß und politische Meinungsbildung

Insbesondere die zahlreichen Untersuchungen über den Einfluß der Massenmedien auf die politische Überzeugungsbildung und das Wahlverhalten haben gezeigt, daß die Medieninhalte nicht von allen Nutzern gleichzeitig und in einheitlicher Weise übernommen werden, sondern daß die Informationsaufnahme nach bestimmten Regeln abläuft. Wie bereits dargelegt, läßt sich nachweisen, daß Menschen, die in sozialen Gruppen und Beziehungen leben und von dort ihre Werte, Orientierungen und Deutungsmuster erfahren, dadurch auch in ihrer Mediennutzung beeinflußt werden. Welche Wirkung die Massenmedien beim einzelnen erzielen, ist also wesentlich mitbestimmt von der sozialen Gruppe, der der Mediennutzer angehört oder die für ihn als Referenzgruppe bedeutsam ist, sowie von den Meinungsführern, die für bestimmte Meinungen als kompetente Vermittler und Interpreten angesehen werden: „Abgesehen von besonderen Bedingungen gilt in der Regel, daß Massenmedien am wahrscheinlichsten zur Bekräftigung (reinforcement) oder zum Gleichbleiben (constancy) vorhandener Meinungen beitragen. Weniger wahrscheinlich ist die Abschwächung von Meinungen (minor change), am wenigsten wahrscheinlich ist die Umkehrung von Meinungen (conversion). Bewirken Medien dennoch eine Änderung vorhandener Meinungen, dann liegt wahrscheinlich eine der folgenden zwei Bedingungen vor: Entweder sind die intervenierenden Variablen (mediating factors: dazu gehört vor allem die soziale Gruppe) unwirksam, so daß die Medien unmittelbar einwirken können (alleingelassene Kinder oder Alte in urbanen Zentren mit hoher Mobilität der Bevölkerung), oder die intervenierenden Faktoren, die normalerweise vorhandene Meinungen bekräftigen, drängen selbst auf Änderung hin. Trendumschwünge gehen nie von *einer* gesellschaftlichen Instanz aus; sie können von den Medien *allein* nicht veranlaßt werden" (Baacke, 1982, S. 139).

Eine Analyse der politischen Meinungsbildung muß zunächst einmal die Verhältnisse in einer bestimmten Nation mit einem spezifischen politischen System und einer nationalen politischen Geschichte und Tradition betrachten. Welche Personen oder Gruppen in welchen Positionen Meinungsführer sind, ob Präsidenten, Kanzler oder Parteiführer, hängt vom nationalen politischen System ab.

Am Beispiel der politischen Meinungsbildung zeigen Kinder & Sears (1985) die Vielfalt der gestaltenden Einflußfaktoren. Die Forschungen belegen, daß politische Überzeugungen nicht einfach aus Ideologien und allgemeinen Wertvorstellungen abgeleitet oder aus den Medien übernommen werden. Die politische Meinungsbildung ist ein multifaktoriell bedingter Prozeß, über den man eher angeben kann, wie er nicht abläuft, als daß man seine Determinanten schon detailliert benennen könnte. Die von Kinder & Sears identifizierten, eng miteinander verwobenen sechs Einflußgrößen scheinen zumindest für die politische Meinungsbildung in pluralistisch demokratischen Gesellschaften eine gewisse Wirksamkeit zu besitzen, wenn auch im Einzelfall und im Detail mit kulturellen Besonderheiten zu rechnen ist. Ihr Beziehungsgefüge ist zugleich ein anschauliches Beispiel für die interdependenten Beziehungen zwischen den im Individuum ablaufenden Prozessen einerseits und den in für jeden einzelnen bedeutsamen Gruppen, Organisationen und der Gesellschaft sich vollziehenden Vorgängen andererseits.

Nach Kinder & Sears (1985) sind folgende Einflußfaktoren auf die politische Meinungsbildung zu unterscheiden: „(1) Das zielstrebige Verfolgen von Eigeninteressen. (2) Die Identifikation mit bedeutsamen sozialen Gruppen, deren Ziele und Werte von politischen Entscheidungen beeinflußt werden. (3) Der Einfluß von Meinungsführern (opinion leader). (4) Das Festhalten an zentralen Werten. (5) Die Ausprägung persönlichkeitsspezifischer Bedürfnisse und Motive. (6) Einflüsse aufgrund der Entwicklung politischer Ereignisse" (S. 671).

Das zielstrebige Verfolgen von Eigeninteressen

Es spricht viel für die Annahme, daß diejenigen politischen Ideen und Ansichten übernommen werden und eine individuelle Identifikation mit denjenigen politischen Wertvorstellungen stattfindet, die den eigenen Interessen und Bedürfnissen entsprechen. Wer über Eigentum verfügt, wird eine den Besitzstand wahrende und garantierende Politik eher befürworten, als derjenige, der nichts besitzt und hofft, von einer Enteignungs- und Umverteilungspolitik profitieren zu können. Zugleich aber zeigt sich, daß ökonomische und soziale Veränderungen im privaten Leben, z. B. Arbeitslosigkeit, Finanzprobleme, Unfälle und ihre wirtschaftlichen und sozialen Folgen keine nachhaltigen Veränderungen im politischen Überzeugungssystem bewirken. Selbst wenn Arbeitslose verstärkt staatliche Hilfen zur Schaffung neuer Arbeitsplätze fordern, lehnen doch die meisten von ihnen radikale politische Entscheidungen und Eingriffe in den Arbeitsmarkt ab. Auch die Energiekrise Mitte der 70er Jahre hat in den Industrieländern nicht zu einer Radikalisierung der politischen Einstellungen zwischen stark und schwach von der Energiekrise betroffenen Personen gegenüber der Energiepolitik der Regierungen geführt.

Aktuelle Interessenlagen dürfen im Prozeß der politischen Meinungsbildung nicht überbewertet werden. Sie sind vielmehr von langfristig wirksamen und früh erworbenen Einstellungs- und Wertungsdispositionen wie nationalistische, religiöse und ökonomische Vorurteile, Welt- und Menschenbilder überlagert. Die Bewertung politischer Ereignisse ist vermutlich stark beeinflußt von aktiven Reaktionen auf bedeutsame Symbole, die den Einstellungsobjekten ähnlich sind, die in der bisherigen Lebensgeschichte vergleichbare emotionale Reaktionen hervorgebracht haben. So wird in politisch und wirtschaftlich unsicheren Zeiten ein starker Führer selbst dann positiv beurteilt, wenn sein Verhalten von den sonst vertretenen Normen und Regeln abweicht, da er den Sicherheit und Orientierung verleihenden Symbolen, z. B. Vater, Lehrer, berufliche Führerpersönlichkeiten des bisherigen Lebens ähnelt und ein Gefühl der Stärke, Verläßlichkeit, Orientierungssicherheit aktiviert.

Die Identifikation mit bedeutsamen sozialen Gruppen

Die politische Meinungsbildung ist oft das Spiegelbild der Zu- und Abneigung, die Individuen gegenüber Personen, Gruppen, Werten und Symbolen im Verlauf ihrer spezifischen Gruppenmitgliedschaft entwickelt haben. Politische Meinungen sind deshalb oft Erkennungszeichen für die jeweilige Gruppenmitgliedschaft und für soziale Identitäten. Die Zugehörigkeit zu Gruppen bildet sich häufig allein schon aufgrund ethnischer, religiöser, geschlechtsrollentypischer oder klassenspezifischer Beziehungen.

Die Vorstellung, daß die Zugehörigkeit zu einer bestimmten Bildungs- und Einkommensschicht ein Klassenbewußtsein erzeugt, aus dem heraus die politische Meinungsbildung erklärbar wird, mußte zumindest für die westlichen Industrieländer revidiert werden. Zwar zeigen viele Untersuchungen, daß in allen wirtschaftlich hoch entwickelten Ländern Angehörige unterer Einkommensschichten eher politisch links stehende Parteien wählen und deren

Meinungen vertreten, während Angehörige der mittleren und gehobeneren Einkommensschichten das rechte Parteienspektrum unterstützen. Dies gilt aber zum einen nicht für die Anhängerschaft extrem linker und rechter Parteien, die ihre Mitglieder oft aus allen Bevölkerungsschichten rekrutieren, und zum anderen haben die vielfältigen Untersuchungen, besonders der letzten Jahrzehnte, deutlich gezeigt, daß, wenn überhaupt, nur noch schwache Beziehungen zwischen Klassenzugehörigkeit und politischer Überzeugung bestehen. Unterschiede im politischen Überzeugungssystem ergeben sich viel stärker aufgrund ethnischer und rassischer Gruppenzugehörigkeit bzw. im Verlauf einer Identifikation mit Sub- und Randgruppen und den daraus erwachsenden Konflikten der Gruppen untereinander und besonders gegenüber den gesellschaftlich dominierenden Gruppen und der Majorität. Die Forschungen über Intergruppenbeziehungen und die Theorie der sozialen Identität (siehe Kap. 7) liefern hierzu wertvolle Erkenntnisse.

Zudem unterliegen das Wahlverhalten und die politischen Überzeugungen einem Gewöhnungsdruck. Selbst bei veränderten wirtschaftlichen und sozialen Bedingungen im privaten wie im öffentlichen Bereich werden die bisherigen Parteienpräferenzen und politischen Grundüberzeugungen, wie sie sich z. B. im Konservativismus, Liberalismus, Sozialismus usw. gründen, nicht sofort geändert, sondern allenfalls nur sehr langfristig.

Der Einfluß von Meinungsführern (opinion leader)

Die Bemerkung, bei einer gerade vollzogenen Wahl habe es sich um eine Personen- und nicht um eine Parteien- oder Programmwahl gehandelt, zeigt bereits die Bedeutung von Meinungsführern, insbesondere von politischen Führerpersönlichkeiten für den Meinungsbildungsprozeß. Oft werden die politischen Gruppierungen weniger durch ihr Partei- und Regierungsprogramm, sondern durch die Person ihres Parteiführers repräsentiert. Ein populärer Politiker kann eher unpopuläre Entscheidungen treffen und durchsetzen, ohne daß ihm gleich die Wähler davonlaufen, als ein weniger beachteter Politiker.

Die Massenmedien haben einen erheblichen Einfluß auf die Popularitätswerbung, das Image, das Prestige sowie die Akzeptanz und Hochachtung eines Politikers in der öffentlichen Meinung. Als sachlich kompetent angesehene, den eigenen Überzeugungen nahestehende oder der eigenen Gruppe angehörende Schlüsselpersonen haben dabei die Funktion, politische Inhalte und Programme dem Publikum zu vermitteln, sie zu interpretieren und sie so zu präsentieren, daß eine Identifikation mit ihnen möglich ist. Die beliebten öffentlichen Streitgespräche von Parteiführern als Höhepunkte des Wahlkampfes medienwirksam zelebriert, zeigen einerseits, welche Bedeutung den Meinungsführern beigemessen wird. Andererseits kann daraus allenfalls bei der Gruppe unentschlossener und unzufriedener Wähler parteipolitischer

Nutzen gezogen werden. Die Popularität solcher Streitgespräche erhöht unter Umständen die Wahlbeteiligung, was womöglich bestimmten Parteien von Vorteil sein kann.

Das Festhalten an zentralen Werten

Im Überzeugungssystem eines Menschen nehmen Werte eine zentralere Position ein als Einstellungen. Sie dienen als Bezugsmaßstab zur Identifizierung einer eigenen Position gegenüber sozialen Sachverhalten, Themen und Problemen und zur Bevorzugung bestimmter politischer, sozialer oder religiöser Ideologien (Rokeach, 1973). Für die westlichen Industriegesellschaften scheinen Wertkonzepte bedeutsam zu sein wie Individualismus, verstanden als Respektierung und Wertschätzung individueller Rechte, begrenzte Herrschaftsausübung, Pluralität, individuelle Freiheit, Gleichheit, verstanden als gleiche bzw. faire Entfaltungsmöglichkeiten und Postmaterialismus, verstanden als Konzept zur Befriedigung höherwertiger Bedürfnisse wie Achtung, Wertschätzung und Selbstverwirklichung, nachdem die Grundbedürfnisse wie Lebenserhaltung, Sicherheits- und Zugehörigkeitsbedürfnisse ausreichend und gesichert befriedigt sind (Maslow, 1954; Inglehart, 1979).

Für die Zusammenhänge zwischen zentralen Werten, die ein Individuum schon früh in seiner Lebensgeschichte übernommen und mit denen es sich identifiziert hat und der Ausbildung eines politischen Überzeugungssystems ist noch wenig empirisch gesichertes Wissen vorhanden. Für die nordamerikanische Gesellschaft, so haben viele Untersuchungen gezeigt, sind das Individualismus- und Gleichheitskonzept von zentraler Bedeutung, und sie scheinen als Referenzsysteme für die politische Meinungsbildung zu fungieren. Zentrale Werte und ihre systematischen Verflechtungen zu einem Wertesystem bieten, sofern es gelingt, sie einigermaßen präzise zu erfassen, eine gute Chance, das politische Überzeugungssystem und fundamentale politische Veränderungsvorgänge besser zu verstehen und zuverlässiger einzuschätzen. Es ist allerdings nicht gesichert, daß Wertkonzepte die zentrale Ursache für die politische Meinungsbildung in der Bevölkerung sind oder lediglich modifizierende Funktionen besitzen.

Die Ausprägung persönlichkeitsspezifischer Bedürfnisse und Motive

Überzeugungen sind ein integraler Bestandteil der Persönlichkeit und sind zudem der Versuch, der Welt und den Anforderungen des Lebens in einer geordneten und begründbaren Weise zu begegnen und sie zu meistern. Politische Meinungen können so als Ausdrucksformen (Projektion) innerer Konflikte der Persönlichkeit verstanden werden, wozu die tiefenpsychologischen Analysen politischer Vorstellungen und Prozesse anschauliche Beispiele liefern. Das Konzept der autoritären Persönlichkeit von Adorno (1950) geht von dieser Projektionshypothese aus. Es hat in den Sozialwissenschaften sowie in der Vorurteils- und Persönlichkeitsforschung besonders der 60er und 70er Jahre eine so starke Resonanz gefunden, daß im folgenden etwas ausführlicher darauf eingegangen werden soll.

Nach Adorno lassen sich die zentralen Charakterzüge der autoritären Persönlichkeit, die mit Hilfe der von ihm entwickelten F-Skala (Faschismus-Skala) erfaßt werden sollten, aus zwei Grundtendenzen ableiten: (1) Der mißglückten Verdrängung von Triebimpulsen und (2) dem Mangel an verinnerlichten Werten. Zur mißglückten Verdrängung von Triebimpulsen kommt es dadurch, daß fast jeder Mensch im Laufe seiner Entwicklung psychische Schäden erleidet, ungelöste Probleme, Schwächen und Schattenseiten seiner Persönlichkeit mit sich herumträgt. Es ist nun ein Zeichen relativer seelischer Gesundheit, diese unerfreulichen Seiten des Charakters anzunehmen. Nur so bleiben sie rational kontrollierbar. Die autoritäre Persönlichkeit aber reagiert anders: Sie lehnt die Annahme der negativen Charakterzüge und der unerwünschten Triebimpulse ab. Sie will sie nicht wahrhaben und verdrängt sie. Insbesondere werden Gefühle von Furcht, Schwäche und Passivität sowie Aggressionen gegen Autoritätspersonen abgelehnt. Die einfache Ablehnung solcher Impulse reicht aber gewöhnlich nicht aus, um sie zu unterdrücken und aus dem Bewußtsein fernzuhalten. Um von seelischer Beunruhigung frei zu sein, bedarf es in den meisten Fällen weiterer psychologischer Tricks. Die autoritäre Persönlichkeit verwendet dabei besonders den Mechanismus der Projektion. Das heißt, die eigenen, abgelehnten Regungen und Handlungsimpulse werden an anderen Personen und Gruppen wahrgenommen und dort bekämpft. Nicht ich bin schwach und passiv, die anderen sind es und müssen dafür bestraft werden. Nicht ich hasse die Autorität, sondern die anderen, und dafür müssen sie unterworfen werden.

Es ist plausibel, daß Verdrängung und Projektion die Triebregungen der bewußten, rationalen Kontrolle entziehen. Bedarf es aber der Projektion zur Kontrolle der Situation, kann das seelische Gleichgewicht nur so lange erhalten bleiben, wie die Umwelt geeignete Projektionsobjekte liefert, z. B. Asoziale, Gammler, Fixer, Asylanten, Ausländer oder, viel allgemeiner ausgedrückt, arbeitsscheue Parasiten und Herumtreiber. Aus der Verdrängung und Projektion der abgelehnten Seiten des eigenen Selbst entwickelt sich ein ganz bestimmtes Weltbild. Es ist das Bild einer Welt, die schlecht, moralisch schwach und doch bedrohlich ist, in der man selbst unbedingt stark und zur Not auch rücksichtslos sein muß, um zu bestehen. Ein solches Weltbild hat zwar den Anschein eines harten Realismus, der die Dinge ohne Beschönigung beim Namen nennt. Es ist aber zweifelhaft, ob eine Einstellung, die nur Extreme, aber keine Zwischentöne kennt und die auf statische Aspekte sozialer Gebilde so sehr fixiert ist, daß sie dynamische Elemente übersieht, tatsächlich eine den sozialen Realitäten angemessene Einstellung ist.

Eine weitere Konsequenz der Verdrängung eigener Impulse ist der Mangel an Introspektion, der Mangel an Beschäftigung mit den Tiefen und Untiefen der eigenen Person. Man vermeidet es, Fragen an sich selbst zu stellen aus Angst vor den Antworten. Um das seelische Gleichgewicht zu wahren, vermeidet man es peinlich zu fragen, ob die Gammler denn nun wirklich schwach sind, oder ob die Asylanten tatsächlich das Asylrecht ausnutzen. Würde man solche Fragen stellen, könnte es sich womöglich herausstellen, daß man das falsche Objekt angegriffen hat. Schließlich wäre man bei fortgesetztem Fragen auf sich allein gestellt und liefe Gefahr, verunsichert zu werden, und das will die autoritäre Persönlichkeit gerade vermeiden. Das Resultat einer solchen Vermeidung ist eine Verengung und Verarmung des Lebensraumes, die schöpferisches Denken, Veränderungen und eine Reifung der Persönlichkeit nahezu unmöglich machen.

Das Resultat aller dieser psychodynamischen Vorgänge ist eine fast durchgängige Rigidität im Verhalten der autoritären Persönlichkeit, oft verbrämt als Pflichterfüllung, Genauigkeit oder Ordnungsliebe. Eine solche Rigidität ergibt sich aus dem bisher Gesagten eigentlich ganz folgerichtig: Verdrängte Impulse verlieren keineswegs ihren Einfluß auf die Person. Im Gegenteil, Verdrängung erschwert eher die Kontrolle von Triebregungen. Jede Lockerung der Abwehrmechanismen birgt also die Gefahr eines Triebdurchbruchs. Nur die unbedingte Aufrechterhaltung der Kontrolle verspricht eine Wahrung des seelischen Gleichgewichts. Die Rigidität ihrerseits verengt wieder den Lebensbereich und damit die Möglichkeiten einer psychologisch gesunden Bewältigung der abgelehnten Impulse. Um in diesem Teufelskreis bestehen zu können, muß die Welt vereinfacht und stereotypisiert werden. Ambivalenzen und Zwischentöne darf es nicht geben. Die Welt muß klar durchschaubar bleiben. Die pluralistische Gesellschaft mit ihren Komplexitäten und Ungereimtheiten wird abgelehnt. Zwar wird sie nicht auf Grund gesellschaftspolitischer Überlegungen rational abgelehnt, sondern instinktiv als eine Bedrohung der eigenen seelischen Sicherheit.

Der Mangel an verinnerlichten Werten ist ein weiteres Merkmal der autoritären Persönlichkeit. Der autoritätshörige Mensch bedarf durchgängig einer Unterstützung von außen, um sicher entscheiden zu können, was „richtig“ und was „falsch“ ist, wer Freund ist und wer Feind. Diese Bestätigung von außen kann von spezifischen Autoritätspersonen kommen, aber auch von etwas so Unspezifischem wie der „öffentlichen Meinung“. Auf sich selbst gestellt ist die autoritäre Persönlichkeit unsicher und moralisch feige. Sie vertritt gewöhnlich die gängigen, konventionellen Werte einer Gruppe, ändert sich aber wie ein Chamäleon, sobald sie in eine andere Gruppe kommt oder sich ein Meinungsumschwung abzeichnet. In jeder Gruppe wird sie allerdings diejenige sein, die auf strenge Einhaltung der Gruppenregeln besteht und Abweichler radikal verfolgt.

Nun ergibt sich die Frage, welche Bedeutung eine solche Autoritätshörigkeit für das politische Handeln besitzt. Anhand der bisherigen Darlegungen soll das politische Handeln einer Person beschrieben werden, die abgelehnte Impulse verdrängt und nach außen projiziert, die wenig differenziert denken kann und rigide handelt, die die Welt als bedrohlich, moralisch schwach und streng hierarchisch gegliedert empfindet und die aufgrund des Mangels an eigenen Werten auf soziale Unterstützung von außen angewiesen ist.

Zunächst einmal wird die hierarchische Vorstellung von sozialen Beziehungen und die Reaktion gegen die eigenen Schwächen eine Bewunderung für Macht und starke Männer auf der politischen Bühne zur Folge haben. Eine solche Person wird politische Wirkkraft eher Personen zuschreiben als Konstellationen, sozialen Bedingungen, historischen Kräften oder ökonomischen Entwicklungen. In Wahlen wird man damit rechnen müssen, daß sich die autoritäre Persönlichkeit für einen bestimmten, mächtig erscheinenden Politiker entscheidet, nicht für Programme und Lösungswege. Darüber hinaus führt die Enge des eigenen Horizonts als Folge der Verdrängung zum mangelnden Verständnis für andere Gruppen, seien es Nationen oder Sub-Kulturen des eigenen Volkes. Die Projektion eigener abgelehnter Impulse nach außen wird weiter dazu beitragen, daß das Unverständnis für andere zu einer Abwertung des Fremden wird, verbunden mit einer Aufwertung der eigenen Lebensart. Das führt einmal zum Nationalismus und zum anderen zum Vorurteil. Solche Menschen werden Einwanderungsbeschränkungen für bestimmte Gruppen befürworten, sie werden Gastarbeiter, Asylanten und Ausländer überhaupt vom sozialen Leben abzusondern suchen. Da sie in der Fremdgruppe eigene abgelehnte Tendenzen wiederzuerkennen glauben, werden sie aktiv nach Fremdkörpern in der Gesellschaft suchen und sie diskriminieren. Nur wenn diese anderen Gruppen ganz eindeutig stärker sind, wird man sich ihnen unterwerfen.

Eine der zentralen Tendenzen, die von der autoritären Persönlichkeit in anderen Menschen bekämpft wird, ist die eigene Schwäche. Diese projizierte Furcht vor der eigenen Schwäche verhindert die Entwicklung von Mitleid für die Schwachen. Sie argumentieren also wahrscheinlich gegen Wohlfahrtsmaßnahmen, Gefangenenfürsorge, Ausländerintegration und für die Anwendung der Todesstrafe. Da die autoritäre Persönlichkeit innerlich unsicher ist und fortwährend der Bestätigung von außen durch Gruppenmaßstäbe bedarf, ist sie ständig gezwungen, die eigene Gruppe zu verteidigen, denn für sie bedeutet ein Angriff auf die Gruppe auch einen Angriff auf das eigene Selbst. Das führt innenpolitisch zu einer Intoleranz denen gegenüber, die von den Gruppenmaßstäben abweichen wollen. Außenpolitisch ist eine mögliche Konsequenz dieser Unsicherheit und der Projektion abgelehnter Tendenzen das Gefühl der Bedrohung. So ein Mensch ist schon aus diesem Grund fremdenfeindlich. Er sieht das eigene Land ständig der Gefahr der Einkreisung und der Bedrohung von außen ausgesetzt. Die einzige Antwort auf dieses Gefühl ist sein Verlangen nach mehr Macht für das eigene Land, denn im Denken des autoritären Menschen begegnet man einer Bedrohung nur dadurch, daß man selber stärker und rücksichtsloser ist als die anderen.

Ein weiterer Aspekt des politischen Handelns der autoritären Persönlichkeit wird erklärt durch die Unfähigkeit, Unklarheiten und Komplexität zu ertragen. Verständlich wird dadurch einerseits die Vorliebe für absolute und damit leicht extreme Lösungen und andererseits das Festhalten am Bestehenden, am status quo oder auch die Sehnsucht nach einem status quo ante, nach einem goldenen Zeitalter, in dem alles besser, das heißt einfacher war. In einer komplex strukturierten Welt, in der keine Nation sehr allein für sich leben kann, sondern auf intensive Zusammenarbeit mit anderen Völkern angewiesen ist, und in einer pluralistischen Gesellschaft, in der vieles von dem, was früher durch Tradition oder durch die Entscheidung der Mächtigen eindeutig geregelt war, immer wieder neu im sozialen Diskussionsprozeß ausgehandelt werden muß, wird die autoritäre Persönlichkeit zunehmend überfordert, was zu einer Radikalisierung ihres politischen Handelns führen kann.

Neuere Untersuchungen von Sullivan, Marcus, Feldman & Piereson (1981) haben gezeigt, daß politische Intoleranz, definiert als Forderung nach Einschränkung der Handlungsmöglichkeiten für unbeliebte Gruppen (Randgruppen) in der Bevölkerung, besonders unter den Personen verbreitet ist, die durch eine starke Ausprägung von Persönlichkeitsmerkmalen wie Dogmatismus, Menschenfeindlichkeit, Autoritarismus, geringes Selbstwertgefühl und dem Bedürfnis nach Lebenssicherung und sozialer Sicherheit gekennzeichnet sind. Die erlebten, persönlichen Unzulänglichkeiten bei der Anforderungsbewältigung des Lebens, die mit einem hohen Maß an psychischer Unsicherheit verbunden sind, werden so auf abgelehnte politische Gruppen projiziert, daß diese Gruppen als im höchsten Grade bedrohlich und destruktiv wahrgenommen werden und eine dementsprechende sorgfältige Überwachung und Kontrolle gefordert wird. Gerade weil Ethnozentrismus, extremer Konservativismus und politische Intoleranz vornehmlich in Gruppen mit einem hohen internalen Konfliktpotential und bei Personen mit Lebensbewältigungsproblemen gehäuft beobachtet werden, ist zu erwarten, daß politische Überzeugungssysteme und daraus abgeleitete politische Handlungsmaximen zum Teil im Mechanismus der Projektion interpersonaler Probleme begründet sind. Zeiten allgemeiner politischer, wirtschaftlicher und sozialer Unsicherheit können im Verbund mit der Darstellung der gesellschaftlichen Probleme in den Massenmedien zu einer Verstärkung des hier beschriebenen Projektionsmechanismus bei vielen Menschen und Gruppen in einer Gesellschaft führen. Dadurch wird das Bedürfnis nach „law and order", nach klaren und eindeutigen politischen Entscheidungs- und Handlungsmaximen aktiviert. Als Folge davon kann das Aggressionsniveau gegenüber Randgruppen und Minderheiten ansteigen.

Einfluß aufgrund der Entwicklung politischer Ereignisse

Unter einer mehr dynamischen Betrachtungsweise kann untersucht werden, wie politische Überzeugungen sich im Verlauf gesellschaftlicher Ereignisse entwickeln und verändern. Die verschiedenen Präsidentschaftswahlkämpfe in den USA, z. B. bei Roosevelt, Kennedy, Nixon, Carter und Reagan, sind unter diesem Aspekt ausführlich untersucht worden (siehe z. B. Markus, 1982).

Dabei hat sich immer wieder gezeigt, daß Wahlkämpfe die Funktion haben, die in der Öffentlichkeit verbreiteten Ansichten über die konkurrierenden Kandidaten zu beeinflussen, insbesondere sie durchschaubarer werden zu lassen und zu harmonisieren. Unter normalen Umständen, wenn also nicht so unvorhersehbare, eklatante politische Ereignisse eintreten wie z. B. die Besetzung der US-Botschaft in Teheran im Jahre 1980, bewirken die Wahlkämpfe eine Angleichung der aktuellen Eindrücke und Vorstellungen von den Kandidaten an die bereits verankerten Überzeugungssysteme. Zwischen den Wahlkämpfen zeigt sich dann oft eine deutliche Abschwächung der Popularität des Präsidenten, was nach allen bisher vorliegenden Untersuchungen auf einen rein zeitbedingten Popularitätsschwund zurückzuführen ist, der dadurch zustandekommt, daß während der Präsidentschaft immer wieder politische Entscheidungen getroffen werden müssen, die vormalige Präsidentenanhänger enttäuschen, worauf diese ihm ihre Unterstützung entziehen und in die Opposition gehen.

Auch in Längsschnittuntersuchungen über die Entwicklung und Veränderung politischer Überzeugungssysteme konnte immer wieder die Bedeutung bereits verankerter, zentraler und wertbezogener Prädispositionen als Filter für die Wahrnehmung und Bewertung der Entscheidungen und Handlungen von Politikern, Regierungen und nationaler und internationaler Ereignisse festgestellt werden. Sullivan, Piereson, Marcus & Feldman (1979) kommen deshalb zu dem Schluß: „Selbst dann, wenn ein demokratisches Regierungssystem sich in Auseinandersetzung mit schwierigen Konflikten entzweit, kann es dennoch eine gewisse Stabilität erhalten, wenn die Bevölkerung sich an demokratische und konstitutionelle Prozeduren gebunden fühlt und der Wille besteht, solche Prozeduren wie z. B. freies Rederecht, Veröffentlichungsrecht und das Recht auf Klage vor Gericht anzuwenden, und zwar auf alle Mitbürger, selbst auf diejenigen, die all dies in Frage stellen und ablehnen“ (S. 781).

Es ist anzunehmen, daß über lange Zeit geführte politische Debatten und öffentliche Diskussionen über Themen und Problemlösungen, von denen viele Menschen direkt betroffen sind, z. B. Umweltschutz, Arbeitsplatzsicherheit oder Krankenversicherungssystem, auch einen Einfluß auf das internalisierte Wertesystem haben. Dies setzt aber voraus, daß erst einmal Kognitionen über Wertekonzepte im Laufe der Themenbehandlung aktiviert werden. Erst dann besteht die Chance, daß sie im Verlauf ihrer Bearbeitung eine Modifikation erfahren, womit zugleich die Grundlage dafür geschaffen wäre, eine Veränderung der politischen Überzeugungen zu bewirken. Da Längsschnittstudien fehlen und die politischen Themen im Verlauf ihrer Präsentation und Diskussion in den Medien sehr schnell an Aktualität und Dramatik verlieren und zudem einem häufigen Wechsel unterliegen, ist bisher nur wenig gesichertes Wissen über den Einfluß des geschichtlichen Ablaufs politischer Ereignisse auf das politische Überzeugungssystem bekannt.

Zusammenfassend läßt sich mit Kinder & Sears (1985) feststellen, daß keine der sechs Einflußgrößen für sich allein stark genug ist, die politische

Meinungsbildung zu bestimmen. Persönlichkeitsmerkmale, Gruppenbindungen, internalisiertes Wertekonzept, Zugehörigkeitsgefühl und Nähe zu einer Partei oder politischen Richtung, und die bisherigen Erfahrungen mit der Entwicklung politischer Ereignisse sind zwar wichtige Einflußgrößen, sie können jedoch nur im Verbund miteinander auf die Entwicklung, Stabilisierung oder Veränderung politischer Überzeugungssysteme Einfluß nehmen. Dies ist auch der Grund dafür, warum es äußerst schwierig ist, ein zutreffendes Meinungs- und Stimmungsbild der Bevölkerung bzw. einer größeren Bevölkerungsgruppe zu erheben sowie Stimmungsveränderungen zuverlässig vorherzusagen. In diesem Gefüge spielen in allen modernen Gesellschaften die Massenmedien durch die über sie erfolgende Auswahl, Präsentation, Interpretation und Bewertung politischer Inhalte sowie der Repräsentanten politischer Überzeugungen eine zentrale Rolle.

Sozialer Wandel in Gesellschaften

Nicht nur Individuen, Gruppen und Organisationen verändern sich, sondern auch Gesellschaften und Kulturen. Während wir Veränderungen an uns selbst beobachten oder über andere Personen vermittelt bekommen, während wir Veränderungen im Verhalten anderer Personen beobachten können, und während wir Veränderungen in Gruppen und Organisationen womöglich selbst aktiv betreiben, ist es schwer, gesamtgesellschaftliche Veränderungsprozesse wahrzunehmen und exakt zu beschreiben. Noch schwerer ist es, die Ursachen für beobachtete oder vermutete Veränderungen zu bestimmen. Zu viele Einflußfaktoren sind an diesen makro-sozialen, globalen Veränderungen in Gesellschaften beteiligt, und diese Veränderungen vollziehen sich sehr langsam, über lange Zeiträume hinweg und sind nicht ohne weiteres direkt erlebbar. Wenn ein einzelner glaubt, Veränderungen in der eigenen Gesellschaft wahrgenommen zu haben, kann er nicht sicher sein, ob es sich dabei in Wirklichkeit nicht nur um die Veränderung seiner eigenen Betrachtungsrichtung und seines Beurteilungsmaßstabes handelt oder um subjektive Veränderungen aufgrund neugewonnener Erfahrungen und Informationen. Die kommunikative Bestätigung wahrgenommener Veränderungen durch andere Personen und die dabei erfahrene soziale Unterstützung der eigenen Ansicht können zwar ein hohes Maß an Sicherheit verschaffen, sind aber noch keine Garantie für die Richtigkeit der Beobachtung. Auch Gruppen können sich in der Beurteilung sozialen Wandels täuschen, z. B. aufgrund der Wirkung gruppenspezifischen Konformitäts- und Uniformitätsdrucks bei der Meinungs- und Urteilsbildung.

Von sozialen Veränderungen, von sozialem Wandel sind alle Mitglieder einer Gesellschaft, wenn auch in unterschiedlicher Weise, betroffen. So sind beispielsweise vom Wandel der Geschlechterrollen in den modernen westlichen Industriegesellschaften zwar vor allem die Frauen betroffen, zugleich aber auch die Männer, Kinder, Familien sowie das politische, wirtschaftliche und kulturelle Leben. Es gibt Bereiche, in denen die Wandlungsprozesse sich relativ schnell vollziehen, z. B. bei Einstellungen und Verhaltensweisen gegenüber anderen Nationen, bei politischen Überzeugungen oder gegenüber sozialen Institutionen wie Schule, Kirche, Gewerkschaft usw., und es gibt andere Bereiche, in denen sie sich über Generationen hin erstrecken, z. B. bei Werten, bei kulturell verankerten Normen und Verhaltensgewohnheiten, beim Erziehungsverhalten.

Unterschieden werden muß zwischen ungeplantem und geplantem sozialen Wandel. Als ungeplanten sozialen Wandel bezeichnet man alle natürlichen, nicht willkürlich hergestellten Veränderungen in einer Gesellschaft, wohingegen der geplante Wandel alle, meist auf der Grundlage sozialwissenschaftlicher Erkenntnisse, planvoll herbeigeführten gesellschaftlichen Veränderungsprozesse bzw. derartige Bemühungen zur Herbeiführung von sozialem Wandel umfaßt. Ungeplanter sozialer Wandel vollzieht sich vorwiegend im Bereich der Wertvorstellungen, des intra- und interpersonalen Verhaltens und der Strukturen und Prozesse in sozialen Institutionen durch ökonomische, technologische und innergesellschaftliche Einflüsse. Die Erfassung der Determinanten des sozialen Wandels, die Beschreibung der Verlaufsprozesse und der davon betroffenen sozialen Strukturen sind die primären Aufgaben der Sozialwissenschaften, besonders der Soziologie, aber auch der Politologie und der Anthropologie. Entsprechende Auswirkungen auf der Ebene des Individuums und von Gruppen beschreibt die Sozialpsychologie, wobei sie auch der Frage nach dem Entstehen des sozialen Wandels durch die Veränderungen individueller Bedürfnisse und Verhaltensgewohnheiten nachgeht. Solche Veränderungen können zunächst in Minderheiten- oder Randgruppen Verbreitung finden, sie müssen Aufmerksamkeit erregen, können dann von der Gesellschaftsmehrheit bewundert oder abgelehnt werden, um dann im Laufe der Zeit, nach einer Phase aktiver Auseinandersetzung mit den Neuerungen, von der Majorität in der Gesellschaft, wenn auch modifiziert, akzeptiert und übernommen werden.

Definition und Erfassung sozialen Wandels

Von sozialem Wandel kann dann gesprochen werden, wenn eine Veränderung ein ganzes System völlig durchdringt. Signifikante, also nicht durch reine Zufälligkeiten herbeigeführte Veränderungen sozialer Strukturen einschließlich der Konsequenzen und Manifestationen solcher veränderter Strukturen, verkörpert durch Normen, Werte und kulturelle Symbole und Produkte, sind Merkmale sozialen Wandels. Sozialer Wandel bedeutet, daß sich die Grenzen eines sozialen Systems, die Handlungsvorschriften und die Beziehungen des Systems zu seiner Umwelt verändern. So wird z. B. die übertragene Regierungsgewalt von einer Partei zu einer anderen nicht als sozialer Wandel bezeichnet, weil dieser Vorgang die Grenzen der akzeptierten Normen und gewohnten Handlungsmuster nicht überschreitet und trotz systemimmanenter

Veränderung kein Strukturwandel stattfindet.

Theorien zum sozialen Wandel versuchen, für einzelne Gesellschaften und ihre Teilbereiche sowie für die Beziehung zwischen unterschiedlichen Gesellschaften die Ursachen und Verlaufsprozesse für Veränderungen im Grad ihrer Komplexität, Organisiertheit, Integrationsfähigkeit oder Eigenständigkeit zu erfassen. Dazu sind partielle Theorien mit Aussagen über bestehende Strukturverhältnisse und die in ihnen potentiell vorhandenen und aktuell wirksamen Veränderungskräfte entwickelt worden. Ihnen liegen globale Theorien mit Aussagen über die Veränderungen der menschlichen Gesellschaft von einfachen zu höheren Strukturen zugrunde (Strasser & Randall, 1979). Wenn auch einfaktorielle Theoriekonzepte, die versuchen, den sozialen Wandel allein durch die Wirksamkeit z. B. der Entwicklung der Produktivkräfte, der Widersprüche bei der Verteilung des erzielten Gewinns, technischer Erfindungen oder des Technologiefortschritts zu erklären, durch mehrdimensionale Theorien abgelöst werden, so stimmen alle Theorien jedoch darin überein: Soziale Spannungen innerhalb eines Systems, bedingt durch Interessengegensätze, Wertkonflikte, Verteilungskonflikte, bereichs- oder gruppenspezifische Entwicklungsrückstände, Marginalisierungen u. a., sind zentrale Antriebe für den sozialen Wandel (Zapf, 1979).

Eine besondere Schwierigkeit bei der Identifizierung und Messung gesellschaftlicher Veränderungsvorgänge ergibt sich daraus, daß sie sich, wie bereits erwähnt, nur sehr langsam vollziehen, die Zeit für ihre systematische Beobachtung allerdings äußerst begrenzt ist. Es reicht nicht aus festzustellen, ob zwischen zwei meist willkürlich gesetzten Meßzeitpunkten ein Unterschied in den Strukturen und Prozessen eines sozialen Systems festzustellen ist, sondern es muß darüber hinaus die Zeit als ein wichtiger Parameter mit einbezogen werden. Wenn man beispielsweise das Verhältnis zwischen den beobachteten und gemessenen Ereignissen, die für sozialen Wandel charakteristisch sind, in Beziehung setzt zum Beobachtungszeitraum und daraus eine Transformationsrate berechnet, dann läßt sich feststellen, daß in allen Industriegesellschaften allein in den letzten 45 Jahren im Vergleich zum Beginn unseres Jahrhunderts ein rapider und grundlegender sozialer Wandel stattgefunden hat. In diese Berechnung gehen dann Ereignisse ein wie die Weiterentwicklung der Atomwaffen, die Verbreitung des Fernsehens, Weltraumfahrten, die Bevölkerungsexplosion, die Erhöhung des allgemeinen Bildungsstandes, die Einführung des Computers, Energiekrisen, die zunehmende Umweltzerstörung und die Einführung der Pille zur Geburtenkontrolle, also alles Ereignisse, die sowohl die Umwelt wie das soziale Gefüge beeinflußt haben, und das in einer relativ kurzen Zeitspanne.

Jeder Versuch, den Verlauf des sozialen Wandels zu analysieren und vorauszusagen, steht vor der Schwierigkeit, über den gegenwärtigen Zustand der Gesellschaft nicht ausreichend informiert zu sein. Eine Möglichkeit, diesen Mangel zu beheben, besteht in der statistischen Erfassung des Ausprägungsgrades von spezifischen Indikatoren der sozialen Situation einer Gesellschaft.

So entwickelte beispielsweise in den 60er Jahren das Ministerium für Gesundheit, Erziehung und Wohlfahrt in den USA eine Liste sozialer Indikatoren, die Aufschluß geben sollten über den Zustand der Gesellschaft in folgenden Bereichen: Gesundheit und Krankheit, soziale Mobilität, physische Umwelt, Einkommen und Armut, öffentliche Ordnung und Sicherheit, Teilnahme am politischen Leben, Entfremdung, Lernen, Wissenschaft und Kunst. Man ging davon aus, daß mit Hilfe einer Sozialindikatoren-Statistik festgestellt werden könnte, ob sich die Gesellschaft in den genannten Bereichen in gewünschter oder unerwünschter Richtung verändert. Falls Veränderungen in unerwünschter Richtung beobachtet werden, könnten diese durch staatliche Interventionsprogramme gebremst oder umgeleitet werden.

Als einer der relevantesten Indikatoren für die Richtung des sozialen Wandels konnten soziale Bewegungen identifiziert werden. Soziale Bewegungen sind Formen kollektiven Verhaltens, die planmäßig auf sozialen Wandel abzielen. Als soziale Bewegung kann der Versuch einer großen Anzahl von Menschen bezeichnet werden, gemeinsam ein für alle bedeutsames Problem zu lösen. Die Mitglieder sozialer Bewegungen leiden stark unter einer erheblichen Diskrepanz zwischen dem, was die gegenwärtige Gesellschaft ihnen an Handlungsmöglichkeiten bietet und dem, was sie für sich und ihre Gruppe als gerechtfertigt ansehen. Sie besitzen und identifizieren sich mit Ideen, wie diese Diskrepanzen zu lösen sind, und sie entwickeln eine Argumentation zur Rechtfertigung des geforderten Wandels. Nach Erreichen des erwünschten Ziels lösen sich soziale Bewegungen in der Regel wieder auf. Ein Beispiel für die gesellschaftliche Wirksamkeit einer sozialen Bewegung ist die von Martin Luther King ins Leben gerufene gewaltlose Bürgerrechtsbewegung zur Gleichberechtigung der Rassen und zur Aufhebung der Rassendiskriminierung in den USA. Nachdem einige der ursprünglichen Ziele der Bewegung erreicht waren, z. B. deutlicher Abbau rassischer Diskriminierungen und die Sicherung gleicher Rechte für Schwarze, konzentrierte sich die Bewegung auf allgemeine gesellschaftliche und politische Ziele wie die Beendigung des Vietnam-Krieges und die Verbesserung der Lage schwarzer und weißer Armer in den USA. Diese Zersplitterung der Ziele führte schließlich zur Schwächung der Glaubwürdigkeit, Legitimation und sozialen wie politischen Durchsetzungsfähigkeit der Bewegung.

Strategien geplanten sozialen Wandels

Je mehr mit Hilfe sozialwissenschaftlicher Methoden, insbesondere Befragung, Sozialstatistik, Medienanalyse und inhaltsanalytischer Verfahren, über den aktuellen Zustand einer Gesellschaft bekannt wird, je mehr es gelingt, Prozesse sozialen Wandels zu identifizieren und zu prognostizieren, um so mehr steigt der Anspruch, unerwünschte Entwicklungen durch gezielte Maßnahmen abzubrechen bzw. einen erwünschten sozialen Wandel gezielt zu initiieren und planmäßig in die gewünschte Richtung zu lenken. An der Entwicklung und Evaluierung solcher Interventionsprogramme zur Beeinflussung des sozialen Wandels haben sich auch Sozialpsychologen zu allen Zeiten beteiligt, und einer der bedeutendsten Vertreter unter ihnen war Kurt Lewin.

Lewin (1953) hat immer wieder versucht, theoretische und grundlagenpsychologische Forschung mit angewandter Forschung zu verbinden. In seiner Feldtheorie vertritt er die Auffassung, daß individuelles Verhalten immer im Bezug zu seiner natürlichen Umwelt, dem „Feld" in dem es stattfindet und von dessen Kräften es beeinflußt wird, analysiert werden muß. Dies hat zur Konsequenz, daß psychologische Verhaltensanalysen nach Möglichkeit in einer natürlichen und nicht künstlich im Labor geschaffenen Umgebung durchgeführt werden sollen. Die mit Hilfe labor-experimenteller Forschungen getesteten psychologischen Theorien bedürfen noch ihrer Validierung unter natürlichen Umweltbedingungen. Der Forscher hat seiner Meinung nach eine Verantwortung gegenüber der Gesellschaft, der er dadurch nachkommt, daß er seine Forschungsresultate auch zur Lösung sozialer und psychischer Probleme anzuwenden versucht. Bei seinen Bemühungen, sozialpsychologische Erkenntnisse zur Lösung sozialer Konflikte (Lewin, 1953) wie Eheprobleme, Auseinandersetzungen zwischen Arbeitgebern und Arbeitnehmern, Probleme innerhalb hierarchischer Systeme, Integrationsprobleme von Minderheiten u. a. anzuwenden, fiel ihm immer wieder auf, daß öffentliche Institutionen, so sehr sie sich auch bemühten, mit ihren Maßnahmen zur Vorbeugung und Lösung sozialer Probleme erfolglos blieben. In enger Zusammenarbeit mit den Trägern solcher Institutionen versuchte er deshalb in einer Art Aktionsforschung, Informationen zu gewinnen über die aktuelle Situation des konflikthaften sozialen Systems, über die Konfliktursachen, über die an ihrer Aufrechterhaltung beteiligten Personen und ihren Intentionen, über die sie begünstigenden sozialen Strukturen sowie über wirksame Interventionen zur Veränderung der aktuellen Situation in die erwünschte Richtung. Aus der Erkenntnis, daß die Weitergabe der mit Hilfe wissenschaftlicher Methoden gewonnenen Informationen die Leitung öffentlicher Institutionen noch keineswegs zu Maßnahmen zur Initiierung des gewünschten sozialen Wandels veranlaßt, zog Lewin zwei Konsequenzen: (1) Die Leitung und wichtige Schlüsselpersonen in öffentlichen Institutionen müssen frühzeitig an der Planung und Durchführung wissenschaftlicher Untersuchungen beteiligt werden. Der Forscher muß sich an der Durchsetzung von Interventionsmaßnahmen aktiv beteiligen, um so Erfahrungen sammeln zu können, wie flexibel oder starr das soziale System, das es zu verändern gilt, reagiert, wer ansprechbar ist für Veränderungen, und welche Eigenaktivitäten des Systems, die bereits in die gewünschte Richtung weisen, der Unterstützung von außen bedürfen. Durch solche geplanten Eingriffe in das System und die Beobachtung der daraus folgenden Systemveränderungen werden Erkenntnisse gewonnen, die systematisch aufbereitet die weiteren Interventionsmaßnahmen leiten können. (2) Mit Hilfe gruppendynamischer Trainings sollte die Leitung sozialer Institutionen ihre Handlungsbereitschaft und Handlungsfähigkeit zur Durchsetzung sozialer Interventionsmaßnahmen verbessern können.

Nach den bisherigen Forschungen lassen sich grob drei verschiedene Strategien zur Herbeiführung geplanten sozialen Wandels in Institutionen unterscheiden: (1) Die empirisch-rationale Strategie, (2) die normativ-intervenierende Strategie und (3) die Macht- und Zwangsstrategie.

(1) Die empirisch-rationale Strategie geht vom Menschen als vernunftbegabtem Wesen aus, das an Informationen über sich und seine Umwelt interessiert ist, um kommende Entwicklungen und Ereignisse zuverlässig vorhersagen zu können. Der Alltagsmensch geht dabei ähnlich vor wie ein Wissenschaftler. Er hat Erwartungen und Hypothesen über bestimmte Sachverhalte, diagnostiziert den gegebenen Ist-Zustand, den er sich mit Hilfe „naiver", also nicht wissenschaftlich systematisierter Alltagstheorien zu erklären versucht (Möntmann, 1980), und entwickelt daraus Prognosen über das zu erwartende zukünftige Verhalten. Werden in einer Gesellschaft viele Untersuchungen über ihren Ist-Zustand durchgeführt, werden dabei Erkenntnisse über Fehlentwicklungen, Defizite und als problematisch bewertete Zustände gewonnen, sind diese Informationen einer breiten Öffentlichkeit zugänglich, werden sie zur Kenntnis genommen und diskutiert, dann sollten allmählich an Veränderungen der defizitären Lage interessierte Kräfte aktiviert werden, Zuspruch und Unterstützung finden und sich allmählich so machtvoll durchsetzen, daß ein sozialer Wandel in Richtung des erwünschten Soll-Zustandes bewirkt wird. Allerdings ist bei dieser Strategie nur schwer vorhersehbar, wer die angebotenen Informationen aufnimmt, wie sie interpretiert werden, welche handlungswirksamen Schlußfolgerungen daraus gezogen werden und ob sie überhaupt im Sinne einer empirisch-rationalen Strategie Verwendung finden (Vollmer, 1970).

(2) Die normativ-intervenierende Strategie geht demgegenüber davon aus, daß Menschen in ihrer eigenen Kultur fest verwurzelt sind, und daß die Kultur als verbindliches Orientierungssystem einen normativen Einfluß auf ihre Einstellungen, Werte und Verhaltensmuster hat. Sozialer Wandel ist nur möglich, wenn es gelingt, diese gut verankerten Einstellungen, Wertmuster und Verhaltensgewohnheiten zu verändern. Kurt Lewin war einer der ersten Psychologen, der die auf Erziehung und gruppendynamischen Trainings aufbauende, normativ-intervenierende Strategie zur Lösung sozialer Konflikte, zur Verbesserung der interpersonalen Beziehungen in Gruppen, zur Verbesserung der sozialen Handlungskompetenz im beruflichen Interaktionsfeld z. B. von Lehrern, Sozialarbeitern, Polizisten einsetzte. Langfristig betrachtet versprach er sich davon einen sozialen Wandel in der Gesellschaft. Über Erziehung und Training bewirkte soziale Wandlungsprozesse vollziehen sich aber nur sehr langsam und setzen voraus, daß genügend starke Kräfte in einer Gesellschaft über lange Zeit hinweg gleiche Ziele verfolgen und zu ihrer Erreichung eng zusammenarbeiten. Diese Bedingungen sind aber in offenen und dynamischen Gesellschaften nur selten gegeben, weswegen sich soziale

Wandlungsprozesse nach der normativ-intervenierenden Strategie allenfalls in relativ eng begrenzten gesellschaftlichen Sektoren, z. B. Schule, Polizei, Militär, Behörden, vollziehen.

(3) Die Macht- und Zwangsstrategie unterscheidet sich von den beiden beschriebenen Strategien dadurch, daß sie Belohnungs- und Bestrafungsmacht zur Erreichung des sozialen Wandels einsetzt. Nach dieser Strategie wird politischer, sozialer und wirtschaftlicher Druck ausgeübt, um bestimmte erwünschte Formen des sozialen Wandels herbeizuführen. Dabei sind gewaltlose Formen der Ausübung von Macht und Zwang deshalb besonders wirkungsvoll, weil sie weniger Widerstand in der Gesellschaft hervorrufen. Ein sozialer Wandel, der mit gewaltlosen Mitteln von Macht und Zwang herbeigeführt werden soll, stellt sich ebenfalls nicht sofort ein, sondern bedarf längerfristiger Entwicklungszeiträume. Werden diese nicht gewährt, so kann ein beabsichtigter gewaltloser Einsatz von Macht- und Zwangsstrategien in gewaltsame Durchsetzung umschlagen, mit der Folge, daß starke Widerstände gegen den geplanten sozialen Wandel aktiviert werden oder der Wandel nur augenscheinlich, rein äußerlich vollzogen, innerlich aber nicht mitvollzogen wird (siehe auch Kap. 9).

Sozialwissenschaftler können an dem Versuch, geplanten sozialen Wandel herbeizuführen, die Rolle des Experten, des Mitarbeiters oder des Advokaten einnehmen. In der Expertenrolle greift der Sozialwissenschaftler nicht direkt in die den sozialen Wandel vorantreibenden Kräfte ein, sondern berät und unterstützt aus einer gewissen Distanz heraus den Wandlungsvorgang. Insbesondere im Anfangsstadium sozialer Wandlungsprozesse, bei der Entwicklung geeigneter Interventions- und Kontrollstrategien sowie bei der Überprüfung ihrer Wirksamkeit kann der Sozialwissenschaftler als Experte seinen größten Einfluß geltend machen. In der Mitarbeiterrolle beteiligt sich der Sozialwissenschaftler aktiv an der Initiierung und Unterstützung sozialer Wandlungsprozesse. Durch seine aktive Teilnahme an den Interventionsmaßnahmen gewinnt der Sozialwissenschaftler ein Gespür für die Möglichkeiten und Grenzen der Wirksamkeit eingesetzter Strategien und kann entsprechend dem von Lewin entwickelten Konzept der Aktionsforschung den sozialen Wandel aktiv vorantreiben und die Prozesse und Ergebnisse aus seiner eigenen Erfahrung heraus kritisch analysieren (Hornstein, 1975). In der Advokatenrolle nimmt der Sozialwissenschaftler nicht direkt an den Versuchen zur Herbeiführung des sozialen Wandels teil, sondern vertritt gegenüber den Organisationen und Institutionen des sozialen Wandels die Ansprüche, Bedürfnisse und Erwartungen der von den geplanten Initiativen betroffenen Personengruppen oder verweist auf Lücken in der Planung und auf drohende problematische Entwicklungen.

Insgesamt aber muß davon ausgegangen werden, daß der Sozialwissenschaftler nur eine vergleichsweise geringe Rolle bei der Initiierung und Durchführung von Maßnahmen zum sozialen Wandel spielt. Gerade die aus seiner wissenschaftlichen Arbeit resultierende vorsichtige, abwägende, differenzierende und eher kritische Haltung gegenüber Prozessen des sozialen Wandels schmälert seinen Einfluß besonders auch in Konkurrenz mit politisch und wirtschaftlich mächtigen und durchsetzungsfähigen Kräften.

Wandel in den Geschlechtsrollen

Der in den letzten hundert Jahren, und besonders in der Zeit nach dem Zweiten Weltkrieg, in unserer Gesellschaft zu beobachtende starke Wandel der Rollenbeziehung zwischen Männern und Frauen sowie die damit verbundenen Veränderungen in der Stellung der Frau in unserer Gesellschaft sollen im folgenden als ein typisches Beispiel für den sozialen Wandel näher betrachtet werden.

Über die Begründung unterschiedlicher Verhaltensweisen und Rollenausprägungen zwischen Männern und Frauen ist viel diskutiert und theoretisiert worden. Es besteht zwar kein Zweifel an der genetischen Determination vieler geschlechtstypischer Merkmale, doch ist nach wie vor unklar, wie hoch der Anteil der nicht-genetisch-, sondern umwelt-(lernumwelt-)bedingten Einflußgrößen an der Ausprägung beobachtbaren geschlechtstypischen Verhaltens ist. Eine wesentliche Rolle spielt dabei zweifelsohne der Prozeß der Sozialisation, über den die nachwachsende Generation die in ihrer Gesellschaft und Kultur typischen Einstellungen, Wertvorstellungen und Verhaltensmuster erlernt. Kulturvergleichende Studien (Triandis & Brislin, 1980; Whiting & Edwards, 1973) haben gezeigt, daß z.B. in Gesellschaften, in denen der Einsatz physischer Kraft zur Überlebenssicherung bedeutsam ist und in denen kooperative Formen des Zusammenlebens in Großfamilien vorherrschen, sehr unterschiedliche Rollenvorschriften für Männer und Frauen bestehen und ihre Einhaltung streng kontrolliert wird. Mit dem Wandel der Lebensumstände, der Anforderungen an die Überlebenssicherung sowie dem damit zusammenhängenden Wandel der Bedürfnisse, Sitten und Gebräuche verändern sich auch die Geschlechtsrollenunterschiede. So ist in den westlichen Industriegesellschaften seit Generationen ein deutlicher Wandel in Form einer Angleichung der für Mädchen und Jungen typischen Verhaltensweisen und den Rollenzuweisungen und -erwartungen an Männer und Frauen zu beobachten. Einen nicht zu unterschätzenden Einfluß auf den Prozeß der geschlechtsspezifischen Sozialisation üben dabei in den modernen Industriegesellschaften die Massenmedien aus, die in Spielfilmen und Werbespots mehr oder weniger voneinander abweichende typische Frauen- und Männerrollen vorführen und damit eine Vorbildwirkung ausüben.

In seinem Buch „Kultureller Umbruch — Wertwandel in der westlichen Welt" beschreibt der amerikanische Soziologe Inglehart (1989) die allgemeinen gesellschaftlichen Veränderungsprozesse so: „Innerhalb weniger Jahrzehnte hat der wirtschaftliche, technische, politische und soziale Wandel die Kulturen der entwickelten Industriegesellschaften in vielen Bereichen entscheidend verändert. Die Einstellung zur Arbeit, die Inhalte politischer Auseinandersetzungen, die religiösen Überzeugungen der Menschen, ihre Haltung gegenüber Scheidung, Abtreibung und Homosexualität, der Stellenwert von Kindern und Familie — all dies ist in Bewegung geraten. Man könnte sogar so weit gehen zu sagen, daß die Menschen in der entwickelten Industriegesellschaft genau das vom Leben erwarten: Den unablässigen Wandel. Der Wandel vollzieht sich schrittweise. Darin spiegelt sich wieder, daß die einzelnen Generationen während ihrer formativen Jahre von unterschiedlichen Erfahrungen geprägt wurden. So sind traditionelle Wertvorstellungen und Normen in der älteren Generation nach wie vor weit verbreitet, während sich bei den jüngeren Menschen neue Einstellungen immer mehr durchsetzen. In dem Maße, wie die jüngere Generation in einer Gesellschaft nachrückt und die ältere Generation ablöst, verändern sich die vorherrschenden Anschauungen. Darüber hinaus ist die jüngere Generation zum Teil aufgrund ihres höheren Bildungsniveaus politisch kompetenter. Die Jüngeren können aktiver und sachgerechter an der Politik partizipieren als die Menschen früherer Generationen. Diese Veränderungen haben weitreichende Folgen. Der kulturelle Wandel beeinflußt die wirtschaftlichen Wachstumsraten in den einzelnen Gesellschaften und in der Art der angestrebten wirtschaftlichen Entwicklung. Der kulturelle Wandel verändert die sozialen Ursachen politischer Konflikte, die Gründe, weshalb Menschen eine politische Partei unterstützen, welche Arten von Parteien sie unterstützen, und wie sie versuchen, ihre politischen Ziele durchzusetzen. Der kulturelle Wandel hat außerdem Auswirkungen auf die demographische Entwicklung, die Familienstrukturen und die Häufigkeit des Kirchenbesuchs" (S. 11—12).

Die statistischen Analysen von Inglehart belegen, daß die Kluft zwischen den Geschlechtern vor allem deshalb abnimmt, weil für Mädchen und Frauen die traditionellen Bildungsbarrieren allmählich abgebaut wurden. Am Beispiel der Bereitschaft, am politischen Leben in der Gesellschaft aktiv teilzunehmen, sich über politische Vorgänge zu informieren und über politische Ereignisse zu diskutieren, traditionellerweise eine ausschließliche Domäne der Männer, zeigen die Untersuchungen von Inglehart, daß die Diskrepanz zwischen den Geschlechtern hinsichtlich der politischen Diskussionsrate (ein Maß für politisches Engagement) in den unteren Bildungsschichten am größten ist und in den hoch gebildeten Gruppen nahezu verschwindet. So stellt Inglehart (1989) fest: „Unter denjenigen, die mit 15 Jahren nicht mehr zur Schule gehen, reden Männer wesentlich häufiger über politische Themen als Frauen. Die traditionelle apolitische Rolle der Frau bestimmt immer noch das Verhalten der Mehrheit der Frauen. Doch die Schulbildung bringt neue Anstöße, die das traditionelle Erbe ersetzen und die Kluft zwischen den Geschlechtern, die bei den Befragten mit dem geringsten Bildungsniveau 22 % Punkte beträgt, verringert sich bei Befragten mit einer höheren Bildung auf 3 % Punkte. (Die Untersuchungsergebnisse zeigen weiterhin)... nicht allein das absolute Bildungsniveau ist gestiegen, auch der Unterschied im Bildungsniveau von

Männern und Frauen hat sich verringert. Noch vor ein oder zwei Generationen war es außergewöhnlich, daß eine Frau eine höhere Ausbildung erhielt. Heute besuchen Frauen in den meisten der untersuchten Länder ebenso häufig die Universität wie Männer. Daher müßte die Diskrepanz zwischen den Geschlechtern im Laufe der Zeit allmählich geringer werden" (S. 434).

Diese von Inglehart festgestellte Angleichung im politischen Engagement zwischen den Geschlechtern bedingt durch den Wegfall geschlechtsspezifischer Unterschiede im Bildungsniveau betrifft sicherlich nicht nur diesen Bereich. Es ist zu beobachten, daß mit dem allmählichen Abbau der Bildungsbarrieren für Mädchen und Frauen das allgemeine und berufsspezifische Bildungsniveau allmählich angeglichen wurde mit der Folge, daß die Trennung in typische Frauen- bzw. Männerberufe allmählich abnimmt, Frauen in Berufssparten tätig werden, die ihnen bislang aufgrund traditioneller Rollenvorstellungen oder mangelnder beruflicher Qualifikation verschlossen waren, und damit zugleich Ansprüche an gleiche Bezahlung, Aufstiegschancen, Macht und Einfluß erhoben werden und zu deren Verwirklichung politische Mittel eingesetzt werden. Quotenregelungen für Frauen, Frauenbeauftragte in Betrieben und Behörden sowie die Bevorzugung von Frauen gegenüber Männern bei Stellenbesetzungen, sofern gleiche fachliche Qualifikationen vorliegen, sind einerseits das Resultat bedeutsamer Prozesse des sozialen Wandels in den Geschlechtsrollen und andererseits erwachsen aus diesen Maßnahmen wiederum Kräfte zur Beschleunigung des Wandlungsprozesses in Richtung auf eine Angleichung der Geschlechterrollen. „Wir vermuten, daß noch ein weiterer Prozeß in diese Richtung wirkt: Die allgemeine Verschiebung von materialistischen hin zu postmaterialistischen Wertvorstellungen. Wer in relativ großer wirtschaftlicher und physischer Sicherheit aufgewachsen ist, hält solche materiellen Dinge höchstwahrscheinlich für selbstverständlich und konzentriert sich auf andere Ziele; er investiert seine Energie und Aufmerksamkeit beispielsweise eher in politische Anliegen. Gebildete Menschen, Postmaterialisten und Beschäftigte aus dem Dienstleistungssektor reden alle recht häufig über politische Themen. Da immer mehr Menschen in der erwachsenen Bevölkerung einer dieser drei Gruppen angehören, können wir davon ausgehen, daß auf der Ebene der breiten Öffentlichkeit die Bereitschaft zur politischen Partizipation allmählich wächst. Darüber hinaus stand das traditionelle Verständnis von der Rolle der Frau ihrer politischen Partizipation bisher im Wege. Dieser Effekt ist jedoch in jüngeren Kohorten (Befragungsgruppen mit zeitlichen Merkmalsausprägungen) viel schwächer als in älteren Kohorten. Auch dies ist ein Argument dafür, daß wir aufgrund des Generationswechsels mit einer Zunahme der politischen Partizipation rechnen können" (Inglehart, 1989, S. 436—441). Unter postmaterialistischen Werten versteht Inglehart in diesem Zusammenhang im Unterschied zu Werten des physischen Überlebens und der physischen Sicherheit, die bereits als verwirklicht erlebt werden, Wertkonzepte der Gruppenzugehörigkeit, Selbstverwirklichung und Lebensqualität. Gerade die Zunahme an politischer Partizipationsbereitschaft, Partizipationsfähigkeit und Durchsetzungsmöglichkeiten bei

Frauen verstärkt zweifellos Prozesse des sozialen Wandels in Richtung auf eine Geschlechtsrollennivellierung.

Zur Analyse der Geschlechtsrollenentwicklung auf individueller Ebene sind in der Psychologie im wesentlichen vier Theoriekonzepte diskutiert worden: (1) Die psychoanalytische Theorie (Erikson, 1982; Freud, 1961; Horney, 1926) sieht in der ödipalen Phase der Individualentwicklung, und hier insbesondere im ödipalen Konflikt und in der geschlechtsspezifischen Art seiner Verarbeitung, die zentrale Ursache für die psychischen Unterschiede zwischen Mann und Frau. Die in der ödipalen Phase von Mädchen und Jungen erfahrenen Unterschiede in den primären Geschlechtsorganen und deren Bewertung (Penisneid, Minderwertigkeit) üben einen unterschiedlichen Einfluß auf die Persönlichkeitsentwicklung von Mann und Frau aus. (2) Die klassische Lerntheorie erklärt die unterschiedliche Geschlechtsrollenentwicklung durch den Prozeß der Verstärkung. Von den Eltern und anderen für Jungen und Mädchen wichtigen Personen gelobte Verhaltensweisen werden häufiger ausgeführt und im Verhaltensrepertoire verankert. Dementsprechend werden unerwünschte Verhaltensweisen, deren Aktivierung bestraft wurde, vermieden. Wenn Eltern von ihren Kindern geschlechtstypisches Verhalten erwarten, werden die von ihnen eingesetzten Verstärker mit der Zeit bewirken, daß sich bei Jungen und Mädchen geschlechtsspezifisches Verhalten herausbildet. Es findet eine Qualifizierung der Jungen in jungentypischen bzw. der Mädchen in mädchentypischen Leistungsbereichen und Verhaltensweisen statt. Eine entsprechende Dequalifizierung bis hin zur erlernten Hilflosigkeit (Seligman, 1980) in für das andere Geschlecht typischen Leistungs- und Verhaltensbereichen erfolgt selbst dann, wenn diese bislang von beiden Geschlechtern gerne und mit Geschick ausgeführt wurden. Die sozial-kognitive Lerntheorie (Bandura, 1979) nimmt an, daß Kinder das Geschlechtsrollenverhalten durch Beobachtung erlernen. Indem sie ihre Eltern, gleichgeschlechtliche Spielpartner und in Medien handelnde Personen beobachten, lernen sie, welches Verhalten für Frauen und welches für Männer angemessen ist und übernehmen diese geschlechtsspezifischen Formen in ihr Repertoire. Nach dieser Theorie würden Mädchen und Jungen dann kein geschlechtstypisches Verhalten zeigen, wenn die beobachteten Modelle in ihrem Verhalten keine Geschlechtsunterschiede aufwiesen. (3) Die Rollentheorie geht davon aus, daß mit der Übernahme bestimmter Positionen in der Gesellschaft, wie z. B. die Position des Familienvaters, des Managers, des Lehrers usw. bzw. der Mutter, der Hausfrau, der Kindergärtnerin usw., bestimmte Rollen verbunden sind, die entweder vom weiblichen oder vom männlichen Geschlecht ausgefüllt werden können. Die Rollentheorie hat allerdings nur in den Gesellschaften einen hohen Erklärungswert, in denen für Männer und Frauen Positionen vorgesehen sind, mit denen ein geschlechtstypisches Rollenverhalten eng verbunden ist. Während in früheren Zeiten der Beruf des Erziehers auch in der Primärerziehung ausschließlich Männern vorbehalten war, hat sich im Laufe mehrerer Generationen dieser Ausbildungsbereich in ein frauentypisches Berufsfeld verwandelt, obwohl in diesem Bereich nach wie vor auch männliche

Lehrkräfte tätig sind. (4) In der kognitiven Theorie, wie sie von Kohlberg & Turiel (1978) in Anlehnung an die Entwicklungstheorie von Piaget (1983) konzipiert wurde, wird die aktive Rolle des Heranwachsenden in der Auseinandersetzung mit seiner jeweiligen Umwelt und die Beziehungen zwischen Kognition (Denken und Urteilen), Motivation und Verhalten im Zusammenhang mit der Geschlechtsentwicklung betont. Aus der Wahrnehmung geschlechtstypischen Verhaltens und einer damit einhergehenden fortschreitenden Urteilsbildung kommt es zur Entwicklung von Konzepten über die Geschlechtstypisierung der sozialen Umwelt in Verbindung mit einer geschlechtsspezifischen Identifizierung im Selbstkonzept. Aus der Verhaltensbeobachtung und aus verfügbaren Informationen über die mit dem eigenen und fremden Geschlecht verbundenen Merkmale, Verhaltensschemata und Einstellungsstereotype entwickelt der Heranwachsende ein allgemeines Konzept der Geschlechtsrollen und sucht darin einen eigenen Standort zu gewinnen.

Die individuellen und in einer Gesellschaft allgemein geteilten Vorstellungen über die Rolle von Mann und Frau in Familie, Beruf und öffentlichem Leben sind Teil einer Hierarchie von Wertvorstellungen, die der Orientierung in einer Gesellschaft dienen. Nach den Ergebnissen der Forschungen zum Wertewandel von Inglehart (1989) zeigt sich: „... daß wir einen umfassenden kulturellen Wandel erleben, durch den eine Weltanschauung durch eine andere ersetzt wird. Ob sich dieser umfassende kulturelle Wandel tatsächlich vollzieht, ist empirisch noch nicht nachgewiesen. Bei einer Komponente des Syndroms ist es allerdings bereits klar: Die intergenerationelle Verschiebung von materialistischen bis hin zu postmaterialistischen Wertvorstellungen ist eindeutig belegt. Ob jemand materialistische oder postmaterialistische Wertprioritäten vertritt, ist offenbar auf seine formativen Erfahrungen zurückzuführen, also auf Erfahrungen, die 50 oder 60 Jahre zurückliegen können. Kurz gesagt: Die in den einzelnen Gesellschaften vorherrschenden Weltanschauungen können sich verändern. Sie verändern sich aber nur langsam, überwiegend auf dem Wege des Generationswechsels in der Bevölkerung“ (S. 489).

Nach der sozialen Lerntheorie in Verbindung mit der kognitiven Theorie der Geschlechtsentwicklung und den Ergebnissen der Wertforschung kann erwartet werden, daß mit dem Übergang von der materialistischen zur postmaterialistischen Wertorientierung, gefördert durch den nachgewiesenen Generationenwechsel, die Geschlechtsrollenunterschiede immer weiter nivelliert werden. Dies wird aber nur in den Bereichen geschehen, die von Männern und Frauen als diskriminierend erlebt werden und der eigenen Selbstverwirklichung sowie der Steigerung der Lebensqualität im Wege stehen. Dazu gehören z. B. für Frauen der Zugang zu höheren Positionen, zu politischen und gesellschaftlichen Macht- und Einflußmöglichkeiten, die geschlechtsspezifische Festlegung auf schlecht bezahlte, monotone und unterbewertete Arbeitstätigkeiten usw.

Frauen in Managementpositionen, Frauen mit politischem Einfluß, Frauen mit einer eigenständigen Berufskarriere, eigenem Lebensstil und selbstbewußter Verantwortung für die eigene Familie wirken auf die nachwachsende Generation als Lernmodelle. Sie werden dann nachgeahmt, wenn für heranwachsende Mädchen sichtbar ist, daß diese Frauen für ihr Verhalten und ihre Einstellung soziale und gesellschaftliche Unterstützung erfahren. Für die Ausbildung des allgemeinen Konzeptes der Geschlechtsrollen auf der individuellen Ebene und die Entwicklung der geschlechtsspezifischen Anteile des individuellen Selbstkonzepts werden die postmaterialistischen Wertorientierungen in Verbindung mit den als nachahmenswert empfundenen Modellen von entscheidender Bedeutung sein. Damit wird zugleich eine Beschleunigung des Prozesses sozialen Wandels in den Geschlechtsrollen verbunden sein.

Ein Beleg für diese Vorgänge sind ebenfalls die Ergebnisse der Untersuchungen von Inglehart (1989), die zeigen, daß das Potential für politische Partizipation in den westlichen Gesellschaften in den vergangenen Jahren durch drei Entwicklungen allmählich angewachsen ist: „(1) Das Bildungsniveau ist gestiegen, und der politische Informationsgrad ist höher. (2) Die Normen für die politische Partizipation von Frauen haben sich gewandelt. (3) Die Wertprioritäten haben sich so verändert, daß existenziellen Bedürfnissen weniger Bedeutung zugemessen wird, während Selbstverwirklichung höhere Priorität erhält. Die unmittelbaren Folgen dieser langfristigen Veränderungen werden jedoch teilweise überdeckt: Während sich die Voraussetzungen für politische Partizipation auf der Individualebene verbessert haben, ist die externe Mobilisierung schwächer geworden, weil politische Parteiorganisationen, Gewerkschaften und religiöse Institutionen an Bedeutung verloren haben. Das Ergebnis sind stagnierende Wahlbeteiligungen und ein Rückgang anderer Formen von „eliten-gelenkter" Partizipation einerseits und eine Zunahme der „eliten-lenkenden" Formen der Partizipation andererseits. Die eliten-lenkende Partizipation geht von den durchschnittlichen Bürgern aus, die keine bestimmte Rolle in den bestehenden Institutionen spielen, sondern ad hoc geschaffene Rollen übernehmen, um spezielle Probleme zu lösen. Die wachsende Bereitschaft zur Diskussion über politische Themen, unkonventionelle Formen der politischen Partizipation und die Entstehung neuer gesellschaftlicher Bewegungen sind Ausdrucksformen einer zunehmenden eliten-lenkenden Partizipation" (S. 417—418).

Viele Formen der modernen Emanzipationsbewegung weisen deutliche Merkmale unkonventioneller politischer, eliten-lenkender Partizipation auf. Ihre Wirksamkeit wird dadurch verstärkt, daß die bestehenden Organisationen, z. B. Betriebe, Behörden, Bildungseinrichtungen, eine institutionalisierte Interessenvertretung einräumen, z. B. durch die Schaffung der Einrichtung gewählter Frauenbeauftragter. Es besteht dann eine Verpflichtung der Institutionsleitung, die Beschwerden über Benachteiligungen von Frauen und als ungerechtfertigt angesehene Ungleichbehandlung von Frauen gegenüber Männern ernst zu nehmen, sie zu behandeln und eine für beide Seiten befriedigende Lösung herbeizuführen. Die Position der Frauenbeauftragten wäre zugleich mit der Verpflichtung verbunden, nicht nur Mißstände anzuprangern, sondern praktikable Lösungen vorzuschlagen, durch die auf Dauer genügend Veränderungspotential entwickelt wird, um die erwünschten sozialen Wandlungen im Geschlechtsrollenverhalten durchzusetzen. Da diese Prozesse bereits seit einigen Jahrzehnten in Gange sind, wissenschaftlich recht gut analysiert und dokumentiert wurden, über das Thema viel publiziert und öffentlich diskutiert wird und somit einschlägige Informationen leicht zugänglich sind, können die zukünftigen Wandlungsprozesse im Geschlechtsrollenverhalten von allen interessierten Personen leicht beobachtet, mitvollzogen sowie aktiv und wirkungsvoll beeinflußt werden.

Zusammenfassung

Aus der Kritik an der bürgerlichen Industriegesellschaft entwickelten sich eine aristokratisch-konservative Gesellschaftsauffassung und das Konzept des Liberalismus, die beide Einfluß nahmen auf die Entstehung massenpsychologischer Konzepte. Die Massenpsychologie versuchte, auf der Grundlage von Beobachtungsberichten über Massendemonstrationen, Aufruhr, Panikreaktionen u. ä. theoretische Erklärungen dafür zu finden, wie Menschen sich in solchen Situationen verhalten.

Nach Le Bon reagieren Menschen in Massensituationen triebhaft, sie sind extrem erregbar, spontan, ungehemmt, affektgesteuert und rationalen Argumenten nicht zugänglich. Im Zustand gespannter Erwartung auf zukünftige Ereignisse sind sie besonders leicht beeinflußbar durch Führer und Propagandisten und unterliegen deren Suggestibilität. Die Ursachen für massenpsychologische Beeinflussungen liegen nach Le Bon im Prozeß der Übertragung, dem Gefühl, in der Masse unbegrenzte Macht zu besitzen und der kritiklosen Folgschaft gegenüber mächtigen Führern.

Die Unterscheidung zwischen Elite- und Massenmensch führte besonders bei Ortega y Gasset zu einer einseitigen Verdammung des Menschen in der Masse, kollektiven und sozialen Gemeinschaften und einer Idealisierung der gebildeten, über den Durchschnittsmenschen weit hinausragenden, nur sich selbst und dem Gemeinwohl verantwortlichen Eliten, zu denen sich selbstverständlich alle Propagandisten massenpsychologischer Theorien selbst zugehörig wußten.

Hier setzt auch die Kritik an, die der Massenpsychologie vorwirft, mit unklaren Begriffen, dürftigen empirischen Belegen, aber eindeutigen Wertungen wie: „Wer über Massen theoretisiert, kann kein Massenmensch sein!" komplexe Prozesse zu vereinfachen und damit zu verfälschen.

Der psychoanalytische Erklärungsversuch sieht die Ursachen von Massenphänomenen in einer libidinösen, lustbetonten Bindung des Individuums an den Führer und die anderen Massenindividuen verankert.

Der suggestive Einfluß der Massenmedien auf den Massenmenschen war bereits von den Massenpsychologen erkannt worden. Nach Tarde kommt die suggestive Wirkung dadurch zustande, daß der einzelne davon überzeugt ist, die medienvermittelte Information zur gleichen Zeit mit vielen anderen seinesgleichen zu teilen. Dadurch kann er selbst über weite Entfernungen ein Gemeinschaftsgefühl entwickeln und bedarf nicht mehr eines Gegenübers.

Die rasante Entwicklung der Massenmedien in den letzten hundert Jahren bis hin zum Satelliten- und Kabelfernsehen hat einerseits die Kritik an der Einseitigkeit, Selektivität und Übersimplifizierung des Informationsangebotes provoziert und andererseits Forschungen über die Wirksamkeit der Massenmedien angeregt. Dabei hat sich erwiesen, daß Aufnahme und Verarbeitung medienvermittelter Informationen nicht nur von der anregenden Aufmachung abhängen, in die sie verpackt werden, sondern von ihrem Grad an Übereinstimmung mit bereits bestehenden Einstellungs- und Wissensstrukturen, der Stimmungslage des Rezipienten und seinen Bindungen an Mitglieds- und Bezugsgruppen. Ebenso wichtig für die Informationsaufnahme sind die für kompetent angesehenen Meinungsführer. Gruppen können die Wirkung von Massenmedien auf ihre Mitglieder dadurch beeinflussen, daß aufgrund der bestehenden Gruppenstruktur einige Gruppenmitglieder vermehrt Informationen von außen aufnehmen und verarbeiten können (z. B. Führer), daß sie Regeln und Normen zur Beurteilung der Glaubwürdigkeit von Informanden und Informationsinhalten entwickeln (z. B. werden Informationen über Leistungen, die von konkurrierenden Fremdgruppen erbracht wurden, als übertriebene Angeberei bewertet) und daß sie Aufnahme und Weiterleitung bestimmter, z. B. erwünschter und nützlicher Informationen aktiv unterstützen, unerwünschter aber unterbinden.

Besonders intensiv erforscht wurden bislang die Wirkungen der Massenmedien auf die politische Überzeugungsbildung und das Wahlverhalten. Dabei stellte sich heraus, daß die politische Meinungsbildung durch einen multifaktoriellen Beeinflussungsprozeß zustandekommt, bei dem im Individuum und in für das Individuum bedeutsamen Gruppen ablaufende und sich gegenseitig beeinflussende Prozesse zusammenwirken. Von zentraler Bedeutung ist dabei das Prozeßgefüge zwischen der zielstrebigen Verfolgung individueller Interessen, der Identifikation mit bedeutsamen sozialen Gruppen, dem Einfluß von Meinungsführern, dem Festhalten an zentralen Werten, der Ausprägung persönlichkeitsspezifischer Bedürfnisse und Motive und der durch politische Ereignisse hervorgerufenen Entwicklungen in der Gesellschaft einschließlich der sich daraus für das Individuum ergebenden kognitiven und emotionalen Folgen.

Im Zusammenhang mit der Behandlung des Einflusses persönlichkeitsspezifischer Bedürfnisse und Motive auf die politische Meinungsbildung und das politische Handeln wird ausführlicher auf die Forschungsergebnisse zur autoritären Persönlichkeit eingegangen. Die autoritäre Persönlichkeit zeichnet sich durch Merkmale wie Dogmatismus, Autoritarismus, Rigidität, Konservativismus, geringes Selbstwertgefühl und dem Bedürfnis nach sozialer Sicherheit aus. Die autoritäre Persönlichkeit verdrängt die abgelehnten Aspekte und Unzulänglichkeiten des eigenen Selbst und projiziert sie auf andere meist abgelehnte politische Gruppen so, daß sie diese als höchst bedrohlich und destruktiv wahrnimmt und eine entsprechende Kontrolle und Behandlung fordert. Gerade in Zeiten politischer, wirtschaftlicher und sozialer Unsicherheit können im Verbund mit der Darstellung gesellschaftlicher Gefahren und Probleme in den Massenmedien diese Projektionsmechanismen aktiviert werden und zu verstärkter Aggression gegenüber abgelehnten Randgruppen, gesellschaftlichen Minderheiten und politischen, religiösen, nationalen oder rassischen Fremdgruppen führen.

Weil sich ein sozialer Wandel in Gesellschaften oft über viele Generationen erstreckt und aus einem Konglomerat von Einflußfaktoren zusammensetzt, ist eine genaue Analyse der Verlaufsprozesse und ihrer Determinanten sehr schwer. Als ungeplanten sozialen Wandel bezeichnet man alle nicht willkürlich geplanten und nicht absichtsvoll herbeigeführten Veränderungen in einer Gesellschaft, wohingegen ein geplanter sozialer Wandel alle gezielt initiierten und meist auf der Grundlage sozialwissenschaftlicher Erkenntnisse geplanten und gesteuerten gesellschaftlichen Veränderungsprozesse umfaßt.

Als Strategien geplanten sozialen Wandels lassen sich unterscheiden: Die empirisch-rationale Strategie, die davon ausgeht, daß der Alltagsmensch ähnlich rational und vernünftig bei der Problemlösung vorgeht wie ein Wissenschaftler, so daß aus der systematischen Analyse der gesellschaftlichen Zustände wichtige Erkenntnisse über Fehlentwicklung, Defizite und Möglichkeiten ihrer Überwindung gewonnen und als Planungsgrundlage verwandt werden können. Die normativ-intervenierende Strategie basiert auf der Annahme, daß fest verankerte Einstellungen, Werte und Verhaltensmuster vorhanden sind, die durch Erziehung, Ausbildung und evtl. unterstützt durch gruppendynamische Trainings für bestimmte gesellschaftliche Funktionsträger in Schlüsselpositionen langfristig geändert werden können und müssen, wenn ein sozialer Wandel wirksam werden soll. Die Macht- und Zwangsstrategie versucht sozialen Wandel durch den Einsatz von Belohnungs- und Bestrafungsmacht unter Verwendung gewaltloser oder gewaltsamer Zwangs- und Druckmittel zu erreichen. Die Vor- und Nachteile dieser Strategien werden diskutiert.

Am Beispiel des Wandels der Geschlechtsrollen zwischen Männern und Frauen werden die Determinanten dieses Veränderungsprozesses dargestellt, z. B. allmählicher Abbau von Bildungsbarrieren für Mädchen und Frauen, Erhöhung des allgemeinen und berufsspezifischen Ausbildungsniveaus, Angleichung sozialer und beruflicher Aufstiegschancen und dementsprechende Ansprüche an eine Entlohnung sowie an Macht und Einflußmöglichkeiten wie Männer sie bereits besitzen. Damit zusammenhängend wird versucht, den Wertewandel hin zu postmaterialistischen Werten wie Selbstverwirklichung, Lebensqualität und frei gewählte Gruppenzugehörigkeit und Folgen dieser

Einflüsse in Richtung auf eine allmähliche Angleichung der Geschlechterrollen von Männern und Frauen nachzuzeichnen. Dabei wird auf die Bedeutung der psychoanalytischen Theorie, der klassischen Lerntheorie, der Rollentheorie und der kognitiven Verhaltenstheorie zur Erklärung der individuellen Geschlechtsrollenentwicklung verwiesen. Nach der sozialen Lerntheorie und der kognitiven Theorie der Geschlechtsentwicklung in Verbindung mit den Ergebnissen der Werteforschung ist zu erwarten, daß die Geschlechtsrollenunterschiede besonders in den Verhaltensbereichen nivelliert werden, in denen Diskriminierungen erlebt und die eigene Selbstverwirklichung und Steigerung der Lebensqualität behindert werden. Der Übergang von einer eliten-gelenkten Partizipation am öffentlichen politischen Leben zu einer eliten-lenkenden Partizipation unterstützt den Prozeß des sozialen Wandels der Geschlechtsrollen.

Fragen

1. Welche Auffassung von individueller Freiheit vertreten aristokratisch-konservative und liberalistische Gesellschaftsauffassungen?
2. Wie sind die charakteristischen Verhaltensmerkmale des sog. „Massenmenschen“ begründet?
3. Auf welche Argumente stützt sich die Kritik der Massenpsychologie?
4. Welche Unterschiede bestehen zwischen medienvermittelter Informationsaufnahme und authentischem Situationserleben bzw. der Informationsaufnahme in dialogischen Gesprächssituationen?
5. Was bestimmt die Wirksamkeit medienvermittelter Informationen?
6. Wie kann die Medienwirksamkeit durch Gruppen beeinflußt werden?
7. Welche Bedeutung kommt Bezugsgruppen bei der Verarbeitung medienvermittelter Informationen zu?
8. Wie beeinflussen die von Kinder & Sears (1985) identifizierten Einflußfaktoren die politische Meinungsbildung und wie sind sie miteinander verbunden?
9. Welche Zusammenhänge bestehen zwischen Merkmalen der autoritären Persönlichkeit und dem von ihr vertretenen System politischer Einstellungen und Überzeugungen und ihrem politischen Handeln?
10. Welche Kräfte bewirken und verstärken Prozesse des sozialen Wandels in Gesellschaften?
11. Welche Strategien geplanten sozialen Wandels lassen sich unterscheiden und welche Wirkungen sind damit zu erzielen?

12. Welche Kräfte bewirken eine Angleichung männlicher und weiblicher Geschlechtsrollen?
13. Welche Theorien eignen sich zur Beschreibung des sozialen Wandels von Geschlechtsrollen?

Weiterführende Literatur

Bauer, M. A. (Ed.). (1987). Sex differences in human performance. Chichester: Wiley & Sons.

Jäger, W. (1981). Gesellschaft und Entwicklung. Weinheim: Beltz.

Pross, H. & Buß, E. (Hrsg.). (1984). Soziologie der Masse. Heidelberg: Quelle & Meyer.

Roberts, D. F. & Maccoby, N. (1985). Effects of mass communication. In G. Lindzey & E. Aronson (Eds.), Handbook of Social Psychology (Vol. II) (pp. 539-598). New York: Random House.

Wunder, H & Vanja, Chr. (Hrsg.). (1991). Wandel der Geschlechterbeziehungen zu Beginn der Neuzeit. Frankfurt: Suhrkamp.

Kapitel 9:

Individuum und Gesellschaft

Zur Problematik des Gesellschaftsbegriffs

Gesellschaft ist zwar ein in der Umgangssprache wie in der Wissenschaftssprache häufig verwandter, aber zugleich auch vieldeutiger Begriff. Wenn von den ‚krankmachenden' gesellschaftlichen Verhältnissen, die im schnellen, oft zu schnellen gesellschaftlichen Wandel gesehen werden, wenn von Gesellschaftskonflikten oder der Konvergenz gesellschaftlicher Systeme gesprochen wird, verbergen sich dahinter nicht nur unterschiedliche Vorstellungen von Gesellschaft, sondern es wird oft nicht klar, welche Bedeutung dem Begriff ‚Gesellschaft, in diesen Zusammenhängen zukommt. Während man sich wissenschaftlich, besonders in der Soziologie, kognitiv mit eigenen und fremden Gesellschaften auseinandersetzt und auch der Handelnde im sozialen Beziehungsfeld eine abstrakte und meist nur diffuse Vorstellung von Gesellschaft entwickeln kann, ist sie vom einzelnen weder direkt erfahrbar noch auf Anhieb in ihrer Vielschichtigkeit verstehbar.

In der Soziologie wird unter ‚Gesellschaft' allgemein ein Gefüge von Individuen, von menschlichen Handlungen bzw. sozialen Beziehungen zur Befriedigung individueller und gemeinschaftlicher Bedürfnisse verstanden. Gesellschaft umfaßt das mehr oder weniger dauerhafte und organische Zusammenwirken von Individuen zur Erreichung gesetzter Ziele. Der Soziologe Niklas Luhmann (1984) meint: „Es muß in der Soziologie einen Begriff geben für die Einheit der Gesamtheit des Sozialen - ob man dies nun (je nach Theoriepräferenz) als Gesamtheit der sozialen Beziehungen, Prozesse, Handlungen oder Kommunikationen bezeichnet. Wir setzen hierfür den Begriff der Gesellschaft ein. Gesellschaft ist danach das umfassende Sozialsystem, das alles Soziale in sich einschließt und infolgedessen keine soziale Umwelt kennt. Wenn etwas Soziales hinzukommt, wenn neuartige Kommunikationspartner oder Kommunikationsthemen aufkommen, wächst die Gesellschaft mit ihnen. Sie wachsen der Gesellschaft an. Sie können nicht externalisiert, nicht als Sache ihrer Umwelt behandelt werden, denn alles, was Kommunikation ist, ist Gesellschaft" (S. 555). Damit grenzt sich Luhmann klar gegen die Gesellschaftsauffassung des symbolischen Interaktionismus (Mead, 1934) ab, der davon ausgeht, daß Gesellschaft aus der Summe der „verallgemeinerten Anderen" besteht. Die organisierte Gesellschaft, innerhalb derer das Individuum seine Identität entwickelt, besteht aus den „verallgemeinerten Anderen", von denen sich die konkreten Bezugspersonen, mit denen das Individuum in der Gruppe interagiert, als die sogenannten „signifikanten Anderen" unterscheiden. Der Erfolg der individuellen Sozialisation und der Aufbau einer individuellen Identität besteht gerade darin zu erkennen, daß hinter den konkreten Zuschreibungen und Verhaltenserwartungen etwa der Mutter (signifikante Andere) allgemeine Normen, Werte und soziale Verhaltenserwartungen der Gesellschaft (verallgemeinerte Andere) stehen. Die Identität des Individuums besteht nach Mead aus einem permanenten Wechselspiel zwischen dem ‚Mich' (me) als der Summe der durch Rollenübernahme erworbenen Elemente des eigenen Selbst, die allesamt gesellschaftlichen Ursprungs sind, und dem ‚Ich' (I), das aus den Formen der spontanen, impulsiven und individuell verankerten Reaktionen auf die Haltung der Sichtweise der Gruppe besteht. „Durch das Wechselspiel von ‚Mich' und ‚Ich' hindurch vollzieht sich die Vermittlung zwischen Individuum und Gesellschaft. Im Wechselspiel zwischen ‚Mich' und ‚Ich' werden zugleich die - in Gestalt spontaner Impulse auftauchenden - vorsozialen Antriebe des Menschen in den gesellschaftlichen Prozeß und die bewußte Realität der Gruppe hineinkanalisiert. Es vermittelt insofern auch Triebstruktur und Gesellschaft, Menschennatur und Kultur" (Preglau, 1989, S. 59).

Eindeutigkeit besteht darin, daß der Mensch ohne Gesellschaft nicht existieren kann, da sie ihm als Rahmen, System und vorgegebene Struktur ermöglicht, überlebenswichtige Orientierungen, Ordnungen, Regelhaftigkeiten und Bedeutungs- bzw. Sinnzuschreibungen zu finden resp. zu entwickeln. In der Soziologie ist nach wie vor umstritten, ob sich Gesellschaften über Prozesse der Kulturentwicklung, also einer allgemeinen Anerkennung von religiös, ethisch, moralisch, politisch oder wirtschaftlich begründeten Werten und der damit verbundenen Entwicklung verbindlicher Handlungsnormen und -regeln gebildet haben oder ob Gesellschaften die Folgen natürlicher oder künstlich geschaffener ökologischer Handlungsbedingungen sind.

Sozialphilosophische Erklärungsversuche als Vorläufer der modernen Soziologie reichen bis in die Antike zurück. Nach Aristoteles ist der Mensch ein soziales und gesellschaftliches Wesen (zoon politicon) und ist deshalb auf Staat und Gesellschaft als Lebens- und Ordnungsrahmen angewiesen. Gesellschaftliche Ordnungsstrukturen wie z. B. Herrschaftsverhältnisse, werden besonders in der mittelalterlichen Philosophie als das Resultat göttlicher Offenbarung angesehen. Erst die Aufklärung ließ verschiedene Theorien vom sogenannten Gesellschaftsvertrag als Ursprung von Gesellschaften entstehen, der dadurch zustande gekommen sein solle, daß sich Individuen aus einem chaotischen Naturzustand, in dem alle gegen alle kämpften und allein das Recht des Stärkeren geherrscht haben solle, zu befreien versuchten, indem sie sich bewußt und freiwillig zusammenschlossen, um durch vertragliche Regelung das Chaos zu beenden und jedem eine Überlebenschance zu sichern. So meinte z. B. der englische Philosoph Thomas Hobbes (1640), daß im Menschen nichts ist, was ihn zur Gemeinschaftsbildung zwingen würde. Kein sozialer Trieb, kein Wesenszug, der auf Gemeinschaft angelegt wäre, wie man in der Antike annahm. Das Handeln des Menschen sei durch Nutzen und Macht, also durch rein egoistische Triebe, beherrscht. Er sei kein von Natur aus geselliges Wesen, sondern würde allein bestimmt von Utilität und Egoismus. Im Naturzustand, meint er, leben die Menschen nach ihrer natürlichen Begierde, und jeder kann tun, was ihm gefällt. Die Natur hat jedem ein Recht auf alles gegeben, d. h. in dem reinen Naturzustand, oder ehe die Menschen durch irgendwelche Verträge sich gebunden hatten, war es jedem erlaubt zu tun, was er wollte und konnte. Lediglich der individuelle Nutzen war der Maßstab des Rechtes. Alle Menschen sind nach Hobbes von Natur aus mit den gleichen Fähigkeiten und Fertigkeiten ausgerüstet und verfolgen alle gleiche Ziele, nämlich Selbsterhaltung, Macht, Sicherheit, Unabhängigkeit und Ansehen. Da sie dies aber nicht alle in gleichem Maße haben können, entsteht das Bestreben, den anderen als Konkurrenten zu vernichten, zu berauben und zu unterdrücken. Dadurch entwickelt sich ein permanentes Mißtrauen und eine andauernde Furcht jedem gegenüber. Lediglich die Primärgruppen, insbesondere die Familien, wurden von diesem Kampf „aller gegen alle" ausgenommen, denn in ihnen herrschte Harmonie aufgrund „natürlicher Gesetze" wie Dankbarkeit, Vertragstreue und Friede. Familien lagen wie Inseln in einem Meer des Mißtrauens, und in ihnen konnte sogar erfahren werden, was Vertragstreue und Dankbarkeit zwischen verschiedenen Personen bewirkt, doch konnte man außerhalb der Familien nicht sicher sein, ob die anderen bereit waren, sich solchen Regeln zu unterwerfen. Hobbes meinte, daß aus der Einsicht, daß dieser chaotische, lebensbedrohliche Naturzustand auf Dauer keinem nützen kann, die Idee des Staatsvertrages entstanden sei, d. h. daß man nach passenden Regeln des Verhaltens suchte, zu denen alle ihre Zustimmung geben konnten. Diese Regeln waren die „natürlichen Gesetze". Man gab also die „Naturrechte" (Kampf aller gegen alle und das Recht des Stärkeren) als persönliche Rechte preis und etablierte sie auf einer höheren Ebene durch freie Konvention der Individuen als staatliche Ordnung, Sitte, Sittlichkeit und als Recht. Dies ist nach Hobbes die Geburtsstunde der Gemeinschaft oder des Staates, da jetzt die Willkür des einzelnen beschränkt ist zugunsten des sozialen Friedens, der jedem einen gewissen Spielraum von Freiheit einräumt.

Das bürgerlich-liberale Gesellschaftsbild, das von einer ihren natürlichen Bedürfnissen und individuellen Fähigkeiten und Fertigkeiten gemäß rational handelnden Persönlichkeit ausgeht, die in funktionalen Abhängigkeiten, arbeitsteiligen Beziehungsstrukturen und unter demokratisch-rechtsstaatlichen Ordnungsstrukturen mit anderen interagiert, wurde abgelöst von einer Vorstellung, daß Gesellschaften ähnliche Strukturen sind und ähnlich funktionieren wie das organische Funktionssystem lebender Organismen und deshalb als gestaltetes Ganzes zu betrachten sind (Organismustheorien). Die marxistische Gesellschaftsauffassung schließlich, die sich mit der Entstehung und Wirkung der in einer Gesellschaft verankerten Gegensätze (Klassengegensätze) und den daraus resultierenden Konflikten bzw. deren Überwindung befaßt, entstand aus der unüberwindbaren Diskrepanz und Konfrontation zwischen liberal-idealistischen Gesellschaftsideen und der bürgerlich-frühkapitalistischen gesellschaftlichen Realität.

Eine von konkreten, historischen und regionalen gesellschaftlichen Verhältnissen unabhängige, mehr abstrahierend, theoretisch-generalisierende Soziologie versucht seit Mitte des 19. Jahrhunderts allgemeingültige Annahmen über die Zusammenhänge zwischen Entwicklung, Erhalt, Struktur und Funktion von Gesellschaften zu formulieren. Pareto (Eisermann, 1962) sieht Gesellschaft als ein ganzheitliches Gebilde, dessen Elemente die zur Gesellschaft gehörenden Individuen mit ihren psychischen Kräften sind. Jede Veränderung in Teilen beeinflußt die Gesellschaft als Ganzes, die immer wieder den Zustand eines sozialen Gleichgewichts zu erhalten versucht. Auch Simmel (1968) reduziert Gesellschaft auf die miteinander in Beziehung stehenden Individuen, die allgemeingültige Formen und Strukturen der Interaktion wie z. B. Liebe, Streit, Wettbewerb, Macht, Hierarchiesystem u. ä., entwickelt haben.

Das soziale Handeln als elementare soziale Einheit, das auf andere Bezug nimmt und sich in seinem Ablauf daran orientiert, stellt für Max Weber (1964) in seiner Gesamtheit die Gesellschaft dar. Das Verstehen des subjektiven Sinns von Handlungen und Handlungstypen ist die Aufgabe der Soziologie. Da aber nur Individuen sinnhafte Handlungen vollziehen können, sind soziale Gebilde wie Gesellschaften, Staaten und Institutionen nicht aus sich selbst heraus verstehbar, sondern nur aufgrund der in ihnen vollzogenen individuellen Handlungsmuster. Gemeinschaft und Gesellschaft sind für Weber zwei Grundformen sozialer Beziehungen mit unterschiedlicher Qualität. Gemeinschaft liegt vor, wenn das soziale Handeln auf subjektiv gefühlter Zusammengehörigkeit der Handelnden beruht (z. B. in Familien). Gesellschaft entwickelt sich dann, wenn das soziale Handeln auf wert- und zweckrational motiviertem Interessenausgleich oder Interessenverbindungen beruht (z. B. in Unternehmen).

Parsons (1951) verwendet in seiner struktur-funktionalistischen Theorie einen Systembegriff, der völlig vom konkret handelnden Individuum abstrahiert. Im Zentrum der Analyse stehen interdependente Erwartungen, Rollen, Normen, Organisationen und Institutionen. In diesem Konzept repräsentiert sich Gesellschaft in den typischen, allgemein gültigen Erscheinungsformen und Regelmäßigkeiten menschlicher Interaktion. Diese entstehen dadurch, daß allgemeine Orientierungen interagierender Personen sich zu Positionen verfestigen. Innerhalb eines sozialen Systems (Gesellschaft) sind die einzelnen Personen nur noch Träger bestimmter, von ihrer Position im gesellschaftlichen Struktursystem abhängiger Rollen. In der Gesellschaft wirksam sind nach Parsons drei eng miteinander verbundene Systeme: (1) Das kulturelle System, bestehend aus kognitiven, expressiven und insbesondere wertbehafteten Symbolen, die dem einzelnen erst ein Verständnis der Handlungen anderer erlauben. (2) Das personale System wird als Netzwerk von Bedürfnisdispositionen aufgefaßt, die durch organische und psychische Prozesse, aber auch durch kulturelle Kontextbedingungen determiniert sind. (3) Das soziale System besteht aus sozialen Ordnungsstrukturen, Positionen und davon abhängigen Rollen, durch die an den Handelnden als Rollenträger bestimmte

Einstellungs- und Verhaltenserwartungen gestellt werden, denen er zu entsprechen hat. Durch die Internalisierung von Werten, Normen und Regeln beeinflußt das kulturelle System das personale System, durch die Institutionalisierung beeinflußt das kulturelle System das soziale System und durch die Sozialisation gewinnt das soziale System Einfluß auf das personale System.

Für Mead (1934) ist die durch den Austausch von Symbolen vollziehbare Interaktion die charakteristische Form des sozialen Handelns. In seiner Theorie des symbolischen Interaktionismus unterscheidet er, wie bereits dargelegt, beim handelnden Individuum zwischen ‚Selbst' und ‚Ich', und er sieht in dem dazwischen sich vollziehenden Wechselspiel die Vermittlung zwischen Gesellschaft und Individuum. Der Mensch wird Mitglied der Gesellschaft durch Verinnerlichung der Forderungen gesellschaftlicher Organisationen und deren organisierter Gruppenhaltungen über den Prozeß der Sozialisation. Ist dieser Vorgang der Anpassung an Gruppen und Verhaltenserwartungen abgeschlossen und hat das Individuum „den Geist der Gemeinschaft in sich", dann steht das individuelle Verhalten unter sozialer Kontrolle. Selbst wenn das Individuum in Eigenverantwortung handelt, erfolgt dies zwangsläufig mit Bezugnahme auf die moralischen Maßstäbe seiner Gesellschaft. Andererseits ist Mead überzeugt, daß im ausgebildeten 'Ich' Potentiale bereitstehen, die das Individuum befähigen, im Prozeß der symbolisch vermittelten Interaktion die Handlungen des „verallgemeinerten Anderen" zu verändern und über den damit eingeleiteten sozialen Wandel zur Weiterentwicklung der Gesellschaft beizutragen.

In den bisher beschriebenen, keineswegs vollständigen und recht unterschiedlichen Versuchen, Gesellschaft zu definieren und zu analysieren (Morel, 1989), ist deutlich geworden, daß allgemeine Formen individuellen sozialen Verhaltens und Handelns nicht selten als Grundbestandteile gesellschaftlicher Vorgänge aufgefaßt werden. Das Verhältnis von Individuum und Gesellschaft ist zwar theoretisch ein Wechselverhältnis, praktisch gesehen steht aber die Gesellschaft dem Individuum als etwas recht Äußerliches gegenüber. Gesellschaft ist etwas, auf das die Person keinen direkten Einfluß auszuüben vermag.

Das komplexe Beziehungsverhältnis von Individuum und Gesellschaft soll im folgenden am Beispiel der Diskussionen um die Begriffe Entfremdung und Anomie sowie der Devianzthematik, verstanden als soziale und kulturelle Abweichung, näher untersucht werden.

Entfremdung und Anomie

Bedeutungen des Begriffs Entfremdung

Entfremdung stellt sich ein, wenn dem Individuum bisher Vertrautes und Gewohntes fremd erscheinen, wenn es sich von sozial akzeptierten und von ihm selbst bisher geteilten Ansichten, Überzeugungen und Werten distanziert und völlig neue Orientierungen aufbaut. Entfremdung kann aus einer Störung des Ich-Bewußtseins resultieren, wenn die bisher geordneten Beziehungsmuster zur vertrauten Umwelt, zur Eigengruppe, zu Intimpartnern und innerhalb des sozialen Beziehungsnetzes abgebrochen, verändert oder neu akzentuiert werden. Mit Anomie wird in der Psychologie meist ein Zustand der inneren Leere, Orientierungslosigkeit, sozialen Isolation und Vereinsamung bezeichnet. Unter soziologischen Gesichtspunkten wird er häufig zur Bezeichnung von Gesetzlosigkeit, der bewußten Mißachtung von Normen und Werten in einer Gesellschaft und des Grades gesellschaftlicher Desintegration angewandt und als Voraussetzung für abweichendes individuelles Verhalten betrachtet. Nach Seeman (1959) lassen sich mit dem Begriff der Entfremdung wenigstens fünf verschiedene Bedeutungen verbinden:

1. Bei Marx & Engels (1846) steht im Vordergrund der Analyse die Machtlosigkeit des Individuums gegenüber den von ihm geschaffenen Verhältnissen. Sie sehen Entfremdung als einen Zustand, in dem „die eigene Tat des Menschen ihm zu einer fremden gegenüberstehenden Macht wird, die ihn unterjocht, statt daß er sie beherrscht" (Marx & Engels, 1969, S. 33). Ins Extrem gesteigert wird dieser Prozeß der Entfremdung durch die kapitalistische Klassengesellschaft. In ihr ist das Individuum nicht nur von seinen Produktionsmitteln getrennt und ihrer beraubt, sondern ebenfalls in seiner Arbeitstätigkeit entfremdet, denn es besitzt selbst keine Übersicht und Kontrolle mehr über Sinn und Zweck der Arbeit und den Arbeitsablauf. Da ihm zudem keine Verfügbarkeit mehr über das Arbeitsprodukt zusteht, ist es von den Arbeitsergebnissen entfremdet, und da in der kapitalistischen Klassengesellschaft mit einer spezifischen Form der Industrieproduktion soziale Isolation, Gleichgültigkeit und ein hohes Maß an Egoismus vorherrschen, wird der Arbeiter mehr und mehr seinen Mitmenschen und somit sich selbst entfremdet. Die Aufhebung der Entfremdung und damit die Wiederherstellung der vollen Entfaltungsmöglichkeit des Menschen sehen sie im Kommunismus als Folge der Aufhebung von Arbeitsteilung, Privateigentum und der Klassentrennung.

2. Im Sinne von „Sinnlosigkeit" verwendet Mannheim (1940) den Begriff „Entfremdung" als Beschreibung eines Zustandes, in dem die Fähigkeit abnimmt, „aufgrund eigener Einsicht in die Beziehungsstruktur der Ergebnisse in einer gegebenen Situation vernünftig zu handeln" (S. 59). Das Leben des Individuums ist von Einflußkräften des geschichtlich gewachsenen, gesamtgesellschaftlichen Lebenszusammenhangs geformt. Im Zusammenhang mit

seinen Analysen politischer Krisenerscheinungen in Massengesellschaften entwickelte Mannheim die Idee einer „geplanten Demokratie“ als dritten Weg im Gegensatz zur einseitig zentral gelenkten Gesellschaft und einer liberalistisch-demokratischen Gesellschaftsordnung, in der sich alle gesellschaftlichen Kräfte frei und ungeregelt entfalten können. Die Verwirklichung einer Gesellschaft geplanter Freiheit und Demokratie, die nach Mannheim dem Totalitarismus am ehesten Widerstand entgegensetzen kann, setzt allerdings Individuen voraus, die durch Erziehung zu rationalem Denken sowie einsichtigem und verantwortungsbewußtem demokratischen Handeln fähig sind. Ist diese Fähigkeit nicht in ausreichendem Maße entwickelt oder nimmt sie im Verlauf der individuellen Sozialisation deutlich ab, so kommt es im politischen Handeln zu Formen der Entfremdung, die deshalb kein rationales und situationsangemessenes Reagieren mehr ermöglichen, da die strukturellen Bedingungen und situativen Erfordernisse nicht mehr erkannt und verstanden werden.

3. Wenn zwar die gesellschaftlichen Bedingungen und Strukturen erkannt werden, es aber keine als verbindlich angesehenen Regeln des sozialen Verhaltens gibt, dann verwenden Durkheim (1897) und Merton (1949) den Begriff der Entfremdung im Sinne der „Anomie“. In diesem Falle handelt es sich um eine Situation, in der das Sozialgefüge so desintegrierend wirkt, daß der Einzelne aus ihm herausfällt. In normlosen Situationen besteht die Wahrscheinlichkeit, daß eine große Anzahl von Personen ihr angestrebtes Ziel nur dadurch erreichen können, daß sie Verhaltensweisen anwenden, die gegen die Regeln der Gesellschaft verstoßen, z. B. allein das Recht des Stärkeren gelten lassen oder durch Gewalt, Betrug und Bestechung sich selbst bereichern und andere ausbeuten.

4. Seeman (1959) sieht noch eine vierte Verwendung des Begriffes Entfremdung, indem er ihn mit Isolation gleichsetzt. „Die im Sinne der Isolation entfremdeten Personen sind solche, die, ähnlich wie die Intellektuellen, den Zielen und Überzeugungen, denen in der bestehenden Gesellschaft eine hohe Bedeutung zukommt, nur einen geringen Wert beimessen“ (S. 788-789). Bestimmte Personen oder Personengruppen entfremden sich immer mehr von der Gesellschaft, da sie weder etwas zu ihrem Erhalt beitragen noch sich an ihrer Entwicklung beteiligen, sich aber dennoch aus Gewohnheit oder Überzeugung ihr zugehörig fühlen.

5. Nach Fromm (1960) tritt Entfremdung schließlich in Form von Selbst-Entfremdung auf, einer Erfahrung, in der die Person sich selbst als etwas fremdes erlebt und sich gleichsam selbst fremd wird. „Die Entfremdung, wie wir sie in der modernen Gesellschaft finden, ist beinahe total. Sie durchdringt die Beziehung des Menschen zu seiner Arbeit, zu den Dingen, die er verbraucht, zu seinen Mitmenschen und zu sich selbst. Der Mensch hat eine Welt von Dingen aus Menschenhand geschaffen, wie es sie niemals vorher gegeben hat. Er hat eine komplizierte Gesellschaftsmaschinerie errichtet, um den von ihm aufgebauten technischen Apparat zu verwalten. Dennoch steht

diese, seine eigene Schöpfung hoch über ihm. Er empfindet sich nicht als ihren Urheber und Mittelpunkt, sondern als den Diener eines Golem (Homunkulus), den seine Hände erschaffen haben. Je gewaltiger und riesenhafter die Mächte sind, die er entfesselt, desto ohnmächtiger fühlt er sich selbst als menschliches Wesen. Seine eigene Schöpfung besitzt ihn, während er den Besitz seiner selbst verloren hat" (Fromm, 1960, S. 113).

Im Zusammenhang mit der Analyse des Verhältnisses von Individuum und Gesellschaft soll nun der Begriff der Anomie von zwei Seiten noch näher betrachtet werden. Einmal wird Anomie verstanden als Zustand der Gesellschaft und zum andern als individuelle Einstellung oder psychische Befindlichkeit einzelner Gesellschaftsmitglieder.

Anomie, verstanden als Zustand der Gesellschaft

Der Begriff Anomie kommt aus dem Griechischen und bedeutet soviel wie Ungesetzlichkeit, Ungeregeltheit. Er bezeichnet einen spezifischen Zustand sozialer Systeme, bei dem der Interaktionsprozeß zwischen den Systemstrukturen nicht wie sonst üblich zu einer Stabilisierung des Gesamtsystems führt, sondern zu unbalancierten Zuständen und zum Systemverfall. „Im Normalfall folgt das soziale Handeln einer durch Sitten, Traditionen, Vorschriften und anderen Regulierungen bestimmten Erwartungshaltung hinreichend genau, um seinerseits deren Geltung für den weiteren sozialen Verkehr zu bestätigen und zu sichern. Im anomischen Zustand werden demgegenüber die sonst gültigen Verhaltensregeln nicht mehr im üblichen Umfang befolgt, so daß die Akteure das Risiko der Norminkonformität im eigenen Handeln zunehmend veranschlagen und sich durch eigene Abweichungen zu schützen suchen. Ein sich in der davon bedingten anomischen Krise wieder vertiefendes Normenbewußtsein im Verein mit kompromißloserer Ahndung von Devianz (also abweichendem Verhalten), aber auch Strukturumbauten in Bereichen, in denen die Ursachen der Abweichungstendenzen vermutet werden, können dann den anomischen Prozeß anhalten und umkehren" (Messelken, 1989, S. 19).

Der bedeutende französische Soziologe Durkheim (1893) hat den Begriff Anomie in die Sozialwissenschaften eingeführt. Nach Durkheim ist der menschliche Organismus ein Bündel von Trieben, und erst aufgrund sozialer Bindungen entwickelt sich der Mensch zu einem sozial verträglichen Wesen. In seiner allgemeinen Theorie des Sozialen unterscheidet Durkheim zwischen kollektiven Phänomenen und individuellen Erscheinungen. Zu den kollektiven Phänomenen gehört ein als von allen als moralisch verpflichtend angesehenes Kollektivbewußtsein, das eine unabdingbare Voraussetzung für die gesellschaftliche Integration ist. Dieses moralisch verpflichtende Kollektivbewußtsein ist weder auf spezifische ökonomische noch auf psychologische Kategorien zurückführbar, da allein aus ihm heraus die Gesellschaft als eigenständiges

Phänomen begriffen werden kann. In der Kategorie des Kollektivbewußtseins verdichtet sich das Gewissen des gesellschaftlichen Kollektivs, das sich dann in Moral, Sitte, Werten und religiösen Überzeugungen ausdrückt und das im Verlauf der Sozialisation an die nachfolgende Generation weitergegeben wird. Ist dieses Kollektivbewußtsein gestört, so kommt es nach Durkheim zur Anomie, also einem Zustand der Gesetzes- und Regellosigkeit. In diesem Zustand ist das Kollektivbewußtsein nicht mehr mächtig genug, um die gesellschaftliche Integration zu sichern. So sieht Durkheim beispielsweise in den hochindustrialisierten, arbeitsteilig differenzierten Gesellschaften die Gefahr eines anomischen Zustandes, da in hoch komplizierten und differenzierten sozialen Systemen Informationen und Leistungsresultate so viele Stationen durchlaufen, daß Sender und Empfänger einander fremd bleiben. Am Beispiel seiner Theorie des Selbstmordes, in der er zwischen altruistischem Selbstmord (Überidentifikation mit gesellschaftlichen Normen), egoistischem Selbstmord (hochgradige Subjektivität religiöser Überzeugungen) und dem anomischen Selbstmord als Flucht aus einer als unkalkulierbar und unzuverlässig empfundenen Welt trennt, zeigt Durkheim (1897), daß Selbstmord als gesellschaftliches Phänomen begriffen werden muß, das nicht einfach auf individualpsychologische Vorgänge reduziert werden kann. Selbstmord als abweichendes Verhalten ist ein Protest gegen den sozialen Zwang und damit zugleich Ausdruck eben dieser durch das Kollektivbewußtsein hervorgerufenen Anpassungszwänge. Durkheim sieht die gesellschaftlichen Bedingungen, die zur Anomie führen, hauptsächlich in der Zügellosigkeit der kapitalistischen Profitethik. In einer so organisierten Gesellschaft weise jeder Zuwachs an Gütern, z. B. jede Gehaltserhöhung, nur darauf hin, wieviel man sich eigentlich wünschen könnte, und was einem doch eigentlich alles vorenthalten wird. Jeder Erfolg endet somit immer wieder nur in einem Gefühl der Hilflosigkeit und des Versagens. Genau dieses Gefühl und die daraus resultierenden psychischen Konsequenzen des gesellschaftlichen Zustandes sind es, die Menschen zum anomischen Selbstmord treiben.

Ein Aspekt des Anomiebegriffs bei Durkheim wurde von Merton (1949) aufgegriffen. Im Unterschied zu Durkheim sieht Merton die Ursache für den Zustand der Anomie in einem Auseinanderklaffen der gesellschaftlichen Werte und Ziele und den Möglichkeiten, diese Werte und Ziele auf legalen und institutionalisierten Wegen zu realisieren. Er nimmt an, daß die moderne Industriegesellschaft, besonders die amerikanische, übergroßes Gewicht auf Erfolg und Leistung legt, ohne dabei sicherstellen zu können, daß Erfolg und Leistung von allen auf legitimen, institutionalisierten Wegen erreicht werden können. Merton (1957) schreibt: „Es ist in der Tat meine zentrale Hypothese, daß abweichendes Verhalten soziologisch verstanden werden kann als Symptom des Auseinanderklaffens von in der Kultur vorgeschriebenen Zielen und den gesellschaftlich vorstrukturierten Wegen zur Erreichung dieser Ziele“ (S. 134). Beide Soziologen stimmen in dem Punkt überein, daß in bestimmten Gesellschaften gewisse Ziele, die ihrer Natur nach nie völlig zu befriedigen sind, so hoch bewertet und so intensiv verfolgt werden, daß die normativen

Beschränkungen der zur Zielerreichung erlaubten Mittel zusammenbrechen. Das Ergebnis ist für Merton die zunehmende Tendenz zum anomischen Verhalten des einzelnen. Um vorhersagen zu können, welche Reaktionen auf bestimmte Situationen erfolgen, hat Merton (1949) die folgende Typologie der Arten individueller Bewältigung der Ziel-Mittel-Diskrepanz erstellt (Abb. 21).

Art der Anpassung	Kulturelle Ziele	Institutionalisierte Wege
I. Konformität	angenommen	angenommen
II. Innovation	angenommen	abgelehnt
III. Ritualisierung	abgelehnt	angenommen
IV. Abwendung	abgelehnt	abgelehnt
V. Rebellion	alte Werte abgelehnt — neue Werte angenommen	alte Wege abgelehnt — neue Wege angenommen

Abbildung 21: Typologie der Arten individueller Bewältigung der Ziel-Mittel-Diskrepanz (nach Merton, 1949)

Ehe im folgenden auf die Art der Anpassung im einzelnen eingegangen wird, soll auch betont werden, daß für Merton nicht-konformes Verhalten, das aus bestimmten Konstellationen des Auseinanderklaffens von Zielen und Wegen resultiert, psychologisch genauso normal oder gesund sein kann wie das konforme Verhalten. Ein Mensch, der in einer Gesellschaft bestimmte Wege zur Erreichung von Zielen nicht anerkennt oder die für ihn nicht zugänglich sind, handelt dann noch psychologisch normal, wenn er Mittel und Wege sucht bzw. entwickelt, die für die Gesamtgesellschaft innovativ sein können. Die Arten der individuellen Bewältigung der Ziel-Mittel-Diskrepanz lassen sich nach Merton folgendermaßen beschreiben:

1. Konformität:

Konformität ist in stabilen, ausgeglichenen Gesellschaften das am weitesten verbreitete Verhalten. Die Mehrzahl der Mitglieder einer Gesellschaft akzeptieren die Ziele und Werte der Gesellschaft, und die Gesellschaft wiederum gibt der Mehrzahl der Mitglieder die Möglichkeit, diese Ziele auf legalen, institutionell vorgegebenen Wegen zu erreichen, so daß sie die Wege zur Zielerreichung akzeptieren. Für Menschen, die nicht von sich aus mit den allgemein akzeptierten Mitteln und auf dem üblichen Wege die von ihnen angestrebten Ziele erreichen können, z. B. aufgrund ökonomischer Defizite oder Begabungs- und Bildungsdefizite, muß die Gesellschaft soziale Unterstützung anbieten, damit auch von ihnen ein gewisses Maß an Konformität erwartet werden kann.

2. Innovation:

Merton sieht in der Innovation die produktivste Antwort auf eine soziale Situation, in der die Erfolgsethik anerkannt und angenommen ist, in der aber für viele die konventionellen und legitimen Wege zum Erfolg verbaut sind. Es handelt sich also um eine Annahme der kulturellen Ziele, aber um eine Ablehnung der institutionellen Praktiken zur Zielerreichung. Diese Konstellation charakterisiert recht gut eine Situation, die sowohl zum Verbrechen wie zu sozial wertvollen Entwicklungen (Innovationen) führen kann. Merton betont, daß nicht-konformes Verhalten, das dieser Konstellation entspringt, nicht unbedingt und gleichsam gesetzmäßig für das Funktionieren der Gesellschaft schädlich sein muß. Die Gesellschaft muß aber bereit sein, abweichendes Verhalten in gewissem Maße zu tolerieren und gegebenenfalls zu unterstützen, um innovative Kräfte überhaupt zur Wirkung kommen zu lassen.

3. Ritualisierung:

Die ritualisierte Art der Anpassung erkennt man daran, daß die kulturellen Ziele der Gesellschaft aufgegeben werden, das dazugehörige Verhalten aber strikt befolgt wird. Solche ritualisierten Formen der Anpassung finden sich häufig in traditionsorientierten Gesellschaften, in denen das kollektive Verhalten mit den veränderten Zielen und Werten nicht schrittgehalten hat und stattdessen in Konventionen erstarrt ist.

4. Abwendung:

Abwendung als Anpassung ergibt sich am ehesten, wenn sowohl die kulturellen Ziele als auch die institutionalisierten Wege zur Erreichung der Ziele abgelehnt werden, ohne daß dafür etwas Neues angenommen wird. Es ist dies ein Anpassungsmodus, der nicht besonders in Erscheinung tritt und keinen Einfluß auf die gesellschaftliche Entwicklung hat. Für Mitglieder großer Organisationen tritt die Abwendung als Anpassung oft in Form der sogenannten „inneren Kündigung" oder der „inneren Immigration" auf. Die Mitarbeiter sind zwar in diesem Fall an ihren Arbeitsplätzen tätig, erledigen die ihnen übertragenen Aufgaben und werden auf den Gehaltslisten geführt, sind aber innerlich nicht mehr beteiligt, vollziehen die Arbeit ohne Engagement, Eigeninitiative und Verantwortungsbewußtsein. Nur die Extremfälle der Abwendung, in denen der Ausstieg aus allen Lebensbereichen vollzogen wird, werden aktenkundig, wenn sie z. B. als Suizidhandlung, Autismus oder mehr oder weniger religiös motivierter Formen von Weltflucht in Erscheinung treten. Für Gruppen, Organisationen und die Gesellschaft stellen bereits weniger dramatische Formen der Abwendung, z. B. Flucht in die Privatheit vieler ihrer Mitglieder, einen Verlust dar, da der Zusammenhalt, die Stabilität und die innere Dynamik bedroht sind und ihre Leistungsfähigkeit abnimmt.

5. Rebellion:

Bei der Rebellion werden zwar die kulturellen Ziele der Gesellschaft und die Wege zu ihrer Erreichung abgelehnt, dafür aber andere Ziele und Wege favorisiert. Die Protagonisten von Rebellionen erheben den Anspruch, gegenüber den traditionellen Wegen Alternativen und bessere Arten individueller Bewältigung der Ziel-Mittel-Diskrepanz zu kennen und legitimiert zu sein, sie für alle Mitglieder der Gesellschaft durchzusetzen.

Diese Kategorisierung von Merton zeigt, daß sozial unangepaßtes Verhalten vom Individuum her gesehen durchaus funktional und realitätsangepaßt sein kann. Sie weist außerdem daraufhin, daß die Gesellschaft bis zu einem gewissen Grade immer konfliktgeladen ist. Schließlich läßt sich schwer vorstellen, daß es eine Gesellschaft geben könnte, die allen Mitgliedern in allen Lebensbereichen die Möglichkeit bietet, die akzeptierten Ziele auf legitimem Wege zu erreichen. Weil jede Gesellschaft immer nur einem Teil der denkbaren menschlichen Daseinsmöglichkeiten Rechnung tragen kann, wird es immer Menschen geben, die aufgrund ihrer spezifischen Eigenart und individuellen Geschichte zur Gesellschaft in Widerspruch stehen. Die produktive Bearbeitung dieses Widerspruchs zwischen Utopien und Wunschvorstellungen einerseits und den real vorhandenen oder im Rahmen legitimen Handelns noch zu schaffenden Befriedigungsmöglichkeiten sowohl auf der Ebene des Individuums, der Gruppenebene, der Ebene von Institutionen und auf der Ebene der Gesellschaft, der man angehört, andererseits ist zugleich eine Grundbedingung innergesellschaftlicher Dynamik und flexibler Anpassungsfähigkeit gegenüber externen Einflüssen.

Anomie, verstanden als psychologische Einstellung

Es gibt eine Reihe von Versuchen, Anomie nicht als Zustand der Gesellschaft zu definieren, sondern als kognitive und emotionale Haltung des einzelnen. So definiert MacIver (1950) Anomie als den Geisteszustand eines Menschen, der seine moralischen Wurzeln verloren hat, der geistig steril geworden ist, der sich keinem mehr außer sich selbst verantwortlich fühlt und der ohne Zukunft und ohne Vergangenheit in seinen gegenwärtigen Empfindungszuständen verstrickt ist. Srole u. a. (1961), die mit Hilfe einer von ihnen entwickelten Anomieskala den geistigen Gesundheitszustand bestimmter Bevölkerungsgruppen zu erfassen versuchten, räumten die Möglichkeit ein, daß dieses Gefühl der Anomie nicht nur die Folge bestehender sozialer Bedingungen ist, sondern daß auch bestimmte Persönlichkeitsfaktoren dafür verantwortlich sind. Nach McClosky & Schaar (1965) läßt sich die Herausbildung von Anomie auf der Grundlage bestimmter Persönlichkeitsfaktoren folgendermaßen vorstellen: Da Normen nicht angeboren sind, sondern erlernt werden, kann alles, was das soziale Lernen erschwert, dazu beitragen, das Anomiegefühl zu erhöhen. Einige dieser Determinanten sind in der gegenwärtigen sozialen Situation zu suchen, andere wiederum sind in der Persönlichkeit begründet. McClosky & Schaar spezifizieren drei verschiedene Kategorien von Persönlichkeitsfaktoren, die das soziale Lernen erschweren: (1) Kognitive Faktoren, die das Lernen und Verständnis beeinflussen, z. B. die Intelligenz. (2) Emotionale Faktoren, die die Realitätsauffassung erschweren, z. B. Angst und Aggression. (3) Die Einstellungen, die die Interaktion mit anderen erschweren und damit die Lernmöglichkeiten beeinflussen, z. B. soziale Vorurteile, die sich in der subjektiven Auswahl bestimmter Informationsquellen zeigen.

Um den Einfluß dieser Persönlichkeitsfaktoren auf das Anomiegefühl zu untersuchen, gingen die Autoren folgendermaßen vor: Sie konstruierten Skalen, eine Anomieskala und weitere Skalen, zur Erfassung von Aspekten jeder der drei genannten Kategorien. Dann bildeten sie Extremgruppen, eine Gruppe von Personen mit besonders starkem Anomiegefühl und eine Gruppe von Personen mit besonders niedrigem Anomiegefühl. Um soziale Einflüsse auszuschalten, stellten sie eine Stichprobe von „soziologischen Zwillingen" zusammen, d. h. Personen, die hinsichtlich soziologischer Kriterien gleichartig waren. Die dabei kontrollierten Kriterien waren Alter, Geschlecht, Rasse, Erziehung, Beruf, Größe der Wohngemeinde und Zugehörigkeit zur ländlichen oder zur städtischen Bevölkerung. Sie nahmen eine Person mit starkem Anomiegefühl und suchten sich dann einen soziologischen Zwilling aus der Gruppe der Personen mit niedrigem Anomiegefühl. Diese so gebildeten Paare verglichen sie hinsichtlich ihrer anderen Skalenwerte. Die folgende Darstellung (Abb. 22) illustriert die Ergebnisse. Sie zeigt an je einem Beispiel die Beziehung von kognitiven, emotionalen und Einstellungsfaktoren zum Grad des Anomiegefühls.

a) Kognitive Skala		Intellektualität: hoch	Intellektualität: niedrig
Grad der Anomie	hoch	21	36
	niedrig	46	18

b) Emotionale Skala		Aggression: hoch	Aggression: niedrig
Grad der Anomie	hoch	47	13
	niedrig	9	47

c) Einstellungsskala		Ethnozentrizität: hoch	Ethnozentrizität: niedrig
Grad der Anomie	hoch	50	9
	niedrig	13	42

Abbildung 22: Verteilung soziologisch vergleichbarer anomischer und nichtanomischer Stichproben hinsichtlich ausgewählter Persönlichkeitsvariablen (Zahlenangaben stellen Prozentsätze der Extremgruppen dar; Daten nach McClosky & Schaar, 1965)

Diese Beispiele zeigen deutlich, daß sich die hoch-anomische und die wenig-anomische Stichprobe unterschiedlich verteilen. Da soziologische Einflußfaktoren weitgehend ausgeschlossen waren, lassen die Ergebnisse den Schluß zu, daß Persönlichkeitsfaktoren zumindest mitbedingt sind für das subjektive Gefühl der Anomie.

Bei der vergleichenden Betrachtung der beiden Anschauungen von Anomie, einmal verstanden als Zustand der Gesellschaft und zum anderen als individuelle Einstellungsvariable, wird deutlich, daß beide Richtungen das Problem sozialabweichenden Verhaltens von verschiedenen Blickwinkeln aus betrachten. Jeder der beiden Ansätze hebt andere Variablen hervor, führt zu anderen Schlüssen und damit zu anderen Handlungsmaximen. Im Grunde genommen aber ergänzen sich beide Betrachtungsrichtungen so, daß zu erwarten ist, daß Gesellschaften, die nur bestimmte Arten der Anpassung zulassen wie extreme Konformität, Ritualisierung oder Abwendung auf der individuellen Ebene und der Gruppenebene, in hohem Maße anomische Reaktionen produzieren, und daß die Häufigkeit solcher individueller Reaktionen Folgen für die Gesamtgesellschaft nach sich zieht.

Devianz als soziale und kulturelle Abweichung

Devianz ist ein Sammelbegriff für alles Verhalten, das von den Normen und normativen Erwartungen in einer Gesellschaft abweicht. Deviantes Verhalten entspricht nicht den für Interaktionsbeziehungen in einer Gesellschaft, Subgruppen, Institutionen oder in bestimmten Lebensbereichen gültigen Regeln, Normen, Vorschriften und Verhaltenserwartungen. Die Beschäftigung der Sozialpsychologie mit deviantem Verhalten hat in den letzten 20 Jahren eine Fülle neuer Erkenntnisse über spezifische Problemfelder sowie verbesserte theoretische und methodische Konzeptionen hervorgebracht. Dabei geht es nicht mehr nur darum, die Pathologie devianter Personen zu beschreiben, sondern es dominieren inzwischen ätiologische Konzepte, in denen die Ursachen und Bedingungen individueller Devianz analysiert und therapeutische Ansätze beschrieben werden, die sich mit der Behandlung devianten Verhaltens befassen. Dabei steht auch nicht mehr das Individuum ausschließlich im Zentrum der Analyse, sondern eher die Handlung bzw. die Handlungsbedingungen des Devianten und die Reaktionen seiner sozialen Umwelt sowie gesellschaftlicher Institutionen.

Dieser paradigmatische Wechsel weg vom Individuum und hin zu den sein Verhalten determinierenden sozialen und gesellschaftlichen Prozessen wurde am radikalsten von der Etikettierungstheorie (labeling theory) vollzogen. Die Vertreter dieses Ansatzes (Becker, 1963; Goffmann, 1963; Kitsuse, 1962 u. a.) gehen von folgenden Annahmen aus: Soziale Gruppen schaffen Devianz, indem sie Regeln aufstellen, deren Bruch Devianz hervorruft, und sie schaffen Devianz durch die Anwendung dieser Regeln auf bestimmte Menschen, die dann als Außenseiter etikettiert werden. In einer Studentengruppe kann die unausgesprochene Regel vorherrschen, sich immer besonders schick nach der neuesten Mode zu kleiden. Die Gruppemitglieder und die Gruppe insgesamt orientieren sich an einem spezifischen Schönheitsideal, das zugleich ihr Ansehen und ihren Wert gegenüber andern Gruppen erhöht. Wer in einer solchen Gruppe häufig nach der Mode von gestern oder vorgestern gekleidet erscheint, oder wer einen sehr eigenwilligen Kleidungsstil entwickelt, zeigt deviantes Verhalten, setzt sich verstärktem Konformitätsdruck aus, erfährt soziale Ablehnung, Attraktivitätseinbußen und Etikettierungen wie ‚altmodisch', ‚hausbacken' oder ‚Damit kann man sich doch nirgendwo blicken lassen!' und wird womöglich aus der Gruppe ausgeschlossen. Devianz ist somit keine Qualität einer individuellen Handlung und resultiert auch nicht aus spezifischen Persönlichkeitsmerkmalen, sondern ist eher eine Konsequenz der Anwendung von Regeln und Sanktionen der sozialen Umwelt resp. der Gesellschaft auf den, der die Tat vollzieht. Der Deviante ist also jemand, auf den das Etikett ‚deviant' erfolgreich angewandt werden konnte, und sein gezeigtes Verhalten wurde von seiner sozialen Umwelt entsprechend etikettiert.

In Anbetracht der Vielfalt der Forschungsansätze ist es nach wie vor schwierig, eine einigermaßen verbindliche Definition zu geben, zumal die traditionelle Bestimmung von Devianz als eine ‚Abweichung von der Norm' dadurch problematisch geworden ist, da es in offenen, dynamischen und pluralistischen Gesellschaften immer schwieriger wird, eindeutig und verbindlich zu definieren, was eine ‚Norm' ist, und was als ‚normal' bewertet werden kann. So meint beispielsweise Schnur (1971), daß menschliches Verhalten deviant ist bezüglich des Ausmaßes, in dem es sich von einer Gruppenerwartung entfernt und in dem es interpersonelle oder kollektive Reaktionen hervorruft, die dazu dienen, Individuen, die solches Verhalten zeigen, zu „isolieren", zu „behandeln", zu „korrigieren" oder zu „bestrafen". Kitsuse (1962) geht davon aus, daß Devianz als ein Prozeß bezeichnet werden kann, durch den Mitglieder einer Gruppe, Gemeinschaft oder Gesellschaft bestimmtes Verhalten als deviant interpretieren, Personen definieren, die sich so in einer bestimmten Art deviant verhalten, und sie in einer Art und Weise behandeln, die für solche Devianzen als geeignet betrachtet wird.

In den verschiedenen Definitionen lassen sich drei gemeinsame Elemente finden:

1. Die Annahme, daß ein bestimmtes Konzept von Normalität (konkret oder vorgestellt, implizit oder explizit) existiert, gegen das ein Fall von Devianz kontrastiert.

2. Es existiert ein Stigma oder andere negative Unterstellungen, die auf die Träger devianter Rollen angewandt werden.

3. Es gibt Vorstellungen und Übereinstimmungen darin, in welchem Ausmaß Devianz als problematisch (bedauernswert, zur Hilfeleistung verpflichtend), verfolgbar (moralisch abzulehnen, sozialer Kontrolle oder therapeu-

tischen Zwangsmaßnahmen zu unterwerfen) oder als problematisch und verfolgbar zu betrachten und zu behandeln ist.

In einer von Simmons & Chambers (1965) durchgeführten Befragung über gesellschaftliche Erscheinungen oder Personen, die als deviant zu betrachten sind, wurden am häufigsten genannt (in abnehmender Reihenfolge): Homosexuelle, Drogensüchtige, Alkoholiker, Prostituierte, Mörder, Kriminelle, Lesbische, jugendliche Delinquenten, geistig Behinderte, Perverse, Kommunisten und Atheisten. Diese Liste zeigt, daß die Etikettierung als ‚normal' und ‚deviant' immer eine soziale Konstruktion darstellt, und daß nicht nur der Normale bestimmt, wer deviant ist, sondern auch umgekehrt, denn erst auf dem Hintergrund devianten Verhaltens wird ‚normales' Verhalten zur Norm.

Während sich die psychologische Forschung devianten Verhaltens unter kontrollierten (Labor-)Bedingungen mit kognitiven, attributiven und interpersonalen Verhaltensaspekten befaßt, versucht die Soziologie durch Alltagsbeobachtungen und Feldforschungen gesellschaftliche Determinanten devianten Verhaltens, Etikettierungsvorgänge sowie institutionelle und gesellschaftliche Reaktionen auf deviantes Verhalten zu beschreiben und Theorien zu konstruieren, die Vorhersagen erlauben. Geht man davon aus, daß Devianz das Resultat einer sozialen Bestimmungsleistung darstellt, also sozial konstruiert ist, dann ergibt sich daraus zwangsläufig, daß ein und dasselbe Verhalten an verschiedenen Orten und zu verschiedenen Zeiten entweder als deviant oder als normal bewertet werden kann. Kulturvergleichende und vergleichende historische Studien zeigen, daß allein bei Variation der Dimensionen Zeit und Raum sehr verschiedene Kombinationen möglich sind: Verhalten kann zu allen Zeiten und an allen Orten als deviant angesehen und abgelehnt worden sein (z. B. Mord aus niedrigen Beweggründen), ursprünglich deviantes Verhalten kann inzwischen als normal toleriert werden (z. B. Homosexualität), gegenwärtig als deviant bezeichnetes Verhalten kann zu anderen Zeiten und an anderen Orten als normal gelten (z. B. Korruption), gegenwärtig deviantes Verhalten kann über längere Zeit hinweg und an verschiedenen Orten als normal angesehen werden (z. B. sexuelle Praktiken) oder in Raum und Zeit variable Verhaltensweisen werden allmählich als problematisch angesehen, dann als deviant etikettiert und schließlich negativ sanktioniert (z. B. umweltschädigendes Verhalten).

Archer (1985) zeigte am Beispiel des Sexualverhaltens von drei Minoritätengruppen in den USA (Shakers, Mormonen und Oneidans), die alle drei in einer von viktorianischer Prüderie geprägten Periode der amerikanischen Gesellschaft die Monogamie ablehnten, die Entwicklung von Verhaltensvariationen innerhalb ein und derselben Gesellschaft auf. Die Shakers lehnten Sexualität, Ehe und jeden geschlechtlichen Kontakt radikal ab. Die Nachkommenschaft der Gemeinschaft wurde durch die Bekehrung Außenstehender, durch Waisen oder die Aufnahme sozial Benachteiligter gesichert. Diese kommunale Bewegung hielt sich etwa ein Jahrhundert, bis allmählich veränderte sexuelle Vorstellungen innerhalb der Gruppe dazu führten, das Zölibat allmählich abzuschaffen. Die Mormonen lehnten monogame Beziehungen ab und praktizierten eine von „Gott geweihte“ Polygamie, wobei die Männer im Regelfall zwei Frauen heirateten. Mit dem gesetzlichen Verbot der Polygamie unter Präsident Lincoln wurde aus der Sicht der amerikanischen Gesellschaft die Polygamie der Mormonen zum devianten Verhalten, kriminalisiert und strafrechtlich verfolgt. Innerhalb der Gemeinschaft wurde sie allerdings erst dann aufgegeben, als sie aufgrund eines „göttlichen Ratschlags“, der von der Kirchenführung verkündet worden war, ihre religiöse Legitimation verlor. Die Oneidans lehnten in der Hochblüte der Viktorianischen Epoche die Monogamie radikal ab und praktizierten auf der Grundlage des biblischen Kommunismus und des biblischen Gebots der Nächstenliebe die Erfüllung des Menschseins in freier Liebe und Sexualität zwischen den Mitgliedern der Gemeinschaft und ein Verbot der Monogamie. Die Bewegung hatte dank wirtschaftlichen Wohlstandes ihre Mitglieder über 40 Jahre Bestand und löste sich erst auf, als ihr Gründer aus Furcht vor einer Klage wegen Vergewaltigung nach Canada emigrierte.

Interessant ist, daß diese drei religiös-sozialen Bewegungen zur gleichen Zeit entstanden, in einer Periode rigider sexueller Verhaltensvorschriften in der amerikanischen Gesellschaft, daß sie alle drei Normen und Institutionen entwickelten, die von der sie umgebenden Gesellschaft radikal abgelehnt wurden, und daß sie nicht an internen Konflikten scheiterten, sondern an der Reaktion der gesellschaftlichen Majorität, die sie als Außenseiter diskriminierte, das gruppenintern als normal angesehene sexuelle Verhalten als deviant etikettierte und schließlich strafrechtlich verfolgte. Es handelt sich also in diesen Fällen nicht um das Ergebnis sozialer Desorganisation oder das pathologische Verhalten einzelner Individuen, denn alle Mitglieder der drei Gruppen handelten aufgrund selbst gesetzter und innerhalb ihrer Gemeinschaft als wahr und richtig anerkannter Normen, wenn diese auch von der Gesamtgesellschaft nicht akzeptiert wurden. So betrachtet waren die sexuellen Praktiken der Gruppenmitglieder normativ innerhalb der Subkultur, in der sie lebten. Die sie umgebende Gesellschaft, ausgestattet mit der Autorität, Legitimation und politischen Macht der Majorität, schaffte es schließlich, durch Etikettierung der abweichenden sexuellen Praktiken als deviantes Verhalten die einzelnen Gruppenmitglieder zu kriminalisieren und sie zu einem veränderten Verhalten zu zwingen (Mormonen) oder die Gemeinschaft zu destabilisieren.

Im allgemeinen zeigen die kulturvergleichenden Studien über Sexualität eine eindrucksvolle Vielfalt. Die unbeeinflußte Evolution sozialer Bindungen in unterschiedlichen Gesellschaften hat eine beeindruckende Vielfalt normativer Vorschriften für alle Arten des interpersonalen Kontaktes einschließlich des sexuellen Verhaltens hervorgebracht. Selbst innerhalb einer bestimmten normativen Verhaltenskategorie (wie heterosexuelles Verhalten) weist die als richtig angesehene Form des Verhaltens erhebliche Variationen auf. So sind z. B. die in vielen europäischen und nordamerikanischen Gesellschaften verbreiteten Formen geschlechtlicher Vereinigung in anderen Kulturen eher selten, und dafür sind dort völlig andere Haltungen und Stellungen die Norm. Selbst die Monogamie ist, wie kulturvergleichende Studien zeigen, eine Ausnahmeerscheinung, denn in 84 % von 185 untersuchten Gesellschaften war es den Männern traditionellerweise erlaubt, mehrere Frauen gleichzeitig zu haben, und nur in 16 % der Gesellschaften wurde Polygamie als eine deviante Sexualbeziehung geahndet (siehe Archer, 1985, S. 758).

Die Erforschung devianten Verhaltens hat bis heute klar gezeigt, „(...) daß Devianz kein unveränderbares Verhaltens- oder Persönlichkeitsmerkmal ist. Während die Kategorien Devianz und abweichendes Verhalten in allen geschichtlichen Perioden und in allen Gesellschaften existiert haben mögen, war der Inhalt dieser Kategorien immer sehr fließend. Veränderungen hinsichtlich von Definition und sozialer Konstruktion erfolgten in beiden Richtungen. Neue Formen der Devianz (und neue Abweichungen) wurden immer dann entwickelt, wenn ursprünglich akzeptiertes Verhalten kriminalisiert oder stigmatisiert wurde. Demgegenüber kann eine Entkriminalisierung zur Aufhebung von Sanktionen und Stigmatisierung, verbunden mit einer Abnahme der Diskriminierung der Individuen und ihres Verhaltens führen. Die Erkenntnis, daß Devianz immer nur in spezifischen Zeitepochen und Kulturen zu finden ist und nur innerhalb dieser Kontexte von Bedeutung ist, erfordert keineswegs die Preisgabe von Werten und sozialer Beurteilung. Diese Sichtweise läßt stattdessen genau den gegenteiligen Schluß zu, nämlich daß soziale Urteile und entsprechende definitorische Prozesse sehr problematisch sind und in der Devianzforschung berücksichtigt werden müssen. Tatsächlich hat die Vernachlässigung dieser definitorischen Prozesse wissenschaftliche Fehlschlüsse zur Folge. Da die Grenze zwischen akzeptiertem und nichtakzeptiertem Verhalten oft umstritten ist oder aufgeweicht wird, ist es unredlich so zu tun, als wäre eine spezifische Definition von Devianz zu einem bestimmten Zeitpunkt in einer Gesellschaft vorherrschend. In den letzten 20 Jahren haben viele Forscher erkannt, daß einige der interessantesten Fragen in der Devianzforschung bisher noch unbeantwortet geblieben sind:

1. Wie entwickelte sich ein spezifisches Verhalten zu einem problematischen Verhalten?
2. Welche Wirkung hat dieser definitorische Prozeß auf die Inhaber devianter Rollen und die Institutionen, die sie unterstützen?
3. Welche Interessengruppen profitieren von einer erfolgreichen Kategorisierung des Verhaltens als deviant?
4. Kann die negative Sanktionierung gerade dieses Verhaltens und nicht anderer Verhaltensweisen mit dem Grad der Schädlichkeit, die das sanktionierte Verhalten anrichten kann, erklärt werden?
5. Inwieweit reflektiert die Kategorisierung des Verhaltens als deviant die Anwendung einer feindseligen moralischen Verurteilung durch eine bestimmte Gruppe?“ (Archer, 1985, S. 765—766).

Die Reaktion der Gesellschaft auf behinderte Menschen, insbesondere physische Behinderungen, oder auf Menschen mit deutlich wahrnehmbaren, auffälligen körperlichen Merkmalen sind in Zusammenhang mit dem von Goffman (1963) entwickelten Konzept des Stigmas und der Stigmatisierung ausführlich behandelt worden. Anhand von Fallstudien und autobiographischem Material von blinden, tauben, gehbehinderten und mißgebildeten Menschen wies Goffman auf die Problematik der Interaktionsbeziehungen zwischen den mit solchen Behinderungen behafteten, stigmatisierten und nicht-behinderten, nicht-stigmatisierten Personen hin. Er betonte dabei die psychischen und sozialen Belastungen der Stigmatisierten bei dem Versuch, solche Begegnungssituationen zu bewältigen. Zudem unterschied er zwischen diskreditierten und diskreditierbaren Stigmata. Die diskreditierten Stigmata umfassen äußerlich sichtbare bzw. in jeder sozialen Interaktionssituation sofort wahrnehmbare auffällige Merkmale (z. B. körperliche Mißbildungen), die den Handelnden dazu zwingen, jede soziale Situation unter Berücksichtigung seiner Stigmatisierung zu organisieren und zu bewältigen. Diskreditierbare Stigmata wie z. B. eine kriminelle Vergangenheit, sexuelle Devianz, Epilepsie werden in einer sozialen Interaktionssituation erst dann relevant, wenn der Handelnde annehmen kann, daß der Interaktionspartner über sein Stigma informiert ist. Personen mit diskreditierbaren Stigmata müssen erst einmal entscheiden, wie sie in einer Interaktionssituation mit der Information über ihr Stigma umgehen, ob sie ihren Interaktionspartner darüber informieren bzw. wann und in welcher Weise sie das tun.

Die Unterscheidung zwischen diskreditierten und diskreditierbaren Stigmata war die Grundlage für umfangreiche Befragungs- und feldexperimentelle Studien, die von folgenden Hypothesen ausgingen:

(1) Stigmata tendieren dazu, einen Halo-Effekt zu erzeugen, da sie die Grundlage bilden für weitreichende verallgemeinerte Annahmen über Persönlichkeitseigenschaften, Fähigkeiten und Verhaltensmerkmale. So werden z. B. Blinde für taub gehalten, Tauben wird mangelnde Intelligenz unterstellt oder es wird eine verallgemeinerte Unberechenbarkeit, Leistungsschwäche, Unzuverlässigkeit oder Aggressivität unterstellt. (2) Stigmatisierte werden von nicht Stigmatisierten diskriminiert. (3) Nicht-Stigmatisierte nehmen an, daß Stigmatisierte ihre Behinderung durch andere Qualitäten kompensieren. (4) Ist das Stigma einer Person bekannt, so werden viele ihrer Verhaltensweisen als typisch für eine stigmatisierte Person angesehen. Es werden z. B. Gefühlsausbrüche bei ehemals psychisch Kranken überbewertet oder bei ehemals Straffälligen wird erhöhte Aggressivität erwartet. (5) Stigmatisierten wird ein geringeres Maß an Privatsphäre und Intimität zuerkannt (distanzloserer, sozial ungehemmterer Umgang) oder die soziale Distanz wird erhöht. (6) Personen mit diskreditierten und diskreditierbaren Stigmata entwickeln eine hohe Fertigkeit, ihr eigenes Stigma zu verbergen, sind gleichzeitig aber eher als Nicht-Stigmatisierte in der Lage, diskreditierbare Stigmata zu entdecken.

Im folgenden werden einige Forschungen über Stigmatisierungsfolgen beispielhaft geschildert und ihre Ergebnisse dargestellt. So untersuchten Richardson, Ronald & Kleck (1974) mit Hilfe des Soziogramms die interpersonalen Beziehungen zwischen behinderten und nicht-behinderten 8—13jährigen Jungen in einem Ferienlager und fanden dabei heraus: 1. Allgemein wurden Gesunde den Behinderten vorgezogen. 2. Jungen mit unsichtbaren Behinderungen wurden solchen mit sichtbaren Behinderungen vorgezogen, was besonders deutlich in Erscheinung trat, wenn die gewählten Personen nicht der eigenen Subgruppe angehörten. 3. Die wenigen positiven Wahlen, die benachteiligte Jungen erhielten, sind vermutlich eher ihrem positiv bewerteten sozialen Verhalten zuzuschreiben als ihrer Behinderung, denn im allgemeinen wurden die behinderten Jugendlichen von den Nicht-Behinderten als sozial inkompetent beurteilt. 4. Je schwerer die Behinderung, um so stärker ist die interpersonale Inkompetenz ausgebildet. Insgesamt stellten die Forscher fest, daß die Bewertung, wie gut ein behindertes Kind mit gleichaltrigen Nicht-Behinderten auskommt, abhängig ist vom Grad der Sichtbarkeit, der Art und der Schwere der Behinderung sowie vom Geschick des Kindes, positive interpersonale Begegnungssituationen zu arrangieren und sie aufrechtzuerhalten.

Untersuchungen bei diskreditierbaren Stigmata (z. B. Epilepsien) zeigen, daß nur wenige Vertraute, meist nur nähere Angehörige, in die Krankheit eingeweiht wurden. Die Folgen der Verheimlichung der Krankheit nach außen bestehen in der Entwicklung eines privaten Stigmas verbunden mit selbst verursachter sozialer Isolation in der Weise, daß viele Epileptiker keinen einzigen anderen Epileptiker kennen. Der Vorteil des Verschweigens besteht darin, die soziale Umwelt davon abzuhalten, durch die Anwendung restriktiver Regeln und Diskriminierungen die Übernahme angestrebter sozialer Rollen zu blockieren und damit den eigenen Handlungsspielraum einzuengen. Gravierende Nachteile entstehen dadurch, daß während eines Anfalls, z. B. am Arbeitsplatz, die soziale Umwelt aus Unwissenheit keine adäquate Hilfe leisten kann und unter den von der Krankheit Betroffenen keine Erfahrungen im Umgang mit der Krankheit ausgetauscht werden können, keine Solidarität zustandekommt und auch keine politischen Aktionen zur Aufklärung der Öffentlichkeit über einen produktiven Umgang mit den Kranken gestartet werden.

Im Umgang mit durch Krankheit und Behinderung stigmatisierten Personen zeigen Gesunde sehr ambivalente Gefühlsreaktionen und deutliche Verhaltensunsicherheiten. Mitleid, Sympathie und die Bereitschaft zur Hilfeleistung gegenüber den Benachteiligten wechseln ab mit Ablehnung, Schuldzuweisungen und Vermeidungsverhalten. In Untersuchungen hat sich allerdings gezeigt, daß bei gemischten Kontakten zwischen Gesunden und Kranken im Laufe der Zeit normale und gesicherte interpersonale Beziehungen entwickelt werden können und die attributionale Dominanz des Stigmas allmählich einer realistischen Einschätzung der ideographischen Eigenheiten des Behinderten weicht. Der Behinderte wird allmählich immer mehr als eigenständiges Individuum mit Vorzügen und Schwächen und nicht mehr einfach nur als Repräsentant einer stigmatisierten Gruppe Behinderter bewertet und behandelt. In vielen Untersuchungen wurde der Zeit- und Gewöhnungseffekt unberücksichtigt gelassen, da sie sich hauptsächlich mit interpersonalen Verhaltensreaktionen in Kennenlernsituationen befaßten. Interessanterweise treten weniger ablehnende Reaktionsformen bei den Gesunden auf, wenn sie die Möglichkeit haben, die behinderte Person vorher zu sehen oder sich auf die Begegnung mit einem Behinderten einzustellen. In diesem Fall ist der Anfangsschock leichter zu überwinden, das Stigma verliert an Bedeutung zugunsten einer stärkeren Bereitschaft und Fähigkeit des Gesunden, sich auf die individuellen Verhaltens- und Leistungsmerkmale des Behinderten zu konzentrieren. Der Blick wird so allmählich frei für das, was die Gesamtpersönlichkeit des Behinderten ausmacht, und die Fixierung auf lediglich einen Teil der Persönlichkeit, nämlich auf die mit der Behinderung verbundenen Merkmale, nimmt in dem Maße ab, wie die aus dem Stigma abgeleiteten Wahrnehmungs- und Bewertungsmaßstäbe ihre Funktion gegenüber produktiveren Formen der Bewältigung von Begegnungssituationen zwischen Behinderten und Nicht-Behinderten verlieren.

Soziale und kulturelle Identität auf dem Hintergrund multikultureller Gesellschaften

Menschen identifizieren sich nicht nur mit ihrer Primärgruppe (Familie) und ihren wichtigen Eigen- und Bezugsgruppen, sondern auch mit der Gesellschaft, in der sie leben und der ihnen vertrauten Kultur. Ausgangspunkt der folgenden Überlegungen ist die Tatsache, daß in Europa und weltweit immer mehr Menschen freiwillig oder gezwungen die eigenen kulturellen Grenzen verlassen und für längere oder kürzere Zeit in einer ihnen fremden Kultur leben und arbeiten. Die Entwicklungen auf dem Gebiet der Informations- und Verkehrstechnologie und die immer stärker zunehmenden politischen, wirtschaftlichen und militärischen Verflechtungen der Nationen und Gesellschaften untereinander fördern den Prozeß der Internationalisierung und Pluralisierung. Allein die Präsenz und die leichte Verfügbarkeit medienvermittelter Informationen über politische, wirtschaftliche und militärische Ereignisse in fremden Ländern und fernen Regionen fördert einerseits ein Gefühl der Nähe zu diesen Ereignissen, evtl. auch der Anteilnahme und persönlichen Betroffenheit, und läßt aber zugleich ein Gefühl der Ohnmacht, Überforderung und Desorientierung entstehen. Die internationalen Verflechtungen in allen Bereichen des öffentlichen Lebens (Politik, Wirtschaft, Kultur usw.) und zum Teil auch des privaten Lebens (Arbeit und Freizeit im Ausland, gemischtkulturelle Ehen und Freundschaften usw.) nehmen in einem solchen Umfang und mit einer solchen Geschwindigkeit zu, daß es nicht verwunderlich ist, wenn vielfach die Forderung nach einer „multikulturellen Identität“, „globalen Identität“ und

„globalen Kultur“ erhoben und diskutiert wird. So stellt der Soziologe Featherstone (1990) in dem soeben von ihm herausgegebenen Buch „Global Culture“ die provokante Frage: Gibt es überhaupt eine weltumspannende Kultur? „Wenn wir unter weltweiter Kultur etwas ähnliches verstehen wie die Kultur eines Nationalstaates, dann kann die Antwort nur negativ ausfallen. Bei einem solchen Vergleich muß das Konzept der globalen Kultur versagen, und zwar nicht zuletzt deshalb, weil die nationalstaatliche Kultur allgemein die kulturelle Homogenität und Integration betont. Unter diesem Aspekt würde es nicht möglich sein, eine integrierte globale Kultur zu identifizieren, ohne zugleich an die Bildung eines Weltstaates zu denken - eine höchst unerwünschte Perspektive. Wenn wir allerdings die durch unsere Ausgangsfrage provozierte statische Betrachtung verlassen und versuchen, eine weitere Definition von Kultur zu entwickeln und mehr in Begriffen von Prozessen zu denken, dann könnte es möglich sein, so etwas wie eine Globalisierung der Kultur anzunehmen. Hier können wir verweisen auf Prozesse kultureller Integration und kultureller Desintegration, die nicht nur auf der zwischenstaatlichen Ebene stattfinden, sondern auch Prozesse umfassen, die die staatlichen und gesellschaftlichen Einheiten überschreiten und die deshalb auf einer transnationalen und transgesellschaftlichen Ebene sichtbar werden. Es wäre unter diesen Umständen möglich, auf eine große Vielfalt transgesellschaftlicher kultureller Prozesse zu verweisen, von denen einige den zwischenstaatlichen Beziehungen vorausgegangen sind, in welche die Nationalstaaten eingebunden sind, und Prozesse, die zur Unterstützung des Austausches und ungehinderten Verkehrs von Gütern, Personen, Informationen, Kenntnissen und Vorstellungen dienen, und dadurch kommunikative Prozesse hervorbringen, die eine gewisse weltweite Autonomie bekommen. Daraus könnten Gebilde einer ‚dritten Kultur‘ hervorgehen, die selbst wieder Verbindungen zu allen möglichen Arten kultureller Erscheinungen herstellen können, die selbst nicht als alleiniges Produkt bilateralen Austausches zwischen Nationalstaaten verstanden werden können. Es ist deshalb irreführend, sich eine globale Kultur nur vorzustellen unter der Bedingung, daß die Souveränität der Nationalstaaten geschwächt wird, unter der Voraussetzung eines teleologischen Evolutionismus oder anderer Lehrkonzepte, die ein zwangsläufiges Aufgehen in größere Einheiten und evtl. einen Weltstaat postulieren, der kulturelle Gleichförmigkeit und Integration produziert. Es ist auch irreführend, das Hervortreten ‚dritter Kulturen‘ als die Verwirklichung des Homogenitätskonzeptes anzusehen. Die binäre Logik, die versucht, Kulturen mit Hilfe sich gegenseitig ausschließender Begriffe wie Homogenität/Heterogenität, Integration/Desintegration, Einheitlichkeit/Verschiedenartigkeit zu beschreiben, muß überwunden werden“ (S. 1—2). Er sieht im Postmodernismus ein Konzept, mit dem es gelingen kann, von der Vorstellung einer globalen Welt, bestehend aus angeblich homogenisierten Prozessen, Abschied zu nehmen und mehr in Begriffen der Verschiedenartigkeit, Variabilität und des Reichtums kulturtypischer Gebräuche, in Formen symbolischer Vermittlung und Praktiken zu denken, in denen sich Systematik und Ordnung wiederholt und widerspiegelt.

Auch aus sozialpsychologischer Sicht gibt es inzwischen Versuche zur Analyse der Konsequenzen, die sich aus der Diskussion um das herannahende Zeitalter der Postmoderne (z. B. Habermas, 1985) in bezug auf die Entwicklung einer multikulturellen Persönlichkeit und einer „World identity" ergeben. So argumentiert der amerikanische Sozialpsychologe Gergen (1990), daß im gegenwärtig noch andauernden modernistischen Zeitalter der Mensch weitgehend als Produkt von Umwelteinflüssen betrachtet wird, wonach der Mensch im Verlauf einer gelungenen Sozialisation einen stabilen Charakter sowie grundlegende Dispositionen entwickelt, die seine Persönlichkeit bestimmen. Das so von seiner sozialen und kulturellen Umwelt geformte Individuum wird zum Zentrum des Geschehens. Sein Verhalten ist in allen Situationen relativ konstant und zuverlässig vorhersehbar, da es den universellen Gesetzmäßigkeiten von Vererbung und Umwelteinflüssen folgt.

Das beginnende Zeitalter der Postmoderne ist dagegen gekennzeichnet durch einen immer stärker werdenden Zwang zur Konfrontation der Menschen untereinander, insbesondere durch die Häufigkeit und Vielfalt sozialer Kontakte, die Intensität der Beziehungen sowie die räumliche und zeitliche Spanne, in der diese Beziehungen stattfinden. Nach Gergen entsteht so in zunehmendem Maße ein Zustand der sozialen Sättigung und eine Besetzung des Selbst durch die vielen anderen. „In dem Maße, wie wir mit anderen Menschen konfrontiert werden, lernen wir auch ihre Einstellungen, Wertvorstellungen, Ideologien und ihre Lebensweise kennen. Wir werden hierdurch in die Lage versetzt, die Welt mit ihren Augen zu sehen. Mit zunehmendem sozialen Kontakt nehmen wir die anderen sozusagen in uns auf: wir nehmen einzelne Abschnitte und Teile ihres Lebens mit uns mit. Tatsächlich werden wir in zunehmendem Maße mit anderen Menschen ‚besetzt'. (Daraus) ergibt sich für uns verstärkt die Möglichkeit einer Selbstreflexion. Jede neue Stimme, um die das Arsenal der Meinungen in uns bereichert wird, beeinflußt die bereits vorhandenen — positiv oder negativ. (...) Indem wir zunehmend andere in uns aufnehmen und die Gültigkeit ihrer Blickwinkel erkennen, wird objektive Wahrheit immer problematischer: Wir sehen eher, daß Wahrheit eine Frage des momentanen Standpunktes ist. (...) Im modernistischen Zeitalter betrachtet man den Menschen weitgehend wie ein maschinelles Produkt. In der Postmoderne jedoch verlagert sich das Interesse vom Produkt selbst, also dem tatsächlich geschaffenen Gegenstand, auf die jeweilige Betrachtungsweise des Produktes. Dies bedeutet: Wenn man einmal erkannt hat, daß ein und derselbe Sachverhalt auf völlig verschiedene Weise gesehen werden kann und damit völlig verschiedene soziale Folgen verbunden sind, verliert die Sache selbst immer mehr an Interesse. Stattdessen verlagert sich das Interesse auf die Art und Weise, wie soziale Gruppen die Sache sehen, benennen und kategorisieren. Folglich ist auch der postmoderne Mensch keine faktische Entität mehr, die von Umwelteinflüssen hin- und hergeschoben und -gezogen wird. Der postmoderne Mensch ist vielmehr eine Art soziale Konstruktion: Er ist so, wie die anderen — und er selbst — ihn sich vorstellen" (Gergen, 1990, S. 195—197).

Für das Individuum, sein Selbst, seine personale, soziale und kulturelle Identität haben die Idee von der sozialen Konstruktion des Individuums und der Übergang von der Analyse der Beschaffenheit des Produktes zur Analyse seiner Betrachtungsweisen weitreichende Konsequenzen: „In der modernistischen Zeit glich das vollentwickelte Selbst einem wohl gelungenen Produkt, einer Einheit, die von Zeit und Umständen unabhängig fortbestand. Im Gegensatz dazu hört mit der Postmoderne das Individuum als selbständige, unabhängige Einheit zu existieren auf. Wenn Individuen das Resultat von Beziehungen sind, dann muß man daraus schließen, daß Beziehungen grundlegender sind als Individuen. Die Individuen sind nur Bestandteile der viel fundamentaleren Einheit der Beziehung. In diesem Sinne tut sich nun die Möglichkeit auf, Entität nicht als einen Gegenstand anzusehen, nicht als persönlichen Besitz, etwas, das ‚mir' gehört. Das Selbst ist nunmehr nichts als ein Knotenpunkt in der Verkettung von Beziehungen. Jeder Mensch lebt in einem Netzwerk von Beziehungen und wird in jeder von ihnen jeweils unterschiedlich definiert" (Gergen, 1990, S. 197).

Wenn das Netzwerk der Beziehungen transkulturell und womöglich global gespannt ist, dann ist „...eine Destabilisierung der nationalen, religiösen und politischen Identität abzusehen. Mit zunehmender sozialer Sättigung und zunehmender Besetzung des einzelnen durch andere werden wir wohl dahin gelangen, uns als pan-kulturelle Mitglieder einer Weltgesellschaft zu betrachten, die über Raum und Zeit hinweg miteinander in Beziehung stehen. (...) Vielleicht steckt ja in der Betrachtungsweise des Selbst als Beziehung die Chance für eine neue weltweite Harmonie. Wenn wir vollständig voneinander ‚bevölkert' sind, wenn mein Dasein gleichzeitig dein Dasein ist, wie können wir dann dem anderen etwas antun, ohne damit uns selbst etwas anzutun? Genau diese Entwicklung auf eine weltweite Interdependenz hin ist es, die ich als den besten Effekt der postmodernen Wende ansehe. Es ist eine Entwicklung, zu der eine verantwortungsbewußte Psychologie viel beizutragen haben müßte" (Gergen, 1990, S. 198).

Ein weltweit zu beobachtender, zunehmender Nationalismus, Rassismus, Regionalismus und religiös-ideologischer Fundamentalismus werden immer wieder als Belege gegen die Annahme der Entwicklung weltweiter Interdependenz angeführt. Ob es sich dabei um Anzeichen kognitiver oder emotionaler Überforderungen, verbunden mit Reaktionen auf drohenden Orientierungsverlust handelt, oder ob es sich dabei lediglich um extreme Entwicklungen in einer Übergangsphase handelt, ist noch nicht sicher zu beurteilen. Jedenfalls weist auch diese Diskussion auf die große Bedeutung der Fähigkeit zur sozialen Kommunikation, Reflexion und Relativierung hin als ein bedeutendes Kennzeichen interkultureller Handlungskompetenz zur Bewältigung der Herausforderungen einer interdependenten Weltgesellschaft.

Im folgenden wird etwas näher auf die Identitätsthematik unter sozialpsychologischer Sicht eingegangen werden, soweit dies im Kontext der Entwicklung multikultureller Gesellschaften erforderlich ist.

Entwicklung und Veränderung sozialer und kultureller Identität

Das Thema Identität hängt eng zusammen mit den für jedes Individuum bedeutsamen Fragen: Wer bin ich? Wo gehöre ich hin? Wem bin ich verbunden? Die Ausbildung einer personalen, sozialen und kulturellen Identität ist ein Versuch, auf diese Fragen Antworten zu geben. Verbunden sind diese Fragen und mögliche Antworten mit dem in der Persönlichkeitspsychologie in den letzten Jahrzehnten ausführlich behandelten Thema der individuellen Selbsttheorie, der Selbstsysteme bzw. des Selbstkonzepts (Filipp, 1979). Allgemein versteht man in der Psychologie unter Selbstkonzept alle auf das eigene Selbst und seine soziale Einbettung bezogenen Kognitionen, wobei diese Kognitionen miteinander in Beziehung stehen, also konzeptuell verbunden sind. Das Individuum speichert die mit sich selbst und seiner Umwelt gemachten Erfahrungen also nicht summativ ab, sondern verknüpft sie miteinander, und zwar so, daß sie schließlich in einem organisierten, differenzierten und integrierten Konstruktsystem abrufbereit zur Verfügung stehen. Beim Aufbau von Selbstkonzepten sind sowohl „selbstbezogene" Informationen, also solche, die sich auf die eigene Person beziehen, als auch „außenweltbezogene" Informationen beteiligt.

Die Selbstkonzeptforschung unterscheidet fünf unterschiedliche Informationsquellen zum Aufbau interner Selbstmodelle: (1) *Die direkte Merkmalszuweisung* durch andere Personen, wie sie z. B. ein Sportler durch die Bemerkung der Vereinskameraden „du bist der Tüchtigste unter uns" erfährt, wie sie aufgrund von Stereotypenbildungen gegenüber ethnischen Minderheiten, Ausländern oder Randgruppen erfolgt oder wie sie aus Stigmatisierungen, z. B. gegenüber Behinderten, resultieren. (2) *Die indirekte Merkmalszuweisung* durch andere Personen, die dadurch zustandekommt, daß sich die soziale Umwelt gegenüber dem Handelnden in einer spezifischen Weise verhält. Wenn z. B. die Kommunikation mit Ausländern am Arbeitsplatz vermieden wird, dann wird damit zugleich eine bestimmte Einschätzung und eine bestimmte Beurteilung der Person, also im Beispiel der Ausländer eine Abwertung und Zurücksetzung, vermittelt. Die handelnde Person kommt demnach über interpretative Schlußfolgerungen aus dem Verhalten anderer Personen zu selbstbezogenen Informationen. (3) *Die komparative Merkmals-Selbstzuweisung* ergibt sich aus dem Vergleich des eigenen Verhaltens mit dem anderer Personen, der dazu genutzt wird, festzustellen, daß man z. B. kontaktfreudiger ist als eine bestimmte andere Person oder sich mehr anstrengt als vergleichbare andere. Dabei kann die komparative Merkmals-Selbstzuweisung sowohl zur Zuschreibung positiv bewerteter, erwünschter als auch negativ bewerteter, unerwünschter Merkmale führen. (4) *Die reflexive Merkmals-Selbstzuweisung* ergibt sich daraus, daß Menschen in der Lage sind, aus der Selbstbeobachtung ihres Verhaltens Rückschlüsse über Fähigkeiten, Eigenschaften, Leistungsmerkmale, Einstellungen usw. ihrer eigenen Person zu ziehen. Der Handelnde versucht, die Handlungsergebnisse und hier insbesondere die positiv bewerteten und erwünschten Resultate eigenen Handelns sich selbst zuzuschreiben und in der eigenen Person zu verankern (internale Attribution). (5) *Die ideationale Merkmals-Selbstzuweisung* besteht darin, daß der Handelnde in der Lage ist, bereits gemachte und kognitiv gespeicherte Erfahrungen abzurufen, daraus selbstbezogene Informationen zu gewinnen, sie im Zusammenhang mit individuellen Zielvorstellungen zu interpretieren und daraus prospektive Selbstbeurteilungen abzuleiten.

Filipp (1979) faßt die wesentlichen Bestimmungsstücke des Selbstkonzepts folgendermaßen zusammen: „Menschen verfügen über kognitive Repräsentationen ihrer eigenen Person, indem sie selbstbezogene Informationen im Gedächtnis gespeichert haben. (...) Das interne Selbstmodell ist als organisiertes Wissen über die eigene Person gedacht. Hierfür werden ‚Selbstschemata' als konstituierende Einheiten des internen Selbstmodells angenommen. (...) Eine Person hat so viele Selbstschemata ausgebildet, wie sie Invarianzen in ihrer Selbsterfahrung bzw. selbstbezogenen Informationen ‚erkannt' und konstruiert hat. Selbstschemata stehen untereinander und mit Umweltschemata in spezifischer Verknüpfung und konstituieren so ein mehr oder minder komplexes strukturelles Gefüge. Selbstschemata (wie Umweltschemata) gewährleisten die Einordnung von Erfahrungsdaten und vermitteln in dieser ordnungsstiftenden Funktion das Erlebnis personaler Kontinuität und Identität. Selbstschemata sind potentiell lebenslang einem Wandel unterworfen. (...) Selbstschemata werden angesichts konkreter Situationen und Handlungskontexte aktualisiert und als selbstbezogene Kognitionen der Person bewußt. (...) Selbstbezogene Kognitionen besitzen für das Individuum instrumentellen Wert, indem sie zur Planung, Vorhersage, Erklärung und Kontrolle von Ereignissen und Handlungen in der jeweiligen Situation erlebnismäßig beitragen" (S. 148).

Auf diesem Hintergrund kommt der kritischen Bemerkung von Sherif (1936) zur Sozialpsychologie ein besonderes Gewicht zu: „Die Sozialpsychologie hat zwar die individuellen Unterschiede bei Reaktionen auf eine soziale Umwelt untersucht, sie hat jedoch nie anerkannt, daß jeder von uns eine solche Umwelt nach seinen eigenen Wahrnehmungsgewohnheiten wahrnimmt, und daß Kulturgruppen sich unter Umständen deshalb im Verhalten unterscheiden, weil sie soziale Situationen grundsätzlich verschieden wahrnehmen" (zit. nach Tajfel, 1975, S. 345). Jeder Mensch durchläuft zunächst einmal einen eigenkulturellen Sozialisationsprozeß, in dem er das für seine Mitgliedsgruppe, Bezugsgruppe und Gesellschaft spezifische Orientierungssystem des Denkens, Wertens und Handelns erlernt, damit er so ausgestattet in dem gegebenen sozialen System leben und seine Bedürfnisse und Ziele erreichen kann. Ein wichtiges Resultat dieses jeweils kulturspezifischen Sozialisationsprozesses besteht in der Entwicklung einer persönlichen, sozialen und kulturellen Identität (siehe dazu auch Kap. 7):

(1) Persönliche Identität entwickelt sich aufgrund der Tatsache, daß jede Person ein Ich-Bewußtsein besitzt. Sie besitzt eine Vorstellung von sich selbst in der Abgrenzung zu anderen Personen. Die persönliche Identität ist deshalb

definiert als die Gesamtheit der Attribute, die eine Person sich selbst zuschreibt. Dazu gehören die bereits beschriebene komparative, reflexive und ideationale Merkmals-Selbstzuweisung. Die persönliche Identität umfaßt zugleich die zentralen Inhalte des Selbstkonzepts.

(2) Die soziale Identität umfaßt die Gesamtheit der Attribute (Fähigkeiten, Bedürfnisse, Einstellungen, soziale Bewertungen wie z. B. Statusrolle, Prestige und sonstige Eigenschaften), die der Person von ihrer sozialen Umwelt (Verwandte, Freunde, Mitgliedsgruppen, Bezugsgruppen usw.) zugeschrieben werden. Hierzu gehören die bereits beschriebenen direkten und indirekten Merkmalszuweisungen durch andere Personen. Persönliche und soziale Identität sind eng miteinander verschränkt.

(3) Die kulturelle Identität schließlich besteht aus den Merkmalen eines Menschen, in denen die grundlegenden Erfahrungen des eigenen Selbst eingebunden sind in das Orientierungssystem der Menschen und Gruppen, mit denen sich die Person kulturell verbunden weiß.

In Anlehnung an Krewer & Eckensberger (1990) wird im folgenden das Individuum in seinem Bestreben nach einer gesicherten Identität als Handlungszentrum im Schnittpunkt von Subjektivität und Intersubjektivität beschrieben. Damit soll zugleich die wechselseitige Verknüpfung der verschiedenen Identitätsformen verdeutlicht werden (Abb. 23, S. 324).

Die Fähigkeit des Individuums, auf der Grundlage vergangener Handlungserfahrungen eigene Ziele zu verwirklichen und die dazu erforderlichen Mittel zu aktivieren, setzt, wie bereits dargelegt, die Möglichkeit der Selbstreflexion voraus. Grundlage dieses Selbstreflexionsprozesses ist einmal ein reflektierendes Subjekt als erlebende, planende und handelnde Instanz (Handlungsinstanz) und zum anderen das Bewußtsein des Individuums vom Ergebnis der Reflexion über sich selbst. Die Anerkennung der bisherigen Handlungserfahrungen und deren Verarbeitung führt zu einer Selbstobjektivierung, d. h. sie werden zu Bestandteilen des eigenen Selbst, und das Individuum kann auf sie nach Belieben zurückgreifen. Diese Selbstobjektivierung umfaßt einen kognitiven Aspekt (Selbstkonzept), einen affektiven Aspekt (Selbstwert) und einen konativen, antriebssteuernden Aspekt (Selbstvertrauen, Kontrollbewußtsein). Ein weiteres Merkmal dieses Selbstobjektivierungsprozesses ist die zunehmende Autonomie und Problemlösekompetenz im Umgang mit Objekten der materiellen Welt (Umwelt), in der Verständigung mit anderen Subjekten (Mitwelt) und in der Verarbeitung der inneren Erfahrungen eigener körperlicher und geistiger Prozesse (Innenwelt).

Der adäquate Umgang und die den eigenen Intentionen entsprechende Behandlung der Handlungsobjekte wird in der Interaktion mit kulturell geprägten primären Interaktionspersonen (z. B. Eltern) erworben. Dabei gewinnt das Individuum hinsichtlich des eigenen „Selbst" eine kulturspezifisch geprägte Vorstellung von sich als Handelndem, z. B. als einem Subjekt, das für

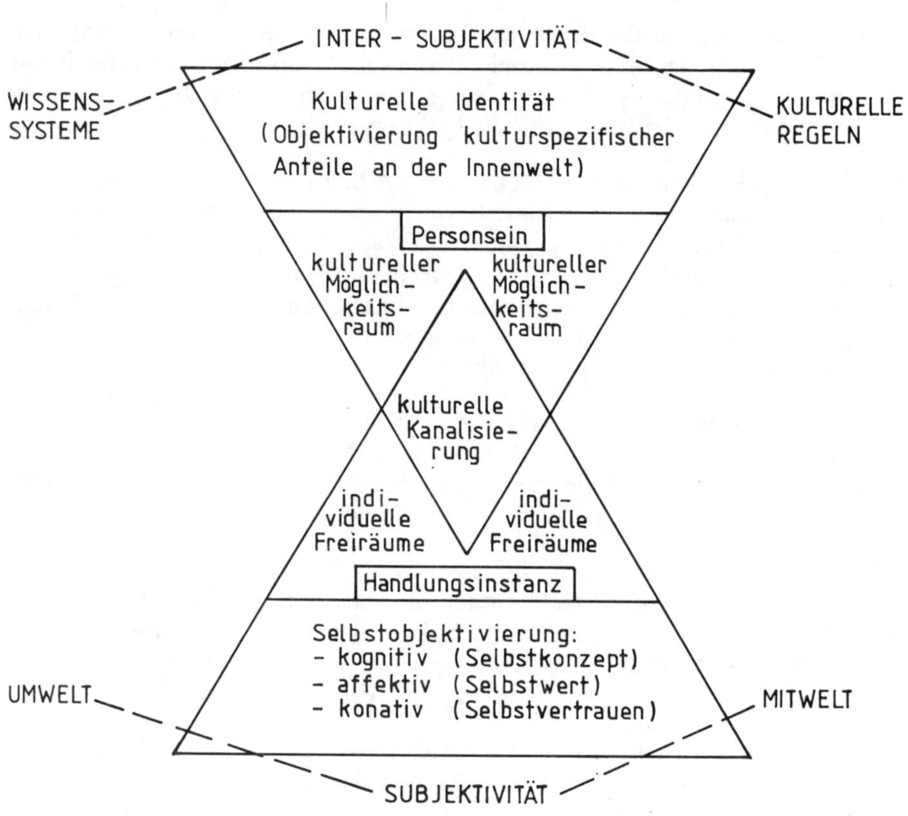

Abbildung 23: Personale, soziale und kulturelle Identität im Kontext des Selbst als Handlungszentrum im Schnittpunkt von Subjektivität und Intersubjektivität (nach Krewer & Eckensberger, 1990, S. 9–10)

die Folgen seines Tuns verantwortlich ist. Diese spezifische Vorstellung von Subjektivität baut auf kulturellen und historischen Modellen der Wesensmerkmale des Person-Seins auf. Die Vorstellung vom eigenen Selbst entsteht also nicht nur aus einem isolierten Einzelbewußtsein, sondern aus der intersubjektiven Verständigung über adäquates Handeln. Die Vorstellung vom eigenen Selbst bzw. die personale und soziale Identität enthält somit ein Konzept des Akteurs, ein Konzept der Umwelt und ein Konzept der Mitwelt.

In Analogie zur Selbstobjektivierung der Handlungsinstanz in Form des Selbstkonzepts auf individuellem Niveau ist es möglich, die Reflexion über die Grundlagen des Person-Seins auf kulturellem Niveau als Objektivierung der kulturspezifischen Anteile an der Innenwelt zu erfassen. Dies kann als „kulturelle Identität“ bezeichnet werden. So wie die individuelle Handlungsinstanz sich auf Umwelt und Mitwelt bezieht, orientiert sich die Vorstellung vom Person-Sein an kulturellen Wissens- und Regelsystemen. Einerseits bildet sich in der Interaktion mit anderen Personen die Vorstellung vom eigenen Selbst als Handlungsinstanz aus und andererseits bestimmt sich die eigene Subjektivität und Handlungsfähigkeit dadurch, daß sich nur auf der Grundlage intersubjektiv geteilter kultureller Modelle eine Ausgrenzung bestimmter Erfahrungs- und Erlebnisbereiche vollziehen läßt. Diese untereinander geteilten Vorstellungen über das Wesen einer berechenbaren und verantwortlich handelnden Person (Person-Sein) werden im kooperativen Handeln gemeinsam entwickelt. In diesem Prozeß erfolgt die kulturelle Kanalisierung der Handlungsinstanz durch kulturell verankerte Vorstellungen vom Person-Sein. Geschaffen wird dadurch ein kulturspezifischer Raum für individuelles Handeln, in dessen Rahmen die persönliche und soziale Identität eingebunden ist und in dem auf kulturellem Niveau die Möglichkeit zur Veränderung von Bedeutungssystemen besteht.

Da das Modell die Beziehungsverhältnisse von individueller Entwicklung und sozio-kultureller Veränderung mit einschließt, besteht die Möglichkeit, die Rolle des Selbst bei der situativen Handlungsausführung und Durchführung, die evolutionäre Entwicklung der menschlichen Handlungsfähigkeit (Phylogenese), die individuelle Entwicklung des Selbst als Handlungszentrum (Ontogenese) sowie die kulturelle und historische Relativität von Vorstellungen über das Wesen einer berechenbar und verantwortlich handelnden Person (Historiogenese) zu analysieren.

Während sich die bisherige Analyse damit beschäftigte, wie die verschiedenen Identitätsformen in der Auseinandersetzung des Individuums mit seiner eigenkulturellen Umwelt entwickelt werden, soll im folgenden näher untersucht werden, welche Veränderungen sie beim Übergang in eine andere Kultur erfahren.

Bei einem Wechsel von der eigenen, angestammten und vertrauten Kultur in eine andere neuartige und fremde Kultur erfährt der Handelnde zunächst von den dortigen Interaktionspartnern eine soziale Kategorisierung, Bewertung und Attribuierungen, die sich vom bisher gewohnten unterscheiden. So wird die kulturelle Identität meist erst in der Auseinandersetzung mit fremdkulturellen Personen und Situationen thematisiert. Ein Deutscher fühlt sich in Deutschland nicht als Deutscher, sondern als ein Individuum unter vielen anderen, mit denen er mehr oder weniger gut auskommt. Bei einem Besuch in Amerika und beim Zusammentreffen mit Amerikanern ist er aber vorrangig und zuallererst ein Deutscher. Er wird als „Deutscher“ kategorisiert und auf ihn werden die mit dieser Kategorie „deutsch“ verbundenen kognitiven Bewertungs- und Erwartungsschemata angewandt. Die kulturelle Identität wird dem Individuum erst mit zunehmender Internationalität und interkultureller Erfahrung bewußt, sie wird zum Thema und unter Umständen zu einem Problem für die handelnde Person. Beim Übergang von einer Kultur in eine andere wird dem Handelnden nicht nur seine eigene kulturelle Identität bewußt, sondern in der Interaktion mit seinen fremdkulturell geprägten Partnern verändert sich seine soziale Identität, indem er z. B. als reicher Europäer, allwissender Experte oder als Fremder, der sich nicht einmal richtig verständigen kann, aber einen Ausbildungs- oder Arbeitsplatz beansprucht, wahrgenommen, bewertet und behandelt wird, und ihm werden von seiner neuen sozialen Umwelt entsprechende Attribute zugeordnet. Dieser Prozeß des Einordnens (Kategorisierens und Stereotypisierens) ermöglicht den Gastlandbewohnern dem Fremden spezifische soziale Kategorien zuzuordnen, ihn zu bewerten und als sozialen Interaktionspartner eindeutig zu identifizieren. Sowohl für den Handelnden selbst als auch für seine soziale Umgebung dienen diese Prozesse der Orientierung und dem Erhalt der Handlungsfähigkeit.

In der interkulturellen Begegnung, aber auch im Zusammenhang mit interkulturellem Lernen und dem Bemühen um interkulturelles Verstehen kommt es zu Veränderungen der sozialen und kulturellen Identität, die verschiedene Formen annehmen können. Bochner (1982) unterscheidet dabei vier Typen des Wandels kultureller Identität, für die es teilweise empirisches Belegmaterial gibt:

1. Der Assimilationstyp: Personen dieses Typs lehnen die eigene Heimatkultur radikal ab und übernehmen problemlos die Werte und Normen der Fremdkultur. Es kommt allmählich zum Verlust der eigenen kulturellen Identität. Die Anpassungstendenzen an die fremde Kultur werden verstärkt, was zunächst zu interkulturellen Konflikten führen kann, aber im weiteren Verlauf auch die Ausbildung einer neuen kulturellen Identität ermöglicht.

2. Der Kontrasttyp: Dem Handelnden werden die Unterschiede zwischen der eigenen und der fremden Kultur deutlich bewußt. Er lehnt die Gastkultur radikal ab und betont auf dem Hintergrund der fremdkulturellen Erfahrungen den Wert der eigenen Kultur. Die Folgen zeigen sich in einer Verstärkung ethnozentristischer Tendenzen bis hin zum Chauvinismus.

3. Der Grenztyp: Der Handelnde erfährt beide Kulturen als Träger bedeutungsvoller Werte und Normen. Da diese aber für ihn inkompatibel sind und ihm keine Integration gelingt, schwankt er unentschlossen zwischen beiden Kulturen. Dies kann einen belastenden Identitätskonflikt zur Folge haben, aber auch in innere Reformbestrebungen und Bemühungen um sozialen Wandel einmünden.

4. Der Synthesetyp: In diesem Fall gelingt es, die bedeutsamen Elemente beider Kulturen so zu einer „neuen Ganzheit“ zu verschmelzen, daß sie zu einer Bereicherung der eigenen Persönlichkeit werden. Für die Gesellschaft erwachsen daraus Chancen zur interkulturellen Verständigung und zur Entwicklung einer multi-kulturellen Identität oder kulturellen Universalität. Bei diesem Typ gelingt es wohl noch am ehesten, so etwas wie eine „World identity“ aufzubauen, indem es zu einer subjektiven Identifikation

mit Werten und Normen kommt, die nicht mehr nur einer Kultur alleine eigen sind, sondern Orientierungsmerkmale mehrerer Kulturen darstellen. Nach Furnham & Bochner (1986) gelingt nur dem Synthesetyp eine wirklich konstruktive Lösung des durch fremdkulturelle Einflüsse erzwungenen Wandels der kulturellen Identität.

Bei der Konzeption dieses Typenkonzepts geht Bochner von einem Persönlichkeitsmodell aus. Im sozialen Kontakt mit Personen, zunächst der eigenkulturellen, dann der fremdkulturellen Umwelt, entwickelt das Individuum Einstellungen, Wertungsmuster und Verhaltensweisen, die einem der vier Typen zuzuordnen sind. Damit wäre das einzelne Individuum auf einen dieser Typen mehr oder weniger eindeutig festgelegt. Es bleibt aber zu fragen, ob nicht der Handelnde im Verlauf des Akkulturationsprozesses, also des Anpassungsvorgangs an eine ihm bisher fremde Kultur, und der damit verbundenen interkulturellen Lernvorgänge verschiedene Reaktionstypen durchläuft. Es bleibt auch zu fragen, ob nicht sogar verschiedene Typen nebeneinander existieren können, wenn sie sich auf unterschiedliche kulturelle Aspekte wie Normen, Werte und Verhaltensgewohnheiten beziehen. So läßt sich beobachten, daß z. B. im Bereich des beruflichen Lernens bei Praktikanten und Studenten aus Ländern der Dritten Welt Reaktionen des Assimilationstyps vorherrschen, wohingegen im sozialen Handlungsfeld oder in der Bewältigung des Alltagslebens Reaktionsformen des Kontrast- oder Grenztyps überwiegen.

Multikulturelle Identität und interkulturelle Handlungskompetenz

Die Anforderungen an die Befähigung zum interkulturellen Handeln steigen in den modernen multikulturellen Gesellschaften immer mehr an. Dabei ist zu beachten, daß multikulturelle Gesellschaften nicht die Ausnahme, sondern die Regel sind. Ein kulturelles Reinheitsgebot war historisch so gut wie nie wirksam gewesen. Neuere historische Forschungen zeigen, daß spätestens seit dem späten Mittelalter kulturelle Vielfalt zur Grundausstattung moderner Gesellschaften gehört (Burke, 1981). Es ist deshalb nicht verwunderlich, daß der Ruf nach der Entwicklung einer „Third Cultural Identity", „World Identity" oder „Multicultural Identity" als Qualifikationsmerkmal interkultureller Handlungskompetenz immer lauter wird. Useem & Useem untersuchten bereits 1955 die Wirkungen eines Auslandsstudiums in den USA oder in England auf Inder, die in ihre Heimat zurückgekehrt waren. Diese „Western-Educated"-Personen entwickelten ein neues Selbstkonzept und Beurteilungssystem für die eigene Gesellschaft. Vielen war überhaupt nicht aufgefallen, daß auch in ihrem Heimatland Fremde lebten, und erst nach ihrem Auslandsaufenthalt entstanden Kontakte zu Ausländern in Indien und ein Interesse an ihren Lebensformen. Veränderungen in Aspekten des Lebensstils, der Lebensanschauungen, politischer Einstellungen, Mensch- und Weltbildern sowie religiösen Überzeugungen waren das Resultat der mehrjährigen Auslandserfahrung.

Einige der befragten Personen glaubten, daß sie nach dem Auslandsstudium besser in der Lage wären, Unterschiede in ihrer eigenen Bezugsgruppe zu entdecken, andere Lebensstile zu erkennen und auszuprobieren, und daß es insgesamt zu einer Art von Neuorganisation der Persönlichkeit gekommen sei. Zusammenfassend kommen Useem und Useem zu dem Ergebnis, daß bei sehr vielen der von ihnen befragten Indern eine Art Horizonterweiterung dadurch stattgefunden hat, daß man eine fremde Kultur kennengelernt hat und über sie die eigene Kultur schärfer zu sehen und besser zu verstehen gelernt hat.

Riddle (1982) untersuchte europäische und amerikanische Missionarskinder in Indien und stellte fest, daß sie gleichsam zwischen zwei Kulturen aufwachsen und daß sie Elemente aus beiden Kulturen in sich vereinen. Hinzu kommt, daß sie in einer durch den Missionarsberuf der Eltern besonders geprägten „missionary-culture" lebten und aus diesem Blickwinkel die verschiedenen Kulturelemente zu interpretieren gelernt hatten. Bereits bei diesen von ihm bezeichneten „Third culture kids" glaubt Riddle, multikulturelle Identitätselemente feststellen zu können.

Adler (1977) beschreibt die multikulturelle Persönlichkeit als jemanden, der sich praktisch ständig zwischen und in mehreren Kulturen freiwillig oder gezwungenermaßen (meist berufsbedingt) hin- und herbewegt. Die multikulturelle Persönlichkeit ist geprägt durch eine hohe soziale und kulturelle Anpassungsfähigkeit sowie einen flexiblen Umgang mit interpersonalen Beziehungen. Wenn es in Italien üblich ist, daß Männer sich mit einer Umarmung begrüßen oder mit einem Bruderkuß wie in orientalischen Ländern, was wiederum in anderen Kulturen verpönt ist und als abartig empfunden wird, dann ist die multikulturelle Persönlichkeit in der Lage, sich solchen kulturüblichen Verhaltensregeln anzupassen, ohne dabei in einen persönlichen Konflikt zu geraten. Sie mißt sozusagen mit verschiedenen Maßstäben, ist nicht in einen starren Bezugsrahmen eingebunden und besitzt die hochentwickelte Fähigkeit, kulturadäquate Bezugssysteme zur Regulation ihres eigenen und fremden Verhaltens zu aktivieren. Nach Adler ist sie in der Lage, sowohl die kulturspezifischen Elemente als auch die den Kulturen zugrundeliegenden Gemeinsamkeiten zu erkennen, sie entwickelt einen Blick für übergeordnete, einheitliche, für alle bzw. viele Kulturen bedeutsame Orientierungsmaßstäbe und ist dabei noch in der Lage, die kulturspezifischen Besonderheiten zu würdigen. Die multikulturelle Persönlichkeit geht in ihrem Denken und Verhalten von folgenden zentralen Annahmen aus: (1) Kulturelle Systeme hängen innerlich zusammen und geben der individuellen wie der kollektiven Identität Sinn und Bedeutung. (2) Alle kulturellen Systeme sind richtige und bedeutsame Variationen menschlicher Erfahrung. (3) Alle kulturellen Systeme bieten ihren Angehörigen Möglichkeiten der Identitätsentwicklung, liefern Orientierungen und Anhaltspunkte für die Regulation des Verhaltens und weisen jedem einen bestimmten Platz in der Gemeinschaft zu. Die multikulturelle Persönlichkeit ist nun in der Lage, sich auf der Basis dieser Postulate über die Grenzen der jeweiligen kulturellen Systeme hinweg zu orientieren. Sie ist bereit und fähig, immer wieder neue Formen kultureller Orientierungssysteme kennenzulernen und sich in ihrem Verhalten danach zu richten.

Die Verfechter des Konzeptes der multikulturellen Persönlichkeit sehen in der multikulturellen Identität ein die eigene Gruppe und Kultur transzendierendes Konstrukt, das ein effektives Funktionieren in jeder Kultur erlaubt, ohne an eine spezifische Kultur gebunden zu sein. Das Individuum müßte demnach eine überkulturelle Identität entwickeln, die sich an keine der ihr bekannten und gelebten Kulturen gebunden fühlt, sondern sich praktisch aus vielen Einzelteilen verschiedener Kulturen zusammensetzt. Aus psychologischer Sicht ergibt sich bei diesem Konzept einer multikulturellen Persönlichkeit die Frage, ob eine solche Person, falls es ihr gelingt, diese Fähigkeiten und Leistungen zu erbringen, überhaupt lebensfähig ist. Die sozialpsychologische Forschung, besonders der letzten Jahrzehnte (Thomas, 1991), hat gezeigt, daß die Art und Weise, wie Menschen sich selbst definieren, d. h. wie sie ihre Selbstidentität entwickeln, abhängig ist von den Beziehungen zu anderen Personen. Menschen lernen sich selbst kennen, indem sie die Reaktionen anderer beobachten, indem sie sich mit anderen vergleichen, indem sie ihre sozialen Rollen spielen und indem sie von anderen Bezugsmaßstäbe übernehmen oder diese mit ihnen gemeinsam entwickeln. Die Entwicklung des Selbst und der Aufbau einer persönlichen, sozialen und kulturellen Identität erfolgen also nicht in Isolation, sondern durch kontinuierliche Interaktion mit anderen Personen (siehe auch Kap. 2).

Weiterhin hat die Sozialpsychologie gezeigt, daß Menschen kognitive Strategien anwenden, die sie dazu befähigen, über sich selbst und andere ein einheitliches Bild zu entwerfen. Diese Strategien helfen, Chaos und Orientierungslosigkeit zu vermeiden und in der Vielfalt der Informationen eine überschaubare Zusammenhangsstruktur zu erkennen. Auch die im Zusammenhang mit der Intergruppentheorie von Tajfel (1978) vorgenommene Unterscheidung zwischen Eigengruppe und Fremdgruppe und die fundamentale Überbewertung der Eigengruppe im Vergleich zur Abwertung der Fremdgruppe erfüllen eine bedeutsame Orientierungsfunktion im Verhältnis von Individuum zur Gruppe und in den Intergruppenbeziehungen.

Wenn man nun unter Kultur ein universelles, aber für eine bestimmte Gruppe, Organisation oder Nation spezifisches Orientierungssystem versteht, das es den Mitgliedern erlaubt, ihre Wahrnehmung, ihr Denken, Werten und Handeln danach auszurichten, und wenn man andererseits berücksichtigt, wie bedeutsam eine klare und eindeutige Orientierung für ein handlungsfähiges Individuum ist, dann muß man bezweifeln, ob eine überkulturelle bzw. multikulturelle Persönlichkeit existieren kann bzw. lebensfähig ist. Auch die bisherigen Forschungen zur multikulturellen Identität und multikulturellen Persönlichkeit haben kein klares Bild von den charakteristischen Merkmalen einer solchen Persönlichkeit geliefert. Insbesondere bestehen Unklarheiten hinsichtlich der von einer solchen Persönlichkeit vertretenen Werte, Normen und der für die Eigen- und Fremdbeurteilung wichtigen Bezugsmaßstäbe. Handelt es sich dabei um eine Art „synthetische“ Kultur, die aus einem Mosaik unterschiedlicher Teilaspekte verschiedener Kulturen zusammengesetzt ist und damit individualistischer Willkür unterliegt, oder handelt es sich möglicherweise um eine im Kern der westlichen Kultur verpflichteten Identität (mit kulturspezifischen Komponenten wie Individualität, Rationalität, Kausalität, Effektivität usw.), die lediglich um eine nicht näher definierte, multikulturelle Dimension angereichert ist. Es ist auch zu fragen, ob eine multikulturelle Persönlichkeit, die sich keiner spezifischen Kultur verpflichtet fühlt, aber von sich überzeugt ist, in allen Kulturen beheimatet zu sein, tatsächlich einen produktiven Beitrag im Gefüge existenter kultureller Vielfalt leisten kann. So erscheint es interessanter und vielversprechender, anstatt ein diffuses Konzept der multikulturellen Persönlichkeit zu verfolgen, ein Modell der reflektierten eigenkulturellen Identität in Verbindung mit interkultureller Handlungskompetenz zu entwickeln.

Komponenten eines Modells reflektierter eigenkultureller Identität

Will man sich nicht auf das nach wie vor sehr spekulative und empirisch nicht gesicherte Konzept einer multikulturellen Persönlichkeit einlassen, sondern den Erkenntnissen der Psychologie, besonders der Sozial- und Kognitionspsychologie und der Austauschforschung folgen, dann läßt sich zum Thema „Kulturelle Identität“ folgendes festhalten:

Kulturelle Identität kann definiert werden als das Gesamt der Merkmale eines Menschen, in denen die grundlegenden Erfahrungen des eigenen Selbst eingebunden sind in das Orientierungssystem der Bezugsgruppe, mit der sich die Person kulturell verbunden weiß. Kulturelle Identität erfüllt also eine wichtige Orientierungsfunktion in einem interkulturellen Handlungsgefüge. Die kulturelle Identität wird, wie bereits dargelegt, vornehmlich in der Auseinandersetzung mit fremdkulturellen Personen und Situationen zum Thema.

Nach der Theorie der sozialen Identität nach Tajfel (1982) sind an der Ausbildung der sozialen Identität drei psychische Komponenten beteiligt, deren Grundaussagen auch dem Verständnis von kultureller Identität dienen können: (1) Die *kognitive Komponente.* Sie betrifft das Wissen um die Mitgliedschaft und die Merkmale der eigenkulturellen Gruppe. (2) Die *emotionale Komponente.* Sie umfaßt die mehr oder weniger ausgeprägten, positiven oder negativen Gefühle, die mit dem Wissen um die spezifische Kulturzugehörigkeit verbunden sind. (3) Die *evaluative Komponente.* Sie enthält die mehr oder weniger positive und negative Bewertung der Kulturzugehörigkeit selbst und der damit verbundenen Folgen. Die kulturelle Identität wird erst bewußt und erlebbar, wenn einerseits ein sozialer Konsens innerhalb der eigenen Kultur (intrakultureller Konsens) besteht, und auch von außen, also von den Mitgliedern anderer Kulturen, eine Übereinstimmung entwickelt wird hinsichtlich der Kulturzugehörigkeit (interkultureller Konsens). Die drei psychischen Komponenten werden dann aktiviert, wenn eine Kategorie, also eine Unterscheidung in Eigen- und Fremdgruppe, den Individuen von außen aufgezwungen wird (z. B. Migranten in einer anderen Kultur) oder dem Individuum zweckmäßig erscheint (z. B. bei der Kommunikation mit einem Ausländer).

Aus der Psychologie der Intergruppenbeziehung und der sozialen Kategorisierung ist bekannt, daß die Intergruppenkategorisierung einer fundamentalen Favorisierungstendenz unterliegt: Die eigene Gruppe resp. Kultur wird positiver und höherwertiger beurteilt als die einer Diskriminierungstendenz unterworfene Fremdkultur. Wenn Favorisierungs- und Diskriminierungstendenzen auch eine Unsicherheiten und Ängste reduzierende Wirkung und zudem eine wichtige Orientierungsfunktion haben, so kann doch erwartet werden, daß Kenntnisse über diese Prozesse und eine Reflexion über die Folgewirkungen solcher Wahrnehmungs- und Urteilsverzerrungen für die Qualität interkultureller Beziehungen zu einer Erhöhung interkultureller Handlungskompetenz führen können. Dazu sind allerdings Prozesse des interkulturellen Lernens erforderlich, die zu einem interkulturellen Verstehen und zu interkulturellem Handeln führen können.

Die interdisziplinär betriebene Austauschforschung, die sich unter psychologischen Aspekten mit Prozessen der Wahrnehmung, des Urteilens und Handelns von Personen in fremdkulturellen Umwelten und in kulturellen Überschneidungssituationen befaßt (Thomas, 1984b), hat gezeigt, daß interkulturelles Lernen, Verstehen und Handeln eng zusammenhängen. So findet interkulturelles Lernen immer dann statt, wenn eine Person bestrebt ist, im Umgang mit Menschen einer anderen Kultur deren spezifisches Orientierungssystem der Wahrnehmung, des Denkens, Wertens und Handelns zu verstehen, in das eigenkulturelle Orientierungssystem zu integrieren und auf sein Denken und Handeln in der fremdkulturellen Umwelt anzuwenden. Interkulturelles Lernen beinhaltet neben dem Verstehen fremdkultureller Orientierungssysteme eine Reflexion des eigenkulturellen Orientierungssystems. Interkulturelles Lernen ist erfolgreich, wenn eine handlungswirksame Synthese zwischen kulturdivergenten Orientierungssystemen erreicht ist, die erfolgreiches Handeln in der eigenen und in der fremden Kultur erlaubt. Das interkulturelle Verstehen beinhaltet Kenntnisse über fremde Kulturstandards und ihre handlungssteuernden Wirkungen. Es umfaßt die Fähigkeit und Bereitschaft, die eigene Wahrnehmung (Aufmerksamkeitszentrierung), das Bewerten, Urteilen und Erleben im Kontext fremdkultureller Orientierungssysteme zu vollziehen. Das interkulturelle Handeln schließlich findet in kulturellen Überschneidungssituationen statt, in denen der Handelnde sein eigenes, kulturspezifisches Orientierungssystem zur Handlungssteuerung in einem fremdkulturell strukturierten Handlungsfeld verwendet. Zur Vermeidung kulturell unangepaßten Verhaltens und daraus resultierender Handlungsstörungen bedarf es einer Veränderung und Erweiterung des eigenkulturellen Orientierungssystems in Richtung auf das fremdkulturelle Orientierungssystem. Zur effektiven Handlungssteuerung in kulturellen Überschneidungssituationen müssen beide Orientierungssysteme zum Einsatz kommen.

Nach Winter (1988) lassen sich vier aufeinander aufbauende Stufen interkultureller Lernprozesse unterscheiden, die verschieden hohe Anforderungen an den Lernenden stellen und die zu ihrer Realisierung mehr oder weniger günstiger Lernbedingungen und Lernanregungen bedürfen:

1. Stufe: Interkulturelles Lernen im Sinne der Aneignung von Orientierungswissen. Hierbei steht im Vordergrund das Kennenlernen des fremdkulturellen Milieus in seinen physikalischen und sozialen Erscheinungsformen, Strukturen und Zusammenhängen und das Erarbeiten von Grundkenntnissen über die im Gastland üblichen sozialen Umgangsformen, Sitten, Gebräuche, Rituale u. a. Die Informationssammlung kann über Vorträge, landeskundliche Materialien, Diskussionen mit landeskundigen Personen u. a. erfolgen.

2. Stufe: Interkulturelles Lernen im Zusammenhang mit dem Erfassen fremdkultureller Orientierungssysteme (Normen, Werthaltungen, Einstellungen, Überzeugungen) im Sinne zentraler Kulturstandards. Dieses Lernen kann nur über geeignete Trainingsmaßnahmen, z. B. mit Hilfe von Rollenspielen oder handlungsbezogenen fremdkulturellen Sensibilisierungsübungen, erfolgreich sein.

3. Stufe: Interkulturelles Lernen im Sinne einer Koordination kulturdivergenter Handlungsschemata. Auf dieser Stufe gelingt es, die von beiden Interaktionspartnern eingesetzten Handlungsspielregeln zu erfassen, angemessen zu interpretieren und im interaktiven Handeln einzusetzen. Es werden neue Handlungsregeln, Kommunikationsformen und Interaktionsgewohnheiten entwickelt. Diese Fertigkeiten können nur in kontrollierten oder supervisierten Interaktionssituationen mit fremdkulturellen Partnern erworben werden.

4. Stufe: Interkulturelles Handeln im Sinne eines generalisierten Kultur-Lernens und -Verstehens. Die Erfahrung mit vielfältiger und wiederholter interkultureller Kommunikation und Interaktion in verschiedenen Ländern und Kulturen eröffnet nach und nach die Möglichkeit, allgemeinere Regeln, Strategien und Techniken zu entwickeln, die generell zur interkulturellen Orientierung und Anpassung nützlich sind. Kein noch so gutes Trainingsprogramm kann hierbei die langjährige Erfahrungssammlung in interkulturellen Begegnungssituationen vielfältiger Art ersetzen (Landis & Brislin, 1983).

Wenn auch die vierte Stufe nur selten und allenfalls unter günstigen Lernbedingungen erreicht wird, so kämen die Resultate solcher Lernprozesse wohl dem nahe, was von einer multikulturellen Persönlichkeit erwartet wird, ohne daß damit die eigenkulturelle Identität aufgegeben wird. Eine kritisch reflektierende und relativierende Einstellung zum eigenkulturellen Orientierungssystem und der eigenkulturellen Identität in Verbindung mit einer Systematisierung und Qualifizierung der Lernerfahrungen, wie sie auf der vierten Lernstufe zu gewinnen sind, könnten zur Förderung einer interkulturellen Handlungskompetenz beitragen, die den Anforderungen einer multikulturellen Gesellschaft gewachsen ist.

Wenn Kultur, in welcher Form sie auch immer auftritt, verstanden wird als ein vom Menschen im Prozeß der sozialen Abstimmung entwickeltes Konglomerat kreativer und kollektiv akzeptierter Wege der Daseinsbewältigung und Bedürfnisbefriedigung, dann besteht die Chance, Kulturimperialismus, Kulturdominanz, Ethnozentrismus usw. durch Formen kultureller Synergie zu überwinden. So ließen sich durch die Koordination der Spielarten unterschiedlicher Kulturen unter günstigen Umständen neue Qualitäten der Daseinsbewältigung hervorbringen. Verbunden damit wäre zugleich auch ein Wandel kultureller Identität auf Individualebene sowie ein Wandel kultureller Regeln, Werte- und Wissenssysteme. Auch an diesem Beispiel zeigt sich erneut die enge Verflechtung zwischen den Lebens- und Entwicklungsbedingungen des Individuums und den gesellschaftlichen und kulturellen Prozessen.

Autorität und politischer Widerstand in der Beziehung zwischen Individuum und Gesellschaft

In diesem Abschnitt wird als weiteres Beispiel für das komplexe Beziehungsverhältnis zwischen Individuum und Gesellschaft die Bedeutung von personengebundener, institutionengebundener und symbolisch gebundener Autorität für das gesellschaftliche Zusammenleben analysiert. Zudem werden die Entwicklungsbedingungen und Wirkungen politischen Widerstandes gegen staatliche Autorität am Beispiel der friedlichen Revolution von 1989 in der ehemaligen DDR nachgezeichnet.

Autoritätsproblem im Verhältnis von Individuum und Gesellschaft

Bereits im römischen Senat besaßen zunächst die einzelnen Senatoren eine, an ihre Person gebundene unabhängige Würde (auctoritas) gegenüber der römischen Verwaltung, der Exekutive. Indem der Senator auf Grund seiner Erfahrungen in der Politik die Bürgschaft für die Richtigkeit dessen übernahm, was er sagte, wirkte er zugleich als Gutachter. Obwohl der Magistrat nicht an die Ratschläge der Senatoren gebunden war, bestand eine moralische Verpflichtung, die Senatoren anzuhören. Aus dieser Verpflichtung des Magistrats dem Senat gegenüber ging langsam die Autorität, die auctoritas, vom Senator als Person auf den Senat als Institution über. Die Autorität des Senates blieb bestehen, trotz der Austauschbarkeit der Senatoren. Das heißt, der Institution wurde nun eine Autorität zugeschrieben, die vorher lediglich in den Personen lokalisiert war.

Später erfuhr der Begriff ‚Autorität' eine Erweiterung, indem er auch auf andere Institutionen angewandt wurde, z. B. die christliche Kirche, und darüber hinaus auf alle Institutionen und Einrichtungen, die einen bestimmenden Einfluß auf die Entscheidungen und Handlungen anderer ausübten. Dann wurde der Begriff nochmals ausgeweitet, indem man ihn zur Bezeichnung formelhaft erstarrten Einflußverhaltens gebrauchte. Sachlich nicht legitimierte Formen der Über- und Unterordnung wurden als Autoritätsverhältnis bezeichnet und allein der Unterschied in der hierarchischen Stellung als ausreichender Beweis der Autorität des Höhergestellten angesehen. Position in der Institution und Autorität wurden schließlich gleichgesetzt. Eine letzte Ausweitung des Begriffes kommt dadurch zustande, daß nicht mehr der direkte Kontakt mit Autorität besitzenden Institutionen notwendig ist, sondern daß bereits den Symbolen der Institutionen, den Fahnen, Wappen und Namen, Autorität zugeschrieben wird.

Bestimmung der Grenze zwischen Autorität und autoritär

Die Haltung gegenüber dem, was man gemeinhin als Autorität bezeichnet, scheint mit recht gegensätzlichen Affekten behaftet. Man verdächtigt leicht den Überlegenen, die Freiheit unterdrücken zu wollen, und sehnt sich doch zugleich danach, in der Unterwerfung Sicherheit zu erlangen. Diese ambivalente Haltung macht das Verhältnis zur Autorität so überaus problematisch. Hochheimer (1966) schreibt: „Weil so viele von Autorität besessen sind, statt sie zu besitzen, sind so wenige für ihren Abbau" (S. 504). Das Verhältnis zwischen Überlegenem und Unterlegenem kann vielerlei Formen annehmen, Herrscher und Beherrschter, Führer und Geführter, Lehrer und Schüler. Ebenso kann die Quelle des Einflusses verschieden sein. Der Einfluß kann auf einem Mehr an Wissen und Erfahrung beruhen, genauso auch auf reinem Zwang oder Gewaltanwendung. Um hier die Verwirrung nicht zu vergrößern, soll klar zwischen Autorität als etwas Positivem, zu Bejahendem und autoritärem Verhalten als einer Perversion von Autorität unterschieden werden: (1) Autorität ist Vorbildlichkeit und kann beschrieben werden als ungleichgewichtige Interaktion, in der die Asymmetrie auf der Vorbildlichkeit des einen beruht. Hier gelten die Spielregeln von Vertrauen und Rücksicht, die Interaktion gewährt ein weites Maß an Beweglichkeit, und die Beteiligten haben ein gemeinsames Wertziel. (2) Demgegenüber wird autoritäres Verhalten als Rangverhalten verstanden. Auch das autoritäre Verhalten ist Beispiel einer ungleichgewichtigen Interaktion. Hier allerdings beruht die Ungleichgewichtigkeit auf der größeren Macht des einen Partners, unabhängig von der

Vorbildlichkeit oder der Konvergenz der Ziele. Es gelten eher die Spielregeln von stärker und schwächer als die von Vertrauen und Rücksicht. Bezeichnend für das autoritäre Verhalten sind die Starrheit der Interaktion und die Divergenz der Ziele.

Problem der Autorität im Verhältnis von Individuum und Gesellschaft

Das Problematische an dem Autoritätsverhältnis von Individuum und Gesellschaft besteht im Aufeinandertreffen folgender Gegebenheiten: (1) Menschen haben, solange sie nicht zu autoritären Persönlichkeiten verbogen sind, die Tendenz, Autorität anzunehmen, autoritäres Verhalten aber abzulehnen. (2) Gesellschaftliche Autorität kann im Gegensatz zur Autorität auf Gruppenniveau nur sehr schwer flexibel gehandhabt werden, und mit zunehmender Größenordnung der Gesellschaft ist die Konvergenz der Ziele immer schwerer zu erreichen.

Die moderne Industriegesellschaft ist derart komplex, daß ihr soziales System überhaupt nicht in der Lage ist, das zu leisten, was Luhmann (1971) von ihm fordert, nämlich die Reduzierung der Komplexität auf ein Maß, das Autorität möglich macht und autoritäres Verhalten überflüssig erscheinen läßt. Diese These soll im folgenden noch weiter ausgeführt werden.

Die Dynamik der Interaktion in Autoritätsverhältnissen

Die Entwicklung der Kette der Autoritätsträger - Person, Amt, Institution, Symbol - zeigt die Tendenz, in zunehmendem Maße den Begriff Autorität vom Bezug zu konkreten Personen abzulösen. Der Bezug zu konkreten Personen wird immer entfernter, immer undurchsichtiger, und damit wird der Verhaltensspielraum immer enger und immer starrer. Autoritär ist das Verhältnis, wenn persönliche und amtliche Autorität, die beide noch personengebunden sind, die Macht der Institutionen und der Symbole in Anspruch nehmen, um ihren Einfluß durchzusetzen. Die Interaktion in dieser Rangreihe von der persönlichen Autorität bis hin zum Einfluß der Symbole verändert sich kontinuierlich von großer Beweglichkeit bis zur Starrheit der Interaktion. Das ist keine zwangsläufige Entwicklung, denn man braucht einem Symbol gegenüber nicht notwendigerweise starrer zu reagieren als einer Person gegenüber, aber die Erfahrungstatsachen sprechen für einen Trend in dieser Richtung. Wenn sich jemand, für den das Kreuz lebendiges Symbol ist, vor dem Kreuz verneigt, so muß das keineswegs eine autoritätshörige Reaktion sein. Wenn aber jemand argumentiert „die Kirche sagt" oder „das Kuratorium hat bestimmt", dann ist der Verhaltensspielraum wesentlich enger, als wenn man mit einem Lehrer, einem Professor oder einer Fachautorität zusammensitzt und über ein Problem redet. Die Wahrscheinlichkeit, daß der Professor oder der Lehrer in einem Gespräch mit einem Studenten oder Schüler, den ernachhaltig beeinflussen und überzeugen will, sich einfach darauf zurükzieht, daß er sagt: „Es ist so, wie ich das vortrage", ohne Erklärungen zu geben, und die Wahrscheinlichkeit, daß er lediglich auf seinen Rang pocht, sind relativ gering.

In einer Beziehung von zwei Personen, die im Verhältnis von Über- und Unterordnung stehen, ist der Einfluß zwar nicht gleichwertig, aber gegenseitig. Die Rollen von Vater und Sohn oder von Arzt und Patient bestimmen sich wechselseitig, und ihr Verhältnis ist streng komplementär. Erst dadurch, daß der eine den anderen in seiner Rolle bestätigt und anerkennt, gewinnt der Überlegene Autorität. So der Arzt, indem er sachlich und mit Rücksicht auf seinen Patienten therapiert, und der Patient, indem er die Therapieanweisungen befolgt. In diesem Fall steht die Rangdifferenz völlig im Hintergrund und das gemeinsame Ziel, die Heilung, im Vordergrund. Autorität wird verspielt, wenn der Akzent auf dem Macht- und Einflußunterschied selbst liegt und das Verhalten der Aufrechterhaltung dieses Macht- und Einflußunterschiedes dient.

Das Beispiel des Arztes, bei dem Rangunterschied nicht das Wesentliche sein sollte, sondern die Gemeinsamkeit des Zieles, die Heilung, im Vordergrund steht, zeigt, daß in einem Autoritätsverhältnis durchaus wechselweise mal der eine und mal der andere dominieren kann, je nach dem Stadium der Interaktion, in dem sie sich befinden. Das kann ohne Störung des gegenseitigen Verhältnisses geschehen, wie das Beispiel eines vertrauensvollen Vater-Sohn-Verhältnisses zeigt. Einmal wird der Vater dominieren, z. B. bei der Lösung von Mathematikaufgaben; wenn es sich aber darum handelt, Autotypen zu identifizieren, kann der Sohn die Autorität darstellen, die der Vater akzeptiert. Einem autoritären Vater wird eine solche Reaktion allerdings schwerfallen. Hier würde das Verhältnis zwischen beiden empfindlich gestört, wenn der Vater merken sollte, daß er seine Überlegenheit in irgendeinem Lebensbereich einbüßt. Das gemeinsame Ziel, z. B. eine bestimmte Frage möglichst sachgerecht zu lösen, tritt in solchen autoritären Beziehungen in den Hintergrund, und das Bemühen, Vorrang und Überlegenheit zu bewahren, gewinnt an Bedeutung. Aber nicht nur der Überlegene kann versagen, auch der Unterlegene kann das gemeinsame Ziel aus dem Auge verlieren und in autoritätshöriges Verhalten verfallen, z. B. wenn ein Sohn vom Vater Anweisungen wünscht und Befehle verlangt, um selber Entscheidungen zu vermeiden. Hier wird dem Vater vom Sohn eine Rolle aufgedrängt, die er gar nicht spielen will. Gerade diese Wechselseitigkeit des Autoritätsverhältnisses auf der Gruppenebene ist in der Autoritätsbeziehung Individuum-Gesellschaft aber nicht mehr gegeben. Dadurch bekommt die Beziehung eine Starre und Einseitigkeit, die dazu führt, daß gesellschaftliche Autorität so leicht als autoritär empfunden wird.

Die Konvergenz der Ziele

Es steht außer Frage, daß es mit zunehmender Größenordnung immer schwieriger wird, unter den Gliedern eines Sozialsystems eine Konvergenz der gesellschaftlichen Ziele zu erreichen. In zunehmendem Maße muß sich die Gesellschaft entweder auf die Formulierung von Minimalzielen beschränken, oder die gesellschaftlichen Ziele werden sich unvermeidlich von den Zielen und Bedürfnissen vieler Individuen unterscheiden. Zwischen der Gruppe und dem einzelnen besteht ein solches Wechselverhältnis, daß es ungerechtfertigt erscheinen kann, zwischen Gruppenzielen und Individualzielen zu unterscheiden. Zwischen Gesellschaft und Individuum besteht ein derartiges Wechselverhältnis nicht, jedenfalls nicht in der gleichen Unvermitteltheit. Erziehung und Propaganda können dem Auseinanderfallen von persönlichen und gesellschaftlichen Zielen entgegenwirken. Aufheben können sie den Widerspruch nicht, der darin liegt, daß der einzelne gezwungen wird, Ziele zu verfolgen, an deren Gestaltung er nicht in erlebbarer und nachvollziehbarer Form mitgewirkt hat.

Im folgenden Abschnitt soll gezeigt werden, wie dieses Auseinanderklaffen zwischen Zielen und Bedürfnissen vieler einzelner und den durch Personen, Institutionen und Symbolen repräsentierten gesellschaftlichen Zielen und Forderungen politischen Widerstand erzeugt, der unter günstigen Umständen die staatliche Autorität zu Fall bringen kann.

Politischer Widerstand gegen staatliche Autorität

Eine individuelle Unzufriedenheit mit der eigenen Lebenssituation, resultierend aus dem sozialen Vergleich mit Personen aus Referenz- bzw. Bezugsgruppen, führt noch keineswegs zum politischen Protest. Vielfach sind Resignation und das Sich-Fügen in das Unvermeindliche, die Aktivierung von Anstrengungs- und Leistungsbereitschaft zur Verbesserung der Lebensbedingungen oder Verhaltensvariationen zwischen diesen Polen geläufige Reaktionsmuster. Selbst wenn über die unbefriedigende Lebenssituation mit anderen Personen kommuniziert wird und die Diagnose der defizitären Lebenslage auf soziale Zustimmung stößt, also andere Personen ähnlich empfinden und der negativen Bewertung zustimmen, bleibt es nicht selten beim Murren, Aufstöhnen und Wehklagen über die Ungerechtigkeiten in der Welt. Allein die Erfahrung, daß auch andere Menschen unter sozialer Ungerechtigkeit zu leiden haben und mit ihrer Lebenssituation unzufrieden sind, verschafft dem einzelnen bereits Erleichterung. Er ist nicht gezwungen, sich selbst für die desolate Situation verantwortlich zu machen, das positive Selbstbild bleibt erhalten, er kann die Verantwortung auf mehr oder weniger konkrete gesellschaftliche Bedingungen, z. B. kapitalistische Ausbeutung, Materialismus, Arbeitslosenquote, Rüstungswahnsinn, Bildungsinvestitionen oder deren Repräsentanten, z. B. Politiker, Unternehmer, Hausbesitzer, Lehrer, abwälzen und findet dafür soziale Unterstützung. Ein gewisses Maß an Unzufriedenheit bleibt zwar erhalten, doch führt dies nicht zwangsläufig zu öffentlich wirksamem Protest oder zum Widerstand gegen die tatsächlichen oder vermeintlichen Verursacher der desolaten Lebenssituation.

Andererseits werden aus allen historischen Epochen Protest- und Widerstandsbewegungen berichtet, die zum Teil revolutionäre Veränderungen zur Folge hatten. Vielleicht kann gerade das 20. Jahrhundert als eine besonders bewegte Epoche bezeichnet werden, in der ideologisch motivierte, soziale und politische Bewegungen, revolutionäre Umwälzungen und radikale, kulturelle Wandlungen stattgefunden haben, die zunächst von einzelnen Personen und kleinen Gruppen ausgehend allmählich ganze Bevölkerungsgruppen erfaßten. Bürgerproteste, die sich in und durch Basisgruppen oder Initiativgruppen zur Verhinderung oder Durchsetzung bestimmter Veränderungen artikulieren, sich medienwirksam in Szene setzen, über längere Zeit hin lebendig gehalten werden, Unterstützung erfahren, an Macht und Einfluß gewinnen und schließlich so viel soziale Resonanz finden, daß sie auf gesellschaftlichen Mikro- und Makroebenen wirksam Veränderungen herbeiführen, sind schon fast an der Tagesordnung, z. B. Umweltschutzbewegungen, Friedensinitiativen, Antiatomkraft-, Tierschutz-, Datenschutz-, Antivolksbefragungs- und Geschwindigkeitsbegrenzungsaktionen oder Bewegungen gegen bzw. für eine Abtreibungsgesetzgebung, die Todesstrafe, den Waffenexport, den Militäreinsatz in Krisengebieten zur Durchsetzung politischer Ziele u. ä.

Es ist nicht verwunderlich, wenn auch die Sozial- und Humanwissenschaften, die Soziologie, Politologie, aber auch die Sozialpsychologie der Frage nachgehen: Wie entstehen soziale Bewegungen? Was fördert oder behindert beim Individuum die Bereitschaft, sich ihnen anzuschließen? Unter welchen Bedingungen finden soziale Bewegungen so viel Resonanz in der Mehrheit der Bevölkerung bzw. in sozial durchsetzungsfähigen, mächtigen Gruppen, daß sie erfolgreich agieren können?

So liegen z. B. viele Untersuchungen vor über die Arbeiterprotestbewegungen zu Beginn des 20. Jahrhunderts, den Beginn der nationalsozialistischen Bewegung im Deutschland der 20er und 30er Jahre, die national-faschistische Bewegung unter Mussolini in Italien, die Studentenbewegung der 60er und 70er Jahre in Nordamerika und Europa, die Umwelt-, Antiapartheid-, Antiabtreibungs-, Antidrogen-, Antiatomkraft- und Antivietnamkrieg-Bewegung sowie über die Protestaktionen gegen zunehmende Armut, Arbeitslosigkeit, Ghettobildung und Bildungsnotstand in den USA. Die Mehrzahl dieser Untersuchungen ging von klassischen sozialpsychologischen Theorien über die individuelle Partizipationsbereitschaft an sozialen Protestbewegungen aus. Untersucht wurden so z. B. Persönlichkeitsunterschiede zwischen politisch aktiven und inaktiven Studenten (Kerpelman, 1969), massenpsychologische Phänomene in sozialen Bewegungen, wie sie bereits von Le Bon (1895) beschrieben wurden, sowie der Grad der Unzufriedenheit breiter Massen und die Ideologisierung der Mißstände (z. B. Toch, 1966). Alle diese Erklärungsversuche gehen von der Annahme aus, daß die Teilnahmebereitschaft am sozialen Protest, an Demonstrationen, am politischen Widerstand oder anderen Arten kollektiven Protestverhaltens ein relativ seltenes und ungewöhnliches Phänomen ist, das aus einer abnormen und zu unkonventionellem und irrationalem Handeln neigenden Persönlichkeitsstruktur resultiert.

Erst aus jüngster Zeit liegen Studien vor, die zeigen, daß Protestierer sich keineswegs durch auffällige Persönlichkeitsmerkmale auszeichnen, daß Randgruppenmentalität und Entfremdung keine typischen Merkmale von Initiatoren, Aktivisten und Mitläufern so unterschiedlicher Bewegungen sind wie dem deutschen Faschismus, der Studentenbewegung, der Umweltschutz- und Friedensbewegung u. ä. (Kriesberg, 1978). Selbst ein durch soziale Mißstände erzeugter Leidensdruck oder von der Mehrheitsmeinung abweichende politische Überzeugungen liefern keine ausreichende Begründung für die Teilnahme an sozialen Protestbewegungen. Das Versagen massenpsychologischer Theorien und Theorien der Massengesellschaft, der relativen Deprivation oder des kollektiven Verhaltens sowie devianztheoretischer, stigmatisierungstheoretischer und anderer persönlichkeitspsychologischer Konzepte zur Erklärung sozialer Protestbewegungen ist offensichtlich. Auch die zunächst plausibel erscheinende Vorstellung, daß ein plötzlicher Anstieg subjektiver Unzufriedenheit bei vielen Menschen sich zu einer strukturellen Überforderung aufschaukelt, die sich dann in einer gemeinsamen Anstrengung zum beschleunigten sozialen Wandel entlädt, ist ebenso wenig belegt wie die Annahmen, daß die Teilnahme an Protesten ein außergewöhnliches Ereignis darstellt, daß soziale Bewegungen und institutionell verankerte Aktionen immer klar voneinander getrennte Ereignisse sind, und daß Protestierer irrational handeln. So stellt Jenkins (1983) fest, daß die Forschungen über Entstehungsbedingungen und Prozesse sozialer Protestbewegungen viele Belege für folgende Zusammenhänge erbracht haben: „a) Protesthandlungen sind rationale, angepaßte Antworten auf Kosten- und Nutzenkalkulationen über verschiedene Handlungsmöglichkeiten; b) die grundlegenden Ziele des Protestes werden bestimmt von Interessenkonflikten, die sich aus den institutionellen Machtbeziehungen ergeben; c) die aus solchen Konflikten erwachsende Unzufriedenheit ist so weit verbreitet, daß die Initiierung und Organisation von Protestbewegungen darauf vertrauen kann, daß Hilfsmittel in zunehmendem Maße verfügbar werden, Gruppenzusammenschlüsse zustandekommen und Möglichkeiten zu gemeinschaftlichen Aktionen ergriffen werden; d) zentralistische, formelle Organisationsstrukturen sind typisch für moderne soziale Protestbewegungen und wirksamer in der Mobilisierung von Mitteln sowie der Aufstellung und Durchsetzung von Forderungen als dezentrale, informelle Organisationsstrukturen; e) der Erfolg von Protestbewegungen wird größtenteils bestimmt von strategischen Faktoren und politischen Prozessen, in denen sie eingebunden sind" (S. 528).

Die Teilnahme an sozialen Protestbewegungen kann also nicht mehr als das Resultat von Persönlichkeitseigenschaften (z. B. Aggressivität) oder individuellen Befindlichkeitszuständen (z. B. Unzufriedenheit) befriedigend erklärt werden, vielmehr muß davon ausgegangen werden, daß der Teilnahme ein rationaler Entscheidungsprozeß vorausgeht, in der die Vor- und Nachteile der Teilnahme sowie der Nicht-Teilnahme gegeneinander abgewogen werden. Überwiegen die zu erwartenden Vorteile, steigt die Wahrscheinlichkeit der Teilnahme an der Protestbewegung. Als Erklärungsmodell wird deshalb in jüngster Zeit die Ressourcen-Mobilisierungstheorie diskutiert.

Grundannahmen der Ressourcen-Mobilisierungstheorie

Im Unterschied zu traditionellen, sozialpsychologisch orientierten Erklärungen der Partizipationsbereitschaft am politischen Protest betont die Ressourcen-Mobilisierungstheorie die Bedeutung struktureller Einflußfaktoren wie die kollektive Verfügbarkeit über Ressourcen, die Position des Individuums im sozialen Beziehungsgefüge und die Rationalität, die einer Teilnahme am Protest zugrundeliegt. Die Grundidee der Theorie besagt, daß im politischen Prozeß nur die Personen erfolgreich sein werden, die in der Lage sind, möglichst viele zieldienliche Ressourcen sozialer, psychischer, materieller und finanzieller Art zu mobilisieren. Dabei sind Unterstützungsleistungen durch sozial und gesellschaftlich bedeutsame Gruppen besonders förderlich.

Erfahrungsgemäß gelingt es einer großen Anzahl von Personen nur selten, über eine längere Zeit hinweg allein aus sich heraus eine Protestaktion lebendig zu erhalten. Meist mangelt es an ausreichenden Machtmitteln, die auseinanderstrebenden internen Kräfte zusammenzuhalten und gegen die von außen, z. B. durch Machteliten und gesellschaftliche Majorität, ausgeübte Unterdrückung der Protestaktionen genügend Kräfte aufzubieten und zu kanalisieren. Jenkins (1983) meint, daß sich unterprivilegierte Gruppen erst dann erfolgreich zur Wehr setzen können, wenn sie eine externe Unterstützung erfahren.

Die Bereitschaft zur Teilnahme an Protestaktionen und der Erfolg solcher Proteste steigt aber keineswegs proportional zu den aktivierten Ressourcen. Selbst wenn kein Ressourcenzuwachs mehr zu verzeichnen ist, kommt es weiterhin zu spontanen Zusammenschlüssen unzufriedener Bürger in Gruppen bzw. zur Verstärkung schon laufender Aktionen. So hat Klandermans (1984) kritisiert, daß die Ressourcen-Mobilisierungstheorie zu Unrecht die Bedeutung subjektiver Faktoren wie Unzufriedenheit mit den herrschenden Zuständen und ideologische Voreinstellungen vernachlässigt, und er schlägt deshalb vor, die sozialpsychologische Wert-Erwartungstheorie mit zu berücksichtigen. Unverzichtbare Voraussetzungen zur Mobilisierung von Ressourcen sind einerseits die gesellschaftliche Situation, in der die Protestierer mit ihren Zielen eingebettet sind, und andererseits die subjektive Erwartung vieler einzelner, daß die Protesthandlung positiv zu bewertende Konsequenzen nach sich ziehen wird, die auch mit hoher Wahrscheinlichkeit eintreten.

Eine sozialpsychologische Betrachtung von Protestbewegungen hat auszugehen von der individuellen Teilnahmebereitschaft. Nach der Wert-Erwartungstheorie (Ajzen & Fishbein, 1980; Ajzen, 1988) werden zum Protest bereite und fähige Personen dann an Protestaktionen aktiv teilnehmen, wenn sie die zu erwartenden und mit hoher Wahrscheinlichkeit eintretenden Konsequenzen positiv bewerten. Dabei ergibt sich die Teilnahmemotivation aus der Summe verschiedener Einzelprodukte von Wertschätzung und Eintretenswahrscheinlichkeit materieller und immaterieller Resultate aus den Protestaktionen. Allerdings vollziehen sich diese Entscheidungsprozesse in Wirklichkeit nicht so rational, wie es die Theorie glauben macht; Gefühle, Stimmungen, Erfahrungen, Einstellungen, Vorlieben und Abneigungen sind für den Entscheidungsprozeß bedeutsame Einflußgrößen.

Die Ziele und Resultate sozialer Bewegungen sind allerdings bei genauer Betrachtung zunächst einmal nicht individueller, sondern kollektiver Art. Die Bereitschaft vieler einzelner, für ein gemeinsames Ziel tätig zu werden, gründet in den individuellen Vermutungen über die Anzahl teilnehmender Personen, der individuellen Einschätzung des eigenen Beitrages zur Erreichung einer hohen Erfolgswahrscheinlichkeit und der Erfolgseinschätzung für den Fall, daß viele Personen tatsächlich teilnehmen. In Verbindung mit der Bedeutung, die das gemeinsame Ziel für den einzelnen hat, determinieren diese antizipatorischen Bewertungen den erwarteten Nutzen der Teilnahme am Protest. Der Erfolg einer Protestbewegung hängt ab von der Fähigkeit, viele Menschen zur Teilnahme zu motivieren und sie zur materiellen und immateriellen Unterstützung der Bewegung zu ermuntern. Sobald dann eine Protestbewegung in Gang gekommen ist, entwickelt sie von sich aus Aktivitäten zur Erhöhung ihres Attraktivitätsgrades für potentielle Teilnehmer, indem sie versucht, den Nutzen für die Teilnahme und die Kosten für die Nicht-Teilnahme (z. B. soziale Blamage, Außenseiter werden, Verlust an Macht und Einfluß durch Passivität) zu steigern und die Kosten für die Teilnahme und den Nutzen für die Nicht-Teilnahme zu senken. Dabei kontrolliert die Protestbewegung auch die Art und Verteilung von Nutzen und Kosten. Sie kann die angewandten Protestformen bestimmen, die von der Überreichung von Petitionen bis zur Gewaltanwendung gehen können, und sie kann die sozialen und gesellschaftlichen Bereiche definieren, in denen der Protest stattfinden soll. So zeigen Untersuchungen zur Ressourcen-Mobilisierungstheorie, daß der Mobilisierungseffekt unter den gesellschaftlichen Gruppen am größten ist, die über ein gut ausgebautes gegenseitiges Informationssystem verfügen und in denen eine gegenseitige Verständigung möglich ist. Nur so kann es gelingen, daß viele Personen die Erwartung hegen, daß eine große Zahl anderer sich an der Protestbewegung beteiligt, was ihre Teilnahmebereitschaft erhöht. „Psychologisch betrachtet kommt es zu einer Art Projektion in der Einschätzung der Anzahl von Teilnehmern an der Protestbewegung. Eine Person, die sich nicht betätigen will, wird die Teilnehmerzahl sehr viel niedriger einschätzen als jemand, der sich beteiligen möchte. In einer Gruppe entsteht so der Eindruck sich selbst erfüllender Prophezeihung. Wenn viele Personen denken, daß sich nur wenige beteiligen werden, dann werden viele am Nutzen ihrer eigenen Teilnahme zweifeln. Dies bewirkt eine sich verstärkende Abnahme der Teilnahmebereitschaft. Mobilisierungsmaßnahmen müssen deshalb den Eindruck verstärken, daß viele Personen an der Protestbewegung teilnehmen. Wenn das nicht gelingt, dann wird sich die Prophezeihung selbst erfüllen" (Klandermans, 1984, S. 588), d. h. die noch unentschiedenen Personen werden mehr und mehr Argumente suchen und finden, die ihnen bestätigen, daß es sich bei so geringer Teilnahmebereitschaft anderer Personen für sie nicht lohnt, mitzumachen.

Im folgenden Abschnitt wird gezeigt, wie auf der Grundlage der Ressourcen-Mobilisierungstheorie in Verbindung mit der Wert-Erwartungstheorie viele Ereignisse, Prozesse und Resultate der aus Bürgerprotesten hervorgegangenen, friedlichen „Revolution" in der ehemaligen DDR im Jahre 1989 verständlich werden und eine sinnvolle Zusammenhangsstruktur ergeben.

Bürgerproteste als Einflußfaktor im Prozeß der deutschen Wiedervereinigung

Politische Großereignisse wie Revolutionen, Umstürzung, das Ausbrechen und Beenden „heißer" und „kalter" Kriege lassen sich oft erst nach einem gewissen zeitlichen Abstand wissenschaftlich zuverlässig beurteilen, da viele für die Analyse wichtige Details nicht bekannt oder z. B. Geheimakten zunächst noch nicht zugänglich sind. Im Unterschied zu früher werden im modernen Medienzeitalter, wo Kriege und politische Kampagnen immer häufiger auch mit Hilfe der Medien ausgetragen und durch den Einfluß ihres medienvermittelten Erscheinungsbildes gewonnen oder verloren werden, die Entwicklungsverläufe sozialer und politischer Massenbewegungen, die Entscheidungen einzelner Machtträger und Machtgruppen, Maßnahmen der Unterdrückung und Unterstützung von politischem und militärischem Widerstand, die Stimmungen in der Bevölkerung, erhoben durch Umfragen oder eingefangen in spontanen Stimmungsbildern u. ä., vielen Menschen sofort und relativ authentisch zugänglich. Diese Informationslage ermöglicht eine relativ zuverlässige Protestanalyse schon kurze Zeit nach ihrem Ablauf.

Der Soziologe Karl-Dieter Opp versuchte bereits anderthalb Jahre nach dem Umsturz in der ehemaligen DDR unter dem Thema „Die Revolution in der DDR - Eine Erklärung ihrer Entstehung und ihres Verlaufs" (1991) eine Analyse der zum Sturz der kommunistischen Machtelite in der DDR führenden Ereignisse. Er konzentriert sich dabei auf Entwicklung, Verlauf und Funktion der spontanen, nicht zentral geplanten Kooperation vieler, zum Widerstand gegen die Staatsmacht bereiter Personen und versucht, mit Hilfe der Ressourcen-Mobilisierungstheorie und der Wert-Erwartungstheorie eine Erklärung für die Entwicklung der Massendemonstrationen im Herbst 1989 auf dem Karl-Marx-Platz in Leipzig und anderen Städten der DDR zu finden.

Diese Protestaktionen waren ein zentrales Element im Prozeß der politischen Veränderung in der DDR.

Opp (1991) beschreibt die Entwicklung der Proteste und damit die zu analysierenden und zu erklärenden Ereignisse folgendermaßen: „In der DDR hat es seit ihrem Bestehen immer wieder im kleinen Ausmaß Proteste der verschiedensten Art gegeben. Diese Proteste bestanden erstens aus einzelnen kleineren Demonstrationen. Die Anzahl solcher Demonstrationen und die Anzahl der Teilnehmer nahmen ab Mai 1989 zu. Am 7.5. fand in der DDR eine Kommunalwahl statt, deren Ergebnisse offensichtlich gefälscht waren. Nach dem 7.5. erfolgten mehrere Demonstrationen gegen diese Wahlfälschungen. Insbesondere seit Ende September 1989 wuchs die Zahl der Demonstrationen und der Teilnehmer sprunghaft. Beispielhaft sei die Anzahl der Teilnehmer an den Montagsdemonstrationen auf dem Karl-Marx-Platz in Leipzig genannt. Diese Demonstrationen fanden nach den Friedensgebeten, die seit 1982 in der Nikolai-Kirche gehalten wurden, statt. Die Demonstrationen in Leipzig waren der Ausgangspunkt für die Revolution in der DDR und sind deshalb von besonderem Interesse. (...) Alle Demonstrationen vor dem 9. Oktober wurden unverzüglich von Sicherheitskräften beendet oder behindert, z. B. durch Festnahmen von Demonstranten. Die Demonstration am 9. Oktober 1989 war die größte Demonstration in der DDR seit dem 17. Juni 1953 und die erste Demonstration, die nicht von der Staatsmacht aufgelöst wurde. Auch in anderen Städten der DDR fanden an diesem Tag Demonstrationen statt, allerdings mit erheblich weniger Teilnehmern. Die Demonstrationen in Leipzig und fast alle anderen Demonstrationen waren zwar gewaltlos, aber illegal. Sie wären nur dann legal gewesen, wenn sie angemeldet und genehmigt worden wären. Beides war jedoch nicht der Fall.

Neben Demonstrationen bestand eine zweite Form des politischen Engagements gegen das SED-Regime in der Gründung oder in dem Aufruf zur Gründung von Oppositionsgruppen. So trafen sich am 13. 8. im Gemeindesaal der Bekenntniskirche in Berlin-Treptow etwa 400 Angehörige verschiedener Oppositionsgruppen; am 26. 8. wird zur Gründung einer sozialdemokratischen Partei und am 9./10. 9. zur Gründung des Neuen Forum aufgerufen.

Opposition gegen das SED-Regime erfolgte drittens dadurch, daß einzelne Gruppen — z. B. Künstler, kirchliche Gruppen oder Betriebsgruppen — Erklärungen, offene Briefe oder Petitionen verfaßten und zu verbreiten versuchten, die Forderungen nach Reformen an das SED-Regime enthielten.

Eine vierte Form der Opposition bestand in ‚Abwanderung'. Normalerweise ist das Verlassen eines Landes mit hohen Kosten verbunden und kommt somit für die meisten Bürger eines Landes nicht in Betracht. Für Bürger der DDR ist dagegen aufgrund der Rechtslage, nach der sie auch Bürger der Bundesrepublik sind, und aufgrund der gemeinsamen Sprache ein Überwechseln in die Bundesrepublik im Prinzip unproblematisch. Darüber hinaus ist die Übersiedlung aufgrund der politischen und wirtschaftlichen Situation in der Bundesrepublik im Prinzip attraktiv. Faktisch waren jedoch die Kosten der Abwanderung vor Mai 1989 sehr hoch, so daß diese Alternative erst seit Mai 1989 (Beginn des Abbaus des ungarischen Grenzzaunes zu Österreich am 2. Mai) von einer wachsenden Zahl von DDR-Bürgern als vierte Form der Reaktion auf die politische und wirtschaftliche Situation in der DDR genutzt wurde. Alle Formen des Protestes — Demonstrationen, Gründung von Oppositionsgruppen, Abfassen von Erklärungen und Abwanderung — stiegen im Laufe des Jahres 1989 an“ (S. 2—4).

Folgt man dem Konzept der Ressourcen-Mobilisierungstheorie, dann sind sicherlich die Bereitschaft der Evangelischen Kirche, sich auf verschiedenen Ebenen für die Protestierer einzusetzen, von Öffnung ihrer Kirchen für Versamlungen bis hin zur Gefangenenbetreuung sowie die Bildung von Oppositionsgruppen in vielen Stätten der DDR eine wichtige und die Protestbewegung fördernde Form der Unterstützung von außen. Allerdings läßt sich damit die schnelle Zunahme des Protestpotentials in der breiten Bevölkerung, bei unverändertem Ressourcenpotential einerseits und staatlichem Druck andererseits nicht erklären.

Nach der Wert-Erwartungstheorie sind für die aktive Protestteilnahme die Einschätzung der Handlungskonsequenzen der Teilnahme und Nicht-Teilnahme von entscheidender Bedeutung. Wenn viele Bürger, wie in der DDR der 80er Jahre und vorher, in hohem Maße mit den wirtschaftlichen und politischen Verhältnissen in ihrem Staate unzufrieden sind, dann ist die Teilnahme am Protest davon abhängig: „(1) in wieweit ein individueller Akteur glaubt, mittels Protest zur Herstellung von Kollektivgütern beizutragen, (2) in wieweit er glaubt, daß die Gruppe, in der er protestiert, Erfolg haben wird, und (3) in wieweit er glaubt, daß Erfolg nur zustande kommt, wenn sich jedes Mitglied einer Gruppe beteiligt. Politische Unzufriedenheit wirkt multiplikativ mit diesen Faktoren, die zusammenfassend als *wahrgenommener politischer Einfluß,* durch Proteste bestimmte politische Ziele zu erreichen, bezeichnet werden kann: Unzufriedenheit wirkt um so stärker, je größer der wahrgenommene politische Einfluß ist“ (Opp, 1991, S. 7).

Nicht zu vernachlässigen sind die Möglichkeiten staatlicher Kontrolle sowie von Zwangs- und Sanktionsmaßnahmen gegenüber jeglicher Form von Opposition wie sie gerade für die von Mitarbeitern des Staatssicherheitsdienstes und anderen, der staatlichen Autorität als Spitzel und Informanden dienenden Personen durchsetzte DDR-Gesellschaft typisch waren. Hinzu kommen potentielle staatliche Sanktionen jeglichen politischen Protestes, die alle einen Abschreckungseffekt haben können, indem sie die Kosten der Protestteilnahme erhöhen. Sie können aber auch einen Solidaritätseffekt bewirken, besonders dann, wenn sie als ungerechtfertigt und als Rechtsbruch angesehen werden und so den Wert der Protestteilnahme erhöhen. Aus einer solchen Solidarisierung können sich Protestnormen entwickeln, die als internalisierte Normen das Protestverhalten des einzelnen regulieren, z. B. wie weit er bereit ist, auch gewalttätige Formen des Protestes zu unterstützen.

Die soziale Umwelt, Familie, Freunde, Bekannte, Bezugsgruppen usw., die sich negativ oder positiv zur Protestteilnahme und den praktizierten Protestformen äußern, sind eine weitere wichtige Orientierungsquelle. Die aktiven und führenden Mitglieder von Oppositionsgruppen, die als „politische Unternehmer“ (Taylor, 1988) zu bezeichnen sind und für die eine Teilnahme am Protest einen hohen Anreizwert hat, sind für die Entwicklung der Protestbewegung von großer Bedeutung, weil sie einen Teil der Kosten (Organisation und Führung von Demonstrationen, Verhaftung als Repräsentant u. ä.) übernehmen, für potentielle Protestierer positive Anreize bereitstellen und als Vorbild wirken.

Die besondere geographische Lage der DDR und die Tatsache, daß es sich um ein staatliches Gebilde des willkürlich geteilten Deutschlands handelt, ließ das Verlassen des Landes (Ausreise und „Republikflucht“) als sonst eher unübliche Reaktion auf politische und wirtschaftliche Unzufriedenheit als realistische Protestform entstehen. Abwanderung konnte allerdings für viele DDR-Bürger schon deshalb gegenüber dem beginnenden Widerstand nicht als realistische Alternative in Betracht kommen, weil durch staatliche Repressionen die bereits mit der beantragten Ausreisegenehmigung verbundenen und für die Zukunft zu erwartenden Kosten (Diskriminierung, Verlust des Arbeitsplatzes, Ungewißheit über die Ausreiseerteilung, Abbruch der sozialen Beziehung, Verlust des gesamten Vermögens, ungewisse Zukunft im Westen u. ä.) sehr hoch waren. Durch Kontakte zu Verwandten und Freunden in der Bundesrepublik Deutschland und den Empfang westdeutscher Fernsehsendungen konnten die Bürger der DDR täglich ihre wirtschaftliche und politische Situation mit der in West-Deutschland vergleichen. Die gemeinsame Sprache, Geschichte und Kultur bis 1945 sowie die geographische Nähe förderte und erleichterte den Vergleich und provozierte nicht nur eine starke negative Bewertung der eigenen Situation, sondern auch das Bewußtsein einer ungerechten Benachteiligung bei der Verfügbarkeit über erstrebenswerte materielle und geistige Güter durch staatliche Willkür und ideologische Verblendung.

Der mit dem Schlagwort „Perestroika“ und „Glasnost“ in der UdSSR und anderen Ostblockländern begonnene vorsichtige Liberalisierungs- und Demokratisierungsprozeß wurde von der Staatsführung der DDR abgelehnt, die politische Opposition unterdrückt und die Sanktionen gegenüber Abweichlern verstärkt. Zu Beginn des Jahres 1989 war die Unzufriedenheit weiter Teile der DDR-Bevölkerung mit der politischen und wirtschaftlichen Lage sehr groß, allerdings mußten die Bürger auch mit drastischen staatlichen Sanktionen gegen jede Form der Opposition rechnen, die aufgrund des engmaschigen Spitzelsystems jeden Opponenten mit hoher Wahrscheinlichkeit erreichte. Auch die von der DDR-Führung positiv bewertete Niederschlagung der Proteste in China im Juni 1989 erhöhte die zu erwartenden Kosten politischer Proteste. „Bei den hohen erwarteten Kosten für politisches Engagement waren *positive soziale Anreize* für Protest vermutlich gering: Angehörige von Oppositionsgruppen, Freunde und Bekannten dürften kaum politisches Engagement gefordert oder bestärkt haben: bei hohem Risiko politischen

Handelns, dessen Erfolg zweifelhaft erscheint, dürften kaum positive Anreize wie Status, Anerkennung u. ä. bei politischem Engagement erwartet werden. Eher dürften die *negativen sozialen Anreize* für Protest überwogen haben: Man wird z. B. den Freund oder Ehemann von Protesten abzubringen versuchen, wenn dadurch die berufliche Karriere oder der Studienplatz aufs Spiel gesetzt wird. *Politische Unternehmer* in Form von Mitgliedern einer Reihe von Oppositionsgruppen existierten zwar, sie waren jedoch aufgrund der hohen Kosten der Teilnahme an Protesten nicht in der Lage, auch nur einen Teil der Bevölkerung für ein Engagement zu mobilisieren" (Opp, 1991, S. 13).

Weiterhin tritt nach Opp Mitte 1989 durch externe Ereignisse (Liberalisierung in anderen Ostblockländern, Öffnung der Grenzen in Ungarn, Massenansturm auf die Bundesrepublikanischen Botschaften in Ostberlin, Budapest und Prag durch ausreisewillige DDR-Bürger) eine neue Situation ein. In immer mehr gesellschaftlichen Bereichen führt die Abwanderung von Fachkräften zu Engpässen. Die Versorgungslage, z. B. im medizinischen Bereich, wurde noch schwieriger, die Staatsmacht verlor durch die augenscheinliche, in den täglichen westlichen Fernsehmedien mitzuerlebende „Abstimmung mit den Füßen" vieler DDR-Bürger gegen das Regime Autorität und Ansehen mit der Folge steigender Unzufriedenheit, aber auch einer positiveren Einschätzung politischen Einflusses durch persönliches Engagement. Als interne Ereignisse identifiziert Opp die offensichtliche Wahlfälschung im Mai 1989 und die Jubelfeiern zum 40jährigen Bestehen der DDR mit der Verherrlichung der angeblich in ihr erreichten Errungenschaften des Sozialismus, was vielen unzufriedenen Bürgern der DDR nicht nur als Lüge, sondern als zynische Bewertung der real existierenden Lebensverhältnisse erscheinen mußte. Als Konsequenz aus dieser Lage ergibt sich für den einzelnen die Möglichkeit verstärkter Anwendung von Protestnormen und der damit verbundenen Verpflichtung zur Teilnahme am Protest und einer Erhöhung der positiven sowie ein Absenken der negativen Anreizwerte.

Die allmähliche Zunahme der Protesthandlungen stärkte wesentlich die Erwartung vieler DDR-Bürger, daß gemeinsamer Protest erfolgreich sein kann und die staatlichen Repressionen allmählich an Wirkung verlieren. Tatsächlich blieben staatliche Repressionen erstmalig bei der Demonstration am 9. Oktober, der größten Demonstration in der DDR seit dem 17. Juni 1953, aus, womit in der Erwartung der Bürger die Kosten der Protestteilnahme weiter sanken. „Diese Überlegungen zeigen, daß der Veränderungsprozeß der Anreize sukzessive vonstatten gegangen ist: Bestimmte externe und interne Veränderungen zu einem bestimmten Zeitpunkt erhöhten protestfördernde Anreize; diese führten vermehrt zu Protesten. Dies hatte wiederum die Konsequenz, daß die protestfördernden Anreize für den Bürger weiter stiegen. Die dadurch zunehmenden Proteste provozierten interne Ereignisse wie z. B. die Änderung des Sanktionsverhaltens der Regierung. Neue externe Ereignisse traten auf. Es erfolgte eine Veränderung der protestfördernden Anreize usw. Wie dieser Prozeß genau ablief, wird nicht zu klären sein, da hierfür genaue

Informationen über die Veränderungen der von den Akteuren wahrgenommenen Handlungskonsequenzen für eine Vielzahl von Zeitpunkten im Laufe des Jahres 1989 erforderlich sind. Diese Informationen sind nicht mehr zu beschaffen“ (Opp, 1991, S. 17).

Wie aber wurde das Verhalten vieler einzelner protestbereiter Bürger so koordiniert, daß sie den revolutionären Umsturz bewirken konnten? Opp diskutiert vier mögliche Modelle: Organisations-Modell, Mikromobilisierungs-Modell, Schwellen-Modell und spontanes Kooperations-Modell. Das Organisations-Modell konnte wegen der staatlichen Kontroll- und Repressionsmaßnahmen in der DDR nicht wirksam werden, da jede Form der Organisation von Protest im Keim erstickt worden wäre. Das Mikromobilisierungs-Modell, das von der „ansteckenden“ Wirkung zunächst kleiner aktiver Oppositionsgruppen ausgeht, die andere Personen und Gruppen über Ort und Zeit der geplanten Demonstration informieren und so eher eine dezentral gesteuerte Mobilisierung erreichen, kann für die DDR ebenfalls nicht angewandt werden, denn es gab keine Personen und Gruppen, die Demonstrationen planten und systematisch organisierten. Das Schwellen-Modell geht davon aus, daß immer dann, wenn einige Personen aktiv an Demonstrationen teilnehmen, für die eine Teilnahme von hoher Attraktivität ist, für potentielle andere Teilnehmer die Kosten sinken. Wenn das Absinken bei vielen eine kritische Kostenschwelle bei gleichbleibenden oder sich erhöhenden Nutzenerwartungen unterschreitet, dann werden sie an der Demonstration teilnehmen, wodurch auch für viele andere die Teilnahmeschwelle erreicht wird. Zumindest bis zum 9. Oktober 1989 waren aber die Teilnahmekosten an einer Demonstration in der DDR so hoch, daß von Demonstration zu Demonstration mit immer weniger teilnehmenden Personen gerechnet werden konnte, was aber den Modellannahmen widerspricht.

Opp erscheint es deshalb plausibel, den Verlauf der Protestbewegung mit Hilfe des spontanen Kooperationsmodells zu erklären. Danach entsteht gleichgerichtetes Verhalten vieler Individuen dadurch, daß diese Personen voneinander isoliert zu gleichen Entscheidungen kommen. Vermutlich haben sich am 9. November 1989 nach der Ankündigung von Günther Schabowsky über die sofortige Ausreisemöglichkeit aus der DDR deshalb tausende von DDR-Bürgern spontan an der Bornholmer Straße versammelt, weil für sie Reisefreiheit und der Besuch West-Berlins eine hohe Attraktivität hatte und sie über identische Informationen verfügten (Erklärung Schabowskys und Kenntnis vom Grenzübergang an der Bornholmer Straße) und weil sie beobachten konnten, daß auch andere hingingen. „Der folgende Auszug aus einer Rundfunkreportage illustriert die beschriebenen Prozesse spontaner Koordination am Beispiel der Montags-Demonstration des 25. 9. und 2. 10. 1989: ‚... Um 5.00 Uhr zum Gebet ist sie (die Nikolai-Kirche in Leipzig - KDO) überfüllt, wie schon seit Wochen. Wir warten draußen mit Hunderten im Kirchhof und vielen in der Grimmaischenstraße. Es liegt was in der Luft, ein seltsames Gefühl unausgesprochener Gemeinsamkeit ... Glockenschlagen 6 Uhr abends.

Die Kirche leert sich ... Gegen 6.45 Uhr beginnt sich der Kern der Menge zu bewegen, läuft los, raus in die Fußgängerzone Grimmaischestraße. Keiner zu erkennen, der anführt, rüber zum Karl-Marx-Platz, zwischen Gewandhaus und Oper. Und plötzlich: Dort sind es ein paar Tausend. Zuschauer reihen sich ein, die Straße wird überflutet. Autos müssen anhalten ... Am 2. Oktober war alles wie eine Woche zuvor. Nur waren es drei mal so viele Leute. Diesmal auch ältere. Man wußte schon, wo's langgeht, man wußte schon, was zu rufen war: ‚Wir bleiben hier!' Und zum ersten Mal ‚Wir sind das Volk!'...'. Der ‚spontane' Charakter der Demonstration in Leipzig wird von einem Teilnehmer (persönliches Gespräch) so ausgedrückt: Es gab keinen Kopf der Revolution. Der Kopf war die Nikolai-Kirche und der Körper das Stadtzentrum. Es gab nur eine Leitungsebene: Montags, um 17.00 Uhr, die Nikolai-Kirche" (Opp, 1991, S. 22).

Die erstaunliche, nicht vorhersehbare Gewaltlosigkeit der Revolution in der DDR glaubt Opp dadurch erklären zu können, daß viele protestbereite Bürger annahmen, nur durch gewaltlose Protestformen ihre Ziele erreichen zu können, denn: „Erstens konnte nur bei gewaltlosen Demonstrationen mit der Unterstützung anderer Bürger und des unmittelbaren sozialen Umfeldes gerechnet werden. Zweitens konnte aus der Sicht der Bürger das Regime nur bei Gewaltlosigkeit zur Erfüllung der Forderungen der Bürger gebracht werden, da ja nach offizieller Ideologie das Regime die Interessen des Volkes vertritt. Drittens hätte man bei gewaltsamen Aktionen der Regierung und den Sicherheitskräften eine Rechtfertigung zum Einschreiten und zur Beendigung der Proteste und der Reformbewegungen gegeben: Das SED-Regime hätte die Oppositionellen zutreffend als Randalierer und Kriminelle bezeichnen können. Eine derartige Stigmatisierung gewaltloser Demonstrationen würde auf die Dauer unglaubwürdig. Während der Demonstrationen schließlich bestand bei den Bürgern die Befürchtung, bei gewaltsamen Handlungen das Eingreifen der Sicherheitskräfte zu provozieren. Die Gewaltlosigkeit ist also dadurch zu erklären, daß sie als die wirksamste Strategie zur Erreichung politischer Ziele angesehen wurde" (Opp, 1991, S. 25—26).

Wenn auch noch viele Detailfragen im Zusammenhang mit der Revolution in der DDR nicht beantwortet sind, so zeigt die Analyse doch sehr deutlich:

1. Protestbewegungen bis hin zur revolutionären Veränderung einer Gesellschaft sind multifaktoriell determiniert und mit einfachen Erklärungsmodellen, z. B. allein der Ressourcen-Mobilisierungstheorie, nicht zu beschreiben.

2. Der Grad der Unzufriedenheit mit den wirtschaftlichen und politischen Lebensbedingungen muß eine kritische Schwelle überschritten haben, es müssen wünschenswerte, gerechtfertigte und prinzipiell realisierbare, aber noch unzugängliche Alternativen zu den real erfahrenen Lebensbedingungen bekannt sein und die Verweigerung alternativer Lebensverhältnisse muß als ungerechte Benachteiligung erlebt werden, wenn eine Mobilisierung breiter Schichten der Bevölkerung zum Protest erfolgen soll.

3. Von großer Bedeutung für diese Widerstandskraft des Protestes ist die Erhöhung der Teilnahmebereitschaft vieler Bürger an Protestaktionen, indem für viele deutlich erkennbar die erwarteten Folgekosten der Teilnahme gering und kalkulierbar sind, das Ziel des gemeinsamen Protestes positiv bewertet wird sowie einen hohen individuellen Anreizwert besitzt, und wenn zudem erwartet werden kann, daß das politische Ziel mit hoher Wahrscheinlichkeit erreicht wird.

4. Für organisierte, aber auch unorganisierte, nach dem spontanen Kooperations-Modell verlaufende Bewegungen ist es von entscheidender Bedeutung, daß möglichst viele potentielle Teilnehmer zur gleichen Zeit über identische Informationen verfügen, denen sie auch vertrauen. Dies ist in modernen Mediengesellschaften dann gegeben, wenn die Nachrichten nicht zensiert werden bzw. unzensierte Informationen zusätzlich verfügbar sind (z. B. Nachrichtensendungen des Auslands, die von vielen empfangen und verstanden werden können). Wichtig ist zudem, daß die Bürger erwarten, daß viele andere gleiche politische Ziele verfolgen und ebenfalls bereit sind, dafür Kosten aufzuwenden und sich aktiv zu beteiligen.

5. Zwei weitere in der bisherigen Analyse zu wenig gewürdigte Einflußfaktoren auf den Verlauf der Revolution in der DDR sind die externe Ressourcen-Mobilisierung durch die Veränderungen im gesamten Ostblock sowie die über Medien verbreitete ideelle Unterstützung durch westliche Länder und das Fehlen eines klaren, den sich allmählich verändernden Verhältnisses innerhalb des Ostblocks, in den Ost-West-Beziehungen und in Europa angepaßten Führungskonzeptes der Staatsmacht, besonders des Politbüros der SED. Eine einleuchtende, einigermaßen vernünftige und realisierbar erscheinende, den Wünschen der Bevölkerung entsprechende politische Alternative zum sich abzeichnenden Umsturz in der DDR hätte womöglich für viele die Attraktivität des Protestziels reduziert und die Teilnahmebereitschaft geschwächt. Zudem hatte die Staatsführung der DDR bereits so viel an Glaubwürdigkeit und Seriosität eingebüßt, daß ein Nachgeben in Richtung der Wünsche der Bevölkerung (z. B. freie Ausreise) nicht mehr einen höheren Grad an Zufriedenheit bewirkte, sondern, als Schwäche des Machtapparates interpretiert, die Unzufriedenheit mit den politischen Verhältnissen noch steigerte und weitere Menschen zum Widerstand mobilisierte.

Wie die Analyse von Opp (1991) zeigt, ist es durchaus möglich, makrosoziale Prozesse wie revolutionäre Bewegungen als ein Zusammenwirken historischer Entwicklungen, politischer, weltpolitischer, regionalpolitischer, blockpolitischer oder nationenpolitischer Kräftekonstellationen, Gruppenaktivitäten sowie individueller Lagebeurteilungen, Handlungsfolgenantizipationen und der Resultate sozialer Motivierungen und sozialer Vergleichsprozesse zu beschreiben und in ihren Entwicklungsverläufen zu erklären.

Zusammenfassung

Die vorliegende Analyse hat an vielen Stellen die Schwierigkeiten der Behandlung und die Komplexität des Beziehungsverhältnisses von Individuum und Gesellschaft deutlich werden lassen. Schon die Soziologie hat es schwer, eine einigermaßen verbindliche Beschreibung und Definition von Gesellschaft zu geben. Einige Bestimmungsversuche, wie sie die sozialphilosophische, bürgerlich-liberale und marxistische Gesellschaftsauffassung hervorgebracht haben und wie sie aus dem Strukturfunktionalismus, dem Zweckrationalismus und dem symbolischen Interaktionismus entwickelt wurden, werden kurz angesprochen. Es zeigt sich dabei, daß verallgemeinerbare Formen individuellen sozialen Handelns zwar Bestandteile gesellschaftlicher Vorgänge sind, und daß zwischen Individuum und Gesellschaft theoretisch ein Wechselverhältnis besteht, daß aber der einzelne eher die gesellschaftlichen Zwänge sehr direkt, zum Teil schmerzlich und als Einengung seines Handlungsspielraumes erlebt, als daß ihm seine Einwirkungsmöglichkeiten auf gesellschaftliche Entwicklungen nachvollziehbar wären.

Am Beispiel der Entfremdung und Anomie, der Devianz und Stigmatisierungsthematik, von individueller Erfahrung und Wandel kultureller Identität in multikulturellen Gesellschaften und am Beispiel von Autorität und politischem Widerstand werden die komplexen Beziehungsverhältnisse von Individuum und Gesellschaft näher untersucht.

Entfremdung des Individuums von der Gesellschaft wird definiert als Machtlosigkeit des einzelnen gegenüber z. B. ausbeuterischen, gesellschaftlichen Kräften und als Sinnlosigkeit, da die komplexen gesellschaftlichen Strukturen nicht mehr erkannt oder die Verbindlichkeiten von Regeln und Normen nicht mehr anerkannt werden. Sie kann auch als Isolation einzelner Personen oder Gruppen von der Gesellschaft und als Selbstentfremdung im Sinne der Ohnmacht gegenüber einer selbst geschaffenen gesellschaftlichen Komplexität in Erscheinung treten. Anomie im Sinne von Normlosigkeit kann sich sowohl auf die Gesellschaft als Ganzes beziehen oder auf das einzelne Individuum, das nicht mehr bereit und in der Lage ist, sein Leben nach den allgemein akzeptierten Regeln und Normen einzurichten.

Zur Bewältigung der in Gesellschaften immer vorhandenen Diskrepanz zwischen individuellen Zielen und Mitteln zur Zielerreichung und gesellschaftlich akzeptierten Zielen und Mitteln lassen sich nach Merton Prozesse der Konformität, Innovation, Ritualisierung, Abwendung und Rebellion unterscheiden. Gesellschaften, die nur bestimmte Arten der Diskrepanzbewältigung zulassen, z. B. extreme Konformität, Ritualisierung oder Abwendung auf individueller Ebene und Gruppenebene, produzieren in hohem Maße anomische Reaktionen, die, wenn sie gehäuft auftreten, Folgen für den Zustand der Gesamtgesellschaft nach sich ziehen.

Devianz wird aufgefaßt als ein Sammelbegriff für alles Verhalten, das von den Normen und normativen Erwartungen in einer Gesellschaft abweicht. Dabei kann gezeigt werden, daß deviantes Verhalten nicht so sehr aus eher pathologischen Persönlichkeitsstrukturen devianter Personen resultiert, sondern aus der sozialen Definition bestimmten Verhaltens als normabweichend und deviant. Devianz wird also aufgefaßt als eine Konsequenz der Anwendung von Regeln und Sanktionen der sozialen Umwelt, also der Gesellschaft, auf spezifische Verhaltensformen. Am Beispiel des Sexualverhaltens verschiedener Minoritätengruppen in den USA wird gezeigt, wie sich normabweichendes sexuelles Verhalten entwickeln kann und durch welche gesellschaftlichen Prozesse es als deviant etikettiert und kriminalisiert wird. Kulturvergleichende Studien zur Sexualität zeigen zudem, daß ein und dasselbe Verhalten in verschiedenen Kulturen oder zu verschiedenen Zeiten sowohl als normal wie auch als deviant bewertet wird.

Die Forschungen bezüglich des Verhaltens nicht-behinderter Personen gegenüber Behinderten haben gezeigt, wie nachhaltig das Beziehungsverhältnis durch die soziale Stigmatisierung der Behinderung beeinträchtigt werden kann. Selbst dann, wenn die Gesellschaft an der Stigmatisierung von Behinderungen festhält, zeigt sich, daß bei gemischten Kontakten zwischen Gesunden und Behinderten im Laufe der Zeit normale und gesicherte interpersonale Beziehungen entwickelt werden können, wenn es gelingt, die Eigenständigkeit der behinderten Person mit ihren persönlichen Vorzügen und Schwächen im Beziehungsverhältnis zu betonen und erfahrbar zu machen. Auf diese Weise kann der Behinderte als Persönlichkeit und nicht nur als Repräsentant einer stigmatisierten Gruppe bewertet und behandelt werden.

Auf das Thema soziale und kulturelle Identität im Kontext multikultureller Gesellschaften wird deshalb ausführlich eingegangen, weil es sich hierbei um ein für die Entwicklung gegenwärtiger Gesellschaften zentrales Thema des Beziehungsverhältnisses von Individuum und Gesellschaft handelt. Ausgehend von persönlicher Identität als die Gesamtheit der Attribute, die eine Person sich selbst zuschreibt, und der sozialen Identität als die Gesamtheit der Attribute (Fähigkeiten, Bedürfnisse, Einstellungen usw.), die dem Individuum von seiner sozialen Umwelt (Verwandte, Freunde, Bezugsgruppen usw.) zugeschrieben werden, wird kulturelle Identität definiert als die Merkmale eines Menschen, in denen die grundlegenden Erfahrungen des eigenen Selbst eingebunden sind in das Orientierungssystem der Menschen und Gruppen, mit denen sich das Individuum kulturell verbunden weiß. Kulturelle Identität wird vorrangig erlebt in Konfrontation mit fremdkulturell geprägten Personen, da erst im Spiegelbild der fremden Kultur die eigenkulturellen Besonderheiten thematisiert werden. In der interkulturellen Begegnung kommt es zu Veränderungen der sozialen und kulturellen Identität, die nach Bochner in der Erscheinungsform des Assimilationstyps, Kontrasttyps, Grenztyps oder Synthesetyps auftreten können. Dabei bietet lediglich der Synthesetyp die Möglichkeit, bedeutsame Elemente beider Kulturen zu einer „neuen Ganzheit“

so zu verschmelzen, daß ein hohes Maß an interkultureller Verständigung und evtl. der Entwicklung einer multikulturellen Identität möglich ist.

Diskutiert wird das Konzept der Entwicklung einer multikulturellen Identität, die sich in der Fähigkeit des Individuums niederschlagen soll, kulturadäquate Bezugssysteme aus verschiedenen Kulturen zur Regulation des eigenen und fremden Verhaltens nach Bedarf zu aktivieren. Das Ziel besteht darin, sowohl die kulturspezifischen Elemente als auch die allen Kulturen zugrundeliegenden Gemeinsamkeiten zu erkennen, um daraus überkulturelle Orientierungsmaßstäbe zur Wahrnehmung, Bewertung und aktiven Bewältigung von Interaktionssituationen zu entwickeln. Das Konzept der multikulturellen Identität wird auf dem Hintergrund der zu beobachtenden Vielfalt kultureller Eigenständigkeit und der zunehmenden Betonung dieser kulturellen Eigenständigkeit kritisiert und als Alternative ein Modell reflektierter eigenkultureller Identität diskutiert. Dabei wird auf die Ergebnisse der Theorie der sozialen Identität von Tajfel besonders mit Blick auf die Unterscheidung zwischen Eigen- und Fremdgruppe zurückgegriffen. Es wird davon ausgegangen, daß Kenntnisse über die Prozesse der Eigengruppenfavorisierung und Fremdgruppendiskriminierung und die Reflexion über die Folgewirkungen solcher Wahrnehmungs- und Urteilsverzerrungen für die Qualität interkultureller Beziehungen zu einer Erhöhung interkultureller Handlungskompetenz führen können. Dazu ist es erforderlich, daß dem Individuum Möglichkeiten zum gezielten interkulturellen Lernen zugänglich gemacht werden, aus denen sich ein interkulturelles Verstehen und schließlich eine Fähigkeit zum interkulturellen Handeln entwickeln kann.

Bei der Analyse von Autorität und politischem Widerstand in der Beziehung zwischen Individuum und Gesellschaft wird unterschieden zwischen Autorität im Sinne von Vorbildlichkeit und gemeinsamer Zielsetzung trotz asymmetrischem Beziehungsverhältnis und autoritärem Verhalten, das aus einer ungleichgewichtigen Interaktion zwischen Personen mit unterschiedlichen Machtpotentialen resultiert. Es wird deutlich, daß gesellschaftliche Autorität im Gegensatz zur Autorität auf Gruppenniveau nur sehr schwer flexibel gehandhabt werden kann und dazu tendiert, sich zu verselbständigen und verabsolutiert zu werden. Die Dynamik der Interaktion in Autoritätsverhältnissen zeigt sich häufig darin, daß in der Gesellschaft und in Organisationen die Tendenz zu beobachten ist, daß sich Autorität immer mehr vom Bezug zu konkreten Personen ablöst und nur noch in der Macht der Institutionen und in Symbole repräsentiert ist. Am Beispiel des Arzt-Patienten-Verhältnisses wird dargelegt, daß die Autorität des Arztes gegenüber den Patienten so lange gerechtfertigt ist und toleriert wird, wie die Heilung als gemeinsames Ziel im Vordergrund steht. Autorität wird dann verspielt, wenn der Akzent auf dem Macht- und Einflußunterschied selbst liegt und das Verhalten lediglich der Aufrechterhaltung dieses Machtgefälles dient. Schließlich wird noch auf die Problematik der Konvergenz gesellschaftlicher Ziele in zunehmend größer und komplexer werdenden Sozialsystemen eingegangen, und es wird hingewiesen auf die Bedeutung von Erziehung und Propaganda als Mittel dazu, ein zu weites Auseinanderklaffen von persönlichen und gesellschaftlichen Zielen zu verhindern.

Wenn einerseits die Ziele und Bedürfnisse vieler einzelner und andererseits die durch Personen, Institutionen und Symbole repräsentierten gesellschaftlichen Ziele und Forderungen weit auseinanderklaffen, kommt es immer wieder und zu allen Zeiten zu politischem Widerstand gegen staatliche Autorität. Solche politischen Widerstandsbewegungen und revolutionären Umwälzungen haben in den Sozial- und Humanwissenschaften eine Fülle von Forschungen zur Ursachenanalyse in Gang gesetzt. Untersucht wurden dabei Persönlichkeitsunterschiede zwischen politisch aktiven und politisch inaktiven Protestteilnehmern, der Einfluß massenpsychologischer Phänomene in sozialen Bewegungen sowie der Grad der Unzufriedenheit breiter Massen und die Ideologisierung politischer Mißstände als Ursachen für die Auslösung und Aufrechterhaltung politischen Protestes. Die aus jüngster Zeit vorliegenden Studien zeigen deutlich, daß nicht bestimmte Persönlichkeitsmerkmale, deviantes Verhalten oder Entfremdung und Anomie zur Erklärung sozialer Protestbewegungen ausreichen, sondern daß der Teilnahme oft ein rationaler Entscheidungsprozeß vorausgeht, in dem die Vor- und Nachteile der Teilnahme sowie der Nicht-Teilnahme gegeneinander abgewogen werden.

Ausführlich wird auf die Grundannahmen der Ressourcen-Mobilisierungstheorie eingegangen, die davon ausgeht, daß Protestbewegungen nur dann erfolgreich sein können, wenn es ihnen gelingt, zieldienliche Ressourcen innerhalb der Protestgruppe zu aktivieren und externe Unterstützung durch andere Gruppen in Richtung auf das erstrebte Ziel zu kanalisieren. Es wird argumentiert, daß die Ressourcen-Mobilisierungstheorie nur in Verbindung mit der Wert-Erwartungstheorie in der Lage ist, den Beginn, die Verstärkung und Aufrechterhaltung von Protestbewegungen einigermaßen zuverlässig zu erklären. Die Bereitschaft vieler einzelner, für ein gemeinsames Ziel auch gegen staatliche Autorität und gesellschaftliche Machtgruppen tätig zu werden, gründet in den individuellen Vermutungen über die Anzahl teilnehmender Personen, der individuellen Einschätzung des eigenen Beitrages zur Erreichung einer hohen Erfolgswahrscheinlichkeit und der Erfolgseinschätzung für den Fall, daß viele Personen tatsächlich teilnehmen. In Verbindung mit der Bedeutung, die das gemeinsame Ziel für den einzelnen hat, determinieren diese antizipatorischen Bewertungen den erwarteten Nutzen der Teilnahme am Protest. Der Erfolg einer Protestbewegung hängt allerdings zusätzlich ab von der Fähigkeit, viele Menschen zur Teilnahme zu motivieren, sie zur materiellen und immateriellen Unterstützung der Bewegung zu ermuntern, um so interne und externe Ressourcen aktivieren zu können.

Am Beispiel der Entstehung und des Verlaufs der Revolution in der DDR des Jahres 1989 wird in Anlehnung an die Analyse des Soziologen Opp gezeigt, welche Prozesse auf Individualebene, Gruppenebene und auf der Ebene staatlicher Institutionen zum Zusammenbruch des diktatorischen Herrschaftssystems geführt haben. Neben dem Organisations-Modell, Mikromobilisierungs-Modell und Schwellen-Modell scheint das spontane Kooperations-Modell am ehesten in der Lage zu sein, diejenigen Prozesse einigermaßen widerspruchsfrei zu beschreiben, die den Umsturz bewirkten. Nach diesem Modell entsteht gleichgerichtetes Verhalten vieler Individuen dadurch, daß sie voneinander isoliert zum gleichen Zeitpunkt gleiche Entscheidungen treffen und dies in dem Bewußtsein, daß die daraus resultierenden Protesthandlungen eine realistische Möglichkeit sind, die angestrebten Ziele zu erreichen. An diesem Beispiel kann gezeigt werden, daß es durchaus möglich ist, makrosoziale Prozesse aus dem Zusammenwirken historischer Entwicklungen, politischer Kräftekonstellationen, Gruppenaktivitäten und individuellen Lagebeurteilungen sowie den daraus resultierenden Handlungsfolgenantizipationen, sozialen Motivierungen und sozialen Vergleichsprozessen zu beschreiben und ihre Entwicklungsverläufe zu erklären.

Fragen

1. Welches sind die zentralen Merkmale unterschiedlicher Auffassungen von Gesellschaft?
2. Welche Kennzeichen von Anomie und Entfremdung lassen sich unterscheiden?
3. Wie kann ein Individuum Ziel-Mittel-Diskrepanzen in der Auseinandersetzung mit seiner Gesellschaft bewältigen?
4. Worin besteht die Problematik in der Bestimmung von Devianz im Kontrast zur Normalität?
5. Welche Unterschiede bestehen zwischen diskreditierten und diskreditierbaren Stigmata?
6. Welche effektiven Strategien gibt es zur Überwindung sozial determinierter Stigmatisierungen?
7. Welche Beziehungen bestehen zwischen sozialer und kultureller Identität?
8. Wodurch kann ein Wandel kultureller Identität bewirkt werden und welche Erscheinungsformen lassen sich unterscheiden?
9. Welche Zusammenhänge bestehen zwischen interkulturellem Lernen, Verstehen und Handeln?
10. Welche Erkenntnisse liefert die Theorie der sozialen Identität zur Analyse der Entwicklung und Veränderung kultureller Identität?
11. Welche Unterschiede bestehen zwischen Autorität und autoritärem Verhalten im Verhältnis von Individuum und Gesellschaft?

12. Durch welche Einflußfaktoren wird politischer Widerstand gegen staatliche Autorität initiiert und gestützt?
13. Wie lassen sich mit Hilfe der Ressourcen-Mobilisierungstheorie und der Wert-Erwartungstheorie Protestbewegungen erklären?
14. Welche Modelle zur Erklärung revolutionärer Umsturzbewegungen lassen sich unterscheiden?
15. Was spricht für die Wirksamkeit des spontanen Kooperationsmodells bei der Revolution in der DDR?

Weiterführende Literatur

Archer, D. (1985). Social deviance. In G. Lindzey & E. Aronson (Eds.), The Handbook of Social Psychology (Vol. I.) (pp. 743—804). New York: Random House.

Mikl-Horke, G. (1989). Soziologie — Historischer Kontext und soziologische Theorie-Entwürfe. München: Oldenbourg.

Morel, J. (Hrsg.). (1989). Soziologische Theorien. München: Oldenbourg.

Opp, K. D. (1974). Abweichendes Verhalten und Gesellschaftsstruktur. Darmstadt: Luchterhand.

Literaturverzeichnis

Adler, P. S. (1977). Beyond cultural identity. Reflection on cultural and multicultural man. In R. W. Brislin (Ed.), *Culture learning. Concepts, applications, and research.* (pp. 24—41). Honolulu, Hawaii: University Press.

Adorno, Th. W., Frenkel-Brunswik, E., Levinson, D. J. & Sanford, R. N. (1950). *The authoritarian personality.* New York: Wiley & Sons, 1964.

Ajzen, I. (1988). *Attitudes, personality, and behavior.* Chicago: The Dorsey Press.

Ajzen, I. & Fishbein, M. (1980). *Understanding attitudes and predicting social behavior.* Englewood Cliffs, N.J.: Prentice Hall.

Allport, F. H. (1924). *Social Psychology.* Boston, Mass.: Houghton Mifflin.

Allport, G. W. (1937). *Personality: a psychological interpretation.* New York, N. Y.: Holt.

Allport, G. W. (1937). *Persönlichkeit.* (dtsch. von Helmut v. Bracken). Stuttgart: Klett, 1949. (2. Aufl. Meisenheim/Glan: Anton Hain, 1959).

Allport, G. W. (1954). *The nature of prejudice.* Cambridge, Mass.: Addison-Wesley.

Allport, G. W. (1954). *Die Natur des Vorurteils.* (dtsch. von Hanna Graumann). Köln: Kiepenheuer & Witsch, 1971.

Allport, G. W. (1954). Historical background of modern social psychology. In G. Lindzey & Aronson (Eds.), *Handbook of Social Psychology* (Vol. I) (pp. 1—80) Reading, Mass.: Addison-Wesley.

Amir, Y. (1969). Contact hypothesis in ethnic relations. *Psychological Bulletin*, 71, 319—342.

Archer, D. (1985). Social Deviance. In G. Lindzey & E. Aronson (Eds.), *Handbook of Social Psychology* (Vol. II) (pp. 743—804). New York: Random House.

Asch, S. E. (1952). Social psychology. Englewood Cliffs, N. J.: Prentice Hall.

Asch, S. E. (1956). Studies of independence and submission to group pressure. A minority of one against a unanimous majority. *Psychological Monographs,* 70, No. 9.

Asendorpf, J. & Wallbott, H. G. (1979). Maße der Beobachterübereinstimmung. Ein systematischer Vergleich. *Zeitschrift für Sozialpsychologie*, 10, 243—252.

Avermaet, E. van (1990). Sozialer Einfluß in Kleingruppen. In W. Stroebe, M. Hewstone, J.-P. Codol & G. M. Stephenson (Hrsg.), *Sozialpsychologie — Eine Einführung* (S. 369—399). Berlin: Springer.

Baacke, D. (1982). Partizipation und Massenmedien. In H. J. Kagelmann & G. Wenninger (Hrsg.), *Medienpsychologie — Ein Handbuch in Schlüsselbegriffen* (S. 134—145). München: Urban & Schwarzenberg.

Baker, M. A. (1987). *Sex differences in human performance.* Chichester: Wiley & Sons.

Bales, R. F. (1950). *Interaction analysis. A method for the study of small groups.* Cambridge, Mass.: Addison-Wesley.

Bales, R. F. (1956). Die Interaktionsanalyse: Ein Beobachtungsverfahren zur Untersuchung kleiner Gruppen. In R. König (Hrsg.), *Beobachtung und Experiment in der Sozialforschung* (S. 148—170), Köln: Kiepenheuer & Witsch.

Bales, R. F. & Cohen, S. P. (1982). SYMLOG. *Ein System zur mehrstufigen Beobachtung von Gruppen.* Stuttgart: Klett-Cotta. (*SYMLOG. A system for the multiple level observation of groups.* New York: The Free Press, 1979).

Bandura, A. (1979). *Sozial-kognitive Lerntheorie.* Stuttgart: Klett-Cotta.

Barrois, H. & Schneider, J. F. (1987). Interaction behavior of women and men in German SYMLOG groups. *International Journal of Small Group Research,* 3,No. 1, 113—118.

Bar-Tall, D. (1990). *Group beliefs — A conception for analyzing group structure, processes, and behavior.* New York: Springer.

Bauer, M. A. (Ed.). (1987). *Sex differences in human performance.* Chichester: Wiley & Sons.

Becker, H. S. (1963). *Outsiders.* New York: Free Press.

Becker-Beck, U. & Schneider, J. F. (1990). Kleingruppenforschung im deutschsprachigen Raum. *Zeitschrift für Sozialpsychologie,* 21, 274-297.

Bem, D. J. (1972). Self-perception theory. In L. Berkowitz (Ed.), *Advances in experimental social psychology* (Vol. 6) (pp. 2—62). New York: Academic Press.

Berkel, K. (1985). *Konflikttraining.* Heidelberg: Sauer.

Bertalanffy, L. von (1962). *General system theory. General systems* (Yearbook of the Society for General Systems Research, 7, 1—20).

Bion, W. R. (1948—1951). *Experiences in groups and other papers.* London: Tavistock Publications, 1961.

Bion, W. R. (1948—1951). *Erfahrungen in Gruppen und andere Schriften.* (dtsch. von H. O. Rieble). Stuttgart: Klett, 1971.

Bischof, N. (1985). *Das Rätsel Ödipus: Die biologischen Wurzeln des Urkonflikts von Intimität und Autonomie.* München: Piper.

Bochner, S. (Ed.). (1982). *Cultures in contact.* Oxford: Pergamon.

Bochner, S. (1982). The social psychology of cross-cultural relations. In S. Bochner (Ed.), *Cultures in contact* (pp. 5—44). Oxford: Pergamon.

Bowlby, J. (1969). *Attachment.* New York: Basic Books.

Bowlby, J. (1975). *Bindung. Eine Analyse der Mutter-Kind-Beziehung.* München: Kindler.

Bowlby, J. (1982). *Attachment and loss.* (2nd ed.). (Vol. 1: Attachment). London: The Hogarth Press.

Brandstätter, H. J., Davis, H. & Stocker-Kreichgauer, G. (Eds.). (1982). *Group decision making.* London: Academic Press.

Brehm, S. S. & Brehm, J. W. (1981). *Psychological reactance. A theory of freedom and control.* New York: Academic Press.

Brickman, P. & Bulman, R. (1977). Pleasure and pain in social comparison. In J. M. Suls & R. L. Miller (Eds.). *Social comparison processes. Theoretical and empirical perspectives* (pp. 149—186). Washington: Hemisphere Press.

Brislin, R. W., Cushner, K., Cherrie C. & Yong, M. (1986). *Intercultural interactions. A practical guide.* Beverly Hills, California: Sage.

Brocher, T. (1967). *Gruppendynamik und Erwachsenenbildung.* Braunschweig: Westermann.

Brocher, T. & Kutter, P. (Hrsg.). (1985). *Entwicklung der Gruppendynamik.* Darmstadt: Wissenschaftliche Buchgesellschaft.

Brown, R. (1990). Beziehungen zwischen Gruppen. In W. Stroebe, M. Hewstone, J.-P. Codol, & G. M. Stephenson (Hrsg.), *Sozialpsychologie - Eine Einführung* (S. 400—429). Berlin: Springer.

Brown, R. J. & Turner, J. C. (1979). The criss-cross categorization effect in intergroup discrimination. *British Journal of Social and Clinical Psychology,* 18, 371—383.

Bungard, W. (Hrsg.). (1980). *Die „gute" Versuchsperson denkt nicht. Artefakte in der Sozialpsychologie.* München: Urban & Schwarzenberg.

Burke, P. (1981). *Helden, Schurken und Narren. Europäische Volkskultur in der frühen Neuzeit.* Stuttgart: Klett-Cotta.

Campbell, D. T. (1958). Common fate, similarity and other indices of aggregates of persons as social entities. *Behavioral Science,* 3, 14—25.

Campbell, D. T. (1965). Ethnocentric and other altruistic motives. In D. Levine (Ed.). *Nebrasca Symposium on motivation* (Vol. 13) (pp. 283—311). Lincoln: University of Nebraska Press.

Caple, R. B. (1978). The sequential stages of group development. *Small Group Behavior,* 9, 470-476.

Cartwright, D. & Zander, A. (1968). *Group dynamics* (3rd ed.). New York: Harper & Row.

Christian, P. & Haas, R. (1949). *Wesen und Formen der Bipersonalität.* Stuttgart: Enke.

Cobb, S. (1976). Social support as a moderator of life stress. *Psychosomatic Medicine,* 38 No. 5, 300—314.

Collani, G. von & Weber, G. (1982). Zur Stabilität und Veränderung soziometrischer Gruppierungen in Schulklassen. *Zeitschrift für Empirische Pädagogik,* 6, 103—121.

Colman, A. E. (1982). *Game theory and experimental games: The study of strategic interaction.* Oxford: Pergamon Press.

Converse, P. E. (1974). The nature of belief systems in mass publications. In W. Gamson & A. Modigliani (Eds.), *Conception of social life* (pp. 478—495). Boston: Little, Brown.

Cooley, C. H. (1956). *Human nature and social order.* New York: The Free Press.

Crott, H. (1985). Theorie des interpersonalen Konflikts. In D. Frey & M. Irle (Hrsg.). *Theorien der Sozialpsychologie* (Bd. II.). Gruppen- und Lerntheorien (S. 93—121). Bern: Huber.

Crott, H. & Müller, G. F. (1978). Interessenkonflikte und ihre Lösung durch Verhandlung. In H. Crott & G.F. Müller (Hrsg.), *Wirtschafts- und Sozialpsychologie* (S. 99—112). Hamburg: Hoffmann & Campe.

Däumling, A. M. (1974). *Angewandte Gruppendynamik.* Stuttgart.

Däumling, A. M. (1981). Sensitivity-Trainings. In P. Kutter (Hrsg.). *Gruppendynamik der Gegenwart* (S. 133—145).

Davis, J. H. (1969). *Group performance.* Reading, Mass.: Addison Wesley.

Dawes, R. M. (1980). Social dilemmas. *Annual Review of Psychology,* 31, 169—193.

Deschamps, J. C. & Brown, R. (1983). Superordinate goals and intergroup conflict. *British Journal of Social Psychology,* 22, 189—195.

Deutsch, M. (1949). A theory of cooperation and competition. *Human Relations,* 2, 129—152.

Deutsch, M. (1958). Trust and suspicion. *Journal of conflict resolution,* 2, 265—279.

Deutsch, M. (1969). Conflicts, productive and destructive. *Journal of Social Issues* 25, No. 1, 7—41.

Diehl, M. & Stroebe, W. (1987). Productivity loss in brainstorming groups. Toward the solution of a riddle. *Journal of Personality and Social Psychology,* 53, No. 3, 497-509.

Dollase, R. (1976). *Soziometrische Techniken* (2. Aufl.). Weinheim: Beltz.

Doms, M. & Avermaet, E. van (1982). The conformity effect: a timeless phenomen. *Bulletin of the British Psychological Society,* 35, 383—385.

Durkheim, E. (1893). *De la division du travail social.* Paris: F. Alcan.

Durkheim, E. (1897). Suicide. (engl. von A. Spaulding und G. Simpson). Glencoe, Ill.: Free Press, 1951.

Durkheim, E. (1938). *The rules of sociological method.* Glencoe, Il.: Free Press.

Eberwein, M. (1990). Soziale Stützsysteme in der Bewältigung suizidaler Handlungsfolgen. *Suizidprophylaxe,* 17, 6—20.

Eckardt, G. (1973). Zur wissenschaftlichen Diskussion in der marxistisch-leninistischen Psychologie und zur Auseinandersetzung mit der „kritisch-emanzipatorischen Psychologie". In H. Hiebsch & L. Sprung (Hrsg.). *Aufgaben, Perspektiven und methodologische Grundlagen der marxistischen Psychologie in der DDR* (70—95). Berlin: VEB Deutscher Verlag der Wissenschaften.

Eckstein, H. (1988). A culturalist theory of political change. *American Political Science Review,* 82, 789—804.

Eisermann, G. (Hrsg.). (1962). *Vilfredo Paretos System der allgemeinen Soziologie.* Stuttgart: Enke.

Ellmers, N., Knippenberg, A. van & Wilke, H. (1990). The influence of permeability of group boundaries and stability of individual mobility and social change. *British Journal of Social Psychology,* 29, 233—246.

Elwert, G. (1989). Nationalismus und Ethnizität - Über die Bildung von Wir-Gruppen. *Kölner Zeitschrift für Soziologie und Sozialpsychologie,* 41, 3, 440—464.

Erikson, E. (1982). *Kindheit und Gesellschaft.* Stuttgart: Klett-Cotta.

Faris, R. E. L. & Dunham, H. W. (1939). Mental disorders in urban areas. (1st ed.) (Vol. 3). Chicago: University of Chicago Press.

Featherstone, M. (Ed.). (1990). Global culture. *Theory, Culture & Society Explorations in critical social science, 7, No. 2—3.*

Feger, H. & Sorembe, V. (1983). Konflikt und Entscheidung (Enzyklopädie der Psychologie. Serie IV, Bd. 1: Theorie und Formen der Motivation). Göttingen: Hogrefe.

Festinger, L. (1950). Informal social communication. *Psychological Review,* 57, 271—282.

Festinger, L. A. (1954). A theory of social comparison processes. *Human Relations,* 7, 117—140.

Festinger, L., Pepitone, A. & Newcomb, T. (1952). Some consequences of deindividuation in a group. *Journal of abnormal and social psychology.* 47, 382—389.

Filipp, S. H. (1979). *Selbstkonzept-Forschung: Probleme, Befunde, Perspektiven.* Stuttgart: Klett-Cotta.

Fisch, R., Daniel, H. D. & Beck, D. (1991). Kleingruppenforschung - Forschungsschwerpunkte und Forschungstrends. *Gruppendynamik. Zeitschrift für Angewandte Sozialpsychologie,* 3, 273—361.

Fischer, R. J. (1990). *The social psychology of intergroup and international conflict resolution.* New York: Springer.

French, J. R. P. & Raven, B. (1959). The basis of social power. In D. Cartwright (Ed.). *Studies in social power.* Ann Arbor, Mich.: Institute for Social Research.

Freud, S. (1961). *Drei Abhandlungen zur Sexualtheorie und verwandte Schriften.* Frankfurt: Fischer.

Freud, S. (1982). Massenpsychologie und Ich-Analyse. Leipzig: Internationaler Psychoanalytischer Verlag, 1921 (Mitscherlich, A., Richards, A. & Strachey, J. (Hrsg.). *Sigmund Freud* (Studienausgabe) (Bd. 9). Frankfurt: Fischer, 1982).

Frey, D. & Spielmann, U. (1987). Führung — Konzepte und Theorien. In D. Frey & S. Greif (Hrsg.). *Sozialpsychologie — Ein Handbuch in Schlüsselbegriffen* (2. Aufl.) (S. 164—173). München: Psychologie Verlags Union.

Fromm, E. (1960). *Der moderne Mensch und seine Zukunft: Eine sozialpsychologische Untersuchung.* Frankfurt: Europ. Verlagsanstalt.

Furnham, A. & Bochner, S. (1986). *Culture shock: Psychological reactions to unfamiliar environments.* London: Methuen.

Genevie, I. E. (Ed.). (1968). Collective behavior and social movements. Itasca, Il.: Peacock.

Gergen, K. J. (1979). *Social psychology and the phoenix of unreality.* Paper presented at the meeting of the American Psychological Association. New York.

Gergen, K. J. (1990). Konstruktion des Selbst im Zeitalter der Postmoderne. *Psychol. Rundschau,* 41, Nr. 4, 191—199.

Gibb, J. R. (1970). Sensitivitätstraining als Mittel zur Förderung individueller Bildungsprozesse und Verbesserung zwischenmenschlicher Beziehungen. In K. Horn (Hrsg.). Gruppendynamik und der subjektive Faktor (S.139-181). Frankfurt a. M.: Suhrkamp, 1972.

Giere, W. (1970). Gruppendynamik — ein Spiel ohne Folgen. *Gruppendynamik*, 1, 282—304.

Glasl, F. (1980). *Konfliktmanagement: Ein Handbuch zur Diagnose und Behandlung von Konflikten für Organisationen und ihre Berater.* Bern: Haupt.

Gniech, G. & Grabitz, H. J. (1984). Freiheitseinengung und psychologische Reaktanz. In D. Frey & M. Irle (Hrsg.). *Theorien der Sozialpsychologie* (Bd. 1: Kognitive Theorien) (S. 48—73). Bern: Huber.

Goethals, G. R. & Darley, J. M. (1977). Social comparison theory: an attributional approach. In J. M. Suls & R. L. Miller (Eds.). *Social comparison processes: theoretical and empirical perspectives* (pp. 259—278). Washington, D. C.: Halsted Press.

Goethals, G. R. & Darley, J. M. (1987). Social comparison theory: Selfevaluation and group life. In B. Mullen & G. R. Goethals (Eds.). *Theories of group behavior* (pp. 21—47). New York: Springer.

Götz-Marchand, B. (1985). Die Affiliationstheorie von Schachter. In D. Frey & M. Irle (Hrsg.). *Theorien der Sozialpsychologie* (Bd. III.: Motivations- und Informationsverarbeitungstheorien) (S. 11—28). Bern: Huber.

Goffman, E. (1963). *Stigma: notes on the management of spoiled identity.* Englewood Cliffs, N. J. Prentice Hall.

Graen, G. B. & Schiemann, W. (1978). Leader-member agreement. A vertical dyad linkage approach. *Journal of Applied Psychology*, 63, 206—212.

Grant, P. R. (1990). Cognitive theories applied to intergroup conflict. In R. J. Fisher, *The psychology of intergroup and international conflict resolution* (39—57). New York: Springer.

Graumann, C. F. (1979). Die Scheu des Psychologen vor der Interaktion. Ein Schisma und seine Geschichte. *Zeitschrift für Sozialpsychologie,* 10, 284—304.

Graumann, C. F. & Moscovici, S. (Eds.). (1986). *Changing concepts of crowd mind and behavior.* New York: Springer.

Großmann, K. E. (1984). Der Einfluß von Genen auf die Eigenart des Menschen. In G. Hauska (Hrsg.). *Von Gregor Mendel bis zur Gentechnik.* Regensburg: Buchverlag der Mittelbayerischen Zeitung.

Großmann, K. E. u. a. (1989). Die Bindungstheorie: Modell und entwicklungspsychologische Forschung. In H. Keller (Hrsg.). *Handbuch der Kleinkindforschung* (S. 31—61). Berlin: Springer.

Grzelak, J. (1990). Konflikt und Kooperation. In W. Stroebe, M. Hewstone, J. P. Codol & G. M. Stephenson (Hrsg.). *Sozialpsychologie — Eine Einführung* (S. 305—332). Berlin: Springer.

Guilford, J. P. (1959). *Personality.* New York, N. Y.: Mc Graw-Hill.

Guilford, J. P. (1959). *Persönlichkeit* (dtsch. von Heinrich Kottenhoff und Ursula Agrell). Weinheim: Beltz, 1964.

Guzzo, R. A. (Ed.). (1982). *Improving group decision making in organizations.* London: Academic Press.

Habermas, J. (1985). *Der philosophische Diskurs der Moderne: 12 Vorlesungen.* Frankfurt a. M.: Suhrkamp.

Hackman, J. R. & Morris, C. G. (1975). Group task, group interaction process, and group performance effectiveness: a review and proposed integration. In L. Berkowitz, (Ed.). *Advances in experimental and social psychology* (Vol. 8) (pp. 47—100). New York: Academic Press.

Haisch, J. & Frey, D. (1984). Die Theorie sozialer Vergleichsprozesse. In D. Frey & M. Irle (Hrsg.). *Theorien der Sozialpsychologie* (Bd. I.: Kognitive Theorien) (S. 75—96). Bern: Huber.

Hare, A. D. (1976). *Handbook of small group research.* London: Collier Macmillan.

Harlow, H. F. (1971). *Learning to love.* San Francisco: Abbion.

Hartfiel, G. & Hillmann, K.-H. (1972). *Wörterbuch der Soziologie.* (3. Aufl.). Stuttgart: Kröner.

Heckhausen, H. (1989). *Motivation und Handeln.* Berlin: Springer.

Heider, F. (1958). *The psychology of interpersonal relations.* New York, N. Y.: Wiley.

Herkner, W. (1980). *Attribution.* Bern: Huber.

Hewstone, M. (1988). Causal attribution: From cognitive processes to collective beliefs. *The Psychologist. Bulletin of the British Psychological Society,* 8, 323—327.

Hewstone, M. & Brown, R. (Eds.). (1986). *Contact and conflict in intergroup encounters.* Oxford: Blackwell.

Hiebsch, H. & Vorwerg, M. (1967). *Einführung in die marxistische Sozialpsychologie.* Berlin: VEB Deutscher Verlag der Wissenschaften.

Hinsch, R. & Pfingsten, U. (1983). *Gruppentraining sozialer Kompetenzen.* München: Urban & Schwarzenberg.

Hobbes, T. (1640). *The elements of law: Natural and Politic.* (2nd ed.). London: Cass, 1969.

Hochheimer, W. (1966). Die Rolle von Autorität und Sexualität im Generationskonflikt. Psyche, 20, 493—519.

Hoffman, L. R. (1965). Group problem solving. In L. Berkowitz (Ed.). *Advances in experimental social psychology (Vol. 2) (pp. 99—128). New York, N. Y.: Academic Press.*

Hoffmann-Nowotny, H. J. (1976). Gastarbeiterwanderungen und soziale Spannungen. In H. Reimann (Hrsg.). Gastarbeiter (S. 46—65). München: Goldmann.

Hofstätter, P. R. (1957). *Gruppendynamik — Kritik der Massenpsychologie* (3. Aufl.). Reinbek: Rowohlt, 1986.

Hofstede, G. (1980). *Culture's consequences: International differences in work-related values.* Beverly Hills: Sage.

Hofstede, G. & Spangenberg, J. F. A. (1987). Measuring individualism and collectivism at occupational and organizational levels. In C. Kagitcibasi (Ed.). *Growth and process in cross-cultural psychology* (pp. 113—122). Lisse: Swets & Zeitlinger.

Hollander, E. P. (1978). *Leadership dynamics. A practical guide to effective relationships.* New York: The Free Press.

Hollander, E. P. (1985). Leadership and Power. In G. Lindzey & E. Aronson, (Eds.). *Handbook of Social Psychology* (Vol. II) (pp. 485—537). New York: Random House.

Holmes, J. G. & Grant, P. R. (1979). Ethnocentric reactions to social threat. In L. H. Strickland (Ed.). *Soviet and Western Perspectives in Social Psychology* (pp. 151—166). Oxford: Pergamon.

Homans, G. C. (1950). *The human group.* New York, N. Y.: Hartcourt, Brace and Company.

Homans, G. C. (1950). *Theorie der sozialen Gruppe* (dtsch. von R. Gruner). Köln/ Opladen: Westdeutscher Verlag, 1960.

Horn, M. (1982). *Sozialpsychologie des Terrorismus.* Frankfurt: Campus.

Horney, K. (1926). Flucht aus der Weiblichkeit. *Internat. Zeitschrift für Psychoanalyse,* XII, 360—374.

Hornstein, H. A. (1975). Social psychology as social intervention. In M. Deutsch & H. A. Hornstein (Eds.). *Applying social psychology: Implications for research, practice, and training* (pp. 211—236). Hillsdale, N. J.: Erlbaum.

Howard, J. (1970). *Please touch.* New York, N. Y.: Mc Graw-Hill.

Inglehart, R. S. H. (1979). Value priorities and socio-economic change. In S. H. Barnes, M. Kasse et al., *Political action: mass participation in five western democracies.* (pp. 305—342). Beverly Hills: Sage.

Inglehart, R. (1989). *Kultureller Umbruch: Wertwandel in der westlichen Welt.* Frankfurt: Campus.

Irle, M. (1985). Konvergenz und Divergenz in Gruppen. In D. Frey & M. Irle (Hrsg.). *Theorien der Sozialpsychologie* (Bd. II: Gruppen- und Lerntheorien) (S. 39—64). Bern: Huber.

Isenberg, D. J. (1986). Group polarization: a critical review and meta-analysis. *Journal of Personality and Social Psychology,* 50, 1141—1151.

Jäger, W. (1981). *Gesellschaft und Entwicklung. Eine Einführung in die Soziologie sozialen Wandels.* Weinheim: Beltz.

Janis, I. L. (1972 a). *Victims of groupthink. A psychological study of foreign policy decisions and fiascoes.* Boston, Mass.: Houghton Mifflin.

Janis, I. L. (1972 b). Gefahr durch Gruppengeist. (dtsch. von E. Dehnert). Akut, Nr. 4/5, 76—82.

Janis, I. L. (1982). Counteracting the adverse effects of concurrence-seeking in policy-planing groups: Theory and research perspectives. In H. Brandstätter, J. H. Davis, G. Stocker-Kreichgauer (Eds.). *Group Decision Making* (pp. 477—501). London: Academic Press.

Jaspers, K. (1967). *Wohin treibt die Bundesrepublik?: Tatsachen, Gefahren, Chancen.* München: Piper.

Jenkins, J. C. (1983). Resource mobilization theory and the study of social movements. *Ann. Rev. Sociology,* 9, 527—553.

Jones, E. E. & Gerard, H. B. (1967). *Foundation of social psychology.* New York, N. Y.: Wiley.

Jung, C. G. (1934). *Zur Empirie des Individuationsprozesses.* (Eranos-Jahrbuch 1933). Zürich: Rhein-Verlag.

Katz, D. & Kahn, R. C. (1966). *The social psychology of organizations.* New York, N. Y.: Wiley.

Kelley, H. H. (1952). The two functions of reference groups. In G. E. Swanson, T. M. Newcomb & E. L. Hartley (Eds.). *Readings in social psychology* (2nd. ed.). (pp. 410—414). New York, N. Y.: Holt.

Kelley, H. H. & Stahelski, A. J. (1970). Social interaction basis of cooperators' and competitors' beliefs about others. *Journal of Personality and Social Psychology,* 16, 66—91.

Kelley, H. H. & Thibaut, J. W. (1969). Group problem solving. In G. Lindzey & E. Aronson (Eds.). *Handbook of Social Psychology* (2nd. ed.) (Vol. 4) (pp. 1—101). Reading, Mass.: Addison-Wesley.

Kelly, G. A. (1955). *The psychology of personal constructs.* New York: Norton.

Kerpelman, L. C. (1969). Student political activism and ideology: comparative

characteristics of activists and non activists. *Journal of Counseling Psychology,* 16, 8—13.
Kerr, S., Schriesheim, C. A., Murphy, C. J. & Stogdill, R. M. (1974). Toward a contingency theory of leadership based upon the consideration and initiating structure literature. *Organizational Behavior and Human Performance,* 12, 62—82.
Kinder, D. R. & Sears, D. O. (1985). Public opinion and political action. In G. Lindzey & E. Aronson (Eds.). *Handbook of Social Psychology* (Vol II.) (pp. 659—741). New York: Random House.
Kipnis, D. (1972). Does power corrupt? *Journal of Personality and Social Psychology*, 24, 33—41.
Kitsuse, J. (1962). Sociental reaction to deviant behavior: problems of theory and method. Social Problems 9, 247—256.
Klandermans, B. (1984). Mobilization and participation: Social-psychological expansions of recource mobilization theory. *American Sociological Review,* 49, 583—600.
Kochan, B. (Hrsg.). (1981). *Rollenspiel als Methode sozialen Lernens.* Königstein: Athenäum.
Kogan, N. & Wallach, M. A. (1964). *Risk taking: A study in cognition and personality.* New York: Holt, Rinehart & Winston.
Kohlberg, L. & Turiel, E. (1978). Moralische Entwicklung und Moralerziehung. In G. Portele (Hrsg.). *Sozialisation und Moral* (S. 13—80). Weinheim: Beltz.
Kraak, B. (1978). *Soziale Praxis — Problemlösen und Entscheiden.* Tübingen: Katzmann.
Krampen, G. (1982). *Differentialpsychologie der Kontrollüberzeugungen.* Göttingen: Hogrefe.
Krewer, B. & Eckensberger, L. H. (1990). Selbstentwicklung und kulturelle Identität. In K. Hurrelmann & D. Ulich (Hrsg.). *Handbuch der Sozialisationsforschung* (S. 573—594). München: Urban & Schwarzenberg.
Kriesberg, L. (Ed.). (1978). *Research in social movements. Conflicts and change* (Vol. 1). Greenwich, CT: JAI.
Kruse, L. (1972). Gruppe und Gruppenzugehörigkeit. In C. F. Graumann (Hrsg.). *Handbuch der Psychologie* (Bd. 7, 2: Sozialpsychologie) (S. 1539—1593). Göttingen: Hogrefe.
Kuhn, M. H. & McPartland, T. S. (1954). An empirical investigation of self-attitudes. *American Sociological Review*, 19, 68—76.
Kutter, P. (Hrsg.). (1981). *Gruppendynamik der Gegenwart.* Darmstadt: Wiss. Buchgesellschaft.

Lamm, H. & Trommsdorff, G. (1973). Group versus individual performances on tasks requiring ideational proficiency (brain storming). *A review. European Journal of Social Psychology,* 3, 361—388.
Landis, D. & Brislin, R. W. (Eds.). (1983). *Handbook of intercultural training* (Vol. 1—3). New York: Pergamon.
Langeheine, R. & Andresen, N. (1982). A sociometric status index without subgroup membership bias. *Social Networks,* 4, 233—242.
Leavitt, H. J. (1951). Some effects of certain communication patterns on group performance. *Journal of abnormal and social psychology,* 46, 38—50.
Le Bon, G. (1903). The mind of the crowds. In L.E. Genevie (Ed.), (1968). *Collective behavior and social movements* (pp. 6—11). Itasca, I. C.: Peacock.
Le Bon, G. (1973). *Psychologie der Massen.* Stuttgart: Kröner. (Orig. Psychologie des foules. Paris: Alcan 1895).
Leutz, G. A. (1974). *Das klassische Psychodrama nach J. L. Moreno.* Berlin: Springer.

Levine, J. M. (1989). Reaction to opinion deviance in small groups. In P. B. Paulus (Ed.). *Psychology of group influence* (pp. 187—231). Hillsdale, N. J.: Lawrence Erlbaum.

Levine, J. M. & Moreland, R. L. (1990). Progress in small group research. *Annual Review of Psychology,* 41, 585—634.

Lewin, K. (1951). *Field theory in social sciences: selected theoretical papers.* New York: Harper & Row.

Lewin, K. (1953). *Die Lösung sozialer Konflikte.* Bad Nauheim: Christian.

Lewin, K. (1963). *Feldtheorie in den Sozialwissenschaften.* Bern: Huber.

Lindgren, H. C. (1974). *Einführung in die Sozialpsychologie.* Weinheim: Beltz.

Lippitt, R. A. & White, R. K. (1947). An experimental study of leadership and group life. In T. M. Newcomb & E. L. Hartley (Eds.), *Readings in social psychology* (2nd ed.), (pp. 340—354). New York, N. Y.: Holt, 1952.

Lorge, I. & Solomon, H. (1955). Two models of group behavior in the solution of eureka-type problems. *Psychometrika,* 20, 139—148.

Lütjen, R. & Frey, D. (1987). Gesundheit und Krankheit/Gesundheitspsychologie, (2. Aufl.). In D. Frey & S. Greif (Hrsg.). *Sozialpsychologie — Ein Handbuch in Schlüsselbegriffen* (S. 567—579). München: Psychologie Verlags Union.

Luhmann, N. (1971). Moderne Systemtheorie als Form gesamtgesellschaftlicher Analyse. In J. Habermas & N. Luhmann. *Theorie der Gesellschaft oder Sozialtechnologie* (S. 7—24). Frankfurt a. M.: Suhrkamp.

Luhmann, N. (1984). *Soziale Systeme — Grundriß einer allgemeinen Theorie.* Frankfurt: Suhrkamp.

MacIver, R. M. (1950). *The ramparts we guard.* New York, N. Y.: MacMillan.

Mackenzie, K. D. (1976). *A theory of group structures* (Vol. 1—2). New York: Gordon & Breack.

Maier, N. R. F. & Solem, A. R. (1952). The contribution of a discussion leader to the quality of group thinking: The effective use of minority opinion. *Human Relations,* 5, 277—288.

Mannheim, K. (1940). *Man and society in an age of reconstruction.* New York, N. Y.: Harcourt, Brace.

Manstead, A. S. R. (1990). Developments to be expected in European Social Psychology in the 1990's. In P. J. D. Drenth, J. A. Sergeant & J. R. Takens (Eds.), *European Perspectives in Psychology* (Vol. 3) (pp. 183—204). (Work and organizational, social and economic, cross-cultural). Chichester: John Wiley & Sons.

Markefka, M. (1989). Symbolischer Interaktionismus, Ethnomethodologie und Familienforschung. In R. Nave-Herz & M. Markefka (Hrsg.). *Handbuch der Familien- und Jugendforschung* (Bd. 1: Familienforschung) (S. 63—79). Neuwied, Frankfurt: Luchterhand.

Markus, G. B. (1982). Political attitudes during an election year: a report of the 1980 NES Panel Study. *American Political Science Review,* 76, 538—560.

Markus, H. & Zajonc, R. B. (1985). The cognitive perspective in social psychology. In G. Lindzey & E. Aronson (Eds.), *Handbook of Social Psychology* (Vol. I) (pp. 137—230). New York: Random House.

Marx, K. & Engels, F. (1846). Die deutsche Ideologie. In Marx/Engels Werke, Bd. 3. Berlin: Dietz Verlag, 1969.

Maslow, A. H. (1954). *Motivation and personality.* New York: Harper.

Mass, A. & Clark, R. D. (1984). Hidden impact of minorities: fifteen years of minority influence research. *Psychological Bulletin,* 95, 428—450.

Mass, A., West, S. G. & Clark, R. D. (1985). Soziale Einflüsse von Minoritäten in Gruppen. In D. Frey & M. Irle. *Theorien der Sozialpsychologie* (Bd. II: Gruppen- und Lerntheorien) (S. 65—91). Bern: Huber.

McClelland, D. C. (1951). Personality. New York, N. Y.: Holt, Rinehart & Winston.

McClosky, H. & Schaar, J. H. (1965). Psychological dimensions of anomy. *American Sociological Review,* 30, 14—40.

McDavid, J. W. & Harary, H. (1948). *Social psychology.* New York, N. Y.: Harper & Row, 1968.

McGrath, J. E. & Kravitz, D. A. (1982). Group research. *Annual-review-of-Psychology*, 33, 195—230.

Mead, G. H. (1934). *Mind, self and society.* Chicago, Ill.: University of Chicago Press.

Mead, G. H. (1975). *Geist, Identität und Gesellschaft* (2. Aufl.). Frankfurt: Suhrkamp.

Merkens, H. & Seiler, H. (1978). *Interaktionsanalyse.* Stuttgart: Kohlhammer.

Mertens, W. & Fuhs, G. (1978). *Krise der Sozialpsychologie?* München: Ehrenwirth.

Mertens, W. (1987). Symbolischer Interaktionismus (2. Aufl.). In D. Frey & S. Greif (Hrsg.), *Sozialpsychologie — Ein Handbuch in Schlüsselbegriffen* (S. 81—87). Bern: Huber.

Merton, R. K. (1949). *Social theory and social structure.* Glencoe, Ill.: Free Press, 1957, (rev.ed.).

Merton, R. K. & Rossi, A. K. (1949). Contribution to the theory of reference group behavior. In R. K. Merton (Ed.). *Social theory and social structure* (pp. 225—275). New York: The Free Press.

Messelken, K. (1989). Anomie. In G. Endruweit & G. Trommsdorff (Hrsg.). *Wörterbuch der Soziologie* (S. 19—20). Stuttgart: Enke.

Mikl-Horke, G. (1989). *Soziologie-historischer Kontext und soziologische Theorie-Entwürfe.* München: Oldenbourg.

Mikula, G. (1985). Psychologische Theorie des sozialen Austausches. In D. Frey & M. Irle (Hrsg.), *Theorien der Sozialpsychologie* (Bd. II: Gruppen- und Lerntheorien) (S. 273—305). Bern: Huber.

Miller, C. E. (1989). The social psychological effects of group decision rules (2nd ed.). In P. B. Paulus (Ed.). *Psychology of group influence* (pp. 327—355). Hillsdale, N. J.: Lawrence Erlbaum.

Mills, C. W. (1956). *The power elite.* New York, N. Y.: Oxford University Press.

Moede, W. (1920). *Experimentelle Massenpsychologie.* Leipzig: (zitiert nach Sonderausgabe bei Darmstadt: Wiss. Buchges. 1973).

Möntmann, V. (1980). Common-Sense-Psychologie. In R. Asanger & G. Wenninger. *Handwörterbuch der Psychologie* (pp. 69—73). Weinheim: Beltz.

Moran, R. T. & Harris, P. A. (1982). *Managing cultural synergy.* Houston: Gulf Publ.

Morel, J. (Hrsg.). (1989). *Soziologische Theorien.* München: Oldenbourg.

Moreland, R. L. & Levine, J. M. (1982). Socialization in small groups. Temporal changes in individual-group relations. In L. Berkowitz (Ed.). *Advances in experimental social psychology* (Vol. 15) (pp. 137—192). New York: Academic Press.

Moreland, R. L. & Levine, J. M. (1989). Newcomer and oldtimer in small groups. In P. B. Paulus (Ed.). *Psychology of group influence* (pp. 143—186). Hillsdale, N. J.: Lawrence Erlbaum.

Moreno, J. L. (1934). *Who shall survive? A new approach to the problem of human interrelations.* Washington: Beacon House. (dtsch. *Die Grundlagen der Soziometrie.* Opladen: Westdeutscher Verlag, 2. Aufl. 1967).

Morse, S. & Gergen, K. J. (1970). Social comparison, self-consistency and the concept of self. *Journal of Personality and Social Psychology*, 16, 148—156.

Moscovici, S. (1979). Sozialer Wandel durch Minoritäten. München: Urban & Schwarzenberg.

Moscovici, S. (1980). Toward a theory of conversation behavior. In L. Berkowitz (Ed.). *Advances in experimental social psychology* (Vol. 13) (pp. 209—239). New York: Academic Press.

Moscovici, S. (1984). *Das Zeitalter der Massen.* München: Hauser.

Moscovici, S. (1985). *Social influence and conformity.* In G. Lindzey & E. Aronson (Eds.). *Handbook of Social Psychology* (Vol II) (pp. 347—412). London: Random House.

Moscovici, S. (1990). The generalized self and mass society. In H. T. Himmelweit & G. Gaskell (Eds.). *Societal psychology* (pp. 66—91). Newbury Park, California: Sage.

Moscovici, S. & Lange, E. (1976). Studies in social influence (Vol. III.: Majority versus minority influence in a group). *European Journal of Social Psychology,* 6, 149—174.

Moscovici, S. & Personnaz, B. (1980). Studies in social influence. V. Minority influence and conversation behavior in a perceptual task. *Journal of Experimental Social Psychology,* 16, 270—282.

Moser, U. (1990). *Werbepsychologie — Eine Einführung.* München: Psychologie Verlags Union.

Müller, E. F. & Thomas, A. (1976). Einführung in die Sozialpsychologie. Göttingen: Hogrefe (2. Aufl.).

Müller, G. F. & Müller-Andritzky, M. (1987). Norm, Rolle, Status. (2. Aufl.). In D. Frey & S. Greif (Hrsg.). *Sozialpsychologie — Ein Handbuch in Schlüsselbegriffen* (S. 250—254). München: Psychologie Verlags Union.

Mugny, G. (1982). *The power of minorities.* London: Academic Press.

Mullen, B. & Goethals, G. R. (1987). *Theories of group behavior.* London: Springer.

Mummendey, A. (1985). Verhalten zwischen sozialen Gruppen. Die Theorie der sozialen Identität. In D. Frey & M. Irle (Hrsg.). *Theorien der Sozialpsychologie* (Bd. II: Gruppen- und Lerntheorien) (S. 185—216). Bern: Huber.

Mummendey, A. & Schreiber, H.-J. (1984). Social comparison, similarity, and ingroup favouritism — a replication. *European Journal of Social Psychology,* 14, 231—233.

Mummendey, A. & Simon, B. (1990). *Diskriminierung von Fremdgruppen: Zur Asymmetrie im Umgang mit positiven und negativen Bewertungen und Ressourcen.* Münster: Vortragstext zum 37. Kongreß der Deutschen Gesellschaft für Psychologie in Kiel.

Myers, D. G. (1982). Polarization effects of social interaction. In H. Brandstätter, J. H. Davis & G. Stocker-Kreichgauer (Eds.). *Group decision making* (pp. 125—161). London: Academic Press.

Neisser, U. (1976). *Cognition and reality: principles and implications of cognitive psychology.* San Francisco: Freeman.

Nemeth, C. J. (1986). Differential contributions of majority and minority influence. *Psychological Review,* 93, 23—32.

Nisbett, R. E. & Ross, L. (1980). *Human inferences: Strategies and shortcomings of social judgement.* Englewood Cliffs, N. J.: Prentice Hall.

Olmsted, M. S. (1959). *The small group.* New York: Random House.

Opp, K. D. (1974). *Abweichendes Verhalten und Gesellschaftsstruktur.* Darmstadt u. a.: Luchterhand.

Opp, K. D. (1991). *Die Revolution in der DDR — Eine Erklärung ihrer Entstehung und ihres Verlaufs.* Bielefeld: unveröff. Manuskript.

Ortega y Gasset, J. (1930). *Der Aufstand der Massen.* Reinbeck: Rowohlt, 1986.

Osborn, A. F. (1957). *Applied imagination: principles and procedures of creative thinking.* New York, N. Y.: Scribner's.

Pappi, F. U. (Hrsg.). (1987). Methoden der Netzwerkanalyse (S. 203—251). München: Oldenbourg.

Parsons, T. (1951). *The social system.* London: Tavistock.

Paulus, P. B. (Ed.). (1983). *Basic group processes.* New York: Springer.

Paulus, P. B. (Ed.). (1989). *Psychology of group influence* (2nd ed.). Hillsdale, N. J.: Lawrence Erlbaum.

Peplau, L. A. & Perlman, D. (1982). *Loneliness: A sourcebook of current theory, research and therapy.* New York: John Wiley & Sons.

Piaget, J. (1983). *Meine Theorie der geistigen Entwicklung.* Frankfurt: Fischer.

Platon (1979). *Der Staat.* Hamburg: Meiner.

Plomin, R. (1982). Behavioral genetics and temperament. In R. Porter & G. M. Collins (Eds.). *Temperamental differences in young children.* London: Pitman.

Pohlmeier, H. (1983). *Selbstmord und Selbstmordverhütung.* München: Urban & Schwarzenberg.

Pollis, N. P. & Montgomery, R. L. (1966). Conformity and resistance to compliance. *Journal of Psychology,* 63, 35—41.

Pongratz, L. (1961). *Psychologie menschlicher Konflikte.* Göttingen: Hogrefe.

Portmann, A. (1956). *Zoologie und das neue Bild vom Menschen.* Hamburg: Rowohlt.

Postman, N. (1985). *Wir amüsieren uns zu Tode. Urteilsbildung im Zeitalter der Unterhaltungsindustrie.* Frankfurt: Fischer.

Preglau, M. (1989). Symbolischer Interaktionismus. Georg Herbert Mead. In J. Morel u. a. (Hrsg.). *Soziologische Theorien* (S. 51—64). München: Oldenbourg.

Prentice-Dunn, S. & Rogers, R. W. (1989). Deindividuation and the self regulation of behavior. In P. B. Paulus (Ed.). *Psychology of group influence* (pp. 87—109). Hillsdale, N. J.: Lawrence Erlbaum.

Prose, F. (1987). Gruppeneinfluß auf Wahrnehmungsurteile. Die Experimente von Sherif und Asch. In D. Frey & S. Greif (Hrsg.). *Sozialpsychologie — Ein Handbuch in Schlüsselbegriffen* (S. 453—458). München: Psychologie Verlags Union.

Pross, H. & Buß, E. (1984). *Soziologie der Masse.* Heidelberg: Quelle & Meyer.

Rapoport, A. (1960). *Fight, games, and debates.* Ann Arbor, Mich.: University of Michigan Press.

Richardson, S. A., Ronald, L. & Kleck, R. E. (1974). The social status of handicapped and nonhandicapped boys in a camp setting. *Journal Special Educ.,* 8, 143—152.

Riddle, D. I. (1982). Multiculturalism. Moving beyond cultural definition. In R. Rath, H. S. Asthana, D. Sinha & J. B. H. Sinha (Eds.). *Diversity and unity in cross-cultural psychology* (pp. 121—147). Lisse: Swets & Zeitlinger.

Roberts, D. F. & Maccoby, N. (1985). Effects of mass communication. In G. Lindzey & E. Aronson (Eds.). *Handbook of Social Psychology* (Vol. II) (pp. 539—598). New York: Random House.

Rodin, J. (1985). The application of social psychology. In G. Lindzey & E. Aronson (Eds.). *Handbook of Social Psychology* (Vol II) (pp. 805—881). New York: Random House.

Rogers, C. (1951). *Client-centered therapy.* Boston, Mass.: Houghton Mifflin.

Rogers, C. (1951). *Die klient-bezogene Gesprächstherapie.* (dtsch. von Erika Nosbusch). München: Kindler, 1973.

Rogers, C. (1970). *Carl Rogers on encounter groups.* New York, N. Y.: Harper & Row.
Rokeach, M. (1973). *The nature of human values.* New York: Free Press.
Rose, A. M. (1967). Systematische Zusammenfassung der Theorie der symbolischen Interaktion. In H. Hartmann (Hrsg.). *Moderne amerikanische Soziologie* (S. 219—231). Stuttgart: Enke.
Rosenwald, G. C. (1972). Zum Objektivierungsproblem in der Gruppenpsychologie. In K. Horn (Hrsg.). *Gruppendynamik und der subjektive Faktor.* Frankfurt a. M.: Suhrkamp.
Roth, J. K. (1983). *Die Balint-Gruppe in Theorie und Praxis. Dissertation.* Berlin: Universität.
Rumelhart, D. E. (1984). Schema and the cognitive system. In R. S. Wyer & T. K. Srull (Eds.). *Handbook of Social Cognition* (Vol. 1) (S. 161—188). Hillsdale, N. J.: Erlbaum.

Sader, M. (1976). *Psychologie der Gruppe.* München: Juventa.
Sader, M. (1986). *Rollenspiel als Forschungsmethode.* Opladen: Westdeutscher Verlag.
Sbandi, P. (1973). *Gruppenpsychologie.* München: Pfeiffer.
Schachter, S. (1959). *The psychology of affiliation.* Stanford: Stanford Univ. Press.
Scharmann, Th. (1972). Leistungsorientierte Gruppen. In C. F. Graumann (Hrsg.). *Handbuch der Psychologie* (Band VII, 2) (Kap. 34). Göttingen: Hogrefe.
Schlicksupp, H. (1977). *Kreative Ideenfindung in der Unternehmung — Methoden und Modelle.* Berlin: Walter de Gruyter.
Schnur, E. M. (1971). *Labeling deviant behavior: its sociological implications.* New York: Harper & Row.
Schwinger, T. & Kayser, E. (1987). Verhandlungsverhalten. In D. Frey & S. Greif (Hrsg.). *Sozialpsychologie — Ein Handbuch in Schlüsselbegriffen* (S. 361—369). München: Psychologie Verlags Union.
Sears, R. R. (1951). A theoretical framework for personality and social behavior. American Psychologist, 6, 476—482.
Secord, P. F. & Backman, C. W. (1965). Interpersonal approach to personality. In B. H. Maher (Ed.). *Progress in experimental personality research* (Vol. 2) (pp. 91—125). New York: Academic Press.
Secord, P. F. & Backman, C. W. (1976). *Sozialpsychologie.* Frankfurt: Fachbuchhandlung für Psychologie.
Seeman, M. (1959). On the meaning of alienation. *American Sociological Review,* 24, 783—791.
Seligman, M. E. P. (1980). *Gelernte Hilflosigkeit.* München: Urban & Schwarzenberg.
Shaw, M. E. (1932). A comparison of individuals and small groups in the rational solution of complex problems. *American Journal of Psychology,* 44, 491—504.
Shaw, M. E. (1981). *Group Dynamics* (3rd. ed.). New York: McGraw-Hill.
Sherif, M. (1936). *The psychology of social norms.* New York: Harper & Row.
Sherif, M. (1951). A preliminary experimental study of inter-group relations. In J. H. Rohrer & M. Sherif (Eds.). *Social psychology at the crossroads.* New York, N. Y.: Harper.

Sherif, M. (1967). *Group conflict and co-operation.* London: Routledge & Kegan Paul.
Sherif, M. & Sherif, C. W. (1953). *Groups in Harmony and Tension: an integration of studies in intergroup relations.* New York: Octagon.
Shils, E. A. & Janowitz, M. (1948). Cohesion and disintegration in the Wehrmacht in World War II. *Publ. Opin. Quaterly,* 12, 280—315.

Shubik, M. (Hrsg.). (1965). *Spieltheorie und Sozialwissenschaft.* Hamburg: Fischer.
Sighele, S. (1891). *La folla delinquente.* Torino: Fratelli Boccra (deutsch: H. Kurella (1897). *Psychologie des Auflaufs und des Massenverbrechens.* Dresden: Reissner).
Simmel, G. (1968). *Soziologie. Untersuchungen über die Formen der Vergesellschaftung.* (5. Aufl.). Berlin: Duncker & Humblot.
Simmons, J. L. & Chambers, H. (1965). Public stereotypes of deviants. *Social Problems,* 13, 223—232.
Six, U. (1981). *Sind Gruppen radikaler als Einzelpersonen? Ein Beitrag zum Risikoschub-Phänomen.* Darmstadt: Steinkopff.
Snyder, M. L. (1979). Self-monitoring processes. In L. Berkowitz (Ed.). *Advances in experimental social psychology* (Vol. 12) (pp. 86—131). New York: Academic Press.
Spangenberg, K. (1969). Chancen der Gruppenpädagogik. Weinheim: Beltz.
Spitz, R. A. (1945). Hospitalism: an inquiry into the genesis of psychiatry conditions in early childhood. In A. Freud, H. Hartmann, and E. Kris (Eds.). *The psychoanalytic study of the child* (Vol. I) (pp. 53—74). New York, N. Y.: International University Press.
Srole, L., Langner, Th. S., Michael, St. T., Opler, M. K. & Rennie, Th. A. C. (1961). *Mental health in the metropolis.* New York, N. Y.: McGraw-Hill.
Steiner, I. D. (1976). Task-performing groups. In J. W. Thibau, J. T. Spence, R. C. Carson (Eds.). *Contemporary topics in social psychology* (pp. 393—422). Morristown, N. J.: General Learning Press.
Steiner, I. D. (1986). Paradigms and groups. In L. Berkowitz (Ed.). *Advances in experimental social psychology* (Vol. 19) (pp. 251—289). New York: Academic Press.
Stephan, W. G. (1985). Intergroup relations. In G. Lindzey & E. Aronson (Eds.). *Handbook of Social Psychology* (Vol. II) (pp. 599—658). New York: Random House.
Stoner, J. A. F. (1961). *A comparison of individuals and group decisions involving risk.* Unpublished master's thesis. Cambridge: Massachusetts Institute of Technology.
Strack, F. (1985). Urteilsheuristiken. In D. Frey & M. Irle (Hrsg.). *Theorien der Sozialpsychologie* (Bd. III: Motivations- und Informationsverarbeitungstheorien) (S. 239—267). Bern: Huber.
Strasser, H. & Randall, S. C. (1979). *Einführung in die Theorien des sozialen Wandels.* Darmstadt: Luchterhand.
Stroebe, W. (1987). Soziale Vergleichsprozesse. In D. Frey & S. Greif (Hrsg.). *Sozialpsychologie — Ein Handbuch in Schlüsselbegriffen* (S. 330—336). München: Psychologie Verlags Union.
Stroebe, W., Kruganski, D., Bar-Tal, D. & Hewstone, M. (Eds.). (1988). *The social psychology of intergroup conflict.* Berlin: Springer.
Stroebe, W., Hewstone, M., Codol, J.-P. & Stephenson, G. M. (Eds.). (1990). *Sozialpsychologie.* Berlin, Heidelberg: Springer.
Stryker, S. (1980). *Symbolic interactionism.* Chenlo Park, Calif.: Benjamin Cummings.
Sullivan, H. S. (1954). *The interpersonal theory of psychiatry.* (Edited by H. S. Perry and M. L. Gawel). New York, N. Y.: Norton.
Sullivan, J. L., Piereson, J.E., Marcus, G.E. & Feldman, S. (1979). The more things change, the more they stay the same: the stability of mass belief systems. *American Journal of political Science*, 23, 176—186.
Sullivan, J. L., Marcus, G. E., Feldman, S. & Piereson, J. E. (1981). The sources of political tolerance: a multivariate analysis. *American Political Science Review,* 75, 92-106.
Suls, J. (Ed.). (1982). *Psychological perspectives on the self* (Vol. I). Hillsdale, N. J.: Erlbaum.

Suls, J. (1982). Social support, interpersonal relations and health: benefits and liabilities. In G. Sanders & R. J. Suls (Eds.). *The social psychology of health and illness* (pp. 255—278). Hillsdale, N. Y. J.: Erlbaum.

Tajfel, H. (1975). Soziales Kategorisieren. In S. Moscovici (Hrsg.). *Forschungsgebiete der Sozialpsychologie* (I) (S. 345—380). Frankfurt a. M.: Fischer Athenäum.

Tajfel, H. (1978). *Differentiation between social groups.* London: Academic Press.

Tajfel, H. (1981). *Human groups and social categories.* Cambridge: Cambridge University Press.

Tajfel, H. (Ed.). (1982). *Social identity and intergroup relations.* Cambridge: Cambridge University Press.

Tajfel, H., Billig, M. G., Bundy, R. P. & Flament, C. (1971). Social categorization and intergroup behavior. *European Journal of Social Psychology,* 1, No. 2, 149—178.

Tajfel, H. & Turner, J. C. (1979). An integrative theory of intergroup conflict. In W. G. Austin & S. Worchel (Eds.). *The social psychology of intergroup relations* (pp. 33—47). Monterey, Calif.: Books, Cole.

Tajfel, H. & Turner, J. C. (1986). The Social identity theory of intergroup behavior. In S. Worchel & W. G. Austin (Eds.). *Psychology of intergroup relation* (pp. 33—48). Chicago: Nelson Hall Publ.

Tarde, G. (1890). *Les lois de l'imitation.* Alcan 1890. (engl.: *The laws of imitation* (2nd ed.). New York: H. Holt, 1903).

Tausch, R. & Tausch, A.M. (1979). *Erziehungspsychologie* (9. Aufl.). Göttingen: Hogrefe.

Taylor, D. W. (1954). *Problem solving by group.* Proceedings of the Fourteenth International Congress of Psychology, Montreal, June, 1954.

Taylor, M. (Ed.). (1988). *Rationality and revolution.* Cambridge: Cambridge University Press.

Thibaut, J. W. & Kelley, H. H. (1959). *The social psychology of groups.* New York, N. Y.: Wiley.

Thomas, A. (1976). Psychologische Probleme der Beurteilung sportlicher Leistungen beim Wasserspringen. In H. Rieder & E. Hahn (Hrsg.). *Psychomotorik und sportliche Leistung* (S. 191—209). Schorndorf: Hofmann.

Thomas, A. (1978). *Einführung in die Sportpsychologie.* Göttingen: Hogrefe.

Thomas, A. (1984 a). *Sozialpsychologisch-kognitionspsychologische Ansätze der Erforschung von Einsamkeit.* (Bericht über den 34. Kongreß der Deutschen Gesellschaft für Psychologie) (S. 482—485). Wien: Hogrefe.

Thomas, A. (1984 b). *Interkultureller Personenaustausch in Forschung und Praxis.* (SSIP-Bulletin, Bd. 54). Saarbrücken: Breitenbach.

Thomas, A. (1989). Ethnische und rassische Vorurteile. In S. Greif, H. Holling & N. Nicholson (Hrsg.). *Arbeits- und Organisationspsychologie — Internationales Handbuch in Schlüsselbegriffen (S. 212—218). München: Psychologie Verlags Union.*

Thomas, A. (1989). Sozialisationsprobleme im Akkulturationsprozeß. In G. Trommsdorff. Sozialisation im Kulturvergleich (S. 174—195). Stuttgart: Enke.

Thomas, A. (1991). *Grundriß der Sozialpsychologie* (Bd. 1: Grundlegende Begriffe und Prozesse). Göttingen: Hogrefe.

Thomas, W. J. & Znaniecki, F. (1918—1920). *The Polish peasant in Europe and America* (Vol. 5). Boston, Mass.: Badger.

Thorndike, R. L. (1938). On what type of task will a group do well? *Journal of Abnormal and Social Psychology*, 33, 409—413.

Toch, H. (1966). *The social psychology of social movements.* London: Methuen.

Triandis, H. C. & Brislin, R. W. (1980). *Handbook of cross-cultural psychology.* London: Allyn & Bacon.

Triplett, N. (1898). The dynamogenic factors in pace-making and competition. *American Journal of Psychology*, 1931, 26, 233—248.

Turner, J. C. (1978). Social categorisation and social discrimination in the minimal group paradigm. In H. Tajfel (Ed.). *Differentiation between social groups: Studies in the Social Psychology of intergroup relations.* London: Academic Press.

Turner, J. C. (1981). The experimental social psychology of intergroup behavior. In J. C. Turner & H. Giles (Eds.). *Intergroup behavior* (pp. 66—101). Oxford: Blackwell.

Turner, J. C. & Giles, H. (Eds.). (1985). *Intergroup behavior.* Oxford: Basil Backwell.

Turner, J. C., Hogg, M. A., Oakes, P. J., Reicher, S. D. & Wetherell, M. S. (1987). *Rediscovering the social group: A self-categorization theory.* Oxford: Blackwell.

Tversky, A. (1977). Features of similarity. *Psychological Review*, 84, 327—352.

Useem, J. & Useem, R. H. (1955). *The western-educated man in India — A study of his social roles and influence.* Pittsburgh, Pen.: Eigenverlag.

Vollmer, H. M. (1970). Basic rules of applying social science to urban and social problems. *Urban and Social Change Review,* 3 (2), 32—33.

Wallach, M. A. & Kogan, N. (1965). The roles of information, discussion, and consenses in group risk taking. *In Journal of experimental social psychology,* 1, 1—19.

Walton, R.E. (1965). Two strategies of social change and their dilemmas. *Journal of Applied Behavioral Science,* 1, 167—179.

Watzlawick, P., Beavin, J. H. & Jackson, D. D. (1969). *Menschliche Kommunikation* (7. Aufl.). Bern: Huber 1985.

Weber, M. (1964). *Wirtschaft und Gesellschaft. Grundriß der verstehenden Soziologie.* Köln: Kiepenheuer & Witsch.

Weick, K. E. (1985). Systematic observational methods (3rd. ed.). In G. Lindzey & E. Aronson (Eds.). *Handbook of Social Psychology* (Vol. I) (pp. 567—634). New York: Ramdom House.

Weiss, R. S. (1982). Issues in the study of loneliness. In L. A. Peplau & S. Perlman (Eds.). *Loneliness. A sourcebook of current theory, research and therapy* (pp. 71—80). New York: Wiley & Sons.

Wertheimer, M. (1945). *Productive Thinking.* New York: Harper.

Wertheimer, M. (1957). *Produktives Denken* (aus dem Engl. von W. Metzger). Frankfurt a.M.: Kramer.

Whiting, B. & Edwards, C. F. (1973). A cross-cultural analysis of sex differences in the behavior of children aged three through eleven. *Journal of Social Psychology*, 91, 171—188.

Wilder, D. A. (1978). Reduction of intergroup discrimination through individualization of the ingroup. *Journal of Personality and Social Psychology*, 36, 1361—1374.

Wilder, D. A. (1986). Social categorization: Implications for creation and reduction of intergroup bias. In L. Berkowitz (Ed.). *Advances in experimental and social psychology* (Vol 19) (pp. 293—356). New York: Academic Press.

Wilke, H. & Knippenberg, A. van (1990). Gruppenleistung. In W. Stroebe, M. Hewstone, J.-P. Codol & G. M. Stephenson (Hrsg.). *Sozialpsychologie* (S. 333—368). Berlin: Springer.

Wills, T. A. (1985). Supportive functions of interpersonal relationships. In S. Cohen & L. S. Syme (Eds.). *Social support and health* (pp. 61—82). New York: Academic Press.

Winter, G. (1988). Konzepte und Stadien interkulturellen Lernens. In Thomas, A. (Hrsg.). *Interkulturelles Lernen im Schüleraustausch.* SSIP-Bulletin, Bd. 58 (S. 151-178). Saarbrücken: Breitenbach.

Witte, E. H. (1979). Das Verhalten in Gruppensituationen. Göttingen: Hogrefe.

Wunder, H. & Vanja, Chr. (Hrsg.). (1991). *Wandel der Geschlechterbeziehungen zu Beginn der Neuzeit.* Frankfurt: Suhrkamp.

Wundt, W. (1900-1920). *Völkerpsychologie* (10 Bd.). Leipzig: Wilhelm Engelmann.

Wundt, W. (1913). *Elemente der Völkerpsychologie. Grundlinien einer psychologischen Entwicklungsgeschichte der Menschheit.* Leipzig: Alfred Kröner Verlag.

Wyer, R. S. & Gordon, S. E. (1984). The cognitive representation of social information. In R. S. Wyer & T. K. Srull (Eds.). *Handbook of Social Cognition* (Vol. 2) (pp. 73—150). Hilsdale, N. J.: Erlbaum.

Zapf, W. (Hrsg.). (1979). *Theorien des sozialen Wandels.* (4. Aufl.). Köln, Berlin: Kiepenheuer & Witsch.

Zimbardo, P. G. (1970). The human choice: Individuation, reason, and order versus deindividuation, impulse, and chaos. In W. J. Arnold & D. Levine (Eds.). *Nebraska Symposium on Motivation* (pp. 237—307). Lincoln, Neb.: University of Nebraska Press.

Zimbardo, P. G. (1983). *Psychologie* (4. Aufl.). Berlin: Springer.

Autorenverzeichnis

Stichwortverzeichnis